Rüdiger Graf
Öl und Souveränität

Quellen und Darstellungen zur Zeitgeschichte

Herausgegeben vom Institut für Zeitgeschichte

Band 103

Rüdiger Graf

Öl und Souveränität

Petroknowledge und Energiepolitik
in den USA und Westeuropa
in den 1970er Jahren

DE GRUYTER
OLDENBOURG

ISBN 978-3-11-055448-9
E-ISBN (PDF) 978-3-11-034875-0
e-ISBN (EPUB) 978-3-11-039722-2
ISSN 0481-3545

Bibliografische Information der Deutschen Nationalbibliothek
Die Deutsche Nationalbibliothek verzeichnet diese Publikation in der Deutschen Nationalbibliografie; detaillierte bibliografische Daten sind im Internet über http://dnb.dnb.de abrufbar.

Library of Congress Cataloging-in-Publication Data
A CIP catalog record for this book has been applied for at the Library of Congress.

© 2017 Walter de Gruyter GmbH, Berlin/München/Boston
Dieser Band ist text- und seitenidentisch mit der 2014 erschienenen gebundenen Ausgabe.
Druck und Bindung: Hubert & Co. GmbH & Co. KG, Göttingen
♾ Gedruckt auf säurefreiem Papier
Printed in Germany

www.degruyter.com

Inhalt

Dank XI

1. Einleitung: Souveränität und Petroknowledge 1

2. Die Welt des Öls in den 1950er und 1960er Jahren 19
   2.1 Ölüberfluss und westliche Gesellschaft 19
   2.2 Globale Strukturen der Ölwirtschaft 25
   2.3 „I'm an oilman" – (Selbst-)Bilder der Ölwirtschaft 35
   2.4 Petroknowledge oder die zukünftige Verfügbarkeit des Öls 43

3. Die Ölversorgung der westlichen Welt als Problem –
   Engpässe, Prognosen, Prävention 51
   3.1 Problemdiagnosen und Präventionsmaßnahmen in der
       OECD 52
   3.2 Ölimporte und nationale Sicherheit in den USA 66
   3.3 Die Ölimportabhängigkeit der Bundesrepublik Deutschland
       in Westeuropa 72
       3.3.1 Von der „Energielücke" zum Energieprogramm 72
       3.3.2 Die Suche nach einer europäischen Energiepolitik 83
   3.4 Zwischenfazit 87

4. Die globale Kommunikation der „arabischen Ölwaffe" 89
   4.1 Warnungen und Drohungen 93
   4.2 Die Kommunikation der Produktionsbeschränkungen und
       Preissteigerungen 102
   4.3 Yamani und Abdessalam auf Tour 110
   4.4 Zwischenfazit 122

5. Souveränitätspolitik in der Energiekrise – die Vereinigten Staaten 123
   5.1 Souveränitätserweiterungen: Energie als Politikfeld 124
       5.1.1 Energieprobleme und ihre Politisierung 124
       5.1.2 Institutionelle Reorganisationen 129
   5.2 Ölexpertisen oder die Reduktion und Produktion von
       Unsicherheit 138
       5.2.1 Ursachenanalyse: Geologie, Ökonomie und Politik 142
       5.2.2 Handlungsstrategien: Produktionssteigerung vs.
             Verbrauchsbeschränkung 152
       5.2.3 Regierungsexpertise: „Project Independence" 156

5.3 Souveränitätskommunikation: Regierung, Medien und
    Bevölkerung 163
    5.3.1 „Don't be fuelish ..." – Energieansprachen und
          Energiesparen 163
    5.3.2 „Nixon doesn't practice what he preaches" –
          „Simon says ..." 172
5.4 Stärke zeigen – öffentliche und diplomatische Embargo-
    kommunikation 187
5.5. Zwischenfazit 202

6. Die Bundesrepublik Deutschland in der Welt des Öls 205
   6.1 Lageeinschätzungen und Krisenreaktionen 1973/74 205
   6.2 Energiepolitische Veränderungen und die Veränderung des
       Politischen 215
       6.2.1 Energiepolitische Planungen und ihre Fortschreibung . 219
       6.2.2 Das Ende von Steuerung und Planung in der Ölkrise? . 231
   6.3 Ein Platz an der Ölheizung – internationale und globale
       Zusammenhänge bundesdeutscher Energiepolitik 240
       6.3.1 Ölförderländer und arabische Welt im Auswärtigen
             Amt 243
       6.3.2 Gemeinsame Energiepolitik: EG und EPZ 260
       6.3.3 Transatlantische Verwerfungen im „Year of Europe" ... 269
       6.3.4 Die Ölkrise und die Beziehungen zur Zweiten und zur
             Dritten Welt 278
   6.4 Zwischenfazit 284

7. Ölkonferenzen: Globale Interdependenz und nationale
   Souveränität 287
   7.1 Das Kooperationsangebot der USA 287
   7.2 Energie und Souveränität auf der Washingtoner Energie-
       konferenz 297
   7.3 Das internationale Energieprogramm und die Internationale
       Energieagentur 309
   7.4 Alternative Ordnungskonzeptionen der Welt des Öls 317
       7.4.1 Öl für eine Neue Weltwirtschaftsordnung – die Vereinten
             Nationen 318
       7.4.2 Die Konferenz für internationale wirtschaftliche
             Zusammenarbeit 325
       7.4.3 Sowjetische Initiativen zu einer europäischen
             Energiekonferenz 351
   7.5 Zwischenfazit 332

8. Petroknowledge, Grenzerkenntnis und Souveränität oder:
    Wie die Ölkrise entstand 335
    8.1 Transnationale Grenzen nationaler Souveränität 339
        8.1.1 Multinationale Ölkonzerne als Souveränitätsgefahren 340
        8.1.2 Sicherheit, Energie und Energiesicherheit 349
        8.1.3 Globale Konfliktlinien: Nord-Süd statt Ost-West? 358
        8.1.4 Transnationalität, Interdependenz und internationale
              Organisationen 364
    8.2 Grenzen der Grenzerkenntnis: Energie, Politik und
        Gesellschaft 370
        8.2.1 Energie als Medium der Gesellschaftsreflexion 371
        8.2.2 Endlichkeit? Ökologische Grenzdiskurse und die
              Erfahrung der Ölkrise 378
        8.2.3 Der Aufstieg der Energieökonomie 384

9. Fazit: Souveränität in der Ölkrise und die Ölkrise in der
    Zeitgeschichte 391

Abbildungsverzeichnis 399

Abkürzungsverzeichnis 401

Quellen- und Literaturverzeichnis 403
    Archivquellen 403
    Veröffentlichte Quellen und Literatur 404

Personenregister 439

für Sandra

Dank

Diese Arbeit wurde im Sommersemester 2013 von der Fakultät für Geschichtswissenschaft der Ruhr-Universität Bochum als Habilitationsschrift angenommen und für die Publikation leicht überarbeitet. Mein Dank gilt zunächst den Gutachtern Professor Dr. Constantin Goschler, Professor Dr. Helmut Maier und Professor Dr. Andreas Wirsching sowie den Mitgliedern der Fakultät für Ihre Mühen und die Anerkennung der Arbeit als Habilitation. Ganz besonders danke ich Constantin Goschler für seine langjährige Unterstützung und viele Anregungen sowie dafür, dass er mir als Mitarbeiter an seinem Lehrstuhl den nötigen Freiraum ließ, mein Habilitationsprojekt zu verfolgen. Die Mitarbeiterinnen, Mitarbeiter und Hilfskräfte des Lehrstuhls haben Bochum für mich zu einem gleichermaßen interessanten wie angenehmen Arbeitsplatz gemacht. Dies gilt auch für die Bochumer Kollegen, von denen vor allem Benjamin Herzog, Martin Kohlrausch, Walther Sperling, Xenia von Tippelskirch und Cornel Zwierlein auf verschiedene Weisen zu dieser Arbeit beigetragen haben.

Die Abfassung meiner Arbeit wurde ermöglicht oder zumindest entschieden erleichtert durch eine Reihe von Stipendien, für die ich sehr zu Dank verpflichtet bin. Während eines dreimonatigen Reisestipendiums der Stiftung Deutsche Geisteswissenschaftliche Institute im Ausland wurde ich an den Deutschen Historischen Instituten in Washington, Paris und London überaus freundlich aufgenommen und konnte Recherchen in der Library of Congress, der Bibliothèque Nationale de France, der British Library, den National Archives – College Park, der Nixon Presidential Library, den Lafayette-College Libraries and Archives, den Archives Nationales de France, dem Institut Français du Pétrole und den National Archives of the United Kingdom durchführen. Die Aufnahme in das Junge Kolleg der Nordrhein-Westfälischen Akademie der Wissenschaften und der Künste verschaffte mir weiteren finanziellen Spielraum für die Verfolgung des Projekts, der an deutschen Universitäten sonst oft nur in Drittmittelprojekten gewährleistet ist, und erleichterte die Recherche in der Staatsbibliothek Preußischer Kulturbesitz zu Berlin, im Bundesarchiv Koblenz und im Archiv des Auswärtigen Amts in Berlin. Für archivalische Hinweise danke ich Diane Shaw, Marc Hanisch und Rüdiger von Dehn sowie William Hogan und Hans-Stefan Kruse für die Bereitschaft, mir in Interviews Auskunft zu geben.

Weitere Quellenrecherchen konnte ich im akademischen Jahr 2010/11 als John F. Kennedy Memorial Fellow am Minda de Gunzburg Center for European Studies der Harvard University durchführen, wo ich das Konzept der Arbeit entwickelt und erste Kapitel geschrieben habe. Hilfreich waren hier nicht nur die unerschöpflichen Bestände der Widener Library, sondern auch viele Vorträge und Gespräche vor allem mit David Engerman, Arthur Goldhammer, Stanley Hoffmann, Hans-Helmut Kotz, Christina May, John Munro, Uta Poiger, Warren Rosenblum, Quinn Slobodian, Jan Teorell und Andrew Zimmerman. Ein zweites Forschungsjahr 2011/12 am Historischen Kolleg in München ermöglichte den Abschluss des

Manuskripts, wofür ich dem Historischen Kolleg und der Gerda Henkel Stiftung, die das Förderstipendium finanzierte, sehr danke. Die Ruhe des Historischen Kollegs zwischen der Bayerischen Staatsbibliothek und dem Englischem Garten bot hervorragende Bedingungen für die abschließende Schreibphase, die durch die dortigen Hilfskräfte – vor allem Franz Quirin Meyer – erleichtert wurde. Dafür, dass diese Zeit auch viele Anregungen barg und sehr angenehm war, danke ich Karl-Ulrich Gelberg und den anderen Fellows – vor allem Friedrich Lenger – sowie Martina Steber, Roman Köster, Nicolai Hannig und Sebastian Ullrich.

Da die Abfassung einer Habilitationsschrift einige Jahre in Anspruch nimmt, sammelt sich viel Dankesschuld und oft ist nicht mehr genau zu rekonstruieren, wann und wo bestimmte Ideen entstanden sind. Für ihre kritischen Fragen und Einwände danke ich den Veranstaltern und Teilnehmenden der Forschungskolloquien in Freiburg, Köln, Gießen, Augsburg, Potsdam, Berlin, Bochum, Cambridge/Mass., München, Gießen, Potsdam, Jena, London, Trier und Göttingen, im Rahmen derer ich meine Arbeit vorstellen konnte. Während eines Semesters in Göttingen haben mir Bernd Weisbrod, Habbo Knoch und die dortigen Kollegen viele Hinweise gegeben. Unterschiedliche Teile der Arbeit habe ich auf Konferenzen in San Diego, Washington, Berlin, Bonn, Padua, Hamburg, Göttingen, Freiburg und Edmonton präsentiert sowie auf den Historikertagen 2010 und 2012 in Berlin und Mainz und auf Tagungen, die ich zusammen mit Hannah Ahlheim, Cornel Zwierlein und Frank Bösch in Bochum und am ZZF Potsdam organisiert habe. Ihnen sowie den Teilnehmerinnen und Teilnehmern danke ich für Unterstützung, Fragen und Kritik. Schließlich danke ich Andreas Wirsching und Magnus Brechtken für die schnelle und unkomplizierte Aufnahme der Arbeit in die „Quellen und Darstellungen zur Zeitgeschichte" sowie Gabriele Jaroschka vom Walter de Gruyter Verlag für die gute Zusammenarbeit.

Die Ursprungsidee, ein Buch über die erste Ölkrise zu schreiben, entstand 2006 bei einem Mittagessen mit Matthias Pohlig im Innenhof der Humboldt-Universität, wofür ich ihm genauso dankbar bin wie für viele andere Gespräche auf dem Weg zu diesem Buch. Moritz Föllmer und Philipp Müller haben fast alles, was ich in den letzten Jahren geschrieben habe, gelesen und durch immer freundliche, aber bestimmte Kritik deutlich verbessert. Ohne sie und ohne die kritische Lektüre von unterschiedlich großen Teilen des Manuskripts durch Marcus Böick, Aimee Genell, Constantin Goschler, Martin Kohlrausch, Kim Christian Priemel, Christiane Reinecke, Ulrike Schaper, Quinn Slobodian und Janosch Steuwer wäre diese Arbeit vielleicht schneller fertig geworden, vielleicht aber auch gar nicht. Obwohl es ein ganz prosaisches Buch ist, ist es Sandra gewidmet.

Rüdiger Graf, Berlin/Bochum im Februar 2014

> „When I no longer know where your power ends and mine begins; [...]
> when the more I try to force you to depend on me, the more I depend on you;
> when world politics becomes a test of vulnerability,
> and degrees of vulnerability are not identical with power supplies,
> who can feel secure?" (Stanley Hoffmann, 1978)[1]

1. Einleitung: Souveränität und Petro-knowledge

Als das renommierte *Oil and Gas Journal* 1959 ein Sonderheft zum hundertjährigen Jubiläum der Ölförderung in den Vereinigten Staaten herausbrachte, schalteten alle namhaften, an der Ölförderung beteiligten Unternehmen große Werbeanzeigen. Halliburtons Anzeige war charakteristisch für das Selbstbewusstsein, mit dem sich die Ölindustrie angesichts der wirtschaftlichen und gesellschaftlichen Bedeutungssteigerung des von ihr verarbeiteten Rohstoffs in der Mitte des 20. Jahrhunderts und darüber hinaus präsentierte: Um eine Zeichnung der legendären ersten Ölförderanlage, Drake's Well in Titusville/Pennsylvania, wurden Bilder zivilisatorischer Errungenschaften von den antiken Weltwundern bis hin zu modernen Schiffen, Flugzeugen, Zügen und Autos, einer Raffinerie, einer Fabrik und einem Landwirtschaftsbetrieb gruppiert, um so die elementare Bedeutung des Öls für die Entstehung der modernen Zivilisation zu verdeutlichen.

Der Text der Anzeige unterstrich die visuelle Botschaft von der zivilisationsbildenden Leistung des Öls und seiner konstitutiven Bedeutung für die westliche Welt noch einmal: „The needs of civilized man have increased throughout the ages based on desires of increasing populations to live better. Oil and its energy making components have been and will continue to be part of this progressive program of civilization which guarantees function and preservation of this ideology. On this theme the future of democracy will forever depend. Halliburton's extensive research and development programs are devoted to this progressing civilization."[2]

Knapp zwei Jahrzehnte später stellte der Physiker und Umweltaktivist Amory Lovins 1977 den Zusammenhang zwischen Energieverbrauch und Wirtschafts- und Gesellschaftsordnungen sowie politischen Systemen grundsätzlich anders dar. Im Gegensatz zu dem von ihm präferierten „soft energy path", der mit der dezentralen Nutzung erneuerbarer Energien aus Wind, Sonne und Wasser beschritten werden sollte, sah Lovins die westlichen Gesellschaften auf einem „hard energy path". Dieser stütze sich vor allem auf fossile Energieträger sowie zunehmend auch die Atomenergie und zeitige damit unwillkommene wirtschaftliche, gesellschaftliche und politische Effekte: „The hard path [...] demands strongly

---

[1] Stanley H. Hoffmann: Primacy or world order. American foreign policy since the cold war, New York 1978, S. 143.
[2] Halliburton-Werbung, in: Petroleum Panorama. Commemorating 100 years of Petroleum Progress, Tulsa/Okla. 1959, Umschlaginnenseite.

Abb. 1: Halliburton Werbung (1959)

interventionist central control, bypasses traditional market mechanisms, concentrates political and economic power, encourages urbanization, persistently distorts political structures and social priorities, increases bureaucratization and alienation, compromises professional ethics, is probably inimical to greater distributional equity within and among nations, inequitably divorces costs from benefits, enhances vulnerability and the paramilitarization of civilian life, introduces major economic and social risk, […] and nurtures – even requires – elitist technocracy whose exercise erodes the legitimacy of democratic government."[3]

In den achtzehn Jahren, die zwischen beiden Zitaten liegen, veränderten sich die internationale Ölwirtschaft und die energiepolitischen Strategien und Arrangements in Westeuropa und den USA rasant und mit ihnen wandelten sich auch das Nachdenken beziehungsweise die Debatten über Öl und Energie in Wissenschaft, Politik und Öffentlichkeit. Vor allem in den beschleunigten Veränderungen zu Beginn der 1970er Jahre bildeten sich Problemkonstellationen und diskursive Zusammenhänge heraus, die bis in die Gegenwart wirksam sind. Die Entwicklung verlief jedoch keineswegs von der Vorstellung einer schönen neuen Welt des Öls zur Erkenntnis der innen- und außenpolitisch negativen Konsequenzen des steigenden Verbrauchs fossiler Kohlenwasserstoffe, wie es die Zitate von Hallibur-

---

[3] Amory B. Lovins: Soft Energy Paths. Toward a Durable Peace, Harmondsworth 1977, S. 148.

ton und Lovins nahelegen könnten. Vielmehr bezeichnen die PR-Strategien der Ölindustrie, die sowohl ihre technischen Leistungen als auch die Bedeutung ihrer Produkte für das moderne Leben betonen, sowie die alternativen Energievorstellungen der Ökologiebewegung die Pole der politischen und gesellschaftlichen Auseinandersetzung, zwischen denen sich die Diskussion über Öl und Energie bewegte und noch immer bewegt.[4]

Bei allen Differenzen teilten Energieunternehmen und Umweltaktivisten allerdings die Grundannahme, dass der wachsende Verbrauch fossiler Energieträger, und zwar in der zweiten Hälfte des 20. Jahrhunderts vor allem des Öls, konstitutiv für die Ausbildung moderner Industrie- und Wohlstandsgesellschaften war; die moderne Welt erschien ihnen wesentlich als eine Welt des Öls. Denn der exzeptionelle ökonomische Boom der Nachkriegsjahrzehnte, das „Golden Age" (Eric Hobsbawm) oder die „Trente Glorieuses" (Jean Fourastié), der Mitte der 1970er endete, basierte nicht zuletzt auf der unbegrenzten und preisgünstigen Verfügbarkeit fossiler Energieträger.[5] Entscheidend war hier vor allem der rasant steigende Verbrauch von Erdöl, das zunehmend aus dem Mittleren Osten stammte und in den westlichen Industrieländern die Kohle als wichtigsten Primärenergieträger ablöste. Sowohl im ölkritischen Diskurs, in dem ein enger Zusammenhang zwischen der wachsenden Ölabhängigkeit und dem militärische Engagement der USA konstatiert wird, als auch weit darüber hinaus gilt das Öl als wichtigster Grundstoff moderner Industriegesellschaften.[6] Bliebe die ausreichende Zufuhr aus, so wird gemeinhin argumentiert, würde nicht nur die Wirtschaft zusammenbrechen, sondern das gesamte Gesellschaftsgefüge stünde vor Herausforderungen, die auch die Stabilität der politischen Ordnung gefährden könnten. In Zeiten des Kalten Krieges schien dieser Zusammenhang umso mehr zu gelten, als die Legiti-

---

[4] Vor allem Ölpreissteigerungen und Ölkatastrophen lösten und lösen immer wieder breite Debatten über die Zukunft fossiler Energieträger aus. Als jüngere populäre Fernseh- und Filmdokumentationen, die eine größere Öffentlichkeit erreichten, siehe: Over a Barrel. The Truth about Oil (ABC News, 2010); The End of Suburbia. Oil Depletion and the Collapse of the American Dream (Regie: Gregory Greene, 2004); The Hunt for Black Gold (Regie: Jeff Pohlmann, 2008); The Oil Crash (Regie: Basil Gelpke/Ray McCormack, 2007); Gasland (Regie: Josh Fox, 2010).

[5] John A. Hassan/Alan Duncan: The Role of Energy Supplies during Western Europe's Golden Age, 1950-1972, in: Journal of European Economic History 18 (1989), S. 479-508; John G. Clark: The political economy of world energy. A twentieth-century perspective, New York 1990; Christian Pfister u. a.: Das „1950er Syndrom". Zusammenfassung und Synthese, in: Christian Pfister/Peter Bär (Hg.), Das 1950er Syndrom. Der Weg in die Konsumgesellschaft, Bern 1996, S. 21-48; Vaclav Smil: Energy in World History, Boulder 1994; Václav Smil: Energy in the Twentieth Century. Resources, Conversions, Costs, Uses, and Consequences, in: Annual Review of Energy and the Environment 25 (2000), S. 21-51.

[6] Michael T. Klare: Blood and Oil. The Dangers and Consequences of America's Growing Dependency on Imported Petroleum, New York 2005; Ian Rutledge: Addicted to Oil. America's Relentless Drive for Energy Security, London 2005; Jay E. Hakes: A Declaration of Energy Independence. How Freedom from Foreign Oil Can Improve National Security, our Economy, and the Environment, Hoboken/N.J. 2008; Thomas Seifert/Klaus Werner: Schwarzbuch Öl. Eine Geschichte von Gier, Krieg, Macht und Geld, Wien 2005; Daniel Yergin: The Prize. The Epic Quest for Oil, Money, and Power, New York 1991.

mität westlicher Demokratien wesentlich durch Wohlstandssteigerungen hergestellt wurde, die auch durch den rasant wachsenden Energie- und Ölkonsum ermöglicht wurden.

Wenn dieser Zusammenhang zwischen Öl, modernen Wirtschafts- und Gesellschaftsformen und der Legitimität westlicher demokratischer Institutionen tatsächlich bestand oder auch nur genügend Menschen an ihn glaubten, dann war die erste Ölkrise der Jahre 1973/74 eine fundamentale Herausforderung für die politische Legitimität und Souveränität in den USA, Westeuropa und Japan.[7] Schon im Verlauf der 1960er Jahre hatten die rohstoffreichen Länder der sogenannten Dritten Welt und allen voran die in der Organization of Petroleum Exporting Countries (OPEC) organisierten Ölförderländer immer deutlicher gefordert, permanente Souveränität über die auf ihrem Territorium befindlichen natürlichen Ressourcen ausüben zu können, die bisher auf der Basis von Konzessionen durch Ölkonzerne gefördert wurden, die ihre Hauptsitze in den USA und Westeuropa hatten. Im Oktober 1973 scheiterten Verhandlungen zwischen den Förderländern und den Ölfirmen über die Erhöhung des Ölpreises, und die Förderländer setzen einseitig starke Preissteigerungen durch, die in kurzer Zeit zu einer Vervierfachung des Ölpreises führten. Gleichzeitig verkündeten die in der Organization of Arab Petroleum Exporting Countries (OAPEC) organisierten arabischen Förderländer Produktionsbeschränkungen und verhängten ein Embargo gegen die USA und die Niederlande, um die arabische Seite im Jom-Kippur-Krieg mit Israel zu unterstützen und westliche Länder zu einer pro-arabischeren Positionierung zu bewegen.

Die Handlungen von OPEC und OAPEC zerstörten die komplexen Kommunikations- und Interaktionsroutinen der globalen Ölwirtschaft und forderten die Souveränität der westlichen Industrienationen ganz fundamental heraus. Während die Förderländer Souveränitätsrechte erwarben und ihre Förderpolitik koordinierten, schien die Souveränität der Regierungen westlicher Industrienationen in Frage zu stehen. Denn die Ölkrise zeigte in aller Deutlichkeit, was Energieexperten und aufmerksame Beobachter seit den späten 1960er Jahren festgestellt hatten: Die westeuropäische, nordamerikanische und japanische Politik hing von einer Grundlage ab, die sie selbst nicht garantieren konnte, nämlich von der preisgünstigen und unbegrenzten Verfügbarkeit von Energieträgern und zwar vor allem von Öl. Im Folgenden wird die Frage untersucht, wie Politiker in Westeuropa und den USA auf diese Herausforderung der nationalen Souveränität bzw. ihrer politischen Autorität, also der legitimen Wahrnehmung von Souveränitätsrechten, reagierten. Mit welchen Maßnahmen und Strategien versuchten sie, ihre politische Autorität und die nationale Souveränität zu behaupten?

---

[7] Timothy Mitchell formuliert überspitzter einen konstitutiven Zusammenhang von kohlenwasserstoffbasierten Energiesystemen und demokratischen politischen Ordnungen, wobei die Kohle moderne politische Partizipationsformen ermöglicht, das Öl sie dann aber wieder gefährdet und zerstört habe; siehe Timothy Mitchell: Carbon Democracy. Political Power in the Age of Oil, London/New York 2011, S. 6: „The leading industrialised countries are also oil states."

Souveränität

Der Souveränitätsbegriff war immer vieldeutig.[8] Zunächst bezeichnete er in seiner staatsrechtlichen Ausformulierung durch Jean Bodin die „letzte Entscheidungsinstanz innerhalb eines Staates und die völlige Unabhängigkeit dieses Staates nach außen", die ältere Formen legitimer Gewalt (z. B. der Stände) ersetzen sollte.[9] Im 19. Jahrhundert avancierte der Souveränitätsbegriff zur universellen Norm, so dass Lassa Francis Lawrence Oppenheim definierte, neben Territorium und Volk gehöre zum Staat eine souveräne Regierung: „There must [...] be a sovereign government. Sovereignty is supreme authority, an authority which is independent of any other earthly authority. Sovereignty in the strict and narrowest sense of the term includes, therefore, independence all around, within and without the borders of the country."[10] Im 20. Jahrhundert erlebte das Souveränitätsprinzip mit dem Zusammenbruch bzw. der Auflösung größerer imperialer Strukturen infolge der Weltkriege und der Gründung der Vereinten Nationen als einer Organisation souveräner Staaten seinen Höhepunkt. Zugleich wurde aber vor allem in der zweiten Hälfte des 20. Jahrhunderts immer intensiver gefragt, ob die Idee einer höchsten und absoluten Herrschaftsgewalt über ein Territorium noch angemessen sei, um die Strukturen und Probleme von Staatlichkeit in der Gegenwart zu erfassen.[11] Nachdem im Zuge der imperialen Expansion Europas den kolonisierten Völkern keine Souveränitätsrechte zugesprochen worden waren, erwarben sie diese im Prozess der Dekolonisation, allerdings nur unter Anerkennung der Regeln des Völkerrechts.[12] Diese schränkten ihre Souveränität aber gleich wieder ein, indem sie sie zur Wahrung der Verträge zwangen, auf deren Basis westliche Firmen die auf ihrem Territorium befindlichen Rohstoffe förderten. „Permanente Souveränität über natürliche Ressourcen" wurde daher in den 1960er Jahren zur zentralen Forderung der dekolonisierten Länder der sogenannten Dritten Welt.[13]

---

[8] Siehe zur Begriffsgeschichte Reinhart Koselleck u. a.: Staat und Souveränität, in: Otto Brunner/Werner Conze/Reinhart Koselleck (Hg.), Geschichtliche Grundbegriffe. Bd. 6, Stuttgart 1990, S. 1-154, hier S. 98-154; Dieter Grimm: Souveränität. Herkunft und Zukunft eines Schlüsselbegriffs, Berlin 2009, sowie noch immer F. H. Hinsley: Sovereignty, London 1966.

[9] Koselleck u. a.: Staat und Souveränität, S. 1; Hinsley: Sovereignty, S. 25; zur absolutistischen Theoriebildung vor, bei und nach Bodin siehe Grimm: Souveränität, S. 16-34.

[10] L. Oppenheim: International Law. A Treatise. Bd. 1: Peace, New York/Bombay 1905, S. 101. Zur Bedeutung der Entwicklung im 19. Jahrhundert siehe Andreas Osiander: Sovereignty, International Relations, and the Westphalian Myth, in: International Organization 55,2 (2001), S. 251-287.

[11] Niels P. Petersson/Wolfgang M. Schröder: Souveränität und politische Legitimation. Analysen zum „geschlossenen" und zum „offenen" Staat, in: Georg Jochum u. a. (Hg.), Legitimationsgrundlagen einer europäischen Verfassung. Von der Volkssouveränität zur Völkersouveränität, Berlin 2007, S. 103-150, hier S. 105; Daniel Philpott: Revolutions in sovereignty. How ideas shaped modern international relations, Princeton/N.J. 2001, sieht die Dekolonisation als zweite „Souveränitätsrevolution" nach der ersten am Ende des 30-jährigen Krieges.

[12] Antony Anghie: Imperialism, Sovereignty and the Making of International Law, Cambridge 2005, S. 5.

[13] Ebd., S. 196-243, v.a. S. 213; siehe dazu ausführlicher Kapitel 7.3.1.

Nicht nur die Länder der Dritten Welt sahen ihre Souveränität eingeschränkt; um 1970 diagnostizierten zunehmend auch in Westeuropa und den USA einflussreiche Politik- und Staatswissenschaftler eine Erosion nationalstaatlicher Souveränität bzw. die Obsoleszenz klassischer Souveränitätsvorstellungen. Dafür machten sie im Wesentlichen zwei Prozesse verantwortlich: Auf der einen Seite schienen durch die gewachsene ökonomische Globalisierung – in zeitgenössischer Begrifflichkeit „Interdependenz" – wirtschaftliche Strukturen entstanden zu sein, die sich der Gestaltungsmacht einzelner Staaten weitgehend entzogen, zugleich aber massive Auswirkungen auf diese zeitigen konnten. Für Charles Kindleberger war der Nationalstaat schon 1969 keine ernstzunehmende ökonomische Einheit mehr, und Raymond Vernon nahm eine verbreitete Angst gegenüber den einflussreicher gewordenen multinationalen Konzernen wahr, die aber auch zu Gegenmaßnahmen führe: „Suddenly, it seems, the sovereign states are feeling naked. Concepts such as national sovereignty and national economic strength appear curiously drained of meaning."[14] Auf der anderen Seite schienen transnationale Organisationen und internationale Vertragssysteme die Handlungsmöglichkeiten von Nationalstaaten einzuschränken, wie Robert Keohane und Joseph Nye argumentierten.[15] So gerieten beispielsweise die globale Menschrechtspolitik und die Vereinten Nationen zunehmend in Konflikt mit nationalen Souveränitätsansprüchen.[16] Gleichzeitig waren die Verträge der Europäischen Gemeinschaften ein viel diskutiertes Beispiel für die freiwillige Aufgabe von nationalen Souveränitätsrechten in supranationalen Strukturen.[17]

Die Souveränität westlicher Demokratien stellte der konservative Staatsrechtler Ernst Forsthoff zu Beginn der 1970er Jahre am Beispiel der Bundesrepublik Deutschland aber noch viel grundsätzlicher in Frage. Als „Staat der Industriegesellschaft" sei sie nicht mehr im klassischen Sinne souverän zu nennen, weil sie nicht mehr über das „Recht und das tatsächliche Vermögen zur Entscheidung im existenziellen Konflikt" verfüge.[18] Denn, so führte der Schmittianer Forsthoff weiter aus, „der harte Kern des heutigen sozialen Ganzen ist nicht mehr der Staat,

---

[14] Raymond Vernon: Sovereignty at bay. The multinational spread of U.S. enterprises, London 1971, S. 3; Charles Poor Kindleberger: American Business Abroad. Six Lectures on Direct Investment, New Haven 1969, S. 207; siehe dazu auch David A. Lake: The New Sovereignty in International Relations, in: International Studies Review 5 (2003), S. 303-323.

[15] Joseph S. Nye, JR./Robert O. Keohane: Transnational Relations and World Politics: A Conclusion, in: International Organization 25,3 (1971), S. 721-748; siehe auch das ganze Sonderheft, das zwei Jahre später erneut publiziert wurde als Robert O. Keohane/Joseph S. Nye (Hg.): Transnational relations and World Politics, Cambridge/Mass. 1973.

[16] Samuel Moyn: The last utopia. Human rights in history, Cambridge/Mass. 2010.

[17] Siehe zur Integrations-/Souveränitätsproblematik vor allem die spätere Debatte über die „Rettung der europäischen Nationalstaaten" durch die Integration. Alan S. Milward: The European Rescue of the Nation-State, Berkeley 1992; siehe auch James J. Sheehan: The Problem of Sovereignty in European History, in: American Historical Review 111,1 (2006), S. 1-15; Kiran Klaus Patel: Europäische Integrationsgeschichte auf dem Weg zur doppelten Neuorientierung. Ein Forschungsbericht, in: Archiv für Sozialgeschichte 50 (2010), S. 595-642.

[18] Ernst Forsthoff: Der Staat der Industriegesellschaft. Dargestellt am Beispiel der Bundesrepublik Deutschland, München 1971, S. 12, 17.

sondern die Industriegesellschaft, und dieser harte Kern ist durch die Stichworte Vollbeschäftigung und Steigerung des Sozialprodukts gekennzeichnet."[19] Die Legitimität des Staatswesens – vor allem der Bundesrepublik – hänge vollständig von der wirtschaftlichen Leistungsfähigkeit der Industriegesellschaft ab und werde zwangsläufig erodieren, wenn die bisher gewohnten Wachstumssteigerungen ausblieben. Auch Ernst-Wolfgang Böckenförde diagnostizierte 1972 eine „zunehmende Identifikation von Staat und Wirtschaft", da die erweiterten Aufgaben des Staates, nämlich soziale Sicherheit, wachsenden Wohlstand und gesellschaftlichen Fortschritt zu gewährleisten, nicht von diesem allein zu garantieren seien, sondern ihre Grundlage im wirtschaftlichen Wachstum hätten, für das der Staat nur Rahmenbedingungen bereitzustellen versuchen könne.[20] Böckenfördes schon 1967 formuliertes und seitdem viel zitiertes Diktum, der „freiheitliche, säkularisierte Staat" lebe von Voraussetzungen, „die er selbst nicht garantieren" könne, galt also nicht nur für die von ihm in den Blick genommenen Bereiche von Religion und Moral, sondern anscheinend auch für die wirtschaftlichen Verteilungsspielräume und, wie sich in der Ölkrise zeigte, deren energetische Grundlage.[21]

Vor dem Hintergrund dieser souveränitätstheoretischen Debatte wurden die Handlungen von OPEC und OAPEC als souveränitätspolitische Bedrohung wahrgenommen. So meinte beispielsweise der britische Oppositionsführer Harold Wilson im November 1973 in kleinem Kreis, die britische Souveränität sei seit dem Däneneinfall vor über tausend Jahren nicht mehr unter derartigen Druck geraten wie jetzt durch die Politik der Förderländer.[22] Der Begriff der Souveränität wird also nicht ex-post an die Ereignisse herangetragen, sondern viele Zeitgenossen führten ihn im Munde. Zugleich wirkte die Ölkrise auf die Souveränitätsdebatte, die dann vor allem nach dem Ende des Kalten Krieges in den 1990er Jahren einen neuen Schub erhielt und bis in die Gegenwart andauert.[23] Da ein wesentliches Ziel der folgenden Kapitel darin besteht, die souveränitätspolitische

---

[19] Ebd., S. 164; siehe mit nicht unähnlicher Stoßrichtung den Bericht der Trilateralen Kommission über die Krise der Demokratie von Michel Crozier/Jōji Watanuki/Samuel P. Huntington: The Crisis of Democracy. Report on the Governability of Democracies to the Trilateral Commission, New York 1975.

[20] Ernst-Wolfgang Böckenförde: Die Bedeutung der Unterscheidung von Staat und Gesellschaft im demokratischen Sozialstaat der Gegenwart [1972], in: Staat, Gesellschaft, Freiheit. Studien zur Staatstheorie und zum Verfassungsrecht, Frankfurt am Main 1976, S. 185–220, hier S. 206.

[21] Ernst-Wolfgang Böckenförde: Die Entstehung des Staates als Vorgang der Säkularisation [1967], in: Staat, Gesellschaft, Freiheit. Studien zur Staatstheorie und zum Verfassungsrecht, Frankfurt am Main 1976, S. 42–64, hier S. 60.

[22] [Karl-Günther v.] Hase: Bericht über den Besuch Abdessalams und Yamanis in London, 30.11.1973, Politisches Archiv des Auswärtigen Amts, Berlin (im Folgenden: PA AA), B 36 (Referat 310), 104992; weitere Belege finden sich im Verlauf der Arbeit.

[23] Siehe einführend Joseph A. Camilleri/Jim Falk: The End of Sovereignty? The Politics of a Shrinking and Fragmenting World, Aldershot 1992; Saskia Sassen: Losing Control? Sovereignty in an Age of Globalization, New York 1996; Manuel Fröhlich: Lesarten der Souveränität, in: Neue Politische Literatur 50,4 (2005), S. 19–42; David J. Eaton (Hg.): The end of sovereignty? A transatlantic perspective, Hamburg 2006; Trudy Jacobsen/C. J. G. Sampford/Ramesh Chandra Thakur (Hg.): Re-envisioning sovereignty. The end of Westphalia?, Aldershot/Burlington/Vt. 2008; Grimm: Souveränität.

Herausforderung durch die Ölkrise genauer zu bestimmen und sie damit zugleich souveränitätsgeschichtlich einzuordnen, ergibt sich ein grundsätzliches Problem: Es wird einerseits versucht, die Souveränitätsdiskussionen zu historisieren und die Wirkung der Ölkrise auf sie abzuschätzen, andererseits muss aber auch mit dem Souveränitätsbegriff gearbeitet werden, so dass sich die Arbeit selbst in dieser Diskussionstradition befindet. Diese Ambivalenz aufzulösen bzw. zu explizieren, ist die Aufgabe späterer Kapitel (8), während hier zunächst nur präzisiert werden soll, wie und warum der Begriff zur Analyse fruchtbar gemacht werden kann.

Zunächst wird Souveränität nicht als Eigenschaft verstanden, über die ein Staatswesen verfügen kann oder nicht, sondern vielmehr als Anspruch, der erhoben, bezweifelt, angegriffen und verteidigt werden kann.[24] Damit ist der Begriff sozial konstituiert und hat immer auch eine kommunikative Dimension: Souverän ist nur, wer von Anderen als souverän anerkannt wird, und die Herstellung von Souveränität ist eng mit ihrer Demonstration verbunden. Souveränität beruht daher nicht nur auf der effektiven Ausübung von Herrschaft über ein bestimmtes Territorium, sondern auch auf ihrer Kommunikation, die sich in der zweiten Hälfte des 20. Jahrhunderts in global verknüpften Medienensembles vollzog.[25] Schließlich hat Souveränität immer zumindest eine innen- und eine außenpolitische Dimension. Präziser lässt sich mit Stephen D. Krasner zwischen vier verschiedenen Aspekten des Souveränitätsbegriffs unterscheiden, die miteinander verbunden sein können, aber nicht müssen: „international legal sovereignty", also die wechselseitige Anerkennung im Staatensystem; „Westphalian sovereignty", der Ausschluss externer Einflüsse auf dem eigenen Territorium; „domestic sovereignty", die Fähigkeit, politische Autorität auf einem Territorium auszuüben; und „interdependence sovereignty", die Fähigkeit, den Fluss von Ideen, Gütern und Menschen über Grenzen zu regulieren.[26]

In welchem Sinn war die nationale Souveränität in Westeuropa und den USA durch die Handlungen von OPEC und OAPEC gefährdet? Zu keinem Zeitpunkt ging es um die sogenannte westfälische Souveränität. Herausgefordert war vielmehr die Interdependenz-Souveränität, allerdings nicht in dem Sinne, in dem diese meist verstanden wird, nämlich als die Fähigkeit, bestimmte Güter, Menschen und Ideen durch Grenzsicherung vom eigenen Territorium fernzuhalten, sondern vielmehr als die Fähigkeit, den ausreichenden Fluss eines bestimmten Guts, in diesem Falle des Öls, über die Grenzen zu garantieren. Darüber hinaus griff die OAPEC auch die internationale Souveränität der westlichen Demokratien an, indem sie diese durch die Produktionsbeschränkungen bzw. das Embargo

---

[24] So bereits Hinsley: Sovereignty und Camilleri/Falk: The End of Sovereignty?, S. 11; Sheehan: The Problem of Sovereignty; Michael Stolleis: Die Idee des souveränen Staates, in: Entstehen und Wandel verfassungsrechtlichen Denkens (Der Staat, Beiheft 11), Berlin 1995, S. 63-85.

[25] Thomas J. Biersteker/Cynthia Weber: The social construction of state sovereignty, in: Thomas J. Biersteker/Cynthia Weber (Hg.), State sovereignty as social construct, Cambridge 1996, S. 1-21.

[26] Stephen D. Krasner: Sovereignty. Organized hypocrisy, Princeton/N.J./Chichester 1999, S. 3.

zwingen wollte, eine bestimmte außenpolitische Position einzunehmen. Diese Drohung ging davon aus, dass fortgesetzte Lieferausfälle auch die innenpolitische Souveränität der Staaten beeinträchtigen und ihre jeweiligen Regierungen, wenn nicht gar ihre politischen Ordnungen insgesamt, gefährden könnten.

Petroknowledge

Die internationale Ölwirtschaft und Ölpolitik bildete ein komplexes Interaktions- und Kommunikationssystem, innerhalb dessen viele Akteure über je verschiedene Möglichkeiten verfügten, den Fluss des Öls zu beeinflussen: die Ölfirmen, vor allem die großen, multinationalen Konzerne, die einzelnen Regierungen der Förderländer, internationale Organisationen wie die OPEC, die OAPEC, die Organization of Economic Cooperation and Development (OECD) oder die Europäischen Gemeinschaften (EG), die Regierungen, aber auch einzelne Regierungsinstitutionen oder andere Behörden in den Verbraucherländern, Wissenschaftler und Ölexperten verschiedener Disziplinen sowie letztlich die individuellen Öl- und Energieverbraucher. Die Interaktions- und Kommunikationsprozesse zwischen diesen Akteuren verliefen in über Jahre etablierten Routinen, bevor sie von OPEC und OAPEC zerstört wurden. Handlungen wurden wieder fragwürdig, weil die beteiligten Akteure weder das Verhalten der Anderen noch ihre eigenen Reaktionen darauf einfach antizipieren oder voraussetzen konnten. Eine solche Konstellation der Kontingenz erzeugt, solange keine neuen Routinen etabliert sind, bei allen Beteiligten große Unsicherheit. Ihre Handlungsmöglichkeiten hängen jeweils entscheidend davon ab, wie viel sie über die anderen Akteure und den gemeinsamen Gegenstand wissen bzw. zu wissen glauben.[27]

Kontingenz, Unsicherheit und Nichtwissen verstärkten bei den Zeitgenossen den Eindruck, dass es sich bei den Veränderungen der internationalen Ölwirtschaft und der nationalen Energiepolitik um ein Problem handelte, das fundamentale Fragen politischer Souveränität, Legitimation und Autorität berührte. Sowohl in den Vereinigten Staaten als auch in der Bundesrepublik, Westeuropa und Japan schien es den demokratisch legitimierten Regierungen und ihren Beamtenstäben im Moment der Krise an ölbezogenem Wissen zu mangeln, und deshalb wurde ihre Handlungsfähigkeit in Frage gestellt. So verfolgte der demokratische Senator Henry M. Jackson zwar eine bestimmte regierungskritische Agenda, gab aber zugleich einen in der Öffentlichkeit und in Regierungskreisen in den USA und Westeuropa weit verbreiteten Eindruck wieder, als er im Januar 1974 eine Anhörung des Committee on Government Operations des US-Senats zur Ölkrise mit den folgenden Worten eröffnete: „The first conclusion that we have drawn from the first three days of hearings is that we still do not have the facts we

---

[27] Die Konstellation ähnelt also dem, was Niklas Luhmann mit dem Begriff der „doppelten Kontingenz" beschrieben hat. Niklas Luhmann: Soziale Systeme. Grundriß einer allgemeinen Theorie, Frankfurt am Main 2001, S. 148-190.

need to make sound national economic and energy policy. We know we have an energy shortage but we do not know how big the shortage is or how bad it will get. We don't have accurate or reliable figures on stocks, on demand, on costs, on imports, or virtually anything else. Today, no one, I repeat no one, has access to accurate current information on energy reserves or resources."[28]

Äußerungen wie diesen lag ein verwissenschaftlichtes Politikverständnis zugrunde, demzufolge Wissen in einem klassischen Sinne, das heißt als gerechtfertigte, wahre Überzeugung, die auf richtigem – und das bedeutete zumeist wissenschaftlichem – Weg zustande gekommen ist, für nötig erachtet wurde, um politische Entscheidungen zu treffen.[29] Konkret ging es hierbei vor allem um Wissen über Öl und seine zukünftige Verfügbarkeit, das im Folgenden im Anschluss an den Politologen Timothy Mitchell „Petroknowledge" genannt wird.[30] Während Mitchell mit Petroknowledge das keynesianische ökonomische Wissen nach dem Zweiten Weltkrieg bezeichnet, das auf der unbegrenzten Verfügbarkeit billiger Energieträger und vor allem des Öls basiert habe, ohne diese Grundlage jedoch ausreichend zu reflektieren, wird der Begriff hier auf alle Formen des Expertenwissens über Öl ausgeweitet. Als die Öl- und Energieversorgung westlicher Demokratien zu Beginn der 1970er Jahre und dann vor allem in der sogenannten Ölkrise problematisch zu werden schien, stieg der politische und öffentliche Bedarf an ölbezogenem Wissen sprunghaft an. Petroknowledge war ähnlich inflationär wie die sogenannten Petrodollars und veränderte damit ebenfalls seinen Wert für die Politikgestaltung.[31]

Politiker in Westeuropa und den USA, die sich zu Beginn der 1970er Jahre im Energiebereich mit einem neuen Problem konfrontiert sahen, das sie vorher kaum reflektiert hatten, wollten durch Rückgriff auf solides Expertenwissen ihre eigene politische Handlungsfähigkeit erhöhen und zugleich öffentlich demonstrieren. In der akuten Krise ging es zunächst um ganz konkrete Fragen wie zum Beispiel, wie viel Öl pro Tag fehlen würde oder welche Sparmaßnahmen dazu geeignet seien, die Ausfälle ohne größere Schäden für die wirtschaftliche Entwicklung zu kompensieren. Mittel- und langfristig sollte darüber hinaus der voraussichtliche Energiebedarf bestimmt und die Zusammensetzung und Herkunft der

---

[28] U.S. Congress. Senate. Commitee on Government Operations: The Federal Energy Office. Hearings before the Permanent Subcommittee on Investigations, Washington D.C. 1974, S. 597. Siehe auch die ex-post Analyse der US-amerikanischen Energiemodellierungen der 1970er Jahre, die dazu dienen sollten, Handlungsanleitungen für die Energiepolitik bereitzustellen; Martin Greenberger: Caught Unawares. The Energy Decade in Retrospect, Cambridge/Mass. 1983.

[29] In diesem Sinne wird der Wissensbegriff auch im Verlauf der Arbeit gebraucht, wobei die Rechtfertigung immer auf die zeitgenössischen Bedingungen bezogen ist und die Wissensansprüche nicht aus heutiger Perspektive bestätigt werden sollen.

[30] Timothy Mitchell: Carbon Democracy, in: Economy and Society 38,3 (2007), S. 399–432, hier S. 417; ders.: The Resources of Economics. Making the 1973 Oil Crisis, in: Journal of Cultural Economy 3,2 (2010), S. 189–204; ders.: Carbon Democracy, S. 139.

[31] Ibrahim Oweiss: Petro-Money. Problems and Prospects, in: G. C. Wiegand (Hg.), Inflation & Monetary Crisis, Washington 1975, S. 84–90.

Primärenergie so gestaltet werden, dass die Energieversorgung möglichst ausreichend, sicher und kostengünstig sein würde. Der Aufbau regierungsamtlicher Expertise in den USA oder der Rückgriff auf Expertisen von Forschungsinstituten und Think Tanks, die angefordert oder angeboten wurden, diente also zur Sicherung der energiepolitischen Souveränität. Zugleich sollte aber auch die öffentliche Demonstration, dass die Regierung auf Basis der bestmöglichen Expertise handelte, ihre Legitimität gegenüber der Bevölkerung wie auch ihre Stellung gegenüber den multinationalen Ölkonzernen und den Förderländern zu sichern helfen.

Petroknowledge liegt weder auf der Straße noch ist es so fluide und vagierend, wie viele Theoretisierungen des Wissensbegriffs annehmen lassen würden. Es entstand vielmehr an ganz bestimmten Orten: bei den Petroleum-Ingenieuren, die an der Förderung und Produktion beteiligt waren, in der Petroleum-Geologie, den Wirtschaftswissenschaften, aber auch in den Sozial- und Politikwissenschaften. Jenseits der Praxis auf den Ölfeldern und in der verarbeitenden Industrie war seine Entstehung hochgradig disziplinär gebunden, so dass klassische Annahmen über die Diffusion und Popularisierung wissenschaftlichen Wissens hier noch eine hohe Plausibilität haben. Petroknowledge war im 20. Jahrhundert zudem so weit ausdifferenziert, dass die Ergebnisse der einen Disziplin selbst von den Experten der anderen oft nur noch in ihrer medial popularisierten Form rezipiert werden konnten.[32] Von Beginn an entstand Petroknowledge schon deshalb nicht als desinteressiertes akademisches Wissen, weil es vor allem in den Forschungsabteilungen der großen Ölkonzerne produziert wurde und damit direkt in ökonomische Prozesse eingebunden war.[33] Mit der Bedeutungssteigerung des Öls für moderne Wirtschaften und Gesellschaften in den 1960er und 1970er Jahren setzte sich die Ökonomisierung des Petroknowledge fort. Zugleich kam es aber auch zu einer Politisierung, indem immer mehr Politik- und Sozialwissenschaftler über die Bedeutung des Öls und die Sicherung der Energiezufuhr nachzudenken begannen und ihre Expertise in den politischen Entscheidungsprozess einzubringen suchten.[34] Schon zeitgenössisch warfen die verschiedenen ökonomischen und politischen Interessen bei der Produktion des Petroknowledge die Frage auf, ob die Fundierung politischer Strategien durch objektive Daten überhaupt gelingen könnte. Im Folgenden geht es weder darum, den Anspruch der wissensbasierten Politikgestaltung unkritisch zu übernehmen, noch um seine Entlarvung als falsche Ideologie.[35] Vielmehr soll die Bedeutung des Petroknowledge in den souveränitätspolitischen Strategien der westlichen Industrieländer bestimmt werden.

---

[32] Gerhard Bischoff/Werner Gocht/F. Adler (Hg.): Das Energiehandbuch, Braunschweig 1970.
[33] Siehe zur Transformation der Wissenschaft unter den Bedingungen industrieller Großforschung im 20. Jahrhundert Steven Shapin: The Scientific Life. A Moral History of a Late Modern Vocation, Chicago 2008.
[34] Rüdiger Graf: Expert Estimates of Oil-Reserves and the Transformation of „Petroknowledge" in the Western World from the 1950s to the 1970s, in: Frank Uekötter/Uwe Lübken (Hg.), Managing the Unknown. Essays on Environmental Ignorance, New York 2014, S. 140-167.
[35] Letzteres versuchen Aaron B. Wildavsky/Ellen Tenenbaum: The politics of mistrust. Estimating American oil and gas resources, Beverly Hills 1981, S. 133—135, 228.

Neben der Produktion und Nutzung energiebezogenen Wissens sollten innen- wie außenpolitische Maßnahmen die Handlungsfähigkeit der Regierungen gewährleisten und ihre Souveränität sichern. So wurde versucht, energiepolitische Kompetenzen zu zentralisieren bzw. auf höherer Ebene zu institutionalisieren und zugleich die Möglichkeiten der Exekutive, Notmaßnahmen zur Sicherung der Energieversorgung zu erlassen, zu erweitern. In diesem Prozess wurde Energie überhaupt erst zu dem eigenständigen Politikfeld, das sie bis heute mit steigender Bedeutung geblieben ist.[36] Diese Veränderungen sind genauso Gegenstand dieser Arbeit wie die konkreten energiepolitischen Maßnahmen, mit denen „Energiesicherheit" hergestellt werden sollte. Letztere konnte entweder durch die Diversifizierung von Energieträgern, die Diversifizierung der Bezugsländer oder aber Energiesparmaßnahmen erhöht werden. Da Energieindustrien grundsätzlich lange Umstrukturierungszeiten benötigen, versprachen in der akuten Ölkrise nur Sparmaßnahmen kurzfristige Verbesserungen. Daher setzten alle Regierungen auf Sparappelle an die Bevölkerung oder verpflichtende Sparmaßnahmen, die die öffentliche Sichtbarkeit der Ölkrise noch einmal erhöhten und zugleich breite mediale Diskussionen, aber auch direkte Kommunikationsprozesse zwischen Regierenden und Regierten auslösten. An ihrem Beispiel kann untersucht werden, was mit einer hochmobilen und technisierten Gesellschaft geschieht, wenn Energie knapp zu werden droht.

Insofern das Ölembargo bzw. das Produktionsbeschränkungsregime Maßnahmen der Förderländer waren, um Westeuropa, die USA und Japan zu einer proarabischen Politik zu bewegen, waren die Außenpolitik bzw. die internationalen Beziehungen ein weiteres Feld, auf dem Letztere ihre Souveränität zu sichern suchten. Gerade hier zeigt sich die auch analytische Stärke des Souveränitätsbegriffs, der es erlaubt, das Wechselspiel von außen- und innenpolitischen Strategien in den Blick zu nehmen, die in der Ölkrise eng miteinander verknüpft waren: Energieeinsparungen im eigenen Land sollten die Verhandlungsposition gegenüber den Förderländern verbessern, denen mit den energiepolitischen Umstrukturierungen mitgeteilt werden sollte, Westeuropa und die USA würden mittelfristig ihre Abhängigkeit von Öllieferungen aus dem Mittleren Osten reduzieren. Zugleich versuchten die Regierungen der Konsumentenländer zum einen, in Verhandlungen mit den Förderländern die Produktionsbeschränkungen aufzuheben oder zumindest zu erleichtern und Ölpreissteigerungen zu begrenzen. Zum anderen verhandelten sie aber auch mit den anderen Konsumentenländern über Möglichkeiten, ihre eigene Position innerhalb der globalen Ölwirtschaft zu verbessern bzw. die Welt des Öls insgesamt neu zu strukturieren. Auch in den internationalen Verhandlungen ging es wiederum explizit darum, wie Energiesicherheit und nationale Souveränität am besten zu wahren seien: in bilateralen Verhandlungen mit den Förderländern oder im Rahmen multilateraler Foren und Institutionen, die auch partiellen Souveränitätsverzicht implizieren konnten? In der Ölkrise war die Welt des Öls bzw. ihre bisherige Ordnung virtualisiert worden und nun stan-

---

[36] Peter Z. Grossman: U.S. Energy Policy and the Pursuit of Failure, Cambridge 2013, S. 67.

den unterschiedliche Neuordnungsvisionen einander gegenüber. Während die französische Regierung für einen Dialog unter Einbezug von Förder-, Entwicklungs- und Industrieländern im Rahmen der UN plädierte, strebten die USA und mit ihnen die übrigen Westeuropäer eine Organisation der wichtigsten Konsumentenländer an, die dann mit der Gründung der Internationalen Energieagentur auch realisiert wurde.

Anlage der Arbeit

Da Ölvorkommen weltweit ungleich verteilt sind und Öl meist nicht an den Orten verarbeitet und verbraucht wird, an denen es gefördert wird, bildeten sich im 20. Jahrhundert weltweite ölwirtschaftliche Zusammenhänge aus, und auch die Ölkrise war ein globales Phänomen: Veränderungen des Ölflusses waren, sobald sie ein gewisses Maß überschritten, immer im ganzen System zu spüren. Einzig die Länder des Ostblocks, die durch die Ölvorkommen in der Sowjetunion grundsätzlich öl- und energieautark waren, blieben von den unmittelbaren Auswirkungen zunächst verschont. Sie profitierten im Gegenteil mittelfristig von den gestiegenen Energiepreisen und dem Bedürfnis vor allem der Westeuropäer, Öl und Gas aus dem Osten zu importieren, um dann in den 1980er Jahren umso härter vom Verfall des Ölpreises getroffen zu werden.[37] Aufgrund der globalen Struktur der Ölwirtschaft bliebe eine Untersuchung, die sich auf ein Land oder auch auf eine Gruppe von Ländern wie zum Beispiel die westeuropäischen beschränkt, notwendig defizitär.[38] Zugleich wäre es eine Illusion, globale Vollständigkeit oder auch nur Ausgewogenheit anzustreben, da jede Untersuchung Schwerpunkte setzen muss, die sich aus den Erkenntnisinteressen ergeben. Diese liegen hier auf den souveränitätspolitischen Strategien der westlichen Industrieländer. Die größte Bedeutung kommt daher den Vereinigten Staaten zu. Sie waren das Mutterland der industriellen Ölförderung, bis zum Beginn der 1970er Jahre das größte Förder- und das größte Verbraucherland, die Hegemonialmacht im westlichen Bündnis und beheimateten fünf der sieben größten Ölkonzerne. Um größtmögliche Differenz herzustellen, liegt ein zweiter Schwerpunkt auf der Bundesrepublik Deutschland, in der weder große Ölvorkommen lagen noch bedeutende Ölfirmen ansässig waren. Da die Bundesrepublik in der Energie- und Außenpolitik in die inter- und supranationalen Strukturen der Europäischen Gemeinschaften eingebunden war, wird die Perspektive hier jedoch auf die europäischen Partnerländer, insbesondere Großbritannien und Frankreich ausgeweitet. Darüber hinaus geht es darum, die Interak-

---

[37] Stephen Kotkin: The Kiss of Debt. The East Bloc Goes Borrowing, in: Niall Ferguson (Hg.), The Shock of the Global. The 1970s in Perspective, Cambridge/Mass. 2010, S. 80-93.
[38] Jens Hohensee: Der erste Ölpreisschock 1973/74. Die politischen und gesellschaftlichen Auswirkungen der arabischen Erdölpolitik auf die Bundesrepublik Deutschland und Westeuropa, Stuttgart 1996; Meg Jacobs: The Conservative Struggle and the Energy Crisis, in: Bruce J. Schulman/Julian E. Zelizer (Hg.), Rightward bound. Making America conservative in the 1970s, Cambridge/Mass. 2008, S. 193-209.

tions- und Kommunikationsprozesse im Rahmen internationaler Organisationen wie der OECD und der UN zu untersuchen, die die Welt des Öls zu strukturieren suchten. In globalhistorischer Perspektive liegt das wohl größte Defizit der Arbeit darin, dass die Perspektive auf die Förderländer und ihre Politik nur eine vermittelte ist. Die Handlungen von OPEC und OAPEC werden zum einen durch die Medien erschlossen, in denen sich ihre Repräsentanten äußerten, und zum anderen durch die diplomatischen Berichte westlicher Regierungen. Dies ist jedoch insofern zu rechtfertigen, als es gemäß der Fragestellung nicht darum geht, die Welt des Öls insgesamt zu erfassen, sondern vielmehr um die Verortung und Selbstverortung beziehungsweise die Souveränitätsbehauptung Westeuropas und der USA in dieser Welt, die sich in der ersten Hälfte der 1970er Jahre durch die Politik der Förderländer rasant wandelte.

Die wesentliche Quellengrundlage der Arbeit bilden also Aktenüberlieferungen und regierungsamtliche Publikationen aus den USA und der Bundesrepublik Deutschland sowie in geringerem Maße auch aus Großbritannien und Frankreich, publizierte und nicht publizierte wissenschaftliche Studien zur Energieproblematik aus diesen Ländern sowie Medienberichte über die Öl- und Energiekrise vor allem in Tageszeitungen und im Fernsehen. Methodisch verbindet die Arbeit eine Geschichte des energiepolitischen Handelns in den 1970er Jahren mit einer Wissensgeschichte von Öl und Energie in der zweiten Hälfte des 20. Jahrhunderts, indem sie nach der Bedeutung des Petroknowledge in der Ölkrise und zugleich nach dessen Transformation durch die Ölkrise fragt und so versucht, einen Beitrag zur Geschichte der Verwissenschaftlichung des Politischen zu leisten.[39] Zugleich befindet sie sich aufgrund ihrer zeitlichen Verortung in den 1970er Jahren in einem noch jungen, aber boomenden Forschungsfeld, das bisher von einem Standardnarrativ beherrscht wird, das schon von den Zeitgenossen selbst entworfen wurde. Dieses begreift das Jahrzehnt als wichtige Transformationsphase in der Geschichte der westlichen Industriegesellschaften und zwar als Wende vom exzeptionellen wirtschaftlichen Nachkriegsboom zur Krise der Gegenwart, von der Vollbeschäftigung zur Massenarbeitslosigkeit mit allen Folgeproblemen, von der industriellen zur „postindustriellen Gesellschaft", von einer Zeit anscheinend unbegrenzter Möglichkeiten zur Erkenntnis von Grenzen, von euphorischen Hoffnungen zu dunklen Befürchtungen des Niedergangs und von der Idee ökonomischer und gesellschaftlicher Planung durch rationale Experten hin zu pragmatischem Krisenmanagement.[40] In vielen dieser Zusammenhänge wird die Ölkrise

---

[39] Einführend zur Wissensgeschichte siehe Lutz Raphael: Die Verwissenschaftlichung des Sozialen als methodische und konzeptionelle Herausforderung für eine Sozialgeschichte des 20. Jahrhunderts, in: Geschichte und Gesellschaft 22 (1996), S. 165-193; Jakob Vogel: Von der Wissenschafts- zur Wissensgeschichte: Für eine Historisierung der „Wissensgesellschaft", in: Geschichte und Gesellschaft 30,4 (2004), S. 639-660; Margit Szöllösi-Janze: Wissensgesellschaft in Deutschland. Überlegungen zur Neubestimmung der deutschen Zeitgeschichte über Verwissenschaftlichungsprozesse, in: Geschichte und Gesellschaft 30 (2004), S. 277-313.
[40] Archiv für Sozialgeschichte 44 (2004): Rahmenthema „Die siebziger Jahre"; Eric J. Hobsbawm: The Age of Extremes. The Short Twentieth Century 1914-1991, London 1995, S. 248-286; Tony Judt: Postwar. A history of Europe since 1945, New York 2005; Thomas Raithel/

der Jahre 1973/74 als wichtiger Faktor oder auch nur als besonders signifikanter Indikator der Veränderungen angeführt, nur selten wird sie jedoch selbst zum Gegenstand der Untersuchung gemacht.[41]

Eine genauere Untersuchung der Ölkrise kann das Standardnarrativ nur teilweise bestätigen, in anderen Teilen differenzieren und in wieder anderen aber auch fundamental in Frage stellen. Die Ölkrise dient daher im Folgenden auch als Sonde, um wesentliche Veränderungen der westlichen Demokratien in den 1970er Jahren zu untersuchen. Wenn also Öl und Energie im Mittelpunkt der Untersuchung stehen, geht es nur zum einen darum, eine Geschichte der Öl- und Energiekrise oder allgemeiner der Energiepolitik in Westeuropa und den USA in den 1970er Jahren zu schreiben. In Analogie zum Motto der Mikrohistoriker, nicht über, sondern in Dörfern zu forschen, sollen auch anhand der Ölkrise grundsätzliche Probleme westlicher Industriegesellschaften untersucht werden, die in den 1970er Jahren zwar nicht entstanden, aber doch in aller Deutlichkeit sichtbar wurden und sich um die Energiekrise kristallisierten. Im Zentrum stehen dabei die Strategien der Souveränitätsbehauptung unter den Bedingungen globaler wirtschaftlicher Verflechtungen beziehungsweise die Möglichkeiten nationaler Regierungen, politische Handlungsfähigkeit und Legitimität unter den Bedingungen von Kontingenz, Unsicherheit und eines ausdifferenzierten massenmedialen Ensembles zu kommunizieren und herzustellen. Darüber hinaus werden Fragen der Plan- und Steuerbarkeit des politischen Prozesses durch Experten sowie die damit eng verwandte Frage der „Regierbarkeit" moderner Demokratien und der Rolle des Staates in der Wirtschaft diskutiert. Insofern in der Ölkrise eine ganze Reihe von Problemen – von der Energiesicherheit über den Nahostkonflikt bis zur wirtschaftlichen Globalisierung und Fragen globaler „Governance" – in aller

---

Andreas Rödder/Andreas Wirsching (Hg.): Auf dem Weg in eine neue Moderne? Die Bundesrepublik Deutschland in den siebziger und achtziger Jahren, München 2009; Anselm Doering-Manteuffel/Lutz Raphael: Nach dem Boom. Perspektiven auf die Zeitgeschichte seit 1970, Göttingen 2008; Konrad H. Jarausch (Hg.): Das Ende der Zuversicht? Die siebziger Jahre als Geschichte, Göttingen 2008; Niall Ferguson (Hg.): The Shock of the Global. The 1970s in Perspective, Cambridge/Mass. 2010; Daniel T. Rodgers: Age of fracture, Cambridge/Mass. u. a. 2011, S. 9. Bisweilen wiederholen auch die Zeitgenossen ihre frühere Einschätzung dreißig Jahre später noch einmal als historische Analyse; siehe Hans Maier: Fortschrittsoptimismus oder Kulturpessimismus? Die Bundesrepublik Deutschland in den 70er und 80er Jahren, in: Vierteljahrshefte für Zeitgeschichte 56 (2008), S. 1-17.

[41] Schon älter Hohensee: Der erste Ölpreisschock 1973/74, der Regierungshandeln auf der Basis veröffentlichter Quellen zu rekonstruieren sucht und so weder dies noch den öffentlichen Diskurs richtig in den Blick bekommt. Aus politikwissenschaftlicher Perspektive fragt Fiona Venn: The Oil Crisis, London 2002, in welchen Hinsichten es sich bei der Ölkrise um einen Wendepunkt gehandelt habe. Die Studien zu einzelnen Ländern sind zahlreicher; siehe zum Beispiel Karen R. Merrill: The Oil Crisis of 1973-1974. A Brief History with Documents, Boston/New York 2007, die allerdings nur eine ganze kurze Einführung liefert; Duco Hellema/Cees Wiebes/Toby Witte: The Netherlands and the Oil Crisis. Business as Usual, Amsterdam 2004, konzentrieren sich auf die Niederlande, und Jacobs: The Conservative Struggle and the Energy Crisis, fragt nach der Bedeutung der Energiepolitik für die Neuformierung der politischen Rechten in den USA.

Deutlichkeit auftraten, geht es bei ihrer Geschichte mithin auch um die Entstehung unserer Gegenwart.

Um das Handeln der Regierungen in Westeuropa und den USA während der Ölkrise zu verstehen, entwirft die Arbeit zunächst die Welt des Öls in den 1950er und 1960er Jahren: Was waren wesentliche Strukturen und Akteure, welche Bedeutung hatten Öl und Ölprodukte für die Wohlstandssteigerungen in Westeuropa und den USA in den Jahren des Booms und welche Wissenssysteme bildeten sich um die internationale Ölwirtschaft aus? (Kapitel 2) Daran anschließend werden die Erwartungen untersucht, mit denen Experten innerhalb und außerhalb der Administrationen den Handlungen von OPEC und OAPEC begegneten. Von wem und in welcher Form wurde eine Konstellation wie die Ölkrise erwartet und welche Vorbereitungsmaßnahmen wurden von westlichen Regierungen ergriffen? (Kapitel 3) Dabei erweist sich die Standarderzählung, der zufolge die Ölkrise 1973/74 plötzlich über die westlichen Industrieländer hereinbrach und diese erst dann ihrer Abhängigkeit gewahr wurden und begannen, ihre Energiesektoren umzustellen, als falsch. Vermittelt durch das Ölkomitee der OECD wurde in allen Regierungen die wachsende Verwundbarkeit durch Lieferunterbrechungen bereits früher reflektiert und nach Gegenmaßnahmen gesucht. Nichtsdestoweniger schufen erst die geschickt kommunizierte sogenannte „arabische Ölwaffe" bzw. die effektiv durchgesetzten Souveränitätsansprüche der OPEC- und OAPEC-Länder eine globale Konstellation der Kontingenz und Unsicherheit, in der Energie plötzlich in aller Munde war und auf den politischen Prioritätenlisten nach oben katapultiert wurde. Erst als die Welt des Öls in Unordnung geriet, beschleunigten sich die energiepolitischen Umgestaltungen. (Kapitel 4)

Die beiden folgenden Kapitel (5 und 6) konzentrieren sich auf die souveränitätspolitischen Strategien der US-amerikanischen und der bundesdeutschen Regierung im Zeichen der Ölkrise, die zu einer Reorganisation der Energiesektoren führten und die Energiepolitik jeweils bis in die Gegenwart beeinflussen. Analysiert werden jeweils die Etablierung von Energie als eigenständiges Politikfeld, die nationale Souveränitätskommunikation gegenüber der Bevölkerung und die Bedeutung öl- und energiebezogener Expertise oder Expertenstäbe in diesem Prozess. Neben den nationalen werden die internationalen Strategien untersucht, die durch öffentliche und diplomatische Kommunikation mit den Förder- wie auch den anderen Verbraucherländern die eigene Souveränität behaupten und sichern sollten. Insofern die Bundesregierung in die Europäische Politische Zusammenarbeit eingebunden war, spielen hier auch die europäischen Partnerländer, vor allem Frankreich, Großbritannien und die Niederlande eine zentrale Rolle.

Daran anschließend wird die internationale Perspektive noch einmal erweitert, indem die Konferenzen untersucht werden, auf denen im Gefolge der Ölkrise die Welt des Öls neu geordnet werden sollte (Kapitel 7). Auch wenn die meisten Regierungen argumentierten, aufgrund der komplexen globalen Interdependenzen, die durch die Ölkrise nur verdeutlicht worden seien, könne nationale Souveränität nicht mehr in Isolation, sondern nur noch durch internationale Kooperation gesichert werden, wäre es doch zu einfach, den zeitgenössischen Gegensatz von nationalen und internationalen Strategien einfach zu reproduzieren. Vielmehr schlossen diese einander nicht aus, sondern waren in vielfacher Weise miteinander verflochten. Abschließend werden die diskursiven Veränderungen untersucht, die sich auf die öl- und energiepolitischen Entwicklungen in der ersten Hälfte der 1970er Jahre bezogen (Kapitel 8). Einerseits wird danach gefragt, inwiefern außen- wie innenpolitisch neue Bedingungen nationaler Souveränitätspolitik wahrgenommen wurden und andererseits danach, wie in diesen Diskussionen über Öl und Energie das heute herrschende Verständnis der Ölkrise entstand, demzufolge diese ein wesentlicher Wendepunkt in der Geschichte der westlichen Industrienationen und eventuell auch über diese hinaus war. Dabei gilt es, die zeitgenössischen Deutungen nicht zu reproduzieren, sondern sie vielmehr in ihrer Wirkung auf die Energiepolitik der Folgejahre und mithin unser eigenes Nachdenken über Energie und Souveränität bis in die Gegenwart abzuschätzen.[42]

---

[42] Zu den methodischen Problemen ausführlich Rüdiger Graf/Kim Christian Priemel: Zeitgeschichte in der Welt der Sozialwissenschaften. Legitimität und Originalität einer Disziplin, in: Vierteljahrshefte für Zeitgeschichte 59,4 (2011), S. 1-30.

2. Die Welt des Öls in den 1950er und 1960er Jahren

Der Ausdruck „Welt des Öls" ist doppeldeutig. Er kann sowohl die konkreten Praktiken der Förderung, Verarbeitung und des Konsums bezeichnen als auch in einem übertragenen Sinn die Welt, die durch eben diese Praktiken geschaffen wurde. Nachdem hier zunächst in diesem zweiten Sinn die Bedeutungssteigerung des Öls nach 1945 und sein Einfluss auf die Gestalt der westlichen Gesellschaften skizziert werden, sollen in einem zweiten Schritt die Strukturen der weltweiten Ölförderung vorgestellt werden, die zum Verständnis der Ölkrise wichtig sind. Daran anschließend werden die Selbst- und Fremdbilder der Ölindustrie in den 1950er und 1960er Jahren analysiert, die die Wahrnehmung der Transformationen in den 1970er Jahren prägten, sowie die elementaren Strukturen des Petroknowledge systematisch vorgestellt, aus denen sich die Erwartungshaltungen ableiteten, die der Gegenstand des folgenden Kapitels sind.

2.1 Ölüberfluss und westliche Gesellschaft

Schon immer haben menschliche Gesellschaften die in ihrer Umwelt gespeicherte Energie umgewandelt, um sie ihren Zwecken nutzbar zu machen. Vor allem seit den 1970er Jahren hat dies Anthropologen und Historiker dazu verleitet, ganze Zivilisationsgeschichten über den Energieverbrauch zu entwerfen.[1] Auch wenn wirtschaftliche, politische und gesellschaftliche Entwicklungen grundsätzlich nicht reduktionistisch auf den Energiehaushalt zurückzuführen und allein aus ihm zu erklären sind, lassen sich doch ausgehend von den in Wirtschaft und Gesellschaft jeweils dominanten Energieträgern verschiedene Energieregime unterscheiden. Nachdem der Energiehaushalt über Jahrtausende vor allem auf der Nutzung regenerativer Energieträger wie Holz, Wasser und Wind basiert hatte, veränderte er sich mit der Industriellen Revolution grundsätzlich durch die verstärkte Nutzung fossiler Energieträger. Die Verbrennung von Kohle und Öl erzeugte bis dahin unbekannte Energiemengen und ermöglichte damit zugleich wirtschaftliche Expansions- und Wachstumsprozesse sowie neuartige Siedlungs- und gesellschaftliche Organisationsformen.[2] War die Kohle die Energiequelle der

---

[1] Siehe dazu ausführlich Rüdiger Graf: Von der Energievergessenheit zur theoretischen Metonymie. Energie als Medium der Gesellschaftsbeschreibung im 20. Jahrhundert, in: Hendrik Ehrhardt/Thomas Kroll (Hg.), Energie in der modernen Gesellschaft. Zeithistorische Perspektiven, Göttingen 2012, S. 73-92, sowie Kapitel 8.2.1.

[2] Rolf Peter Sieferle: Der unterirdische Wald. Energiekrise und industrielle Revolution, München 1982, S. 60-63; Vaclav Smil: Energy in World History, Boulder 1994, S. 157; Mitchell: Carbon Democracy; Silvana Bartoletto: Patterns of Energy Transitions. The Long-Term Role of Energy in the Economic Growth of Europe, in: Nina Möllers/Karin Zachmann (Hg.), Past and Present Energy Societies. How Energy Connects Politics, Technologies and Cultures, Bielefeld 2012, S. 305-330.

Dampfmaschine und damit der Hauptenergieträger des 19. Jahrhunderts, wurde sie im 20. Jahrhundert zunehmend durch Öl ersetzt. An die Stelle der Dampfmaschine traten der Verbrennungsmotor und die Gasturbine als Leittechnologien, die eine neue Intensität globalen wirtschaftlichen Austauschs ermöglichten und damit zugleich einen immer größeren Ölbedarf erzeugten.[3] Weltweit vollzog sich die entscheidende Expansion des Ölverbrauchs und damit auch der Ölindustrie nach dem Zweiten Weltkrieg: „The numbers – oil production, reserves, consumption – all pointed to one thing: bigger and bigger scale. In every aspect the oil industry became elephantine",[4] urteilt Daniel Yergin in seiner 1992 mit dem Pulitzer Preis ausgezeichneten Geschichte des Öls. Daran hat sich bis heute nichts geändert: Noch 2012 waren acht der zehn umsatzstärksten Unternehmen der Welt vornehmlich im Mineralölbereich tätig.[5]

Mit einigen Zahlen lässt sich das spektakuläre Wachstum der Ölwirtschaft im 20. Jahrhundert verdeutlichen: Um 1900 wurden in zwölf Ländern etwa 21 Millionen Tonnen Öl gefördert; 1965 waren es 1505 Millionen Tonnen in 54 Ländern.[6] Zwischen 1949 und 1972, also in der Zeit des ökonomischen Booms, verdreifachte sich der Weltenergieverbrauch, und das Öl hatte den größten Anteil an dieser Steigerung. In den USA, wo die Motorisierung schon vor dem Krieg weit fortgeschritten gewesen war, verdreifachte sich der Ölverbrauch und in Westeuropa stieg er sogar um das Fünfzehnfache.[7] Der Anteil, den Öl und Gas am Gesamtenergieaufkommen hatten, stieg in den Vereinigten Staaten im Zeitraum von 1920 bis 1960 von 17,7 auf 73 Prozent und in der Nachkriegszeit holten die westeuropäischen Länder diese Verschiebung in unterschiedlichen Ausprägungen nach.[8] Zwar hatte die Kohle im wirtschaftlichen Wiederaufbau der Nachkriegszeit noch eine große Rolle gespielt, aber Ende der 1950er Jahre verschoben sich die wirtschaftlichen Parameter zugunsten des Öls, dessen Preis real und vor allem im Vergleich zur Kohle abnahm.[9] Von der Mitte der 1950er Jahre bis 1972 sank der Anteil der Kohle an der

---

[3] Vaclav Smil: Two Prime Movers of Globalization. The History and Impact of Diesel Engines and Gas Turbines, Cambridge/Mass. 2010; Smil: Two Prime Movers of Globalization, S. 17.

[4] Daniel Yergin: The Prize. The Epic Quest for Oil, Money, and Power, New York 1991, S. 542.

[5] Die umsatzstärksten Unternehmen der Welt, Frankfurter Allgemeine Zeitung (4. 7. 2012): Royal Dutch Shell (1), Exxon Mobil (3), Sinopec (4), BP (5), PetroChina (6), Chevron (7), Total (9) und ConocoPhilipps (10). Nach der Börsenkapitalisierung sind allerdings nur noch Exxon Mobil, PetroChina und Royal Dutch Shell unter den größten zehn Unternehmen.

[6] Ferdinand Mayer: Erdöl-Weltatlas, Hamburg/Braunschweig 1966, S. 5.

[7] Noch größer war die Steigerung in Japan, wo der Ölverbrauch Ende der 1940er Jahre verschwindend gering gewesen war. Yergin: The Prize, S. 541; zum Energieverbrauchswachstum im 20. Jahrhundert insgesamt siehe Vaclav Smil: Energy in the Twentieth Century. Resources, Conversions, Costs, Uses, and Consequences, in: Annual Review of Energy and the Environment 25 (2000), S. 21-51, hier S. 22-25, sowie seinen Überblick in Smil: Energy in World History, S. 157-218.

[8] David Edwin Nye: Consuming Power. A Social History of American Energies, Cambridge/Mass. 1998, S. 198; siehe zur Veränderung der politischen Ökonomie des Öls nach dem Zweiten Weltkrieg auch John G. Clark: The political economy of world energy. A twentieth-century perspective, New York 1990, S. 117-136.

[9] Christian Pfister: Das „1950er Syndrom". Die umweltgeschichtliche Epochenschwelle zwischen Industriegesellschaft und Konsumgesellschaft, in: Christian Pfister/Peter Bär (Hg.),

gesamten Energieerzeugung in Westeuropa von etwa 75 auf 22 Prozent und im gleichen Zeitraum stieg der Anteil des Öls von ungefähr 23 auf 60 Prozent.[10] In Frankreich basierten fast die gesamten rasanten Energieverbrauchssteigerungen der 1960er Jahre auf wachsendem Ölkonsum, und auch in der Bundesrepublik löste das Öl in diesem Zeitraum die Kohle als wichtigsten Primärenergieträger ab: Hatte das Öl noch 1957 nur elf Prozent der westdeutschen Energieversorgung ausgemacht, waren es 1973 über 55 Prozent.[11] Der wirtschaftliche Boom der Nachkriegsjahrzehnte, der Westeuropa bislang nicht gekannte Wachstumsraten bescherte, basierte auf energieintensiven Industrien, die weder durch Preis- noch durch Mengenprobleme des Energieangebots an ihrem Wachstum gehindert wurden. Die billige und unbegrenzte Energiezufuhr war, wie Hansjörg Siegenthaler einprägsam formuliert, zwar nicht der „Zündstoff", wohl aber ein wichtiger „Nährstoff" der wirtschaftlichen Wachstumsprozesse in Westeuropa, Japan und den USA.[12]

Das Öl wurde in der zweiten Hälfte des 20. Jahrhunderts in Westeuropa, den USA und Japan zum wichtigsten Energieträger, weil es für die Zeitgenossen eine ganze Reihe von Vorteilen gegenüber der Kohle hatte: Zunächst stellt Öl pro Gewichtseinheit fast anderthalbmal so viel Verbrennungsenergie bereit wie die Kohle.[13] Aufgrund seines flüssigen Aggregatzustandes ist es darüber hinaus wesentlich leichter zu fördern und zu transportieren. Wie Timothy Mitchell festgestellt hat, bilden sich dadurch flexiblere Transportstrukturen aus: Während die der Kohle dickere Hauptwege mit Verästelungen am Ende haben, sehen die des Öls eher wie eine dezentralere Netzstruktur aus.[14] Die weniger arbeitsintensive Förderung

---

Das 1950er Syndrom. Der Weg in die Konsumgesellschaft, Bern 1996, S. 51-96, hier S. 69; John A. Hassan/Alan Duncan: The Role of Energy Supplies during Western Europe's Golden Age, 1950-1972, in: Journal of European Economic History 18 (1989), S. 479-508.

[10] Martin Chick: Electricity and energy policy in Britain, France and the United States since 1945, Cheltenham 2007, S. 7.

[11] Commissariat Général du plan. Commission de l'Énergie et des Matières Premières du VIIIe Plan: Rapport sur les bilans de la politique énergétique de 1973 à 1978, Paris [1979], S. 5-8; Unterrichtung durch die Bundesregierung. Die Energiepolitik der Bundesregierung, in: Deutscher Bundestag. Drucksachen 1972-1976 7/1057 (1973); siehe auch Hans-Dieter Schilling/Rainer Hildebrandt: Primärenergie, Elektrische Energie. Die Entwicklung des Verbrauchs an Primärenergieträgern und an elektrischer Energie in der Welt, in den USA und in Deutschland seit 1860 bzw. 1925, Essen 1977.

[12] Hansjörg Siegenthaler: Zur These des „1950er Syndroms". Die wirtschaftliche Entwicklung der Schweiz nach 1945 und die Bewegung relativer Energiepreise, in: Christian Pfister/Peter Bär (Hg.), Das 1950er Syndrom. Der Weg in die Konsumgesellschaft, Bern 1996, S. 97-103, hier S. 99; siehe auch André Nouschi: Pétrole et relations internationales de 1945 à nos jours, Paris 1999, S. 10f.; Bernard C. Beaudreau: Energy and the Rise and Fall of Political Economy, Westport/Conn. 1999, der die Zeit vom Ende des Zweiten Weltkriegs bis Anfang der 1970er Jahre als „Energieorgie" bezeichnet.

[13] Gerhard Bischoff/Werner Gocht/F. Adler (Hg.): Das Energiehandbuch, Braunschweig 1970, S. XII.

[14] Mitchell: Carbon Democracy, S. 38: „Whereas the movement of coal tended to follow dendritic networks, with branches at each end but a single main channel, creating potential choke points at several junctures, oil followed along networks that often had the properties of a grid, like an electricity network, where there is more than one possible path and the flow of energy can switch to avoid blockages or overcome breakdowns." Nichtsdestoweniger gab es kritische Engpässe wie zum Beispiel den Suez-Kanal; siehe Kapitel 3.1.

machte Öl in den 1950er Jahren nicht nur billiger als Kohle, sondern sie verringerte zugleich auch den Einfluss von Arbeitern und Gewerkschaften auf die Energieversorgung.[15] Schließlich verbrennt Öl rückstandsfreier als Kohle, so dass seine Umweltfreundlichkeit angesichts der in den 1960er zunehmenden Sorgen über die Luftverschmutzung ein weiteres Argument für das Öl war.[16] Dennoch vollzog sich die Durchsetzung des Öls nicht mit Naturnotwendigkeit, sondern sie bedurfte wirtschaftlicher wie auch politischer Entscheidungen.[17] So ermöglichte die Finanzhilfe des Marshall-Plans die ersten Schritte zur Expansion der Ölwirtschaft in Westeuropa: Zehn Prozent der Finanzmittel des European Recovery Programs (ERP) wurden für Öl ausgegeben – mehr als für irgendein anderes Gut – und die ERP-Gelder finanzierten damit mehr als die Hälfte des von US-amerikanischen Firmen zwischen 1948 und 1951 an Marshall-Plan-Länder gelieferten Öls, womit sie einen wichtigen Markt für die amerikanische Ölindustrie sicherten.[18] In Japan fiel erst 1959/1960 die Entscheidung der Regierung, die Wirtschaft von der teuren einheimischen Kohle auf das billigere Importöl umzustellen, woraufhin neue Wachstumssprünge erfolgten.[19]

Die Expansion der Ölwirtschaft ermöglichte massive gesellschaftliche Veränderungen in Westeuropa und den USA und wurde zugleich von diesen angetrieben. Während das Wirtschaftswachstum in den ersten drei Jahrzehnten nach dem Zweiten Weltkrieg Wohlstandssteigerungen für breite Bevölkerungsschichten erzeugte, bestimmten Ölprodukte in erheblichem Umfang, wie der wachsende Wohlstand ausgelebt wurde.[20] Die Zahl der Autos stieg in den USA von 45 Millionen im Jahr 1949 auf 119 Millionen im Jahr 1972; im Rest der Welt nahm sie im gleichen Zeitraum von knapp 19 auf 161 Millionen zu.[21] Die Automobilisierung veränderte Wohn-, Lebens- und Arbeitsgewohnheiten. In den 1950er und 1960er Jahren avancierte die „autogerechte Stadt" zum stadtplanerischen Leitbild, und vor allem in den Vereinigten Staaten ermöglichte die Automobili-

---

[15] Siehe dazu, wenn auch überzeichnend, Timothy Mitchell: Hydrocarbon Utopia, in: Gording, Michael D./Prakash, Gyan/Tilley, Helen (Hg.), Utopia/Dystopia. Conditions of Historical Possibility, Princeton/N.J. 2010, S. 117–147.

[16] Yergin: The Prize, S. 543.

[17] Zum Umstellungsprozess der deutschen chemischen Industrie von Kohle auf Öl siehe Raymond G. Stokes: Opting for Oil. The Political Economy of Technological Change in the West German Chemical Industry, 1945–1961, Cambridge/Mass. 1994.

[18] David S. Painter: Oil and the Marshall Plan, in: Business History Review 58 (1984), S. 359–383, hier S. 362; Mitchell: Carbon Democracy, S. 29f.

[19] Laura E. Hein: Fueling Growth. The Energy Revolution and Economic Policy in Postwar Japan, Cambridge/Mass. 1990, S. 160, 316.

[20] Zur Sozialgeschichte des Booms allgemein siehe Hartmut Kaelble (Hg.): Der Boom 1948–1973. Gesellschaftliche und wirtschaftliche Folgen in der Bundesrepublik Deutschland und in Europa, Opladen 1992; Göran Therborn: Die Gesellschaften Europas 1945–2000, Frankfurt am Main 2000; Hartmut Kaelble: Sozialgeschichte Europas. 1945 bis zur Gegenwart, München 2007; sowie kurz Constantin Goschler/Rüdiger Graf: Europäische Zeitgeschichte seit 1945, Berlin 2010, S. 73–82, 105–118.

[21] Yergin: The Prize, S. 542; siehe auch die instruktiven Graphiken bei Smil: Energy in World History.

sierung einen Trend zur Suburbanisierung, der Wohnstrukturen schuf, die dann ohne Auto nicht mehr zu bewältigen waren: Gab es 1946 in den USA acht Shopping Center, waren es 1980 über 20 000, die zwei Drittel aller Einzelhandelskäufe abwickelten.[22] In Westeuropa hatte die Entwicklung nicht die gleichen Dimensionen, aber auch hier breiteten sich – wenn auch mit zeitlicher Verzögerung und regionalen Unterschieden – Supermärkte und Einkaufszentren aus, die am besten mit dem Auto zu erreichen waren.[23] Ganz ähnlichen Patterns folgte die Ausstattung von Privathaushalten mit technischen Geräten, die dann wiederum deren Elektrizitätsbedarf massiv steigerten. Von 1920 bis 1970 verdoppelte sich der Elektrizitätsbedarf in den Vereinigten Staaten ungefähr in jedem Jahrzehnt und neben dem Auto gehörten Waschmaschine, Fernseher, Geschirrspüler, Klimaanlage und andere technische Geräte zur Standardausstattung von immer mehr Haushalten.[24]

Autos, elektronische Haushaltsgeräte und mithin eine immer energieintensivere Lebensweise definierten zunehmend, wie modernes Leben aussehen sollte und bestimmten den Inhalt des sogenannten American Way of Life. Nicht nur auf den Weltausstellungen, die in gewisser Weise Verdichtungen des Modernen darstellen sollten, spielten im Verlauf des 20. Jahrhunderts Energie und elektrische Geräte immer wieder eine zentrale Rolle, sondern in den westeuropäischen Ländern wurden nach 1945 auch gezielt Ausstellungen mit US-amerikanischen Haushaltsgeräten veranstaltet, um die Europäer für den amerikanischen Lebensstil zu begeistern.[25] Im Zeichen des Kalten Krieges war energieintensiver Konsum nicht privat, sondern vielmehr hochgradig politisiert, wie die berühmte Kitchen Debate zwischen US-Vizepräsident Richard Nixon und Nikita S. Chruschtschow anläss-

---

[22] Die Zahlen bei Yergin: The Prize, S. 551. Siehe zur Entstehung der „post-urban society" ausführlich Nye: Consuming Power, S. 187-207; zum Ideal der autogerechten Stadt Hans B. Reichow: Die autogerechte Stadt. Ein Weg aus dem Verkehrs-Chaos, Ravensburg 1959; sowie allgemein zur Verkehrsgeschichte Ralf Roth/Karl Schlögel (Hg.): Neue Wege in ein neues Europa. Geschichte und Verkehr im 20. Jahrhundert, Frankfurt/New York 2009.

[23] Victoria de Grazia: Irresistible empire. America's advance through twentieth-century Europe, Cambridge/Mass. 2005, S. 377-404.

[24] Nye: Consuming Power, S. 198; zu Europa siehe einführend Goschler/Graf: Europäische Zeitgeschichte seit 1945, S. 105-114. Zur vor allem im Umfeld von Technikmuseen boomenden Elektrizitäts- und Haushaltsgerätegeschichte siehe Horst A. Wessel: Das elektrische Jahrhundert. Entwicklung und Wirkungen der Elektrizität im 20. Jahrhundert: Ergebnisse einer Tagung des VDE-Ausschusses „Geschichte der Elektrotechnik" und des Umspannwerkes Recklinghausen – Museum Strom und Leben, am 24.-25. Oktober 2001 in Recklinghausen, Essen 2002; Sophie Gerber/Nina Lorkowski/Nina Möllers: Kabelsalat. Energiekonsum im Haushalt; [anlässlich der Ausstellung „Kabelsalat. Energiekonsum im Haushalt" im Deutschen Museum, München, 13.1.-15.4.2012], München 2012; Silvia Schmitz: Energiegeschichten, Lamspringe 2007; Theo Horstmann/Regina Weber (Hg.): „Hier wirkt Elektrizität". Werbung für Strom 1890 bis 2012, Essen 2012.

[25] Nina Möllers: Electrifying the World. Representations of Energy and Modern Life at World's Fairs, 1893-1982, in: Nina Möllers/Karin Zachmann (Hg.), Past and Present Energy Societies. How Energy Connects Politics, Technologies and Cultures, Bielefeld 2012, S. 45-78; Greg Castillo: Domesticating the Cold War. Household Consumption as Propaganda in Marshall Plan Germany, in: Journal of Contemporary History 40,2 (2005), S. 261-288.

lich einer amerikanischen Ausstellung im Jahr 1959 in Moskau zeigt.[26] Im Systemwettstreit ging es unter anderem auch um die Frage, ob der Kommunismus oder der Kapitalismus besser dazu in der Lage sein würde, für die Bevölkerung zu sorgen. Gerade die westlichen Demokratien und Marktwirtschaften versprachen angesichts rasanter Wachstumsraten ebenso schnelle Wohlstandssteigerungen, und ihre Überzeugungskraft hing zunehmend davon ab, dass sie die von ihnen geweckten Erwartungen auch erfüllten. Öl spielte in diesem Zusammenhang nicht nur eine zentrale Rolle als Energielieferant in Form von Heizöl, Benzin und Elektrizität, sondern auch als Grundstoff der chemischen Industrie, die unzählige Produkte lieferte, die aus der Konsum- und Warenwelt der zweiten Hälfte des 20. Jahrhunderts nicht wegzudenken sind.[27] Auch Wirtschaftsbereiche, an die man nicht als Erstes denkt, wurden durch das Öl transformiert. So ermöglichte die Motorisierung der Landwirtschaft die Bestellung größerer Flächen durch weniger Personen, und diese Flächen konnten durch die Nutzung ölbasierter Kunstdünger zugleich intensiver bewirtschaftet werden.[28]

Angesichts der zentralen Bedeutung des Öls in so vielen Bereichen des wirtschaftlichen und gesellschaftlichen Lebens ist es scheinbar nur ein kleiner gedanklicher Sprung, das 20. Jahrhundert als Jahrhundert des Öls zu bezeichnen, die westlichen Gesellschaften zumindest der Nachkriegszeit als „Hydrocarbon Societies" und uns selbst als „Hydrocarbon Man": „Today we are so dependent on oil, and oil is so embedded in our daily doings, that we hardly stop to comprehend its pervasive significance. It is oil that makes possible where we live, how we live, how we commute to work, how we travel – even where we conduct our courtships. It is the lifeblood of suburban communities. Oil (and natural gas) are the essential components in the fertilizer on which world agriculture depends; oil makes it possible to transport food to the totally non-self-sufficient megacities of the world. Oil also provides the plastics and chemicals that are the bricks and mortar of contemporary civilization, a civilization that would collapse if the world's oil wells suddenly went dry."[29] Gerade die auch von Yergin genutzte Metapher vom Öl als „Blut der modernen Ökonomien" entfaltet seit langem eine hohe Suggestivkraft, die nicht zuletzt auf dem gemeinsamen, flüssigen Aggregatzustand beruht und unter umgekehrten Vorzeichen in dem Slogan „Kein Blut für Öl" wiederkehrt.[30] Die

---

[26] Zoe A. Kusmierz: "The glitter of your kitchen pans". The Kitchen, Home Appliances, and Politics at the American National Exhibition in Moscow, 1959, in: Sebastian M. Herrmann (Hg.), Ambivalent americanizations. Popular and consumer culture in central and Eastern Europe, Heidelberg 2008, S. 253-272; Ruth Oldenziel/Karin Zachmann (Hg.): Cold war kitchen. Americanization, technology, and European users, Cambridge/Mass. 2009.

[27] Siehe die Aufschlüsselung in Mayer: Erdöl-Weltatlas, S. 134f.

[28] Nye: Consuming Power, S. 187-194.

[29] Yergin: The Prize, S. 14f.

[30] Siehe die Metapher unter anderem bei John C. Campbell/Guy de Carmoy/Shinichi Kondo: Energy: A Strategy for International Action. A Report of the Task Force on the Political and International Implications of the Energy Crisis to the Executive Committee of the Trilateral Commission, Washington D.C. 1974, S. 9; Albert J. Fritsch/Ralph Gitomer: Major Oil. What Citizens Should Know about the Eight Major Oil Companies, Washington 1974, S. 5; Toby

rhetorische Suggestion sollte jedoch nicht den Reduktionismus übertünchen, der Aussagen wie denen Yergins innewohnt, in denen ein – wenn auch wichtiger – Teilaspekt der Gesellschaft wie in einer Metonymie mit ihrem Ganzen identifiziert wird.[31] Die Welt der 1950er und 1960er Jahre war viel mehr als nur eine Welt des Öl und ist nicht auf ihren Ölaustausch zu reduzieren, aber sie war eben auch eine Welt des Öls. Wie war diese Welt strukturiert? Wer gestaltete sie und welche Wissenssysteme bildeten sich in der Nachkriegszeit um sie herum aus?

2.2 Globale Strukturen der Ölwirtschaft

Erdöl, das englische Petroleum, ist ein flüssiges Gemisch aus verschiedenen Kohlenwasserstoffen, die vereinzelt mit Stickstoff-, Sauerstoff- und Schwefelverbindungen aufgebaut sind, und befindet sich in unterirdischen Lagerstätten aus porösem Gestein. Werden diese Ölreservoirs angebohrt, tritt das Öl entweder durch den in der Lagerstätte herrschenden Druck an die Oberfläche oder kann durch mechanische Verfahren dorthin befördert werden.[32] Die Lagerstätten sind weltweit ungleich verteilt und je nach geographischer Lage, Tiefe und Bodenbeschaffenheit unterschiedlich schwer zu erschließen. Nachdem Öl, wo es von allein an die Erdoberfläche trat, schon über Jahrtausende in begrenztem Umfang zu verschiedenen Zwecken genutzt worden war, begann die kommerzielle Ölförderung in der zweiten Hälfte des 19. Jahrhunderts in den Vereinigten Staaten. Als Geburtsstunde der Ölindustrie gilt die erfolgreiche Bohrung von Edwin L. Drake für die Seneca Oil Company in Titusville/Pennsylvania im Jahr 1859, die dort den ersten Ölboom auslöste.

Obwohl die Nutzung des Öls zunächst im Wesentlichen auf Lampenöl und Schmiermittel beschränkt blieb, entwickelte sich die Ölindustrie rasant. Beherrscht wurde sie zunächst von John D. Rockefellers Standard Oil Konzern, der

---

Craig Jones: Desert kingdom. How oil and water forged modern Saudi Arabia, Cambridge/Mass. 2010, S. 236; Klare: Blood and Oil; U.S. Senate. Committee on Energy and Natural Resources: The Geopolitics of Oil. Staff Report, Washington D.C. 1980, S. 2; Hans J. Morgenthau: The New Diplomacy Movement. International Commentary, in: Encounter, August (1974), S. 52-57, hier S. 57; Erich Schieweck: Die kommende Welterdöl- und Energiekrise, in: Glückauf. Zeitschrift für Technik und Wirtschaft des Bergbaus 108,9 (1972), S. 343-355, hier S. 344; Horst Wagenfuehr: Report zur Energiekrise. Fakten, Vorschläge und futurologische Aspekte, Tübingen 1973, S. 4; Ahmed Zaki Yamani: Oil: Towards a New Producer–Consumer Relationship, in: The World Today 30,11 (1974), S. 479-486, hier S. 479.

[31] Siehe dazu ausführlich Graf: Von der Energievergessenheit zur theoretischen Metonymie, sowie Kapitel 8.2.1. Differenzierter zum Verhältnis von Energieverbrauch/Technik und Gesellschaft Vaclav Smil: Transforming the Twentieth Century. Technical Innovations and Their Consequences, Oxford, New York 2006, S. 8-12.

[32] Lester Charles Uren: Petroleum Production Engineering. Oil Field Exploitation, New York/Toronto/London 1953, S. 1; siehe auch Eugene Stebinger: Petroleum in the Ground, in: Wallace E. Pratt/Dorothy Good (Hg.), World Geography of Petroleum, Princeton/N.J. 1950, S. 1-24; W. Rühl: Erdöl und Erdgas, in: Gerhard Bischoff/Werner Gocht/F. Adler (Hg.), Das Energiehandbuch, Braunschweig 1970, S. 95-150.

1911 auf der Basis des Sherman Antitrust-Act in eine Reihe kleinerer, regional aufgeteilter Konzerne zerschlagen wurde. Von diesen stiegen Standard Oil of New Jersey (später Exxon), Standard Oil of New York (später Mobil) und Standard Oil of California (später Socal und Chevron) in der Folge zu großen, weltweit agierenden Ölkonzernen auf.[33] Daneben beheimateten die Vereinigten Staaten, die von 1903 bis 1962 jedes Jahr mehr als die Hälfte des weltweit geförderten Öls produzierten, bis Mitte der 1970er Jahre das größte Förderland und während des gesamten 20. Jahrhunderts der größte Ölkonsument blieben, mit Texaco und Gulf Oil noch zwei weitere der sieben größten Ölkonzerne, die die globale Ölwirtschaft dominierten.[34] Wie die Anglo-Persian/Iranian Oil Company (ab 1954 British Petroleum) und die holländisch-britische Royal Dutch Shell waren sie weltweit agierende, vertikal integrierte Konzerne, die sowohl die Förderung des Öls als auch seine Verarbeitung in Raffinerien und den Verkauf von Ölprodukten – allen voran des Benzins im eigenen Tankstellennetz – zu kontrollieren suchten.[35]

Der Aufstieg der Ölindustrie im Zeichen der Massenmotorisierung vollzog sich aber nicht ohne Schwierigkeiten und politische Regulierungen. Von ihren Anfängen an wurde die Ölwirtschaft von periodisch wiederkehrenden Ängsten vor einer baldigen Erschöpfung der Reserven heimgesucht. Von 1908 an schätzte der United States Geological Survey (USGS) die noch verbliebenen Ölreserven auf dem Territorium der USA ab und kam dabei oft zu skeptischen Schlüssen.[36] Nach dem Ende des Ersten Weltkriegs, in dem das Öl zum kriegsentscheidenden Rohstoff avanciert war, schätzte David White, der Chefgeologe des USGS, die Menge des noch auf dem Territorium der Vereinigten Staaten befindlichen Öls auf noch ungefähr sieben Milliarden Barrel. Wenn keine weiteren Felder entdeckt würden, prognostizierte er, werde die Produktion bereits in den nächsten drei bis fünf Jahren zu sinken beginnen: „An unprecedented crisis in our country may call for action without precedent."[37] In Reaktion auf die konservativen Schätzungen des USGS und aus der Erfahrung des National Petroleum War Service Committee gründeten die US-amerikanischen Ölfirmen am Ende des Krieges das American Petroleum Institute (API).[38] Es sollte Informationen zwischen den großen international agierenden Ölkonzernen, den sogenannten Majors, und den kleineren, oft regional arbei-

---

[33] Yergin: The Prize, S. 110; Rainer Karlsch/Raymond G. Stokes: „Faktor Öl". Die Mineralölwirtschaft in Deutschland 1859-1974, München 2003, S. 53f.
[34] Mayer: Erdöl-Weltatlas, S. 74f.
[35] Siehe klassisch Anthony Sampson: The Seven Sisters. The Great Oil Companies and the World They Made, London 1975, oder zeitgenössisch BP AG: Buch vom Erdöl. Eine Einführung in die Erdölindustrie, Hamburg [1959], S. 431-445. Zumindest zu Shell und BP gibt es inzwischen umfassende Unternehmensgeschichten; siehe James Bamberg: The History of the British Petroleum Company, Cambridge 1983-2000; Stephen Howarth/Joost Jonker/Joost Dankers: The History of Royal Dutch Shell, Oxford 2007. Joseph A. Pratt arbeitet an einer Geschichte von Exxon/Mobil, siehe Joseph A. Pratt: Exxon and the Control of Oil, in: Journal of American History 99,1 (2012), S. 145-154.
[36] Wildavsky/Tenenbaum: Politics of Mistrust, S. 60-66.
[37] David White: The Petroleum resources of the World, in: Annals of the American Academy of Political and Social Science 89, May (1920), S. 111-134, hier S. 111, 134.
[38] American Petroleum Institute: Petroleum. Facts and Figures, New York 1928.

tenden Firmen, die Independents genannt wurden, austauschen und zugleich die Interessen der Ölindustrie gegenüber der Regierung vertreten. Die vom API gesammelten Daten zu Ölförderung, -verarbeitung und -verbrauch wurden zur wichtigsten Informationsquelle über die Situation der Ölwirtschaft in den USA.

Tatsächlich resultierten die Schwierigkeiten der amerikanischen Ölindustrie in der Zwischenkriegszeit allerdings nicht aus einem Mangel an Öl, sondern vielmehr aus seinem Überfluss, der zu zwei wesentlichen Eingriffen in die Ölwirtschaft führte: der Regulierung der einheimischen Produktion und der Beschränkung von Importen. Nach spektakulären Ölfunden 1927 in Oklahoma und 1931 in Texas kam es während der Weltwirtschaftskrise zu einer regelrechten Ölschwemme, die zu ruinösem Wettbewerb und dramatischem Preisverfall führte. In Reaktion darauf erklärte sich die Ölindustrie zur Produktionsregulierung bereit, die von der Texas Railroad Commission vorgenommen werden sollte. Diese legte von nun an Förderquoten für die einzelnen Ölfelder fest, um den Preis konstant zu halten und die Ölfelder besser auszubeuten, als das bei schnellerer Förderung möglich ist.[39] Die Regulierungstätigkeit der Texas Railroad Commission, durch die noch in den 1960er Jahren manche Bohrlöcher in Texas nur an sieben Tagen des Monats fördern durften, war äußerst erfolgreich: In Kombination mit den 1959 eingeführten Ölimportbeschränkungen, dem aus sicherheitspolitischen Erwägungen und zum Schutz der Independents eingeführten Mandatory Oil Import Program, bestimmte sie den Ölpreis in den USA und erzeugte eine Reserveproduktionskapazität, die bei Engpässen eingesetzt werden und damit den Ölpreis weltweit beeinflussen konnte.[40] Erst als die Texas Railroad Commission angesichts der Ölverbrauchssteigerungen in den USA im März 1971 die Produktion freigab, verabschiedete sie sich als Spieler auf dem internationalen Ölmarkt.[41] Bis dahin hatte die Regulierung wie auch die sogenannte „depletion allowance", die einen Teil ihrer Gewinne von der Besteuerung ausnahm, der US-amerikanischen Ölindustrie gute Dienste erwiesen, was vor allem deutlich wird, wenn man die Entwicklung der Ölförderung in Regionen vergleicht, in denen derartige Bedingungen fehlten.[42]

---

[39] August W. Giebelhaus: Business and government in the oil industry. A case study of Sun Oil, 1876-1945, Greenwich/Conn. 1980, S. 199-202; Edward Constant: State Management of Petroleum Resources. Texas, 1910-1940, in: George H. Daniels/Mark H. Rose (Hg.), Energy and Transport. Historical Perspectives on Policy Issues 1982, S. 157-175; Edward Constant: Cause or consequence. Science, technology, and regulatory change in the oil business in Texas, 1930-1975, in: Technology and Culture 30 (1989), S. 426-455; William R. Childs: The Texas Railroad Commission. Understanding regulation in America to the mid-twentieth century, College Station 2005.

[40] Grossman: U.S. Energy Policy, S. 90-93; Mayer: Erdöl-Weltatlas, S. 120; Vaclav Smil: Energy at the crossroads. Global perspectives and uncertainties, Cambridge/Mass. 2003, S. 150; Morris Albert Adelman: My Education in Mineral (especially Oil) Economics, in: Annual Review of Energy and the Environment 22 (1997), S. 13-46, hier S. 16; siehe auch Kapitel 3.2.

[41] Kenneth S. Deffeyes: Hubbert's peak. The impending world oil shortage, Princeton/N.J. 2003.

[42] Grossman: U.S. Energy Policy, S. 86; Alison Fleig Frank: Oil empire. Visions of prosperity in Austrian Galicia, Cambridge/Mass. 2005, S. 18; siehe zur Bedeutung der staatlichen Regulierung auch Paul Sabin: Crude Politics. The California Oil Market, 1900-1940, Berkeley/Calif. 2005, S. xiv-xv.

Aufgrund der weltweit ungleichen Verteilung der Ölvorkommen und der Tatsache, dass die meisten von ihnen in Regionen liegen, in denen das Öl nicht verbraucht wird, entwickelten die Ölfirmen ein globales System von der Förderung in oft entlegenen Regionen über den Transport in Tankern oder Pipelines und die Verarbeitung in Raffinerien bis zum Vertrieb in Tankstellen und Tanklastwagen. Erleichtert wurde die Entstehung dieses globalen Systems dadurch, dass die Transportkosten für Öl niedrig und die in verschiedenen Regionen geförderten Öle weitgehend austauschbar sind.[43] Die Komplexität der globalen Ölwirtschaft war beträchtlich und Ölfirmen sowie nationale Regierungen und internationale Organisationen versuchten, sie durch statistische Erhebungen fassbar zu machen.[44] Neben Fachzeitschriften wie dem *Oil and Gas Journal* (1902 ff.) oder *Öl. Zeitschrift für die Mineralölwirtschaft* (1963 ff.), die die Entwicklungen in der Welt des Öls beobachteten und analysierten, entstanden zudem mehrere Organe, die ölbezogene Nachrichten aus der ganzen Welt sammelten und in kondensierter Form den leitenden Mitarbeitern der Ölindustrie sowie den mit der Ölpolitik befassten Regierungsmitarbeitern präsentierten. Schon seit 1934 erschien in London monatlich der *Petroleum Press Service* auf Englisch, Französisch, Spanisch, Deutsch, Arabisch und Japanisch. Anders als sein Titel vermuten lassen würde, waren die Nachrichten und Daten, die der vom Middle East Research and Publishing Center in Beirut herausgegebene *Middle East Economic Survey* (*MEES*) ab 1957 wöchentlich zusammenstellte, nicht auf die Ölwirtschaft des Mittleren Ostens beschränkt. Ebenfalls aus Beirut kam das 1961 von Wanda Jablonski gegründete *Petroleum Intelligence Weekly*, das zusammen mit dem *MEES* zum wohl wichtigsten Informations- und Kommunikationsorgan in der Welt des Öls wurde.

Bei statistischen Erhebungen von Ölreserven, Transport, Produktion und Verbrauch wurde es neben nationalen Einteilungen nach dem Zweiten Weltkrieg üblich, die Welt des Öls in verschiedene Regionen zu unterteilen. Unterschieden wurde zumeist zwischen der westlichen Hemisphäre der beiden Amerikas, die noch nach Nord- und Südamerika differenziert werden konnte, Westeuropa, dem Ostblock, dem – je nach begrifflicher Fassung – Nahen oder Mittleren Osten, Afrika und Südostasien inklusive Australien. Zur Verdeutlichung des Inhalts von – je nach Aggregierungsgrad – oft sehr komplizierten Statistiken dienten oftmals Diagramme oder die Daten wurden auf Land- und Weltkarten abgetragen, um so die geographische Struktur und den oft globalen Charakter der Ölwirtschaft sichtbar zu machen. Typisch ist in dieser Hinsicht die Visualisierungsstrategie des Erdöl-Weltatlas, der Mitte der 1960er Jahre von der Esso AG in Auftrag gegeben wurde, um „die unzähligen, längst nicht mehr überschaubaren Fakten dieser gewaltigen Industrie mit den Ausdrucksmitteln der thematischen Kartographie

---

[43] William D. Nordhaus: Energy. Friend or Enemy, in: New York Review of Books 58,16 (2011), S. 29-31.
[44] Siehe zum Beispiel BP: Statistical Review of the World Oil Industry (1956 ff.); Comité Professionnel du Pétrole: Elements statistiques – áctivité de l'industrie pétrolière (1955 ff.); OECD: Statistiques pétrolières – approvisionnement et consommation (1961 ff.).

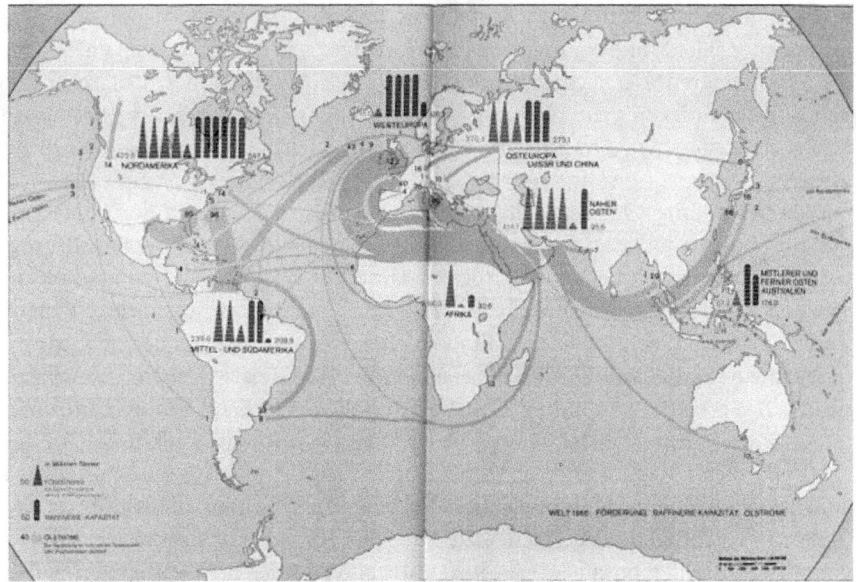

Abb. 2: Weltkarte des Erdöl-Weltatlas (1966)

nach einheitlichen Gesichtspunkten aufzuarbeiten und in leicht faßlicher Form" für Wirtschaft, Schulen und Universitäten darzustellen.[45]

In dieser Visualisierung (Abb. 2) bezeichnen die Pyramiden die Fördermenge, die Säulen die Raffineriekapazität und die Pfeile symbolisieren die Menge des zwischen den Regionen transportierten Öls. Die Karte zeigt, dass sowohl im Ostblock als auch in Südamerika Fördermenge und Raffineriekapazität ungefähr ausgeglichen waren. Westeuropa und Südostasien – hier vor allem Japan – waren demgegenüber hochgradig importabhängig, während im Nahen und Mittleren Osten die Förderkapazitäten bestanden, um Westeuropa und Japan mit Öl zu versorgen. Hinzu kamen Importe aus Afrika, wo vor allem Algerien und Libyen seit Beginn der 1960er Jahre und dann auch Nigeria, Gabun und Angola Öl förderten. Auch die Vereinigten Staaten hatten nach dem Zweiten Weltkrieg begonnen, substanziell Öl zu importieren, bezogen dies aber vor allem aus Südamerika. Dort befand sich mit Venezuela das 1965 größte Ölexportland der Welt, das erst kurz zuvor von der Sowjetunion vom Platz des zweitgrößten Förderlandes nach den USA verdrängt worden war.[46] Obschon die Karte des Erdöl-Weltatlas als Momentaufnahme die Bedeutung des Nahen und Mittleren Ostens als Förderregion schon andeutet, kann sie doch nicht die Erwartung der Zeitgenossen erfassen, dass sich der Schwerpunkt der Ölförderung aus der westlichen Hemisphäre in die Golfregion verlagern würde. Der Erdöl-Atlas lokalisierte 60 Prozent der weltweiten Öl-

---

[45] Mayer: Erdöl-Weltatlas, S. 5.
[46] Ebd., S. 90 und passim.

reserven in diesem Raum und deutete das Potential der Förderregion mit den folgenden Zahlen an: „Während in den USA die Zahl der Ölbohrungen bereits die Millionengrenze erreicht hat und rund 624000 Sonden fördern, stammt die nahöstliche Förderung, die 1965 mehr als ein Viertel der Weltförderung ausmachte, aus nur knapp 2000 Quellen."[47] Öl war hier also leichter und preisgünstiger zu fördern.

Als David White 1920 seine düstere Prognose über die Zukunft der US-Ölförderung abgegeben hatte, hatte seine Einteilung der Welt noch lediglich zwei Großregionen gekannt, nämlich „regions closed to American oil companies or open only under discriminating restrictions" und „open door territories". Erstere waren vor allem die europäischen Kolonialreiche bzw. Gebiete, in denen europäische Ölfirmen exklusive Förderkonzessionen besaßen. Der von dieser Einteilung nicht erfasste, weiße und mit Fragezeichen versehene Fleck auf Whites Landkarte umfasste das ehemalige Osmanische Reich und die arabische Halbinsel. Um die Kontrolle dieser Region entbrannte in den 1920er Jahren eine Auseinandersetzung zwischen den großen international agierenden Ölfirmen, die von ihren nationalen Regierungen unterstützt wurden. Denn obzwar das Ausmaß der Ölvorkommen in der Region noch nicht bekannt war, vermuteten viele Ölexperten der Zeit dort reichhaltige Vorräte. Nachdem die britische und die französische Regierung sich 1920 im Zusammenhang der Friedensverhandlung von Sèvres im Vertrag von San Remo auf eine Beteiligung Frankreichs an der Ölförderung im Irak verständigt und die künftige Aufteilung der Förderung auf der arabischen Halbinsel unter ihren Ländern geregelt hatten, sahen US-amerikanische Ölfirmen und die amerikanische Regierung ihre Interessen in der Region gefährdet.[48] Nach massivem amerikanischem Druck einigten sich die Royal Dutch/Shell, die Anglo-Persian Oil Company sowie die inzwischen gegründete Compagnie Française des Pétroles (CFP) mit der Near East Development Company, einem Zusammenschluss amerikanischer Ölfirmen, im Jahr 1928 darauf, ihr Vorgehen in der Region, die sie auf der Karte mit einer roten Linie umrandeten, zu koordinieren.[49] Zusammen mit dem im gleichen Jahr zwischen den großen internationalen Ölfirmen geschlossenen Achnacarry Agreement, das weltweite Überproduktion durch Förderquoten verhindern sollte, schuf das Red-Line Agreement die Grundlage für die profitable Ausbeutung der Ölfelder in der Golfregion durch westliche Konzerne, indem es die potentiell negativen Konsequenzen des Wettbewerbs weitgehend ausschloss.[50] Die reduzierte Konkurrenz ermöglichte den Firmen nicht zuletzt,

---

[47] Ebd., S. 37.
[48] Memorandum of Agreement at San Remo, April 24, 1920, in: US Department of State (Hg.), Papers Relating to the Foreign Relations of the United States. 1920, Bd. 2, Washington 1935, S. 655-658; siehe dazu Dietrich Eichholtz/Titus Kockel: Von Krieg zu Krieg. Zwei Studien zur deutschen Erdölpolitik in der Zwischenkriegszeit, Leipzig 2008, S. 26-42.
[49] Yergin: The Prize, S. 204 und passim; Anand Toprani: The French Connection. A New Perspective on the End of the Red Line Agreement, 1945-1948, in: Diplomatic History 36,2 (2012), S. 261-299.
[50] Helmut Mejcher: Die Politik und das Öl im Nahen Osten. I. Der Kampf der Mächte und Konzerne vor dem Zweiten Weltkrieg, Stuttgart 1980; Yergin: The Prize, S. 260-265.

profitable Förderkonzessionen mit den lokalen Herrschern und Regierungen auszuhandeln. Diese Konzessionen gestanden ihnen hier wie auch in anderen Ländern grundsätzlich exklusive Explorationsrechte für eine bestimmte Zeit zu. Die Firmen trugen zwar die kommerziellen Risiken und verpflichteten sich zu Zahlungen an die jeweiligen Regierungen, mit denen sie die Konzessionen verhandelt hatten, durften aber zugleich mit den gefundenen Kohlenwasserstoffen machen, was sie wollten.[51]

Wenn der Erdöl-Weltatlas im Jahr 1965 argumentierte, durch die wachsenden Rohöleinfuhren hätten „die ölverbrauchenden Länder in Westeuropa den ölfördernden Ländern im Nahen Osten, in Afrika und Südamerika die Möglichkeit gegeben, ihre eigene Wirtschaftskraft zu entwickeln und zu stärken", so entsprach das zwar der im Westen verbreiteten Selbstwahrnehmung der Ölindustrie, erfasste aber maximal einen Teil der Wahrheit.[52] In der Volkswirtschaftslehre wurden die Probleme von Ländern, deren Wirtschaften vor allem auf der Ausbeutung eines Rohstoffs basieren, inzwischen intensiv als „paradox of plenty" oder auch wertender als „resource curse" diskutiert. Rohstoffreichtum, so argumentiert hier eine Gruppe von Autoren, verhindere die Entwicklung anderer Wirtschaftssektoren, die nachhaltigeren Wohlstand erzeugten, und begünstige undemokratische politische Strukturen.[53] Vor allem Saudi-Arabien, das wichtigste Förderland der Golfregion, gilt als gutes Beispiel eines „petro-" oder „rentier states". Dort förderte seit den 1940er Jahren die Arabian-American Oil Company (Aramco), zu der sich Socal, Exxon, Texaco und Mobil zusammengeschlossen hatten. Unter Androhung der Verstaatlichung erreichte König Saud 1950 zwar, dem Vorbild Venezuelas folgend, eine fünfzigprozentige Beteiligung seines Landes an den Gewinnen aus Aramcos Ölförderung – wofür die US-Regierung Aramco entsprechende Steuererleichterungen anbot –, gewann aber keinen Einfluss auf die Fördermenge oder Preisgestaltung. Die Einkünfte stabilisierten jedoch die monarchische Herrschaft des Hauses Saud, nicht zuletzt indem sie den Aufbau eines umfangreichen Waffenarsenals ermöglichten. Von all dem liest man nichts in dem aufwändig gestalteten, alle zwei Monate erscheinenden Hochglanzfirmenmagazin *Aramco World*. Hier wird die Tätigkeit der Firma in Saudi-Arabien vielmehr als Muster nicht-kolonialer, an den Interessen des Landes und der lokalen Bevölkerung ausgerichteter Entwicklungshilfe präsentiert. In reich bebilderten Artikeln brachte *Aramco World* den Lesern vielmehr die Geschichte, Kunst und Kultur der arabischen Halbinsel näher und entwarf zugleich eine Welt harmonischer Arbeitsbeziehungen, in der Menschen verschiedener Kultu-

---

[51] Francisco R. Parra: Oil politics. A modern history of petroleum, London/New York 2004, S. 9.
[52] Mayer: Erdöl-Weltatlas, S. 9.
[53] Siehe klassisch Terry Lynn Karl: The Paradox of Plenty. Oil Booms and Petro-States, Berkeley/Calif. 1997, S. 16: „The institutional molding brought about by dependence on petrodollars is so overwhelming in oil-exporting countries that their states can appropriately be labeled petro-states." Als Gegenposition siehe zum Beispiel Massoud Karshenas: Oil, State and Industrialization in Iran, Cambridge 1990.

ren gemeinsam am weltweiten Fortschritt arbeiteten.[54] Als Motor des Fortschritts wurde die technische Entwicklung ausgemacht, die immer wieder mit schönen Bildern von und Artikeln über Explorationstechniken, Ölförderanlagen, Tankern und Ähnlichem inszeniert wurde.[55] Grundlage des Fortschritts sei jedoch letztlich der menschliche Erfindungsgeist, den Aramco zu kultivieren und zu pflegen vorgab; die Firma verbessere die Ausbildungschancen der lokalen Bevölkerung, schicke ihre arabischen Angestellten an amerikanische Universitäten oder hole Experten von dort zu Bildungsangeboten ins Land.[56] *Aramco World* schweigt darüber, dass die Firma zugleich Prinzipien der Rassensegregation nach Saudi-Arabien exportierte und ein undemokratisches politisches System stützte.[57]

Bevor Öl auf der arabischen Halbinsel entdeckt wurde, hatte die Förderung in der Golfregion am Anfang des 20. Jahrhunderts in Persien begonnen und wurde hier auf der Basis einer exklusiven Konzession von der Anglo-Persian Oil Company durchgeführt, die später Anglo-Iranian Oil Company (AIOC) genannt und dann zu BP wurde.[58] Anders als die US-amerikanischen Ölfirmen verweigerte sich die zu großen Teilen in britischem Staatsbesitz befindliche AIOC einer fünfzigprozentigen Gewinnbeteiligung der dortigen Regierung, denn die Ölförderung im Iran war die größte britische Investition im Ausland und damit zugleich entscheidend für die Außenhandelsbilanz des Mutterlandes.[59] Nicht zuletzt diese Entscheidung steigerte den Einfluss der Kräfte im Iran, die in den Aktivitäten und Rechten der AIOC eine zu weitgehende Einschränkung der nationalen Souveränität sahen, und führte zur Verstaatlichung des Firmenbesitzes durch den populä-

---

[54] Siehe zum Beispiel die Berichte über den Bau der Transarabian Pipeline Daniel Da Cruz: The Long Steel Shortcut, in: Aramco World 15,5 (1964), S. 16-25, oder über das harte, aber schöne Leben auf einer mobilen Bohrinsel, auf der Arbeiter verschiedener Nationalitäten umsonst ‚exzellentes' Essen bekamen; W. Vernon Tjetjen: Rig Ahoy!, in: Aramco World 16,2 (1965), S. 2-7.

[55] William Tracy: Island of Steel, in: Aramco World 17,3 (1966), S. 1-7; Paul F. Hoye: Tankers. A Special Issue, Aramco World 17,4 (1966); John Sabini: Sea Island Four, in: Aramco World 24,2 (1973), S. 6-7.

[56] Charles E. Wilkins: Learn, Remember and Know, in: Aramco World 15,6 (1964), S. 27-28, hier S. 28: „far from home, hard at work ... Saudi Arab students on campuses and in classrooms throughout America"; William Tracy: A Path to Progress, in: Aramco World 16,1 (1965), S. 18-23, hier S. 18f: „in the classrooms of the Industrial Training Centers, Aramco workers find ... a path to progress"; Brainerd S. Bates: The Crimson Tide, in: Aramco World 23,2 (1972), S. 12-14.

[57] Robert Vitalis: Black Gold, White Crude. An Essay on American Exceptionalism, Hierarchy and Hegemony in the Gulf, in: Diplomatic History 26,2 (2002), S. 185-213; Robert Vitalis: America's Kingdom. Mythmaking on the Saudi Oil Frontier, Stanford/Calif. 2007, S. 18-23; Douglas Little: Gideon's Band. America and the Middle East since 1945, in: Michael J. Hogan (Hg.), America in the world. The historiography of American foreign relations since 1941, Cambridge 1995, S. 462-500; Aramco World feierte im Gegenteil die mäßigen Industrialisierungserfolge der arabischen Länder, zum Bespiel in Editors: Introduction. Special Issue Arab East-industry, in: Aramco World 25,3 (1974), S. 3.

[58] Siehe dazu ausführlich Yergin: The Prize, S. 134-149.

[59] Steve Marsh: HMG, AIOC and the Anglo-Iranian Oil Crisis. In Defence of Anglo-Iranian, in: Diplomacy & Statecraft 12,4 (2001), S. 143-174.

ren Premierminister Mohammad Mossadegh im Jahr 1951.[60] Daraufhin versuchten die AIOC und die britische Regierung zunächst, sowohl den Verkauf des iranischen Öls als auch die Beschäftigung ausländischer Ingenieure zu verhindern, was ihnen angesichts der zeitgenössischen Marktverhältnisse und der Tatsache, dass die iranische Regierung den Transport und Vertrieb des Öls nicht kontrollieren konnte, auch weitgehend gelang. Damit nicht genug, inszenierte der britische Geheimdienst 1953 in Zusammenarbeit mit der CIA einen Coup, um Mossadegh zu stürzen und fortan die Macht des Schahs zu stützen, womit die Grenzen der iranischen Souveränität endgültig klar wurden.[61] Der erfolgreiche Staatsstreich sicherte zwar den westlichen Einfluss im Iran für ein weiteres Vierteljahrhundert, unterminierte aber zugleich die demokratische Entwicklung des Landes. Die Erinnerung an ihn spielte noch in der iranischen Revolution und darüber hinaus eine wichtige Rolle und nährt bis heute zusammen mit ähnlichen Aktionen wie zum Beispiel in Syrien grundsätzliche Vorbehalte gegenüber dem amerikanischen Engagement in der Region.[62]

Obwohl es den meisten Förderländern gelang, fünfzigprozentige Beteiligungen durchzusetzen, zeigten Vorgänge wie die im Iran doch ihre fehlende Kontrolle über den Rohstoffsektor, ihre Abhängigkeit vom Öl und den multinationalen Konzernen und mithin ihre eingeschränkte Souveränität. Anlässlich einer weiteren Senkung des Ölpreises durch die internationalen Ölfirmen schlossen sich im Jahr 1960 Venezuela, der Iran, Irak, Kuwait und Saudi-Arabien zur Organization of Petroleum Exporting Countries (OPEC) zusammen, um ihre Verhandlungsposition gegenüber den Ölfirmen wie auch den westlichen Regierungen zu verbessern.[63] Der Zusammenschluss trug der Erkenntnis Rechnung, dass die Öleinnahmen zur Entwicklung der Wirtschaften in den Förderländern essenziell seien, aber nicht ewig fließen würden, da ihre Ölvorräte eines Tages zur Neige gehen würden. Mit einem koordinierten Vorgehen der Förderländer sollte verhindert werden, dass die Firmen weiter eigenmächtig den Preis festlegten, und die letzten Preis-

---

[60] Helmut Mejcher: Die Politik und das Öl im Nahen Osten. II. Die Teilung der Welt 1938-1950, Stuttgart 1990, S. 322-336; Mostafa Elm: Iran's Oil Crisis of 1951-1953. New Documents and Old Realities, in: Harvard Middle Eastern and Islamic Review 2,2 (1995), S. 46-61; Kinzer: All the Shah's Men: The Hidden Story of the CIA's Coup in Iran, New York 2003.

[61] Douglas Little: Mission Impossible. The CIA and the Cult of Covert Action in the Middle East, in: Diplomatic History 28 (2004), S. 663-701, hier S. 667 f.; Kinzer: All the Shah's Men.

[62] Little: Mission Impossible, S. 664, berichtet eine Diskussion mit arabischen Studenten nach dem 11. September: „One of the Arabs asked me whether I had ever heard of Mohammed Mossadegh […]. Only then did I truly appreciate what a long shadow the CIA has cast across the Middle East." Siehe auch David R. Farber: Taken hostage. The Iran hostage crisis and America's first encounter with radical Islam, Princeton/N.J. 2005, sowie als lokale Stimme Mostafa T. Zahrani: The Coup that Changed the Middle East. Mossadeq v. the CIA in Retrospect, in: World Policy Journal 19,2 (2002), S. 93-99; zu Syrien Douglas Little: Cold War and Covert Action. The United States and Syria, 1945-1958, in: Middle East Journal 44 (1990), S. 55-75.

[63] Ian Skeet: OPEC twenty-five years of prices and politics, Cambridge 1988, S. 1: „For Opec the equivalent of the murder of Archduke Ferdinand at Sarajevo was the decision by Esso to reduce the posted price of Arabian light crude by 14 cents a barrel in August 1960."

senkungen sollten rückgängig gemacht werden. Zur Preisstabilisierung wurde ein Mechanismus angestrebt, der dem der Texas Railroad Commission entsprach: „Members shall study and formulate a system to ensure the stabilization of prices by, among other means, the regulation of production."[64] Nach anfänglichen Schwierigkeiten wurde die OPEC im Verlauf der 1960er Jahre immer mächtiger, als ihr auch Libyen, Indonesien, die Vereinigten Arabischen Emirate und Algerien beitraten.[65] 1968 erweiterte die OPEC ihren Anspruch dann deutlich, indem sie sich in dem sogenannten Declaratory Statement auf das „inalienable right of all countries to exercise permanent sovereignty over their natural resources in the interest of their national development" berief und das Ziel formulierte, dass die Mitgliedsländer die Ölförderung auf ihrem Territorium langfristig selbst kontrollieren sollten: „Member Governments shall endeavour, as far as feasible, to explore for and develop their hydrocarbon resources directly. The capital, specialists and the promotion of marketing outlets for such direct developments may be complemented when necessary from alternate source on a commercial basis."[66] Die Regierungen der OPEC-Länder versuchten also, Souveränität über die auf dem eigenen Territorium befindlichen Rohstoffe zu erlangen, indem sie bestimmte Souveränitätsrechte wie zum Beispiel die Festlegung von Förderquoten an eine neue internationale Organisation abtraten, der sie zwar angehörten, die sie aber nicht allein kontrollieren konnten.

Im gleichen Jahr, in dem die OPEC ihr Declaratory Statement verabschiedete, gründeten Saudi Arabien, Libyen und Kuwait die Organisation of Arab Petroleum Exporting Countries (OAPEC).[67] Sie reagierten damit auf das fehlgeschlagene Embargo während des Sechstagekrieges und versuchten, ihre Ölpolitik enger zu koordinieren und zu harmonisieren. Ein wesentliches Ziel des Architekten der OAPEC, des saudi-arabischen Ölministers Scheich Zaki Yamani, der auch schon das Declaratory Statement der OPEC entworfen hatte, bestand darin, die drei zu diesem Zeitpunkt konservativsten Förderländer gegen die Forderungen radikalerer arabischer Länder zu immunisieren, das Öl als Waffe im Konflikt mit dem Westen einzusetzen.[68] Erst nach der libyschen Revolution und mit der Aufnahme

---

[64] Resolutions of the First OPEC Conference Baghdad, September 10-14, 1960, in: Organization of the Petroleum Exporting Countries (Hg.), Official Resolutions and Press Releases. 1960-1980, Oxford 1980, S. 1-3, hier S. 1; Deffeyes: Hubbert's peak, S. 5.

[65] Parra: Oil politics, S. 89-110; Skeet: OPEC twenty-five years of prices and politics, S. 1; Abdulaziz Al-Sowayegh: Arab Petropolitics, London/Canberra 1984; Albert L. Danielsen: The Evolution of OPEC, New York 1982.

[66] Resolutions of the Sixteenth OPEC Conference, Vienna, June 24-25, 1968, in: Organization of the Petroleum Exporting Countries (Hg.), Official Resolutions and Press Releases. 1960-1980, Oxford 1980, S. 80-83.

[67] Organization of Arab Petroleum Exporting Countries, in: The Middle East and North Africa. 1972-73, London 1972, S. 118; Organization of Arab Petroleum Exporting Countries, in: The Middle East and North Africa. 1974-75, London 1974, S. 145f.; Abdelkader Maachou: OAPEC. An international organization for economic cooperation and an instrument for regional integration, Paris 1982.

[68] Emb. Kuwait to Dept. of State: Memo: The Organization of Arab Petroleum Exporting Countries. Development and Status, January 23, 1969, National Archives and Records

von Algerien, Irak, Syrien und Ägypten änderte sich der Charakter der Organisation, die nun von Ländern dominiert wurde, die für eine schnelle Nationalisierung westlicher Ölfirmen und die Ausrichtung der Förderpolitik an politischen Interessen plädierten.[69]

Seit den 1960er Jahren versuchte allerdings selbst die konservative saudi-arabische Regierung behutsam ihre Abhängigkeit von den Ölfirmen zu überwinden, indem sie zum einen mit Hilfe ausländischer Experten, wenn auch mit geringem Erfolg, die Wirtschaft jenseits des Ölsektors förderte und zum anderen eine stärkere Kontrolle über die Förderung und Preisgestaltung anstrebte.[70] Dieser Prozess der Souveränitätsgewinnung, um den es im Folgenden– allerdings aus westeuropäischer und amerikanischer Perspektive – ausführlich gehen wird, kann jedoch nur partiell als Auseinandersetzung zwischen westlicher und arabischer Welt begriffen werden. Eine solche Perspektive greift schon allein deshalb zu kurz, weil Petroknowledge transnational war oder zumindest die Grenzen zwischen Saudi-Arabien und den USA überspannte. Als Saudi-Arabien Mitte der 1970er Jahre Aramco erst zu 60 Prozent und dann vollständig verstaatlichte, nachdem Algerien, Libyen und der Irak zuvor ähnlich mit den in ihren Ländern ansässigen Ölfirmen verfahren waren, wurde dieser Prozess ganz wesentlich von drei Personen gestaltet: Prinz Saud bin Faisal, der in Princeton studiert hatte, Scheich Zaki Yamani, der sein Jura-Studium in Harvard absolviert hatte, und dem in Berkeley ausgebildeten Manager der staatlichen Ölfirma Petromin.[71] Vollkommen aus der Luft gegriffen war also das Bild des intensiven Wissenstransfers zwischen den USA und Saudi-Arabien bzw. den Ländern, in denen amerikanische Firmen Öl förderten, das *Aramco World* gezeichnet hatte, nicht gewesen.

2.3 „I'm an oilman" – (Selbst-)Bilder der Ölwirtschaft

Upton Sinclair, der 1906 mit seinem Roman über die Zustände in den Schlachthöfen der Vereinigten Staaten einen Skandal ausgelöst hatte und berühmt geworden war, widmete sich in seinem 1927 erschienenen Roman „Oil!" der Ölwirtschaft. Am Beginn des Romans steht die Schilderung eines Ölbooms in einer südkalifornischen Kleinstadt. Nachdem auf einem Grundstück Öl gefunden wurde, stürmen Investoren und Abenteurer in die Stadt, um Grundstücke von ihren Besitzern zu pachten und dort Fördertürme zu errichten, da nach US-amerikanischem Recht jeder die auf seinem Boden befindlichen Bodenschätze nutzen konnte, auch wenn dabei das unter dem Nachbargrundstück befindliche Öl gleich

---

Administration, College Park/MD (NARA), RG 59, Box 1369 PET 6 Nigeria to PET 3 OECD.
[69] Al-Sowayegh: Arab Petropolitics.
[70] Jones: Desert kingdom, S. 54–89.
[71] Federal Energy Administration: The Relationship of Oil Companies and Foreign Governments, Washington D.C. 1975, S. 159f.

mitabfloss.⁷² In Sinclairs Erzählung tun sich einige Nachbarn zusammen, um ihre Verhandlungsposition zu verbessern, und treffen den bekannten Ölunternehmer Arnold J. Ross, der ihre Grundstücke pachten will. Als ein Streit zwischen den Beteiligten über die Aufteilung der zu erwartenden Einkünfte entbrennt, erhebt sich Ross zu einer kurzen Rede. Er sei spät gekommen, so beginnt er, weil er sich um ein anderes Bohrloch habe kümmern müssen, das 4000 Barrel produziere und ihm täglich 5000 Dollar Gewinn einbringe. Darüber hinaus nehme er gerade zwei weitere Bohrungen vor und habe sechzehn weitere Bohrlöcher, die bereits Öl produzieren: „So, ladies and gentlemen, if I say I'm an oil man, you got to agree. [...] Out of all the fellers that beg you for a chance to drill your land, maybe one in twenty will be oilmen; the rest will be speculators, fellers trying to get between you and the oil men [...] Even if you find one that has money, and means to drill, he'll maybe know nothin' about drillin' [...] I do my own drillin', and the fellers that work for me are fellers I know. I make it my business to be there and to see to their work. I don't lose my tools in the hole, and spend months a-fishin'; I don't botch the cementin' off, and let water into the hole and ruin the whole lease [...] I can load a rig onto trucks, and have them here in a week."⁷³ Das Bild des „oilman", das Ross in seiner Rede, die die Dorfbewohner überzeugt, entwirft, ist das eines erfolgreichen, zupackenden Unternehmers, der zugleich die aufwändigen technischen Verfahren und die harten physischen Gegebenheiten seines Geschäfts kennt und beherrscht.

Ölunternehmer, die auch die Arbeit auf den Feldern überwachten, mögen angesichts des Wachstums der Industrie sowie der innerindustriellen Arbeitsteilung und Ausdifferenzierung der Industrie im 20. Jahrhundert selten gewesen sein, aber es war in Ölunternehmen lange nicht unüblich, von der Ingenieurtätigkeit ins Management aufzusteigen.⁷⁴ Wiesen die Protagonisten der Ölindustrie gemeinsame Merkmale auf und, wenn ja, wie lassen sich die „oilmen" genauer erfassen? Die Frage, was für Menschen die Gestalt der internationalen Ölwirtschaft in der Mitte des 20. Jahrhunderts bestimmten und welche Erwartungen sie mit ihr verknüpften, ist insofern von Bedeutung, als diese nicht nur die Welt des Öls, sondern auch ihre Wahrnehmung prägten. Eine zentrale Rolle für den Aufstieg der Ölindustrie spielten die Ingenieure, die auf den Ölfeldern tätig waren. Denn das zur erfolgreichen Ausbeutung von Ölreservoirs notwendige Wissenskorpus über Öl und die Techniken der Ölförderung bildete sich im 19. Jahrhundert zunächst in der Praxis auf den Ölfeldern heraus. Die oilmen des 19. Jahrhunderts hatten verschiedene Ausbildungen durchlaufen und sich das notwendige Know-how in der Praxis der

---

72 Zur Problematik der Ölförderung in Wohngebieten siehe Sarah S. Elkind: Oil in the City. The Fall and Rise of Oil Drilling in Los Angeles, in: Journal of American History 99,1 (2012), S. 82-90.
73 Upton Sinclair: Oil!, New York 1927, S. 37; zumindest die ersten 150 Seiten von Sinclairs Roman wurden 2007 von Paul Thomas Anderson recht frei unter dem Titel „There Will Be Blood" verfilmt.
74 Wayne E. Swearingen: So You Want To Be a Manager, in: Journal of Petroleum Technology 19,1 (1967), S. 11-14.

Ölsuche und -förderung angeeignet. Erst zu Beginn des 20. Jahrhunderts entstand dann der Berufszweig des Petroleum-Ingenieurs: 1914 richtete das American Institute of Mining and Metallurgical Engineers (AIME) eine Unterabteilung für Öl ein und ungefähr zeitgleich begannen einige Universitäten in den Staaten, in denen Öl gefunden wurde, Veranstaltungen zu Petroleum Engineering anzubieten.[75] Der Bedarf an Petroleum-Ingenieuren und -Geologen stieg in den 1920er Jahren rapide an, als die Industrie von Sorgen über die Zukunft der Ölversorgung geprägt war und eine rege Explorationstätigkeit entwickelte. Vollständig entfaltete sich die Disziplin jedoch in den Jahren des Ölüberflusses.

Die Society of Petroleum Engineers (SPE), die sich aus der Unterabteilung des AIME herausbildete, hatte 1938 zunächst 2000 Mitglieder; im Jahr 1950 waren es 5000, 12 500 im Jahr 1958 und 15 000 im Jahr 1960.[76] Parallel stieg die Zahl der Mitglieder der American Association of Petroleum Geologists (AAPG) seit ihrer Gründung im Jahr 1917 von 122 auf mehr als 15 000 zu Beginn der 1970er Jahre.[77] Petroleum-Ingenieure waren fast ausschließlich männlich, mehrheitlich weiß, angelsächsisch, protestantisch und kamen überwiegend aus den ländlichen Regionen der USA, in denen auch Öl vorhanden war.[78] Mitte der 1960er Jahre hatte ein Drittel der Mitglieder der SPE an nur drei Universitäten studiert, der Ohio University, der University of Texas und der Texas A&M University. Drei Viertel der Mitglieder hatten Diplome von Universitäten, die sich in den ölfördernden Staaten der USA befanden.[79] In vielen Fällen waren bereits die Väter in der Ölindustrie tätig gewesen, und die Söhne kehrten nach ihrem Studium zurück zu den Ölfeldern, auf denen sie aufgewachsen waren.[80] Trotz dieser eher lokalen Verwurzelung war der Anspruch der Öl-Ingenieure und -Geologen global: Das Logo der American Association of Petroleum Geologists bestand aus einer Weltkugel, die von der Abkürzung AAPG umkreist wurde.[81] Die Society of Petro-

---

[75] Earl Kipp: The Evolution of Petroleum Engineering as Applied to Oilfield Operations, in: Journal of Petroleum Technology 23, January (1971), S. 107-114, hier S. 107; zur Definition der Disziplin des „petroleum engineering" siehe Benjamin Cole Craft/Murray F. Hawkins: Applied Petroleum Reservoir Engineering, Englewood Cliffs/N.J. 1959.

[76] Edward Constant: Science in Society. Petroleum Engineers and the Oil Fraternity in Texas 1925-65, in: Social Studies of Science 19 (1989), S. 439-472, hier S. 451 f.; Kipp: The Evolution of Petroleum Engineering as Applied to Oilfield Operations, S. 113. Inzwischen hat die Society of Petroleum Engineers weltweit über 100 000 Mitglieder; siehe http://www.spe.org/index.php (zuletzt besucht am 26.6.2012); zur Definition und Frühgeschichte des Berufs siehe auch D. V. Carter (Hg.): The History of Petroleum Engineering, Dallas 1961.

[77] Norman C. Smith: AAPG Is a Long Time and a Lot of People, in: Bulletin of the American Association of Petroleum Geologists 56 (1972), S. 680.

[78] Constant: Science in Society, S. 454f.

[79] Ebd., S. 451.

[80] Ebd., S. 459: „Overall, nearly a third of all petroleum engineers had parents directly engaged in the oil business, nearly a third of all small business parents were in the oil business and almost three out of five blue collar parents worked in the oil industry."

[81] John E. Kilkenny: The President's Page. AAPG is global, in: Bulletin of the American Association of Petroleum Geologists 59 (1975), S. 1-2, hier S. 1: „Undoubtedly, the individual who designed our pin envisioned that the practice of petroleum geology would be worldwide and that AAPG would be international in scope."

leum Engineers hatte zwar zunächst das Logo des AIME übernommen, das einen Bohrturm enthielt, um den herum der Name der Organisation stand, änderte dies aber in den 1980er Jahren ebenfalls in eine Weltkarte, vor der die Anfangsbuchstaben SPE prangten.[82]

Der Ursprung des Petroleum Engineering auf Ölfeldern in oft unwirtlichen Regionen, gepaart mit dem spektakulären Aufstieg der Ölindustrie im 20. Jahrhundert, förderte bei den Öl-Ingenieuren einen harten, männlichen Habitus, Fortschrittsoptimismus, Glauben an technische Machbarkeit sowie ein hohes Standesbewusstsein. So hieß es 1966 in einer fiktiven, aber die zeitgenössische Selbst- und Fremdwahrnehmung verdeutlichenden Stellenanzeige der Ölindustrie: „Wanted: Earth scientist with rugged physique, excellent health, strong nerves and inquiring mind. For outdoor job involving constant travel, exacting work, irregular hours. Those afraid of snakes, jungle fevers, foreigners, frostbite, sunstroke and solitude need not apply."[83] Nur wer diese Anzeige aus vollem Herzen beantworten könne, führte der Autor weiter aus, sei ein aussichtsreicher Kandidat für die Explorationstätigkeit, die große physische und geistige Herausforderungen mit sich bringe und momentan von 25 000 Mitarbeitern der Ölfirmen auf allen Kontinenten ausgeübt werde. Zeitgleich beschrieben sich Petroleum-Geologen auch als die entscheidenden Wissenschaftler in einem Industriezweig, für den der Satz Winston Churchills gelte: „Never have so many owed so much to so few."[84] Denn, so formulierte der Präsident der American Association of Petroleum Geologists Merril W. Haas im Jahr 1966: „our 'American Way of Life', the envy of most nations in the world is based largely on the energy and the products of the petroleum industry which are derived from your success [dem der Geologen, RG]. It is almost impossible to separate the good things of our life, which often make life worth living, from the petroleum industry."[85]

Wenige Jahre zuvor hatte die Ölindustrie in den Vereinigten Staaten ihr hundertjähriges Bestehen gefeiert, und zu diesem Anlass veröffentlichte das *Oil and Gas Journal* 1959 ein Sonderheft, in dem die Entwicklung der Industrie, der Exploration, der Bohrtechnologie, der Förderung, des Transports und der Verarbeitung nachgezeichnet wurde und alle wichtigen, an der Ölförderung beteiligten Unternehmen große Werbeanzeigen schalteten. Die Geschichte des Öls, so hieß es in der Einleitung, die den Ton für den gesamten Band vorgab, sei die ‚größte Romanze' der Industriegeschichte: „It is the story of a discovery which more radically reshaped human affairs and more completely affected human behavior than

---

[82] Nachdem schon zahlreiche Teilorganisationen in anderen Ländern gegründet worden waren, nannte sich die SPE ab 1992/93 dann „International Society of Petroleum Engineers und fügte dem Logo ein „I" hinzu.

[83] Daniel Da Cruz: How They Find Oil, in: Aramco World 17,1 (1966), S. 1-11, hier S. 3.

[84] Merrill W. Haas: The President's Page, in: Bulletin of the American Association of Petroleum Geo-logists 50 (1966), S. 1-2, hier S. 1.

[85] Ebd., S. 2; siehe auch John D. Haun: The President's Page. Why Teach Petroleum Geology?, in: Bulletin of the American Association of Petroleum Geologists 53 (1969), S. 249-250, hier S. 249: „Petroleum and mineral resources form the basis of our modern civilization."

any other event of the past 100 years. This discovery transformed vision into reality, annihilated distance, and made personal comfort commonplace."[86] Zu verdanken sei diese Entwicklung den größten industriellen Pionieren der amerikanischen Geschichte, die über Einfallsreichtum, Mut und Scharfsinn verfügt hätten: „Because of them a new empire grew out of swamps and deserts and creek bottoms and wastelands".[87] Auch in der Werbeanzeige von Sun Oil wurde behauptet, eine „special breed" von „determined men" habe das Öl zu einem „public servant" gemacht und damit die Lebensqualität in den Vereinigten Staaten erhöht.[88] Die Lone Star Steel Company, eines der vielen Stahlunternehmen, die Ausrüstungsgegenstände für Ölbohrungen produzierten, schuf als neues Logo die Figur des „Joe Roughneck", eines kernigen Arbeiters mit Pflaster im Gesicht und Helm auf dem Kopf. Der Begriff des Roughnecks, der umgangssprachlich auf Männer angewandt wurde, die harte, physische Arbeit in gefährlicher Umgebung, vor allem in der Ölförderung, leisteten, beschrieb für die Lone Star Steel Company den Habitus aller Mitarbeiter in der Ölindustrie, „whether he's in the field or whether he has come up through the ranks to head of his company."[89] Gerade die Zulieferunternehmen der Stahlindustrie übertrafen sich in der Beschreibung der Härte und Verlässlichkeit ihrer Produkte, die oft mit den Eigenschaften der Arbeiter auf den Feldern verknüpft wurde.[90] Die ganze Bildsprache der Werbungen im *Oil and Gas Journal* wie auch im *Journal of Petroleum Technology*, aber auch der Fotos und Illustrationen zu den Artikeln wie zum Beispiel „It Takes MEN to Drill Wells", unterstrich den archaisch männlichen, rustikalen, harten Habitus, der in der Ölindustrie gepflegt wurde.[91] Bisweilen setzt sich diese Konstruktion unreflektiert bis in die Ölgeschichtsschreibung fort, wo beispielsweise Daniel Yergin die Helden und Abenteurer der Ölwirtschaft in einem Kampf um den „Preis" des Öls gegeneinander antreten lässt.[92] Nicht zuletzt schwang in dem Begriff des „to drill", der die wichtigste Tätigkeit im Bereich der Ölexploration und Förderung beschreibt, immer auch eine sexuelle Konnotation mit.

---

[86] Petroleum Panorama. Commemorating 100 Years of Petroleum Progress, Tulsa/Okla. 1959, S. IV; ganz ähnlich auch James A. Clark: The Energy Revolution, in: D. V. Carter (Hg.), The History of Petroleum Engineering, Dallas 1961, S. 1–14.

[87] Petroleum Panorama, S. IV.

[88] Ebd., S. A-128.

[89] Ebd., S. A-66.

[90] Ebd., S. A-105f.: „Steel and Oil … two giants of industry … independently great, yet greatly dependent upon each other. […] The vital, pulsing force that is OIL is a treasure that must be found, wrenched from earth, processed and transported." Dazu benötige man „dependable, hard-working ‚tools' that will get the job done."

[91] It Takes Men to Drill Wells, in: Petroleum Panorama. Commemorating 100 Years of Petroleum Progress, Tulsa/Okla. 1959, S. C-10-11; siehe vor allem die Werbungen von Halliburton zumeist am Anfang und Ende der Ausgaben des Journal of Petroleum Technology z. B. in Bd. 15,10 (1963), S. 1092 oder Bd. 19,7 (1967), S. 978.

[92] Yergin: The Prize, passim. Ganz oben in der Maskulinitätshierarchie stehen diejenigen, die sich auf das Löschen brennender Ölquellen spezialisiert haben. Deffeyes: Hubbert's peak, S. 101: „Big alpha males are macho, bullfighters have machismo, machissimo is reserved for oil well fire fighters."

Viele der Werbeanzeigen betonten zum einen den globalen Charakter der Ölwirtschaft bzw. der Aktivitäten der an ihr beteiligten Unternehmen und zum anderen die Bedeutung des Öls für die Entstehung der modernen Zivilisation. Die schon zu Beginn dieser Arbeit zitierte Anzeige von Halliburton entwarf eine ganze Zivilisationsgeschichte von den antiken Weltwundern bis zur modernen Ölwirtschaft, die von essenzieller Bedeutung für das Bestehen moderner Gesellschaft und westlicher Demokratien sei (siehe Abb. 1).[93] Dafür engagiere sich Halliburton weltweit, signalisierte das Firmenlogo, auf dem Halliburtons Explorationsfahrzeuge einen Globus umkreisen. Auch die Anzeige von Rogers Geophysical Companies arbeitete mit einem Globus, in dem an verschiedenen Stellen Dartpfeile steckten, denn: „Rogers crews go everywhere".[94] Texaco übermittelte die gleiche Botschaft mit dem Foto eines Mannes in Taucherausrüstung, der ins Wasser springt und dabei vielleicht einen „million dollar dive" mache, wenn er Öl finde. Texacos eigentliches Ziel sei jedoch nicht der finanzielle Profit. Vielmehr wurden die Investitionen der Firma in Ölexplorationen als Dienst an der Gemeinschaft präsentiert: „On five continents Texaco oil explorers are using aerial surveys, artificial earthquakes, soil analysis and other methods to locate more oil to satisfy an ever-increasing world demand."[95] Die Anzeige von Shell legte größeren Nachdruck auf die Bedeutung des Öls für das moderne Leben und den Alltag der Menschen in den Vereinigten Staaten. Fotomontagen platzierten einen Ölingenieur, einen Chemiker, einen Taucher und eine Sekretärin in Alltagsszenen eines familiären Abendessens, des Bahn- und Autoverkehrs und der Landwirtschaft, um so den Zusammenhang zwischen ihrer Arbeit und allen Bereichen des amerikanischen Lebens herauszustellen. Zusammen würden die Mitarbeiter der Ölindustrie, so unterstrich die Anzeige, drei Viertel der Energieversorgung der USA sicherstellen. „Without them there would be […] not much of a world."[96]

Die Werbewelt der Ölindustrie wird seit den 1960er Jahren bis in unsere Gegenwart grundsätzlich von diesen beiden Tendenzen bestimmt: Einerseits werden die weltweiten Anstrengungen der Firmen bei der Erschließung neuer Öl- und Energiequellen beschrieben und visuell durch Aufnahmen von Förderanlagen, technischem Gerät und Ingenieuren in Szene gesetzt. Dabei erzeugen sie zugleich Bilder globaler (öl-)wirtschaftlicher Zusammenhänge. Andererseits zeigen sie Aufnahmen von Tankstellen, Autos und Ölprodukten, um die Universalität des Öls in allen Lebenszusammenhängen hervorzuheben und die Welt des Öls gleichsam mit dem modernen Leben zu identifizieren.[97] Hochglanzfirmenmagazine

---

[93] Petroleum Panorama, Umschlaginnenseite.
[94] Petroleum Panorama, S. B-37.
[95] Ebd., S. B-34.
[96] Ebd., S. A-114.
[97] Zur Kontinuität bis in die Gegenwart siehe zum Beispiel Chevrons Werbespot „Untapped Energy" aus dem Jahr 2007, der in der Umweltbewegung berüchtigt ist, da sie Chevron für massive Umwelt- und Menschrechtsverstöße im Amazonasgebiet verantwortlich macht; http://www.youtube.com/watch?v=nJZgGb_8pQw [zuletzt besucht am 27.6.2012].

wie *Aramco World* oder Essos Dreimonatszeitschrift *Pétrole Progrès* entwarfen zudem seit den 1950er Jahren eine schöne neue Welt des Öls, inszenierten Tankstellen als Ikonen moderner Architektur und Fixpunkte des automobilen Lebensstils und präsentierten Förder-, Verarbeitungsanlagen und Transportmittel in hochwertigen Fotografien und Zeichnungen als essenzielle Bestandteile industrieller Landschaften, die ihre eigene Ästhetik hatten und moderne, technisierte Lebensweisen ermöglichten.[98] Ohne Öl, so lautete die immer wiederkehrende Botschaft, hätte sich die Welt so, wie man sie in den vergangenen Jahrzehnten kennen- und schätzen gelernt habe, nicht entwickeln können.

In der Populärkultur wurden diese Visualisierungen des modernen, ölbasierten Lebens oft aufgenommen und multipliziert, selbst wenn sie kritisiert wurden. So stellte beispielsweise Jacques Tati in seinem Film „Mon Oncle" dem modernen, durch Technisierung und Automobilisierung geprägten Leben das Bild eines traditionellen und authentischeren Frankreich gegenüber. Nicht zufällig kauft sich der Bruder von Tatis Held, Mr. Hulot, das neueste Automodell, wohnt in einem voll automatisierten Haus und arbeitet in einer Kunststofffabrik.[99] Die visuelle Werbewelt der Ölindustrie dürfte angesichts der in sie investierten Summen und kreativen Potentiale große Wirksamkeit entfaltet haben, sie blieb aber nicht unwidersprochen. Seit den Anfängen der Ölförderung standen Bilder von explodierenden Bohrlöchern (den sogenannten „gushers") oder brennenden Ölquellen sowie durch die Ölförderung entstellter Städte und Landschaften für die negativen Aspekte der Ölwirtschaft. Als dann 1967 der Tanker Torrey Canyon vor der Küste Cornwalls auf Grund lief, wurden dem Bilderarsenal der Ölkritik zudem noch das des Ölteppichs und der ölverschmierten Seevögel als Ikonen der Vergewaltigung der Natur durch den Menschen hinzugefügt. Für dessen Aktualisierung boten weitere Tankerkatastrophen wie zum Beispiel der Exxon Valdez im Jahr 1989 oder die Explosion der Bohrinsel Deepwater Horizon im Jahr 2010 bis in die Gegenwart genügend Anlässe.[100]

Die Öffentlichkeitsarbeit der Firmen erschöpfte sich jedoch nicht in Werbeanzeigen, Fernsehspots und Firmenmagazinen, sondern beinhaltete auch die Bereitstellung und Aufbereitung ansonsten schwer zugänglicher Informationen über die Ölwirtschaft für politisch Verantwortliche sowie eine breitere Öffentlichkeit. In diesem Zusammenhang ist auch der oben bereits zitierte Erdöl-Weltatlas der Esso AG zu sehen, der 1966 zum ersten Mal erschien, 1976 und 1982 neu aufgelegt und 1977 für ein englischsprachiges Publikum aufbereitet wurde.[101] In einem

---

[98] Pétrole Progrès. Revue Trimestrielle (1950ff.).
[99] Mon Oncle (Regie: Jacques Tati, 1958).
[100] Kathryn Morse: There Will Be Birds. Images of Oil Disasters in the Nineteenth and Twentieth Centuries, in: The Journal of American History 99,1 (2012), S. 124–134; John Sheail: Torrey Canyon. The Political Dimension, in: Journal of Contemporary History 42 (2007), S. 485–504.
[101] Mayer: Erdöl-Weltatlas; Ferdinand Mayer: Weltatlas Erdöl und Erdgas, Braunschweig 1976; Ferdinand Mayer: Petro-Atlas, Braunschweig 1982; John C. McCaslin (Hg.): International petroleum encyclopedia, Tulsa/Okla. 1977.

Schulbuchverlag erschienen, richtete er sich speziell an Schüler und Studenten, denen am Ende der ersten Auflage noch die quasi utopischen Zukunftsaussichten der Ölwirtschaft sowie der von ihr gestalteten Welt ausgemalt wurden. Angesichts von mehr als 5000 aus Mineralöl gewonnenen Produkten und der intensiven Forschungstätigkeit der großen internationalen Mineralölgesellschaften wurden „nahezu unbegrenzte Möglichkeiten" entworfen. Aussichtsreich sei vor allem die Entwicklung einer mit Öl und Luft betriebenen Brennstoffzelle, die den Wirkungsgrad aller bisher bekannten Weisen der Energieerzeugung übertreffen und revolutionäre Auswirkungen zeitigen werde: „Eines Tages wird man trotz sengender Sonne in angenehmer Kühle spazierengehen können. Taschenklimageräte, nicht größer als ein Transistorradio werden die gewünschte Temperatur liefern, wenn Kleider und Anzüge aus Erdölkunststoffen die dazu notwendige Isolierung bieten, damit die Kühle – oder im Winter die entsprechende Wärme – nicht verfliegt." Darüber hinaus böten Kunststoffe Architekten völlig neue Möglichkeiten, Erdöl werde einen Beitrag zur Ernährung der wachsenden Weltbevölkerung leisten, und „Ölforscher" beschäftigten sich bereits „mit Verfahren zur Wetter- und Klimabeeinflussung". Zwar seien nicht alle dieser Prophezeiungen ganz ernst zu nehmen, aber es sei sicher: „Auch weiterhin wird das Erdöl Rohstoff des Fortschritts sein."[102] Ganz ähnliche ölutopische Zukunftserwartungen formulierten auch die Broschüren des American Petroleum Institutes, die im Rahmen des „Petroleum School Programs" der Industrie Highschool-Lehrer verschiedener Fächer mit ‚soliden' und ‚aktuellen' Informationen über Öl und die Ölindustrie versorgen sollten.[103] Die Broschüre „Facts about Oil" entwarf eine kurze Geschichte der Ölindustrie sowie der Explorations-, Produktions- und Verarbeitungsverfahren, um dann am Ende auf den Nutzen der verschiedenen Ölprodukte einzugehen. Vor fünfzig Jahren sei dies noch einfach gewesen, argumentierten die Autoren, aber gegenwärtig durchzögen 3000 Ölprodukte und weitere 3000 Produkte der petrochemischen Industrie die gesamte Volkswirtschaft und alle Lebensbereiche. Aufgrund seiner vielseitigen Eigenschaften eröffne das Öl ungeahnte Möglichkeiten der Produktentwicklung. Plastik könne Holz und Metall an vielen Stellen ersetzen, ein aus dem Öl gewonnenes Protein zur Ernährung von Tieren eingesetzt werden, und auch die Broschüre des API erwähnte die Energiezellen und mögliche Verfahren zur Wetterbeeinflussung. Erwähnenswert erschien den Autoren zudem, dass ölbasierte Wachstumshemmer das Rasenmähen in Zukunft nur noch einmal im Jahr nötig machen würden.[104] Die Broschüre endete mit einer fortschrittsoptimistischen Vision des Jahres 2000, in dem Vieles veraltet sein werde, was heute modern erscheine, wenn die Ölindustrie ihren Beitrag leiste und genügend Öl und Energie bereitstelle.

War dieser technikbasierte Fortschrittsglaube das Produkt der PR-Abteilungen der großen Ölkonzerne oder entsprach er auch der Einstellung der in der Ölindus-

---

[102] Mayer: Erdöl-Weltatlas, S. 135.
[103] American Petroleum Institute: Facts About Oil, o.O. [1971].
[104] Ebd., S. 37f.

trie beschäftigten Ingenieure und Geologen? In seinem historischen Abriss der Entwicklung der Explorations- und Förderverfahren argumentiert Kenneth Deffeyes, dass in der Ölindustrie zumindest bis in die 1960er Jahre nur Menschen mit einem unerschütterlich optimistischen und frustrationstoleranten Naturell Karriere machen konnten: „Internally, the oil industry has an unusual psychology. Exploring for oil is an inherently discouraging activity. Nine out of 10 exploration wells are dry holes. Only one in a hundred exploration wells discovers an important oil field. Darwinian selection is involved: only the incurable optimists stay. They tell each other stories about a Texas county that started with 30 dry holes yet the next was a major discovery."[105] Hierbei mag es sich zwar um Küchenpsychologie handeln, und es bliebe zu prüfen, ob derartige Einstellungen nicht in vielen Berufen zu finden sind, die mit technischer Innovation zu tun haben. Tatsächlich zeichnete sich der Mainstream der Öl-Geologen und -Ingenieure der 1950er und 1960er Jahre jedoch durch ausgesprochen optimistische Annahmen über die eigenen Fähigkeiten und die daraus resultierenden Entwicklungsmöglichkeiten der Ölindustrie aus, die allerdings auch durch die Erfahrung ihres spektakulären Aufstiegs gestützt wurden.

2.4 Petroknowlegde oder die zukünftige Verfügbarkeit des Öls

Trotz der periodisch wiederkehrenden Prophezeiungen einer nahenden Erschöpfung der Ölreserven, die zum Beispiel die zwanziger Jahre und die unmittelbare Zeit nach dem Zweiten Weltkrieg prägten, stieg die Menge der Ölreserven im 20. Jahrhundert immer weiter an.[106] In den 1950er und 1960er Jahren war in der Ölindustrie und über sie hinaus die Annahme weit verbreitet, dass dies trotz der grundsätzlichen Endlichkeit der Ölvorräte der Erde auf absehbare Zeit so weitergehen werde. Im *Petroleum Panorama* unterschied ein Artikel zwischen „two opposing camps", die die Ölförderung seit ihren Anfängen begleitet hätten: „the pessimists who have constantly predicted that ,we are running out of oil,' versus the optimists who have just as consistently held that we will continue to find more than enough new oil to replace that which is being produced."[107] Die meisten Petroleum-Ingenieure und -Geologen in den 1950er und 1960er Jahren glaubten

---

[105] Deffeyes: Hubbert's peak, S. 7-8. Deffeyes, dessen Vater schon in der Ölindustrie tätig gewesen war, studierte in den 1950er Jahren in Princeton Geologie und war dann für Shell in Texas tätig.

[106] Gilbert Jenkins: World Oil Reserves Reporting 1948-1996. Political, Economic and Subjective Influences, in: OPEC Review 21 (1997), S. 89-111.

[107] Reserves – Tomorrow's Storehouse, in: Petroleum Panorama. Commemorating 100 Years of Petroleum Progress, Tulsa/Okla. 1959, S. B-30-32, hier S. B-30. In gewisser Weise hat sich daran bis heute nichts geändert; siehe Clifford Krauss: There Will Be Fuel. New Oil and Gas Sources Abound, but They Come With Costs, in: The New York Times (17.11.2010); Paul Sabin: The bet. Paul Ehrlich, Julian Simon, and our gamble over Earth's future, New Haven 2013.

jedoch daran, dass die Ölreserven weiter zunehmen würden, nicht zuletzt weil durch ihre Forschungen neue Methoden zur Lokalisierung und Förderung von Öl entwickelt werden würden. Zwar könne dies nicht auf unbegrenzte Zeit so weitergehen, aber „the professional oil finder feels that it [der Wendepunkt, RG] is yet many decades away."[108] Woher stammte dieses Gefühl und wie entstanden überhaupt Annahmen über die Größe von Ölreserven und ihre zukünftige Verfügbarkeit?

Natürliche Ressourcen wie Ölreserven sind, auch wenn dies kontraintuitiv erscheinen mag, konstruierte Größen. Denn nicht die absolute physische Menge des im Boden befindlichen Öls ist der entscheidende Wert, sondern seine zukünftige Verfügbarkeit, und diese hängt nicht nur von der Menge, sondern auch von den technischen und ökonomischen Bedingungen der Förderung ab. Über Letztere kann es kein gesichertes Wissen geben, sondern nur mehr oder weniger plausible Annahmen.[109] Die von Petroleum-Geologen in komplizierten Verfahren zunächst für einzelne Felder abgeschätzte Menge des im Boden befindlichen Öls unterscheidet sich signifikant von der Menge des davon zu fördernden Öls; eine Differenz, die im Englischen durch die Begriffe „resource" und „reserve" verdeutlicht wird. Die Begriffsverwendung ist hier zwar nicht ganz einheitlich, aber die Mehrheit folgt der Definition von Vincent E. McKelvey, der in den 1970er Jahren Chefgeologe des United States Geological Survey wurde. Die Bestimmung der Ölreserven hing nach McKelvey von zwei Faktoren ab, nämlich „knowledge about the existence, quality, and magnitude of individual deposits" und „the feasibility of their recovery under existing prices and technology".[110] Er unterschied: „Reserves are defined to include only identified deposits presently producible at a profit, and undiscovered and subeconomic material are referred to as resources."[111] Schätzungen über Ölreserven verändern sich also nicht nur, weil neue Felder entdeckt werden, sondern auch weil sich die technischen Möglichkeiten ihrer Ausbeutung verbessern und die ökonomischen Rahmenbedingungen ändern.

Petroleum-Geologen beschäftigten sich zunächst mit dem Auffinden und der Größenbestimmung einzelner Felder und entwickelten dabei ein Instrumentarium, das sich im Verlauf des 20. Jahrhunderts stetig verbesserte. Nachdem man zunächst vor allem auf Oberflächenexplorationen gesetzt hatte, wurden seit den 1930er Jahren seismische Verfahren wichtiger, die die Erfolgsquote von Ölboh-

---

[108] Reserves – Tomorrow's Storehouse, in: Petroleum Panorama, S. B-32.
[109] Siehe dazu und zum Folgenden auch Rüdiger Graf: Ressourcenkonflikte als Wissenskonflikte. Ölreserven und Petroknowledge in Wissenschaft und Politik, in: Geschichte in Wissenschaft und Unterricht 63/9-10 (2012), 582-599; sowie ausführlicher Graf: Expert Estimates of Oil-Reserves.
[110] Vincent E. McKelvey: Concepts of Reserves and Resources, in: John D. Haun (Hg.), Methods of estimating the volume of undiscovered oil and gas resources, Tulsa/Okla. 1975, S. 11-14, hier S. 11.
[111] Ebd.; siehe auch F. Blondel/S. G. Lasky: Mineral reserves and mineral resources, in: Economic Geology 51,7 (1956), S. 686-697, oder mit weiteren begrifflichen Differenzierungen G.J.S Govett/M.H Govett: The concept and measurement of mineral reserves and resources, in: Resources Policy 1, September (1974), S. 46-55.

rungen in den 1960er Jahren deutlich erhöhen konnten.[112] Mit verbesserten Methoden und gesteigerter Explorationstätigkeit wurden Mitte des 20. Jahrhunderts immer wieder neue Felder entdeckt, aber es gab auch weitere strukturelle Gründe dafür, dass die Ölreserven stark anstiegen: Erstens werden Ölfelder zumeist schrittweise erschlossen, so dass sich ihre tatsächliche Größe erst im Verlauf ihrer Ausbeutung zeigt. Zweitens tendieren Geologen angesichts der gewaltigen mit den Bohrungen verbundenen Kosten dazu, zunächst eher vorsichtige Schätzungen über die Größe einzelner Felder abzugeben, um nicht für Fehlinvestitionen zur Verantwortung gezogen zu werden.[113] Drittens verbesserten neu entwickelte Verfahren des Reservoir-Engineering die Ausbeutung einzelner Felder Mitte des 20. Jahrhunderts rasant.[114] Während zunächst nur zehn Prozent des in einem Reservoir befindlichen Öls an die Oberfläche befördert werden konnten, stieg der „recovery factor" am Ende des 20. Jahrhunderts auf über dreißig und für einzelne Felder auf bis zu sechzig Prozent.[115] Schließlich kamen mit der technischen Entwicklung der offshore-Förderung nach dem Zweiten Weltkrieg weltweit große Regionen hinzu, die noch erschlossen werden konnten.[116] Es gab also für Petroleum-Geologen und -Ingenieure in den 1950er und 1960er Jahren viele gute Gründe, die Einschätzung zu teilen, dass „the world petroleum future is one of large and rising consumption with adequate supply."[117]

Wie groß die weltweiten Ölreserven letztlich sein würden, war notorisch schwer abzuschätzen, da die schon in Bezug auf ein einzelnes Ölfeld beträchtlichen Unsicherheitsfaktoren mit der regionalen Bezugsgröße noch einmal erheblich zunahmen. Ölreservenabschätzungen waren also immer umstritten und befanden sich in einer „sea of irrationality" und einem „fog of mistrust".[118] In den Vereinigten Staaten schätzte seit 1935 ein Komitee des American Petroleum Institutes, bestehend aus einem fest angestellten Sekretär für Statistik und zwölf ehrenamtlichen, für

---

[112] Siehe den Katalog der zeitgenössischen Verfahren bei C. Hewitt Dix: Seismic Prospecting for Oil, New York 1952, S. 6-16; zu Entwicklung und Erfolg der Verfahren Deffeyes: Hubbert's peak, S. 70-87.

[113] Deffeyes: Hubbert's peak, S. 6.

[114] Craft/Hawkins: Applied Petroleum Reservoir Engineering; Carl E. Reistle: Reservoir Engineering, in: D. V. Carter (Hg.), The History of Petroleum Engineering, Dallas 1961, S. 811-846; T.V. Moore: Reservoir Engineering Begins Second 25 Years, in: The Oil and Gas Journal 54,29 (1955), S. 148; J.G. Richardson/H.L. Stone: A Quarter Century of Progress in the Application of Reservoir Engineering, in: Journal of Petroleum Technology 25, December (1973), S. 1371-1379.

[115] Die Schätzungen gehen weit auseinander. Diese Zahlen bei Ferdinand E. Banks: The political economy of world energy. An introductory textbook, New Jersey 2007; Jenkins: World Oil Reserves Reporting 1948-1996.

[116] Kipp: The Evolution of Petroleum Engineering as Applied to Oilfield Operations, S. 113; Lewis G. Weeks: World Offshore Petroleum Resources, in: Bulletin of the American Association of Petroleum Geologists 49 (1965), S. 1680-1693; M.S. Kraemer: Producing Operations of the Future, in: Journal of Petroleum Technology 23 (1971), S. 27-32.

[117] H.A. Nedom: Planning the Energy Years, in: Journal of Petroleum Technology 23, January (1971), S. 13-15, hier S. 13; Thomas C. Frick: Fossil Fuel Resources in the United States, in: Journal of Petroleum Technology 18, Februar (1966), S. 155-175.

[118] Wildavsky/Tenenbaum: Politics of Mistrust, S. 12.

verschiedene Regionen zuständigen Mitarbeitern, die auf ihrem Territorium befindlichen Ölreserven. Es beschränkte sich allerdings darauf, die „proved reserves" zusammenzustellen, das heißt die „volumes of crude oil which geological and engineering information indicates, beyond reasonable doubt, to be recoverable in the future from an oil reservoir under existing economic and operating conditions."[119] Genaugenommen waren die Zahlen des API also keine Schätzungen des tatsächlich insgesamt einmal in den USA zu fördernden Öls, sondern nur des nach dem bisherigen Explorationsstand unter den bestehenden technischen und wirtschaftlichen Bedingungen zu fördernden Öls. Daher hielten viele Geologen und Ingenieure die Zahlen für unzulänglich. In einer Studie für den Think Tank Resources for the Future Inc. argumentierten 1965 beispielsweise Wallace F. Lovejoy und Paul T. Homan, dass die Schätzungen des API nur sehr begrenzte Aussagekraft hätten und nicht die wohlbegründeten Erwartungen der Industrie widerspiegelten. Nötig seien vielmehr „estimates, however rough, of the quantities of reserves that can be expected under different economic and technological conditions."[120] Zu den 31 Milliarden Barrel, auf die das API die Reserven in den USA am Ende des Jahres 1964 geschätzt habe, könne man zunächst 25 bis 35 Milliarden Barrel hinzuzählen, die sich aus der Vergrößerung bekannter Felder während der Ausbeutung ergäben. Verbesserte Techniken der sekundären Förderung, z.B. durch Flüssigkeitsinjektionen, führten zu weiteren 16 Milliarden Barrel. Berücksichtige man dann noch die zu erwartende Verbesserung von Explorations- und Fördertechniken, so könne man erwarten, dass die Menge des in den USA noch zu fördernden Öls zwischen 300 und 400 Millionen Barrel liegen werde, also mehr als zehnmal so hoch wie die „proved reserves" des API.[121] Andere Autoren versuchten in den 1960er Jahren aus der Erfolgsquote der bisherigen Bohrungen den voraussichtlichen Erfolg von Bohrungen in aussichtsreichen Gesteinsformationen und daraus die Menge des zu fördernden Öls abzuleiten; ein Verfahren, dessen Unsicherheit offensichtlich aus der Definition von „aussichtsreich" resultiert.[122] Je weiter sich die Reservenschätzungen von den „proved reserves" entfernten, desto unsicherer wurden sie, da sich die Unsicherheitsfaktoren bezüglich der Größe noch zu findender Felder und des „recovery factors" multiplizierten.[123] Dementsprechend lagen die Schätzungen der

---

[119] Morris Muskat: The Proved Crude Oil Reserves of the U.S., in: Journal of Petroleum Technology 15,9 (1963), S. 915-921, hier S. 917.
[120] Wallace F. Lovejoy/Paul T. Homan: Methods of Estimating Reserves of Crude Oil, Natural Gas, and Natural Gas Liquids, Baltimore 1965, S. 4.
[121] Ebd., S. 104f.; siehe auch mit ganz ähnlichen Berechnungen Sam H. Schurr/Bruce C. Netschert: Energy in the American Economy, 1850-1975. An Economic Study of Its History and Prospects, Baltimore 1960, S. 9-12, sowie zum „Konservatismus" der Reservenabschätzung: United Nations. Department of Economic and Social Affairs: Petroleum in the 1970s. Report of the Ad Hoc Panel of Experts on Projections of Demand and Supply of Crude Petroleum and Products, New York 1974, S. 2.
[122] A[lfred] Zapp: Future Petroleum Producing Capacity of the United States. Contributions to Economic Geology, Washington D.C. 1962; William W. Mallory: Accelerated National Oil and Gas Resource appraisal (ANOGRE), in: Haun, Methods of estimating, S. 23-30.
[123] Dix: Seismic Prospecting for Oil, S. 51.

auf dem Territorium der USA befindlichen Ölreserven in den 1960er Jahren meist zwischen 150 und 600 Milliarden Barrel und damit weit auseinander.[124]

Grundsätzliche Kritik am Ressourcenoptimismus übte seit der zweiten Hälfte der 1950er Jahre Marion King Hubbert, dessen Theorie des „Peak Oil" allerdings zunächst eine Außenseiterposition blieb und erst in den 1970er Jahren mehr Anhänger fand, um dann in den 1990er Jahren eine regelrechte Bewegung zu begründen.[125] Hubbert hatte Geologie, Mathematik und Physik studiert und zunächst Geophysik an der Columbia University in New York unterrichtet, bevor er während des Zweiten Weltkriegs in die Shell Research Laboratories nach Houston/Texas wechselte, die ein Musterbeispiel industrieller Großforschung waren.[126] Hubbert war ein streitbarer, aber anerkannter Geologe, als er 1956 bei einem Treffen des American Petroleum Institute in San Antonio einen Vortrag hielt, im Rahmen dessen er prognostizierte, dass die US-amerikanische Ölförderung in der zweiten Hälfte der 1960er Jahre ihren Höhepunkt („Peak") durchlaufen werde. Bis zuletzt hatte die Konzernzentrale versucht, seinen Vortrag, der Shells offiziellen Verlautbarungen, aber auch der Mehrheitsmeinung seiner Fachkollegen zuwiderlief, zu verhindern.[127] Hubbert nahm die Idee der grundsätzlichen Endlichkeit natürlicher Ressourcen ernst und argumentierte, dass die Produktion, auf einer Zeitachse abgetragen, immer einen Kurvenverlauf ergeben müsse, der bei null beginnt, einen oder mehrere Höhepunkte durchläuft und dann bei null endet, sei es, weil die Ressource erschöpft ist oder weil ihre Förderung aus anderen Gründen beendet wird.[128] Seine entscheidende Idee bestand nun darin, zwei Kurven miteinander zu korrelieren, nämlich die der Ölförderung in den Vereinigten Staaten, die bis dahin mehr oder weniger geradlinig nach oben wies und von seinen Kollegen einfach in diese Richtung verlängert wurde, und die der Schätzungen der nachgewiesenen Reserven des API. Die zweite Kurve, so stellte Hubbert fest, durchschritt im Jahr 1956 ihren Höhepunkt. Da nur das Öl gefördert werden könne, das auch entdeckt wird, schloss Hubbert, dass die beiden Kurven im Ab-

---

[124] Gary Bowden: The Social Construction of Validity in Estimates of US Crude Oil Reserves, in: Social Studies of Science 15 (1985), S. 207-240, hier S. 211. 1975 erklärte der Geologe Earl Cook, dass die höchste Ölreservenschätzung für die USA aus den vergangenen zehn Jahren zehnmal so hoch gewesen sei wie die niedrigste. Earl Cook: Undiscovered or Undeveloped Crude Oil 'Resources' and National Energy Strategies, in: Haun, Methods of estimating, S. 97-106, hier S. 97.

[125] Siehe zu Hubbert v.a. Deffeyes: Hubbert's peak, S. 1; zur Renaissance von Hubberts Ideen auf globaler Ebene seit den 1990er Jahren R. A. Kerr: The Next Oil Crisis Looms Large and Perhaps Close, in: Science 281 (1998), S. 1128-1131; C. B. Hatfield: Oil Back on the Global Agenda, in: Nature 387 (1997), S. 121; Colin J. Campbell: The Coming Oil Crisis, Esses 1997; Colin J. Campbell: Oil Crisis, Brentwood 2005; Yves Cochet: Pétrole apocalypse, Paris 2005; zur Bewegung siehe auch die Association for the Study of Peak Oil and Gas: http://aspousa.org/ [zuletzt besucht am 29. 6. 2012].

[126] Siehe zur industriellen „big science" sowie den sich verändernden Wissenschaftlertypen und -idealen Shapin: The Scientific Life, S. 93-164.

[127] Deffeyes: Hubbert's peak, S. 3.

[128] Marion King Hubbert: Energy Resources. A Report to the Committee on Natural Resources of the National Academy of Sciences – National Research Council, Washington 1962, S. 34.

stand von zehneinhalb Jahren parallel verlaufen müssten, so dass die Ölförderung in den USA 1966/67 ihren Höhepunkt durchlaufen müsse – eine Prognose, die er später auf 1970 korrigierte.[129] Mit der gleichen Methode schätzte Hubbert, dass die Welterdölförderung ungefähr im Jahr 2000 ihren Höhepunkt erreichen werde.[130]

Hubberts Prognose hat zwar eine hohe intuitive Plausibilität, aber auch der ihm wohlgesonnene Kenneth S. Deffeyes gesteht zu: „Hubbert's oil prediction was just barely within the envelope of acceptable scientific methods. It was as much an inspired guess as it was hard-core science."[131] Dementsprechend harsch fiel auch die zeitgenössische Kritik seiner Kollegen aus, die angesichts ihrer intensiven Forschungs- und Explorationstätigkeit keinen Grund dafür sahen, warum die von Hubbert vorgeschlagene Förderkurve nur einen und nicht mehr Höhepunkte durchlaufen sollte.[132] Hubberts Prognose war für sie auch deshalb gefährlich, weil er die Ölreservenabschätzung entprofessionalisierte und damit anderen Expertengruppen als den Geologen und Ingenieuren zugänglich machte.[133] Auch in seiner Tätigkeit beim U.S. Geological Survey, zu dem er 1965 wechselte, konnte Hubbert seine Methode nicht durchsetzen. Mehr Anhänger fand sie erst, als die US-amerikanische Ölförderung zu Beginn der 1970er Jahre tatsächlich einen Höhepunkt durchlief und Hubberts Prognosen auf den Resonanzboden allgemeiner Sorgen über die Grenzen des Wachstums fielen. Nun wurden Überlegungen breiter anschlussfähig, die Hubbert schon 1962 formuliert hatte: „No physical quantity, whether the human population, the rate of energy consumption, or the rate of production of a material resource such as a metal, can continue to increase at a fixed exponential rate without soon exceeding all physical bounds."[134]

Hubberts Entprofessionalisierung der Ölprognose dürfte auch deshalb bei seinen Kollegen auf Vorbehalte gestoßen sein, weil sie sich immer stärkerer Konkurrenz durch andere Disziplinen ausgesetzt sahen.[135] Mit der Bedeutungssteigerung des Öls für die Wirtschafts- und Gesellschaftsordnung und damit letztlich auch die politischen Systeme in Westeuropa und den USA begannen in den 1960er Jahren zunehmend auch Politik-, Wirtschafts- und Sozialwissenschaftler, sich mit Fragen der Ölversorgung bzw. der zukünftigen Verfügbarkeit des Öls zu beschäftigen. War die Ökonomie erschöpfbarer Ressourcen ein eher randständiges Thema der Wirtschaftswissenschaften gewesen, rückte sie jetzt stärker ins Zentrum, auch wenn der eigentliche Durchbruch der Energieökonomie erst in den 1970er

---

[129] Ebd., S. 50.
[130] Ebd., S. 75.
[131] Deffeyes: Hubbert's peak, S. 6.
[132] J.M. Ryan: Limitations of statistical methods for predicting petroleum and natural gas availability, in: Journal of Petroleum Technology 18, März (1966), S. 281-284, hier S. 282.
[133] Lewis G. Weeks: Estimation of Petroleum Resources: Commentary, in: Bulletin of the American Association of Petroleum Geologists 50 (1966), S. 2008-2010; Anibal R. Martinez: Estimation of Petroleum Resources, in: Bulletin of the American Association of Petroleum Geologists 50 (1966), S. 2001-2008.
[134] Hubbert: Energy Resources, S. 125.
[135] Siehe dazu ausführlich Graf: Expert Estimates of Oil-Reserves.

Jahren erfolgte.[136] Aus ökonomischer Perspektive war die Frage der zukünftigen Verfügbarkeit des Öls weniger eine der geologischen Materialitäten als vielmehr eine des Preises, für den wiederum eine Reihe anderer Faktoren verantwortlich waren, die im Kompetenzbereich der Ökonomen, nicht aber der Geologen und Ingenieure lagen. Gleichzeitig sahen Politik- und Sozialwissenschaftler das Verbraucherverhalten, die politische Ordnung des Ölmarktes und die politischen Bedingungen in den Förderländern als entscheidende Faktoren dafür an, wie viel Öl in Westeuropa und den USA in Zukunft vorhanden sein würde. Hier gab es beispielsweise eine Reihe neuer Experten, die Wissen anbieten konnten, denn parallel zur Bedeutungssteigerung des Mittleren Ostens als Förderregion wurden in den Vereinigten Staaten die Middle Eastern Studies ausgebaut:[137] In der Ölkrise 1973/74 kam es dann auch zu einem Konflikt zwischen Ölexperten aus verschiedenen akademischen Disziplinen, die aus ihren jeweilgen Perspektiven die Frage der zukünftigen Verfügbarkeit des Öls je verschieden beantworteten und um Deutungshoheit sowie politischen Einfluss rangen (Kapitel 5.2.1). Zugleich kümmerte sich aufgrund der Politisierung und Ökonomisierung des Öls seit dem Ende der 1960er Jahre auch eine wachsende Zahl von Regierungsmitarbeitern auf immer höheren Ebenen um die Sicherheit der Ölversorgung. Dabei griffen sie entweder auf externe Expertisen zurück oder produzierten selbst Wissen und Deutungsangebote, die im Folgenden näher untersucht werden (Kapitel 5.2.3 und 6.2).

---

[136] Siehe als klassischen Text, der lange die Fragestellungen des Fachs definierte, Harold Hotelling: The economics of exhaustible resources, in: Journal of Political Economy 39, April (1931), S. 137-175.

[137] Gab es 1949 noch keine Professoren für den Mittleren Osten an amerikanischen Universitäten, waren es 1969 schon 340 und 1977 530, die zwischen 1959 und 1976 4300 B.A. 1500 M.A. und 800 Doktortitel für Middle Eastern Studies vergaben. Siehe Martin Kramer: Ivory towers on sand. The failure of Middle Eastern studies in America, Washington D.C. 2001, S. 12; zum Einfluss von Experten für den Mittleren Osten auf die US Außenpolitikgestaltung siehe auch Matthew F. Jacobs: Imagining the Middle East. The building of an American foreign policy, 1918-1967, Chapel Hill 2011.

3. Die Ölversorgung der westlichen Welt als Problem – Engpässe, Prognosen, Prävention

Sowohl in der Geschichts- als auch in der Politikwissenschaft gilt die Ölkrise gemeinhin als das Ereignis, das den politisch Verantwortlichen wie der breiten Öffentlichkeit in Westeuropa und den USA plötzlich ihre Abhängigkeit von Öllieferungen aus dem Nahen und Mittleren Osten verdeutlichte.[1] War in den 1970er Jahren noch bei einigen Autoren die Erinnerung präsent gewesen, dass eine Konstellation wie die Ölkrise von Ölexperten seit langem erwartet worden war und Regierungen aus diesem Grund Vorsichtsmaßnahmen ergriffen hatten, ging diese Perspektive in den folgenden Jahrzehnten verloren.[2] Dies mag einerseits daran gelegen haben, dass die spektakulären Ereignisabläufe der Ölkrise Vorheriges in den Schatten stellten und es sich daher anbot, langfristige Veränderungen wie die zunehmende Ölabhängigkeit an ihnen festzumachen. Andererseits dürfte aber auch vielen daran gelegen gewesen sein, die Ölkrise plötzlich und unerwartbar erscheinen zu lassen, um so von Versäumnissen und der eigenen Verantwortung für die Energieprobleme der 1970er Jahre abzulenken (Kapitel 5.3.1). Im Folgenden sollen im Kontrast zur gängigen Lesart der Ölkrise als eines nicht erwarteten oder gar nicht vorhersehbaren Ereignisses die ölbezogenen Erwartungsstrukturen in den Regierungen in Westeuropa und den USA rekonstruiert werden. Wann wurde die Ölimportabhängigkeit von wem als Gefahr wahrgenommen und welche Gegenmaßnahmen wurden gefordert und eingeleitet? Mit der Beantwortung dieser Fragen soll nicht das klassische Historikerargument vorgebracht werden, dass alles immer schon viel früher begonnen hat. Die Untersuchung der Erwartungsstrukturen in Westeuropa und den USA ist vielmehr wichtig, weil die Antizipation von Versorgungsschwierigkeiten zur Implementierung von Vorsorgemaßnahmen führte, die dann die Handlungen westlicher Regierungen während der Ölkrise beeinflussten. Das entscheidende Datum lag hier bereits im Januar 1970, als den Ölexperten, die im Ölkomitee der Organization for Economic Coordination and Development (OECD) zusammenkamen, eine neue Gefahrenkonstellation für die westeuropäische Ölversorgung bewusst wurde und sie diese Diagnose in ihren jeweiligen Regierungen verbreite-

---

[1] Yergin: Prize, S. 588; Frank Umbach: Globale Energiesicherheit. Strategische Herausforderungen für die europäische und deutsche Außenpolitik, München 2003, S. 36; Jeremy Rifkin: The Third Industrial Revolution. How Lateral Power Is Transforming Energy, the Economy, and the World, New York 2011, S. 10: „The jolt to our national pride came without warning." Armelle Demagny-Van Eyseren: The French Presidency, the National Companies and the First Oil Shock, in: Alain Beltran (Hg.), Oil producing countries and oil companies. From the nineteenth century to the twenty-first century, Bern/Oxford 2011, S. 51-63; Benjamin Auge: Genèse de la première crise pétrolière (1970-1974), Université de Franche-Comté 2005-2006, S. 13.

[2] Siehe zum Beispiel T. M. Rybczynski (Hg.): The Economics of the oil crisis, New York 1976, S. xi: „True, few foretold the precise date of the outbreak of the War of Yom Kippur, but the possibility of an oil shortage arising for one reason or another had been foreseen for an appreciable period."

ten. Von den Verhandlungen dieses transnationalen Expertengremiums gingen energiepolitische Veränderungen aus, ohne deren Berücksichtigung die Reaktionen auf die Handlungen von OPEC und OAPEC bzw. die Ölkrise der Jahre 1973/74 nicht zu verstehen sind.

3.1 Problemdiagnosen und Präventionsmaßnahmen in der OECD

Zu Beginn der 1970er Jahre begannen die Regierungen vieler Industrieländer ihre Energiepolitik umzustrukturieren. Die Länder verfügten darüber hinaus meist über beträchtliche Notfallvorräte an Öl, die bei Versorgungsengpässen eingesetzt werden konnten, und oft auch über die gesetzlichen Kompetenzen, in einem solchen Fall Verbrauchsbeschränkungen und andere Regelungen im Öl- und Energiebereich erlassen zu können. Die Ähnlichkeit dieser Strukturen und Maßnahmen war kein Zufall und ihre synchrone Einführung keine bloße Koinzidenz; sie beruhten nicht darauf, dass unabhängig voneinander agierende Regierungen simultan zu gleichen Risiko- und Gefahrenabschätzungen sowie Abwehrmaßnahmen gelangt wären. In der zweiten Hälfte des 20. Jahrhunderts trafen Regierungen und Staaten nicht als monadisch-monolithische Blöcke aufeinander, sondern Teile der Regierungen und Administrationen waren über nationale Grenzen hinweg in verschiedenen Institutionen und Foren miteinander vernetzt.[3] Internationale Organisationen sowie zwischen- und auch nicht-staatliche Akteure spielten sowohl für die Gestaltung der internationalen Politik und Ordnung eine wichtige Rolle als auch für die nationale Politikformierung.[4]

Entscheidend für die Energiepolitik der größten Verbraucherländer war in den 1960er und 1970er Jahren vor allem der Austausch im Rahmen der OECD, der Nachfolgeorganisation der 1948 gegründeten Organization for European Economic Cooperation (OEEC), die den Wiederaufbau (West-)Europas hatte fördern sollen. In der OECD bemühten sich die westeuropäischen Länder seit 1961 zusammen mit den USA und Kanada und ab 1964 auch mit Japan um die Sicherung und Steigerung des Wirtschaftswachstums, die Erhöhung des Lebensstandards, die Stabilität der Währungen und ganz allgemein die Entwicklung der Weltwirtschaft.[5] Anders als andere internationale Organisationen verfügte die OECD über keine positiven oder negativen Sanktionsmechanismen zur Durchsetzung ihrer Beschlüsse, die für die Mitgliedsländer überdies nicht bindend waren. Dennoch übte sie einen bemerkenswerten Einfluss auf die Politik der Mit-

---

[3] Siehe dazu Anne-Marie Slaughter: A new world order. Princeton/N.J. 2004, S. 1.
[4] Akira Iriye: Global community. The role of international organizations in the making of the contemporary world, Berkeley/Calif. 2002.
[5] Robért Wolfe: From Reconstructing Europe to Constructing Globalization. The OECD in Historical Perspective, in: Rianne Mahon/Stephen McBride (Hg.), The OECD and transnational governance, Vancouver 2008, S. 25–42; Richard Woodward: The Organization for Economic Co-operation and Development (OECD), London/New York 2009.

gliedsländer aus, indem sie mit Komitees zu verschiedenen Politikbereichen Foren bot, auf denen sich die Experten aus den jeweilgen Ministerien trafen und austauschten. In diesem Austausch auch mit den Mitarbeitern des in Paris ansässigen OECD-Sekretariats entwickelten sich gemeinsame Sprachen für bestimmte Politikfelder und Problembereiche, und es entstanden einheitliche Statistiken, die den Vergleich zwischen den verschiedenen Wirtschaftsräumen und Gesellschaften ermöglichten.[6] Auf diese Weise bildeten sich transnationale Expertennetzwerke oder auch „epistemic communities" aus, die Problemwahrnehmungen und Analysemethoden teilten und sich über Lösungsansätze verständigten.[7] Ihre regelmäßigen Treffen und die sogenannten „peer reviews" der verschiedenen nationalen Maßnahmen erzeugten einen gewissen Druck, der dann zurück in die Ministerien der Mitgliedsländer getragen wurde und politische Veränderungen bewirken konnte.

In den zehn Jahren von 1956 bis 1966 wuchs der Ölverbrauch in den OEEC-Ländern bzw. den europäischen Ländern der OECD um das Dreieinhalbfache von 113.1 auf 385 Millionen Tonnen, die Importquote stieg von 90 auf 95 und der Anteil von Importen aus dem Mittleren Osten von 70 auf 83 Prozent.[8] Da Wirtschaftswachstum und Lebensstandardsteigerungen, die Kernthemen der OECD, nicht zuletzt auf wachsendem Ölverbrauch basierten, wurde die Ölversorgung zu einem wichtigen Gegenstand in ihren Beratungen. Seit der Gründung der OEEC war das Oil Committee, in dem sich die Ölexperten der Mitgliedsländer trafen, mit der Beobachtung der Entwicklungen auf dem Ölsektor betraut.[9] Angesichts von Ölimportsteigerungen, der Bedeutung des Öls für wirtschaftliche Prozesse und der regionalen Herkunft des in Westeuropa verbrauchten Öls vornehmlich aus dem Mittleren Osten schien die Gefahr von Lieferunterbrechungen rasch zuzunehmen.[10] Dies zeigte sich in aller Deutlichkeit, als der ägyptische Präsident Gamal Abdel Nasser 1956 den Suez Kanal, durch den etwa 70 Prozent des

---

[6] Woodward: The Organization for Economic Co-operation and Development (OECD), S. 7.
[7] Tony Porter/Michael Webb: Role of the OECD in the Orchestration of Global Knowledge Networks, in: Rianne Mahon/Stephen McBride (Hg.), The OECD and transnational governance, Vancouver 2008, S. 43-59; Rianne Mahon/Stephen McBride: Introduction, in: ebd., S. 3-23, hier S. 6, 9; Peter M. Haas: Introduction. Epistemic communities and international policy coordination, in: International Organization 46,1 (1992), S. 1-35, hier S. 3.: „An epistemic community is a network of professionals with recognized expertise and competence in a particular domain and an authoritative claim to policy-relevant knowledge within that domain or issue-area. Although an epistemic community may consist of professionals from a variety of disciplines and backgrounds, they have (1) a shared set of normative and principled beliefs […]; (2) shared causal beliefs […]; (3) shared notions of validity […]; and (4) a common policy enterprise."
[8] OECD, High Level Group of the Special Committee for Oil: Draft Preliminary Report on the 1967 Oil Emergency, 28. 8. 1968, National Archives of the United Kingdom, Kew, (NA UK), POWE 63/280; OEEC Oil Committee: Europe's need for oil. Implications and Lessons of the Suez Crisis, Paris 1958.
[9] Ulf Lantzke: The Role of International Cooperation, in: Alvin L. Alm/Robert J. Weiner (Hg.), Oil Shock. Policy Response and Implementation, Cambridge/Mass. 1984, S. 77-96.
[10] OEEC Wirtschaftsrat: Europas Energie-Bedarf. Sein Anwachsen – Seine Deckung, Bonn 1956.

Öls aus dem Mittleren Osten nach Europa transportiert wurden, schließen ließ, nachdem Großbritannien und Frankreich auf die Nationalisierung der Suez Canal Company mit einer Militärintervention reagiert hatten. Angesichts der erheblich längeren Tankerfahrtzeiten um das Kap der guten Hoffnung und der ohnehin begrenzten Tankerkapazitäten machte sich in Europa rasch ein Mangel an Öl bemerkbar, der nur durch zusätzliche Lieferungen aus den USA ausgeglichen werden konnte.[11]

Die Suez-Krise war das Fanal für die Diskussion von Präventionsmaßnahmen gegen Lieferausfälle. In seiner anschließenden Untersuchung stellte das Ölkomitee der OEEC fest, dass ein solcher Versorgungsengpass kein Einzelfall bleiben müsse: „Arbitrary action by one or many of the producing or transit countries could seriously affect the supply of oil which Europe would expect to import from the Middle East."[12] Angesichts dieser Unsicherheit plädierte das Ölkomitee für nationale Vorsorgemaßnahmen, um etwaige Versorgungsengpässe besser zu überstehen. In den 1960er Jahren kümmerte es sich zusammen mit der ihm zuarbeitenden kleineren High Level Group Oil, in der nur die wichtigsten Konsumentenländer vertreten waren, um die Koordination dieser Maßnahmen. Das Ölkomitee wurde so zu einer wichtigen Schnittstelle, an der die in den verschiedenen Regierungen jeweils mit der Energiepolitik befassten Mitarbeiter zusammenkamen, Informationen austauschten und energiepolitische Strategien diskutierten. Um effektive Krisenvorsorge betreiben zu können, benötigten sie möglichst genaue Prognosen, wie sich der internationale Ölmarkt entwickeln würde. Indem hierzu Daten zusammengetragen wurden, vereinheitlichte das Ölkomitee die Wahrnehmung und Beschreibung der Strukturen und Probleme der internationalen Öl- und Energiewirtschaft.

Das Ölkomitee beschränkte sich aber nicht auf die Problemdiagnose, sondern entwarf auch Handlungsstrategien: Um Versorgungsengpässen, wie sie während der Suez-Krise durch die Sperrung des Kanals aufgetreten waren, künftig zu begegnen, schlug der Rat der OECD auf Anregung des Ölkomitees den Mitgliedsländern zu Beginn der 1960er Jahre Maßnahmen in fünf verschiedenen Bereichen vor: Erstens sollten die Länder ausreichende Ölvorräte aufbauen, um temporäre Lieferengpässe ausgleichen zu können. Angesichts des rasant steigenden Konsums wurde die Menge der Ölvorräte nicht genau fixiert, sondern sie sollten dem normalen Ölverbrauch von 80 Tagen entsprechen.[13] Zweitens sollten als Konsequenz

---

[11] Ethan B. Kapstein: The Insecure Alliance. Energy Crises and Western Politics since 1944, Oxford 1990, S. 97-125; Simon C. Smith: Reassessing Suez 1956. New perspectives on the crisis and its aftermath, Aldershot/Burlington/Vt. 2008; zur Wirkung siehe auch Martin Chick: The Risks, Costs and Benefits of Importing Oil. Fuel Import Policy in Britain, France and the United States since 1945, in: Alain Beltran (Hg.), Oil producing countries and oil companies. From the nineteenth century to the twenty-first century, Bern/Oxford 2011, S. 65-83, hier S. 75 f.

[12] OEEC Oil Committee: Europe's need for oil, S. 18.

[13] OECD. Oil Committee: Report to the Council on the Stockpiling Programme, 18. 6. 1962, NA UK, POWE 63/642; siehe auch OEEC Oil Committee: Oil, recent developments in the OEEC area, Paris 1961, S. 11: „The Suez crisis […] underlined the fears of the Hartley Commission

aus der Suez-Krise Bezugsländer und Versorgungswege diversifiziert und die Tankerkapazitäten insgesamt erhöht werden.[14] Drittens schlug der Rat vor, in den Mitgliedsländern Beratungsgremien zu schaffen, die mit Vertretern der Regierung und der Ölindustrie besetzt werden sollten, um im Notfall schnell die Versorgung koordinieren zu können. Viertens forderte er die Mitgliedsländer dazu auf, Pläne für den Fall von Lieferausfällen zu entwickeln, „that will enable them to introduce prompt and effective reductions in consumption of petroleum products if an oil supply emergency should occur".[15] Die Handlungsfähigkeit der Exekutive sollte also für einen neuen Typus von Notstandsfällen gestärkt werden. Darüber hinaus wurde fünftens festgelegt, dass im Falle eines neuen Versorgungsengpasses 90 bis 95 Prozent des in Europa verfügbaren Öls proportional zum bisherigen Bedarf der europäischen OECD-Länder verteilt und 5 bis 10 Prozent ad hoc einzelnen Ländern zugewiesen werden sollten, die sich in besonderen Schwierigkeiten befänden.[16]

Trotz dieses umfangreichen Maßnahmenkatalogs, aus dem die Befürchtung möglicher Lieferausfälle sprach, blickte das Oil Policy Committee genauso wie die Ölindustrie zu Beginn der 1960er Jahre grundsätzlich zuversichtlich in die Zukunft der Ölversorgung der OEEC-Länder. In Westeuropa werde die Ölnachfrage in den kommenden Jahren zwar weiter steigen, aber den Anstieg der Ölreserven nicht übertreffen: „On the present evidence of proven reserves and the likely level of ‚ultimate recovery', there is no doubt that the world's oil reserves are sufficient to meet all foreseeable demands."[17] Auch wenn das wirtschaftliche Wachstum in den industrialisierten Ländern also weiter auf einem rasant steigenden Ölverbrauch basiere, werde der Ölpreis angesichts der noch schneller wachsenden Ölreserven stabil bleiben oder sinken und der Ölmarkt ein Käufermarkt bleiben. Solange die Firmen ausreichende Anstrengungen in Exploration und Förderung unternähmen, würde sich diese Entwicklung fortsetzen. Denn „the proved reserves and ultimate resources of oil throughout the world should not justify predictions of scarcity", schloss der Bericht des Ölkomitees 1964.[18] Der Fluss billigen Öls könne höchstens aus politischen Gründen eingeschränkt werden. Weil aber letztlich alle an der Ölwirtschaft Beteiligten ein Interesse an einem funktionierenden Ölmarkt hätten, nahm das Oil Policy Committee an, dass es allenfalls zu kurzen Lieferunterbrechungen kommen würde, auf die man mit den vorgeschlagenen Maßnahmen, sofern sie umgesetzt würden, gut vorbereitet sei.[19]

---

about the security of oil supplies. [...] this sharp reminder served to encourage such measures as the further diversification of overseas sources of supply and stockbuilding within the O.E.E.C. area as an insurance against a similar emergency in the future."

[14] OEEC. Oil Committee: Europe's need for oil, S. 44 f.
[15] OECD. Council: Recommendation of the Council Concerning the Apportionment of Oil Supplies in an Emerency, 6. 5. 1960, NA UK, POWE 63/642.
[16] OECD. Council: Apportionment of Oil Supplies in an Emergency. Report by the Oil Committee, 11. 7. 1960; NA UK, POWE 63/642.
[17] OEEC. Oil Committee: Oil, recent developments in the OEEC area, S. 13.
[18] OECD. Oil Committee: Oil today, Paris 1964, S. 9.
[19] OEEC. Oil Committee: Oil, recent developments in the OEEC area.

Das Ölkomitee beschränkte sich nicht darauf, den Länderregierungen gute Ratschläge zu erteilen, sondern kontrollierte deren Aktivitäten bzw. die Umsetzung seiner Empfehlungen auch. Als es dabei 1962 feststellte, dass die Ölvorräte in den meisten Ländern deutlich unter den anvisierten 80 Tagen lagen, schlug es dem Rat der OECD vor, die Vorsorgemaßnahmen der Mitgliedsländer periodisch zu überprüfen.[20] Die jährlich verschickten Fragebögen und die auf ihrer Basis erstellten Berichte über den Stand der Ölkrisenvorsorge in den Mitgliedsländern schufen Handlungsdruck in den zuständigen Ministerien und bewirkten eine Koordination und Synchronisation der Ölpolitik. So erfuhren 1963 beispielsweise alle OECD-Länder, dass in den Niederlanden, Irland, Italien und Dänemark noch keine Regelungen geschaffen worden waren, die eine Konsumbeschränkung im Notfall ermöglichten, oder dass es in Luxemburg, Schweden und der Schweiz noch keine Beratungsgremien von Industrievertretern gab.[21] Dieser Druck oder aber die guten Argumente der Expertengruppe trugen auch ohne bindende Beschlüsse und Sanktionsmöglichkeiten dazu bei, die energiepolitischen Strategien der Mitgliedsländer zu vereinheitlichen.[22]

Trotz der grundsätzlichen Zuversicht, mit der die Ölexperten des Ölkomitees in die Zukunft blickten, blieb ein Restrisiko von Lieferunterbrechungen bestehen, und in der High Level Group Oil wuchs das Bedürfnis, genauer abschätzen zu können, wie sich der Ölkonsum weiter entwickeln und etwaige Lieferunterbrechungen auswirken würden. Unter dem Vorsitz der britischen Delegation, die die ölpolitische Arbeit im Rahmen der OECD zu Beginn der 1970er Jahre besonders ernst nahm, da ihr Land kein Mitglied der Europäischen Wirtschaftsgemeinschaft war, wurden also hypothetische Szenarien entwickelt, wie sich der Ausfall von einem, zwei oder drei Produzentenländern auswirken würde.[23] Nicht zuletzt ging es dabei darum, die zwischen den verschiedenen Ländern noch immer unterschiedlichen Einschätzungen über die Zukunft der Ölwirtschaft und ihre Gefahren weiter zu harmonisieren.[24] Schon im Dezember 1966 stellte die High Level Group Oil dann einen Bericht über die Aussichten für Ölangebot und -nachfrage bis 1970/75 fertig, der im April 1967 vom Oil Policy Committee

---

[20] OECD. Oil Committee: Report to the Council on the Stockpiling Programme, 18. 6. 1962, NA UK, POWE 63/642.

[21] OECD. Council: Report to the Council on Plans European Member Countries have prepared to Put into Effect in the Event of an Oil Supply Emergency, 31. 7. 1963, oder OECD. Oil Section. Summary of National Plans that OECD European Member Countries have prepared to put into effect in the event of an oil supply emergency, 17. 8. 1966, NA UK, POWE 63/642.

[22] Siehe die ähnliche Analyse für das Peer Review Verfahren im Economic and Development Review Committee bei Porter/Webb: Role of the OECD in the Orchestration of Global Knowledge Networks, in: Mahon/McBride (Hg.), The OECD and transnational governance, S. 49-52.

[23] Meeting of the OECD High Level Group, Minutes, 14./15. June 1965, NA UK, POWE 63/112; die britische Motivation wird explizit in: Consultation, May 21, 1971, NA UK, POWE 63/868.

[24] Meeting of OECD High Level Oil Group, Minutes, 7. 12. 1965; Action Memorandum following the 4th Meeting of the small High Level Group of the Special Committee for Oil, 7. 12. 1965, NA UK, POWE 63/112.

angenommen und dann im Mai an den Rat der OECD weitergeleitet wurde.[25] In diesem Bericht wollte die High Level Group drei Fragen beantworten: Reichen die Ölreserven wirklich physisch aus, um die Nachfrage in Zukunft zu befriedigen? Welche anderen Faktoren könnten die Verlässlichkeit und Dauerhaftigkeit des Angebots einschränken? Welche Vorsorgemaßnahmen können diesbezüglich getroffen werden? Allerdings trauten sich die Experten Prognosen nur für den Zeitraum der nächsten fünf Jahre zu. Einzig derartig kurzfristige Prognosen seien eine veritable Grundlage der Politikgestaltung, argumentierten sie. Energiepolitik dürfe weder nur auf einer Einschätzung der gegenwärtigen Lage beruhen, weil die sich schnell ändern könne, noch auf langfristigen Prognosen, die notorisch unsicher wären.[26]

Grundsätzlich folgte der Bericht der High Level Group dem Mainstream der geologischen Experten dahingehend, dass dem Ölkonsum in absehbarer Zukunft keine physischen Grenzen gesetzt seien. Weltweit gebe es über 50 Milliarden Tonnen nachgewiesener Reserven, die bei gegenwärtigen Produktionsraten für 30 Jahre reichten. Diese Zahlen spiegelten jedoch, so wurde betont, nur den gegenwärtigen Stand der Ölexploration wider: Unter Berücksichtigung von in Zukunft sicher erfolgenden technischen Verbesserungen beim Lokalisieren und Ausschöpfen von Ölquellen, der Ausweitung von Ölreservenabschätzungen im Zuge der Erschließung bekannter Felder sowie des in Ölsanden und Ölschiefer vorhandenen Öls lägen die Ölreserven sicher um ein Vielfaches höher.[27] Die entscheidende Frage der Ölversorgung in der OECD betreffe also nicht die physische Menge oder die Kosten, „but whether exploration and development work can continue at an adequate rate to maintain the increasing production and supply capacity required."[28] Allerdings erkannte der Bericht auch, dass es durch absichtliche Handlungen der Produzentenländer, politische Unruhen oder Arbeitskämpfe schon in näherer Zukunft zu Versorgungsbeschränkungen kommen könne. Zwar beschrieben die Ölexperten der OECD ihre Kompetenz zur Evaluation dieser letztlich politischen Frage selbstkritisch als eher begrenzt, aber sie entwickelten doch einige allgemeine Überlegungen zur Versorgungssicherheit: Da die Bedeutung der Transitländer gesunken, die Zahl der Produzentenländer hingegen gestiegen sei und Lieferunterbrechungen letztlich den Produzentenländern selbst wirtschaftlich schadeten, sei das Risiko von absichtlichen Lieferunterbrechungen geringer geworden. Restlos auszuschließen sei es aber nicht.[29] Nach der Diskussion verschiedener möglicher Versorgungsausfälle schloss der Bericht ohne explizite Erwähnung der OPEC mit der Feststellung, das Risiko eines „monopoly oil exporting

---

[25] OECD. Special Committee for Oil: Report on Oil Supply and Demand Prospects to 1970/75, May 25 1967, NA UK, POWE 63/112.
[26] Ebd.
[27] Ebd., S. 20-22. Die Ölexperten der OECD rechnen gemeinhin nicht in Barrels, sondern in metrischen Tonnen. Eine metrische Tonne sind ungefähr – in Abhängigkeit von der Dichte des Öls – 7,3 Barrel.
[28] Ebd., S. 3.
[29] Ebd., S. 4-6.

bloc emerging and exercising undue pressure" sei „not so great as to be a major factor in energy planning."[30] Die bereits eingeführten Vorsichtsmaßnahmen wie die Einrichtung von Ölvorräten und die Diversifizierung der Energiequellen verringerten es deutlich. Zudem trage die Surplus-Produktionskapazität in den Vereinigten Staaten zur Versorgungssicherheit im OECD-Raum bei, da die anderen Länder im Fall von Engpässen Öl aus den USA erhalten könnten.

Nur gut sechs Wochen, nachdem das Ölkomitee den Bericht verabschiedet hatte, wurde seine Risikoabschätzung falsifiziert: Während des Sechstagekrieges Anfang Juni 1967 verkündeten die arabischen Förderländer ein Ölembargo, und der Suez-Kanal wurde erneut versperrt.[31] Dennoch oder gerade deswegen wurde der Bericht im Rat der OECD intensiv diskutiert: „Recent events in the Middle East made the report even more interesting. Some of the relatively optimistic forecasts it contained had been proved wrong but these were based on assumptions that did not always prove true, as for instance the continuance of oil supplies from North Africa in the event of a breakdown of supplies from the Middle East."[32] Auch in der Bundesrepublik erhöhte sich die Aufmerksamkeit für Ölfragen, und der OECD-Bericht wurde nun dem Bundeskanzler – mit einer kürzeren Zusammenfassung versehen – direkt vorgelegt.[33] Unter dem Eindruck des Embargos kritisierte das Ölkomitee der OECD, dass die Mitgliedsländer sich nicht an seine Vorgaben gehalten und ihre Ölvorräte seit 1962 nicht erhöht hätten, so dass sie nicht die von der OECD anvisierten Vorräte für 80 Tage erreicht hätten. Die amerikanischen Delegierten erklärten zwar ihre Bereitschaft, die Europäer zu unterstützen, zeigten sich aber verärgert über deren Inaktivität und forderten die Schaffung eines International Industry Advisory Boards zur Krisenkoordination.[34] Die Aufregung ebbte jedoch schnell ab, weil das Embargo schlecht durchdacht und nur von kurzer Dauer war: Bereits im August war die normale Ölversorgung schon wieder sichergestellt, und der Ölkonsum sank lediglich kurzfristig im dritten Quartal des Jahres 1967. Auch wenn der Ölausfall im Wesentlichen durch die gesteigerte Produktion in den USA aufgefangen worden war, gratulierte sich das Ölkomitee der OECD in seinem Bericht über das 1967er Ölembargo selbst, dass auch die von ihm entwickelten Vorsorgemaßnahmen dazu beigetragen hätten, das Embargo so glimpflich zu überstehen.[35] Zusätzlich zu den

---

[30] Ebd., S. 10.
[31] M. S. Daoudi/M. S. Dajani: The 1967 Oil Embargo Revisited, in: Journal of Palestine Studies 13,2 (1984), S. 65-90; Keir Thorpe: The Forgotten Shortage. Britain's Handling of the 1967 Oil Embargo, in: Contemporary British History 21,2 (2007), S. 201-222.
[32] OECD. Council: Minutes of the 145th Meeting, July 4, 1967, NA UK, POWE 63/111.
[33] AL II: Dem Herrn Bundeskanzler vorzulegen: Energiepolitik. hier: Energiebericht der OECD, Bonn 8. Juni 1967, Bundesarchiv, Koblenz (BArch), B 136/8026.
[34] Special Committee for Oil. Summary Record, 11th Session, June 12, 13, 1967; OECD Council: Report of the Oil Committee, June 13, 1967; Special Committee for Oil, 13th Session, July 20, 21, 1967; Special Committee for Oil, General Working Group, 12th Session, July 21, 1967; NA UK, POWE 63/111.
[35] OECD, High Level Group of the Special Committee for Oil: Draft Preliminary Report on the 1967 Oil Emergency, 28. 8. 1968, NA UK, POWE 63/280.

nationalen Beratungsgremien war als Konsequenz aus dem Embargo jetzt auch auf internationaler Ebene ein Beirat mit Vertretern von fünfzehn der für die OECD wichtigsten Ölfirmen eingerichtet worden.

Aufgrund der Leichtigkeit, mit der das Embargo 1967 überstanden worden war, kamen das Ölkomitee und die High Level Group auch 1970, als der Bericht von 1967 einer Revision unterzogen wurde, nicht zu wesentlich anderen Schlussfolgerungen als drei Jahre zuvor: „Broadly, the conclusions are that there is no reason to fear physical shortage of oil in the period up to 1975 – or, indeed, to 1980; that barring political interventions, there is unlikely to be any major rise in costs."[36] Die Versorgungsstruktur der OECD-Länder, die Flexibilität der Ölindustrie, technische Entwicklungen und weitere Diversifizierungen ließen zudem hoffen, dass die Verwundbarkeit einzelner OECD-Länder durch Lieferunterbrechungen in Zukunft weiter sinken werde. Trotz dieser grundsätzlich optimistischen Einschätzung mehrten sich seit dem Ende der 1960er Jahre die kritischen Stimmen, die angesichts der vergangenen Ölversorgungskrisen annahmen, es könne in näherer Zukunft zu einem wirkungsvolleren Embargo kommen. Daher schlug das Ölkomitee 1969 vor, einen Mathematiker und Computerfachmann mit einschlägigen ölwirtschaftlichen Kenntnissen einzustellen, der eine Simulation von Angebot und Nachfrage in der OECD entwickeln könne.[37] Daneben diskutierte man intensiv über die Mechanismen zur Krisenvorsorge und die Höhe der erwarteten Verbrauchssteigerungen.[38]

Zu Beginn des Jahres 1970 wurden diese Diskussionen jedoch auf eine neue Grundlage gestellt, als die US-Delegation in der High Level Group Oil erklärte, angesichts des steigenden Ölverbrauchs in den Vereinigten Staaten könnten die Europäer ab 1975 im Krisenfall nicht mehr auf US-Vorräte zurückgreifen und auch das in Alaska gewonnene Öl werde nur zur Selbstversorgung der USA dienen. Diese Erklärung war insofern bedrohlich, als die Delegierten darüber hinaus meinten, es müsse grundsätzlich mit einer neuerlichen Krise im Nahen bzw. Mittleren Osten gerechnet werden.[39] Nichtsdestoweniger hatten die Amerikaner nach dem Treffen den Eindruck, dass ihre Ankündigung gelassen aufgenommen worden sei, weil sie die britische und die niederländische Delegation vorher darüber informiert hatten. Im Unterschied dazu zeigten sich die deutschen und die anderen Delegierten aber überrascht und meinten, eine Diskussion habe nur aus

---

[36] OECD. Council: Prospects for Oil Supply and Demand. Report by the Special Committee for Oil, Paris 3 July 1970; Supplementary Report by the Special Committee for Oil on Oil Supply and Demand Prospects to 1975, NA UK, POWE 63/280, 1.

[37] OECD. Oil Section: An Oil Supply/Demand Simulation Model for the OECD Member Countries, May 22, 1969, BArch, B 102/131404.

[38] Kling (III D 2) an: Abteilungsleiter III: Sitzung der High Level Group des Öl-Ausschusses der OECD am 2. 6. 1969, 28. 5. 1969; OECD: Summary record of the 8th Session of the High Level Group, 2. 7. 1969, 9. 7. 1969, BArch, B 102/131404.

[39] Kling (OECD): Kurzbericht Nr. 14 über die Sitzung der High Level Group des Mineralölausschusses der OECD am 8. 1. 1970, BArch, B 102/131405; Ulf Lantzke an StS Dr. Rohwedder: Sicherung der Rohölversorgung Europas in Krisenzeiten, 19. 1. 1970, BArch, B 102/131404.

Zeitmangel nicht stattgefunden.[40] Außer in Großbritannien, wo für 1975 die Ankunft des Nordseeöls erwartet wurde, löste das Eingeständnis des Verlusts der amerikanischen Surplus-Produktionskapazität, die entscheidend für die Überwindung der vorangegangenen Versorgungskrisen verantwortlich gewesen war, bei den Energieexperten der europäischen Länder Beunruhigung aus.[41] Denn es machte den Mitgliedern der High Level Group endgültig klar, dass das Risiko neuerlicher Lieferunterbrechungen aus dem Mittleren Osten allein bei den Europäern lag. Auf die wiederholten deutschen Nachfragen und Bitten um Klärung reagierte das State Department mit dem Hinweis, man habe diese Problematik schon früher in der High Level Group kommuniziert und sie sei jedem aufmerksamen Energieexperten ohnehin klar gewesen. Dem stimmten die bundesdeutschen Delegierten zwar zu, aber es war doch erst die offizielle Erklärung der Amerikaner im Januar 1970, die intensivere Bemühungen um Sicherungsmechanismen zur Krisenvorsorge und die Veränderung der nationalen Energiepolitik auslöste.[42] Deren Ziel war die Erhöhung der Versorgungssicherheit, die umso dringlicher erschien, nachdem die Revolution in Libyen die Sorgen der Europäer vor politisch motivierten Lieferunterbrechungen verstärkt hatte.[43]

Die europäische Beunruhigung war immerhin so groß, dass das State Department die Problematik der Reserveproduktionskapazitäten auf die Tagesordnung

---

[40] Greenwald (US Mission OECD): Meeting of High Level Group of OECD Oil Committee, January 16, 1970, NARA, RG 59, Box 1481 from PET 1 to PET 3 OECD; Kling (OECD): Kurzbericht Nr. 14 über die Sitzung der High Level Group des Mineralölausschusses der OECD am 8.1.1970, BArch, B 102/131405.

[41] Beckett (Ministry of Technology, GB) an Kling: High Level Group of the OECD Oil Committee, 25.3.1970, BArch, B 102/131405: „I understand realisation of this fact, with its implications for the security of the West's oil supplies, has caused understandable anxiety in some member governments." Lantzke (Abt. III) an BM [gesehen] über Rohwedder: Sicherung der Rohölversorgung Europas in Krisenzeiten, Bericht über Sitzung der High Level Group am 28./28. Mai 1970, 2. Juni 1970, B 102/131405: „Die in der Januar-Sitzung in sehr präziser Form abgegebene Erklärung des amerikanischen Vertreters über die Nutzbarmachung von Reservekapazitäten der USA in einer Krisensituation für Europa hatte starke Beunruhigung in allen europäischen Ländern – außer Großbritannien – hervorgerufen."

[42] Greenwald (US Mission OECD): German Oil Company Interest in U.S. Reserve Capacity, February 5, 1970; Rogers (Dept. of State) to US Mission OECD, March 9, 1970; Rush (Amembassy Bonn) to Dept. of State: FRG Reaction to U.S. Declaration on Reserve Oil Capacity, May 13, 1970; Rush (Amembassy Bonn) to Dept. of State: FRG Reaction to U.S. Declaration on Reserve Oil Capacity, May 20, 1970, NARA, RG 59, Box 1481 from PET 1 to PET 3 OECD.

[43] Daniel Yergin legt den entscheidenden Zeitpunkt der Realisierung ohne Bezug auf ein Interview mit Ulf Lantzke in das Jahr 1968. Dafür sprechen Lantzkes retrospektive Äußerungen (Ulf Lantzke: The OECD and Its International Energy Agency, in: Daedalus 104,4 (1975), S. 217-227, hier S. 218: „By 1968, the United States could no longer be regarded as a secure supplier for Europe and Japan, since it was consuming domestically all that it produced."), aber die Dokumente um die Sitzung vom Januar 1970 legen eine andere Interpretation nahe. Daniel Yergin: Der Preis. Die Jagd nach Öl, Geld und Macht, Frankfurt am Main 1991, S. 724; Hohensee übernimmt die Datierung von Yergin. Jens Hohensee: Der erste Ölpreisschock 1973/74. Die politischen und gesellschaftlichen Auswirkungen der arabischen Erdölpolitik auf die Bundesrepublik Deutschland und Westeuropa, Stuttgart 1996, S. 109. Auch wenn nicht ausgeschlossen werden kann, dass Lantzke die Problematik früher gesehen hat, wurde diese Einsicht innerhalb der Bundesregierung erst später handlungsrelevant.

der nächsten Sitzung der High Level Group Ende Mai setzen ließ und dort versuchte, mit einer erneuten Erläuterung ihrer Position einen Kurs zwischen „promising too much" und „appearing indifferent" zu steuern.[44] Die Atmosphäre auf diesem Treffen erlebten die US-Delegierten aber dann als „one of very general concern if not yet alarm over oil supply prospects". Denn die Sorgen der westeuropäischen und japanischen Delegierten über die Auswirkungen einer Unterbrechung der Öllieferungen aus Libyen und dem Mittleren Osten seien noch immer sehr groß gewesen.[45] Durch die Beteuerung der US-amerikanischen Bereitschaft, weiterhin Verantwortung für die europäische Ölversorgung zu übernehmen, und das Zugeständnis, über das Öl aus Alaska könne erst gesprochen werden, wenn es tatsächlich da sei, glätteten sich die Wogen wieder. Zumindest die bundesdeutsche Delegation war mit der Erklärung zufrieden, auch wenn sich an der grundsätzlichen Problematik nichts geändert hatte.[46] Diese bestätigte auch ein Vortrag von Wilson M. Laird, dem Direktor des Office Oil and Gas im US-amerikanischen Innenministerium, vom September 1970, dessen Manuskript unter den Ölexperten der OECD kursierte. Laird zeigte noch einmal in eindrücklichen Graphiken, dass die zusätzliche Produktionskapazität, die durch die zur Preisstabilisierung erfolgende Selbstregulierung der US-Ölindustrie entstanden war, nicht mehr existierte. Seine Schlussfolgerungen waren deutlich: „I would like to say a few words about U.S. capability to help out on oil shortages. We can take care of our own military needs by re-adjustments (not without problems), but spare crude capacity is considerably below 1967."[47]

Abgesehen von dem Verlust des US-amerikanischen Sicherheitspuffers gab es zu Beginn der 1970er Jahre für das Oil Policy Committee aber auch positive Anzeichen, insofern es kommende Versorgungskrisen als Varianten vorangegangener modellierte: Die Lage auf dem Tankermarkt, die zur Verschärfung früherer Krisen beigetragen hatte, hatte sich deutlich entspannt und Atom und Gas nahmen immer größere Anteile an der Energieversorgung ein.[48] Nichtsdestoweniger setzte sich allerdings zunehmend die beunruhigende Erkenntnis durch, dass in allen bisherigen Prognosen zwei Faktoren fundamental unterschätzt worden waren. Dies war zum einen die Steigerung des Ölverbrauchs in den Konsumentenlän-

---

[44] Rogers (Dept. of State) to US Mission OECD, April 2, 1970; Rogers (Dept. of State) to US Mission OECD, April 25, 1970; Greenwald (US Mission OECD): High Level Group Meeting, OECD Oil Committee, May 28, 1970, NARA, RG 59, Box 1481 from PET 1 to PET 3 OECD.

[45] Greenwald (US Mission OECD): High Level Group Meeting, OECD Oil Committee, May 28, 1970, NARA, RG 59, Box 1481 from PET 1 to PET 3 OECD.

[46] Lantzke (Abt. III) an BM [gesehen] über Rohwedder: Sicherung der Rohölversorgung Europas in Krisenzeiten, Bericht über Sitzung der High Level Group am 28./28. Mai 1970, 2. Juni 1970, BArch, B 102/131405. Rush (Amembassy Bonn) to Dept. of State: U.S. Declaration on Reserve Oil Capacity, June 9, 1970, NARA, RG 59, Box 1481 from PET 1 to PET 3 OECD.

[47] OECD. Remarks by Dr. Wilson M. Laird. Director – Office of Oil and Gas. US Dept. of the Interior, September 8, 1970, NA UK, POWE 63/642; siehe zum Verlust der zusätzlichen Produktionskapazität auch Vietor: Energy Policy, S. 199.

[48] OECD. Oil section: Review of the Plans which the European Countries Have Ready to Put into Effect in an Oil Supply Emergency, November 23, 1970, NA UK, POWE 63/642.

dern: Selbst wenn die OECD-Experten ihre Prognosen korrigierten, weil sie durch die Realität überholt worden waren, blieben doch auch die neuen Prognosen immer hinter den realen Wachstumsraten zurück.[49] Zum anderen hatten sie nicht mit dem Machtzuwachs der OPEC gerechnet, der nicht zuletzt selbst eine Folge der rasanten Nachfragesteigerung war. Während die OPEC bis zum Beginn der 1970er Jahre noch nicht einmal als Faktor in den Berichten des Ölkomitees auftauchte, trat sie jetzt schlagartig auf die Bühne, als der internationale Ölmarkt vom Käufer- zum Verkäufermarkt geworden war, wie es in zeitgenössischer Diktion hieß. Anfang 1971 berichtete der Energieexperte des Bundeswirtschaftsministeriums Ulf Lantzke dem ihm vorgesetzten Staatssekretär Detlev Karsten Rohwedder und Wirtschaftsminister Friderichs aus einer Sitzung der High Level Group Oil, „angesichts der starken Stellung der OPEC" seien sich alle Länder bewusst, „in den kommenden Verhandlungen erhebliche Preiszugeständnisse machen zu müssen, um Unterbrechungen in der Erdölversorgung und damit schwere Störungen ihrer Wirtschaft zu vermeiden".[50] Tatsächlich setzte die OPEC unter Führung Libyens in Verhandlungen mit den Ölkonzernen im Februar 1971 in Tripolis und im April in Teheran sowohl eine höhere Beteiligung an den Gewinnen aus dem Ölgeschäft als auch Preissteigerungen durch.[51] Spätestens nach diesen Abkommen, so meinte der Ölexperte des State Departments James Akins, sollten alle zu der Einsicht gelangt sein: „OPEC was not a joke."[52]

Die Diskussionen in der High Level Group und im Ölkomitee drehten sich nun neben der Frage, durch welche Vorsorgemaßnahmen Energiesicherheit herzustellen sei, auch darum, ob die Ölfirmen in ihren Verhandlungen mit den Regierungen der Förderländer unterstützt werden und ob die Konsumentenländer eine gemeinsame Strategie suchen oder getrennt voneinander vorgehen sollten. In allen Bereichen entstanden dabei Konflikte, die aus den deutlich verschiedenen nationalen Interessen resultierten. Zwar konnte man sich darauf einigen, dass und aus welchen Gründen Energiesicherheit zum Zentralproblem der Energiepolitik

---

[49] OECD. Council: Prospects for Oil Supply and Demand. Report by the Special Committee for Oil, Paris 3 July 1970; Supplementary Report by the Special Committee for Oil on Oil Supply and Demand Prospects to 1975, 27, NA UK, POWE 63/280.

[50] Lantzke an BM über Rohwedder: Sitzung der High Level Group am 20.1.1971, 21.1.1971 [hat Minister vorgelegen], BArch, B102/131405.

[51] Organization of the Petroleum Exporting Countries: Resolutions of the twenty-second (extraordinary) conference in Teheran, February 3 and 4, 1971, in: Organization of the Petroleum Exporting Countries (Hg.), Official Resolutions and Press Releases. 1960-1980, Oxford 1980, S. 105f.; Jack E. Hartsborn: Erdöl als Faktor wirtschaftlicher und politischer Macht. Die Verhandlungen von Tripolis und Teheran zwischen den OPEC-Staaten und den internationalen Ölgesellschaften, in: Europa-Archiv 26 (1971), S. 443-455; James Bamberg: The History of the British Petroleum Company, Bd. 3, Cambridge 2000, S. 450-466; U.S. Congress. Senate. Committee on Foreign Relations. Subcommittee on Multinational Corporations: Chronology of the Libyan Oil Negotiations, 1970-1971, Washington D.C. 1974. Zur Ölpreisentwicklung siehe Richard Chadbourn Weisberg: The politics of Crude Oil Pricing in the Middle East. 1970-1975, Berkeley 1977.

[52] James Akins: The Oil Crisis. This Time the Wolf Is Here, in: Foreign Affairs 51, April (1973), S. 462-490, hier S. 469.

geworden war: „The rapid increase in demand for energy in O.E.C.D. Member countries and recent developments in the energy situation [...] make the security of supplies a priority aspect of energy policy."⁵³ Aus dieser Lage zogen jedoch Länder, die reine Import- und Verbraucherländer waren wie die Bundesrepublik, Italien und Japan, grundsätzlich andere Schlussfolgerungen als die Länder, die zugleich auch wichtige Handelsländer waren wie die USA, Großbritannien, Frankreich und die Niederlande.⁵⁴ Vor allem Großbritannien, aber auch die Niederlande und die USA forderten, die Ölfirmen in ihren Verhandlungen mit den Verbraucherländern zu unterstützen, während die Länder, in denen keine großen Ölkonzerne ihren Sitz hatten, hier deutlich zurückhaltender waren und wie die Bundesrepublik darauf aufmerksam machten, dass ihr Einfluss auf die Förderländer ohnehin gering sei.⁵⁵ Die Franzosen warfen den Amerikanern im Sommer 1972 vor, die Lage unnötig zu dramatisieren und die Gefahr von Lieferunterbrechungen zu hoch einzuschätzen, konnten sich aber auch nicht zu einer positiven Einschätzung der Situation durchringen: „When other delegates started referring to the ‚black Akins picture' and the ‚rosy Vaillaud picture', Mr. Vaillaud objected, saying he is in no way optimistic, only that he was less pessimistic than Mr. Akins."⁵⁶

Im Oktober 1972 kam die Frage auf die Tagesordnung der High Level Group, ob und in welcher Form sich auch die nicht-europäischen Mitgliedsländer der OECD, also die USA, Kanada, Japan und Australien, an dem Instrumentarium der Ölverteilung im Krisenfall („oil sharing") beteiligen sollten. Hierbei waren die Mitgliedsländer nicht von altruistischen Überlegungen geleitet, ihre Verbündeten im Notfall zu unterstützen, sondern fragten vielmehr vor allem danach, was ihnen selbst am meisten nützen würde. So wollte die Bundesregierung den Teil des Öls, der im Krisenfall an die am schlimmsten betroffenen Länder zu liefern wäre, gegenüber dem, der einfach der Vorkrisenverteilung folgte, möglichst gering halten, weil sie so am besten abzuschneiden meinte.⁵⁷ Dieser Konflikt überlagerte

---

⁵³ OECD. Energy Committee: Security and Flexibility of Energy Supplies and the Rational Use of Energy, 4.11.1971, NA UK, POWE 14/2503.
⁵⁴ Lantzke an BM über Rohwedder: Sitzung der High Level Group am 20.1.1971, 21.1.1971 [hat Minister vorgelegen], BArch, B102/131405.
⁵⁵ III D 2: Vermerk: Sitzung High-Level-Group, Ölausschuß und Arbeitsgemeinschaft vom 12.-15. Juni 1972 in Paris, 28. Juni 1972, BArch, B 102/131405; A review of plans for consultation and joint action in an Emergency, 31.5.1973, NA UK, POWE 63/642; Lantzke an Rohwedder: Ergebnis der gestrigen Aussprache der Mineralölgruppe der OECD, 11.1.1972, BArch, B 102/131405; III C 2: Vermerk. Sitzung der high-level-group des Ölausschusses der OECD am 11. September 1973, 13.9.1973, BArch, B 102/183432; III C 2: Notiz: Gespräch mit Mister Benski über Förderländer, 4.9.1973, BArch, B 102/183432.
⁵⁶ Dept. of State to all OECD Capitals: Highlights of Meeting of High Level Group of OECD Oil Committee, Paris, 13 June 1972, NARA, RG 59, Box 1481 from PET 1 to PET 3 OECD.
⁵⁷ Kling (III D 2) an: Abteilungsleiter III: Sitzung der High Level Group des Öl-Ausschusses der OECD am 2.6.1969, 28.5.1969, BArch, B 102/131404; OECD. Oil Committee: Review of Methods of Apportionment of Available Oil Supplies in an Emergency in the OECD European Area, 26. Juni 1972; OECD. Council: Apportionment of Oil Supplies in an Emergency in the OECD European Area, Paris, June 23, 1972, NA UK, POWE 63/642.

sich mit der Frage, inwieweit die Energiepolitik im Rahmen der OECD koordiniert werden sollte bzw. ob es legitim sei, bilaterale Abkommen mit den Förderländern abzuschließen. Der stellvertretende US-amerikanische Außenminister John Irwin bezog hier für die USA eine deutlich multilaterale Position und forderte die Europäer auf, es im zu erwartenden Krisenfall nicht zum Wettkampf um die Ölreserven des Mittleren Ostens kommen zu lassen. Die Vereinigten Staaten selbst hätten in diesem Sinne das Angebot Saudi-Arabiens zu einer „special relationship" abgelehnt, würden aber nicht zögern, auch bilaterale Abkommen abzuschließen, wenn die Europäer diesen Weg wählen sollten.[58] In der anschließenden Debatte wurde der von seinen europäischen Kollegen geschätzte James Akins noch deutlicher. Der Ölexperte des State Department führte aus, man wisse, dass einige Länder bilaterale Abkommen vorbereiteten, und sei bereit, mit den anderen Verbraucherländern in einen Wettkampf um Ölreserven einzutreten. Aufgrund ihrer wirtschaftlichen Macht würden sich die USA dabei durchsetzen. Diese harsche Drohung verfehlte, wie man in den USA zufrieden feststellte, ihre Wirkung auf viele der Europäer nicht.[59] So berichtete Ulf Lantzke dem Bundeswirtschaftsminister: „Mr. Akins machte ganz deutlich, dass die USA sich stark genug fühlen, bei einem etwa auftretenden Wettlauf von Verbraucherländern das stärkste Angebot zu machen."[60] Die Experten in der US-Regierung gingen tatsächlich davon aus, ein Wettbewerb zwischen den Verbraucherländern um die besten bilateralen Deals mit den Förderländern sei „dangerous, highly divisive, and ultimately more costly" als ihre Kooperation, und strebten diese also unter anderem durch eine Beteiligung am oil sharing an.[61] Letzteres widersprach auch nur unter bestimmten Bedingungen den US-amerikanischen Interessen; sollte sich ein Embargo allein gegen die USA richten, könnte es ihnen auch nutzen, meinten US-Ölexperten. Diese gingen außerdem ohnehin davon aus, im Krisenfall werde der Druck auf die Vereinigten Staaten massiv sein, ihren Verbündeten zu helfen. Im Sommer 1973 erklärten sie sich daher zum oil sharing bereit, sofern es sich nicht auf die einheimische Produktion beziehe und auch dann aktiviert werde, wenn nur ein Land betroffen sei.[62]

Mit ihrer Teilnahme am oil sharing versuchten die Amerikaner nicht zuletzt die Wirkung von Irwins und Akins' Statements aus dem Vorjahr abzuschwächen und

---

[58] Statement by Deputy Sec. of State John Irwin to the OECD High Level Group of the Oil Committee, Paris, October 24, 1972, NARA, Nixon Library, Yorba Linda/Cal., WHCF, SMOF, EPO 61.

[59] Memo: John Schaefer to Peter Flanigan: OECD Oil Meeting, Oct 24, 1972, Nov. 22, 1972, NARA, Nixon Library, WHCF, SMOF, EPO 61.

[60] Lantzke an BM [sehr vertraulich]: Ergebnisse der Sitzung der High Level Group und des Mineralölausschusses der OECD am 24 und 25.10.1972 in Paris, 26.10.1972, BArch, B 102/131405.

[61] Dept. of State to US Mission OECD Paris: Instructions for US Delegation, June 13-14, 1973, NARA, RG 59, Box 1482 PET 3 OECD to PET 3 OPEC 1/6/71.

[62] Memo: DiBona to Schultz: OECD Meetings, June 5, 1973, NARA, Nixon Library, WHCF, SMOF, EPO 28; Dept. of State to US Mission OECD Paris: Instructions for US Delegation, June 13-14, 1973, NARA, RG 59, Box 1482 PET 3 OECD to PET 3 OPEC 1/6/71.

das Klima im Ölkomitee der OECD zu verbessern, um so den Weg für eine Kooperation der Verbraucher zu ebnen. Denn angesichts der deutlich ansteigenden Ölpreise, der Nationalisierung ausländischer Ölfirmen in Libyen, die Schule zu machen drohte, und den Befürchtungen einer Verknappung des Ölangebots aus politischen Motiven, war die Kommunikation in der High Level Group schwieriger geworden, wie schon die eben angeführten Konflikte zeigen.[63] So äußerte sich die britische Leitung wiederholt enttäuscht, dass nicht mehr offen gesprochen werde und es kaum mehr möglich sei, die Intentionen der Verbündeten aus dem Gesagten zu erschließen.[64] Unmittelbar vor der Verkündung des Embargos und der Produktionsbeschränkungen im September 1973 waren die High Level Group und das Ölkomitee weiter damit beschäftigt, die Krisenvorsorgemechanismen der Mitgliedsländer genauer zu überprüfen, dafür Sorge zu tragen, dass ausreichend Vorräte vorhanden waren und die Notfallgesetzgebung von freiwilligen Verbrauchsbeschränkungen über Lieferbeschränkungen bis zu Rationierungen abgestuft war.[65]

Nach den Nationalisierungen ausländischer Firmen bereitete den OECD-Ländern vor allem die Lage in Libyen und ihre mögliche Ausstrahlung in andere Länder Sorge, aber im September 1973 war man in der High Level Group zuversichtlich, dass die Ölversorgung von dieser Seite nicht unmittelbar bedroht sei. Ulf Lantzke und der Erdölreferent des Auswärtigen Amtes Hansheinrich Kruse berichteten also nach Bonn, es bestehe zwar weder Grund für Hysterie noch für Krisenstimmung, sie zeigten sich aber doch unsicher, ob die in den nächsten Jahren notwendigen Produktionsausweitungen in Libyen und anderen arabischen Förderländern erfolgen würden.[66]

Auch wenn es also keine Anzeichen gibt, dass die High Level Group und das Oil Policy Committee der OECD den konkreten Zeitpunkt der Ölkrise antizipierten und ihre Prognosen in den 1960er Jahren oft falsch waren, trugen sie doch durch das ständige Insistieren auf Ölvorräten und der gesetzlichen Regelung von Notfallmaßnahmen für Versorgungsengpässe sowie die Debatten über das oil

---

[63] Zur Intensität der Diskussionen siehe auch die Vorbereitung für eine Sitzung im September 1973, in der einzelne Formulierungen des vorliegenden OECD-Berichtes detailgenau zerlegt und hinterfragt werden. OECD. Oil Section. Topics for Discussion Emanating from the Report on Oil Supply and Demand Problems and Prospects to 1980, Paris, 3. 8. 1973, BArch, B 102/183432.

[64] Note for the Record: OECD Oil Committee, May 25, 26 1971, NA UK, POWE 63/868: „as discussion was so inhibited it was difficult to judge if national representatives held to different beliefs in private." Dort auch weitere Sitzungsprotokolle; siehe auch A review of plans for consultation and joint action in an Emergency, 31. 5. 1973, NA UK, POWE 63/642.

[65] OECD Oil Section: Control of Oil in an Emergency, 3. 9. 1973, NA UK, POWE 63/869; daneben gab es auch informelle Diskussionen über das oil sharing; siehe Compte-rendu des réunions OCDE relatives à l'étude d'un schema mondial de répartition du pétrole brut en cas de crise [Septembre 1973], Archives Nationales de France, Fontainebleau (ANF), Service du Premier Ministre, versement 19900644, art. 2.

[66] Hansheinrich Kruse: Bericht über Sitzung der High Level Group Oil am 11. 9. 1973, 13. 9. 1973, PA AA, B 71 (Referat 405), 113927; III C 2: Vermerk. Sitzung der high-level-group des Ölausschusses der OECD am 11. September 1973, 13. 9. 1973, BArch, B 102/183432.

sharing dazu bei, dass das Bewusstsein für die Möglichkeit von Lieferunterbrechungen und Preissteigerungen geschärft wurde. Die Synchronizität, mit der OECD-Länder zu Beginn der 1970er Jahre begannen, ihre Energiepolitiken umzustrukturieren, resultierte aus der gemeinsamen Wahrnehmung einer neuen energiepolitischen Bedrohungslage nach dem Verlust der US-amerikanischen Surplus-Produktionskapazität. Auch die konkrete Ausgestaltung der Energieprogramme wurde von den Diskussionen der OECD inspiriert, deren Vorgaben sich in vielen Punkten – von der Diversifizierung der Energieträger und Bezugsländer bis zur Forschungsförderung – wie Blaupausen der späteren nationalen Programme lesen. Die Ölkrise kam also nicht so unerwartet und die Maßnahmen, mit denen ihr begegnet wurde, waren nicht so improvisiert, wie oft behauptet wird. Denn auch in den Regierungen der Länder und in der ölinteressierten Öffentlichkeit hatte man bereits begonnen, sich um die Zukunft des Ölangebots zu sorgen.

3.2 Ölimporte und nationale Sicherheit in den USA

Obwohl die Vereinigten Staaten bis zum Beginn der 1970er Jahre das größte Ölförderland waren, spielten Ölimporte doch eine immer größere Rolle und wurden dabei zunächst unter dem Gesichtspunkt der nationalen Sicherheit betrachtet. In der unmittelbaren Nachkriegszeit galten Ölimporte als Mittel zur Erhöhung der nationalen Sicherheit, weil sie die eigenen Ölreserven schonten und im Krisenfall einsatzfähig machten. In der zweiten Hälfte der 1950er Jahre veränderte sich diese Perspektive und die wachsende Importabhängigkeit wurde als Sicherheitsrisiko definiert, so dass die Eisenhower-Regierung zunächst freiwillige und dann verpflichtende Importquoten einführte, auch um die heimische Industrie gegen das billigere Öl aus dem Ausland zu schützen.[67] Noch 1968 zeigte sich das Office of Oil and Gas im US-Innenministerium grundsätzlich optimistisch in Bezug auf die amerikanische Ölwirtschaft, die keine ausländische Konkurrenz fürchten musste und durch einheimische Produktionsabsprachen den Preis stabil hielt. Von dem insgesamt auf dem Territorium der Vereinigten Staaten befindlichen Öl sei erst ein geringer Teil gefördert worden, so dass die Versorgung noch für viele Jahre gesichert sei. Die entscheidende Frage sei jedoch „whether they can be located and produced at costs which permit them to compete with other energy sources".[68] Beunruhigt war die Arbeitsgruppe des Ministeriums, der auch Geo-

---

[67] Grossman: U.S. Energy Policy, S. 92f. Martin Chick: Electricity and energy policy in Britain, France and the United States since 1945, Cheltenham 2007, S. 13, 15f.; siehe auch A Staff Analysis Prepared at the Request of Henry M. Jackson, Chairman, Committee on Interior and Insular Affairs, United States Senate. Pursuant to S. Res. 45, a National Fuels and Energy Policy Study, Serial No. 93-19 (92-54), Washington Gov. Printing Office 1973, in: Howard Gordon/Roy Meador (Hg.), Perspectives on the energy crisis, Ann Arbor/Mich. 1977, S. 149-164.
[68] U.S. Department of the Interior. Office of Oil and Gas: United States Petroleum through 1980, Washington D.C. 1968, S. vii.

logen des U.S. Geological Survey angehörten, allerdings darüber, dass die Ölreserven in den Vereinigten Staaten nicht mehr schnell genug wuchsen, um mit der Steigerung des Verbrauchs Schritt zu halten. Als Geologen antworteten sie darauf mit technischen Verbesserungsvorschlägen in den Bereichen von Exploration und Förderung und hielten die grundsätzliche Struktur der US-Energiepolitik, die Fördermaßnahmen und den Schutz vor billigerem Importöl, für angebracht, um eine Steigerung von Reserven und Produktion zu erreichen.[69]

Zu einem anderen Ergebnis kam schon zwei Jahre später die von Nixon eingesetzte Task Force on Oil Import Control, die die Effektivität der Importkontrollen untersuchen sollte, als sich erste Probleme der Energieversorgung in den USA abzuzeichnen begannen.[70] Die Task Force unter Leitung von George P. Shultz argumentierte, dass die Einfuhrbeschränkungen die nationale Sicherheit nicht erhöht hätten, für die Konsumenten jedoch erhebliche Mehrkosten bedeuteten und außerdem einen unzulässigen staatlichen Eingriff in die Wirtschaft darstellten.[71] Bei den gegenwärtigen Importquoten könne ein Problem für die Ölversorgung der Vereinigten Staaten ohnehin nur durch einen längeren allgemeinen, nichtnuklearen Krieg entstehen, der möglich, aber unwahrscheinlich sei, oder durch ein Embargo, wenn es von allen Ländern Afrikas und des Mittleren Ostens getragen würde.[72] Bei einer Aufhebung des Importquotensystems würden die Ölimporte zwar steigen, so dass Lieferunterbrechungen um 1980 eine substanzielle Gefahr für die nationale Sicherheit darstellen würden, doch „relaxation of import controls over time, coupled with appropriate western Hemisphere preferences and a ‚security adjustment' to prevent undue Eastern Hemisphere imports, would – if adequately monitored by systematic management surveillance – satisfactorily protect security of supply."[73] Angesichts dieser bewältigbaren Risiken – einzig Verteidigungsminister Melvin R. Laird hielt sie für größer – und der Entspannung, die eine Aufhebung der Importquoten auf dem nationalen Energiemarkt nach sich ziehen würde, trat die Kommission daher dafür ein, das Quotensystem durch Einfuhrzölle zu ersetzen.

Die Veränderungen auf dem internationalen Ölmarkt zu Beginn der 1970er Jahre, der wesentlich schneller steigende Ölkonsum in den Industrieländern, die Preissteigerungen und die lauter werdende Forderung nach einer größeren Beteiligung der Förderländer an den Verkaufserlösen überholten die Einschätzung der Task Force rasch und führten dazu, dass sich immer höhere Regierungsstellen mit Öl befassten. Der National Security Council ließ im Vorfeld der Ölkrise zwei National Security Study Memoranden (NSSM) erstellen, die sich mit Öl und Energiepolitik beschäftigten: das NSSM 114 zur „World Oil Situation" vom Januar

---

[69] Ebd., S. ix.
[70] Zu diesen und den zu ihrer Behebung entworfenen Studien siehe unten Kapitel 5.1. Im Folgenden konzentriere ich mich auf die außenpolitische Dimension der Energieproblematik.
[71] U.S. Cabinet Task Force on Oil Import Control: The Oil Import Question. A Report on the Relationship of Oil Imports to the National Security, Washington 1970, S. 121, 128.
[72] Ebd., S. 125f.
[73] Ebd., S. 129.

1971 und das NSSM 174 zu „National Security and U.S. Energy Policy", das im Frühjahr 1973 erstellt wurde.[74] Das NSSM 114 sollte abschätzen, welche Auswirkungen die Veränderung in der Ölwirtschaft, der steigende Ölpreis und die darüber hinausgehenden Forderungen in OPEC-Ländern, über ihr Öl selbst zu verfügen, für die Sicherheit und die ökonomischen Interessen der USA haben würden. Es analysierte die Konsequenzen für die NATO, den Nahostkonflikt, die Beziehungen zu den europäischen Verbündeten und Japan, die nationale und internationale Wirtschaftsentwicklung sowie die Zahlungsbilanzen und Wettbewerbspositionen der wichtigsten Länder.[75] Neben dem Innen-, Außen-, Finanz- und Verteidigungsministerium, dem Council of Economic Advisors und dem Office of Emergency Preparedness wurden noch die Ministerien für Justiz und Handel sowie das Office of Management and Budget mit der Entwicklung von Handlungsstrategien in der Öl- und Energiepolitik beauftragt.

Nachdem Öl lange Zeit im Überfluss zu niedrigen Preisen vorhanden gewesen sei und man dies in westlichen Industrieländern für selbstverständlich zu halten begonnen habe, sei der Ölkonsum rasant angestiegen, begann die Problemanalyse des NSSM 114. Daher seien nun höhere Preise wahrscheinlich und Lieferbeschränkungen möglich. Beides würde die Wirtschaftsentwicklung in den Vereinigten Staaten, Westeuropa und Japan negativ beeinflussen und solle daher vermieden werden. Vor allem drei Ereignisse hätten die Situation auf dem internationalen Ölmarkt negativ beeinflusst: die Schließung des Suez-Kanals infolge des Sechstagekrieges, die Machtübernahme Gaddafis in Libyen und die Schließung der Trans-Arabian Pipeline.[76] Über die Dimension der aus diesen Entwicklungen resultierenden Gefährdung für die Energieversorgung in den USA, Westeuropa und Japan bestand zwischen den Ministerien jedoch keine Einigkeit, so dass der Bericht zwei verschiedene Positionen unterschied. Die eine Gruppe hielt die gewachsene Abhängigkeit von Öl aus dem Mittleren Osten und Nordafrika für ein schwerwiegendes Sicherheitsproblem, dem durch eine Begrenzung der Importe und ausreichende Ölvorräte begegnet werden müsse. Jenseits der 90 Tage, für die Öl nach einer Vorratserhöhung inzwischen in den OECD-Ländern vorhanden sei, bestehe wenig Hoffnung, die Funktion der westeuropäischen Wirtschaften aufrechtzuerhalten, zumal auch die USA ihren Verbündeten nicht mehr unter die Arme greifen könnten.[77] Abgesehen von diesen Folgen schätzte das Pentagon allerdings, dass weder die US-amerikanischen Kriegsanstrengungen in Ostasien noch die militärische Schlagkraft überhaupt unter Lieferausfällen leiden würden. Eine andere Gruppe hielt dieses Szenario für überzogen, da es aufgrund der ökonomischen Interessen der Förderländer, ihr Öl an den Westen zu verkaufen, nicht

---

[74] NARA, Nixon, NSC, Inst. Files („H-Files"), Box H-180 and Box H-197.
[75] Henry A. Kissinger to Secretaries of State, Treasury, Defense, Interior, Chairman Council of Economic Advisers, Chairman Office of Military Preparedness, January 15, 1971, NARA, Nixon, NSC, Inst. Files („H-Files"), Box H-180.
[76] NSSM 114: World Oil Situation, January 24, 1971, NARA, Nixon, NSC, Inst. Files („H-Files"), Box H-180, 1-5.
[77] Ebd., S. 39f.

zu einem Embargo kommen werde.[78] Eigentlich gehe es den Förderländern nur um die Bestimmung des Ölpreises, und hier könnten die USA die Rolle des ehrlichen Maklers zwischen ihnen und den Firmen einnehmen. Unter Leitung des Außenministeriums erstellt, diskutierte das NSSM 114 nun aber doch in aller Länge die politischen Konsequenzen der ersten, pessimistischeren Sicht. Längerfristig würde die Abhängigkeit von Öl aus dem Mittleren Osten weiter zu-, die Bedeutung der großen Ölfirmen gegenüber den Förderländern aber abnehmen.[79] Daher müsse die US-Regierung beginnen, Notfallpläne für den Ausfall der Öllieferungen zu entwickeln und alternative Energieträger zu fördern.[80]

Die Gefahrenabschätzung des interministeriellen NSSM 114 ging dem Ölexperten des Außenministeriums, James Akins, nicht weit genug. Schon ein gutes Jahr später legte das State Department auf seine Initiative dem Präsidenten erneut ein ausführliches Papier zum weltweiten Ölmarkt und der US-amerikanischen Energiepolitik mit den Worten vor: „our conclusions to date are as clear as they are disturbing."[81] Der Bericht „The U.S. and the Impending Energy Crisis" war das Produkt anderthalbjähriger Konsultationen mit Vertretern der wichtigsten international tätigen Ölfirmen, Finanzexperten großer Banken und Ölexperten, die innerhalb und außerhalb der Regierungen in den USA und in befreundeten Ländern tätig waren. Grundsätzlich diagnostizierte er, dass der internationale Ölmarkt durch die unerwartet schnellen Verbrauchssteigerungen vor allem in den USA spätestens 1975 von einem Verbraucher- zu einem Käufermarkt werden würde. Dadurch könnten eines oder mehrere der großen Produzentenländer durch Lieferunterbrechungen eine Versorgungskrise erzeugen.[82] Die USA würden bei einer Fortsetzung gegenwärtiger Trends ihre komfortable Position verlieren und 1980 50 Prozent des Ölbedarfs importieren müssen, da die Förderkapazität nicht mit dem Verbrauch Schritt halten werde.[83] Um diese Entwicklung und die sich daraus ergebenden Sicherheitsrisiken abzuwenden, müssten schnelle Entscheidungen getroffen werden, die den Verbrauch beschränken und die Sicherheit der Ölimporte steigern sollten: „These decisions […] will be as unpopular as they will be costly."[84] Auf sechzehn Seiten entwickelt das Papier einen recht zusammengewürfelt erscheinenden Katalog innen- und außenpolitischer Maßnahmen von der Schaffung besserer Investitionsbedingungen für Ölfirmen über diplomatische Initiativen gegenüber Produzenten- und Konsumentenländern, die Erhöhung der Notfallreserven,

---

[78] Ebd., S. 42f.
[79] Ebd., S. 85-87.
[80] Ebd., S. 88f.
[81] William P. Rogers: Memo to the President: Petroleum Developments and the Impending Energy Crisis, March 10, 1972, NARA, Nixon, NSC, Inst. Files („H-Files"), Box H-197; Daniel Yergin: The Prize. The Epic Quest for Oil, Money, and Power, New York 1991, S. 572f.; T. Rees Shapiro: James Akins, 83, dies. Energy Expert Presaged Danger of Relying on Mideast Oil, The Washington Post (27.7.2010).
[82] Department of State: The U.S. and the Impending Energy Crisis, March 9, 1972, NARA, Nixon, NSC, Subject Files, Box 321, i.
[83] Ebd., S. 1, 8.
[84] Ebd., S. ii.

die Förderung von Kernenergie und neuen Energieformen bis hin zu Verbrauchsverringerungen unter anderem durch eine höhere Benzinsteuer.[85] Ohne eine genaue Rechnung aufzumachen, wurde erklärt, diese Maßnahmen sowie eine nationale „safe-a-watt"-Kampagne und Werbeverbote in anderen Bereichen könnten den Ölbedarf 1980 auf 22 Millionen Barrel pro Tag reduzieren und die einheimische Produktion auf 15 Millionen Barrel erhöhen, so dass nur ein bis zwei Millionen Barrel aus der östlichen Hemisphäre importiert werden müssten.[86]

Mit Daniel Yergins Geschichte des Öls hat sich die auf Akins eigene Erzählungen zurückgehende Einschätzung festgesetzt, dass die warnenden Memoranden des State Departments in der Administration wirkungslos geblieben seien.[87] Dies ist allerdings nur insofern richtig, als seine Forderungen nicht direkt in politische Handlungen umgesetzt wurden. Das Memorandum über die drohende Energiekrise wurde jedoch im National Security Council wahrgenommen, wo Energiefragen größere Aufmerksamkeit erhielten.[88] Chester A. Crocker, der Experte des Sicherheitsrates für den Mittleren Osten und Nordafrika, urteilte sofort, dass das Papier zwar einige „extreme" und „fragwürdige" Schlussfolgerungen enthalte, insgesamt aber faszinierend sei und unbedingt ernst genommen werden müsse.[89] Nachdem er die Meinung der Kollegen zur Analyse des Außenministeriums eingeholt hatte, wurde Kissinger im Juli 1972 die Einschätzung seiner Mitarbeiter unterbreitet, dass der National Security Council das Problem der Energieversorgung mit hoher Priorität weiterverfolgen solle.[90] Das Memorandum über die „impending energy crisis" sei zwar zu technisch und überzeuge nicht in der Analyse der politischen Rahmenbedingungen, man sei aber sicher, dass das Ölproblem in den kommenden Jahren immer wichtiger für die US-Außenpolitik werden würde. Daher benötige man eine genauere Untersuchung der politischen Konsequenzen unterschiedlicher ölpolitischer Strategien.[91] Grundsätzlich richtig diagnostiziere das Außenministerium die Machtverschiebung auf dem internationalen Ölmarkt von den Firmen zu den Produzentenländern, woraus sich Gefahren ergäben: „The growing financial reserves of Middle East producers have made oil a weapon for coercion or blackmail that we can no longer dis-

---

[85] Ebd., S. 70–86.
[86] Ebd., S. 82, 85.
[87] Yergin: The Prize, S. 572f.
[88] Phil Odeen/Andy Marshall/Bob Hormats: Memo to Kissinger: National Security and Energy Needs, January 4, 1972, NARA, Nixon, NSC, Inst. Files („H-Files"), Box H-197.
[89] C.A. Crocker: Memo to Colonel Kennedy: State Paper on the Energy Crisis, March 21, 1972, NARA, Nixon, NSC, Inst. Files („H-Files"), Box H-197.
[90] John B. Walsh: Memo to Chet Crocker: State's Recommendations Concerning the Impending Energy Crisis, May 18, 1972; Ashley C. Hewitt: Memo to Chet Crocker: State's Recommendations Concerning the Impending Energy Crisis, May 19, 1972; John Ferriter: Memo to Chet Crocker: State's Recommendations Concerning the Impending Energy Crisis, May 24, 1972; Harold H. Saunders: Memo to Chester Crocker: Comments on State Department Oil Recommendation, June 20, 1972, alle in NARA, Nixon, NSC, Inst. Files („H-Files"), Box H-197.
[91] Robert D. Hormats/Richard T. Kennedy/John D. Walsh: Memo to Mr. Kissinger: Foreign Policy Ramifications of U.S. Oil Policy, July 11, 1972, NARA, Nixon, NSC, Inst. Files („H-Files"), Box H-197.

miss."[92] Diese neue Konstellation habe schwerwiegende Konsequenzen für die nationale Sicherheit der Vereinigten Staaten, die auch nicht durch die Erhöhung der einheimischen Produktion wettgemacht werden könne, weil dies die US-amerikanischen Notfallreserven verringere.[93] Daher solle der Sicherheitsrat das Ölproblem in seinen politischen Bezügen genauer untersuchen und zunächst einmal definieren, was überhaupt im nationalen Interesse der Vereinigten Staaten liege.

Als diese Bestrebungen intensiver wurden, gab Kissinger im März 1973 ein neues NSSM in Auftrag, um den Zusammenhang von Energie und nationaler Sicherheit zu untersuchen.[94] Diesmal sollten das Außen-, Verteidigungs- und Finanzministerium zusammen mit der CIA abschätzen, welche Auswirkungen die verschiedenen Abhängigkeitsgrade von Ölimporten bis zum Jahr 1985 auf die nationale Sicherheit der Vereinigten Staaten haben würden. Ferner sollten sie überlegen, wie die Macht der OPEC gebrochen werden könne und welche Implikationen die Lage für den Konflikt mit der Sowjetunion berge. Da das Thema besonders delikat sei, wies Kissinger noch einmal explizit auf die Notwendigkeit der Geheimhaltung hin.[95] Das daraus resultierende NSSM 174, das im August 1973 endgültig vorlag, war neben dem Bericht der Task Force on Oil Imports die umfassendste von der US-Regierung durchgeführte Analyse der US-Energiepolitik zu Beginn der 1970er Jahre. Es nahm die Embargokonstellation in einem Szenario vorweg und entwickelte eine Reihe möglicher Handlungsstrategien.[96]

Unter Verweis auf die Unsicherheit, der alle Energieprognosen ausgesetzt seien, ging das NSSM 174 davon aus, dass der Weltölbedarf bis 1985 steigen werde und dieser Anstieg im Wesentlichen durch Quellen aus dem Mittleren Osten befriedigt werden würde. Dies würde zu Ölpreissteigerungen um 50 oder gar 100 Prozent führen, die massive Belastungen für die Zahlungsbilanzen der Industrieländer bedeuten würden. Während die USA im Jahr 1972 nur 29 Prozent des verbrauchten Öls importierten, dieses insgesamt nur 14 Prozent des Gesamtenergiebedarfs deckte und vom importierten Öl wieder nur ein kleiner Teil aus dem Mittleren Osten kam, werde sich dies in Zukunft ändern und damit die Verwundbarkeit durch Lieferunterbrechungen steigen.[97] Diese könnten drei mögliche Ursachen

---

[92] Ebd.

[93] Ebd.; gegen eine Strategie des „draining America first" argumentierte vor allem John B. Walsh; Memo John B. Walsh to Chet Crocker: State's Recommendations Concerning the Impending Energy Crisis, May 18, 1972, NARA, Nixon, NSC, Inst. Files („H-Files"), Box H-197.

[94] Jonathan E. Colby: Memo to Mr. Kennedy: Proposed NSSM/CIEPSM on U.S. Energy Policy, December 8, 1972; Henry A. Kissinger: Memo to Peter M. Flanigan: U.S. International Oil Policy; Henry A. Kissinger/Peter M. Flanigan: Memo to Secretaries of State, Defense, Commerce, Treasury, Interior, Directors of CIA, Emergency Preparedness, Atomic Energy Commission: U.S. Energy Policy and National Security; Andy Marshall/Philip Odeen/Robert D. Hormats: Memo on Proposed NSSM on the National Security Aspects of the Energy Crisis, February 20, 1973, NARA, Nixon, NSC, Inst. Files („H-Files"), Box H-197.

[95] Henry Kissinger an Secretaries of State, Defense, Treasury, and Director of Central Intelligence, March 8, 1973, NARA, Nixon, NSC, Inst. Files („H-Files"), Box H-197.

[96] NSSM 174: National Security and U.S. Energy Policy, August 1974, NARA, Nixon, NSC, Inst. Files („H-Files"), Box H-197.

[97] Ebd., S. 4, 16.

haben: einen nicht-nuklearen Krieg, der die westliche Hemisphäre von den Lieferungen abschnitte, einen Krieg im Mittleren Osten oder ein Embargo. Für Letzteres wurden wieder drei Möglichkeiten erwogen, nämlich ein Embargo aller arabischen Länder, eines von Iran und Irak und eines von Saudi-Arabien. Angesichts der Produktionskapazitäten war man sicher, dass einzig ein saudi-arabisches Ölembargo ernstzunehmende politische Konsequenzen haben werde, die durch den Einsatz der Ölvorräte und freiwillige Verbrauchsbeschränkungen nur abgemildert, nicht aber völlig aufgehoben werden könnten.

Auch wenn die westeuropäischen Länder und Japan wesentlich härter von einem Embargo betroffen sein würden und den USA nach seinem Beginn etwa ein Jahr Zeit bleibe, ihre Energiepolitik umzustellen, machte das NSSM doch konkrete Vorschläge, wie die Energiesicherheit erhöht und die negativen Konsequenzen der energiepolitischen Verwundbarkeit reduziert werden könnten. Aufgrund der Schlüsselstellung Saudi-Arabiens müsse man, um Versorgungssicherheit zu erlangen, dessen Interessen an einer angemessenen Förderquote erhöhen, Öl- und Gasquellen diversifizieren und die Ölfirmen in ihren Verhandlungen mit den Förderländern unterstützen, sie gleichzeitig aber auch kontrollieren. Gegen kurzfristige Lieferunterbrechungen sah das NSSM 174 vor allem größere Vorräte sowie Notfallprogramme, internationale Verteilungsprogramme und eine Diversifizierung der Bezugsländer vor. Um die grundsätzliche Abhängigkeit von Ölimporten zu reduzieren, sollten einheimische Kohle- und Kernenergie ausgebaut sowie nichtkonventionelle Ölquellen erschlossen und langfristig der Verbrauch gesenkt werden. Schließlich sollte in Kooperation mit anderen Verbraucherländern über Notfallverteilungspläne, Konsultationsmechanismen, Harmonisierungen von Forschung und Entwicklung sowie mögliche Ölquellen außerhalb der arabischen Welt verhandelt werden. Aufgrund des gestiegenen Ölverbrauchs, so erkannte das NSSM 174 abschließend, waren Fragen der Energieversorgung und -sicherheit zu zentralen politischen Fragen geworden, die alle anderen Politikfelder berührten: „The energy question does not stand in isolation from our major monetary, trade, environmental and national security issues facing this country. It is intrinsically related to these issues."[98] Am Vorabend des Ölembargos wurde dessen Möglichkeit also in höchsten US-Regierungskreisen intensiv diskutiert.

3.3 Die Ölimportabhängigkeit der Bundesrepublik Deutschland in Westeuropa

3.3.1 Von der „Energielücke" zum Energieprogramm

In der Bundesrepublik Deutschland war Energiepolitik zunächst vor allem Kohle- und hier genauer gesagt Steinkohlepolitik. Denn die einheimische Kohle war nach

---

[98] Ebd., S. 57.

3.3 Die Ölimportabhängigkeit der Bundesrepublik Deutschland in Westeuropa 73

dem Zweiten Weltkrieg der wichtigste Energieträger, und ihre Förderung geriet dann Ende der 1950er Jahre durch die Konkurrenz billigerer Energieträger in so große Schwierigkeiten, dass sie entweder staatlich geschützt oder aufgegeben werden musste.[99] Auf die sogenannte Ruhrbergbaukrise reagierte der Deutsche Bundestag schon 1959, indem er die Arbeitsgemeinschaft wirtschaftswissenschaftlicher Forschungsinstitute mit einer Expertenstudie zur „Entwicklung der gegenwärtigen und zukünftigen Struktur von Angebot und Nachfrage in der Energiewirtschaft der Bundesrepublik unter besonderer Berücksichtigung des Steinkohlebergbaus" beauftragte.[100] Anderthalb Jahre später legte die Arbeitsgemeinschaft ihr Gutachten vor, an dem neben 70 Mitarbeitern der Institute noch 35 weitere Experten beteiligt gewesen waren.[101] Das Gutachten sollte keine Richtlinien für die Gestaltung der Energiepolitik entwickeln, sondern vielmehr sowohl die Höhe des Gesamtenergiebedarfs im Jahr 1975 als auch die Anteile der jeweiligen Energieträger an der Versorgung für diesen Zeitpunkt bestimmen.[102] Dabei gingen die Gutachter davon aus, dass sich das Bruttosozialprodukt bis 1975 verdoppeln, der Gesamtenergieverbrauch aber nur um 60 Prozent steigen würde. Aufgrund des Kostenvorteils gegenüber der Kohle würde der Ölanteil an der Energieversorgung stark zunehmen. Letztlich, hieß es im Gutachten weiter, seien seinem Anstieg jedoch Grenzen gesetzt, so dass die Kohle weiterhin benötigt werde, um die sich aus den starken Verbrauchssteigerungen ab 1975 ergebende „Bedarfslücke" zu schließen. Allerdings könne die einheimische Kohle dies aufgrund ihrer hohen Kosten nur bei massiver staatlicher Intervention und Förderung.[103]

[99] Falk Illing: Energiepolitik in Deutschland. Die energiepolitischen Maßnahmen der Bundesregierung 1949-2013, Baden-Baden 2012; Dieter Schmitt: West German Energy Policy, in: Wilfrid L. Kohl (Hg.), After the Second Oil Crisis: Energy Policies in Europe, America, and Japan, Lexington/Mass. 1982, S. 137-158; Christoph Nonn: Die Ruhrbergbaukrise. Entindustrialisierung und Politik 1958-1969, Göttingen 2001; BArch, B 102/200602: Energiepolitische Fragen aus der Sicht des Bundeskanzleramts, Bd. 1: 1958-1974.

[100] Deutsches Institut für Wirtschaftsforschung (DIW), Berlin, Energiewirtschaftliches Institut an der Universität Köln (EWI), Rheinisch-Westfälisches Institut für Wirtschaftsforschung (RWI), Essen, Institut für Weltwirtschaft an der Universität Kiel, Ifo-Institut für Wirtschaftsforschung in München und Hamburgisches Welt-Wirtschafts-Archiv.

[101] Untersuchung über die Entwicklung der gegenwärtigen und zukünftigen Struktur von Angebot und Nachfrage in der Energiewirtschaft der Bundesrepublik unter besonderer Berücksichtigung des Steinkohlebergbaus. Auf Beschluß des Deutschen Bundestages vom 12. Juni 1959 durchgeführt von der Arbeitsgemeinschaft deutscher wirtschaftswissenschaftlicher Forschungsinstitute e.V., Bonn, Berlin 1962. Siehe zur Energieprognostik in der Bundesrepublik einführend Hans Diefenbacher/Jeffrey Johnson: Energy Forecasting in West Germany. Confrontation and Convergence, in: Thomas Baumgartner/Atle Midttun (Hg.), The Politics of Energy Forecasting. A comparative study of energy forecasting in Western Europe and North America, Oxford/New York 1987, S. 61-84.

[102] Untersuchung über die Entwicklung der gegenwärtigen und zukünftigen Struktur von Angebot und Nachfrage in der Energiewirtschaft der Bundesrepublik unter besonderer Berücksichtigung des Steinkohlebergbaus, S. 295-300; Energiewirtschaftliches Institut der Universität Köln (Hg.): Die Energie-Enquete. Ergebnisse und wirtschaftspolitische Konsequenzen, München 1962.

[103] Untersuchung über die Entwicklung der gegenwärtigen und zukünftigen Struktur von Angebot und Nachfrage in der Energiewirtschaft der Bundesrepublik unter besonderer

Nicht nur die Steigerung des Gesamtenergieverbrauchs in den 1960er Jahren übertraf die Erwartungen der Experten – der für 1975 prognostizierte Verbrauch für Haushalte und Kleinverbraucher wurde bereits 1963 überschritten, der für den Verkehrssektor 1966 –, auch die Zunahme des Ölverbrauchs fiel deutlich höher aus und steigerte zugleich die energiepolitische Importabhängigkeit der Bundesrepublik.[104] Auch die 1966 vorgenommene Korrektur der Energieprognose von 1961 lag wiederum zu niedrig.[105] Bei dieser Unterschätzung der (Öl-)Verbrauchssteigerungen handelte es sich um keinen Einzelfall, sondern um ein national und auch international weit verbreitetes Muster.[106] In Großbritannien wurde beispielsweise seit dem Bericht der Ridley Commission 1951/52 bis zum Beginn der 1970er Jahre mit einer Ausnahme in allen Energieprognosen der zukünftige Kohlebedarf über-, der Ölverbrauch aber unterschätzt.[107] Nach der Suez-Krise prognostizierte ein Energiebericht, 1970 würde Großbritannien doppelt so viel Öl brauchen wie 1957, tatsächlich war es dann aber viermal so viel. Anfang der 1960er Jahre schätzte eine Kommission dann, 1970 werde das Land 170 Millionen Tonnen Kohle und 130 Millionen Tonnen Öl verbrauchen, die Zahlen lagen im Stichjahr aber bei 154 und 146 Millionen Tonnen. Auch wenn der Central Policy Review Staff unter Leitung von Lord Rothschild dieses Fehlermuster der bisherigen Energieprognosen 1971 klar erkannte, unterschätzte er erneut die tatsächlichen Ölverbrauchssteigerungen für die kommenden Jahre.[108] Selbst die Ölfirmen wurden von den Steigerungsraten der 1960er Jahre überrascht und begannen, ihre Prognoseverfahren zu reflektieren; so wurde die 1961 von der ESSO AG vorgenommene Schätzung des bundesrepublikanischen Heizölverbrauchs für das Jahr 1967 um 84 Prozent übertroffen.[109] Erst als die Wachstums-

---

Berücksichtigung des Steinkohlebergbaus; siehe auch die Zusammenfassung von Theodor Wessels: Die Struktur und Entwicklungstendenzen der deutschen Energiewirtschaft in der Sicht der Enquete-Ergebnisse, in: Energiewirtschaftliches Institut der Universität Köln (Hg.), Die Energie-Enquete. Ergebnisse und wirtschaftspolitische Konsequenzen, München 1962, S. 12-25. Zur sogenannten Energielücke von 1975 bis 2000 siehe auch Diefenbacher/Johnson: Energy Forecasting in West Germany, S. 63.

[104] Siehe die Kritik des Mitverfassers Julius Kruse: Energiewirtschaft, Berlin 1972, S. 261-265.
[105] Corrigendum zum Energiegutachten von 1961, in: Vierteljahrsheft des Deutschen Instituts für Wirtschaftsforschung (1966), S. 179-199.
[106] Norbert Sandner: Die Grenzen der mittel- und langfristigen Prognosen des Energieverbrauchs, in: Glückauf. Zeitschrift für Technik und Wirtschaft des Bergbaus, 23,11 (1972), S. 1147-1160; Jürgen Meinert: Strukturwandlungen der westdeutschen Energiewirtschaft, Frankfurt am Main 1980, S. 136-146.
[107] Dies ergab die Untersuchung, die der neue Chef des Central Policy Review Staff Lord Rothschild für die Heath Regierung erstellte; Lord Rothschild to R.T. Armstrong: Report on energy policy reviews, 28.4.1971, NA UK, PREM 15, 1144. Rothschild war zuvor Leiter der Forschungsabteilung der Royal Dutch Shell gewesen; siehe Tessa Blackstone/William Plowden: Inside the Think Tank. Advising the Cabinet 1971-1983, London 1988, S. v.
[108] Ebd.
[109] Uwe Jönck (ESSO AG): Richtige und falsche Ölprognosen, Auszüge aus einem Vortrag anläßlich des Journalisten-Treffens in Travemünde, 27.-29. Oktober 1968, BArch, B 102/200770, Bd. 7 1968-1976; siehe auch Diefenbacher/Johnson: Energy Forecasting in West Germany, S. 62: „Forecasting mistakes have been in no area as drastic as in the energy area."

raten in den 1970er Jahren aufgrund der Wirtschaftskrise und der energiepolitischen Maßnahmen zurückgingen, änderte sich das Muster, und Energieverbrauchsprognosen lagen tendenziell zu hoch.[110]

Weil Öl aus dem Mittleren Osten und Nordafrika im Überfluss und dementsprechend zu einem geringen Preis zur Verfügung stand, gab die Energieversorgung der Bundesrepublik zunächst wenig Anlass zur Beunruhigung. Sorgen bereiteten eher die Probleme des einheimischen Steinkohlenbergbaus, die aber im Wesentlichen regionaler, wirtschaftlicher und sozialer Natur waren. Mit der Ölimportabhängigkeit schien jedoch gerade in der Bundesrepublik die Anfälligkeit für Lieferunterbrechungen zu steigen, da der deutsche Markt zu mehr als drei Vierteln von ausländischen Ölfirmen beliefert wurde, denen man unterstellte, im Krisenfall ihre Heimatländer zu bevorzugen. Daher bemühte sich das Wirtschaftsministerium schon 1967 durch gezielten Einsatz von Fördermitteln um die Bündelung der Explorationstätigkeit der allein auf dem Weltmarkt nicht konkurrenzfähigen deutschen Firmen, die sich in der Deutschen Mineralölexplorationsgesellschaft mbH (DEMINEX) zusammengeschlossen hatten.[111]

Erst die oben zitierte Erklärung der US-amerikanischen Delegation in der High Level Group Oil im Januar 1970 über den Ausfall der einheimischen Reserveproduktionskapazität verschärfte die Problemwahrnehmung in der Bundesregierung. Sie setzte einen energiepolitischen Umgestaltungsprozess in Gang, der in die erste Formulierung eines umfassenden Energieprogramms im Spätsommer 1973 mündete und damit schon vor der sogenannten Ölkrise einen Höhepunkt erreichte. Die Fäden der Neugestaltung der bundesrepublikanischen Energiepolitik liefen bei Ulf Lantzke zusammen. Der 1927 geborene Jurist hatte im Wirtschaftsministerium zunächst die Abteilung für Wettbewerbsfragen in der EGKS geleitet und übernahm 1968 die Leitung der Abteilung für Energiepolitik und Grundstoffe. In dieser Funktion beschäftigte er sich vor allem mit den dramatischen Veränderungen des internationalen Ölmarktes und wurde auch in internationalen Energieexpertengremien geschätzt: Im Mai 1974 wurde Lantzke zunächst Sonderberater für Energiefragen beim Generalsekretär der OECD und im November desselben Jahres Gründungsdirektor der in Reaktion auf die Ölkrise von den OECD-Staaten

---

[110] Michael Kraus: Über die Kritik an Energieprognosen und ihre Berechtigung, in: Fritz Lücke (Hg.), Ölkrise. 10 Jahre danach, Köln 1984, S. 253-268, hier S. 253; Michael Kraus: Bundesdeutsche Energieprognosen der letzten 30 Jahre. Eine Fehlerursachenanalyse, in: Manfred Härter (Hg.), Energieprognostik auf dem Prüfstand, Köln 1988, S. 89-117; Hendrik Ehrhardt: Energiebedarfsprognosen. Kontinuität und Wandel energiewirtschaftlicher Problemlagen in den 1970er und 1980er Jahren, in: Hendrik Ehrhardt/Thomas Kroll (Hg.), Energie in der modernen Gesellschaft. Zeithistorische Perspektiven, Göttingen 2012, S. 193-222, hier S. 198.
[111] Unterrichtung durch die Bundesregierung. Die Energiepolitik der Bundesregierung, in: Deutscher Bundestag. Drucksachen 1972-1976 7/1057 (1973). Zur Gründung der DEMINEX siehe Karlsch/Stokes: „Faktor Öl", S. 359-368; Herbert Lötgers: Die Deutsche Erdölversorgungsgesellschaft – DEMINEX. Ziele und Aufgaben im Rahmen der deutschen Rohölversorgung, in: Institut für Bilanzanalysen (Hg.), Die Mineralölindustrie in der Bundesrepublik Deutschland, Frankfurt 1972, S. 39-44.

ins Leben berufenen Internationalen Energieagentur (IEA, Kapitel 7.3).[112] Lantzkes Einschätzung der Energiesicherheit in der Bundesrepublik veränderte sich durch die Erklärung der USA im Januar 1970 fundamental oder er nutzte sie zumindest als Bezugspunkt, um in der Bundesregierung die Notwendigkeit energiepolitischer Umstrukturierungen zu begründen. Unmittelbar nach dem Treffen berichtete er Staatssekretär Detlev Karsten Rohwedder, dass die Maßnahmen, die das Risiko der deutschen Ölimportabhängigkeit bisher kontrollieren sollten, nämlich ein Krisenmechanismus, Vorratshaltung und der Rückgriff auf Öl aus der westlichen Hemisphäre, nun nicht mehr ausreichten.[113] Das Risiko von Unterbrechungen der Öllieferungen aus dem Mittleren Osten liege ausschließlich bei den Europäern, und hier sei wiederum die Bundesrepublik besonders gefährdet, weil sie über die geringsten Ölvorräte verfüge, was durch die Einrichtung einer Bundesrohölreserve kompensiert werden müsse.[114]

Die Diskussion um die US-Reservekapazität blieb nicht auf die Öl- und Energieexperten beschränkt, sondern erreichte auch den Deutschen Bundestag und die breitere Öffentlichkeit.[115] Am 21. April richtete eine Gruppe CDU-Abgeordneter eine kleine Anfrage an die Bundesregierung. Angeregt durch eine Pressemeldung Rohwedders, in der dieser erklärt hatte, die USA könnten die Bundesrepublik im Falle eines neuerlichen Lieferengpasses nicht mehr mit zusätzlichen Öllieferungen versorgen, wollten sie erfahren, ob dies zutreffe und wie die Bundesregierung darauf zu reagieren gedenke.[116] Nachdem die Bundesregierung den ersten Teil der Frage bejaht hatte und angab, sie bemühe sich um gemeinsame Vorsorgemaßnahmen innerhalb der OECD sowie eine Erhöhung der Ölvorräte, fragte die CDU-Fraktion Ende Mai erneut nach den konkreten Gefahren für die Energieversorgung der Bundesrepublik und nach möglichen Gegenstrategien.[117]

---

[112] Eintrag Lantzke, Ulf, in Munzinger Online/Personen – Internationales Biographisches Archiv, URL: http://www.munzinger.de/document/00000016093 (10.1.2012); Mister Energy, Frankfurter Allgemeine Zeitung (8.12.1973); Manfred Horn: Die Energiepolitik der Bundesregierung von 1958 bis 1972. Zur Bedeutung der Penetration ausländischer Ölkonzerne in die Energiewirtschaft der BRD für die Abhängigkeit interner Strukturen und Entwicklungen, Berlin 1977, S. 280f.

[113] Ulf Lantzke an StS Dr. Rohwedder: Sicherung der Rohölversorgung Europas in Krisenzeiten, 19.1.1970, in: BArch, B 102/131404, Bd. 1 1966-70.

[114] Ebd. und Kling: Vermerk: Rohölversorgung Europas, 17.2.1970, in: BArch, B 102/131404, Bd. 1 1966-70.

[115] Zur Expertendiskussion siehe zum Beispiel Erich Schieweck: Die kommende Welterdöl- und Energiekrise, in: Glückauf. Zeitschrift für Technik und Wirtschaft des Bergbaus 108,9 (1972), S. 343-355; Lötgers: Die Deutsche Erdölversorgungsgesellschaft. Verweise auf die breite öffentliche Aufmerksamkeit bei Rush (Amembassy Bonn) to Dept. of State: FRG Reaction to U.S. Declaration on Reserve Oil Capacity, May 13, 1970; Rush (Amembassy Bonn) to Dept. of State: FRG Reaction to U.S. Declaration on Reserve Oil Capacity, May 20, 1970, NARA, RG 59, Box 1481 from PET 1 to PET 3 OECD.

[116] Kleine Anfrage der Abgeordneten Springorum, Lampersbach, Luda, Russe und Genossen, 21.4.1970, Deutscher Bundestag. 6. Wahlperiode, Drucksache VI/654.

[117] Der Parlamentarische Staatssekretär des Bundesministers für Wirtschaft an den Herrn Präsidenten des Deutschen Bundestages: Zusätzliche Öllieferungen aus den USA im Falle einer neuen Nahostkrise, 6.5.1970, Deutscher Bundestag. 6. Wahlperiode. Drucksache VI/756;

In ihrer ausführlichen Antwort verwies die Bundesregierung zunächst darauf, dass die Weltölreserven grundsätzlich ausreichend seien und nur ein Verteilungsproblem bestehe, welches aber durch Bevorratung, Lieferabkommen und verbesserte internationale Zusammenarbeit behoben werden könne.[118] Im September 1970 formulierte die CDU/CSU-Fraktion erneut eine kleine Anfrage, in der sie der Bundesregierung unterstellte, sie nehme die Veränderungen auf dem Weltenergiemarkt nicht ernst genug. Dabei ging es ihr vor allem um die kohle- und atomenergiepolitischen Konsequenzen, die aus den Veränderungen im Ölsektor zu ziehen seien.[119]

Angesichts der gestiegenen Aufmerksamkeit und der Tatsache, dass Lantzkes Gefahreneinschätzung allgemein geteilt wurde, bekam die Energie- und Ölpolitik im Frühsommer 1970 höhere Aufmerksamkeit im Wirtschaftsministerium. Schon Lantzkes Bericht über die Sitzung der High Level Group im Mai 1970 wurde direkt dem Minister vorgelegt. Nachdem die US-Delegation bei diesem Treffen um Schadensbegrenzung bemüht gewesen war, aber in der Sache nichts Wesentliches zurückgenommen hatte, schlug Lantzke vor, die Bundesrepublik müsse sich um das Zustandekommen effektiver Krisenmechanismen in OECD und EWG bemühen, die Beziehungen zu den Förderländern verbessern, vor allem aber die eigenen Vorräte erhöhen.[120] Gleichzeitig kam ein Bericht des Wirtschaftsministeriums über die bundesrepublikanische Energieversorgung zu dem beunruhigenden Ergebnis, dass die Energiesicherheit wegen der auf absehbare Zeit dominanten Stellung des Öls nicht zunehmen werde. Die Rohöleinfuhren hatten sich von 1960 bis 1969 fast vervierfacht, kamen zu 45 Prozent aus Libyen und zu fast 90 Prozent aus Ländern, die vom Nahostkonflikt betroffen waren.[121] Darüber hinaus stellte das Gutachten fest, dass „die Möglichkeiten, im Falle einer Versorgungsunterbrechung die ausfallenden Mineralöleinfuhren durch eine Umstellung auf andere Energieträger zu substituieren, sehr begrenzt sind. Eine Krise würde sich voll auswirken."[122] Ende des Jahres 1970 war man im Wirtschaftsministerium zwar überzeugt, dass die Mineralölversorgung im Winter gesichert sei und kurzfristig keine krisenhaften Züge aufweisen werde, sofern es nicht zu extremen Kälteperioden oder Lieferunterbrechungen komme. Angesichts der allgemeinen Auslastung

---

Kleine Anfrage der Abgeordneten Springorum, Dr. Burgbacher, Russe und der Fraktion der CDU/CSU, 26. 5. 1970, Deutscher Bundestag. 6. Wahlperiode, Drucksache VI/819.

[118] Der Parlamentarische Staatssekretär des Bundesministers für Wirtschaft an den Herrn Präsidenten des Deutschen Bundestages: Energiepolitik, 11. 6. 1970, Deutscher Bundestag. 6. Wahlperiode. Drucksache VI/941.

[119] Deutscher Bundestag. 6. Wahlperiode. Drucksache VI/756; Kleine Anfrage der Abgeordneten Springorum, Dr. Burgbacher, Russe und der Fraktion der CDU/CSU, 26. 5. 1970, Deutscher Bundestag. 6. Wahlperiode, Drucksache VI/819.

[120] Lantzke (Abt. III) an BM [gesehen] über Rohwedder: Sicherung der Rohölversorgung Europas in Krisenzeiten, Bericht über Sitzung der High Level Group am 28./28. Mai 1970, 2. Juni 1970, BArch, B 102/131405, Bd. 2 1970-72.

[121] Quantitative und qualitative Daten zur Frage der Versorgungskontinuität, 1. 6. 1970, BArch, B 102/282309, Bd. 2: 1970-73.

[122] Ebd., S. 15.

des Systems sei die Lage aber „auf mittlere Sicht [...] sehr problematisch, da bereits ein kleiner Zwischenfall die Versorgung ernsthaft stören könnte".[123]

Zu Beginn des folgenden Jahres verstärkte sich unter dem Eindruck der Verhandlungen von Teheran und Tripolis die Auffassung, dass die Förderländer mächtiger wurden und sowohl den multinationalen Konzernen die Kontrolle über die Förderung entwinden als auch politische Erwägungen in ihre Entscheidungen über Förderung und Lieferungen einfließen lassen würden.[124] In einem für Egon Bahr erstellten Bericht über eine Staatssekretärsbesprechung stellte Rohwedder fest, dass die „mengenmäßige Versorgung Westeuropas [...] allein durch restriktive Maßnahmen Libyens und Algeriens erheblich beeinträchtigt werden" könne und schlug daher ein Aktionsprogramm vor, mit dem die Tankerkapazitäten ausgebaut, Sicherheitsreserven erhöht, die Beziehungen zu den Förderländern verbessert, die regionale Rohölbezugsstruktur durch die DEMINEX verbreitet und zudem die rechtlichen und organisatorischen Voraussetzungen für effektive Krisenreaktionen geschaffen werden sollten.[125] Um die Auswirkungen möglicher Versorgungsengpässe besser abschätzen und Gegenmaßnahmen ergreifen zu können, wurden schon im Januar 1971 das DIW, das RWI und das EWI mit der Ausarbeitung eines Krisensimulationsmodells beauftragt. Darüber hinaus wurde im Frühjahr eine kleine Arbeitsgruppe zur Energiepolitik unter Leitung von Ministerialdirigent Gerhard Kling gegründet.[126] Neben den Ministerialbeamten und den Vertretern der Wirtschaftsforschungsinstitute gehörten der Arbeitsgruppe Industrievertreter an.[127] Auf der Basis einer im Ministerium entstandenen ersten Vorstudie diskutierte die Arbeitsgruppe am 26. Mai 1971 ein „Sofortprogramm für die optimale Energiebedarfsdeckung im Falle einer zivilen Mineralölversorgungskrise", das heißt einer Situation, „in der durch äußere Versorgungsstörungen das Mineralölaufkommen der Bundesrepublik insgesamt geschmälert wird".[128] Der Krisenmechanismus der OECD sollte also durch ein nationales Krisenmanagement ergänzt werden.

---

[123] III D 2 (Koch) Vermerk: Sitzung der High Level Group des OECD Mineralölausschusses am 30. November 1970, 7.12.1970, BArch, B 102/131405, Bd. 2: 1970-72; III D 2 (Koch) an Abteilungsleiter III: Sitzung der High Level Group am 30. November, 27.11.1970, ebd.; Lantzke an BM über Rohwedder: Sitzung der High Level Group am 20.1.1971, 21.1.1971 [hat Minister vorgelegen], ebd.: „Wenngleich Prognosen nicht möglich sind, können Verschärfungen der Lage nicht ausgeschlossen werden."

[124] Lantzke an BM über Rohwedder: Sitzung der High Level Group am 20.1.1971, 21.1.1971 [hat Minister vorgelegen], BArch, B 102/131405, Bd. 2: 1970-72: „Wenngleich Prognosen nicht möglich sind, können Verschärfungen der Lage nicht ausgeschlossen werden."

[125] Rohwedder an Bahr, Aufzeichnung für die Staatssekretärsbesprechung über die Versorgung der BRD mit Rohöl, 2.2.1971, BArch, B 136/7520.

[126] BArch, B 102/282265, Bd. 3 1971.

[127] W. Petersen (Hauptgeschäftsführer des Mineralölwirtschaftsverbandes), Enno Schubert (Gelsenberg), Walter Bauer (Deutsche Shell AG), Hans-Jürgen Knell (Esso AG, Hamburg) und Hans-Joachim Burchard (BP AG, Hamburg).

[128] Ergebnisbericht über die 1. Sitzung der Arbeitsgruppe für Beratungen über eine optimale Energiebedarfsdeckung im Falle einer Mineralölversorgungsstörung am 26. Mai 1971, 8. Juni 1971, BArch, B 102/282265, Bd. 3 1971.

3.3 Die Ölimportabhängigkeit der Bundesrepublik Deutschland in Westeuropa 79

Die Vorstudie hatte noch drei Szenarien mit Ausfällen von 15 bis 20, 50 und 80 Prozent der Rohöllieferungen entworfen und einen Maßnahmenkatalog vom Einsatz der Pflichtvorräte und freiwilligen Verbrauchsbeschränkungen über Wochenendfahrverbote bis hin zur Bewirtschaftung über Bezugsscheine vorgesehen. Doch nun forderten die Experten aus Wissenschaft und Unternehmen genauere Modellierungen für Ausfälle verschiedener Höhe und wollten hierzu mit der Gesellschaft für Mathematik und Datenverarbeitung in Bilinghoven zusammenarbeiten.[129] Diesem Anspruch wurde auch das im September 1971 bei DIW, EWI und RWI in Auftrag gegebene und auf der Basis von Umfragen bei der Mineralölindustrie unter Leitung von Manfred Liebrucks erstellte Gemeinschaftsgutachten zur Sicherung der Energieversorgung in der Bundesrepublik Deutschland nicht gerecht. Recht unpräzise rechneten die Institute mit Ölausfällen von bis zu 50 Prozent für maximal zwölf Monate und argumentierten, dass jeweils Kombinationen aus dem Einsatz von Pflichtvorräten, der Nutzung von Substitutionsmöglichkeiten und Verbrauchsbeschränkungen dazu geeignet seien, die Krise zu überwinden.[130] Neben einem konkreten Maßnahmenkatalog von Sparappellen über die Freigabe von Pflichtvorräten bis zur Ausgabe von Benzinmarken und Heizöl-Bezugsscheinen wiesen die Institute auf die grundlegende Problematik der Informationsbeschaffung und -bereitstellung hin. Es müsse in Zukunft unbedingt sichergestellt werden, dass „die Entscheidungsgremien der Bundesregierung anhand laufend aktualisierter Daten im Krisenfalle Maßnahmen treffen" könnten.[131]

Auch als die Kleine Arbeitsgruppe im Juni 1972 einen ersten Zwischenbericht vorlegte, war die Entwicklung des EDV-Modells zur zahlenmäßigen Modellierung verschiedener Krisenszenarien noch nicht abgeschlossen. Dennoch wurden schon genauere Ratschläge zur Krisenbewältigung entwickelt. Entweder könnten auf der Angebotsseite die Pflichtvorräte eingesetzt und Öl durch andere Energieträger substituiert werden oder aber auf der Nachfrageseite freiwillige oder verordnete Verbrauchsbeschränkungen vorgenommen werden.[132] Da die Experten die Wirkung freiwilliger Maßnahmen als gering einschätzten, plädierten sie dafür, eine gesetzliche Grundlage für verpflichtende Verbrauchsbeschränkungen zu schaffen, sahen aber gleichzeitig in der Erhöhung der Pflichtvorräte das „Rückgrat" für die Bewältigung eines Versorgungsengpasses. Sofern der Ausbau der Vorräte und die

---

[129] Ebd.; III D 2: Vermerk: Vorläufige Grundzüge des Aufbaus eines Krisenmechanismus; hier: Vorschläge für eine optimale Deckung des Energiebedarfs im Falle einer zivilen Mineralölversorgungskrise (Sofortprogramm), 5. März 1971, BArch, B 102/282265, Bd. 3 1971; Ergebnisbericht über die Sitzung „Übernahme von EDV Arbeiten" am 16. Juni 1971, ebd.

[130] Manfred Liebrucks/H.W. Schmidt/D. Schmitt: Sicherung der Energieversorgung für die Bundesrepublik Deutschland. Gemeinschaftsgutachten der Institute DIW, EWI und RWE, Berlin 1972.

[131] Ebd., S. 78.

[132] W/III D: Zwischenbericht über den Aufbau eines „Krisenmanagements" zur Sicherung einer optimalen Energieversorgung im Falle einer Mineralölversorgungsstörung, 10. Juli 1972, BArch, B 102/282309, Bd. 2: 1970-73; siehe auch den Bericht über die Verhandlungen BMWi: Niederschrift über die Sitzung des Länderausschusses Mineralöl am 8.12.1971 im BMWF, 17.1.1972, BArch, B 102/282309, Bd. 2: 1970-73.

„Ermächtigung" der Bundesregierung zum Erlass der Notfallmaßnahmen rechtzeitig erfolge, beurteilten die Experten die Chancen der Bundesrepublik zur Überwindung einer Versorgungskrise von bis zu einem Jahr als „nicht ungünstig".[133]

Nachdem klar war, dass es Neuwahlen geben würde, wurde Ulf Lantzke im Herbst 1972 damit beauftragt, auf der Basis der bisherigen Vorarbeiten ein energiepolitisches Gesamtkonzept für die 7. Legislaturperiode zu entwickeln.[134] In einem seiner ersten Entwürfe begründete Lantzke die Notwendigkeit eines Energieprogramms damit, dass der Weltenergiemarkt – vor allem im Bereich des Öls, das für weitere zwanzig Jahre der entscheidende Energieträger bleiben werde, zunehmend von den Interventionen der Förder- und Verbraucherländer beeinflusst werde. Die Bundesregierung würde ihre Autonomie verlieren, wenn sie weiter auf Eingriffe in den Ölmarkt verzichtete.[135] Auch wenn Energieprognosen sich in der Vergangenheit meist als falsch erwiesen hätten, bildeten sie für Lantzke ein wichtiges Instrumentarium zur Energiepolitikgestaltung und Investitionsplanung, so dass die Prognosetätigkeit intensiviert und langfristiger angelegt werden müsse. Sorge bereitete ihm vor allem die schwache Stellung der Bundesrepublik auf dem unsicheren Weltölmarkt: Einzig durch die Kooperation in der OECD und der EWG könne die Regierung hier Einfluss nehmen und müsse dazu eventuell Souveränitätsverluste an supranationale Ebenen in Kauf nehmen. Daneben wiederholte er die Forderungen, die Pflichtvorräte aufzustocken, eine Bundesrohölreserve einzurichten und einen Krisenmechanismus auszuarbeiten. Zumindest erwähnt wurde schließlich auch das „Sonderproblem Umweltschutz".[136]

Die oben ausführlicher diskutierte 16. Sitzung der High Level Group Oil der OECD am 24. und 25. Oktober 1972 in Paris lieferte Lantzke neue Argumente für die Dringlichkeit einer grundsätzlichen Neugestaltung der bundesdeutschen Energiepolitik. Denn bei diesem Treffen hatte James Irwin erstens die Erwartung eines Versorgungsengpasses geäußert, zweitens den Verbündeten gedroht, sich im Konfliktfall gegen sie durchsetzen zu können und drittens im Falle von Nixons Wiederwahl eine grundsätzliche Umgestaltung der US-Energiepolitik für das kommende Jahr angekündigt.[137] Vor diesem Hintergrund und angesichts

---

[133] W/III D: Zwischenbericht über den Aufbau eines „Krisenmanagements" zur Sicherung einer optimalen Energieversorgung im Falle einer Mineralölversorgungsstörung, 10. Juli 1972, BArch, B 102/282309 Bd. 2 1970–73.

[134] Weiß an Abteilungsleiter IV: Energiepolitisches Gesamtkonzept, 2.10.1972, BArch, B 136/7667.

[135] Abt. III (Lantzke) an Minister: Gegenwärtiger Stand der Überlegungen zur Weiterentwicklung der Energiepolitik, 20.10.1972, BArch, B 136/7667.

[136] Ebd.; siehe auch Energiepolitische Aufgabenstellung und sonstige Fragen im Bereich der Abteilung III, 16.12.1972, BArch, B 102/200515, Bd. 15: 1972/73; Abt. III: Aufzeichnung: Vorhaben in der 7. Legislaturperiode aus dem Bereich der Abteilung III, 29.1.1973, ebd.

[137] Statement by Deputy Sec. of State John Irwin to the OECD High Level Group of the Oil Committee, Paris, October 24, 1972, NARA, Nixon Library, WHCF, SMOF, EPO, Box 61: „We intend to take the necessary actions which will be costly and which in many cases will be unpopular. We have little choice."

des fehlenden Konsens' in der High Level Group forderte Lantzke in einem „sehr vertraulichen" Memorandum an den Minister, auch die Bundesregierung müsse sich „zum frühest möglichen Zeitpunkt mit der Gesamtproblematik" befassen und energiepolitisch umsteuern: „Die veränderte Weltlage und die amerikanische Initiative werden uns zu einer grundlegenden Überprüfung unserer Erdölposition mit denkbaren erheblichen Konsequenzen für die Erdölpolitik zwingen. [...] Ich meine, daß die Sicherung der Energieversorgung angesichts dieser Entwicklungstendenzen in einem neuen Regierungsprogramm eine sehr hohe Priorität genießen muß, da nunmehr endgültig deutlich ist, daß die Ölversorgung in den kommenden Jahren nicht den allgemeinen Regeln eines freien Weltmarktes folgen wird, sondern maßgeblich von politischen Einflüssen nicht nur der Erdölförderländer, sondern auch der großen Verbraucherländer bestimmt sein wird."[138] Die Politisierung der Ölwirtschaft durch die Einmischung der OPEC-Regierungen, aber auch durch die Maßnahmen der US-amerikanischen, britischen oder französischen und der Regierungen anderer Industrieländer, führte in Lantzkes Augen dazu, dass auch die Bundesregierung ihre wirtschaftspolitische Zurückhaltung aufgeben und im Energiesektor intervenieren musste.

Als Willy Brandt drei Monate später im Rahmen seiner Regierungserklärung im Januar 1973 auf die Wirtschaftspolitik zu sprechen kam, erklärte er tatsächlich, die Bundesregierung werde sich in der beginnenden Legislaturperiode neben der Agrarpolitik vor allem auf die Energiepolitik konzentrieren. Denn „wenn sich unsere Volkswirtschaft gesund weiterentwickeln soll, muß die Energieversorgung langfristig gesichert sein".[139] Nach zahlreichen Interventionen von Vertretern des Steinkohlenbergbaus in den vergangenen Jahren vergaß er nicht, mit Blick auf das Ruhrgebiet zu versichern, dass „die deutsche Steinkohle als wichtigste heimische Energiequelle eine angemessene Aufgabe in der Energieversorgung unseres Landes" behalten werde.[140] In den folgenden Monaten begann die Bundesregierung auch unter dem Eindruck immer deutlicherer Warnungen vor Produktionsbeschränkungen aus der arabischen Welt (Kapitel 4.1) mit der Ausarbeitung eines neuen Energieprogramms unter Federführung von Ulf Lantzke. Schon bei den Arbeitsgruppen zur Vorbereitung des Energieprogramms lag ein deutlicher Schwerpunkt im Bereich der Ölpolitik, deren Grundproblem in der vergleichsweise schwachen Stellung der Bundesrepublik in der Welt des Öls gesehen wur-

---

[138] Lantzke an BM [sehr vertraulich]: Ergebnisse der Sitzung der High Level Group und des Mineralölausschusses der OECD am 24. und 25.10.1972 in Paris, 26.10.1972, BArch, B 102/131405.
[139] Willy Brandt: Regierungserklärung, in: Verhandlungen des Deutschen Bundestages. 7. Wahlperiode. Stenographische Berichte, Bd. 81, Bonn 1972/73, S. 121-134.
[140] Ebd.; zu den Interventionen siehe zum Beispiel Chef des Bundeskanzleramtes an Bundesminister für Wirtschaft und Finanzen [z.H. MD Dr. Lantzke], 7. Juli 1972: Schreiben des deutschen Steinkohlenbergbaus vom 28.Juni 1972; Rohwedder: Antwortschreiben an Gesamtverband des Deutschen Steinkohlenbergbaus und Steinkohlenbergbauverein, 10.8.1972, BArch, B 136/7667.

de.[141] Die ölbezogenen Arbeitsgruppen stimmten zudem darin überein, dass der Einfluss der Förderländer auf die Ölproduktion gewachsen sei und diese Einnahmeausfälle inzwischen verkraften könnten. Daher habe das Risiko von wirtschaftlich oder politisch motivierten Lieferbeschränkungen zugenommen, und die Verbraucherländer tendierten zum Abschluss bilateraler Lieferverträge, um ihre Versorgung zu sichern. Aufgrund ihrer schwachen Position müsse die Bundesregierung dieser Tendenz unbedingt entgegenwirken und auf eine gemeinsame Energiepolitik im Rahmen der EG hinarbeiten, um dann zu einer gemeinsamen Strategie mit den anderen großen Verbrauchern, USA und Japan, zu kommen. Die einzige realistische Alternative zur europäischen Kooperation sahen Lantzke und seine Kollegen in der engen Anlehnung der bundesrepublikanischen Öl- und Energiepolitik an die Vereinigten Staaten, aber sie präferierten die europäische Lösung.[142] Das aus diesen Beratungen hervorgegangene Energieprogramm, das die „Bundesrepublik aus der Rolle des reinen Objektes der am Weltölmarkt agierenden Kräfte" herausbringen und den „Mineralölfluß sicherer" machen sollte, wurde Ende August 1973 im Bundeskabinett beraten und Anfang Oktober, wenige Tage vor den Entscheidungen von OPEC und OAPEC, veröffentlicht.[143]

Das Energieprogramm der Bundesregierung ging davon aus, dass die Wirtschaft bis 1985 jährlich um 4,7 und der Energieverbrauch um 4,3 Prozent wachsen würden. Auch wenn die Bedeutung von Erdgas und Atomenergie im Prognosezeitraum zunehme, werde die Stellung des Öls unvermindert dominant bleiben. Die sich aus den Veränderungen auf dem Weltölmarkt ergebenden Risiken, so hieß es im Programm unter Verweis auf die Versorgungsprobleme in den USA und Preisanstiege sowie Stromausfälle in Europa weiter, seien keine „abstrakten Möglichkeiten", sondern „reale Gefährdungstatbestände", die sofortiges Regierungshandeln erforderten.[144] Es gehe zum einen darum, die langfristige Versorgung der Bundesrepublik mit Öl und Energie zu sichern und zum andern darum, kurzfristigen Versorgungsstörungen vorzubeugen. Beides könne letztlich nur durch die Zusammenarbeit in den Europäischen Gemeinschaften geschehen, erfordere aber auch eine verstärkte internationale Kooperation: „Dies gilt sowohl für die Zusammenarbeit mit den Rohölförderländern als auch für die Koopera-

---

[141] BArch, B 102/108464; siehe v.a. die Berichte der AG 3: Mineralöl – Internationale Verflechtungen, 27.2.1973, AG 4 Öl – deutscher Markt, AG 3: Gemeinsame Mineralölpolitik der EG, 27.2.1973.

[142] Ebd.; III: Ergebnisprotokoll. Gespräch über das Energieprogramm bei Herrn Minister am 8. Februar 1973, 9.2.1973, BArch, B 102/200515, Bd. 15 1972/73; Weiß an Chef des Bundeskanzleramtes: Deutsche Mineralölpolitik, 16.1.1973, BArch, B 136/7705.

[143] BMWi: Entscheidungsvorlage zum Entwurf des Energieprogramms der Bundesregierung, 22.8.1973; Abt. III: Sprechzettel für die Einführung des Energieprogramms in der Kabinettsberatung am 29. August 1973, BArch, B 102/108470; Auszug aus dem Kurzprotokoll über die 28. Kabinettssitzung der Bundesregierung am 22. August 1973 (07.09.1973), PA AA, B 71 (Referat 405), 113924; Unterrichtung durch die Bundesregierung. Die Energiepolitik der Bundesregierung.

[144] Unterrichtung durch die Bundesregierung. Die Energiepolitik der Bundesregierung, S. 5.

tion mit den großen Verbraucherregionen und den Staatshandelsländern, insbesondere der UdSSR."[145] Konkrete Ziele seien langfristig die Risikoverminderung beim Öl, der Ausbau von Erdgas, Atomenergie und Braunkohle, die Nutzung der Steinkohle als „Stabilitäts- und Elastizitätsfaktor in der Stromerzeugung", die Ausbalancierung von Umweltschutz und Energiesicherheit, der Ausbau von Raffinerie- und Tankerkapazitäten, die Forschungsförderung und Energieeinsparungen.[146] Zur Vorsorge gegen kurzfristige Versorgungsstörungen müssten die Pflichtvorräte auf 90 Tage erhöht werden, bis 1974/75 eine Bundesrohölreserve eingerichtet und so schnell wie möglich eine gesetzliche Krisenregelung geschaffen werden.[147]

Parallel zur Bundesregierung begannen auch die Regierungen einzelner Bundesländer, Energieprogramme zu formulieren, wobei sich deren Problemdiagnosen meist nicht wesentlich unterschieden, zumal sie auf Studien der gleichen Wirtschaftsforschungsinstitute zurückgingen.[148] Auch wenn der genaue Termin der Ölkrise bzw. der Lieferbeschränkung und Preissteigerung und deren konkrete Ausgestaltung also nicht vorhergesehen worden waren, hatte doch eine Konstellation wie die Ölkrise die Energieexperten seit den 1960er Jahren intensiv und seit 1970 noch einmal verstärkt beschäftigt.[149] Das zu ihrer Prävention und Überwindung entwickelte Energieprogramm, auf das die Bundesregierung während der Ölkrise immer wieder stolz verwies und das von der Opposition in verschiedenen Hinsichten kritisiert wurde, bildete fortan in der Bundesrepublik den wesentlichen Bezugspunkt der energiepolitischen Debatten und Umgestaltungsversuche. Zugleich war die Bundesrepublik aber im Energiebereich in europäische Strukturen eingebunden, im Rahmen derer ebenfalls nach einer Antwort auf die Transformation der Öl- und Energiewirtschaft gesucht wurde.

3.3.2 Die Suche nach einer europäischen Energiepolitik

Am Beginn der europäischen Integration nach dem Ende des Zweiten Weltkriegs standen der Schumann-Plan und die Gründung der Europäischen Gemeinschaft für Kohle und Stahl (EGKS) im Jahr 1952, in der Frankreich, die Bundesrepublik Deutschland und Italien zusammen mit den Benelux Staaten ihre Kohle- und

---

[145] Ebd., S. 6.
[146] Ebd.
[147] Anton Jaumann: Bayern bereitet ein Landes-Energieprogramm vor, Bayerische Staatszeitung (20. 10. 1972); Unterrichtung durch die Bundesregierung. Die Energiepolitik der Bundesregierung, S. 8.
[148] Siehe zum Beispiel Bayerisches Staatsministerium für Wirtschaft und Verkehr: Energieprogramm I. Grundlinien zu einem Energieprogramm für Bayern, [München 1973].
[149] Auch Martin Czakainski teilt die Geschichte in der Energiepolitik in der Bundesrepublik in drei Phasen ein, und zwar von 1957-71, in der das Öl die Kohle verdrängt, 1971-80, in der versucht wurde, die Abhängigkeit von der OPEC abzubauen und von 1981-89, als der Umweltschutz im Vordergrund stand; Martin Czakainski: Energiepolitik in der Bundesrepublik Deutschland 1960 bis 1980 im Kontext der außenwirtschaftlichen und außenpolitischen Verflechtungen, in: Hohensee/Salewski, Energie – Politik – Geschichte, S. 17-34.

Stahlproduktion unter die Aufsicht einer supranationalen Behörde stellten. Da Kohle in den 1950er Jahren noch der mit Abstand wichtigste Energieträger in Westeuropa war und 1957 in den Römischen Verträgen neben die EGKS und die neu gegründete Europäische Wirtschaftsgemeinschaft (EWG) noch die Europäische Atomgemeinschaft (Euratom) als ebenfalls supranational organisierte Struktur trat, lagen schon vor der Ölkrise wesentliche energiepolitische Kompetenzen nicht mehr ausschließlich in den Händen der Mitgliedsländer. Trotz der erfolgreichen Kohle- und der weniger erfolgreichen Atompolitik gab es im Rahmen der Europäischen Gemeinschaften (EG), zu denen die EGKS, Euratom und die EWG 1965 zusammengefasst wurden, zunächst keine Versuche, eine umfassendere gemeinsame Energiepolitik zu realisieren, die alle Energieträger miteinbezogen hätte. Dies änderte sich erst, als in den 1960er Jahren das Öl in allen EG-Ländern außer Luxemburg die Kohle als wichtigsten Energieträger abgelöst hatte und Europas Energieimportabhängigkeit zunehmend als Problem begriffen wurde.[150]

Im Dezember 1968 verabschiedete der Rat der EG eine erste Orientierung für eine Gemeinschaftliche Energiepolitik und verpflichtete die Mitgliedstaaten der EWG, bestimmte Mindestvorräte an Erdöl und/oder Erdölerzeugnissen zu halten.[151] Angesichts des Stellenwertes, den Öl und Ölprodukte inzwischen in der Energieversorgung der Gemeinschaft einnahmen, argumentierte der Rat: „Jede Schwierigkeit, selbst vorübergehender Art, die zu einem Rückgang der Lieferungen dieser Erzeugnisse aus dritten Ländern führt, könnte ernste Störungen in der Wirtschaftstätigkeit der Gemeinschaft verursachen; die Gemeinschaft sollte daher in der Lage sein, die nachteiligen Auswirkungen eines solchen Eventualfalls auszugleichen oder zumindest abzuschwächen."[152] Da eine Versorgungskrise auch unerwartet eintreten konnte, sollten alle Mitgliedsländer sofort Mindestvorräte in Höhe von 65 Tagen des Vorjahresverbrauchs anlegen. Unter dem Eindruck der immer weiter steigenden Ölimporte und der sich in den Abkommen von Teheran und Tripolis verändernden Machtverhältnisse auf dem Weltölmarkt intensivierten sich zu Beginn der 1970er Jahre die Bemühungen um eine Gemeinsame Energiepolitik. Sie fielen damit in den gleichen Zeitraum, in dem Regierungen der EG zum einen über die Möglichkeit einer Europäischen Politischen Zusammenarbeit, das heißt einer gemeinsamen Positionierung in außenpolitischen Fragen disku-

---

[150] Albrecht Mulfinger: Auf dem Weg zur gemeinsamen Mineralölpolitik, Berlin 1972, S. 14; siehe aber auch Communauté Économique Européenne. Commission. Direction Générale des Affaires Economiques et Financières: Note préliminaire sur les réserves de capacité de production disponibles, 9. 7. 1964; Communauté Économique Européenne. Commission. Direction Générale des Affaires Economiques et Financières: Note sur la sécurité de l'approvisionnement pétrolier dans la C.E.E., 2. 8. 1966, ANF, Service du Premier Ministre, versement 19900644, art. 22.
[151] Amtsblatt der Europäischen Gemeinschaften 1968, Nr. L 308, S. 14, wieder abgedruckt in Hans R. Krämer: Die Europäische Gemeinschaft und die Ölkrise, Baden-Baden 1974, S. 123-128.
[152] Ebd., S. 123.

tierten und zum anderen über die Aufnahme Dänemarks, Irlands und Großbritanniens, die dann 1973 vollzogen wurde.[153]

Schon 1971 wurde die Effektivität der Maßnahmen zur Sicherung der Energieversorgung für verschieden starke, aber zeitlich sehr begrenzte Szenarien der Versorgungsstörung untersucht.[154] Während die Kommission sich hier noch recht zuversichtlich zeigte, Versorgungsengpässe unter drei Monaten beherrschen zu können, fiel die längerfristige Abschätzung der Energieversorgungslage in der EG bis zum Jahr 1985, die im Folgejahr vorgelegt wurde, skeptisch aus. War es der ersten Orientierung aus dem Jahr 1968 noch um eine sichere und billige Energieversorgung gegangen, wurde das Ziel der Preisgünstigkeit jetzt hintangestellt, und es ging im Wesentlichen um den Aspekt der Versorgungssicherheit.[155] Angesichts der Transformation vom Käufer- zum Verkäufermarkt deute alles darauf hin, dass „die problemlose Versorgungslage der 60er Jahre kaum anhalten" werde, zumal sich der Energieverbrauch bis 1985 zumindest verdoppeln werde.[156] In dieser Konstellation werde das Angebot 1985 nicht nur von technischen und wirtschaftlichen, sondern auch von politischen Faktoren abhängen, die nur schwer vorherzusehen seien.[157]

Radikalen Maßnahmen zur Verringerung der Öl- und damit Importabhängigkeit erteilte die EG-Kommission eine Absage und verwahrte sich gegen autarkiepolitische Bestrebungen.[158] Nur intensiver internationaler Austausch sei mittelfristig und langfristig dazu in der Lage, die Energieversorgung sicherzustellen, und das Öl werde dabei wohl oder übel zunächst dominant bleiben, so dass sein Preis und seine Menge das Angebot der anderen Energieträger bestimmen würde. Auch der auf der Prognose basierende Vorschlag der Kommission über „Notwendige Fortschritte auf dem Gebiet der gemeinschaftlichen Energiepolitik" ging davon aus, dass die Probleme der Energieversorgung gegenwärtig „in so starkem Maße in weltweitem Zusammenhang zu sehen [seien], dass nationale Lösungsversuche von vornherein zum Scheitern verurteilt" schienen.[159] Die nächsten zehn bis fünfzehn Jahre hielt die Kommission für die problematischste Phase und erwartete eine wirkliche Entspannung erst für den Zeitpunkt, zu dem die Kernkraft

---

[153] Zur EPZ siehe Daniel Möckli: European foreign policy during the Cold War. Heath, Brandt, Pompidou and the dream of political unity, London/New York 2009.

[154] Quante an Unterabteilung IIID: Untersuchung der EG Kommission über die Auswirkungen von Unterbrechungen der Ölversorgung aus Nordafrika und aus dem Mittleren Osten auf die Ölvorräte Westeuropas (EG-Dok. XVII-C-2/RDB-JVD/ir vom 23. 4. 1971), 13. 5. 1971; EG-Dokument: Beurteilung der Auswirkung evtl. Unterbrechungen der Ölversorgung von Westeuropa auf die Ölversorgung, 23. 4. 1971, BArch, B 102/282265, Bd. 3: 1971.

[155] Kommission der Europäischen Gemeinschaft: Probleme und Mittel der Energiepolitik für den Zeitraum 1975/85, Brüssel, 4. 10. 1972, BArch, B 136/7706.

[156] Ebd., S. 42.

[157] Ebd., S. 49.

[158] Ebd., S. 61: „Trotz der Risiken, welche die Einfuhrabhängigkeit für die Energieversorgung bedeuten mag, darf auf keinen Fall die Autarkie als Ziel der Energiepolitik in Betracht gezogen werden."

[159] Kommission der Europäischen Gemeinschaft: Notwendige Fortschritte auf dem Gebiet der gemeinschaftlichen Energiepolitik, Brüssel, 4. 10. 1972, BArch, B 136/7706.

einen wesentlichen Teil der Energieversorgung übernehmen könne. In der Zwischenzeit sei es aufgrund der globalen Dimension der Energieproblematik am wichtigsten, die Beziehungen zwischen den Einfuhrländern zu stärken und vor allem die politischen Strategien mit den USA und Japan im Rahmen der OECD zu koordinieren. Auch die Beziehungen zu den Förderländern sollten durch stärkere wirtschaftliche Zusammenarbeit und langfristige Kooperationsverträge verbessert werden. Schon im Mai hatte der Rat eine Verordnung über Informationen zur Einfuhr von Mineralölprodukten erlassen, die in Zukunft zu einer gemeinsamen Einfuhrpolitik ausgeweitet werden sollte.[160] Zur Krisenvorsorge sollte geprüft werden, ob die Ölvorräte nicht auf 120 Tage des Vorjahresverbrauchs hinaufgesetzt werden könnten.

Angesichts der immer dringlicher erscheinenden Problemlage wurden schon ein gutes halbes Jahr später die „Orientierungen und vordringliche Maßnahmen auf dem Gebiet der gemeinschaftlichen Energiepolitik" der EG herausgegeben, worin die Maßnahmen noch einmal begründet, geringfügig erweitert und spezifiziert wurden. Neben der kurz- und mittelfristigen nicht materiell, wohl aber politisch und wirtschaftlich begründeten Sorge um die ausreichende Versorgung mit Kohlenwasserstoffen wurde auch darauf verwiesen, dass „auf längere Sicht [...] der Umfang der neu zu entdeckenden und entwickelnden Energievorkommen einen Einsatz notwendig [mache], der ohne Vorbild in der Vergangenheit" sei. Letztliche gehe es um den „Übergang von den Kohlenwasserstoffen zu anderen Energiequellen".[161] Hierzu müssten Forschung und Entwicklung massiv gefördert werden. Vor allem die Kernenergie erschien als umweltschonende Energie der Zukunft, aber auch die Kohle müsse mittelfristig herangezogen werden, soweit das ökonomisch verantwortbar sei. Trotz der grundsätzlichen Übereinstimmung der Mitgliedsländer in der Gefahrendiagnose erwies sich die Entwicklung einer Gemeinsamen Energiepolitik als schwierig. Im Frühjahr 1973 scheiterten die Verhandlungen zunächst an den sehr unterschiedlichen nationalen energiepolitischen Konzeptionen – vom französischen energiepolitischen Dirigismus bis zur geringen Interventionsbereitschaft in der Bundesrepublik.[162] Auch wenn einige Politiker die EG am Vorabend der Ölkrise als energiepolitische „Gefahrengemeinschaft" begriffen haben mögen, wie eine pointierte Formulierung Detlev Karsten Rohwedders nahelegt, konnten sie sich zu gemeinsamen Handlungen doch nur dort durchringen, wo nationale Interessen konvergierten.[163]

---

[160] Ebd., S. 17, 22; Kommission der Europäischen Gemeinschaft: Vorschlag für eine Verordnung des Rates. Zur Festlegung einer gemeinsamen Regelung für die Einfuhren von Kohlenwasserstoffen aus dritten Ländern, Brüssel, 4.10.1972, BArch, B 136/7706.

[161] Kommission der Europäischen Gemeinschaften: Orientierungen und vordringliche Maßnahmen auf dem Gebiet der gemeinschaftlichen Energiepolitik, Brüssel 19.4.1973, 1, BArch, B 136/7667.

[162] Bundesminister für Wirtschaft: Aufzeichnung für die Sitzung der Europa-Staatssekretäre am 10.5.1973; Boemcke: Fernschreiben: 244. Tagung des Rates, 22., 23.5.1973, BArch, B 136/7667.

[163] Boemcke: Fernschreiben: 244. Tagung des Rates, 22., 23.5.1973, BArch, B 136/7667.

3.4 Zwischenfazit

Aufgrund des unerwartet schnell steigenden Ölverbrauchs in den 1960er Jahren und der zunehmenden Abhängigkeit von Ölimporten aus dem Mittleren Osten und Nordafrika wuchs die Sorge um die Sicherheit der westeuropäischen und auch US-amerikanischen Ölversorgung, zumal dieser eine immer größere Bedeutung für die Stabilität der westlichen Wirtschafts- und Gesellschaftsordnungen zukam. Zwar wurde der Optimismus der Geologen, dass die Ölreserven der Welt auf absehbare Zeit ausreichend sein würden, gemeinhin geteilt, aber nach der Suez-Krise, dem Sechstagekrieg und den Abkommen von Teheran und Tripolis schien die Gefahr politisch motivierter Unterbrechungen der Öllieferungen immer virulenter. Im Ölkomitee der OECD beziehungsweise seiner High Level Group, aber auch in den Gremien der EG und der nationalen Regierungen, wurden also Szenarien durchgespielt, wie sich mögliche Versorgungsengpässe auswirken würden und wie ihnen begegnet werden könne. Anders als später oft behauptet, trafen die Handlungen von OPEC und OAPEC im Oktober 1973 also keines der westlichen Länder wie ein Blitz aus heiterem Himmel. Vor allem seit die Vereinigten Staaten ihre Verbündeten in der OECD im Januar 1970 über den nahen Verlust der amerikanischen Surplusproduktionskapazität informiert hatten, wurde eine Versorgungskrise in der einen oder anderen Form erwartet. Durch die Expertenkommunikation wurden die Gefahrenabschätzung synchronisiert und Reaktionsstrategien zu koordinieren gesucht. Die nationalen, inter- und transnationalen Erwartungen zukünftiger Versorgungskrisen führten zu ersten Umstrukturierungen der Energiepolitik in Westeuropa und den USA, die also schon begonnen hatten, als die Lieferbeschränkungen verkündet wurden. Die Reflexion dieser Erwartungsstrukturen ist daher zentral für das Verständnis der Ölkrise, die den schon begonnenen Transformationsprozess dann beschleunigte, deren genauer Zeitpunkt allerdings trotz aller Warnungen nicht antizipiert werden konnte (Kapitel 4).

4. Die globale Kommunikation der „arabischen Ölwaffe"

Die These, dass die Handlungen von OPEC und OAPEC im Oktober 1973 plötzlich und überraschend gekommen seien, ist nicht nur angesichts der eben untersuchten Erwartungen und Vorsorgemaßnahmen in den OECD-Ländern ergänzungsbedürftig. Schon im Vorfeld der Ölkrise verdichteten sich Warnungen aus der arabischen Welt vor einem Produktionsbeschränkungsregime, die in Westeuropa und den USA kommuniziert und wahrgenommen wurden (Kapitel 4.1). Die „arabische Ölwaffe", wie viele Zeitgenossen martialisch formulierten, kam schon zum Einsatz, bevor sie im eigentlichen Sinne abgefeuert wurde.[1] Dies ergibt sich nicht zuletzt aus der Logik des politischen Embargos, die es nahelegt, vor seiner tatsächlichen Verhängung zunächst einmal sein Drohpotential auszuschöpfen. Als „Embargo" bezeichnet man das Verbot, bestimmte Güter zu exportieren, um damit die vom Exportverbot Betroffenen zu einem Politikwechsel zu zwingen oder sie für die Einnahme eines bestimmten politischen Standpunktes zu bestrafen.[2] Genauso wie von Staatengruppen oder den Vereinten Nationen verhängte Sanktionen, die Länder dazu bringen sollen, bestimmten internationalen Forderungen oder Verpflichtungen zu folgen, sollen auch Embargos ökonomische Macht in politische übersetzen.[3]

Politikwissenschaftliche Theorien, die den Erfolg von Embargos als Mittel der Politikgestaltung abzuschätzen versuchen, legen traditionell ein sender-target-Modell zugrunde: Ein Sender, das heißt ein Staat oder eine Gruppe von Staaten, verbietet den Export bestimmter Güter in ein Zielland oder eine Gruppe von Ziel-ländern mit der erklärten Absicht, dieses oder diese zu bestimmten politischen Veränderungen zu zwingen. Obwohl dabei nur selten das erklärte Ziel erreicht wird, hat die Zahl der ökonomischen Sanktionen und Embargos seit dem Ende des Zweiten

---

[1] Ian Seymour: The Oil Weapon, in: MEES 16,52 (19.10.1973), S. 2-4; Hanns W. Maull: Oil and Influence. The Oil Weapon Examined, London 1975; Fuad Itayim: Strengths and Weaknesses of the Oil Weapon, in: International Institute for Strategic Studies (Hg.), The Middle East and the International System. II. Security and the Energy Crisis, London 1975, S. 1-7; Jordan J. Paust/Albert Paul Blaustein (Hg.): The Arab oil weapon, Dobbs Ferry/N.Y. 1977; erste Überlegungen zu diesem Kapitel wurden veröffentlicht als Rüdiger Graf: Making Use of the Oil Weapon. Western Industrial Nations and Arab Petropolitics in 1973/74, in: Diplomatic History 36,1 (2012), S. 185-208.
[2] M. S. Daoudi/M. S. Dajani: Economic sanctions, ideals and experience, London/Boston 1983, S. 8; Alan P. Dobson: US Economic Statecraft for Survival, 1933-1991: Of Sanctions, Embargoes, and Economic Warfare, London 2002; David A. Baldwin: Economic statecraft, Princeton/N.J. 1985; James Barber: Economic Sanctions as a Policy Instrument, in: International Affairs 55 (1979), S. 367-384; Diane B. Kunz: When Money Counts and Doesn't. Economic Power and Diplomatic Objectives, in: Diplomatic History 18 (1994), S. 451-462; R. T. Naylor: Economic Warfare: Sanctions, Embargo Busting, and Their Human Cost, Boston/Mass. 2001.
[3] Margaret P. Doxey: International sanctions in contemporary perspective, Basingstoke 1987, S. 9.

Weltkriegs zugenommen.[4] Dieses Paradox resultiert zunächst daraus, dass die negativen Einschätzungen des Erfolgs von Embargos nur solche in Betracht ziehen, die tatsächlich implementiert wurden. Damit übergehen sie die Frage, ob und wie oft schon Embargodrohungen den gewünschten Erfolg haben.[5] Außerdem ist es zu einfach, den Erfolg von Embargos nur an ihrem erklärten Ziel zu messen, weil mit ihnen grundsätzlich immer verschiedene Ziele verfolgt werden: Ziele zweiter Ordnung beziehen sich auf „the status, behavior and expectations of the government(s) imposing the sanctions" und solche dritter Ordnung auf allgemeinere internationale Überlegungen.[6] Des Weiteren haben Embargos immer eine performative Dimension, die mit ihrer Verkündung koinzidieren kann und nicht leicht zu messen ist.[7] Auch Embargos, die keine Politikveränderung bei den Betroffenen erreichen, können noch immer als symbolische Akte innen- oder außenpolitisch bedeutsam sein.[8] Schließlich hängt die Bestimmung des Erfolgs eines Embargos von der kontrafaktischen Überlegung ab, was ohne seine Verhängung geschehen wäre, und ist also immer spekulativ und umstritten.

Ein Verständnis politischer Embargos, demzufolge die Länder, die das Embargo aussprechen, den aktiven Part haben, indem sie seine Ziele und Mittel festlegen, während die vom Embargo betroffenen Länder nur wählen können, den Bedingungen zu gehorchen oder unter ihnen zu leiden, kann der Pluralität und Variabilität der Ziele nicht Rechnung tragen.[9] Denn insbesondere die symbolische und expressive Dimension des Embargos kann nicht nur durch die Sanktionen aussprechenden, sondern auch durch die von ihnen betroffenen Länder bestimmt werden. Daher empfiehlt es sich, Embargos als komplexe kommunikative Konstellationen zu verstehen, an denen sowohl die sanktionierenden als auch die sanktionierten Länder beteiligt sind.[10] Durch die Zerstörung kommunikativer Routi-

---

[4] Nach optimistischen Schätzungen ist etwa eine von drei ökonomischen Sanktionen erfolgreich, pessimistischere Berechnungen sehen die Erfolgsrate nur bei fünf Prozent. Dean Lacy: A Theory of Economic Sanctions and Issue Linkage. The Roles of Preferences, Information, and Threats, in: Journal of Politics 66 (2004), S. 25–42, hier S. 27; Robert A. Doughty/Harold E. Raugh, Jr.: Embargoes in Historical Perspective, in: Parameters 21,1 (1991), S. 21–30; R. T. Naylor: Patriots and Profiteers. On Economic Warfare, Embargo Busting and State-Sponsored Crime, Toronto 1999, S. ix; Marc V. Simon: When Sanctions Can Work. Economic Sanctions and the Theory of Moves, in: International Interactions 21 (1996), S. 203–228, hier S. 203; George Tsebelis: Are Sanctions Effective? A Game-Theoretic Analysis, in: Journal of Conflict Resolution 34 (1990), S. 3–28; Kunz: When Money Counts and Doesn't.

[5] Lacy: A Theory of Economic Sanctions and Issue Linkage, S. 25.

[6] Barber: Economic Sanctions as a Policy Instrument. S. 369, 373; Adrian U-Jin Ang/Dursun Peksen: When do Economic Sanctions Work? Asymmetric Perceptions, Issue Salience, and Outcomes, in: Political Research Quarterly 60 (2007), S. 135–145, hier S. 136.

[7] Dobson: US Economic Statecraft for Survival, 1933–1991: Of Sanctions, Embargoes, and Economic Warfare, S. 287; siehe auch ders.: From Instrumental to Expressive. The Changing Goals of the U.S. Cold War Strategic Embargo, in: Journal of Cold War Studies 12,1 (2010), S. 98–119.

[8] James M. Lindsay: Trade Sanctions as Policy Instruments. A Re-examination, in: International Studies Quarterly 30 (1986), S. 153–173, hier S. 153.

[9] Lacy: A Theory of Economic Sanctions and Issue Linkage.

[10] Dies fordern auch Ang/Peksen: When do Economic Sanctions Work?, S. 136.

nen entsteht kurzfristig eine Situation der Unsicherheit, in der alle Akteure versuchen, die Handlungen der jeweils anderen zu antizipieren, um ihre eigenen Handlungen entsprechend auszurichten. Bis neue Routinen etabliert sind, herrscht bei den Betroffenen große Unsicherheit, die sie durch verstärkte Informationsbeschaffung und Wissensproduktion zu kompensieren suchen. Beim Aussprechen des Embargos sind seine Konsequenzen nicht abzusehen, sondern es handelt sich um einen offenen, wesentlich kommunikativen Prozess, in dem auch die Betroffenen über Inhalt, Ausgestaltung, Effektivität und Bedeutung des Embargos verhandeln (Kapitel 4.2). In diesem Prozess wird das Embargo erst konstituiert und definiert. Dass ein Embargo seine materielle Wirkung verfehlt, bedeutet nicht unbedingt, dass es symbolisch wirkungslos geblieben wäre.

Die politikwissenschaftliche Diskussion zum arabischen Ölembargo, die direkt nach seiner Verhängung einsetzte, vernachlässigt dessen kommunikative Dimension. So interpretierte Roy Licklider den Einsatz der „Ölwaffe" als Misserfolg, weil er die betroffenen Länder nicht zur Änderung ihrer Politik in Bezug auf den Nahostkonflikt gezwungen habe. Weder in den Niederlanden noch in Kanada, Japan, Großbritannien oder den USA sei ein sofortiger Politikwechsel gegenüber der arabischen Welt erfolgt. Die langfristigen Politikveränderungen seien dann nicht auf das Embargo, sondern auf den neuen arabischen Reichtum angesichts der Ölpreissteigerungen zurückzuführen.[11] Schon zeitgenössisch kritisierte hier der kanadische Historiker Stephen Duguid, dass das Embargo nicht von den Ölpreissteigerungen getrennt und sein Erfolg nicht nur am eingangs erklärten Ziel gemessen werden dürfe.[12] Im Gegensatz zu Licklider argumentierten M. S. Daoudi und M. S. Dajani, das Embargo habe eine ganze Reihe anderer Ziele erreicht: die Wiederherstellung des nach der Niederlage im Sechstagekrieg angegriffenen arabischen Selbstbewusstseins, eine schnelle Friedensregelung zwischen den Konfliktparteien und eine allgemeine Veränderung der Einstellung westlicher Länder zur arabischen Welt.[13] Dementsprechend schloss auch Abdulaziz Al-Sowayegh in seiner Arbeit über die arabische Ölpolitik: „During 1973 the members of OAPEC successfully demonstrated their ability to use oil as an instrument of international relations to articulate Arab interests and to achieve Arab objectives."[14]

Nach einer zeitgenössisch weit verbreiteten Position, die auch in der Forschung übernommen wurde, war das Ölembargo einerseits auf materieller Ebene ineffektiv, da Öl aus arabischen Ländern weiterhin in die betroffenen Länder geliefert wurde und die Ölfirmen die Auswirkungen der Produktionsbeschränkungen gleichmäßig verteilten.[15] Andererseits sei der Einsatz der „Ölwaffe" jedoch überaus erfolgreich gewesen. Die Kombination aus Förder- und Lieferbeschränkungen

---

[11] Roy Licklider: Political Power and the Arab Oil weapon. The Experience of Five Industrial Nations, Berkeley 1988, S. 2f.
[12] Stephen Duguid: Review, in: The International History Review 11 (1989), S. 403–405.
[13] Daoudi/Dajani: Economic sanctions, ideals and experience, S. 107f.
[14] Abdulaziz Al-Sowayegh: Arab Petropolitics, London/Canberra 1984.
[15] Grossman: U.S. Energy Policy, S. 43.

sowie Preiserhöhungen habe die Hegemonie in der internationalen Ölwirtschaft nachhaltig verändert und westliche Länder zur langsamen Modifikation ihrer Haltung gegenüber der arabischen Welt motiviert.[16] So beschreibt Daniel Yergin die Auswirkungen der „Ölwaffe" als „not merely convincing, but overwhelming, and far greater than even its proponents might have dared to expect. It had recast the alignments in the Middle East and the entire world. It had transformed world oil and the relations between producers and consumers, and it had remade the international economy."[17] Genauso wie in skeptischeren Bewertungen, dass das Embargo keine fundamentalen Veränderungen in der globalen politischen Ökonomie bewirkt habe,[18] wird die Einschätzung des Embargoerfolgs hier völlig von den Intentionen und Handlungen der an seiner Ausgestaltung beteiligten Akteure entkoppelt. Im Unterschied dazu wird im Folgenden der Kommunikationsprozess über Inhalt und Bedingungen des Embargos analysiert, im Rahmen dessen dieses letztlich überhaupt erst konstituiert wurde. Dabei steht zunächst (Kapitel 4.2) die arabische Seite im Vordergrund, während in den folgenden Kapiteln genauer die Reaktionen der betroffenen Länder und die globalen kommunikativen Interaktionen untersucht werden.

Um das Embargo bzw. die Produktionsbeschränkungen zu definieren und sie für ihre jeweiligen Zwecke zu instrumentalisieren, nutzten westliche Regierungen zum einen die Wege der klassischen Diplomatie: Ihre Außenministerien und Botschaften versuchten, die Intentionen der Produzentenländer zu ergründen und in ihrem Sinne zu beeinflussen, und schickten hochrangige Delegationen in die arabischen Länder. Gleichzeitig besuchten der saudi-arabische Ölminister Scheich Zaki Yamani und sein algerischer Kollege Belaid Abdessalam als Delegierte der OAPEC die Hauptstädte der großen Konsumentenländer, um die Förder- und Lieferbeschränkungen den dortigen Regierungen, aber auch der Öffentlichkeit zu erläutern (Kapitel 4.3). Weil es sich bei dem Embargo selbst auch um einen Akt symbolischer Politik handelte, vollzogen sich wesentliche Teile der Embargokommunikation öffentlich. Pressekonferenzen bzw. -erklärungen, Interviews und Zeitungsartikel waren wichtige Mittel, um die Handlungen der Anderen als illegitim darzustellen, die Rechtmäßigkeit des eigenen Standpunktes zu betonen und damit letztlich die Bedeutung des Embargos zu bestimmen. Sichergestellt wurde die globale Kommunikation des Embargos nicht zuletzt durch den *Petroleum Press Service*, den *Middle East Economic Survey* und das *Petroleum Intelligence Weekly*.[19]

---

[16] Siehe zeitgenössisch paradigmatisch und einflussreich Maull: Oil and Influence, S. 6, 10; ders.: Ölmacht. Ursachen, Perspektiven, Frankfurt am Main/Köln 1975. Die Übernahme bei Jens Hohensee: Böswillige Erpressung oder bewußte Energiepolitik? Der Einsatz der Ölwaffe 1973/74 aus arabischer Sicht, in: Jens Hohensee/Michael Salewski (Hg.), Energie – Politik – Geschichte. Nationale und internationale Energiepolitik seit 1945, Stuttgart 1993, S. 153-176; Hohensee: Der erste Ölpreisschock 1973/74.

[17] Yergin: The Prize, S. 632; Merrill: The Oil Crisis of 1973-1974, S. 22.

[18] Fiona Venn: The Oil Crisis, London 2002.

[19] Siehe auch ab 1969 für Frankreich das zweiwöchentlich als unterschiedlich lange Blattsammlung erscheinende, von Jean-Jacques Berreby herausgegebene Orient-Pétrole, das vor allem über OPEC und OAPEC berichtete.

Durch sie wurden auch Statements, über die arabische oder japanische Zeitungen berichtet hatten, im Westen publik. Sie wurden von politisch Verantwortlichen gelesen, aber auch westliche Tageszeitungen zitierten in ihren Berichten über den Ölmarkt aus diesen Organen.[20]

4.1 Warnungen und Drohungen

Die Perspektivverschiebung von den materiellen Wirkungen der Produktionsbeschränkungen auf ihre symbolische Kommunikation öffnet den Blick auf ihre vielfältige Instrumentalisierung, die eben nicht erst mit ihrer Verkündung einsetzte. Das Drohpotential der sogenannten Ölwaffe wurde schon vor dem Oktober 1973 intensiv genutzt. Der Ölexperte des US-amerikanischen Außenministeriums James Akins zählte allein 1972 fünfzehn Drohungen von Vertretern arabischer Länder, das Öl als Waffe gegen ihre „Feinde" – allen voran die Vereinigten Staaten – einzusetzen.[21] Solange sie nicht aus Saudi-Arabien kamen, waren dies allerdings leere Drohungen, weil Saudi-Arabien aufgrund seiner Produktionskapazitäten jedes Embargo und jeden Preissteigerungsversuch durch die Anhebung der eigenen Produktion unterlaufen konnte. Ohne Beteiligung Saudi-Arabiens konnte es keine effektive Produktions- und Preispolitik der Förderländer geben. Im Gegensatz zu den radikaleren Kräften innerhalb der OAPEC – insbesondere Libyen und Irak – die das Öl in einer politischen Konfrontation mit dem Westen instrumentalisieren wollten, hatte König Faisal aber immer wieder und zuletzt im Sommer 1972 betont, dass Öl und Politik nicht miteinander vermischt werden dürften. Diese Ansicht änderte er jedoch offenkundig im Verlauf des folgenden Jahres.[22]

Die saudi-arabische Ölpolitik wurde zu Beginn der 1970er Jahre entscheidend von Scheich Zaki Yamani geprägt. Anders als die meisten anderen Vertreter der saudi-arabischen Regierung gehörte Yamani nicht der Königsfamilie an, sondern war der Sohn eines islamischen Rechtsgelehrten, der ihn zum Studium zunächst nach Kairo geschickt hatte. Daran anschließend studierte Yamani Rechtswissenschaften an der New York University und der Harvard Law School, bevor er 1962 mit 29 Jahren zum saudi-arabischen Ölminister ernannt wurde. Zusammen mit Prinz Saud, der den obersten Ölrat leitete, bestimmte Yamani von da an nicht nur die Geschicke der saudi-arabischen Ölpolitik, sondern stieg auch zur zentralen Figur in der OPEC auf. Für diese handelte er 1972 das Partizipationsabkommen mit den internationalen Ölfirmen aus, in dem ein Zeitplan festgelegt wurde, nach

---

[20] Siehe zum Beispiel Edward Townsend: Shaik Yamani tells of Saudi Arabian scheme for cheaper oil, The Times (28.1.1974).
[21] James Akins: The Oil Crisis. This Time the Wolf Is Here, in: Foreign Affairs 51, April (1973), S. 462–490, hier S. 467.
[22] Siehe das Interview mit Nicholas C. Proffitt: Faisal's Threat, Newsweek (10.9.1973); MEES 16,46 (7.9.1973), i—ii.

dem die Förderländer die Kontrolle über die Ölförderung übernehmen sollten.[23] Am 30. September 1972 hielt Yamani am Middle East Institute in Beirut eine Rede, die sich vor allem an die Vereinigten Staaten richtete. Er äußerte seine Sorgen darüber, dass die Welt in nicht allzu ferner Zukunft mit Energieengpässen fertig werden müsse und schlug vor, die USA und Saudi-Arabien sollten in einer „special relationship" enger miteinander kooperieren: Saudi-Arabien würde die eigene Produktion gemäß den US-amerikanischen Bedürfnissen steigern, wenn die USA im Gegenzug ihre Zölle senkten und saudi-arabische Investitionen im Land ermöglichten.[24] Obwohl Yamani diesen Vorschlag in den folgenden Monaten an verschiedenen Stellen wiederholte und betonte, zu seiner Verwirklichung sei nicht unbedingt ein formelles Abkommen nötig, ging die US-Regierung nicht darauf ein, da sie negative Reaktionen der anderen Konsumentenländer und einen „scramble for Saudi oil" vermeiden wollte.[25]

Nachdem Yamanis Vorschlag ins Leere gelaufen war, änderte sich der Ton seiner Äußerungen im Frühjahr 1973. Bei einem Besuch in Washington erklärte er am 16. und 17. April sowohl dem für Wirtschaft zuständigen Staatssekretär im Außenministerium William Casey als auch Henry Kissinger in Gesprächen, dass es angesichts der voraussichtlichen weltweiten Verknappung des Öls den saudischen Interessen zuwiderlaufe, die Produktion zu steigern, solange es keine guten Investitionsmöglichkeiten für die Öleinkünfte gebe.[26] Außerdem sei es immer schwieriger, die Ölförderung wie bisher aus Freundschaft zu den USA zu steigern, weil Saudi-Arabien angesichts der pro-israelischen Haltung der USA zunehmendem Druck aus der arabischen Welt ausgesetzt sei.[27] In diesen Gesprächen vermittelte Yamani seinen Gesprächspartnern allerdings nicht den Eindruck, eine Drohung auszusprechen. Vielmehr schien er ihnen das Dilemma der saudi-arabischen Politik zu präsentieren, unter dem er selbst leide und dem er sich ratlos gegenübersehe.[28] Etwas anders akzentuiert war jedoch der Bericht über ein Inter-

---

[23] Geoffrey Jones: The Evolution of International Business, London 1996, S. 159 f.; zu Yamanis Biographie siehe Jeffrey Robinson: Yamani. The Inside Story, London 1989.
[24] Speech Delivered by Shaykh Ahmed Zaki Yamani before the 26th Annual Conference of the Middle East Institute on September 30, 1972, LL WSP, Series IIIA, Drawer 17, Folder 13.
[25] Memo: Saunders/Knubel/Hormats/Quandt to Scowcroft: US-Saudi Economic Relations and European Economic Policy, Meeting at 2:30 p.m. Wednesday, May 9, May 8, 1973, Annex A, NARA, Nixon, Mandatory Review Opening 2007: Temporary Box Folder, Box 8; Memo: Saunders to Kissinger: Your talk with Prince Saud Faisal – February 24, 23, 1973, NARA, Nixon, Mandatory Review Opening 2007: Temporary Box Folder, Box 7.
[26] Memo: Saunders/Knubel/Hormats/Quandt to Scowcroft: US-Saudi Economic Relations and European Economic Policy, Meeting at 2:30 p.m. Wednesday, May 9, May 8, 1973, Annex A, NARA, Nixon, Mandatory Review Opening 2007: Temporary Box Folder, Box 8.
[27] Saunders to Kissinger: Memorandum of Conversation with Yamani [April 17, 1973, 5 pm], May 2, 1973, NARA, Nixon, Mandatory Review Opening 2007: Temporary Box Folder, Box 8.
[28] Ebd.; Memo: Saunders/Quandt to Kissinger: Your Meeting with Saudi Minister Yamani and Prince Saud – Tuesday, April 7 at 5:00 p.m., April 17, 1973, NARA, Nixon, Mandatory Review Opening 2007: Temporary Box Folder, Box 7: „We understand that Yamani states this fact not as a threat, but out of real concern about the vulnerability of Saudi Arabia itself. One person who spent the day yesterday with Yamani describes it as a statement of desperation rather than of threat."

view, das Yamani zeitgleich der *Washington Post* gab, in dem er zum ersten Mal öffentlich den Ölexport zur US-amerikanischen Nahostpolitik in Beziehung setzte: „Saudi Arabia has told the United States that it will not significantly expand its present oil production unless Washington changes its pro-Israeli stance in the Middle East."29 Für die *Washington Post* resultierte Yamanis Drohung aus der Frustration darüber, dass niemand auf seinen Vorschlag einer Special Relationship eingegangen sei, für den er zugleich von arabischer Seite viel Kritik hatte einstecken müssen.

Yamani blieb aber keine Einzelstimme. Auch König Faisal selbst erklärte am 3. Mai gegenüber Frank Jungers, dem Präsidenten von Aramco, dass der Druck auf ihn ständig zunehme und er nicht wisse, wie lange er angesichts der US-amerikanischen Haltung zum Nahostkonflikt dazu in der Lage sein werde, seine amerikafreundliche Politik fortzuführen. Jungers solle dies den US-amerikanischen Mutterfirmen von Aramco ausrichten und diese auffordern, Druck auf die US-Regierung auszuüben. Tatsächlich, so berichtete die *Washington Post*, folgten die Firmen seiner Aufforderung: „Abandoning their previous low profile, American oilmen have been doing just what Faisal asked – offering to testify before Congressional committees, buttonholing State Department policy makers, even taking their case to the White House."30 Am 21. Juni schaltete Mobil Oil eine ganzseitige Anzeige in der *New York Times*, in der die US-Bevölkerung aufgefordert wurde, sich auf eine neue energiepolitische Lage einzustellen, und die Regierung, sich für eine Friedensregelung im Nahen Osten einzusetzen, denn: „If our country's relations with the Arab world (Iran is not an Arab state) continue to deteriorate, Saudi Arabia may conclude it is not in its interest to look favorably on U.S. requests for increased petroelum supplies. The government of that country has the power to decide how much oil is to be produced within its borders. And to what countries that oil can be shipped. [...] We will need the oil more than Saudi Arabia will need the money. That country could reduce oil exports 3 million barrels a day below present levels and, with its small population, still finance its domestic development programs with a comfortable margin for reserves."31 Etwa einen Monat später reagierte auch der Vorstandsvorsitzende von Socal mit einem Brief an alle Aktionäre. Seine Forderung, die Beziehungen zur arabischen Welt besser zu pflegen und sich für eine Friedensordnung im Nahen Osten einzusetzen, führte zu heftigen Reaktionen jüdischer Organisationen gegen das Unternehmen.32 In einem Vortrag vor der Independent National Gas Association rief dann am 19. September auch Maurice Granville, der Präsident von Texaco, zu einer Revision der US-amerikanischen Nahostpolitik auf: „in order to take into account America's growing need for imported oil."33

---

[29] David B. Ottaway/Ronald Koven: Saudis Tie Oil to U.S. Policy on Israel, The Washington Post (19. 4. 1973).
[30] Dies.: U.S. Oil Nightmare. Worldwide Shortage, The Washington Post (17. 6. 1973).
[31] Mobil Oil: The U.S. stake in Middle East peace: I, The New York Times (21. 6. 1973).
[32] MEES 16,42 (10. 8. 1973), S. 8–10.
[33] MEES 16,48 (21. 9. 1973), S. 11.

Nach dem Versuch, Druck über die Ölindustrie aufzubauen, erklärte Faisal Anfang Juli in einem Gespräch mit Medienvertretern in seinem Sommerpalast in Taif in der Nähe von Mekka zum ersten Mal öffentlich, es könne schwierig sein, die enge Kooperation mit den USA aufrechtzuerhalten, wenn diese Israel weiterhin so stark unterstützten. Eventuell werde man die Ölproduktion auf dem gegenwärtigen Niveau einfrieren müssen.[34] Parallel verschärfte sich auch die Ölwaffenrhetorik der radikaleren arabischen Förderländer: „For the second time in two months, Colonel Mu'ammar al-Qadhafi […] has warned that oil may ultimately be used as a weapon in connection with the Arab-Israeli conflict," berichtete der *Middle East Economic Survey* am 13. Juli über ein Interview Gaddafis im französischen Fernsehen, das auch in der arabischen Welt intensiv rezipiert wurde.[35] Bei den Nationalfeierlichkeiten am 16. Juli rief der irakische Präsident die arabischen Länder dazu auf, ihr Öl und ihre Finanzreserven zum Kampf gegen „Zionismus und Imperialismus" einzusetzen.[36] Drei Tage später erklärte Saddam Hussein, zu diesem Zeitpunkt Vizepräsident des Revolutionären Kommandorates und stellvertretender Generalsekretär der Ba'th-Partei, der Irak werde als erstes Land bereit sein, die Ölwaffe einzusetzen und die Ölfirmen im Land zu nationalisieren, wie man schon im Dezember vergangenen Jahres dem Arabischen Verteidigungsrat erläutert habe.[37] Den Sommer über verstummten diese Stimmen nicht – im Gegenteil: Anfang September bilanzierte David Hirst im *Middle East Economic Survey*: „With the growth of anti-American feeling, agitation for the use of the oil weapon, and theorizing about the best way of going about it, has also continued unabated. Every week an Arab leader, press pundit or trade union conference takes up the call."[38]

Gegenüber diesen Stimmen drückten sich die Vertreter der saudi-arabischen Regierung deutlich moderater aus und mahnten in der arabischen Öffentlichkeit, die Ölwaffe – wenn überhaupt – nur mit Vorsicht und Bedacht einzusetzen. In der einflussreichen Beiruter Wochenzeitung *al-Hawadith* begründete beispielsweise der Kommandeur der Nationalgarde die vorsichtige Position Saudi-Arabiens: „In order to maximize the use of oil in the service of the Arab cause we should first study the full implications of this terrible weapon which we hold." Unter Rückgriff auf orientalistische Stereotype – und diese zugleich widerlegend – führte er zur politischen Instrumentalisierung des Öls weiter aus: „We should act rationally, unhampered by emotions, and be ready to take calculated risks […] we should insulate this debate from bazaar bargaining and random influenc-

---

[34] Jim Hoagland: Faisal Warns U.S. on Israel, The Washington Post (6.7.1973).
[35] MEES 16,38 (13.7.1973).
[36] MEES 16,39 (20.7.1973), S. 2.
[37] MEES 16,40 (27.7.1973), S. 6; als weitere Drohung siehe auch MEES 16,45 (31.8.1973), S. 4f.: „The Ruler of Abu Dhabi, Shaikh Zayid ibn Sultan Al Nuhayyan, has stated that Abu Dahbi will join any coordinated Arab plan to use oil as a weapon, and has called for an Arab summit to discuss oil affairs", oder das Interview mit dem libyschen Ölminister, in: ebd., S. 6f.
[38] David Hirst: Israel – America's Wasting Asset, in: MEES 16,47 (14.9.1973), S. i-vii. Der Artikel wurde vom New York Times Magazine abgelehnt und dann am 6. September in einer gekürzten Fassung im Guardian veröffentlicht.

es."³⁹ Wenn man nicht die ganze Welt gegen sich aufbringen wolle, müsse man genau kalkulieren, wann, wo, wie, gegen wen und unter welchen Bedingungen das Öl als Waffe eingesetzt werden könne. Obwohl diese Äußerungen viel vorsichtiger und moderater klangen als die sich überbietenden Drohgebärden aus Libyen und dem Irak, war die Gefahr, die von ihnen für die westliche Ölversorgung ausging, weitaus höher. Ende August 1973 zeichneten sich für aufmerksame Beobachter auch die genauen Bedingungen ab, unter denen Saudi-Arabien bereit sein würde, seine Ölproduktion politisch zu instrumentalisieren. Diesmal gab Prinz Saud der Zeitung *al-Hawadith* ein Interview, aus dem hervorging, dass die saudi-arabische Regierung „progressively increasing curbs on rates of production" einem Produktionsstopp vorziehen werde und zudem einen diskriminatorischen Mechanismus wolle, der zwischen den USA als dem hauptsächlichen Unterstützer Israels auf der einen und Europa und Japan auf der anderen Seite unterscheide. Denn Letztere hätten sich den arabischen Anliegen gegenüber wesentlich aufgeschlossener gezeigt.⁴⁰ Anfang September trafen sich dann die Außenminister der OAPEC in Kuwait, um auf der Basis eines saudi-arabisch-ägyptischen Arbeitspapiers die Möglichkeiten des Einsatzes der „Ölwaffe" im Nahostkonflikt zu diskutieren, worüber international breit berichtet wurde.⁴¹ Auch wenn hier keine konkreten Entscheidungen gefällt wurden, erklärte König Faisal doch kurz darauf in einem *Newsweek*-Interview zum ersten Mal, dass für Saudi-Arabien nicht nur das Einfrieren der Produktion, sondern auch Reduktionen denkbar seien.⁴²

Während die Embargodrohungen von radikaleren OAPEC-Ländern in den USA als unerheblich abgetan wurden, zumal man auf deren Politik ohnehin keinen Einfluss nehmen könne, wurden die Äußerungen aus Saudi-Arabien genau registriert.⁴³ Für Ölexperten wie James Akins war Saudi-Arabien „the only country that really counts".⁴⁴ Schon in der Aprilausgabe von *Foreign Affairs* hatte Akins unter dem Titel „The Oil Crisis. This Time the Wolf Is Here" einen aufsehenerregenden Aufsatz veröffentlicht, der wesentliche Elemente seines internen Positionspapiers aufgriff und argumentierte, dass die Gefahr arabischer Lieferbeschränkungen nun real sei.⁴⁵ Die OPEC-Staaten hätten inzwischen erkannt, dass ihre Ölreserven endlich seien und begännen, ihre Förderpolitik dementsprechend

---

[39] MEES 16,43 (17. 8. 1973), S. 8 f.
[40] MEES 16,45 (31. 8. 1973), S. 2.
[41] Dilger: Bericht über die außerordentliche Ministerratssitzung der Organisation der arabischen ölexportierenden Länder (OAPEC), 6. 09. 1973, PA AA, B 36 (Referat 310), 104991.
[42] Nicholas C. Proffitt: Faisal's Threat, Newsweek (10. 9. 1973); A Fresh Arabian Blend of Oil and Politics, Newsweek (10. 9. 1973); zur Wahrnehmung siehe MEES 16,44 (24. 8. 1973), S. 8; MEES 16,46 (7. 9. 1973), S. i—ii. Schon am 31. August hatte Faisal auf NBC gewarnt: „We do not wish to place any restrictions on our oil exports to the United States, but America's complete support of Zionism against Arabs makes it extremely difficult for us to continue to supply United States petroleum needs and even to maintain our friendly relations with the United States." Ebd.
[43] So von Richard Nixon auf einer Pressekonferenz am 5. September 1973, MEES 16,46 (7. 9. 1973), S. iii.
[44] Interview mit US News and World Report, MEES 16,50 (5. 10. 1973), S. iii.
[45] Akins: The Oil Crisis.

auszurichten. Auch OPEC-Ökonomen hätten an erstklassigen westlichen Universitäten studiert und seien daher fähig, korrekte Kalkulationen über Angebot und Nachfrage anzustellen. Es sei kurzsichtig und unzulänglich, wenn westliche Ökonomen immer wieder auf die kontraproduktiven Effekte eines Vollembargos hinwiesen: Die OPEC könne auch mit geringeren Produktionsbeschränkungen große Effekte erzielen und sei sich dessen bewusst.[46] Am 30. Mai begann J. William Fulbright die Senatsanhörungen zur Energieproblematik dann schon mit der Feststellung, es sei selbstverständlich, dass die arabischen Länder darüber nachdächten, wie sie die „Ölwaffe" im Konflikt mit Israel einsetzen könnten, nachdem tags zuvor die *New York Times* prognostiziert hatte: „The United States and Western Europe are soon to face their first major diplomatic test of the oil-rich Arab bloc's power to exercise blackmail in respect to the energy shortage."[47]

Angesichts der immer offeneren, auch in US-amerikanischen Medien geäußerten Drohungen versuchte die US-Regierung im Sommer 1973 einerseits, den saudi-arabischen Bedürfnissen auf wirtschaftlichem und sicherheitspolitischem Gebiet näherzukommen.[48] Andererseits reagierte Präsident Nixon Anfang September öffentlich auf die Drohungen. Zunächst verwahrte er sich auf einer Pressekonferenz am 5. September gegen den arabischen Vorwurf, die Nahostpolitik der USA sei einseitig an den Interessen Israels ausgerichtet: Die Politik der USA sei weder „pro-Israel" noch „pro-Arab", sondern nur „pro-peace".[49] Gleichzeitig drohte er unter explizitem Verweis auf die westlichen Reaktionen nach der Nationalisierung der Anglo-Iranian Oil Company durch Mossadegh mit einem Boykott des arabischen Öls bzw. mit den möglichen längerfristigen Konsequenzen eines Embargos: „If they continue to up the price, if they continue to expropriate, if they do expropriate without fair compensation, the inevitable result is that they will lose their markets, and other sources will be developed."[50] Drei Tage später wiederholte er in einer Rede zur US-amerikanischen Energiepolitik, man wolle gern weiter Öl aus dem Mittleren Osten beziehen, lasse sich aber nicht die Bedingungen der eigenen Außenpolitik diktieren, sondern werde die nationale Souveränität behaupten: „No nation, and particularly no industrial nation, must be in the position of lying at the mercy of any other nation by having its energy supplies suddenly cut off."[51]

Nach dem für westliche Beobachter tatsächlich überraschenden Beginn des Jom-Kippur-Krieges mit dem Angriff Ägyptens auf Israel am 6. Oktober mehrten

---

[46] Ebd., S. 475, 482 f.

[47] U.S. Congress. Senate. Committee on Foreign Relations: Energy and Foreign Policy. The Implications of the Current Energy Problem for United States Foreign Policy, Washington 1973, S. 1; Looming Blackmail, The New York Times (29. 5. 1973).

[48] Memo Theodore L. Eliot, Jr. to Kissinger: Meeting of the Committee on International Aspects of Energy, June 19, 1973, NARA, Nixon, Mandatory Review Opening 2007: Temporary Box Folder, Box 8.

[49] Protokoll in MEES 16,46 (7. 9. 1973), S. iii.

[50] Ebd.

[51] Office of the White House Press Secretary: Remarks of the President on the Nation's Energy Policy, September 8, 1973, NARA, Nixon, WHCF, SMOF, EPO, Box 24.

sich zwar die Warnungen vor dem Einsatz der „Ölwaffe", sie waren aber zunächst noch widersprüchlich. James Akins warnte Anfang Oktober gleich mehrfach, Saudi-Arabien werde seine Produktion nicht ausweiten, solange die USA keine unparteiischere Position im Nahostkonflikt einnähmen, sagte aber nichts dazu, dass die Überlegungen in der OAPEC inzwischen weiter waren.[52] Forderungen, die Produktion nicht nur nicht auszuweiten, sondern vielmehr zu beschränken, wurden durch den Jom-Kippur-Krieg noch einmal intensiviert.[53] Am 12. Oktober erklärte zum Beispiel Nadim Pachachi, der aus dem Irak stammende, ehemalige Generalsekretär der OPEC, seit Mai habe er den Einsatz der „Ölwaffe" gefordert, ohne dass etwas geschehen sei. Der Krieg verändere nun aber die Situation: „It is essential that the heroic efforts of the Arab armies [...] should be backed and supplemented by the international weight of the oil weapon."[54] Zur gleichen Zeit verhandelten die internationalen Ölfirmen mit Vertretern der OPEC in Wien über die Festsetzung des Ölpreises, ohne jedoch eine Einigung zu erzielen. Am 14. Oktober kündigte die OPEC diese Verhandlungen einseitig auf und verabredete sich zugleich für den übernächsten Tag zu einer Sonderkonferenz in Kuwait.[55] Zu diesem Zeitpunkt wurde die Möglichkeit eines Embargos sowie von Produktionsbeschränkungen in der arabischen Presse und darüber hinaus intensiv diskutiert, aber die Informationslage war noch immer widersprüchlich und heterogen.[56]

Dies zeigt sich auch in den Botschafterberichten, die oft mehrmals täglich im Auswärtigen Amt der Bundesrepublik eingingen. Die deutsche Vertretung bei den internationalen Organisationen in Wien hatte schon seit dem Frühjahr immer wieder darüber berichtet, dass die OPEC auf ihren Tagungen mögliche Lieferbeschränkungen diskutiere. Der Geschäftsträger der Vertretung Werner Ungerer urteilte jedoch, dass es wohl zu keinem Entschluss kommen werde, weil die Interessen der OPEC-Staaten zu widersprüchlich seien.[57] Mitte Oktober verdichteten sich die Anzeichen, dass bald eine Entscheidung getroffen werden würde, aber es war unklar, wie sie ausfallen würde. Die Botschafter berichteten, dass in Kuwait und im Irak permanent über die „Ölwaffe" gesprochen werde, Gaddafi das Thema neuerdings meide, der Iran entschlossen sei, seine Ölproduktion unverändert

---

[52] Akins: Saudis serious on using oil exports to alter U.S. policy, in: Oil and Gas Journal 71,41 (1973), S. 37.
[53] Siehe die Aufstellung der Forderungen aus dem Irak, Kuwait und der PLO: Oil and the Battle, in: MEES 16,51 (12. 10. 1973), S. 3-6.
[54] Pachachi Calls for Immediate Use of Oil Weapon, in: MEES 16,51 (12. 10. 1973), S. 4-5, hier S. 5.
[55] Yergin: Der Preis, S. 732-738.
[56] Eickhoff, [Ekkehard]: Telegramm zur irakischen Haltung, 21. 10. 1973, PA AA, B 36 (Referat 310), 104991.
[57] Ungerer, [Werner]: Bericht zur bevorstehenden außerordentlichen Generalkonferenz der OPEC am 16. 3. 1973, 6. 03. 1973; ders.: Fernschreiben zur 32. Generalkonferenz der OPEC vom 16. und 17. 3. 1973 in Wien, 19. 03. 1973; Kurth: Fernschreiben über die 33. ausserordentliche generalkonferenz der opec in wien vom 26. 5. 1973, 29. 05. 1973; Ungerer, [Werner]: Schreiben über „Contingency-Plan" der OPEC, 11. 09. 1973, PA AA, B 71 (Referat 405), 113907.

aufrechtzuerhalten und Saudi-Arabien versuche, Lieferbeschränkungen solange wie möglich zu verhindern.[58] Auch von der Konferenz am 16. Oktober in Kuwait wurden angesichts dieser Vielstimmigkeit zunächst keine schwerwiegenden Schritte erwartet, zumal man wie die Amerikaner davon ausging, dass Saudi-Arabien nicht auf die Linie Iraks und Libyens einschwenken werde.[59]

Während einige amerikanische Beobachter meinten, der Jom-Kippur-Krieg erhöhe die Wahrscheinlichkeit von Produktionsbeschränkungen,[60] urteilten andere, dass er sie trotz der häufigen Embargoforderungen radikaler OAPEC-Mitglieder paradoxerweise zunächst verringere. Denn durch das israelische Bombardement der Hafenanlagen von Banias und Tartus im Mittelmeer war der Ölfluss nach Europa ohnehin eingeschränkt. Außerdem ließen die Anfangserfolge der ägyptischen Armee den Einsatz der „Ölwaffe" nicht notwendig erscheinen. So analysierte der *Middle East Economic Survey* am 12. Oktober, die Auswirkungen der Hafenbombardierungen könnten vom Einsatz der Ölwaffe leicht in den Schatten gestellt werden. Zwar sei der diesbezügliche Druck angesichts der arabischen Militärerfolge geringer geworden, aber: „The pressure is still there and may well coalesce into a definite plan of action against the principal target, the US, particularly if Washington steps up its supplies of warplanes and military equipment to Israel."[61] Die arabischen Staaten könnten sich dann für Nationalisierungen, ein Lieferembargo gegen bestimmte Länder oder Produktionsbeschränkungen entscheiden, wobei eine Kombination von Produktionsbeschränkungen und Embargo am wahrscheinlichsten sei.

Als die deutschen Diplomaten am 16. Oktober noch nicht mit einschneidenden Maßnahmen rechneten, hatte Yamani die Ölfirmen in Wien schon längst darüber informiert, „that King Faisal may order production cut from 9 million to 7.2 million barrels a day to be followed by further reductions of 5% a month until the Israelis withdraw from occupied Arab territory", wenn die USA Israel unterstützten – eine Information, die diese wiederum an die US-Regierung weitergaben.[62] Entweder aus dem Außenministerium oder von den Ölfirmen sickerte dieser Einsatz

---

[58] Dilger: Fernschreiben zur kuwaitischen Haltung im Nahostkrieg, 13.10.1973; Eickhoff, [Ekkehard]: Telegramm zur möglichen Verwendung des Öls als Waffe, 13.10.1973; Werner, [Günter Franz]: Fernschreiben zu Libyens Teilnahme an der Kuwait-Konferenz, 15.10.1973; Lilienfeld, [Georg von]: Fernschreiben zur arabischen Erdölpolitik, 13.10.1973; Metzger, [Peter]: Fernschreiben zur saudischen Erdölpolitik, 17.10.1973, PA AA, B 36 (Referat 310), 104991.

[59] Dilger: Fernschreiben zur kuwaitischen Haltung im Nahostkrieg, 15.10.1973; Lankes, [Georg Christian]: Fernschreiben über Auswirkungen der Kriegshandlungen auf Erdölversorgung, 16.10.1973, PA AA, B 36 (Referat 310), 104991.

[60] U.S. fields unable to fill gap if Arab oil is cut off, in: Oil and Gas Journal 71,42 (1973), S. 39-42, S. 39: „Chances of a shutoff of Arab oil shipments to the West have moved from a faint possibility to a definite danger with the fresh outbreak of an Arab-Israel war."

[61] MEES 16,51 (12.10.1973), S. 1.

[62] Memorandum for Mr. Harold Saunders, Subject: Status of Oil Negotiations in Vienna, October 10, 1973, CIA, Doc No/ESDN: 51112a4b993247d4d83944fe; Memo: The Arab War and Oil, October 15, 1973, NARA, Nixon Library, NSC, Inst. Files, WSAG Meetings, Box H-093. Es ist also nicht korrekt, dass die Ölfirmen in Wien über die kommende Entwicklung völlig im Unklaren gelassen wurden; Yergin: The Prize, S. 602. Die Informationslage in Deutschland fasst zusammen Hermes, [Peter]: Vorlage für Staatssekretär und Minister zur Kabinettssitzung am 17.10.1973, 16.10.1973, PA AA, B 71 (Referat 405), 113924.

der Ölwaffe vor ihrer eigentlichen Verkündung auch bis zur *New York Times* durch, die am 16. Oktober ausführlich über das Gespräch und die wahrscheinlich bevorstehenden Maßnahmen berichtete.[63] Während die US-Regierung leugnete, dass es offizielle saudi-arabische Drohungen in diese Richtung gebe, wurde in der Senior Review Group, der Washington Special Actions Group und dem National Security bereits auf der Basis von „Contingency Papers" , die parallel vom Energy Policy Office und dem Finanzministerium erarbeitet worden waren, darüber diskutiert, wie auf einen Ausfall von Öllieferungen zu reagieren sei.[64] Vor dem Hintergrund des oben analysierten National Security Study Memorandum 174 sah man der „Yamani formula – a ceiling on production which could progressively be lowered" in diesen Gremien allerdings gelassen entgegen, da sie zwar die Europäer und Japan, kaum aber die USA treffen würde.[65] Am 17. Oktober, als die arabischen Ölminister die ersten Produktionskürzungen schon verkündet hatten, diskutierte die Washington Special Actions Group zwar neben der Frage, woher die Informationen der *New York Times* stammten, Loves energiepolitische Vorschläge, ging aber davon aus, dass diese Maßnahmen angesichts der allgemeinen energiepolitischen Lage ohnehin nötig seien und verkündet werden sollten, wenn die gegenwärtige Krise vorbei sei.[66] Kissinger zeigte sich noch in der Sitzung davon überzeugt, dass es nicht zu einem Vollembargo gegen die USA kommen werde, was ihm der saudi-arabische Außenminister auch noch wenige Tage zuvor zugesichert hatte und was auch das Ergebnis von Nixons Gespräch mit den Außenministern Saudi-Arabiens, Algeriens, Kuwaits und Libyen vom Vormittag gewesen zu sein scheint.[67]

Dies entsprach der Einschätzung verschiedener Mitarbeiter im Weißen Haus. Noch nach Beginn des Jom-Kippur-Krieges meinten sie, dass es zunächst („for the moment") nicht oder nur im Falle eines israelischen Sieges zu einem Embargo gegen die USA kommen werde und ließen bei der CIA anfragen, ob sie über andere Informationen verfüge und ob es technisch überhaupt möglich sei, ein Ölembargo gegen die USA durchzusetzen.[68] Gleichzeitig bereiteten sie sich aber

---

[63] Edward Cowan: A Saudi Threat on Oil Reported. Minister is Said to Predict Production Slash if U.S. Resupplies Israel, The New York Times (16. 10. 1973).

[64] NARA, Nixon Library, NSC, Inst. Files, WSAG Meetings, Box H-093; The White House: Oil Contingency Paper, October 7, 1973, CIA, Doc No/ESDN: 51112a4a993247d4d83944a0; Memorandum for Mr. Harold Saunders, Subject: Status of Oil Negotiations in Vienna, October 10, 1973, CIA, Doc No/ESDN: 51112a4b993247d4d83944fe.

[65] Armstrong/Sutterlin to Casey: SRG Meeting on International Petroleum Situation, Monday, October 15, 10.00 am, NARA, Nixon Library, NSC, Inst. Files, WSAG Meetings, Box H-093.

[66] Washington Special Actions Group Meeting: Middle East, Minutes, October 17, 1973, Digital National Security Archive (DNSA), KT00854.

[67] Ebd.; Current Middle East Situation, Memorandum of Conversation, October 12, 1973, DNSA, KT00845: „Saqqaf affirmed that the Saudis had no intention of ‚hanging themselves' by cutting of oil and bringing further trouble to the Middle East."

[68] William Quandt/Donald Stukel: Memo to Sec. Kissinger: WSAG Meeting – Middle East, Saturday, October 6, 1973, 3.00 pm, NARA, Nixon Library, NSC, Inst. Files, WSAG Meetings, Box H-094; dies.: Memo to Kissinger: WSAG Meeting, October 8, 1973, NARA, Nixon Library, NSC, Inst. Files, WSAG Meetings, Box H-093: „Based on Qadhafi's statement yesterday and today, he appeared to be miffed and at odds with the rest of the Arabs. The chances of an Arab oil cutoff appear to be low for the moment."

doch auf diese Möglichkeit vor, und einige ihrer Kollegen gingen davon aus, dass eine sichtbare und massive Unterstützung Israels durch die Vereinigten Staaten ein Embargo wahrscheinlich machen werde.[69] Nach der Einschätzung eines Mitarbeiters des US-Außenministeriums waren die Erwartungshaltung und der Vorbereitungsstand in Europa ganz ähnlich: „All European countries could be expected to react with comparable vigor to a cut off of Middle East oil. No knowledgeable officials in western Europe would be surprised, since this is a contingency they have contemplated for some time."[70] Angesichts der wiederholten und immer schärfer werdenden Warnungen über den Zeitraum eines halben Jahres und der gleichzeitigen intensiven Vorbereitung der entscheidenden Stellen auf ein Embargo, dürfte sich die Überraschung über seine Verkündung im Oktober 1973 also in Grenzen gehalten haben, auch wenn der genaue Zeitpunkt bis zuletzt unklar war, in öffentlichen Verlautbarungen beschwichtigt wurde und einzelne Stimmen meinten, dass es nicht zu einem Embargo kommen werde.

4.2 Die Kommunikation der Produktionsbeschränkungen und Preissteigerungen

Am 16. und 17. Oktober trafen sich in Kuwait die Ölminister der arabischen Förderländer und des Iran in verschiedenen Zusammensetzungen, um zum einen über die Konsequenzen aus den gescheiterten Verhandlungen mit den Ölkonzernen über den Ölpreis zu beraten und zum anderen über eine mögliche Unterstützung Ägyptens und Syriens im Jom-Kippur-Krieg. Dabei legten die fünf arabischen Golfanrainer und der Iran zunächst den Preis für ein Barrel „Light Arabian" Rohöl auf 3,65 USD fest, was einer realen Preissteigerung von 70 Prozent entsprach, wie die Ölfirmen sofort erklärten.[71] Am 17. Oktober verabschiedeten die Ölminister der in der OAPEC organisierten arabischen Förderländer, Saudi-Arabien, Kuwait, Libyen, Algerien, Ägypten, Syrien, Abu Dhabi, Bahrain und Qatar, dann eine Erklärung, die eine schrittweise Drosselung der Ölförderung vorsah und damit den saudi-arabischen Vorstellungen entsprach, die sich seit einigen Monaten herausgeschält hatten. In den Worten des *Middle East Economic Survey* schossen sie die „long-dormant oil weapon" ab und taten dies in einer Erklärung, die offensichtlich mit großer Sorgfalt vorbereitet worden war.[72]

---

[69] Walter Stoessel: Memo to Kissinger: Actions in the Event of an Arab Oil Embargo Against the United States, Western Europe and Japan, October 14, 1973, NARA, Nixon Library, NSC, Inst. Files, WSAG Meetings, Box H-093; Armstrong/Sutterlin: Memo to Casey: SRG Meeting on International Petroleum situation, Monday, October 15, 10.00 am, ebd.: „An export embargo directed specifically against the US would more likely be imposed in retaliation to specific US actions considered highly offensive by the Arabs."
[70] Willis C. Armstrong: Memo to The Secretary: European Vulnerability to Arab Embargo, October 13, 1973, NARA, Nixon Library, NSC, Inst. Files, WSAG Meetings, Box H-093.
[71] Deklarationen in MEES 16,52 (19. 10. 1973), S. i f.
[72] Ebd., S. 1.

4.2 Die Kommunikation der Produktionsbeschränkungen und Preissteigerungen

Die Länder verpflichteten sich, von nun an ihre Produktion jeden Monat um mindestens fünf Prozent zu drosseln „until such time as total evacuation of Israeli forces from all Arab territory occupied during the June 1967 war is completed, and the legitimate rights of the Palestinian people are restored."[73] Nur befreundete Staaten oder solche, die in Zukunft die arabischen Länder konkret und effektiv unterstützten, sollten von den Produktionsbeschränkungen ausgenommen sein. Bisher hätten die arabischen Länder, so führten die Minister aus, im Dienste des allgemeinen Wohlstandes und der internationalen Kooperation ihren eigenen Interessen zuwider gehandelt, in dem sie die Produktion ihrer auf lange Sicht knapper werdenden Ölreserven über ihre wirtschaftlichen Bedürfnisse hinaus immer weiter gesteigert hätten. Gleichzeitig reagiere die internationale Gemeinschaft nicht auf die Aggression Israels gegenüber dem palästinensischen Volk und zwinge das Land nicht zur Einhaltung der UN-Resolution 242. Stattdessen unterstützten einige Länder sogar noch den Kampf Israels gegen seine Nachbarn. „The Arabs have therefore been induced to take a decision to discontinue their economic sacrifices in producing quantities of their wasting oil assets in excess of what would be justified by domestic economic considerations, unless the international community hastens to rectify matters by compelling Israel to withdraw from our occupied territory, as well as letting the US know the heavy price which the big industrial countries are having to pay as a result of America's blind and unlimited support for Israel."[74] Die Botschaft der Produktionsbeschränkungen richtete sich also hauptsächlich an die USA, auch wenn nicht sie, sondern vor allem die westeuropäischen Länder und Japan von ihnen getroffen werden würden. Für Letztere schien die Durchsetzung der Maßnahmen bald unbequem zu werden: „Every oilman will be aware that the West could not endure such escalating reductions in oil supply for very long."[75]

Von einem Embargo war in dieser Resolution zunächst einmal nicht die Rede. Doch die saudi-arabische Regierung verabschiedete am 18. Oktober gleich eine Erklärung, dass es seine Ölexporte in die USA stoppen würde, wenn die bisherigen Maßnahmen keine Veränderungen der amerikanischen Haltung bewirkten, was Faisal Nixon schon kurz zuvor in einem Brief angedroht hatte.[76] Die radikaleren OAPEC-Mitglieder waren hier schneller und verkündeten in rascher Folge die Aussetzung ihrer Öllieferungen an die USA. Erst als Präsident Nixon am 19. Oktober dem Kongress ein 2,2 Milliarden schweres Hilfspaket für Israel vorlegte, verhängte auch Saudi-Arabien einen Exportstopp.[77] Es folgten Embargoerklärungen gegen die Niederlande, die ebenfalls als zu pro-israelisch angesehen wurden. Da die fünfprozentige Reduktion nur eine Mindestregelung darstellte, Saudi-Arabien sich für einen Anfangsschritt von zwanzig und einige andere Län-

---

[73] Ebd., S. iii.
[74] Ebd.
[75] So ein Kommentator des MEES, ebd., S. 4.
[76] Ebd., S. iv; Faysal Letter to Nixon Threatens Oil Halt, Diplomatic Break, October 133, 1973, CIA, Doc No/ESDN: 51112a4b993247d4d8394544.
[77] MEES 17,1 (26. 10. 1973), S. 3.

der von zehn Prozent entschieden und die Effekte des Embargos zu diesen Einschränkungen hinzuaddiert werden mussten, gingen die „guesstimates" des *Middle East Economic Survey* von einer zwanzigprozentigen Reduktion der Ölexporte aus dem Mittleren Osten aus.[78]

In den betroffenen Ländern erzeugten die verschieden ausdeutbaren Verlautbarungen der OAPEC und ihrer Mitgliedsländer Unsicherheit: Wie würden die Maßnahmen implementiert werden? Wer zählte zu den befreundeten Staaten, die von ihnen ausgenommen waren? Wie groß würden Reduktionen wirklich ausfallen, wie und wann würden sie sich auswirken, und wie konnte man am besten auf sie reagieren? In hektischer Aktivität versuchten die mit Öl- und Energiefragen befassten Mitarbeiter der westlichen Regierungen, Antworten auf diese Fragen zu finden und die Auswirkungen der Maßnahmen auf ihr Land zu minimieren. In einer Woche voller Konfusion und Unklarheit spezifizierten die Förderländer die Bedingungen: Saudi-Arabien erklärte, dass es ebenso wie die übrigen Länder keine Lieferungen in die Niederlande mehr zulassen würde, und die arabischen Länder insgesamt warnten die Länder der Europäischen Gemeinschaften, dass eine Unterstützung der Niederlande zum Einbezug in das Embargo-Regime führen würde. Eine Liste schaffte nun Klarheit, dass die Vereinigten Staaten, die Niederlande und Südafrika vom Vollembargo betroffen seien, während die befreundeten Länder Frankreich, Spanien, Großbritannien, Jordanien, Libanon, Malaysia, Pakistan, Tunesien und Ägypten weiter so viel Öl wie bisher erhalten sollten. Alle anderen Länder seien von den Beschränkungen betroffen.[79] Gleichzeitig erklärten die Regierungen der Förderländer den auf ihrem Gebiet tätigen Ölfirmen, wie sie das Embargo und die Produktionsbeschränkungen zu implementieren hätten, wenn sie einer vollständigen Verstaatlichung entgehen wollten, so diese noch nicht erfolgt war.[80] Die Förderländer versuchten also, die Bedingungen, Bedeutung und Auswirkungen der Produktionsbeschränkungen zu kontrollieren, hatten aber mit ihrer Verkündung einen kommunikativen Prozess in Gang gesetzt, an dem sich auch andere Akteure beteiligten. Einmal verkündet, waren die Auswirkungen des Embargos nicht mehr von ihnen allein zu steuern.

Auch das arabische Lager war kein monolithischer Block, obwohl es in der westlichen Presse oft so präsentiert wurde. Vielmehr versuchten verschiedene Kräfte, das Embargo für ihre jeweiligen Ziele zu nutzen. Auf arabischer Seite legten zumindest vier Stimmen das Embargo aus und beeinflussten seine Wirkung: 1. die OAPEC in ihren offiziellen Verlautbarungen, 2. die moderaten Kräfte innerhalb der OAPEC, allen voran Saudi-Arabien, die den Inhalt der gemeinsamen Erklärungen entscheidend prägten, 3. radikalere Länder, die sich von den Produktionsbeschränkungen distanzierten und wie der Irak härtere Maßnahmen forder-

---

[78] Ebd., S. 1.
[79] MEES 17,2 (2. 11. 1973), S. 1 f.
[80] U.S. Congress. Senate. Committee on Foreign Relations. Subcommittee on Multinational Corporations: U.S. Oil Companies and the Arab Oil Embargo. The International Allocation of constricted Supplies, Washington D.C. 1975, S. 1.

ten, und 4. solche, die wie der algerische Staatschef Houari Boumedienne als Vorsitzender der Gruppe 77 versuchten, das Embargo für eine grundsätzliche Neugestaltung der internationalen Wirtschaftsbeziehungen zwischen dem „Norden" und dem „Süden" zu instrumentalisieren.

In ihren öffentlichen Erklärungen nutzten die OAPEC und ihre moderateren Mitglieder eine Rhetorik der Passivität und des Bedauerns. Darüber hinaus drückten sie die Auffassung aus, dass ihre Ölreserven endlich und mittelfristig erschöpft sein würden. Statt sich zur aktiven Verhängung des Embargos und der Produktionsbeschränkungen zu bekennen, erweckten sie in ihren Erklärungen eher den Anschein, widerwillig zu diesem Schritt gezwungen worden zu sein. Bisher habe man aus Freundschaft zum Westen zu viel Öl produziert, wodurch die eigenen Vorräte zu schnell erschöpft und nicht ökonomisch genutzt würden. Denn der Ölpreis werde aufgrund der Verknappung des Öls zwangsläufig steigen und der daraus resultierende Gewinn sei höher als der, der durch die Investition der in der Gegenwart erzielten Verkaufserlöse in anderen Bereichen erzielt werden könne. Man begehe also keinen Akt der Aggression, sondern beende vielmehr ein Zuvorkommen. Dazu sei man durch Aggressionen der anderen gebracht („induced", wie es in der Ursprungserklärung hieß) oder gezwungen („obliged", wie es Prinz Saud al Faisal am 13. November in der Beiruter Zeitung *al-Anwar* ausdrückte) worden; die „Ölwaffe" werde gebraucht, um den Westen auf die Lage der Araber aufmerksam zu machen.[81]

Wie viele seiner Kollegen weigerte sich auch der kuwaitische Öl- und Finanzminister, den Begriff „Ölwaffe" überhaupt zu gebrauchen, denn „we are not using a weapon; we are only trying to tell the world that we possess an exhaustible resource and we have been producing this resource in order to satisfy the world's growing demand for it and to enable others to live a comfortable life, while for 25 years we have suffered from backwardness because we devoted our wealth to buying arms instead of using it for development."[82] Wenn der Begriff doch genutzt wurde, wurde immer der Doppelcharakter der Maßnahmen betont. So formulierte der Generalsekretär der OPEC Ali Attiga auf der Middle East Confernce in Toronto am 25. und 26. Januar: „The Arab governments are not using oil as a weapon intended for destruction. On the contrary, they are using oil as a strategic commodity in a positive way by saying that we will sell such a vital and constructive commodity only to nations that recognize our rightful claims and cooperate with us to protect our legitimate interest and regain occupied territories."[83] Etwas flapsiger sprach Yamani von einer „strategy of stick and carrot" und verwahrte sich wie alle anderen OAPEC-Vertreter gegen den Begriff der „Erpressung".[84]

---

[81] Zitiert in: MEES 17,4 (16. 11. 1973), S. 6.
[82] In the Kuwait daily al-Siyasah, November 8, 1973, zitiert in: MEES 17,4 (16. 11. 1973), S. 8.
[83] MEES 17,18 (22. 2. 1974), S. i-iii, hier S. ii.
[84] MEES 17,21 (15. 3. 1974), S. 10; siehe auch die Aussage von Nadim Pachachi in: MEES 17,4 (16. 11. 1973), S. iii: „We are not practicing blackmail in using the oil weapon. We are using it in order to draw the attention of the world community to our just and legitimate rights and to defend our civilization and inheritance, which existed before oil was discovered in our lands."

Diese sprachpolitischen Versuche der OAPEC, die Begriffe zu definieren, mit denen ihre Maßnahmen auch international belegt wurden, zeugen von einem hohen Verständnis dafür, dass neben der materiellen Wirkung der Produktionsbeschränkung ihre sprachliche Fassung und öffentlich Deutung von entscheidender Bedeutung für ihren Erfolg waren. Schließlich betonten Yamani und andere Vertreter der OAPEC immer wieder, Ziel der Maßnahmen sei die Schaffung der richtigen, d.h. pro-arabischen Atmosphäre in der westlichen Welt, um die UN-Resolution 242 zu implementieren. Dafür war es entscheidend, nicht als Aggressor dazustehen.[85] Als der Herausgeber des *Petroleum Press Service* Stanley Tucker ebendort einen Artikel über das Embargo als „Dangerous Weapon" schrieb, mit der sich einige Regierungen das Recht herausgenommen hätten, Millionen Menschen Schaden zuzufügen, reagierte der Generalsekretär der OPEC sofort mit einem offenen Brief. Attiga erklärte, dass die Ursachenanalyse nicht bei der arabischen Verkündung des Embargos aufhören dürfe, sondern das vorangegangene Unrecht miteinbeziehen müsse: Es handele sich um einen Akt der Selbstverteidigung, zu dem es keine Alternative gegeben habe; die „unmittelbare Ursache" der Ölengpässe in Europa, Japan und den USA sei die Besetzung der arabischen Territorien durch Israel.[86]

Während diese Debatte nicht die breitere Öffentlichkeit erreichte, versuchte die OAPEC auch mit ganzseitigen Anzeigen in der *Washington Post* und dem *Guardian* die öffentliche Meinung in den von den Produktionsbeschränkungen betroffenen Ländern zu beeinflussen und die diskursive Hoheit über ihre Auslegung nicht zu verlieren. Grundsätzlich argumentierte die Anzeige in der *Washington Post* ebenso wie die Embargodeklaration, die arabischen Länder seien zu den Maßnahmen gezwungen worden, weil die internationale Gemeinschaft nichts unternehme, um die israelische Aggression gegen die Palästinenser zu stoppen und die UN-Resolution 242 durchzusetzen. Um die Entscheidung richtig zu verstehen, müsse man die folgenden Dinge im Hinterkopf behalten: Die Reduktion betreffe keine Länder, die den Arabern gegenüber positiv eingestellt seien und sich um eine Lösung der Situation bemühten; sie richte sich nicht gegen die Bevölkerung in den USA, sondern nur gegen die Regierung, die Israel weiterhin mit Waffen unterstütze; sobald die Embargobedingungen erfüllt seien, werde man die Maßnahmen aufheben; und im Übrigen hätten die Vereinigten Staaten in internationalen Konflikten schon oft ähnliche Maßnahmen ergriffen und sogar Nahrungsmittelembargos eingesetzt.[87] Die Anzeige im *Guardian* argumentierte ähnlich, war aber spezifisch auf die britische Öffentlichkeit zugeschnitten mit der Versicherung, dass „friendly countries, especially those who helped or are helping the Arabs in their just cause effectively shall not be made to suffer from the Arab oil cut."[88] In beiden Anzeigen begegnete

---

[85] Zitiert in: MEES 17,2 (2.11.1973), S. 6.
[86] Zitiert in: MEES 17,10 (28.12.1973), S. iv.
[87] Ministry of Finance and Petroleum Kuwait: An Open Letter to the American People, The Washington Post (14.11.1973).
[88] Wieder abgedruckt in: MEES 17,4 (16.11.1973), S. 17f.

die OAPEC den Vorwürfen, in illegitimer Weise einen Akt der Aggression gegen unschuldige Menschen begangen zu haben, indem sie sich selbst als Opfer stilisierte, das nur versuche, die legitimen Rechte der als Einheit imaginierten arabischen Nation wiederherzustellen. Diese Debatte wurde nicht nur auf moralischer, sondern auch auf juristischer Ebene intensiv geführt.[89]

Innerhalb des arabischen Lagers beteiligten sich Libyen und Irak nicht an Produktionsbeschränkungen, nutzten sie aber gleichzeitig, um sich mit weitergehenden Forderungen von den moderaten Kräften abzugrenzen und zumindest rhetorisch den Konflikt mit den USA weiter eskalieren zu lassen. Die irakische Regierung war mit den allgemeinen Produktionsbeschränkungen unzufrieden, weil diese nicht deutlich genug zwischen Freund und Feind differenzierten. Insofern sie die pro-arabischeren Europäer mit den USA in einen Topf würfen, spielten sie Letzteren in die Hände. Stattdessen forderte der Irak die Nationalisierung der Niederlassungen von Ölfirmen aus Ländern, die Israel unterstützten, ein Vollembargo gegen diese Länder bei gleichzeitiger voller Belieferung befreundeter Staaten und den Abzug von in den Vereinigten Staaten angelegten Geldern.[90] Noch Ende Dezember bekräftigte Saddam Hussein diese Position in der irakischen Tageszeitung *al-Thaura* und erklärte zu den Produktionsbeschränkungen in martialischer Sprache: „This mistaken policy gives imperialism and Zionism the excuse it has been looking for to commit hideous crimes against the rights of the Arab people under the pretext of defending the world and human civilization. [...] The true and successful way to use oil as a weapon against America and the Zionist enemy is to nationalize American oil interests and the interests of any country standing by the enemy."[91] So aggressiv klangen ansonsten nur die Stellungnahmen der libyschen Regierung um Gaddafi, die schrittweise die ausländischen Ölfirmen im Land verstaatlicht hatte.[92] Anders als der Irak bedrohte Gaddafi aber auch die westeuropäischen Länder direkt mit einem Embargo, um auf diese Weise die Amerikaner zu treffen.[93] Die libyschen Drohungen richteten sich vor allem gegen die Bundesrepublik Deutschland, die 25 Prozent des importierten Öls aus Libyen bezog (Kapitel 6.3.1). In einem Interview mit dem *Spiegel* gab

---

[89] Jordan J. Paust/Albert Paul Blaustein: The Arab Oil Weapon. A Threat to International Peace, in: American Journal of International Law 68 (1974), S. 410-439; Ibrahim F. I. Shihata: Destination Embargo of Arab Oil. Its Legality und International Law, in: American Journal of International Law 68 (1974), S. 591-627; ders.: The case for the Arab oil embargo. A legal analysis of Arab oil measures with a full text of relevant resolutions and communiqués, Beirut 1975; Richard B. Lillich: Economic Coercion and the International Legal Order, in: International Affairs 51 (1975), S. 358-371; Timothy Stanley: Some Politic-Legal Aspects of Resource Scarcity, in: American University Law Review 24 (1975), S. 1106-1121.

[90] MEES 17,3 (9. 11. 1973), S. 1-3.

[91] Siehe MEES 17,10 (28. 12. 1973), S. 16; zur Position des Irak siehe auch Eickhoff, [Ekkehard]: Fernschreiben zur irakischen Reaktion auf Kuwait-Konferenz, 18. 10. 1973; ders.: Telegramm zur irakischen Haltung, 21. 10. 1973; Löschner, Bericht über die irakische Sicht auf die Ölwaffe, 22. 12. 1973, PA AA, B 36 (Referat 310), 104991.

[92] U.S. Congress. Senate. Committee on Foreign Relations. Subcommittee on Multinational Corporations: Chronology of the Libyan Oil Negotiations, 1970-1971, Washington D.C. 1974.

[93] Siehe MEES 17,1 (26. 10. 1973), S. 11.

der libysche Ministerpräsident Jallud den Produktionsbeschränkungen bzw. einem möglichen Embargo eine ganz neue, an libyschen Interessen ausgerichtete Wendung, indem er es mit europäischen Waffenverkäufen in Verbindung brachte: „Zum zweiten sollen die Europäer endlich ihr Waffenembargo aufheben und mir nicht eine wichtige Waffe vorenthalten, mit der ich gegen meinen Aggressor kämpfen könnte. […] Wenn wir den Europäern strategisch wichtiges Erdöl liefern, dann sollen sie uns auch strategisch wichtige Waffen liefern."[94] Dies sei eine „Warnung, eine letzte Warnung, bevor alles zu spät" sei, und man Europa mit in das Vollembargo einbeziehe.[95]

In der OAPEC setzten sich allerdings nicht die radikalen, sondern die moderaten Stimmen um Saudi-Arabien durch. Um eine weitergehende Konfrontation mit Westeuropa und den USA zu vermeiden, die weltwirtschaftliche Entwicklung nicht zu gefährden und keine Marktanteile zu verlieren, weichten sie das Produktionsbeschränkungsregime schrittweise auf und passten dessen Ziel an die veränderten Gegebenheiten an. In Reaktion auf Erklärungen der europäischen Länder und Japans zum Nahostkonflikt sowie nach intensiven Verhandlungen mit ihnen setzten sie schon im Dezember die Kürzungen aus (Kapitel 6.3.2). Hatten auch die saudi-arabischen Regierungsvertreter noch im November darauf bestanden, das Embargo werde erst nach dem kompletten Abzug Israels aus den besetzten Gebieten und der Wiederherstellung der legitimen Rechte der Palästinenser aufgehoben, gaben sie diese Position Anfang Dezember auf.[96] Sobald eine Übereinkunft über einen konkreten Zeitplan für den Abzug erreicht sei, sollte es auch einen analogen Zeitplan für die volle Wiederaufnahme der Öllieferungen geben, erklärten die arabischen Ölminister auf ihrem Treffen am 8. Dezember.[97] Allerdings sollten die USA dann zunächst wie eine neutrale Nation den allgemeinen Produktionsbeschränkungen unterworfen sein. Am 24./25. Dezember klassifizierte die OAPEC Japan und Belgien als befreundete Staaten und hob die Produktion auf 85 Prozent des Septemberniveaus an.[98] Dabei bemühte sich die OAPEC, diese

---

[94] Europa muß den Arabern Waffen liefern. Der libysche Regierungschef Abd el-Salam Dschallud über Erdöl und Israel, Der Spiegel (12.11.1973), S. 120–128; in Teilen wieder abgedruckt in MEES 17,4 (16.11.1973), S. 8. Die libysche Botschaft richtete sich nicht nur an die europäische, sondern auch an die arabische Öffentlichkeit; am Folgetag gab Jallud der Zeitung al-Anwar ein Interview gleichen Inhalts.

[95] Europa muß den Arabern Waffen liefern, S. 127.

[96] So Prinz Saud am 13. November in al-Anwar, MEES 17,4 (16.11.1973), S. 6; Yamani im dänischen Fernsehen am 22. November, MEES 17,5 (23.11.1973), S. 11; oder König Faisal am gleichen Tag in al-Anwar und der Kairoer Zeitung al-Jumhuriyah, MEES 17,6 (30.11.1973), S. 10. Anzeichen der Aufweichung wurden schon im November wahrgenommen; siehe Using Oil as a Weapon: Implications and Prospects for the Arab Oil Producing States, November 23, 1973, CIA, Nixon Intelligence, Doc No/ESDN: 51112a4a993247d4d8394476: „We judge there will be no relief from the oil squeeze without real progress on the negotiations [handschriftlich:] but there is a prospect for movement on the oil problem short of a final peace settlement."

[97] CIA: Memorandum for the Record, Subject: Analysis of Recent Statements by Saudi Arabian Oil Minister Yamani, December 11, 1973, CIA, Nixon Intelligence, Doc No/ESDN: 51112a4b993247d4d8394552; MEES 17,8 (14.12.1973), S. 4.

[98] MEES 17,10 (28.12.1973), S. 8, 11.

Maßnahmen als konsequente Weiterführung und nicht als Aufweichung ihrer Erklärung vom Oktober erscheinen zu lassen: „It should be noted that the easing of the Arab oil cutbacks is fully in keeping with the philosophy of the nine Arab countries concerned [...] to use oil as an instrument of flexible persuasion rather than as a bludgeon to inflict irreversible damage on the economies of friendly or neutral states."[99] Diese Tendenz der Zieljustierung bei gleichzeitiger Betonung von Kohärenz setzte sich in den Verlautbarungen der OAPEC 1974 weiter fort.[100]

Schon Mitte Februar beschloss ein Minigipfel der Staatschefs von Ägypten, Algerien, Saudi-Arabien und Syrien, Sadat, Boumedienne, Faisal und Hafez al-Assad, dass das Embargo beim nächsten Treffen der Ölminister zwei Wochen später aufgehoben werden solle, sofern die US-amerikanischen Bemühungen zu einer Truppenentflechtung an der syrisch-israelischen Front führten.[101] Erst gut einen Monat später, am 18. März 1974, wurden dann allerdings Deutschland und Italien zu befreundeten Staaten erklärt und das Embargo gegen die USA zumindest temporär aufgehoben.[102] Schon im Vorfeld hatte Yamani erklärt, eine mögliche Aufhebung sei „completely in line with our previous actions", bei denen es immer darum gegangen sei, Freunde zu gewinnen und eine pro-arabische Atmosphäre zu erzeugen.[103] Auch das Kommuniqué der arabischen Ölminister betonte dann die positive Funktion der „Ölwaffe", durch Öllieferungen Öffentlichkeit und Regierungshandeln in ihrem Sinne zu beeinflussen. Man sei zu dem Entschluss gekommen, das Embargo zeitweilig aufzuheben, nachdem man die Entwicklungen im Lichte des ursprünglichen Ziels bewertete habe, das darin bestanden habe „to draw world attention to the Arab question in order to create an atmosphere conducive to the implementation of UN Security Council Resolution 242."[104] Aus dem Ziel des israelischen Rückzugs aus den besetzten Gebieten war also die wesentlich weichere Absicht der Aufmerksamkeitssteigerung und Schaffung einer bestimmten Atmosphäre geworden, die zur Implementierung der UN-Resolution führen könne. Gleichzeitig bemühte sich die OAPEC jedoch, diese Zielveränderung nicht als solche erscheinen zu lassen, indem sie die Kohärenz der Maßnahmen und ihren Erfolg behauptete.

Neben dem Einsatz im Nahostkonflikt versuchten verschiedene Akteure darüber hinaus auch, die „Ölwaffe" in der allgemeineren Auseinandersetzung zwischen der sogenannten Ersten und der sogenannten Dritten Welt zu nutzen.[105]

---

[99] Ebd., S. 10.
[100] Operation of Arab Oil Measures Clarified, in: MEES 17,11 (4. 1. 1974), S. 1.
[101] Memorandum of Conversation: Meeting with Egyptian and Saudi Foreign Ministers and Vice President Ford, February 18, 1974, DNSA, KT01032; siehe auch den gut informierten Bericht in: MEES 17,22 (22. 3. 1974), S. 4.
[102] Text of Arab Statement in Vienna on End of Embargo, The New York Times (19. 3. 1974).
[103] MEES 17,21 (15. 3. 1974), S. 10f.
[104] Zitiert in: MEES 17,25 (17. 4. 1974), S. 6f.
[105] Giuliano Garavini: Completing Decolonization: The 1973 'Oil Shock' and the Struggle for Economic Rights, in: International History Review 33,3 (2011), S. 473-487; ders.: After empires. European integration, decolonization, and the challenge from the global South 1957-1986, Oxford 2012, S. 162-200.

Nachdem die Organization for African Unity Mitte November die Ölförderländer dazu aufgerufen hatte, ein Vollembargo gegen Israel, Portugal, Südafrika und Rhodesia zu verhängen, weil dies eine ‚effektive Waffe im Kampf gegen den Kolonialismus' sei,[106] beschäftigte sich die sechste arabische Gipfelkonferenz vom 26. bis zum 28. November mit dieser Frage. Ihre Teilnehmer – Irak, Libyen und Jordanien hatten keine Vertreter geschickt – sicherten den afrikanischen Ländern volle Unterstützung in ihrem „struggle for national liberation and economic progress and in their struggle against imperialism and racial discrimination" zu.[107] Daher brachen sie, so noch nicht geschehen, die Beziehungen zu Südafrika, Rhodesien und Portugal ab und stoppten zugleich alle Ölexporte in diese Länder. Darüber hinaus beschlossen sie die Einrichtung einer speziellen Bank für die Entwicklung Afrikas, die zunächst mit 125 Millionen USD ausgestattet werden sollte.[108] Während die saudi-arabische Regierung nur sehr begrenzt dazu bereit war, ihre Ölpolitik an allgemeinen entwicklungspolitischen Forderungen auszurichten, war es vor allem der algerische Staatschef Houari Boumedienne, der dies als Vorsitzender der Gruppe 77 forderte. Mit der Einberufung einer Sondersitzung der Vereinten Nationen zum Verhältnis von Rohstoff- und Entwicklungsfragen versuchte er, den Impetus der Ölkrise zu nutzen und ältere Forderungen nach permanenter Souveränität über natürliche Rohstoffe und einer Neuen Weltwirtschaftsordnung, die die Entwicklungsländer im Rahmen der United Nations Conference on Trade and Development (UNCTAD) formuliert hatten, durchzusetzen (Kapitel 7.4.1). Diese Versuche, das Ölembargo zum Paradigma und zu einem Argument für die Veränderung der weltwirtschaftlichen Austauschprozesse zu machen, erzeugte Ängste und Abwehrreaktionen in den westlichen Industrieländern (Kapitel 8.1.3).

4.3 Yamani und Abdessalam auf Tour

Die neue ökonomische Macht von Ländern der Dritten Welt zeigte sich auch an der diplomatischen und öffentlichen Behandlung ihrer Emissäre, die im Zuge der Ölkrise eine deutliche Aufwertung erfuhren. Nachdem der saudi-arabische Ölminister Scheich Zaki Yamani schon vor dem Beginn des Embargos als Sprachrohr Faisals und wichtige Stimme der OPEC über Ölexpertenkreise hinaus bekannt geworden war, avancierte er im Verlauf der Ölkrise endgültig zum medialen Repräsentanten der neuen arabischen Ölpolitik und wurde in der westlichen Öffentlichkeit quasi zu ihrem Gesicht. Dies lag nicht zuletzt daran, dass die arabischen Förderländer Yamani im November zusammen mit dem uncharismatischeren algerischen Industrie- und Energieminister Belaid Abdessalam in die Haupt-

---

[106] MEES 17,5 (23.11.1973), S. 15.
[107] MEES 17,6 (30.11.1973), S. 4-9.
[108] Ebd., S. 1; siehe auch The Algiers Summit Conference, in: MERIP Reports 23, December (1973), S. 13-16.

städte der wichtigsten Konsumentenländer schickten, um dort die Gründe für das Ölembargo und die Produktionsbeschränkungen sowie die Preissteigerungen zu erläutern.[109] Die Kommunikation des Embargos erfolgte also sowohl massenmedial vermittelt als auch in direkten, persönlichen Gesprächen: Yamani und Abdessalam legten die Position der Förderländer zum einen in diplomatischen Gesprächen aus und erklärten zum anderen öffentlich auf Pressekonferenzen, in Zeitungs- und Fernsehinterviews, wie die arabischen Maßnahmen intendiert seien und unter welchen Bedingungen sie wieder aufgehoben würden. Damit erreichten sie in den jeweiligen Besuchsländern ein hohes Maß an öffentlicher Aufmerksamkeit, und ihre Äußerungen wurden zugleich von den Regierungen und Öffentlichkeiten der anderen Konsumentenländer genau beobachtet.

Ihre Reise in die westlichen Hauptstädte begann am 27. November in Paris, wo sie außer vom Minister für industrielle und wissenschaftliche Entwicklung Jean Charbonnel und von Außenminister Michel Jobert auch von Staatspräsident Pompidou zu einem 80-minütigen Gespräch empfangen wurden.[110] In den Gesprächen erläuterten sie den Mechanismus der Lieferbeschränkungen, die Klassifikation in befreundete, neutrale und feindliche Staaten und forderten ihre Gesprächspartner mehrfach auf, ihren Einfluss auf die Vereinigten Staaten und die übrigen europäischen Länder geltend zu machen.[111] Für die Aufhebung des Produktionsbeschränkungsregimes sei nicht der Friedensschluss, sondern die Implementierung der UN-Resolution 242 entscheidend, erklärten sie weiter. Zugleich versicherten sie, dass Frankreich als befreundeter Staat weiter Öl bekommen werde. Allerdings zeigte sich Yamani grundsätzlich skeptisch hinsichtlich einer Erhöhung der saudi-arabischen Förderung in der Zukunft; sein Land habe ohnehin mehr Geld, als es ausgeben könne, die Regierung denke eher über eine dauerhafte Senkung nach, um die Öleinkünfte für längere Zeit zu sichern.[112] Auf einer Pressekonferenz forderte Yamani die übrigen Europäer auf, statt bloßer Deklarationen konkreten Druck auf Israel auszuüben und warnte sie und insbesondere Willy Brandt vor Solidaritätsaktionen mit den vom Vollembargo betroffenen Niederlanden. Diese könnten dazu führen, dass auch sie gar kein Öl mehr erhielten. An die USA gerichtet war zudem seine Warnung vor möglichen Gegenmaßnahmen, seien es Embargos oder militärische Aktionen: „If I were in Mr. Kissinger's shoes, I would never think of counter-measures. I would devote all my efforts towards peace and bring peace to the area. Because if we enter into measures and counter-measures, I think the result will be very disastrous."[113] Indem Yamani seinen Äußerungen die eigentlich unnötige Erläuterung anfügte, dass die Folgen einer

---

[109] MEES 17,2 (2.11.1973), S. 4. Zu den Verhandlungen siehe Sampson: The Seven Sisters, S. 249; Yergin: The Prize, S. 599–609.

[110] Braun, [Sigismund Freiherr von] (28.11.1973): Bericht über den Besuch von Abdessalam und Yamani in Frankreich. PA AA, B 36 (Referat 310), 104992.

[111] FM Paris 281200Z: Oil: Visit of Arab Ministers from Algeria and Saudi Arabia, 28.11.1973, NA UK, PREM 15/1842: „'You have leverage' Yamani kept saying."

[112] Ebd.

[113] Zitiert nach: MEES 17,6 (30.11.1973), S. 13.

Eskalation vor allem für Europa und Japan katastrophal sein würden, sicherte er sich weitere internationale Aufmerksamkeit. Spätestens seit diesem Auftakt seiner Europareise wurden alle seiner Äußerungen zum Produktionsbeschränkungsregime, die immer multiple Adressaten hatten und oft darauf abzielten, diese gegeneinander auszuspielen, von den betroffenen Ländern genau registriert und lösten nicht selten wie beabsichtigt Diskussionen und Auseinandersetzungen aus.[114]

Nach diesem gelungenen Besuch in Paris erhielt Yamanis und Abdessalams anschließende Reise nach London in der Öffentlichkeit wie auch in Diplomatenkreisen eine noch einmal gesteigerte Aufmerksamkeit. Auch von der britischen Regierung wurden sie auf höchster Ebene empfangen: Handels- und Industrieminister Tom Boardman, Außenminister Alec Douglas-Home und Premierminister Edward Heath versuchten jeweils in langen Gesprächen, die beiden Emissäre dazu zu bewegen, die Öllieferungen an Großbritannien zu erhöhen, das als befreundeter Staat immerhin so viel Öl wie in den ersten neun Monaten des Jahres 1973 erhalten sollte. Vor allem Boardman erläuterte die prekäre Lage Großbritanniens, das unter einem „substantial shortfall" von 400 000 Barrel Rohöl pro Tag leide und dem zudem etwa 180 000 Barrel raffinierter Produkte aus Rotterdam fehlten.[115] Yamani wies seinen Gesprächspartner darauf hin, dass Großbritannien sich noch immer in einer im Vergleich zu den Niederlanden, Japan oder der Bundesrepublik privilegierten Situation befinde, hinterließ aber dennoch den Eindruck, als ob ihn das britische Leid beeindruckt habe. Nichtsdestoweniger war er zu höheren Lieferungen nur bereit, wenn diese nicht auf einer saudi-arabischen Produktionssteigerung basierten, sondern aus dem Öl stammten, das sonst an neutrale Länder geliefert worden wäre, womit er die britische Regierung in eine schwierige Position brachte.[116] Anders als in Frankreich, wo Yamanis Ton seinen Gesprächspartnern als sanft und beinahe weinerlich erschien, wenn er erklärte, durch die feindliche Politik der USA und Europas zu seinem Bedauern dazu gezwungen zu sein, Europa das Öl vorzuenthalten, kam er seinen britischen Gesprächspartnern überaus freundlich und „straightforward" vor.[117] Tom Boardman schmeichelte er damit, dass er ihn unbedingt in näherer Zukunft zu einem längeren Gespräch über die adäquate Gestaltung des Ölpreises treffen wolle, und Douglas-Home hatte den Eindruck, als ob Yamani nur nach einem Grund suche, um das Embargo und die Produktionsbeschränkungen aufheben zu können.[118] Dennoch war man in britischen Regierungskreisen frustriert, bei den wesentlichen Verhandlungszielen nicht weiter gekommen zu sein, weshalb man Gesandte

---

[114] CIA: Memorandum for the Record, Subject: Analysis of Recent Statements by Saudi Arabian Oil Minister Yamani, December 11, 1973, CIA, Nixon Intelligence, Doc No/ESDN: 51112a4b993247d4d8394552.

[115] Note of the Minister for Industry's Meeting with Shaikh Yamani and M. Abdessalam, at 10.30 am on Thursday 29 November 1973, NA UK, PREM 15/1842.

[116] Ebd.; Record of a Conversation between the Prime Minister and the Saudi Arabian Minister of Petroleum, 29.11.1973, 4.30 pm, NA UK, PREM 15/1842.

[117] A.D. Pearsons: Arab Oil, 29.11.1973, NA UK, PREM 15/1842.

[118] DTI to PMO: Situation after Yamani visit, 30.11.1973; Douglas-Home to PM, 29.11.1973, NA UK, PREM 15/1842.

direkt zu König Faisal schicken wollte, den man für offener hielt und der letztlich entscheidungsbefugt war.[119]

Schon vor dem Besuch hatte die niederländische Regierung die britische darum gebeten, Yamani und Abdessalam darauf hinzuweisen, dass sie die als pro-arabisch geltende Erklärung der EG vom 6. November (Kapitel 6.3.2) mitunterzeichnet und keine Gegenmaßnahmen gegen das Embargo ergriffen habe. Daher sei ihr unverständlich, warum die beiden nicht auch in ihrem Land Station machten. Da man in Großbritannien aber sehr zurückhaltend mit der Unterstützung der Niederlande war und sich immer nur auf gemeinsame europäische Positionen zurückzog, änderten Yamani und Abdessalam ihre Reisepläne nicht und trafen Vertreter der niederländischen Regierung nur bei ihrer nächsten Station in Brüssel, wo sie neben der belgischen Regierung noch mit den EG konferierten.[120] Auch hier betonten Yamani und Abdessalam wieder, dass es nicht das Ziel sei, den Europäern zu schaden, dass die arabischen Förderländer aber in Zukunft nicht zu ökonomischen Opfern für Länder bereit sein würden, die ihnen gegenüber höchstens neutral eingestellt seien. Dabei wurde die Atmosphäre des Gesprächs von europäischer Seite als eher bedrückend empfunden, zumal die Europäer den nicht unberechtigten Eindruck hatten, dass es den Gesandten ganz wesentlich darum ging, einen Keil zwischen sie zu treiben.[121] Auch öffentlich wiederholten Yamani und Abdessalam, die EG und die europäische Einheit seien ihnen egal.[122]

Die ausführlichen Gespräche, die Yamani und Abdessalam mit höchsten französischen und britischen Regierungsvertretern geführt hatten, sowie die zunehmende Aufmerksamkeit, die ihnen von der Presse entgegengebracht wurde, scheinen ihr Selbstbewusstsein und ihre Erwartungen an künftige Besuche deutlich gesteigert zu haben. Kurzfristig sagten sie den für Anfang Dezember geplanten Besuch in der Bundesrepublik Deutschland ab, weil sie zunächst Kissinger in den USA treffen müssten. Intern machten sie allerdings die Terminnot des Bundeskanzlers für die Verschiebung des Besuchs verantwortlich.[123] Obwohl es nach den

---

[119] Antony Acland to Tom Bridges: Emissary to Saudi Arabia, 30.11.1973; Mumford: Brief for Lord Carrington: Meeting with Yamani, 28.11.1973, NA UK, PREM 15/1842; Hase, [Karl-Günther v.] (30.11.1973): Bericht über den Besuch Abdessalams und Yamanis in London, PA AA, B 36 (Referat 310), 104992.

[120] Brief for Douglas-Home: Meeting with Yamani and Abdessalam, 29.11.1973; Alexander: Supplementary Brief for Douglas-Home: Meeting with Yamani, 28.11.1973, NA UK, PREM 15/1842.

[121] Limbourg, [Peter]: Fernschreiben über den Besuch von Yamani und Abdessalam in Brüssel, 30.11.1973, PA AA, B 71 (Referat 405), 113907; ders.: Fernschreiben über Besuch von Yamani und Abdessalam in Brüssel, 1.12.1973, BArch, B 136/6342; ders.: Besuch von Abdessalam und Yamani in Brüssel, 4.12.1973, PA AA, B 36 (Referat 310), 104992.

[122] MEES 17,7 (7.12.1973), S. 4.

[123] Hase, [Karl-Günther v.] (30.11.1973): Fernschreiben zu Gründen der Verschiebung des Besuchs von Yamani und Abdessalam; Limbourg, [Peter] (30.11.1973): Fernschreiben zum Besuch von Abdessalam und Yamani, PA AA, B 36 (Referat 310), 104992; Sprechzettel für die Kabinettsitzung am 5.12.1973: Punkte außerhalb der Tagesordnung: Verschiebung des Besuchs der für Erdölfragen zuständigen Minister Algeriens und Saudi Arabiens, 3.12.1973, PA AA, B 71 (Referat 405), 113906.

hoch aufgehängten Besuchen in Frankreich und Großbritannien auf deutscher Seite Bestrebungen gab, auch ein Treffen mit Willy Brandt zu ermöglichen, waren im Besuchsprogramm für Yamani und Abdessalam doch nur Treffen mit den Bundesministern Walter Scheel, Egon Bahr, Erhard Eppler und Hans Friderichs vorgesehen gewesen.[124] Nach einem Vorbereitungstreffen mit dem Geschäftsträger der algerischen Botschaft am 28. November berichtete der für die Besuchsorganisation zuständige Leiter des Referats für Grundsatzfragen der Außenwirtschaftspolitik und Erdölpolitik Hansheinrich Kruse, dieser sei zwar „mit den deutschen Vorschlägen einverstanden, müsse jedoch weisungsgemäß sehr darauf bestehen (insister beaucoup), daß die beiden Minister ‚wenigstens eine Stunde' vom Herrn Bundeskanzler empfangen würden. Er fügte hinzu, ‚zu welcher Stunde auch immer, vielleicht ganz früh am Morgen.'"[125] Zudem war die Delegation mit der Hotelwahl unzufrieden und informierte Kruse einen Tag später, dass der Besuch nun auf unbestimmte Zeit verschoben sei. Dabei brachte er „den Wunsch seiner Regierung zum Ausdruck, daß der Besuch einen mehr politischen als wirtschaftlichen Charakter haben soll. Er sollte auch den Glanz und die Autorität (l'éclat et l'autorité) haben, den die Besuche in Frankreich und Großbritannien gehabt hätten. [...] Er regte erneut folgende Reihenfolge der Gespräche an: Bundesaußenminister, Bundeswirtschaftsminister, Bundesminister für wirtschaftliche Zusammenarbeit, abschließend Treffen mit dem Herrn Bundeskanzler, wobei er bemerkte, daß eine Stunde für ein solches Gespräch nicht genug sei. [...] Herr Machou bat dann nachdrücklich darum, die Minister in einer Suite im Hotel Königshof unterzubringen. Das Hotel Tulpenfeld bezeichnete er als nicht vom gleichen Rang."[126] Das durch die Ölwaffe und die Besuche in Paris und London gestiegene Selbstbewusstsein der arabischen Gesandten stieß Kruses Vorgesetzten, die vor den Produktionsbeschränkungen eine andere Kommunikation mit den Vertretern arabischer Länder gewohnt waren, offenbar übel auf. An den Rand seines Berichts notierten sie: „diese Arroganz geht für meinen Geschmack zu weit" und „ja!". Die weitere Besuchsvorbereitung übernahm jetzt die Politische Abteilung des Auswärtigen Amts.[127]

Noch vor dessen Realisierung im Januar 1974 fuhren die beiden Minister jedoch in die Vereinigten Staaten, wo die öffentliche Resonanz auf ihren Besuch in den Medien wieder groß war. Die wesentliche Veränderung in der Auslegung des Embargos, die Yamani und Abdessalam mit nach Washington brachten bzw. dort

---

[124] RD Schröder (402) über Herrn Abteilungsleiter II, den Herrn Chef BK, den Herrn Bundesminister, dem Bundeskanzler: Besuch Yamani und Abdessalam, Bonn, 28. 11. 1973, BArch, B 136, 6342; Programm für den Besuch Ihrer Exzellenzen [...] Belaid Abdessalam [...] und [...] Sheikh Dr. Ahmed Zaki Yamani vom 2. bis 4. Dezember 1973, 29. 11. 1973, PA AA, B 36 (Referat 310), 104992.

[125] Kruse an Staatssekretär: Besuch des algerischen Industrie- und Energieministers Belaid Abdessalam und des saudi-arabischen Erdölministers Yamani in Bonn, 28. 11. 1973, PA AA, B 71 (Referat 405), 113906.

[126] Kruse, [Hansheinrich]: Schreiben an den Staatssekretär zur Verschiebung des Besuchs von Abdessalam und Yamani, 29. 11. 1973, PA AA, B 36 (Referat 310), 104992.

[127] Ebd.

Abbildung 3: Yamani verlässt den John F. Kennedy Airport am 3. Dezember 1973

verkündeten, war das Zugeständnis, in Reaktion auf einen Zeitplan für einen israelischen Abzug aus den besetzten Gebieten auch einen Zeitplan zur Wiederaufnahme der Öllieferungen vorzulegen. Die Gespräche verliefen erneut in angenehmer Atmosphäre und Yamani erweckte wieder den Eindruck, dass er eigentlich nur nach einem Grund suche, die missliche und unangenehme Konstellation des Embargoregimes zu beenden.[128] Bemerkenswerter als die konkreten Ergebnisse der Gespräche war aber die Art und Weise, wie Yamani während seiner einwöchigen Pendelei zwischen Washington und New York vom politischen und wirtschaftlichen Amerika aufgenommen und von der Presse gefeiert wurde.[129]

The „Arabs' Kissinger", wie die *Times* und die *Los Angeles Times* Yamani tauften, wurde bei seinem Besuch nach übereinstimmendem Presseurteil zu einer „instant international celebrity" und zum „star of Washington's diplomatic cocktail circuit".[130] Eindrücklich schildert ein Reporter der *Washington Post* den Auftritt Yamanis auf einem der diversen Empfänge, die ihm zu Ehren gegeben wurden: „Yamani, as he greeted the long line of diplomatic and other guests (many representing oil interests), held a small string of red beads in his left hand and quietly and unobtrusively fingered them through the evening. His deep, soft brown eyes seemed to win over women quicker than candy or, for that matter, diamonds; and his path through the embassy seemed lined – casually and by accident, of course – with virtually every woman at the party."[131] Allerdings war es weniger das Stereotyp des auf Frauen fixierten Orientalen, das die Berichterstattung über Yamani

---

[128] William D. Smith: Saudi, Here, Links Oil to a Pullout. Meeting With Kissinger Comment by Iranian, The New York Times (5. 12. 1973); Bernard Gwertzman: Saudi Minister, in Capital, Is Optimistic About Peace. Talk Is Lengthened U.S. Officials Pleased Israel's Existence 'Not an Issue', The New York Times (6. 12. 1973); siehe zu den saudi-arabisch-amerikanischen Verhandlungen Kapitel 5.4.

[129] Leslie H. Gelb: 2 Aides Underline Arab-Israeli Gap. Yamani and Dayan, in U.S. TV Talks, Differ Sharply on Mideast Peace Terms, The New York Times (10. 12. 1973).

[130] Personality in the News. Saudi Oil Minister – The Arabs' Kissinger, The Los Angeles Times (3. 12. 1973); Merely a Simple Bedouin, Newsweek (24. 12. 1973), S. 28-29.

[131] Henry Mitchell: Table Talk Of Oil Talks: Scene, The Washington Post (13. 12. 1973).

bestimmte, als vielmehr die Sicherheit, mit der Yamani sowohl die Rolle des Beduinen als auch des westlichen Ivy League-Absolventen beherrschte und zwischen ihnen hin- und herzuwechseln verstand. Kaum ein Porträt vergaß, auf Yamanis gepflegte äußere Erscheinung und exquisite Kleidung hinzuweisen, auf seine teuren westlichen Designeranzüge und Schuhe, den charakteristischen Spitzbart und die sanfte, oft als schmeichelnd beschriebene Stimme.[132] Auf Fotos und bei Fernsehauftritten entsprach Yamani zumeist nicht im Geringsten dem visuellen Stereotyp des Scheichs oder Beduinen, das während der Ölkrise vor allem von Karikaturisten immer wieder bemüht wurde, um die Verhältnisse zwischen westlicher und arabischer Welt zu visualisieren. Ganz im Gegenteil hob sich Yamanis hochwertige und überaus korrekte westliche Erscheinung beispielsweise auf dem Foto zum *SPIEGEL*-Gespräch mit Walter Knips und Hans Hielscher deutlich von dem schlecht sitzenden Anzug bzw. der Lederjacke und den langen Haaren der Redakteure ab.[133]

In der Weihnachtsausgabe des Magazins *Newsweek* fand sich neben einem langen Bericht über die wesentlich von Yamani bestimmte arabische Ölpolitik, einem Interview und einem zweiseitigen Porträt sein Konterfei denn auch auf dem Titel. Yamani war der „man of the moment to a Western industrialized world facing the bleak prospects of imminent fuel starvation."[134] Das Porträt, das paradigmatisch für die Yamani-Darstellung in der anglo-amerikanischen Welt und darüber hinaus war, präsentierte Yamani als Grenzgänger zwischen der arabischen und der westlichen Welt und lokalisierte gerade in seinem hybriden Charakter die Stärke seiner Verhandlungsführung. Wann immer man Vertreter der Ölindustrie auf Yamani anspreche, begann der Artikel, fielen zwangsläufig Adjektive wie „brilliant," „tough" und „awesome". „And when such comments are passed on to Yamani himself, he is apt to respond with his best nonplussed look. Flashing a Mona Lisa-like smile, his arms spread wide in mock supplication, he protests mildly: ‚But I'm merely a simple Bedouin.'"[135] Während der Artikel von Fotos begleitet wurde, auf denen Yamani in traditionelle arabische Gewänder gehüllt war, betonte der Text, dass seine grundsätzlich teure Kleidung, die als „international sophisticate" bezeichnet wurde, nicht dazu verleiten dürfe, den „slick oil expert" und „tough negotiator" für einen arabischen Playboy zu halten. Yamani sei letztlich „an improbable blend of Western drive and Eastern cool."[136] Yamanis außerordentliche Fähigkeit, sich zwischen der westlichen und der arabischen Welt hin und her zu bewegen, beschränke sich nicht auf die Kleidung: „A man who is equally comfortable wearing Western clothes or the flowing *dishdasha* robes and *Kaffiyeh* headdress of Araby, he feels right at home in almost every situation – whether it involves making small talk in the most fashionable salons in London, Paris, Rome or

---

[132] Ebd.; Personality in the News; Merely a Simple Bedouin.
[133] „Auf König Feisal können Sie sich verlassen". Saudi Arabiens Ölminister Ahmed Saki el-Jamani über die arabische Ölstrategie, Der Spiegel (3. 12. 1973), S. 35–44.
[134] Merely a Simple Bedouin, S. 28.
[135] Ebd.
[136] Ebd.

New York or squatting in a Bedouin tent in the desert chatting with illiterate camel herders. Though he is a good Muslim who almost always clutches a string of worry beads in his hand, he has never found any compelling reason to avoid all sybaritic pleasures. [...] He writes Arabic poetry in his spare time, enjoys Western classical music and is considered a lay authority on Islamic law."[137]

Die vielen Interviewäußerungen Yamanis machen deutlich, wie seine besondere Wirkung im Westen zustande gekommen sein dürfte. Anders als die aggressiveren und für westliche Ohren bisweilen hysterisch anmutenden Stimmen Gaddafis aus Libyen oder Saddam Husseins aus dem Irak vertrat Yamani nicht nur gemäßigtere Positionen, sondern blieb auch bei Provokationen immer ruhig und betonte, wie leid es gerade ihm als Freund des Westens tue, den Europäern und den Amerikanern das Öl vorenthalten zu müssen, das sie so dringend brauchten. In passiver und bedauernder Sprache führte er aus, dass er sich leider durch deren feindliche Politik gezwungen sehe, den Gefallen zu beenden, den ihnen die arabischen Länder bisher damit getan hätten, im Widerspruch zu ihren eigenen Interessen mehr Öl zu fördern, als ökonomisch sinnvoll sei.[138] Da er sich der Bedeutung sicher war, die das arabische Öl bis zum Ende der 1980er Jahre oder auch bis zur Jahrtausendwende haben würde, reagierte er auch gelassen auf westliche Ankündigungen, nach alternativen Energieträgern zu suchen, und betonte, auch die Förderländer würden diese eines Tages benötigen.[139]

Die mediale Darstellung Yamanis im Westen ging einerseits auf die geschickte Selbstinszenierung des Mannes zurück, den sein Biograph als „perhaps the most Western-media-savvy Arab ever" bezeichnet hat.[140] Andererseits entsprach sie aber auch westlichen Bedürfnissen, den vermeintlichen Gegner im globalen Konflikt um Öl nicht nur als den fundamental Anderen erscheinen zu lassen, sondern zugleich als jemanden, der im Westen ausgebildet worden war und sich westlichen Wissens und westlicher Techniken bediente. Da in Westeuropa und den USA noch immer orientalistische Stereotype vorherrschten, denen zufolge Araber irrational seien und zu politischem und religiösem Fanatismus neigten, war es für dortige Beobachter oft schwer verständlich, wie westliche Industrieländer durch die arabische Ölpolitik derart unter Druck kommen konnten.[141] Während manche Politiker wie Kissinger insgeheim bedauerten, dass man angesichts der weltpolitischen Lage mit ‚ein paar Tausend Beduinen' nicht mehr so umgehen konnte, wie man dies vor wenigen Jahren oder Jahrzehnten noch getan hätte, verringerte eine Figur wie Yamani die Kränkung.[142] An den besten Universitäten der

---

[137] Ebd.
[138] „We are very flexible people, I assure you". Interview with Sheikh Zaki Yamani, Newsweek (24. 12. 1973), S. 27; „Auf König Feisal können Sie sich verlassen".
[139] „We are very flexible people, I assure you".
[140] Robinson: Yamani, S. 102.
[141] Douglas J. Little: American orientalism. The United States and the Middle East since 1945, Chapel Hill 2002, S. 27; siehe als positiv gewendetes Beispiel Raphael Patai: The Arab mind, New York 1973.
[142] Siehe unten Kapitel 5, Fußnote 348.

Vereinigten Staaten als Jurist ausgebildet und durch seine Verhandlungen mit den Vertretern der multinationalen Ölfirmen in allen Ölangelegenheiten geschult, erschien Yamani letztlich als ein Produkt des Westens. In dieser Perspektive wurde der Westen also letztlich von den Geistern, die er selbst gerufen hatte, herausgefordert und nicht von „den Arabern", die in orientalistischen Stereotypen als die radikal Anderen gezeichnet wurden.

Am 25. Februar 1974 brachte auch ein Cartoon im *New Yorker* die Perspektive zum Ausdruck, dass in der Ölkrise der Westen mit seinen eigenen Mitteln geschlagen wurde. Auf ihm sind zwei Männer zu sehen, die dem visuellen Stereotyp des arabischen Scheichs entsprechen und in einem offenbar luxuriösen Auto sitzen. Die Fortführung der caption-line „As Adam Smith so aptly put it …" wird dem Betrachter überlassen, der sich an den berühmtesten Satz des schottischen Moralphilosophen aus der „Inquiry into the Nature and Causes of the Wealth of Nations" erinnern soll, dass Angebot und Nachfrage den Preis regulieren und der Markt, wenn er frei von Einschränkungen ist, wie von einer unsichtbaren Hand gesteuert wird. Die Pointe das Cartoons lag auf mehreren Ebenen: Erstens war es gerade nicht die unsichtbare Hand, die 1973 über das freie Spiel von Angebot und Nachfrage den Preis regulierte, sondern die sehr sichtbare Hand der Förderländer. Zweitens war die Formel der unsichtbaren Hand aus der Perspektive westlicher Regierungen aber insofern treffend, als die Handlungen der arabischen Förderländer für sie tatsächlich wie nicht steuerbare Eingriffe wirkten. Doch die ganz einfache Pointe des Cartoons lag schließlich darin, dass hier zwei Araber Adam Smith kennen und sich seine Theorien zunutze machen, indem sie sie gegen die westlichen Konsumentenländer richten.

Nachdem ihnen bedeutet worden war, dass es in der Weihnachtszeit und über den Jahreswechsel schwer sein würde, Gesprächstermine zu finden, reisten Yamani und Abdessalam im Januar erneut nach Europa. Bei ihren ersten Stationen in Madrid und Rom richteten sich Yamanis Statements wiederum gleichermaßen an die anderen europäischen Länder und die Vereinigten Staaten. Nachdem er sich in Madrid noch geweigert hatte, zu den Plänen der amerikanischen Regierung, eine Konferenz der Konsumentenländer in Washington abzuhalten, Stellung zu nehmen, warnte er in Rom vor einer Verschärfung der Konfrontation durch Blockbildung und legte den Europäern darüber hinaus nahe, die Konferenz sei ein Instrument der USA, die Formulierung einer eigenständigen europäischen Politik zu verhindern.[143]

In der Bundesrepublik hatte man den gewachsenen Status der Gesandten der OAPEC genau registriert, aus der Besuchsverschiebung im Dezember offenbar gelernt und war sichtlich darum bemüht, dem Besuchsprogramm zumindest so viel „Glanz und Autorität" wie dem in Frankreich oder Großbritannien zu verleihen. Die Gäste wurden nun im Hotel Königshof untergebracht und sollten in

---

[143] Saudi Warns Against Bloc of Oil Users. Zionist Attack Renewed, The New York Times (13. 1. 1974); Meyer-Lindenberg: Besuch der Erdölminister Saudi Arabiens und Algeriens in Madrid, 15. 1. 1974, PA AA, B 36 (Referat 310), 104993.

zweieinhalb vollen Besuchstagen vom 15. bis zum 17. Januar mit Erhard Eppler als Minister für wirtschaftliche Zusammenarbeit, Wirtschaftsminister Friderichs, Außenminister Scheel und Bundeskanzler Brandt zu Gesprächen zusammenkommen, wobei die Gesprächszeit mit Brandt von 45 auf 90 Minuten hinaufgesetzt wurde, um Verstimmungen zu vermeiden.[144] In der Presse wurde betont, es handele sich um das umfangreichste Besuchsprogramm, das ausländische Gäste in den letzten Jahren erhalten hätten.[145] Selbst die *Los Angeles Times* zeigte sich von dem Bonner Zeremoniell, von Mercedes-Limousinen und Polizei-Eskorten beeindruckt, die hier nicht, wie man eigentlich annehmen sollte, einem Staats- oder Regierungschef galten, sondern vielmehr „Superman. Not the Henry A. Kissinger version; the Saudi Arabian."[146] In der *Frankfurter Allgemeinen Zeitung* porträtierte Adelbert Weinstein Yamani und nahm viele Elemente auf, die sich auch in den bereits zitierten Darstellungen fanden, wenn er beispielsweise Berichte von Yamanis Verhandlungspartnern wiedergab, seine „in der Zielsetzung fast brutale Art der Verhandlungsführung [werde] während der langen Gesprächsrunden gemildert durch einen überwältigenden persönlichen Charme."[147] Allerdings betonte Weinstein auch, Yamani und Prinz Saud zeichneten sich beide durch „unbedingte Loyalität, umfassende Kenntnis der Materie, erfolgreiches Verhandeln und grenzenlosen Arbeitseifer" aus.[148] Nachdem Weinstein Yamani so mit den angeblich deutschen Tugenden Fleiß, Gründlichkeit und Treue ausgezeichnet und satisfaktionsfähig gemacht hatte, entschied er sich am Ende aber doch für ein konsequentes Othering: „Vor allem ist er, trotz seiner westlichen Ausbildung, im Wesen ein Orientale geblieben; ein diplomatischer Nomade, dessen Beduinentum unkonventionell, aber unverwechselbar" sei.[149]

Die Gespräche mit der Bundesregierung waren zum einen dadurch bestimmt, dass vor allem von algerischer Seite im Vorhinein angedeutet worden war, es gebe Bestrebungen, die Bundesrepublik nicht nur als neutralen, sondern sogar als feindlichen Staat einzustufen. Darüber hinaus ging es um die Interpretation der Neunererklärung zum Nahostkonflikt vom 6. November 1973, die offenließ, ob Israel sich aus allen besetzten Gebieten oder nur aus einem Teil zurückziehen müsse. Vor allem weil eine Äußerung Willy Brandts beim Kopenhagener Gipfel der EG im Dezember im zweiten Sinn verstanden worden war, verlangten Yamani und Abdessalam hier eine klärende Auslegung (Kapitel 6.3.2).[150] In dem Ge-

---

[144] Programm für den Besuch Ihrer Exzellenzen, 14. 1. 1974; RD Dehmel und RD Thiele an Herrn PR/BK über Abteilungsleiter IV: Besuch Yamani Abdessalam, 8. 1. 1974, BArch, B 136/6342.
[145] Großaufgebot für Ölminister, Frankfurter Rundschau (15. 1. 1974); Erdölminister in Bonn, Frankfurter Allgemeine Zeitung (15. 1. 1974).
[146] Joe Morris: Mercedes for 'Superman'. Bonn Gives Oil Sheik High-Octane Welcome, The Los Angeles Times (21. 1. 1974).
[147] Adelbert Weinstein: Jamani. Wächter über des Königs Öl, Frankfurter Allgemeine Zeitung (15. 1. 1974).
[148] Ebd.
[149] Ebd.
[150] Bericht von Dr. Meyer, Direktor der DIAG, über ein Treffen mit Belaid Abdessalam am 15. 12. 1973; Moltmann (Algier) an AA Bonn: Besuch des algerischen Industrie- und Ener-

spräch mit Willy Brandt verlangte Yamani denn auch, wie schon die britische und die französische müsse auch die Bundesregierung eine Erklärung abgeben, die unzweideutig den Rückzug Israels aus allen besetzten Gebieten fordere. Brandt stellte sich, wie von seinen Beratern vorgeschlagen, auf den Standpunkt, dass „end the territorial occupation" nur bedeuten könne, dass „die Besetzung zu beenden sei, soweit man sich nicht über kleinere Punkte verständige, das heißt, soweit nicht die arabische Seite willens sei, entsprechende Veränderungen zu akzeptieren".[151] Einer weitergehenden, auslegenden Erklärung verweigerte sich Brandt jedoch. In Kopenhagen habe er lediglich eine neokolonialistische Festlegung verhindern wollen, weil es souveränen Staaten immer möglich sein müsse, einverständlich ihre Grenzen zu ändern, wie das auch in den Ostverträgen niedergelegt sei. Statt sich in diesem Punkt auf Yamani zuzubewegen, versuchte Brandt eher, Gemeinsamkeiten herzustellen, indem er Yamanis Äußerungen zustimmte, die Zeit des gedankenlosen Ölverbrauchs sei vorbei und man müsse nach Alternativen suchen.

Der Besuch blieb also trotz des hohen protokollarischen Aufwands ergebnislos. In der *Süddeutschen Zeitung* bemerkte Martin Süskind nicht zu Unrecht, dass sich die Verhandlungsposition Yamanis und Abdessalams seit November deutlich verschlechtert habe, da der Friedensprozess im Nahen Osten vorangeschritten sei und sich die ölpolitische Lage als beherrschbar erwiesen habe.[152] Die bundesdeutsche Verhandlungslinie erwies sich auch insofern als richtig, als auf der kurz nach dem Besuch in Bonn stattfindenden Sitzung des Politischen Komitees der Europäischen Politischen Zusammenarbeit die Vertreter Frankreichs und Großbritanniens leugneten, den arabischen Ländern gegenüber eine die gemeinsame europäische Position erläuternde Erklärung abgegeben zu haben. Darüber hinaus votierten sie auch gegen eine gemeinsame vertrauliche Erklärung, weil diese den Arabern entweder nicht genügen oder aber von ihnen veröffentlicht werden würde.[153] Stattdessen einigte man sich auf ein intensiveres Bemühen um den europäisch-arabischen Dialog, und Walter Scheel erläuterte Yamani und Abdessalam diese Position in seiner Funktion als Ratspräsident.[154]

---

gieministers Abdessalam in Bonn, 17. 1. 1974; Schauer an Bundeskanzler: Ihr Gespräch mit Yamani und Abdessalam, 14. 1. 1974; GL II/1 an Bundeskanzler: Ihr Gespräch mit Yamani und Abdessalam. Zusammenfassung der Gespräche mit BM Friderichs und BM Eppler, 16. 1. 1974; GL II/1 an Bundeskanzler: Ihr Gespräch mit Yamani und Abdessalam. Zusammenfassung des Gesprächs mit StS Frank, 16. 1. 1974, BArch, B 136/6342.

[151] AL II dem Herrn Bundeskanzler: Vermerk über das Gespräch des Bundeskanzlers mit dem algerischen Industrie- und Energieminister Abdessalam und dem saudi-arabischen Erdölminister Yamani am 16. Januar 1974 in Bonn, 17. 1. 1974, BArch, B 136/6342.

[152] Martin E. Süskind: Feilschen mit arabischen Zwillingen, Süddeutsche Zeitung (18. 1. 1974).

[153] Niemöller: Sitzung der Arbeitsgemeinschaft Nahost des Politischen Komitees der EPZ am 18. 1., 22. 1., VS.Bd. 9995, PA AA, B 150, 297.

[154] Plurex: Schreiben von Scheel an Yamani und Abdessalam vom 30. 11. [Wortlaut], 13. 2., VS.Bd. 9989, PA AA, B 150, 298; Scheel an Yamani und Abdessalam, Nahost Situation, 12. 2. 1974, BArch, B 136/6342.

Auch auf der letzten Station ihrer Reise in Japan wurde Yamani und Abdessalam ein großer Empfang bereitet. Sie bekamen sogar eine Audienz beim Kaiser, eine Ehre, die normalerweise Staatsoberhäuptern vorbehalten war.[155] Nachdem die ersten vier Besuche Yamanis in Japan quasi unbemerkt vorübergangen seien, sei diesmal das ganze Land auf den Beinen, bemerkte der Korrespondent der *Washington Post*.[156] Seit Henry Kissingers Besuch im Anschluss an seine Chinareise 1972 habe kein Gast größere öffentliche Aufmerksamkeit erfahren als Yamani, zu dessen Pressekonferenz 280 Journalisten erschienen.[157] Wieder richtete sich Yamani gegen Absprachen der Konsumentenländer untereinander, die zu einer Verschärfung der Konfrontation mit den Förderländern führen würden; eine wenig glaubwürdige Drohung, nachdem er grundsätzlich von Ende Januar an damit beschäftigt war, die verschiedenen Abschwächungen des Produktionsbeschränkungsregimes nicht als Niederlage, sondern als Konsequenz der bereits durch sie erzielten Erfolge zu definieren.[158]

Nach dieser letzten Station seiner Embargodiplomatie nutzte Yamani die vorläufige Aufhebung des Embargos gegen die USA sowie die Kategorisierung von Deutschland und Italien als befreundete Staaten am 18. März 1973 noch einmal zu einem großen Auftritt, wie die österreichische Tageszeitung *Die Presse* berichtete: „Genau um 18.24 Uhr – die einem Star angepaßte Verspätung – tritt Jamani auf. Lächelnd spielt er sich [sic] mit einer roten Kette, die auf den ersten Blick einem Rosenkranz ähnlich sieht, bis sie sich dann doch als Kette für seine Brille entpuppt. Noch einmal huldvoll nach allen Seiten nickend, nimmt er zur Rechten Abdessalams Platz, schiebt ihm noch kurz einen Zettel, auf den er einige arabische Worte gekritzelt hat, zu, dann werden die Kameraleute und Journalisten des Saales verwiesen."[159] Nachdem um 21 Uhr Abdessalam dann den Saal verlassen und erklärt habe, die Sitzung sei beendet und es gebe keine weiteren Nachrichten, seien einige Journalisten dennoch geblieben, weil sie „spekulierten, daß vor allem einer noch vor dem ersten Hahnenschrei das allgemeine Schweigegebot verletzen werde, sie haben sich in Scheich Jamani nicht getäuscht." Denn dieser habe seine „neue Amerikafreundlichkeit" der Welt nicht früh genug kundtun können und unautorisiert verkündet, dass das Embargo enden werde, ohne weitere Details zu nennen.[160]

---

[155] Fox Butterfield: Saudi Says Oil-Price Cut Must Be Joint Arab Step, The New York Times (29.1.1974).
[156] Don Oberdorfer: Japanese Policy Of Aid to Arabs Pays Off in Oil, The Washington Post (3.2.1974).
[157] Crocker Snow: Wooing Saudi, The Boston Globe (9.2.1974).
[158] Vertrauliche Aufzeichnung über den Besuch von Yamani und Abdessalam in Tokio, Ende Januar 1974, 11.2.1974, PA AA, B 36 (Referat 310), 104993; Kapitel 4.2 und Graf: Making Use of the Oil Weapon.
[159] Herbert Hutar/Andreas Unterberger/Senta Ziegler: Lyrik zwischen Embargo und Ölpreis, Die Presse (19.3.1974).
[160] Ebd.

4.4 Zwischenfazit

Das Ölembargo und die Produktionsbeschränkungen, die die arabischen Länder der OPEC im Oktober 1973 verhängten, waren nicht deshalb historisch bedeutsam, weil die Wirkungen des Ölmangels verheerend waren und die mit den Maßnahmen verbundenen Ziele erreicht wurden, wie manche Autoren argumentiert haben. Sie waren aber auch nicht unbedeutend, weil Öl niemals wirklich knapp und die eigentlichen Ziele verfehlt wurden, wie andere vorgeschlagen haben. Historiographisch bedeutsam waren die Produktionsbeschränkungen vielmehr deshalb, weil sie etablierte Kommunikations- und Interaktionsroutinen der internationalen Ölwirtschaft virtualisierten und damit einen Moment der Kontingenz und Unsicherheit schufen. Dieser erzeugte einen intensiven Kommunikations- und Verhandlungsprozess, in dem eine Vielzahl von Akteuren versuchte, den Inhalt, die Bedingungen und die Bedeutung des Embargos zu definieren und für ihre Zwecke zu instrumentalisieren. Genaugenommen hatte die Instrumentalisierung des Embargos schon lange vor seiner tatsächlichen Verhängung eingesetzt. Seit dem Frühjahr 1973 drohten nicht mehr nur radikale OPEC-Länder wie Libyen oder Irak mit einem Einsatz der „Ölwaffe", sondern auch aus Saudi-Arabien, das für die Durchsetzung von Produktionsbeschränkungen entscheidend war, kamen ähnliche Äußerungen. Angesichts der zahlreichen Drohungen kann man nicht davon sprechen, dass das Produktionsbeschränkungsregime plötzlich und ohne Vorwarnung über Westeuropa und die USA hereingebrochen sei.

Die Kommunikation der Produktionsbeschränkungen erfolgte sowohl auf den Wegen der klassischen Diplomatie als auch über die Presse, deren globale Wahrnehmung nicht zuletzt durch die ölbezogenen Pressedienste garantiert wurde. Gerade im Wechselspiel zwischen diplomatischer Kommunikation in Briefen oder direkten Gesprächen und massenmedialer Kommunikation boten sich den beteiligten Akteuren Möglichkeiten, den symbolischen Bedeutungsrahmen der Maßnahmen in ihrem Sinne auszugestalten und sie auf verschiedene Arten zu instrumentalisieren. Anders als im Westen oft dargestellt, waren die arabischen Förderländer kein monolithischer Block, sondern verfolgten je eigene Interessen, die sich zum Beispiel bei Gaddafi, Boumedienne und König Faisal deutlich voneinander unterschieden. Diese Vielstimmigkeit wie auch die oft intentionale Unklarheit der offiziellen Verlautbarungen erhöhte die durch die konkreten Maßnahmen ausgelöste Verunsicherung. Für die Wahrnehmung der arabischen Position im Westen am wichtigsten war Scheich Zaki Yamani, dessen Tour durch die Hauptstädte der von den Maßnahmen betroffenen Länder große mediale Aufmerksamkeit erregte. Dass und in welcher Form Yamani Forderungen an Regierungen in Westeuropa und den USA formulierte, stellte deren Souveränität in Frage. Sie reagierten sowohl national mit einem umfangreichen Katalog von Maßnahmen als auch international mit verschiedenen Strategien, die in den folgenden Kapiteln untersucht werden.

5. Souveränitätspolitik in der Energiekrise – die Vereinigten Staaten

Als die OPEC im Oktober 1973 den Ölpreis erhöhte und die OAPEC ihr Produktionsbeschränkungsregime verkündete, hätten die USA aufgrund ihrer noch immer hohen einheimischen Produktion eigentlich weniger betroffen sein sollen als andere Länder. Dennoch war die symbolische Herausforderung der nationalen Souveränität nirgendwo größer als hier, denn die Vereinigten Staaten waren das eigentliche Ziel des Embargos und die Energieversorgung im Land war ohnehin schon kritisch. Zudem war die symbolische Bedeutung des im Überfluss sprudelnden Öls nirgendwo größer als im Mutterland der Ölindustrie, wo es Wohlstand und Konsum und mithin den American Way of Life ermöglicht hatte, den alle amerikanischen Präsidenten seit dem Ende des Zweiten Weltkriegs gerade im Kontext des Kalten Krieges zu schützen und zu fördern versprachen.[1] Seit Franklin Delano Roosevelts Präsidentschaft waren die Rechte des Präsidenten auf Kosten des Kongresses zunächst unter Harry S. Truman außen- und dann unter Lyndon B. Johnson innenpolitisch erweitert worden.[2] Simultan mit dem Machtzuwachs des Präsidentenamtes wuchsen aber auch die Erwartungen an dessen Gestaltungskraft und die mediale Aufmerksamkeit bzw. Kontrolle in der Mediendemokratie. Damit vervielfachten sich die Fallstricke, die zu einer Machterosion führen konnten. Dies war umso stärker der Fall, als US-amerikanische Präsidenten zunehmend als moralische Vorbild- und Führungsfiguren angesehen wurden, die den von ihnen selbst gesetzten Zielen gerecht werden mussten.[3] Während der Ölkrise stand Richard Nixons Autorität als Präsident durch den eskalierenden Watergate-Skandal und die medial vermittelten Grausamkeiten des Vietnamkrieges bereits in Frage. Angesichts des nicht gewonnenen Krieges, zunehmender wirtschaftlicher Verflechtungen und der Abkehr vom Goldstandard wurde zudem die US-amerikanische Hegemonie in der westlichen Welt nicht mehr für so selbstverständlich gehalten wie noch wenige Jahre zuvor und die Frage nach dem Status der nationalen Souveränität offen gestellt.[4]

Wie die Regierungen anderer Länder, von den hohen Ölpreisen und den Produktionsbeschränkungen betroffen waren, versuchte auch die Nixon-Regierung, ihre energiepolitische Handlungsfähigkeit auszubauen und, was angesichts der

---

[1] Siehe oben Kapitel 2.1.
[2] Shirley Anne Warshaw: The Presidency. Legitimate Authority and Governance, in: Moorhead Kennedy/R. Gordon Hoxie/Brenda Repland (Hg.), The Moral Authority of Government. Essays to Commemorate the Centennial of the National Institute of Social Sciences, New Brunswick/N.J. 2000, S. 30-36; siehe dazu schon die zeitgenössische Kritik von Arthur M. Schlesinger: The Imperial Presidency, Boston 1973, S. X.
[3] Richard M. Pious: Moral Action and Presidential Leadership, in: Kennedy/Hoxie/Repland: The Moral Authority of Government, S. 7-12; Michael P. Riccards: The Moral Talk of American Presidents, in: ebd., S. 19-23.
[4] David S. Painter: Oil and the American Century, in: The Journal of American History 99,1 (2012), S. 24-39.

Unsicherheit in der Ölkrise zumindest ebenso wichtig war, zu demonstrieren. Die Sicherung von Legitimität und Souveränität erfolgte vor allem über vier Strategien: die Zentralisierung der energiepolitischen Kompetenzen in der Regierung (5.1), die Entwicklung einer regierungsamtlichen Expertise im Öl- und Energiebereich (5.2), die möglichst direkte Kommunikation mit der Bevölkerung (5.3) und die diplomatische Kommunikation mit den Förder- sowie den übrigen Konsumentenländern (5.4). In diesem Prozess der Souveränitätsbehauptung avancierte „Energie" überhaupt erst zu dem eigenständigen Politikfeld, das wir heute kennen. Ihm ging eine Politisierung des Themas in den Jahren vor der Ölkrise voraus, die zunächst analysiert werden muss, um die Reaktionen der US-Administration auf die Handlungen von OPEC und OAPEC im Oktober 1973 zu verstehen.

5.1 Souveränitätserweiterungen: Energie als Politikfeld

5.1.1 Energieprobleme und ihre Politisierung

Die Energieversorgungsprobleme begannen in den Vereinigten Staaten nicht mit der Ölkrise der Jahre 1973/74.[5] Bereits im Vorjahreswinter waren die Schwierigkeiten beträchtlich gewesen: Nachdem das Joint Board on Fuel and Fuel Supply die Versorgungslage im November 1972 noch als „fair" bezeichnet hatte,[6] verschärfte sich die Situation in den folgenden Monaten aufgrund des unerwartet kalten Wetters im Nordosten und im Mittleren Westen der USA. Als die Stadt Boston Anfang März einen Vertragspartner suchte, der ihr vom 1. April an Benzin für die städtischen Fahrzeuge liefern würde, meldete sich keine einzige Firma auf die Ausschreibung, und der bisherige Lieferant Mobil Oil gab an, auch zu einem höheren Preis kein Benzin liefern zu können.[7] In manchen Regionen gab es kein Benzin oder Heizöl mehr, in Maine und Virginia mangelte es an Kerosin, und in Iowa wurden Erd- und Propangas knapp, was in kürzester Zeit zu akuten Heizproblemen in vielen Wohnungen führte.[8] Die Vorsitzenden der Landwirtschafts-

---

[5] David E. Nye: The Energy Crisis of the 1970s as a Cultural Crisis, in: Cristina Giorcelli/Peter G. Boyle (Hg.), Living with America, 1946-1996, Amsterdam 1997, S. 82-102, hier S. 85; ders.: Consuming Power; siehe auch die älteren Arbeiten von Neil de Marchi: Energy Policy under Nixon. Mainly Putting Out Fires, in: Craufurd D. Goodwin (Hg.), Energy Policy in Perspective. Today's Problems, Yesterday's Solutions, Washington 1981, S. 395-475, hier S. 395; und Vietor: Energy Policy.

[6] Joint Board on Fuel Supply and Fuel Transport: Fuel and Energy Situation, Winter 1972/73, Office of Emergency Preparedness, November 1972, NARA, Nixon Library, White House Central Files, SMOF, EPO, Box 24.

[7] Joseph Lerner to William Simon: Motor Gasoline Inventories, March 22, 1973, NARA, Nixon Library, White House Central Files, SMOF, EPO, Box 24.

[8] Fuel Shortage Incidents (Distribution Pattern), o.D., NARA, Nixon Library, White House Central Files, SMOF, EPO, Box 24; George A. Lincoln: Memo for the President: Fuel Situation in the Upper Midwest, January 7, 1973, NARA, Nixon Library, White House Central Files, SMOF, EPO, Box 24.

kooperativen wandten sich an den für sie zuständigen Minister und warnten besorgt, dass, auch wenn die Nation sich in einer ernsthaften Energiekrise befinde, die Treibstoffversorgung der Landwirtschaft gesichert werden müsse, da sonst die Lebensmittelproduktion in Gefahr geriete.[9]

Bereits im Januar hatte George A. Lincoln, der Direktor des Office of Emergency Preparedness, das die Versorgungslage in den vier Bezirken der Petroleum Administration for Defense überwachte, Präsident Nixon auf Probleme der Treibstofflage im Mittleren Westen aufmerksam gemacht und vor berechtigten Beschwerden und Petitionen von Kongressabgeordneten, Gouverneuren und Gemeinden gewarnt.[10] Durch Appelle an Industrie und verbraucher versuchte sein Büro, die Versorgungsengpässe zu mildern. Zum einen rief Lincoln in einer Rede vor dem National Petroleum Council dazu auf, die Produktion aufs Äußerste zu steigern: „The administration expects an all-out effort from the oil industry to keep the nation warm this winter."[11] Zum anderen forderte er die Gouverneure, Bürgermeister und Kommunen auf, die Energieversorgungslage zu überwachen und bei Engpässen gegebenenfalls Abhilfe zu schaffen. Neben einem Katalog möglicher Maßnahmen machte das Office of Emergency Preparedness lokalen Behörden konkrete Energiesparvorschläge: In dem „*Outline Plan for Energy Conservation by State Local Facilities*", dessen Deckblatt ein humanoides Thermometer zierte, das bei null Grad die Arme verschränkt und einen Schal umgebunden hatte, wurde zunächst konstatiert: „Our nation is now consuming more gas and oil than it produces, making us dependent upon foreign countries for these energy supplies."[12] Daher müsse Energie gespart werden, und gerade Behörden und öffentliche Institutionen müssten hier mit gutem Beispiel vorangehen. Trotz aller Maßnahmen war keine Besserung in Sicht, und Douglas Fairbanks, der stellvertretende Direktor des Domestic Council, prognostizierte, dass die Benzinversorgung im Sommer kritisch werden könne: „We are faced with potential breakdown of our traditional supply and distribution systems in a few key areas in the domestic energy market over the next nine months."[13]

Die Schwierigkeiten der US-amerikanischen Energieversorgung resultierten daraus, dass der Energie- und Ölverbrauch in den vergangenen Jahren rasant zugenommen, die einheimische Energieproduktion und Erschließung von Ölquellen aber nicht Schritt gehalten hatte. In den 1950er und 1960er Jahren übertraf die Steigerung des Ölverbrauchs immer wieder die vorherigen Energieprognosen: Noch im Februar 1970 schätzte Nixons Task Force on Oil Imports, dass

---

[9] Statement of Farmer Cooperative Officials to Secretary of Agriculture Butz and Mr. Richard Fairbanks, Assistant Director, Domestic Council, February 9, 1973, NARA, Nixon Library, White House Central Files, SMOF, EPO, Box 24.

[10] George A. Lincoln: Memo for the President: Fuel Situation in the Upper Midwest, January 7, 1973, NARA, Nixon Library, White House Central Files, SMOF, EPO, Box 24.

[11] There's no other choice, churn out the heating oil (Editorial), in: Oil and Gas Journal 71,52 (1972).

[12] Ebd.; TAB B: Outline Plan for Energy Conservation by State Local Facilities, January 1973.

[13] Dick Fairbanks: Memo for John Ehrlichman: Near-Term Energy Crises and Responses, February 12, 1973, NARA, Nixon Library, White House Central Files, SMOF, EPO, Box 24.

die USA angesichts der Verbrauchssteigerungen um 1980 fünf Millionen Barrel Öl pro Tag importieren müssten, aber schon 1973 übertrafen die Ölimporte sechs Millionen Barrel pro Tag (siehe Kap. 3.2).[14] Die Ölförderung in den unteren 48 Staaten der USA kam mit diesen Verbrauchssteigerungen nicht nur nicht mit, sondern durchlief zu Beginn der 1970er Jahre ihren Höhepunkt, wie Marion King Hubbert schon Ende der 1950er Jahre prognostiziert hatte. Die Kombination aus einheimischer Produktionsregulierung durch die Texas Railroad Commission und Ölimportkontrollen hatte zudem den Ausbau der einheimischen Energieinfrastruktur gehemmt: Erst nach dem Ende der Importkontrollen kam es wieder zum verstärkten Neubau von Raffinerien.[15] Diese Projekte benötigten Zeit und der Energiemarkt entwickelte sich zudem nicht autonom, weil Nixon mit dem ökonomischen Stabilisierungsprogramm im August 1971 nicht nur den Goldstandard aufgekündigt, sondern auch Lohn- und Preiskontrollen eingeführt hatte, die für das Öl erst unter Jimmy Carter aufgehoben wurden.[16]

Die Kombination der Eingriffe führte zum Beispiel dazu, dass die kleinen Raffinerien in der Mitte des Landes, die keinem der großen Ölkonzerne gehörten, kein Rohöl zur Weiterverarbeitung mehr erhielten.[17] Unter dem Importquotensystem hatten die Independents, die keinen Zugang zum Weltmarkt hatten, ihre Importberechtigungen an die Majors, also die multinationalen und vertikal integrierten Ölkonzerne, abgegeben. Im Gegenzug belieferten diese sie mit Öl und verdienten an der Differenz zwischen dem Ölpreis in den USA und dem Weltmarkt. Als diese Differenz durch die Preissteigerungen der OPEC geringer wurde, der Preis in den USA aber nicht steigen konnte, verloren die Majors das Interesse an diesem Verfahren, wie Nixons Energieberater Charles DiBona diagnostizierte.[18] Dementsprechend war es für DiBona im Februar noch nicht klar, wie groß der Ölmangel tatsächlich sei: „It is not clear from the evidence in the memo whether we have a serious emerging overall shortage or whether there are serious local shortages developing (especially for small refineries and their customers in the Midwest) [handschriftlich weiter:] or whether it is a ‚crisis' at all in either area."[19] Zumindest sah jedoch auch DiBona große Unsicherheiten in Bezug auf die gegenwärtige Ölversorgung der Vereinigten Staaten und blickte genauso sorgenvoll in die Zukunft wie das Office of Emergency Preparedness, demzufolge die

---

[14] Akins: The Oil Crisis, S. 462f.
[15] Wildavsky/Tenenbaum: Politics of Mistrust, S. 118; Vietor: Energy Policy, S. 5; Grossman: U.S. Energy Policy, S. 92f., 111.
[16] Siehe als konzise Darstellung des komplizierten Preiskontrollsystems Vietor: Energy Policy, S. 236–271.
[17] Steve Wakefield/Duke Ligon: Memo for Chairman of OPC: Major Oil Import Problems Requiring Immediate Attention, February 11, 1973, NARA, Nixon Library, White House Central Files, SMOF, EPO, Box 24.
[18] DiBona to Richard Fairbanks: Comment on your memo of 12 Feb 1973 entited „Near Term Energy Crises and Responses", February 13, 1973, NARA, Nixon Library, White House Central Files, SMOF, EPO, Box 24.
[19] Ebd.

Situation noch für eine ganze Weile ein hochprofessionelles Management von Tag zu Tag erfordern werde.[20]

Auch im Frühling und Sommer des Jahres 1973 entspannte sich die Situation nicht und wurde zu einem wichtigen innenpolitischen Thema: Im März und April publizierte der *St. Louis Post-Dispatch* eine Artikelserie zur „Crisis in Energy" und brachte seiner Leserschaft die Dramatik der Situation mit Überschriften wie „Major Energy Crunch Lies Ahead", „Petroleum Industry Lags in Finding New Oil and Gas", „Southern California Facing Energy Crisis", „Oil Industry Calls for Help To Meet U.S. Energy Demands" oder „Dwindling Fuel Supplies May Alter U.S. Lifestyle" nahe.[21] Mitte Mai berichtete das *Time Magazine*, dass im ganzen Land fast zweitausend Tankstellen entweder gar kein Benzin mehr hatten oder nur von Tag zu Tag in Abhängigkeit von den Lieferungen operieren konnten.[22] Gerade zu Beginn der Urlaubssaison, in der normalerweise Millionen Amerikaner oftmals mehrere tausend Kilometer reisten, sah sich die Nation, laut *Financial Times*, mit der ersten wirklichen „Energiekrise" ihrer Geschichte konfrontiert.[23] Obwohl die Regierung Krisenrhetorik zu vermeiden suchte, war sie doch im Sommer 1973 in aller Munde: Im Juni antworteten 83 Prozent der Amerikaner in einer Gallup-Umfrage, schon einmal von der Energiekrise gehört zu haben, und 51 Prozent befürworteten die Herabsetzung der Höchstgeschwindigkeiten auf Highways, um Benzin zu sparen.[24] Anders als oberflächliche Darstellungen nahelegen, ereignete sich all dies vor dem Beginn der eigentlichen Ölkrise im Oktober 1973, und auch im Winter 1972/73 war die grundsätzliche Problematik der Energieversorgung alles andere als überraschend und neu für die amerikanische Öffentlichkeit.[25] Schon im Januar 1972 hatten Mitarbeiter des Committee on Interior and Insular Affairs mehr als 70 Artikel aus Zeitschriften und Zeitungen aus den Jahren 1970 und 1971 zusammengestellt, die unter Titeln wie „The Coming Power Crisis", „A Crisis in Fossil Fuels", „National Energy Crisis" oder „Man Made Fuel Crisis" Probleme der gegenwärtigen Energieversorgung diagnostizierten und düstere Vorhersagen für die zukünftige Energiesicherheit machten. Vor allem Benzin- und

---

[20] Charles DiBona: Memo for Earl Butz: Possible Fuel Shortages in the Midwest, April 24, 1973, NARA, Nixon Library, White House Central Files, SMOF, EPO, Box 24; George A. Lincoln: Memo for the President: Fuel Situation in the Upper Midwest, January 7, 1973, NARA, Nixon Library, White House Central Files, SMOF, EPO, Box 24.

[21] St. Louis Post-Dispatch, 25. 3. 1973, 26. 3. 1973, 30. 3. 1973, 2. 4. 1973, 5. 4. 1973. Ausschnittsammlung in NARA, Nixon Library, WHCF, SMOF, EPO, Box 75.

[22] Oil. Sharing the Shortage, Time Magazine (21. 5. 1973); siehe auch John H. Douglas: Fuel Shortages in America: The Energy Crisis Comes Home, in: Science News 103,21 (1973), S. 342-343.

[23] Guy de Jonquieres: The Great American energy Disaster, The Financial Times (8. 6. 1973).

[24] George Horace Gallup: The Gallup poll. Public opinion, 1972-1977, Wilmington/Del. 1978, S. 172.

[25] Siehe zum Beispiel das unverständlicherweise von der Bundeszentrale für politische Bildung vertriebene Schwarzbuch Öl; Thomas Seifert/Klaus Werner: Schwarzbuch Öl. Eine Geschichte von Gier, Krieg, Macht und Geld, Wien 2005, S. 50; James C. Williams: Energy and the Making of Modern California, Akron/Ohio 1997, S. 1; Merrill: The Oil Crisis of 1973-1974, S. VII.

Heizölversorgungsengpässe waren ein Thema sowie die Schwierigkeiten der Elektrizitätswirtschaft, überall eine adäquate Stromversorgung zu garantieren.[26] Der Ausschussvorsitzende Wayne N. Aspinall skizzierte eine desolate Energieversorgungslage: Die Elektrizitätsversorgung sei instabil, was zu Brownouts und Blackouts führe; Kohlelieferungen blieben aus, und Gas sei in vielen Landesteilen quasi rationiert; im Ölbereich zeichne sich eine zunehmende Abhängigkeit von der OPEC ab; und die Atomenergie habe ihre Versprechen bisher nicht gehalten. Daraus ergäben sich schwerwiegende Probleme für die wirtschaftliche, politische und soziale Ordnung in den Vereingten Staaten: „A country that has developed and grown because of abundant and economic fuel and energy resources today faces the prospect of crippling shortages, rising costs, dependence on foreign sources of supply, and resulting industrial and social chaos unless the problem is understood and dealt with effectively. The strength and efficient operation of our economy, our standard of living, and our national and political security are all dependent on a continuous and adequate flow of environmentally acceptable energy fuels."[27]

Angesichts von Brownouts, Ölversorgungsengpässen und steigenden Preisen hatte Richard Nixon bereits im August 1970 ein Committee of the Domestic Council to study the National Energy Situation eingerichtet und hielt auf der Basis von dessen Bericht am 4. Juni 1971 vor dem Kongress eine Rede zur Energiepolitik.[28] Damit war er, wie er auch betonte, der erste US-amerikanische Präsident überhaupt, der dem Thema Energie eine ganze Rede widmete und die Entwicklung eines umfassenden Energieprogramms forderte.[29] Nachdem der National Environmental Protection Act im Vorjahr verabschiedet worden war, konstruierte die wesentlich von David Freeman vorbereitete Rede nun eine doppelte Herausforderung, die Energieprobleme zu lösen und zugleich die Umwelt zu schützen, denn „a sufficient supply of clean energy is essential if we are to sustain healthy economic growth and improve the quality of our national life."[30] Auch wenn der Industrie die Hauptaufgabe zukomme, um dieses Ziel zu erreichen, sah Nixon an verschiedenen Punkten staatlichen Handlungsbedarf: Die

---

[26] Henry Cashen II: Memo for John Whitacker: Fuel Shortage, January 12, 1971, NARA, Nixon Library, WHCF, SMOF, Whitaker, Box 54; Office of Emergency Preparedness: Survey of Electric Power Problems, May 1971, NARA, Nixon Library, WHCF, SMOF, Whitaker, Box 57.

[27] U.S. Congress. House. Committee on Interior and Insular Affairs (Hg.): Selected readings on the fuels and energy crisis, Washington 1972, S. vii.

[28] Office of the White House Press Secretary: The President's Energy Message. Fact Sheet, June 4, 1971, NARA, Nixon Library, WHCF, SMOF, Edward David, Box 101; zu den Energieversorgungs-problemen in den USA siehe David Edwin Nye: When the Lights Went Out. A History of Blackouts in America, Cambridge/Mass. 2010, S. 105-136.

[29] Office of the White House Press Secretary: Nixon's Energy Address to the Congress of the United States, June 4, 1971, NARA, Nixon Library, WHCF, SMOF, John Whitaker, Box 56; Office of the White House Press Secretary: Remarks of the President at Press Conference on The President's Energy Message, June 4, 1971, NARA, Nixon Library, WHCF, SMOF, Edward David, Box 101.

[30] Office of the White House Press Secretary: Nixon's Energy Address to the Congress of the United States, June 4, 1971, 1, NARA, Nixon Library, WHCF, SMOF, John Whitaker, Box 56.

Forschung und Entwicklung in den Bereichen alternativer Energien, vor allem der Kernenergie und der Kohlevergasung, müssten erleichtert und gefördert, die Ölförderung auf dem äußeren Festlandsockel sowie anderen Flächen der Bundesregierung erlaubt, der Bau von Kernkraftwerken beschleunigt, Schwefeldioxidemissionen gesenkt und Energie durch Sparmaßnahmen besser („more wisely") genutzt werden. Neben diesen energiepolitischen Maßnahmen sollten auch auf administrativer Ebene Veränderungen durchgeführt werden. Da bisher beim Hinzutreten neuer Energieträger jeweils neue Institutionen geschaffen worden seien, seien die energiepolitischen Kompetenzen jetzt zersplittert. Zur effektiven Gestaltung der Energiepolitik benötige man aber „a single agency which can execute and modify policies in a comprehensive and unified manner".[31] Bis zur Schaffung eines solchen Department of Natural Resources sollte das Energy Subcommittee des Domestic Council die Energiepolitik koordinieren. Energie wurde hier also als eigenständiges Politikfeld definiert, das auch institutionell insgesamt angegangen werden müsse, weil es nicht durch die Beschäftigung verschiedener Institutionen mit seinen Teilaspekten zu bewältigen sei. Die Energieprobleme vor der eigentlichen Ölkrise lösten also einen institutionellen Umgestaltungsprozess aus, der die Möglichkeiten bestimmte, wie die US-Regierung dem Ölembargo und den Preissteigerungen begegnen konnte.

5.1.2 Institutionelle Reorganisationen

Anfang 1973 gewann die von Nixon angekündigte Reorganisation und Zentralisierung der Energiepolitik an Fahrt und blieb für den Rest seiner Präsidentschaft ein wichtiges Handlungsfeld.[32] Während Nixons Aktionsmöglichkeiten durch den sich im Jahr 1973 entfaltenden Watergate-Skandal eingeschränkt und seine moralische Autorität öffentlich in Frage gestellt wurde, war die Energiepolitik ein Bereich, in dem er Handlungsfähigkeit unter Beweis zu stellen und Autorität zurückzugewinnen suchte.[33] Auch außerhalb des Weißen Hauses wurde jedoch die Reorganisation der Energiepolitik als immer dringlicher angesehen. Die National Science Foundation hatte dies schon 1971 angemahnt, und es war 1972 eine der zentralen Forderungen im Positionspapier des Außenministeriums zur „Impending Energy Crisis" gewesen.[34] Darüber hinaus forderte der demokratische Senator Henry M. Jackson Nixon im Juni 1972 in einem weit zirkulierenden Brief

---

[31] Ebd., S. 11.
[32] Siehe James Everett Katz: Congress and National Energy Policy, New Brunswick 1984, oder als kurzen, frühen Überblick Jack M. Holl: The Nixon Administration and the 1973 Energy Crisis. A New Departure in Federal Energy Policy, in: George H. Daniels/Mark H. Rose (Hg.), Energy and Transport. Historical Perspectives on Policy Issues 1982, S. 149-158.
[33] Die Zustimmungsraten zu Nixons Amtsführung sanken von 68% (approve) zu 25% (disapprove) Ende Januar 1973 auf 27% zu 60% im Oktober 1973 und wiesen dann bis zum Ende seiner Amtszeit nur noch geringe Schwankungen auf. Gallup: The Gallup poll, S. 95, 206.
[34] National Science Foundation: The U.S. Energy Problem. Vol. I: Summary Volume, Washington D.C. 1971; Department of State: The U.S. and the Impending Energy Crisis, March 9, 1972, NARA, Nixon Libary, NSC, Subject Files, Box 321, 83.

dazu auf, angesichts der gewachsenen Ölabhängigkeit vom Mittleren Osten eine kohärente energiepolitische Strategie zu entwickeln. Die energiepolitischen Kompetenzen, die bisher im Verteidigungs-, Außen- und Innenministerium sowie in der Federal Power Commission, dem Office of Emergency Preparedness und dem Energy Policy Subcommittee des Domestic Council verstreut seien, müssten in einer Behörde zusammengefasst werden.[35] Zum gleichen Ergebnis kam auch die von Jackson in Auftrag gegebene Analyse der Mitarbeiter des Committee for Interior and Insular Affairs: „There has never been, nor is there now, a national energy policy in any meaningful sense. Rather, the Federal Government pursues uncoordinated and complex national security; research and development; water, land, and mineral resources; environmental, health and safety, and economic policies which as a byproduct have profound energy consequences. [...] The energy consequences of past nonenergy decisions have contributed to the energy crisis."[36] Vorschläge für eine Zentralisierung der Energiepolitik kamen aus allen Richtungen: Der republikanische Kongressabgeordnete Keith Hastings schlug nach einer Reise, auf der er die Energiepolitik anderer Länder studiert hatte, vor, einen Council on Energy Policy zu schaffen, der die kurz-, mittel- und langfristige Energiepolitik koordinieren solle, die momentan von mehr als sechzig Bundesbehörden ausgeübt werde. Auch der National Petroleum Council, in dem Vertreter der Ölindustrie die Regierung berieten, forderte Ende 1972: „to develop a comprehensive national energy policy and a coordinated, consistent program to accomplish national energy goals."[37]

Als sich im Mai 1973 das Senate Committee on Foreign Relations unter dem Vorsitz von James William Fulbright mit den Implikationen der Energieproblematik für die amerikanische Außenpolitik beschäftigte, tauchte diese Forderung wieder auf. Wiederholt fragten Senatoren, wer eigentlich auf nationaler Ebene für die Energiepolitik zuständig sei, und suggerierten, dass diese höher aufgehängt und besser gesteuert werden müsse.[38] Auch der Ölexperte des Außenministe-

---

[35] Henry M. Jackson: Letter to the President: Concern about Oil Situation, June 13, 1972, NARA, Nixon Library, NSC, Inst. Files („H-Files"); NSSM 174, National Security and U.S. Energy Policy, Box H-197.

[36] U.S. Senate. Committee on Interior and Insular Affairs: Federal Energy Organization. A Staff Analysis prepared at the Request of Henry M. Jackson, Washington D.C. 1973; Teilabdruck in Howard Gordon/Roy Meador (Hg.): Perspectives on the energy crisis, Ann Arbor/Mich. 1977, S. 149-164, hier S. 149; siehe auch A Staff Analysis Prepared at the Request of Henry M. Jackson, Chairman, Committee on Interior and Insular Affairs, United States Senate. Pursuant to S. Res. 45, a National Fuels and Energy Policy Study, Serial No. 93-19 (92-54), Washington Gov. Printing Office 1973, in: ebd., S. 149-164; siehe dazu Wildavsky/Tenenbaum, S. 119-123.

[37] Hastings Keith to John C. Whitaker: Over a Barrel? A Report of a Trip Concerning Energy, June 22, 1972, NARA, Nixon Library, WHCF, SMOF, John Whitaker, Box 56. Siehe weitere Briefe in: Nixon, WHCF, SMOF, EPO, Box 24, Folder: Energy Policy; John G. McLean: The United States Energy Outlook and Its Implications for National Energy Policy, in: Annals of the American Academy of Political and Social Science 410, November (1973), S. 97-105.

[38] U.S. Congress. Senate. Committee on Foreign Relations: Energy and Foreign Policy. The Implications of the Current Energy Problem for United States Foreign Policy, Washington 1973, S. 81, 207.

riums James Akins gestand zu, dass die momentane Zuständigkeitsregelung nicht die beste sei, die er sich vorstellen könne. In der öffentlichen Debatte wurde die Strukturlosigkeit der Energiepolitik direkt mit dem politischen Aktionismus Nixons im Verlauf von Watergate korreliert. So meinte ein Kommentator der *Washington Post*, während die Regierung mit Watergate beschäftigt sei, gewännen ärgerliche Konsumenten den Eindruck, das Management der Versorgungsengpässe werde Regierungsmitarbeitern der zweiten Reihe ohne ausreichende Kompetenzen überlassen. Die Handlungsfähigkeit der Regierung stand also ganz grundsätzlich in Frage: „Politics is the business of responding to this kind of public anxiety. The ability to respond is the ability to govern, and that is the element now falling into doubt."[39]

Von Beginn an ging es also angesichts der energiepolitischen Herausforderungen für die Nixon-Regierung nicht nur darum, in einem neuen Politikfeld zu handeln, sondern auch darum, durch dieses Handeln ihre Regierungsfähigkeit insgesamt unter Beweis zu stellen.[40] Die dazu nötigen Umstrukturierungen der energiepolitischen Zuständigkeiten auf höchster Ebene waren während der Senatsanhörungen im Mai 1973 bereits voll im Gange. Auch in Antizipation von Gesetzesinitiativen des Kongresses wurde Charles DiBona, der in Oxford als Rhodes Scholar Ökonomie studiert und zuvor die US Naval Academy absolviert hatte, im Februar 1973 zu Nixons Special Assistant on Energy ernannt, dem sechs Mitarbeiter zur Seite gestellt werden sollten.[41] Parallel war bereits James Akins ab November 1972 als Nixons „de facto energy advisor" im Weißen Haus mit der Ausarbeitung eines Energieprogrammes beschäftigt, wurde aber im Mai 1973 zurück ins State Department geschickt, als seine Schlussfolgerungen sich als unpopulär erwiesen, und dann Botschafter in Saudi Arabien.[42] DiBona sollte den Präsidenten in allen energiepolitischen Fragen beraten und zudem die Arbeit des am 18. April 1973 geschaffenen National Energy Office koordinieren, dem John D. Ehrlichman, einer der wichtigsten Berater Nixons, Henry A. Kissinger als National Security Adviser und George P. Shultz, dem als Finanzminister die Oberaufsicht über die Finanz-, Wirtschafts- und Außenwirtschaftspolitik oblag, angehörten. Das National Energy Office hatte die Aufgabe, die Aktivitäten der verschiedenen Regierungsbehörden zu koordinieren und eine umfassende energiepolitische Strategie zu entwickeln.[43] Nachdem Ehrlichman mit Watergate okkupiert war und im Zuge des sich entfaltenden Skandals bald entlassen wurde, Kissinger sich

---

[39] The Quality of Government, The Washington Post (3.6.1973).
[40] Grossman: U.S. Energy Policy, S. 18-21 beschreibt dies kritisch als ein kriseninduziertes „do something"-Problem, das dann falsche oder nutzlose Entscheidungen erzwungen habe.
[41] Bruce Kehrli to H.R. Haldeman: White House Staff Man on Energy, February 5, 1973, NARA, Nixon Library, WHSF, Staff Secretary, Box 96; zu den Differenzen über die personelle und räumliche Ausstattung siehe ebd.
[42] Bruce Andre Beaubouef: The strategic petroleum reserve. US energy security and oil politics, 1975-2005, College Station/Tex. 2007, S. 11-12; Yergin: The Prize, S. 591.
[43] Executive Order 11712: Special Committee on Energy and National Energy Office, April 18, 1973, NARA, Nixon Library, WHCF, Subject Files, FG 6-23.

kaum für Energiefragen interessierte und auch Shultz diesen Bereich delegierte, bestand schnell neuer Umstrukturierungsbedarf.[44]

Schon gut zwei Monate später, am 29. Juni 1973, wurde das National Energy Office durch das Energy Policy Office ersetzt, dem nun John A. Love, der ehemalige republikanische Gouverneur von Colorado, vorangestellt wurde, der von Nixon und in der Öffentlichkeit als „energy czar" bezeichnet wurde.[45] Mit dem Begriff des Zaren wurden in den USA Regierungsmitarbeiter bezeichnet, die quasi uneingeschränkte Verfügungsgewalt über ein bestimmtes Politikfeld erhielten. Nachdem es „Zaren" bisher vor allem in Kriegszeiten gegeben hatte, erneuerte Nixon eine begriffliche Tradition und verdeutlichte damit zugleich die Dimension der Herausforderung, vor der er die Nation sah. Zusammen mit seinem Stellvertreter Charles DiBona und einem kleinen Mitarbeiterstab übernahm Love mit dem Energy Policy Office nicht nur die energiepolitischen Zuständigkeiten des National Energy Office, sondern auch verschiedener Ministerien wie dem Department of Interior und dem Department of Agriculture, Commerce Department, sowie dem Army Corps of Engineers und anderer Behörden. Nixon begründete auch die erneute Umstrukturierung damit, dass die bisherigen Strukturen der Energieproblematik nicht mehr gerecht würden: „The acquisition, distribution, and consumption of energy resources have become increasingly complex and increasingly critical to the functioning of our economy and our society. But the organization of the Federal Government to meet its responsibilities for energy and other natural resource policies has not changed to meet the new demands."[46] Das Energy Policy Office sollte hier Abhilfe schaffen und die Energiekomptenzen der Regierung auf höchster Ebene zentralisieren.[47] Love und dem Energy Policy Office oblag der Umgang mit den Folgen des Ölembargos und der Ölpreissteigerungen, so dass sie zu Beginn und in der Hochphase der Ölkrise zunächst im Rampenlicht der Öffentlichkeit standen.

Als das Öl durch die Entscheidung von OPEC und OAPEC Mitte Oktober 1973 zum zentralen Gegenstand der internationalen Politik und der nationalen Sicherheit wurde, beschäftigte sich neben dem Kabinett auch der National Security Council mit der Gestaltung der US-Energiepolitik. In den Sitzungen der ihm zuarbeitenden Senior Review Group sowie der stärker ausführungsorientierten Washington Special Actions Group wurden Vorlagen des Energy Policy Office diskutiert, wobei Love und DiBona gegebenenfalls anwesend waren. Daneben oblag ihnen formal die Koordination der in der Krise neu gegründeten interministeriel-

---

[44] de Marchi: Energy Policy under Nixon, S. 434; Katz: Congress and National Energy Policy, S. 18.
[45] de Marchi: Energy Policy under Nixon, S. 435f.
[46] Office of the White House Press Secretary: Statement by the President, June 29, 1973, NARA, Nixon Library, WHCF, SMOF, EPO, Box 24, 2f.; ähnlich argumentierte auch Love gegenüber den Kollegen; siehe John A. Love: Memorandum for Attendees at Roosevelt Room Meeting 2 August 1973: Energy Policy Development. Implementation and Process, NARA, Nixon Library, Nixon, WHCF, SMOF, EPO, Box 24, Folder. Energy Policy.
[47] http://www.nixonlibrary.gov/forresearchers/find/textual/central/smof/epo.php (16.11.2010); NARA, Nixon Library, WHCF, Subject Files, FG 6-23.

len Emergency Energy Action Group, die Mitte November ins Leben berufen wurde, als die bestehenden Strukturen des Energy Policy Office nicht mehr auszureichen schienen, um Krisenreaktionsstrategien zu entwerfen.[48] Diese operierte aber weitgehend an Love vorbei und auch sonst überschnitten sich im Zentralisierungsprozess des Jahres 1973 die Zuständigkeiten, und Kompetenzzuweisungen waren unklar.

Für die langfristige Umorganisation wurden schon Pläne zur Schaffung eines Departments of Energy and Natural Resources entworfen. Parallel dazu waren nach der Schaffung des National Energy Office zu dessen Unterstützung drei Abteilungen im Innenministerium eingerichtet worden, die sich mit Datenerhebung, Energiesparen sowie Forschung und Entwicklung beschäftigten: das Office of Energy Data and Analysis, das Office of Energy Conservation und das Office of Research and Development mit insgesamt 34 Mitarbeitern.[49] Außerdem bestand das Oil Policy Committee, in dem die Außen-, Innen-, Verteidigungs- und Handelsminister sowie der Vorsitzende des Councils of Economic Advisers das Ölimportkontrollprogramm überwacht hatten, neben dem National Energy sowie dem Energy Policy Office zunächst weiter fort. Seine Leitung hatte fast zeitgleich mit DiBonas Ernennung zu Nixons Energieberater William E. Simon übernommen, der erst im Januar 1973 Staatssekretär unter Shultz im Finanzministerium geworden war, in dem nun auch die Verantwortung für die Ölimportkontrolle aus dem Office of Emergency Preparedness angesiedelt war.[50] Simon hatte zuvor als Seniorpartner bei Salomon Brothers gearbeitet und sich nicht mit Öl- oder Energiepolitik beschäftigt, wie er bei seiner Ernennung freimütig zugab.[51] Um sich das nötige energiepolitische Fachwissen anzueignen, bildete er eine informelle Arbeitsgruppe, sein sogenanntes „Küchenkabinett". Dies bestand aus dem Energieexperten des State Department James Akins, Peter Flanigan und Stephen Wakefield aus dem Innenministerium, Duke Ligon und William Johnson aus dem Finanzministerium und Jack Bennett, der für Exxon arbeitete.[52] Ausgerüstet mit

---

[48] NARA, Nixon Library, WHCF, SMOF, EPO, Box 24; de Marchi: Energy Policy under Nixon, S. 449f.

[49] Siehe NARA, Nixon Library, WHCF, SMOF, EPO, Box 61; Office of the Secretary, Supplemental Request: Office of Energy Conservation, Office of Energy Data and Analysis, Office of Research and Development, November 1973, NARA, Nixon Library, WHCF, SMOF, EPO, Box 73. Zu den Entwürfen für das Department of Energy and Natural Resources siehe Lafayette College Libraries, Easton/Pa (LCL), WSP, Series III A, Drawer 12, Folder 57; zur energiepolitischen Umstrukturierung allgemein siehe auch Martin Greenberger: Caught Unawares. The Energy Decade in Retrospect, Cambridge/Mass. 1983, S. 99-106.

[50] Executive Order 11703: Assigning Policy Development and Direction Functions with respect to the Oil Import Control Program, February 2, 1973, NARA, Nixon Library, White House Special Files, Subject Files, FG 276.

[51] Remarks by William E. Simon, Deputy Secretary of the Treasury, Announcing his appointment as Chairman of the Oil Policy Committee, January 26, 1973; Memo for the Record: Notes of Oil Policy Committee Meeting, February 13, 1973, LCL, WSP, Series III A, Drawer 15, Folder 40.

[52] William E. Simon/John M. Caher: A Time for Reflection. An Autobiography, Washington D.C./Lanham/Md. 2004, S. 78.

ihrer Expertise sowie einem offensichtlichen Drang, die Führung zu übernehmen und in der Öffentlichkeit zu stehen, stieg Simon in den folgenden Monaten und dann noch einmal beschleunigt im Rahmen der Energy Emergency Action Group zur zentralen Figur der US-Ölpolitik auf.[53]

Diese Doppelstruktur, die unklaren Zuständigkeitsbereiche und verschiedene Ansichten über den Grad der notwendigen Staatsintervention im Energiebereich führten zu Konflikten zwischen Shultz und Simon auf der einen und Love und DiBona auf der anderen Seite.[54] Als mit der Federal Energy Administration ein eigener Apparat für Simon geschaffen werden sollte, verließen Love und DiBona Anfang Dezember 1973 ihre Positionen.[55] An die Stelle des Energy Policy Office trat jetzt das Federal Energy Office als Zentralstelle zur Gestaltung der Energiepolitik, das von Simon geleitet und mit wesentlich umfangreicheren Kompetenzen und Ressourcen ausgestattet wurde.[56] Nach Nixons Vorstellung sollte Simon die zunächst Love zugedachte Funktion des Energiezaren besser ausfüllen und, ausgestattet mit der nötigen Gestaltungsmacht, Handlungsfähigkeit demonstrieren: „I told the Emergency Energy group yesterday that Bill Simon is a hardcharger, as rough and tough as they come, and that's just the way I want him to be. He may be the first czar to survive a revolution."[57] In der entscheidenden Kabinettsitzung verglich Nixon den Kompetenzspielraum Simons angeblich sogar mit dem Albert Speers als Reichsminister für Bewaffnung und Munition.[58] Schon kurz zuvor hatte Nixon betont, dass er persönlich und regelmäßig an der Arbeit seiner Energieberater mitwirke und dies weiter tun werde, um die zur Überwindung der Energiekrise notwendigen Maßnahmen schnell und effektiv durchzusetzen.[59]

---

[53] Zur Energy Emergency Action Group siehe NARA, Nixon Library, WHCF, SMOF, EPO, Box 24.

[54] Schon Mitte Oktober war der Konflikt zwischen Love und Simon so offen, dass er für Brent Scowcroft einen Grund darstellte, Kissinger davor zu warnen, neben Love auch Simon zu einer Sitzung der Washington Special Actions Group zu laden; Kissinger Telcon with Brent Scowcroft, October 13, 1973, 1725 Local Time, DNSA, KA 11224. Kissinger stand aber auf der Seite Simons und scheint wenig von Loves Fähigkeiten gehalten zu haben, weshalb er darauf bestand, dass auch Charles DiBona anwesend sein sollte; Kissinger Telcon with Brent Scowcroft, October 13, 1973, 1730 Local Time, DNSA, KA 11225. Siehe auch Greenberger: Caught Unawares.

[55] NARA, Nixon Library, White House Special Files, Staff Member and Office Files, Ronald Ziegler, Box 51: News Top, December 4, 1973: „Other major story is the departure of Love and DiBona; both resigned over the shift of power and responsibility to Simon and the new FEA; noted in some cases was Love's sentiment that he would be either superfluous or that he was roughed up – in the in-fighting with Laird-Shultz, and most probably over the issue of raising the price or rationing." Zu den Konflikten siehe auch Yanek Mieczkowski: Gerald Ford and the Challenges of the 1970s, Lexington/Ky. 2005; Grossman: U.S. Energy Policy, S. 27.

[56] De Marchi: Energy Policy under Nixon, S. 450 f.

[57] Suggested Energy Statement, 10 AM, December 13, 1973, NARA, Nixon Library, WHSF, Pres. Pers. Files, Box 89.

[58] Simon/Caher: A Time for Reflection, S. 84.

[59] So in der Energieansprache am 25. November 1975. NARA, Nixon Library, WHSF, Pres. Pers. Files, Box 89: „I pledge to do everything in my power to insure that the decisions I have announced will be carried out swiftly and effectively and fairly [...] I intend to participate personally and on a regular basis, as I have since I last addressed you 3 weeks ago, in the work of my energy advisers."

Als Grund für die Umstrukturierung nannte Nixon die Verschärfung der energiepolitischen Lage durch das Ölembargo; neben ihrer „policy-making role" müsse die Regierung folglich direkt in „operational matters" eingreifen.[60] Dies geschah auf der Basis des Emergency Petroleum Allocation Act, der Ende November in einem raschen Verfahren und mit parteiübergreifender Zustimmung verabschiedet und unterzeichnet wurde. Schon kurz nachdem im April 1973 die Ölimportbeschränkungen durch ein Besteuerungssystem ersetzt worden waren, hatte die Regierung die Ölfirmen instruiert, ihre Produkte in der gleichen Höhe wie im Vorjahr zunächst an bestimmte Kunden zu liefern, denen Priorität eingeräumt wurde, wie zum Beispiel Landwirten, Lebensmittelherstellern, Gesundheitsdiensten oder der Polizei.[61] Mit dem Emergency Petroleum Allocation Act wurde aus dem freiwilligen Zuteilungssystem ein verpflichtendes, kompliziertes Ölverteilungssystem, durch das der Zugang der Endverbraucher sowie unabhängiger Marktteilnehmer zum Öl gesichert werden sollte.[62] Die Zuteilungen sollten auf der Basis des Verbrauchs von 1972 erfolgen, wobei fast alle Marktteilnehmer Reduktionen hinnehmen mussten. Paradoxerweise plädierte gerade William Simon, der sich in seinen späteren autobiographischen Schriften als Antibürokrat und Wirtschaftsliberaler reinsten Wassers gerierte und mit der Olin Foundation aktiv marktliberale Ideen verbreitete, für verpflichtende Allokationsregelungen, die er rhetorisch von einem Rationierungssystem zu unterscheiden suchte.[63] Zur Festlegung der Allokationen war eine gewaltige Bürokratie nötig, die Simon in Windeseile aufbaute, die aber trotzdem an der Komplexität der Aufgabe scheiterte, so dass das Allokationsregime in Kombination mit den Preiskontrollen die Versorgungsprobleme eher verschärfte als minderte.

Das auf diese Weise entstandene Federal Energy Office war von Beginn an als Übergangslösung gedacht, bis der Kongress der Einrichtung einer Federal Energy Administration zustimmen bzw. das länger geforderte Department of Energy and Natural Resources realisiert würde. Neben der Verwaltung des Allokations-

---

[60] Noel Koch: Final Draft for Nixon's Announcement of the creation of a Federal Energy Office, December 3, 1973, NARA, Nixon Library, WHCF, Subject Files, FG 6-26: „We must now strengthen our ability to make and implement our energy program."
[61] Philip K. Verleger: The Role of Petroleum Price and Allocation Regulations in Managing Energy Shortages, in: Annual Review of Energy 6 (1981), S. 483-528, hier S. 487; Vietor: Energy Policy in America, S. 244; de Marchi: Energy Policy und Nixon, S. 434-441.
[62] Verleger: The Role of Petroleum Price and Allocation Regulations in Managing Energy Shortages, S. 491-493; Beaubouef: The strategic petroleum reserve, S. 18.
[63] Grossman: U.S. Energy Policy, S. 27 f.; Mieczkowski: Gerald Ford and the Challenges of the 1970s, S. 201 f.; Gene T. Kenney: Simon drives hard to turn oil around, in: Oil and Gas Journal 71, April (1973): „When Simon refers to a return to the ‚free market,' he means an oil market remaining under price surveillance required by the oil import proclamation"; zu Simons Engagement als neoliberaler „idea broker" siehe Rodgers: Age of fracture, S. 7. Meg Jacobs' Interpretation der Energiepolitik unter Nixon und Ford als Schule der späteren neoliberalen Deregulierungspolitik kann diesen Regulierungseifer nicht überzeugend erklären; Meg Jacobs: Wreaking Havoc from within. George W. Bush's Energy Policy in Historical Perspective, in: Julian E. Zelizer (Hg.), The Presidency of George W. Bush. A First Historical Assessment, Princeton/N.J. 2010, S. 139-168.

systems wurden Simon und sein Stellvertreter John Sawhill, ein Ökonom, der vorher im Office of Management and Budget für Rohstoffe, Energie und Wissenschaft zuständig gewesen war, außerdem damit beauftragt, Daten zur kurz- und langfristigen Energieversorgung der USA zu sammeln.[64] Das Federal Energy Office übernahm nicht nur die Funktionen der Energieabteilungen des Innenministeriums sowie des Cost of Living Councils und anderer Behörden, sondern auch ausgewählte Mitarbeiter.[65] Unter Simons Führung wuchs das Federal Energy Office schon im Januar auf ca. 100 Mitarbeiter, sollte nach internen Vorstellungen einschließlich der nachgeordneten regionalen Büros einmal weit über 1000 Mitarbeiter haben und wurde zur zentralen Institution der Energiepolitikgestaltung in den USA.[66] Nichtsdestoweniger bestanden Kompetenzüberschneidungen weiter fort und das auch noch, nachdem im Juni 1974 durch den Federal Energy Administration Act dann tatsächlich die Federal Energy Administration das Federal Energy Office ersetzte, dessen Aufgaben Personal und Ausstattung übernahm und das Oil Policy Committee abgeschafft wurde.[67] Um die Zuständigkeiten zwischen der Federal Energy Administration, der ebenfalls neu geschaffenen Energy Research and Development Administration sowie den Energieabteilungen im Innen-, Außen- und Finanzministerium zu regeln und die Grundlinien der Energiepolitik zu bestimmen, wurde daher auf Ministerebene ein Committee on Energy gegründet.[68] Letzterem stand der inzwischen zum Finanzminister aufgestiegene Simon vor, während sein ehemaliger Stellvertreter John Sawhill nun die Federal Energy Administration leitete.[69] Ab November übernahm die Leitung dann Simons ehemaliger Mitarbeiter Frank Zarb. Der Restrukturierungsprozess endete dann letztlich in der Schaffung des Department

---

[64] Establishment of a National Energy Board and Federal Energy Administration, NARA, Nixon Library, WHCF, Subject Files, FG 6-26.

[65] Ebd. und Ebd., S. 85. Neben Sawhill waren dies unter anderen Eric Zausner, der vorher die neuen Energieabteilungen im Innenministerium aufgebaut hatte und nun für die Datensammlung und -auswertung zuständig war, John A. Hill, der der Emergency Energy Action Group zugearbeitet hatte, und der vorherige Direktor des Office of Oil and Gas Duke Ligon. Frank Zarb kam aus dem Office of Management und Budget dazu. Stephen A. Wakefield aus der Energieabteilung des Innenministeriums sowie John A. Knubel, der an den Studien des National Security Councils zur Energiepolitik mitgewirkt und zu Beginn des Embargos Kissinger zugearbeitet hatte, waren für die internationale Ölpolitik zuständig. Siehe die Biographien in NARA, Nixon Library, WSHF, Staff Secretary, Box 99, Folder: Energy Reorganization; zur Organisationsstruktur des Federal Energy Office siehe LCL, WSP, Series III A, Drawer 14, Folder 4.

[66] Siehe Federal Energy Office: Supergrade Summary und Staffing Ceiling, LCL, WSP, Series III A, Drawer 14, Folder 4; Fiscal Year 1974 Supplemental Budget Request for Executive Office of the President. Federal Energy Office. Salaries and Expenses, LCL, WSP, Series III A, Drawer 13, Folder 16.

[67] Executive Order 11790: Providing for the Administration of the Federal Energy Administration Act of 1974, June 25, 1974, NARA, Nixon Library, WHCF, Subject Files, Box 2, FG 377.

[68] Frank G. Zarb: Memo for Alexander Haig: Coordinating Energy Policy and Programs, May 8, 1974; Office of the White House Press Secretary: Establishment of a Committee on Energy, June 14, 1974, NARA, Nixon Library, WHSF, Staff Secretary, Box 98.

[69] NARA, Nixon Library, WHCF, Subject Files, Box 2, FG 377; siehe auch Nixons Erklärung http://www.presidency.ucsb.edu/ws/index.php?pid=4199 (17. 11. 2010).

of Energy durch Jimmy Carter, das aber noch immer nicht alle energierelevanten Kompetenzen vereinigte.

Innerhalb nur eines Jahres hatten sich also die Rahmenbedingungen der Energiepolitikgestaltung in den USA fundamental verändert. Nachdem bis 1973 für Energiefragen Mitarbeiter verschiedener Ministerien und Behörden Ministerien in je verschiedenen, durch die Energieträger definierten Zusammenhängen zuständig gewesen waren, erzeugten akute Versorgungsprobleme und wachsende Ölimporte die Wahrnehmung einer Energiekrise, die nur eine zentrale und mit weitreicheneren Kompetenzen ausgestattete Institution bewältigen zu können schien. Gerade die staatlichen Interventionen durch die Preiskontrollen und das Allokationssystem erzeugten einen Bürokratisierungschub, der immer weitere Eingriffe nach sich zog.[70] Die schnellen Umbenennungen, Restrukturierungen, Kompetenzverschiebungen und -überschneidungen in den Jahren 1973/74 zeugen von der Hektik, mit der das Weiße Haus versuchte, die Energiekrise in den Griff zu bekommen – ein Eindruck, den auch Interviews mit den Mitarbeitern des Federal Energy Office nahezulegen scheinen.[71] Der Grad des Durcheinanders in der Administration zeigt sich unter anderem auch darin, dass dem Energy Policy Office nach dem Rücktritt von Love und DiBona zwar alle Zuständigkeiten entzogen wurden – mit der Ausnahme, dass sein Direktor dem inzwischen funktionslosen Oil Policy Committee vorstehen sollte –, das Büro aber mit vier Mitarbeitern und sieben Sekretärinnen weiter fortbestand. Erst im Februar 1974 fiel die Fortexistenz der führungs- und funktionslosen Abteilung dem Office of Management and Budget sowie der Verwaltung des Weißen Hauses unter anderem durch den Beförderungsantrag eines Mitarbeiters auf. Umgehend wurde Dave Hoopes, der für die Organisation des Weißen Hauses zuständige Berater Nixons, aufgefordert, diesen Zustand möglichst rasch zu beenden, bevor er öffentlich würde: „Governor Love and all the senior staff left or have been transferred from EPO, but technically the office is still alive and, in fact, eleven people are carried on its payroll, plus about 6 consultants. [...] I believe that these actions should be taken as quickly as possible to avoid any further embarrassment caused by the expenditure of government funds by an agency that has ceased to function and has no designated head."[72] Es verging allerdings ein weiterer Monat bis zum endgültigen Ende des Energy Policy Office am 26. März 1974, dessen Mitarbeiter offenkundig noch genügend Zeit hatten, die Korrespondenz zu ordnen und tausende Briefe, die ihnen in den ersten Monaten der Ölkrise zugegangen waren, fein säuberlich abzulegen.[73]

---

[70] In den zwölf Monaten nach dem Embargo wurden 2000 Gesetzesvorhaben in den Kongress eingebracht, die sich mit Energie beschäftigten, von denen die meisten allerdings scheiterten, und die Federal Energy Administration produzierte in den ersten 24 Monaten ihres Bestehens ca. 5000 Seiten im Federal Register. Grossman: U.S. Energy Policy, S. 3f.; Vietor: Energy Policy in America, S. 257.

[71] Auf deren Basis argumentieren Wildavsky/Tenenbaum: Politics of Mistrust, S. 141-165.

[72] Robert D. Linder: Memorandum for Dave Hoopes, February 23, 1974, NARA, Nixon Library, WHCF, Subject Files, FG 6-25, Box 2.

[73] Executive Order # 11775, March 26, 1974, NARA, Nixon Library, WHCF, Subject Files, FG 6-25, Box 2.

5.2 Ölexpertisen oder die Reduktion und Produktion von Unsicherheit

Am 1. Oktober 1973 urteilten die Herausgeber des *Oil and Gas Journals* angesichts der intensiven Debatten über den US-amerikanischen Energieengpass, dass inzwischen alle einflussreichen Führungsfiguren in Regierung, Kongress und Industrie mit den Grundlinien der amerikanischen Energieproblematik vertraut sein sollten.[74] Als neun Tage später der Energiezar John Love, der Vorsitzende der Atomic Energy Commission Dixy Lee Ray, der Direktor der National Science Foundation H. Guyford Stever, und William T. McCormick, Sekretär des Beirats für Forschung und Entwicklung im Energy Policy Office, eine Pressekonferenz zu dem von Präsident Nixon angekündigten zehn Milliarden schweren Investitionsprogramm für Forschung und Entwicklung im Energiebereich gaben, zeigte sich jedoch, dass dies nicht der Fall war. Nachdem keiner der Herren die angesichts der Embargodrohungen relevante Frage beantworten konnte, wie viel des in den USA verbrauchten Öls aus dem Mittleren Osten komme, hakte ein Journalist noch einmal ungläubig nach: „Can someone tell us what share, first of oil, and secondly of energy use as a whole, comes from Middle Eastern oil?" Wieder herrschte Schweigen, und Guyford Stever gab zu: „No, I do not know exactly."[75] Nur eine Woche vor dem Beginn des Ölembargos waren offenbar selbst zentralen Figuren der US-amerikanischen Energiepolitikgestaltung wesentliche Fakten der Öl- und Energieversorgung nicht bekannt. Dies dürfte sich in den folgenden Wochen geändert haben. Das Embargo erzeugte eine „urgency for data", die für nötig gehalten wurden, um die durch OPEC und OAPEC entstandene Unsicherheit zu reduzieren und eine kompetente Energiepolitik zu betreiben.[76] Daher überboten sich staatliche und nicht-staatliche Expertengremien bei dem Versuch, energiepolitische Informationen zur Entscheidungsfindung bereitzustellen. Aufgrund von drei Faktoren ließ sich jedoch die Idee, durch objektive Daten Unsicherheit zu reduzieren und Politik zu fundieren, kaum begrenzt umsetzen: 1. Kontingenz, 2. strukturelle Informationsprobleme und 3. widersprüchliche Expertisen.

1.) Nachdem OPEC und OAPEC Mitte Oktober 1973 Kommunikations- und Interaktionsroutinen zerstört hatten (Kapitel 4.2), musste versucht werden, das Verhalten der arabischen Förderländer zu antizipieren, um die eigenen Handlungen daran auszurichten. Dabei gab es aufgrund diverser Unwägbarkeiten einen hohen Unsicherheitsfaktor: Wie hoch würden die Produktionsbeschränkungen ausfallen? Einerseits waren 5 Prozent nur die Mindestvorgabe, andererseits wurde aber auch schnell klar, dass manche Länder heimlich doch mehr Öl zu liefern

---

[74] Energy Disaster Might Shock Nation's Leaders into Action (Editorial), in: Oil and Gas Journal 71,40 (1973), S. 27.
[75] Office of the White House Press Secretary: Press Conference, October 11, 1973, NARA, Nixon Library, WHCF, SMOF, Garmant, Box 83.
[76] Wildavsky/Tenenbaum: Politics of Mistrust, S. 112.

bereit waren.⁷⁷ Würde es möglich sein, die Beschränkungen und Embargoregelungen zielgenau durchzusetzen, oder würden die Ölkonzerne die geringere Ölmenge gleichmäßig verteilen können? Unter welchen Bedingungen – abgesehen von den öffentlich erklärten – würden die Förderländer ihre Beschränkungen wieder aufheben? „We have no idea yet just how much crude oil and product will be denied us by Arab action and the aftereffects of the war", urteilte zum Beispiel das grundsätzlich gut informierte *Oil and Gas Journal* Ende Oktober 1973.⁷⁸ Auch andere zur Energiepolitikgestaltung wichtige Faktoren waren unklar: Ab wann würden sich die Beschränkungen angesichts der oft langen Tankerfahrzeiten überhaupt wo auswirken? Wie hart würde der Winter werden, und welche Energiesparleistungen würden freiwillige und verpflichtende Maßnahmen erbringen? Auf all diese zentralen Fragen gab es keine einfachen und eindeutigen Antworten, sondern sie hatten einen hohen Unsicherheitsfaktor und waren damit offen für Spekulationen und kontroverse Diskussionen.

2.) Wie bereits ausgeführt wurde, fehlte 1973 in den Vereinigten Staaten aufgrund der Verteilung energiepolitischer Kompetenzen auf verschiedene Regierungsbehörden auf mittlerer Ebene eine zentrale Institution, die energiepolitische Daten hätte sammeln und kompetent auswerten können.⁷⁹ Die Ölfirmen berichteten zwar dem von ihnen gegründeten American Petroleum Institute monatlich über Importe und Raffinerietätigkeit, aber nachdem die Majors schon vor dem Embargo bezichtigt worden waren, die Energiekrise zu inszenieren, um sich selbst eine günstigere Marktposition zu verschaffen, galten die Zahlen des API immer weniger als verlässlich. Die Tatsache, dass die Vereinigten Staaten über kein unabhängiges System der Energieberichterstattung verfügten, wurde zunehmend skandalisiert. So berichtete CBS Anfang Dezember, die Regierung verlasse sich vollkommen auf die Daten, die ihr von der Industrie übermittelt würden. Die Beteuerungen der Firmen, dass sie alle relevanten Informationen herausgäben, wurden mit der Nachricht kontrastiert, dass EXXON, Mobil und Union Oil in Kalifornien gerade ein staatliches Komitee verklagten, das sie zur Offenlegung von Daten zwingen wollte.⁸⁰ Dieser Vertrauensverlust in die Daten der Industrie führte zur Einführung einer Berichtspflicht für die Firmen und dem Versuch, im Federal Energy Office ein eigenes Berichtssystem aufzubauen. Denn, so Simon: „As I've said on many occasions, this is the most – probably the greatest imperfection. For years there was a totally inadequate reporting system in the petroleum industry."⁸¹ Das Federal Energy Office duplizierte somit die Datenerhebungen des API, stellte

---

⁷⁷ CIA: The Current State of the Arab Oil Embargo, November 5, 1973, CIA, Doc No/ESDN: 51112a4b993247d4d8394534.
⁷⁸ Arab oil embargo deserves consideration (Editorial), in: Oil and Gas Journal 71,44 (1973), S. 47.
⁷⁹ Greenberger: Caught Unawares, S. xxi, schließt sich Craufurd D. Goodwin an, der feststellte, die Energiepolitik der USA sei erratisch gewesen. Gefehlt habe ein „sizable and capable body of disinterested and broadgauged specialists competent to deal with complex issues of energy policy".
⁸⁰ NARA, Film Archive, 6694, Tape 2: Weekly News Summary of Week 3-9 Dec 73.
⁸¹ Issues and Answers: An Interview with William E. Simon, ABC Network, January 6, 1974, LCL, WSP, Series III A, Drawer 13, Folder 39.

dieses Unternehmen aber nach kurzer Zeit wieder ein, als sich die Zahlen nur unwesentlich von denen des API unterschieden.[82] Schon zeitgenössisch wurde zudem bezweifelt, ob es überhaupt möglich sei, kurzfristige energiepolitische Entscheidungen in der Krise auf einer korrekten und vollständigen Energieberichterstattung zu gründen. So argumentiert die *Washington Post*, die Zusammenstellung von Einfuhr-, Verteilungs- und Verbrauchsdaten sei ein extrem komplexer und langwieriger Prozess und die Zahlen veralteten zu schnell, als dass man die Politik an ihnen ausrichten könne.[83]

3.) Die Versuche des Innenministeriums bzw. des Federal Energy Office, mit einem wöchentlichen *Petroleum Situation Report* die Informationsdefizite und die daraus resultierende Unsicherheit zu beheben, indem sie genau über die Versorgungslage berichteten und die voraussichtlichen Mindereinfuhren sowie Verbrauchsreduktionen abschätzten, zeitigten aber auch gegenteilige Effekte.[84] Aufgrund der unübersichtlichen Berichtslage veränderten sich diese Schätzungen schnell und erhöhten damit eher die Unsicherheit, anstatt sie zu reduzieren. Für die *Washington Post* waren die Berichte ohnehin „90 per cent hokum and 10 per cent best wishes for the New Year", und selbst Simon gab selbstkritisch zu: „Maybe we have just been a little too ambitious in our desire to attempt to settle all the facts in front of you in these days of credibility crises and problems. And the result has been some confusion."[85] Diese Verwirrung wurde noch dadurch erhöht, dass sich auch andere Regierungsstellen und Energieexperten zur Versorgungslage äußerten und so eine ganze Reihe unterschiedlicher Zahlen im Raum standen. Der Anspruch, Politik auf korrekten Daten zu begründen und so zu legitimieren, schlug zurück, als die Daten einander widersprachen.

Am 14. Dezember 1973 eröffnete Henry M. Jackson die Anhörungen des Senate Committee on Government Operations, die das Ziel hatten, das Ausmaß der Versorgungsengpässe zu bestimmen und die Maßnahmen der Regierung zu evaluieren, die die Auswirkungen auf das Leben der Bevölkerung minimieren sollten. Dabei stellte Jackson eingangs fest, dass die Öffentlichkeit nicht gut informiert, sondern durch widersprüchliche Informationen verwirrt sei. Senatoren wie Abraham Ribicoff, ein Demokrat aus Connecticut, berichteten von verstörten Wählern und Journalisten in ihren Wahlkreisen, die nicht mehr wüssten, welchen Informationen sie noch trauen könnten.[86] Als John Sawhill vor dem Ausschuss aussagte,

---

[82] Wildavsky/Tenenbaum: Politics of Mistrust, S. 145–147.
[83] The Unknowns in the Oil Shortage, The Washington Post (22.12.1973): „The biggest mistake that anyone could make, in oil policy, is to assume that he has accurate and complete figures on fuel supply and demand. The second biggest mistake is to assume that anybody else has accurate and current figures."
[84] Finden sich verstreut in den Akten, zum Beispiel in NARA, Nixon Library, WSHF, Staff Secretary, Box 99.
[85] Federal Energy Office: Press Conference, William E. Simon and John C. Sawhill, January 3, 1974, LCL, WSP, Series III A, Drawer 13, Folder 39.
[86] U.S. Congress. Senate. Commitee on Government Operations: Conflicting Information on Fuel Shortages. Hearings before the Permanent Subcommittee on Investigations, Washington D.C. 1973, S. 1, 4.

das Öldefizit werde im ersten Quartal 1974 3,27 Millionen Barrel pro Tag betragen, fragte Jackson kritisch nach, indem er die Polyphonie der Regierung offenlegte: Seit Anfang Oktober hätten verschiedene Regierungsstellen Lieferausfallschätzungen von 1,6 bis 3,27 Millionen Barrel pro Tag abgegeben: „Do you feel now that you have any more accurate means of making these estimates than we had earlier?"[87] Wenn die Versorgungsausfälle schon schwer vorherzusagen waren, galt das für ihre Auswirkungen auf die US-Wirtschaft in umso stärkerem Maße, und Herb Stein vom Council of Economic Advisers gestand freimütig ein, seine Berechnung, das Embargo werde die Arbeitslosenrate um 0,3 bis 0,6 Prozent steigern, sei „a very speculative and ‚iffy' thing".[88]

Als der Anspruch wissenschaftlicher Politikfundierung trotz aller Anstrengungen nicht eingelöst werden konnte, sondern im Gegenteil die Konfusion eher verstärkte, wurden Verschwörungstheorien weiter befeuert, die Ölfirmen hätten die Versorgungsprobleme inszeniert. In Umfragen machte nur ein geringer Teil der Bevölkerung die arabischen Länder für die Probleme verantwortlich, während weit mehr die Schuld bei der Regierung oder den Ölfirmen sahen.[89] Auch Henry M. Jackson spielte in seiner Eröffnung des Untersuchungsausschusses zum Verhalten der multinationalen Ölkonzerne auf diese Theorien an und erneuerte zugleich den Anspruch, effektive Energiepolitik müsse auf korrekten Daten basieren: „We meet here this morning in an effort to get the facts about the energy crisis. The facts are – we do not have the facts. We are not here to get anyone. We are here to get the facts so that Congress can legislate effectively. The American people want to know if there is an oil shortage. The American people want to know why the prices of home heating oil and gasoline have doubled when the companies report record high inventories of these stocks. The American people want to know whether oil tankers are anchored offshore waiting for a price increase or available storage before they unload. The American people want to know whether major oil companies are sitting on shut-in wells and hoarding production in hidden tanks and at abandoned service stations."[90] Die Untersuchungsausschusssitzungen verstärkten so immer wieder die Aufmerksamkeit für ein Problem, zu dessen Lösung sie nichts beitragen konnten. Nach den ersten drei

---

[87] Ebd., S. 7; siehe auch U.S. Congress. Senate. Committee on Interior and Insular Affairs: Estimates and Analysis of Fuel Supply Outlook for 1974, Washington 1973.

[88] U.S. Congress. Senate. Commitee on Government Operations: Conflicting Information on Fuel Shortages. Hearings before the Permanent Subcommittee on Investigations, Washington D.C. 1973, S. 94f.

[89] Laut einer Gallup-Umfrage glaubten nur sieben Prozent der amerikanischen Bevölkerung, dass die arabischen Länder für die Energiekrise verantwortlich seien. Im Dezember 1973 machten 25 Prozent die Ölfirmen, 23 die amerikanische Regierung im Allgemeinen, 19 die Nixon-Administration und 16 die US-amerikanischen Verbraucher für die Versorgungsschwierigkeiten verantwortlich, wobei signifikante Unterschiede nicht zwischen den Verbrauchern, sondern nur zwischen Republikanern und Demokraten bestanden. Gallup: The Gallup poll, S. 226.

[90] U.S. Congress. Senate. Committee on Government Operations: The Major Oil Companies. Hearings before the Permanent Subcommittee on Investigations, Washington D.C. 1974, S. 113.

Tagen der Anhörungen der Konzerne stellte Jackson fest, weder die Regierung noch sonst jemand verfüge über zuverlässige Daten über Ölvorräte, -bedarf, -verbrauch und -importe.[91] Dem Demokraten Jackson, der selbst Präsidentschaftsambitionen verfolgte, ging es in den Senatsanhörungen vielleicht auch weniger um die Bewältigung der Energiekrise als vielmehr darum, die Nixon-Regierung inkompetent und nicht handlungsfähig erscheinen zu lassen.[92] Trotz seines politischen Interesses sind seine Einschätzungen der Informationslage aber nicht von der Hand zu weisen und geben zumindest einen verbreiteten öffentlichen Eindruck wieder.

Auch fehlende oder widersprüchliche Informationen über die energiepolitische Lage stellten in der Ölkrise also die Souveränität und Legitimität der Regierung in Frage, weil ein verwissenschaftlichtes Politikverständnis gemeinhin geteilt wurde. Experten innerhalb und außerhalb der Administration wollten und sollten hier Abhilfe schaffen: Sie sollten die nötigen Daten sammeln und auswerten sowie die zukünftige Entwicklung im Energiebereich abschätzen, um kompetente energiepolitische Entscheidungen zu ermöglichen. Expertenkommunikation sollte die Handlungsfähigkeit der Regierung erhöhen, aber – und zumindest ebenso wichtig – auch öffentlich demonstrieren, dass die Regierung auf Grundlage bester Informationen handelte. Diese Strategie war jedoch auch deshalb nur in geringem Maß erfolgreich, weil das Petroknowledge der Experten, in hohem Maße disziplinär gebunden, heterogen und widersprüchlich war. Sie konnten sich allenfalls darüber einigen, dass es ein Problem mit der Öl- bzw. Energieversorgung gab und eventuell auch über dessen Ausmaß, aber über die Fragen, wie es entstanden (5.2.1) oder wie es zu beheben sei (5.2.2), gingen die Meinungen weit auseinander.

5.2.1 Ursachenanalyse: Geologie, Ökonomie und Politik

Petroknowledge wurde vor allem von drei Expertengruppen produziert, die zumeist in der Ölindustrie oder der Wissenschaft, partiell aber auch in Regierungsbehörden tätig waren: Petroleum-Geologen und Petroleum-Ingenieure in der Industrie, an den Universitäten und beim US Geological Survey oder vergleichbaren Institutionen hatten sich am längsten mit der Frage beschäftigt, wo im Boden welche Mengen Öl lagern und wie diese gefördert und genutzt werden können (Kapitel 2.4).[93] Mit der wirtschaftlichen Bedeutungssteigerung des Öls widmeten sich aber zunehmend auch Wirtschaftswissenschaftler den speziellen Problemen des Umgangs mit Ressourcen, die sie über allgemeine ökonomische Prinzipien von Angebot, Nachfrage und Preis aufzuschlüsseln versuchten. Darüber hinaus

---

[91] U.S. Congress. Senate. Committee on Government Operations: The Federal Energy Office. Hearings before the Permanent Subcommittee on Investigations, Washington D.C. 1974, S. 597.
[92] Robert G. Kaufman: Henry M. Jackson. A Life in Politics, Seattle 2000, S. 301–306.
[93] Siehe dazu ausführlicher Graf: Expert Estimates of Oil-Reserves; ders. Ressourcenkonflikte als Wissenskonflikte.

5.2 Ölexpertisen oder die Reduktion und Produktion von Unsicherheit 143

nahmen in den 1970er Jahren auch Sozial- und Politikwissenschaftler für sich in Anspruch, handlungsleitendes Wissen zur Öl- und Energiepolitikgestaltung zu liefern. Denn schließlich waren auf der einen Seite politische und soziale Fragen der Gesellschaftsorganisation entscheidend für die Höhe des Energieverbrauchs und auf der anderen schienen mit der Relevanzsteigerung des Mittleren Ostens als Ölförderregion und dem Erstarken von OPEC und OAPEC politische Faktoren wichtiger für die Sicherstellung der Energieversorgung zu werden.

Die drei Expertengruppen betrachteten die zukünftige Verfügbarkeit des Öls von sehr verschiedenen disziplinären Standpunkten aus und produzierten heterogene Formen des Petroknowledge, die nur partiell miteinander kompatibel waren und aus denen je verschiedene wirtschaftliche und politische Handlungsstrategien folgten. Dies galt vor allem für die Frage, ob der Ölkrise eine reale – gegenwärtig bestehende oder in naher Zukunft zunehmende – Verknappung des Rohstoffs zugrunde lag oder ob sie nur durch die Handlungen eines Produzentenkartells erzeugt worden und Öl eigentlich in ausreichendem Maße vorhanden sei.[94] Aus der Verknappungsannahme folgte, dass man sparsam mit dem Öl umgehen und mittelfristig auf andere Energieträger setzen musste. Nahm man hingegen an, dass die physischen Gegebenheiten dem Ölkonsum auf absehbare Zeit keine Grenzen setzen würden, sondern die Schwierigkeiten nur den Eingriffen in den Ölmarkt durch US-Regierung oder OPEC und OAPEC geschuldet waren, musste geklärt werden, welche ökonomischen oder politischen Gegenmaßnahmen ergriffen werden könnten. Über diese Fragen bestand zwischen den Energieexperten innerhalb und außerhalb der Administration ein Dissens, der im Streit um die Bestimmung der US-amerikanischen Energiepolitik lebhaft ausgetragen wurde und bis heute wird.

Geologen und Ingenieure waren nicht nur am konkretesten mit der Frage befasst, wie viel Öl verfügbar sei, sondern sie waren über lange Zeit auch mehr oder weniger die einzigen Experten gewesen, die sich kompetent zu ihr geäußert hatten. Aus ihrem Erfolg beim Auffinden und Erschließen neuer Ölquellen, die Ölreserven und Ölförderung weltweit stetig ansteigen ließen, sowie der Bedeutungssteigerung des Öls für das Funktionieren moderner industriell geprägter Gesellschaften resultierte in den 1960er Jahren ein hohes Standesbewusstsein (Kapitel 2.3).[95] Als die Ölförderung in den USA zu Beginn der 1970er Jahre ihren Höhepunkt durchschritt, wachsendes Umweltbewusstsein die Erfolgsbilanz des Verbrennens fossiler Energieträger in Frage zu stellen begann und sich die Berufsaus-

---

[94] Vietor: Energy Policy in America, S. 7, unterscheidet ganz ähnlich zwischen einer kollektivistischen und einer individualistischen Perspektive auf Ölreserven, und Wildavsky/Tenenbaum: Politics of Mistrust, S. 20, zwischen einer ressourcen- und einer preisorientierten Perspektive.

[95] Merrill W. Haas: The President's Page, in: Bulletin of the American Association of Petroleum Geologists 50 (1966), S. 1–2, hier S. 2: „As your life improves, the demand for oil will grow. Who will find the new reserves to keep the good life growing? Who will find the new reserves to keep intact our country's defense system so we will be free to enjoy the better things? Who will tell your message so people will know, understand, and thereby support the industry of which you are a vital part? You will!"

sichten für Petroleum-Geologen und -Ingenieure zu verschlechtern schienen, wurden ihre Verlautbarungen allerdings deutlich defensiver.[96] Unter anderem machte den Geologen zu schaffen, dass ihre Expertise zur Erschließung neuer Ölquellen in der Energiekrise zwar einerseits wichtiger denn je zu sein schien, aber andererseits immer mehr wortmächtige Experten ohne ausgewiesene geologische Kenntnisse sich anmaßten, energiepolitisches Wissen zur Verfügung zu stellen. Zwar sprachen Regierungsvertreter auf den Kongressen der Geologen und Ingenieure und betonten deren unerlässlichen Beitrag zur Sicherstellung der Energieversorgung: „You will have to act as guides in some of the most important aspects of our approach to the energy challenge. It is now up to you geologists to find the resources that are as yet undiscovered or undeveloped. Those of you who are petroleum engineers must find new and better ways to produce the fuels we need", erklärte Charles DiBona im Mai 1973 einer Versammlung von Petroleum-Ingenieuren und schmeichelte seiner Zuhörerschaft weiter mit der Versicherung, in Energiefragen äußerten sich gegenwärtig zu viele „simplifier" und dagegen seien ihre Stimmen als „complexifier" wichtig.[97] Aber es war doch deutlich, dass an den entscheidenden Stellen der Energiepolitikgestaltung im Weißen Haus und den Ministerien vor allem Ökonomen saßen, die zusammen mit Politik- und Sozialwissenschaftlern auch den öffentlichen Diskurs über Öl- und Energiefragen immer stärker bestimmten.

Diese Verschiebung der Diskurshegemonie durch die Politisierung und Ökonomisierung des Öls wurde auch in der American Association of Petroleum Geologists wahrgenommen. Ihre Präsidenten forderten, Geologen müssten ihre Expertise stärker in die Öffentlichkeit tragen und sich international kundig machen, anstatt sich nur auf die Arbeit an ihrer jeweiligen Öllagerstätte zu konzentrieren.[98] Im April 1974 verlangte Merrill W. Haas, der Staat solle sich aus der Energiepolitik zurückziehen und lieber den Firmen und damit den Geologen und Ingenieu-

---

[96] Sherman A. Wengerd: The President's Page. Year in Progress – Organization and Governance of our Association, in: Bulletin of the American Association of Petroleum Geologists 55 (1971), S. 1125-1127; Sherman A. Wengerd: The President's Page. A Single Professional Group – The Sloss Report on AAPD-AIPG Cooperation, in: Bulletin of the American Association of Petroleum Geologists 55 (1971), S. 1713-1714; Sherman A. Wengerd: The President's Page. An Allegory on association, in: Bulletin of the American Association of Petroleum Geologists 56 (1972), S. 989-990; James E. Wilson: The President's Page. Nonprofit, Okay – Deficit, No, in: Bulletin of the American Association of Petroleum Geologists 56 (1972), S. 837-838.

[97] Charles DiBona to American Association of Petroleum Engineers, Annaheim, California, May 14, 1973, 3,14, NARA, Nixon Library, WHCF, SMOF, EPO, Box 31; dort auch James E. Akins: New Myths and Old Prejudices, Institute of Gas Technology, November 16, 1972; Charles J. DiBona: National Energy Situation. Policy and Technical Implications [Martin Marietta Corporate R&D Conference], Baltimore, November 7, 1973; Charles DiBona at the 56th Annual Meeting of the national Coal Association, Washington, D.C., June 18, 1973; Charles DiBona at The American Mining Congress, Pittsburgh, Pennsylvania, May 7, 1973.

[98] John E. Kilkenny: The President's Page. AAPG is global, in: Bulletin of the American Association of Petroleum Geologists 59 (1975), S. 1-2; Edd R. Turner: The President's Page. Needed – Active Geologists, in: Bulletin of the American Association of Petroleum Geologists 58, Januar (1974), S. 1 f.

ren das Feld überlassen. Weil eine solide Energiepolitik nur auf der Basis korrekter geologischer Daten möglich sei, müssten Geologen eine wichtigere Position nicht nur bei der Förderung der Ressourcen, sondern auch bei der Gestaltung der Energiepolitik einnehmen.[99] Auch der US-Geological Survey sah sich im öffentlichen Diskurs über Rohstoffe und die Grenzen ihrer Ausbeutung in der Defensive. Auf der einen Seite begrüßte man zwar das gesteigerte Interesse an Rohstoffen, beklagte aber zugleich die Ökonomisierung der öffentlichen und politischen Diskussion über diesen Kerngegenstand der Geologie: „The almost universal tendency [...] is to discuss mineral resources principally from the perspective of economic availability under a given set of circumstances, thereby overlooking the vital fact that reserves are but a part of resources. The results are, we feel, disturbing. Evaluations predicated only on knowledge (or estimates) of current reserves can easily lead to forecasts of the death of the industrial society in a short time. On the other hand, evaluations based on another kind of assumption suggest that a rise in prices will increase the reserves and bring much more material to market economically [...] This reasoning too is fallacious because elements are available in the earth's crust in very finite amounts. But in both instances, the reasoning leads to serious misinterpretations because it does not give adequate consideration to the single factor that ultimately determines all levels and degrees of mineral potential: geologic availability."[100] Geologische Expertise sei unerlässlich für wirtschaftliches und politisches Handeln, denn es könne keine ökonomische Verfügbarkeit ohne geologische Verfügbarkeit geben.[101]

Der Versuch des US Geological Survey, gegen Studien wie die des Club of Rome oder einflussreicher Energieökonomen auf den öffentlichen Diskurs einzuwirken und ein breites Publikum mit den geologischen Realitäten der Rohstoffproduktion vertraut zu machen, war jedoch von Beginn an wenig erfolgversprechend. Das Produkt der Bemühungen war ein großformatiger Band, der auf mehr als 700 eng bedruckten Seiten mit vielen Graphen und Statistiken in 70 Artikeln Auskunft über die Entwicklung von Produktion und Reserven der wichtigsten Rohstoffe gab.[102] Auch die Einleitung konnte dieses Konvolut nicht auf eine verarbeitbare Zahl klarer Thesen bringen, so dass seine öffentliche Wirksamkeit im Vergleich zu den Texten der nicht-geologischen Energieexperten wesentlich geringer war. Diese richteten sich, egal ob sie Ökonomen oder Politik- und Sozialwissenschaftler waren, gegen ein zu eng materialistisches Verständnis der Ölreserven, das sie unter anderem den Geologen vorwarfen: Nicht die Menge des in der Erde tatsächlich vorhandenen Öls sei die für die Gestaltung der Energiepolitik

---

[99] Merrill W. Haas: The President's Page. Elements of National Energy Policy, in: Bulletin of the American Association of Petroleum Geologists 58, April (1974), S. 573-574, hier S. 573.
[100] Donald A. Brobst/Walden P. Pratt: Introduction, in: Donald A. Brobst/Walden P. Pratt (Hg.), United States Mineral Resources, Washington D.C. 1973, S. 1-8, hier S. 5; zur Unterscheidung von „reserves" und „resources" siehe oben Kapitel 2.4.
[101] Ebd., S. 6.
[102] Donald A. Brobst/Walden P. Pratt (Hg.): United States Mineral Resources, Washington D.C. 1973.

entscheidende Größe, sondern seine zukünftige Verfügbarkeit zu einem bestimmten Preis.[103] Diese hänge wiederum nicht von der physischen Menge ab, sondern von den Produktionskosten, der Nachfrageentwicklung, den verfügbaren alternativen Energieträgern oder auch politischen Entwicklungen.

Die Differenz zwischen einer Perspektive, die die zukünftige Verfügbarkeit des Öls eher von politischen Faktoren bestimmt sieht und einer solchen, die wesentlich von ökonomischen Prozessen ausgeht, zeigte sich idealtypisch in dem Konflikt zwischen dem Ölexperten des US-amerikanischen Außenministeriums James Akins und dem einflussreichen und wortgewaltigen MIT-Ökonomen Morris Adelman.[104] Beide formulierten zwar keine mehrheitsfähigen Positionen, bildeten aber Pole in der politischen Debatte über die zukünftige Verfügbarkeit des Öls und damit wichtige Bezugspunkte für die Diskussion energiepolitischer Strategien. In oberflächlichen Darstellungen der Ölkrise kommt James Akins oft die Rolle des frühen Mahners vor einem Ölembargo zu. Nach seiner kurzen Tätigkeit im Weißen Haus wurde er, als seine Forderungen dort nicht auf Gegenliebe stießen, bald zum Botschafter in Saudi-Arabien ernannt.[105] Im Unterschied zu Akins war Adelman zwar nicht mit der Energiepolitikgestaltung beschäftigt. Doch seine oft kontroversen und immer radikal formulierten Analysen beeinflussten die mit der Energiepolitik in der Administration befassten Ökonomen wie zum Beispiel Charles DiBona, und er war ein häufiger Gast bei Anhörungen zur Energiepolitik.[106]

In seinen Vorschlägen zur Umgestaltung der US-amerikanischen Ölpolitik ging Akins zum einen davon aus, dass die Ölreserven weltweit knapper werden, der Verbrauch aber steigen würde. Zum anderen glaubte er angesichts der Verhältnisse im Nahen Osten und der Stärke der OPEC, dass politische Faktoren über die zukünftige Verfügbarkeit des Öls entscheiden würden. In einem Beitrag für das *Journal of Petroleum Technology* erklärte er schon 1972, dass die Energiekrise das Ende der kurzen Ära einläute, in der billige Energie aus Kohlenwasserstoffen gewonnen werden konnte. Dies werde genauso wie die wachsende Abhängigkeit der westlichen Welt von Öllieferungen aus dem Mittleren Osten sowohl von Wissenschaftlern wie auch von Politikern übersehen, die sich durch ein erstaunliches Maß an Unwissen über die gegenwärtigen politischen Entwicklungen auszeichneten.[107] In einem Vortrag vor dem Institute of Gas Technology wurde Akins im

---

[103] Siehe ausführlicher Graf: Ressourcenkonflikte als Wissenskonflikte.
[104] Zu Akins und Adelman siehe den Nachruf von T. Rees Shapiro: James Akins, 83, dies. Energy Expert Presaged Danger of Relying on Mideast Oil, The Washington Post (27.7.2010); sowie Morris Albert Adelman: My education in Mineral (especially Oil) Economics, in: Annual Review of Energy and the Environment 22 (1997), S. 13-46.
[105] Merrill: The Oil Crisis of 1973-1974, S. 20; Ian Rutledge: Addicted to Oil. America's Relentless Drive for Energy Security, London 2005, S. 46; Yergin: Der Preis, S. 711; Beaubouef: The strategic petroleum reserve, S. 11f.
[106] James Akins: Letter to William Simon, December 6, 1973, LCL, WSP, Series III A, Drawer 13, Folder 13. Adelmans trotz seiner Radikalität großen Einfluss bestätigte auch William Hogan in einem Interview am 27. Oktober 2010 in Cambridge/Mass.
[107] James E. Akins: The Nature of the Crisis in Energy, in: Journal of Petroleum Technology 24, December (1972), S. 1479-1483, hier S. 1479f.

November 1972 noch deutlicher, indem er erklärte, dass „only a few disgruntled and by now largely discredited academics still maintain that supplies of hydrocarbons are nearly infinite; that competition will bring down prices world wide and that there can never be a danger of restriction in supplies for economic or political reasons."[108]

Nach seinem internen Positionspapier, das vor der Gefahr eines Embargos gewarnt und ein grundsätzliches Umsteuern in der Öl- und Energiepolitik gefordert hatte, wandte sich Akins Anfang 1973 mit Aufsätzen in *Foreign Affairs* und den *Annals of the American Academy of Political and Social Science* auch an die außenpolitisch interessierte Öffentlichkeit (Kapitel 3.2). Nach gegenwärtigem Kenntnisstand, so Akins, reichten die physischen Ölreserven nur bis Mitte der 1980er Jahre. Selbst für diesen Zeitraum gehe die Position, dass nur die Größe der geologischen Reserven und die Förderkosten entscheidend für ihre Verfügbarkeit seien, von der falschen Annahme aus, dass das Öl weltweit gleichmäßig verteilt und allen zugänglich sei.[109] Der größte Teil der Reserven liege aber in den Ländern der OPEC, die inzwischen ihre Erschöpfbarkeit realisierten und begännen, ihre Förderpolitik daran auszurichten, dass sie in Zukunft einen höheren Preis für ihr Öl erzielen könnten. Insbesondere angesichts des Nahostkonflikts sei nicht abzusehen, ob die arabischen Förderländer ihre Produktion weiter dem westlichen Konsum entsprechend steigern oder nicht viel eher beschränken würden. Es seien also nicht nur ökonomische, sondern auch politische Faktoren entscheidend für die zukünftige Verfügbarkeit des Öls: „In the last analysis, whether Saudi Arabia or any other OPEC country with large reserves would act to disrupt the market is a question of the behavior of men in control of national governments, affected by political factors as much as by theoretical economics."[110]

Akins ging davon aus, dass der Ölpreis durch eine Revision der arabischen Förderpolitik steigen werde und begrüßte diese Entwicklung aufgrund seiner grundsätzlichen Verknappungsannahme sogar. In einem Vortrag vor dem American Petroleum Institute im April 1973 erklärte er, die von fast allen akzeptierte Auffassung, die Konkurrenz innerhalb der OPEC werde den Ölpreis nach unten drücken, sei nicht nur falsch, sondern ein niedriger Preis sei auch nicht erstrebenswert.[111] Denn bei einem niedrigen Ölpreis würden die Ölreserven zu schnell erschöpft, und es rentiere sich nicht, alternative Energieträger zu entwickeln: „the world must have the supply of energy it needs, and the supply of hydrocarbons must rise to meet the demand until alternative sources of energy are available. Hydrocarbon prices must be allowed to rise, but not to exceed substantially the

---

[108] James E. Akins: New Myths and Old Prejudices, Institute of Gas Technology, November 16, 1972, NARA, Nixon Library, WHCF, SMOF, EPO, Box 31.
[109] James Akins: The Oil Crisis. This Time the Wolf Is Here, in: Foreign Affairs 51, April (1973), S. 462-490, hier S. 465.
[110] Ebd., S. 484.
[111] James Akins: International Cooperative Efforts in Energy Supply, Paper Delivered at the American Petroleum Institute Meeting, Denver, Colorado, April 10, 1973, LCL, WSP, Series III A, Folder 14, Drawer 3.

cost of alternative sources."[112] Um dieses schwierige Ziel zu erreichen, müsse der Staat eine aktive Energiepolitik betreiben und sich vor allem um die internationale Kooperation zwischen Konsumenten- und Produzentenländern bemühen.

Genauso wie Akins sich gegen eine angeblich „almost universally as a revealed truth" akzeptierte Position richtete, nämlich dass der Ölpreis wegen OPEC-interner Differenzen sinken werde, gerierte sich auch Morris Adelman in seinen Publikationen gern als Außenseiter. So begann seine Untersuchung des „World Petroleum Market" 1972 mit den Worten: „The official truth in the capitalist, communist, and third world is that crude oil is becoming ever more scarce, special measures are needed to assure its provision, and prices will rise. But the conclusions of this study are that crude oil prices will decline because supply will far exceed demand even at lower prices, and because – a separate issue – there will continue to be enough competition to make price gravitate toward cost, however slowly."[113] Die Diskussionslandschaft zur Zukunft der Ölversorgung und des Ölpreises war offenkundig zu Beginn der 1970er Jahre so breit und heterogen, dass sowohl Gegner als auch Befürworter der Verknappungsannahme unter Verweis auf Vertreter der jeweils anderen Position von sich behaupten konnten, sich gegen einen einflussreichen Diskursstrang zu stellen, den sie als Mainstream ausgaben.

Adelman musste rasch anerkennen, dass seine aus ökonomischen Prinzipien abgeleitete Prognose, der Ölpreis werde bis in die Nähe der Produktionskosten sinken, falsifiziert wurde, wandte sich aber mit aller Vehemenz gegen die Position, der Preisanstieg oder die Produktionskürzungen seien auf eine reale Knappheit des Öls zurückzuführen: „The world ‚energy crisis' or ‚energy shortage' is a fiction", wurde er nicht müde zu wiederholen, „but belief in the fiction is a fact."[114] Geglaubt werde die Fiktion des Energiemangels anscheinend in der US-Regierung, die deshalb das Kartell der Förderländer mit Hilfe der großen Ölkonzerne dabei unterstütze, den Ölpreis nach oben zu treiben. An dieser Stelle griff Adelman Akins frontal an: „The most important player in the game is the American State Department. This agency is deplorably poorly informed in mineral resource economics, the oil industry, the history of oil crises and the participation therein of Arabs with whom it is obsessed."[115] Die permanente Rede von den starken Ölverbrauchssteigerungen in den USA und der zukünftigen Energieknappheit habe die arabischen Förderländer überhaupt erst auf den Gedanken gebracht, dass sie die Produktion beschränken und den Preis erhöhen könnten. Die Überzeugung, dass Öl knapper werden und die Preise steigen würden, habe also letztlich als self-fulfilling prophecy gewirkt.[116] Die Preiserhöhungen waren für Adel-

---

[112] James E. Akins: International Cooperative Efforts in Energy Supply, in: Annals of the American Academy of Political and Social Science 410 (1973), S. 75–85, hier S. 80.
[113] Morris Albert Adelman: The World Petroleum Market, Baltimore 1972, S. 1.
[114] Morris Albert Adelman: Is the Oil Shortage Real? Oil Companies as OPEC Tax Collectors, in: Foreign Policy 9 (1972/73), S. 69–107, hier S. 73.
[115] Ebd., S. 71.
[116] Morris Albert Adelman: Politics, Economics, and World Oil, in: The American Economic Review 64, No 2 Papers and Proceedings (1974), S. 58–66, hier S. 60.

man kein Knappheitsindikator, sondern einzig auf die Handlungen des Kartells zurückzuführen, das seinen eigenen ökonomischen und nicht politischen Interessen folge. Wie Adelman 1975 in den Senatsanhörungen zu den politischen und finanziellen Konsequenzen der Ölpreissteigerungen zur Freude der Senatoren noch einmal in aller Deutlichkeit ausführte, waren nur ökonomische Prinzipien zum Verständnis der Ölkrise nötig: „High world prices are due neither to scarcity, nor politics, but to the cartel of governments. To explain prices by 'political factors' is superfluous nonsense. When a seller raises prices and increases revenues, he is acting reasonably. Whatever King Faisal really wants, money is the royal road to it, and more money is what he seeks. Giving him political favors only proves that money buys power, and whets his appetite for more money. The cartel governments use the multinational companies to maintain prices, limit production, and divide markets."[117]

Im Wettstreit um die Diskurshegemonie erklärte Adelman in zahlreichen Artikeln immer wieder, dass weder geologisches Wissen noch politische Nahostexpertise nötig seien, um die Entwicklungen zu verstehen, sondern beides im Gegenteil die Lösung des Problems verstelle. Die Gründe für die unter anderem von James Akins öffentlich geäußerte Angst vor einer Ölknappheit seien „a well kept secret which the economist cannot penetrate."[118] Der Ölpreis liege um ein Vielfaches über den Produktionskosten, weil ein von der US-Regierung ermutigtes Kartell ihn hochtreiben und nicht weil die OPEC die Begrenztheit ihrer eigenen Ölreserven erkannt habe. Selbst wenn dies der Fall sei, sei es für sie nach der Hotelling Regel nur dann rational, die Produktion zu beschränken, wenn die Wertsteigerungen des Öls im Boden die Wertsteigerung des durch den Verkauf erzielten Geldes in allen Anlageformen überstiege.[119] Die künstlich hohen Preise schadeten nicht nur den Konsumenten, sondern führten auch zur Fehlallokation von Ressourcen, da teurere Energiequellen gesucht und gefördert würden. Adelmans Lösungsvorschlag, den er an verschiedenen Stellen wiederholte, ging dahin, die Ölfirmen aus ihrer durch die Konzessionen oftmals exklusiven Mittlerrolle für den Ölvertrieb herauszudrängen und so die Förderländer dazu zu zwingen, ihr Öl auf einem kompetitiven Markt anzubieten.[120] Wenn auf diese Weise Marktbedingungen und die Funktionsweise des Preismechanismus wiederhergestellt seien, müsse

---

[117] U.S. Congress. Senate. Committee on Foreign Relations: Political and Financial Consequences of the OPEC Price Increases. Hearing Before the Subcommittee on Multinational Corporations, Washington D.C. 1975, S. 3; siehe auch Morris Albert Adelman: Population Growth and Oil Resources, in: Quarterly Journal of Economics 89,2 (1975), S. 271–275; Morris Albert Adelman: World oil production & prices 1947-2000, in: The Quarterly Review of Economics and Finance 42 (2002), S. 169–191.

[118] Adelman: Is the Oil Shortage Real?, S. 91.

[119] Adelman: Politics, Economics, and World Oil, S. 59 f.

[120] Adelman: Is the Oil Shortage Real?, S. 105: „Get the multinational companies out of crude oil marketing; let them remain as producers under contract and as buyers of crude transport, refine and sell as products. [...] it is a simple and elegant maneuver to destroy the cartel by removing an essential part – the multinational company as crude oil marketers fixing the price on a firm excise tax floor."

man sich auch um die Erschöpfung der Ölreserven keine Sorgen mehr machen: „Oil and other minerals will never be exhausted. If and when consumers will not pay enough to induce investment in new reserves and capacity, the producing industry will dwindle and disappear."[121] Wenn sich die Produktionskosten des Öls erhöhten und der Preis steige, würden andere Energiequellen und Technologien rentabel, so dass der Ölkonsum sinken werde, obwohl noch viel Öl im Boden sei: „A mineral industry runs out of customers before it can run out of mineral."[122]

In ihrer ökonomischen Rigorosität hat Adelmans Theorie, die Ölreserven als konstruierte Entitäten begreift, die sinnvoll nur in Relation zu Nachfrage und Preis zu definieren sind, bis in die Gegenwart viele Unterstützer, zumal sie das Feld der Ressourcenprognose nicht nur für Ökonomen öffnet, sondern letztlich erklärt, dass nur sie sich kompetent auf ihm bewegen können. Auch Hendrik S. Houthakker, der Nixons Task Force on Oil Imports und seinem Council of Economic Advisers angehörte, sah das beispielsweise so. Noch 2002 wiederholte er, anders als viele Geologen meinten, könne aus der Begrenztheit natürlicher Ressourcen nicht abgeleitet werden, dass diese irgendwann erschöpft würden. Solange die „Marktkräfte" funktionierten, verhindere vielmehr der steigende Preis die vollständige Erschöpfung.[123] Schon zeitgenössisch zog der streitbare Adelman aber auch viel Kritik auf sich: Einerseits bemängelten Ökonomen, dass er sich zu sehr auf die Produktionskosten konzentriere und die Verarbeitung vernachlässige und zudem die anderen Energieträger nicht in seine Überlegungen miteinbeziehe.[124] Nicht-Ökonomen kritisierten vor allem die Vernachlässigung politischer und gesellschaftlicher Einflüsse auf die internationale Ölwirtschaft, die für die zukünftige Verfügbarkeit des Öls entscheidend seien.[125]

Auch James Akins, den Adelman quasi persönlich für das arabische Embargo und den steigenden Ölpreis – und damit auch für die Falsifizierung von Adelmans Prognosen – verantwortlich gemacht und der Opfer seiner beißenden Kritik wurde, reagierte auf Adelman.[126] In den Anhörungen des Senate Committee

---

[121] Morris Albert Adelman: The genie out of the bottle. World oil since 1970, Cambridge/Mass. 1995, S. 1.
[122] Adelman: World oil production & prices 1947–2000, S. 169; Adelman: The genie out of the bottle.
[123] Hendrik S. Houthakker: Are Minerals Exhaustible?, in: The Quarterly Review of Economics and Finance 42 (2002), S. 417–421, hier S. 418; Wildavsky/Tenenbaum: Politics of Mistrust, S. 36.
[124] Paul H. Frankel: The Oil Industry and Professor Adelman. A Personal View, in: Petroleum Review 27, September (1973), S. 347–349; Richard J. Gonzales/Morris Albert Adelman: An Exchange on Oil, in: Foreign Policy 11 (1973), S. 126–133.
[125] Jean-Marie Chevalier: Le nouvel enjeu pétrolier, Paris 1973, S. 13.
[126] Adelman: Politics, Economics, and World Oil, S. 59; Adelman wiederholte die Anschuldigungen in den Anhörungen des Project Independence und des Church-Komitees und fügte hinzu, dass Akins die Lage im November 1973 bewusst überdramatisiert habe: „Our ambassador to Saudi Arabia made wild statements about fuel oil supplies at the U.S. East Coast being critically short by mid or late November if we did not give in immediately. For this appeasement we got what we deserved – a near tripling of prices at the end of 1973, and a further sizeable increase since then." Federal Energy Administration: Project Independence

on Foreign Relations im Mai 1973 antwortete Akins zunächst gereizt auf die Frage von Senator Fulbright, ob ihm Adelmans Theorien bekannt seien, „everybody seems to quote him to me", und versuchte dann Adelmans Glaubwürdigkeit auf dem Feld der Energieprognosen in Zweifel zu ziehen: „Professor Adelman does not have a terribly good record of predictions on international or even domestic oil matters. He has consistently talked of the imminent demise of OPEC and world oil prices. He is trying to find explanations for the fact that he has been wrong."[127] Nachdem er dennoch widerwillig Adelmans Theorie für die Senatoren zusammengefasst hatte, kritisierte er, sie basiere auf der Annahme, dass Öl weltweit gleichmäßig verteilt und allen gleichermaßen zugänglich sei: „It totally ignores the geographic distribution of the oil; it totally ignores the political aspirations of the oil producers; it totally ignores any desires to save oil for future use."[128]

In der Regierung wurde Akins' Position im Frühjahr 1973 rasch marginalisiert und stärker ökonomisch ausgerichtete Energiepolitiker setzten sich mit ihren Strategien durch. Akins sah sich von Adelman-Schülern im Energy Policy Office abserviert und triumphierte, als sich William Simon Anfang Dezember im Konflikt gegen Love und DiBona durchgesetzt hatte und Vorsitzender des Oil Policy Committee wurde: „Vice is overthrown! Virtue triumphs! Praise the Lord! [...] I would have thought that Adelman and his disciples (including d[i] B[ona]) would now be crawling into their holes and hoping people would forget them. But I've just received a copy of a recent Adelman speech in which he says he was right all along, or would have been if it hadn't been for my advising OPEC on what to do. Oh well, you can't win them all."[129] Allerdings holte auch Simon vor allem Ökonomen aus dem Finanz- und dem Innenministerium in das Federal Energy Office und seine Berufung stärkte so eher die ökonomische Perspektive in der Administration. Wenn auch Adelmans radikale Position nicht geteilt wurde und vor allem keine Anstalten gemacht wurden, seinen Plan zur Entmachtung der Ölfirmen umzusetzen, dachte man im Federal Energy Office über das Verhalten der OPEC doch so nach, als ob es sich um ein x-beliebiges Wirtschaftskartell handelte, und vernachlässigte den Rat von Experten für den arabischen Raum.[130] Auch wenn die Verknappungsthese in öffentlichen Verlautbarungen eine große Bedeutung hatte und kurzfristig Energiesparmaßnahmen für nötig gehalten wurden, setzte man langfristig vor allem auf Produktionssteigerungen und Energie-

---

Blueprint. Transcript of Second Public Hearing, New York, August 19-22, 1974, Washington 1974, S. 36 f.; U.S. Congress. Senate. Committee on Foreign Relations: Political and Financial Consequences of the OPEC Price Increases, S. 12 und passim; auch ohne Namensnennung wird die Kritik an Akins schon deutlich in Adelman: Is the Oil Shortage Real?

[127] U.S. Congress. Senate. Committee on Foreign Relations: Energy and Foreign Policy, S. 80 f.
[128] Ebd., S. 80.
[129] James Akins, Brief an William Simon, December 6, 1973, LCL, WSP, Series III A, Drawer 13, Folder 13.
[130] Siehe zu den Grenzen der ökonomischen Betrachtung des Verhaltens der OPEC Theodore H. Moran: Modeling OPEC Behavior: Economic and Political Alternatives, in: International Organization 35,2 (1981), S. 241-272.

trägerdiversifizierung, weil man nicht die Ölabhängigkeit als solche, sondern nur die Öl*import*abhängigkeit als Problem begriff.[131]

5.2.2 Handlungsstrategien: Produktionssteigerung vs. Verbrauchsbeschränkung

Das Grundproblem der US-amerikanischen Energieversorgung – der zu starke Anstieg des Verbrauchs bei zu schwacher Produktionssteigerung – konnte auf zwei verschiedene Arten angegangen werden: entweder durch eine Erhöhung der einheimischen Produktion von Öl und anderen Energieträgern wie Erdgas, Kohle oder Uran bzw. durch die Produktionssteigerung in für sicher gehaltenen Regionen, zu denen gute Beziehungen bestanden, oder aber durch die Einschränkung des Öl- und Energieverbrauchs. Unter den Bedingungen des Embargos konnten nur Energiesparmaßnahmen oder Versuche, die arabischen Länder zur Wiederaufnahme der Produktion bzw. andere zu ihrer Erhöhung zu bewegen, unmittelbar wirksam sein. Auf mittlere und lange Sicht stellte sich aber die Frage, ob beim Verbrauch oder bei der Produktion angesetzt werden sollte, deren Beantwortung wiederum davon abhing, ob man die Verknappungsthese teilte oder nicht. Beispielhaft nahmen die einflussreichen energiepolitischen Studien des National Petroleum Councils und des Energy Policy Projects der Ford Foundation diese Positionen ein. Beide waren schon vor dem Embargo in Auftrag gegeben worden, hatten durch dieses aber deutlich an Bedeutung gewonnen.

Der National Petroleum Council war aus der engen Zusammenarbeit zwischen US-Regierung und Ölindustrie im Zweiten Weltkrieg hervorgegangen und von Präsident Truman als beratendes Gremium im Innenministerium angesiedelt worden. Er bestand aus Vertretern der multinationalen Ölkonzerne sowie der Independents, die auf Regierungsanfrage Berichte anfertigten, in denen es vornehmlich um die Frage der Sicherheit der Ölversorgung in Kriegs- oder Krisenzeiten ging.[132] Zu Beginn des Jahres 1970 beauftragte das Innenministerium den National Petroleum Council zunächst damit abzuschätzen, welchen Einfluss die ölwirtschaftlichen Entwicklungen der vergangenen Jahre auf „the future availability of petroleum supplies to the United States [...] as near to the end of the century as feasible" hätten, wobei auch die anderen Energieträger miteinbezogen werden sollten.[133] Im Dezember 1972 legten dann der Vorsitzende des Komitees John McLean, der zugleich auch die Continental Oil Company leitete, und Warren B. Davis, der Chefökonom von Gulf Oil, den „U.S. Energy Outlook" vor, an dessen Erstellung mehr als zweihundert Mitarbeiter verschiedener national und

---

[131] Paul Sabin: Crisis and Continuity in U.S. Oil Politics, 1965-1980, in: The Journal of American History 99,1 (2012), S. 177-186; anders Grossman, U.S. Energy Policy, S. 3f.
[132] Joseph A. Pratt/William H. Becker/William M. McClenahan: Voice of the marketplace. A history of the National Petroleum Council, College Station/Tex. 2002, S. 3f.
[133] So der Brief vom 20. Januar 1970, in National Petroleum Council: U.S. Energy Outlook. A Summary Report of the National Petroleum Council, Washington 1972, S. 81.

international tätiger Ölfirmen sowie einige Mitarbeiter von US-Regierungsbehörden mitgewirkt hatten.[134]

Angesichts der Tatsache, dass der Ölverbrauch in den USA in den vergangenen Jahren wesentlich stärker gestiegen war als die dortige Produktion, entwickelte der Bericht drei mögliche Handlungsoptionen: die Steigerung der einheimischen Produktion, die Erhöhung der Importe oder Energiesparmaßnahmen. Wie nicht anders zu erwarten, optierten die Vertreter der Ölindustrie für die erste Lösung, weil höhere Importe die nationale Sicherheit und Verbrauchsreduktionen die wirtschaftliche Entwicklung gefährdeten: „It is concluded that increasing the availability of domestic energy supplies is the best option available for improving the U.S. energy supply and demand balance. [... It] would benefit all segments of society: employment would increase, individual incomes would rise, profit opportunities would improve, government revenues would grow, and the Nation would be more secure."[135] Der einheimischen Energieproduktion seien keine physischen Grenzen gesetzt, da nach ihren Berechnungen Öl und Uran in ausreichendem Maße und Kohle im Überfluss vorhanden seien.[136] Damit diese Rohstoffe intensiver genutzt würden, müsse die Regierung jedoch ein energieindustriefreundlicheres Klima schaffen. Dazu schlugen die Vertreter der Ölfirmen unter anderem die folgenden Maßnahmen vor: die Fortsetzung der Importkontrollen, Steuervergünstigungen, die Deregulierung des Gaspreises, die Lockerung von Umweltstandards, die Erleichterung der Förderung einheimischer Rohstoffe sowie die schnellere Genehmigung der Ölförderung auf dem äußeren Festlandsockel und die bessere Koordination der nationalen Energiepolitik sowie die Schaffung eines „national sense of purpose to solve the energy problem".[137] Würden diese Maßnahmen ergriffen, könne die einheimische Energieproduktion bis 1985 mit dem Verbrauch Schritt halten, wozu sie aber nicht in der Lage sei, wenn Umweltbedenken Überhand nähmen.

In fast jedem Satz des National Energy Outlook wird deutlich, wie stark die ökonomischen Interessen der Firmen, aus denen sich seine Mitarbeiter rekrutierten, die Expertise des National Petroleum Councils bestimmten. Allerdings war John McLean durchaus fähig, seine Botschaft dem Publikum anzupassen. Im November 1973 erschien zum Beispiel ein Aufsatz von ihm in den *Annals of the American Academy of Political and Social Science*, in dem er die Forderung nach einer Steigerung der einheimischen Förderung mit solchen nach „vernünftiger" Umweltpolitik und Energiesparmaßnahmen rahmte.[138] Die deutliche Interessengebundenheit des National Petroleum Councils verringerte seine Wirkung nicht. Als sich die Hinweise auf ein bevorstehendes Ölembargo 1973 verdichteten, holte das Innenministerium die Einschätzung des Councils ein, wie die Folgen von Lieferunterbrechungen minimiert werden könnten. Während die Vertreter der Öl-

---

[134] Ebd., und John G. McLean/Warren B. Davis: Guide to National Petroleum Council Report on United States Energy Outlook, Washington 1972.
[135] National Petroleum Council: U.S. Energy Outlook, S. 3.
[136] Ebd., S. 4.
[137] Ebd., S. 75-80.
[138] McLean: The United States Energy Outlook and Its Implications for National Energy Policy.

industrie hier zwar zugestanden, dass in der Krise kurzfristig nur Sparmaßnahmen helfen könnten, betonten sie wieder, längerfristig sei „the best way to minimize the impact of a disruption of imports [...] to develop our domestic energy resources to the maximum extent possible."[139]

Kurz nach Beginn des Embargos bat Stephen Wakefield aus dem Innenministerium erneut um ein schnelles Gutachten zu den Auswirkungen der gegenwärtigen Lieferbeschränkungen.[140] Angesichts der bis zum Januar erwarteten Ausfälle von bis zu drei Millionen Barrel Öl pro Tag ging der National Petroleum Council nun zwar davon aus, dass auch Verbrauchsbeschränkungen nötig sein würden, und nannte in diesem Zusammenhang sogar Rationierungen, betonte aber zugleich, dass diese nur im privaten Bereich und nicht in der Industrie möglich seien.[141] Während es im Bereich der Elektrizitätserzeugung überhaupt keine Einsparpotentiale gebe, seien Energiesparmöglichkeiten in anderen Industriezweigen in näherer Zukunft auch eher gering.[142] Insgesamt betonte der National Petroleum Council immer, dass sich der Staat nach dem Ende des Embargos wieder aus der Energiepolitik zurückziehen und seine Regulierungstätigkeit beenden müsse.[143] Der National Petroleum Council war nicht zuletzt deshalb einflussreich, weil es noch während der Ölkrise nur wenige andere Expertengremien gab, die den Vertretern der Ölfirmen und ihrem Wissen etwas entgegenzusetzen gehabt hätten. Schließlich hatte sich Petroknowledge vor allem in der Ölindustrie und ihrem unmittelbarem Umfeld ausgebildet. Hier wurde die Öl- und Energiekrise gerade nicht zum Katalysator ökologischer Grenzerwägungen, sondern im Gegenteil zu einem Argument im Konflikt zwischen energie- und umweltpolitischen Interessen. Nicht zuletzt wegen des gewachsenen Umweltbewusstseins und der Politisierung von Öl und Energie entstanden zu Beginn der 1970er Jahre aber immer mehr konkurrierende Expertenstäbe, die beanspruchten, valides Petroknowledge zu produzieren.

Besonders einflussreich war hier das 1971 gegründete und mit vier Millionen US-Dollar ausgestattete Energy Policy Project der Ford Foundation, das von Da-

---

[139] National Petroleum Council. Committee on Emergency Preparedness: Emergency Preparedness for Interruption of Petroleum Imports into the United States. An Interim Report of the National Petroleum Council, Washington 1973, S. iii, 2.

[140] National Petroleum Council. Committee on Emergency Preparedness. Coordinating Subcommittee: Emergency Preparedness for Interruption of Petroleum Imports into the United States. A Supplemental Interim Report of the National Petroleum Council, November 15, 1973, Washington 1973, S. 41.

[141] Ebd., S. 8: „Mandatory rationing of gasoline for private transportation and of home heating oils offer the opportunity for significant reductions in petroleum use with minimum impact on the economy. [...] The nation has no other short-term alternative except to take immediate emergency action to reduce its consumption of energy and increase domestic energy supplies."

[142] National Petroleum Council. Committee on Energy Conservation: Potential for Energy Conservation in the United States: 1974-1978. Electric Utility, Washington 1974 (September); National Petroleum Council. Committee on Energy Conservation: Potential for Energy Conservation in the United States: 1974-1978. Industrial, Washington 1974 (September).

[143] National Petroleum Council. Committee on Emergency Preparedness. Coordinating Subcommittee: Emergency Preparedness for Interruption of Petroleum Imports into the United States, S. 9.

vid S. Freeman geleitet wurde, der zuvor im Office of Science and Technology im Weißen Haus Nixons erste Rede zur Energiepolitik vorbereitet hatte.[144] Der vorläufige Bericht, „Exploring Energy Choices", wurde mit 300 000 Exemplaren im Book of the Month Club vertrieben, und von dem endgültigen Bericht „Time to Choose", der ebenfalls 1974 erschien, wurden 6000 Exemplare an Politiker und staatliche Stellen verteilt. Nicht zuletzt die heftige negative Reaktion der Industrie steigerte die Rezeption des Berichts in der Öffentlichkeit.[145] Das Energy Policy Project teilte zwar die Problemanalyse, dass die Ursachen der Energiekrise nicht in der arabischen Ölpolitik, sondern in der immer größer werdenden Differenz zwischen Energieproduktion und Energieverbrauch in den USA lägen, zog aber diametral entgegengesetzte Schlussfolgerungen: „We believe that the scope and potential energy savings have not yet received their just due in the national energy debate. In this book we hope to demonstrate that slower energy growth than we have recently experienced can work without undermining our standard of living, and can also exert a powerful positive influence on environmental and other problems intertwined with energy."[146] Das Problem resultiere aus dem zu stark steigenden Energieverbrauch und sei demzufolge auch hier zu beheben; ein angenehmes, komfortables und zivilisiertes Leben sei in der Gegenwart sehr wohl und in weiterer Zukunft nur noch mit geringeren Steigerungen des Energieverbrauchs möglich.[147]

Das Energy Policy Project definierte fünf Ziele für die zukünftige Energiepolitik: Versorgungssicherheit, Preisgünstigkeit, ökonomische und regionale Ausgewogenheit, Umweltverträglichkeit und internationale Sicherheit, um dann idealtypisch drei Szenarien für die zukünftige Entwicklung zu unterscheiden: „historical growth", „technical fix" und „zero energy growth".[148] Diese Szenarien sollten keine Vorhersagen sein, sondern „tools for rigorous thinking" liefern, um reflektierte energiepolitische Entscheidungen zu treffen. Das „historical growth"-Szenario ging davon aus, dass der Energiekonsum weiter so wachsen werde wie bisher und durch die Förderung und Entwicklung neuer Energieträger gestillt werden könne, was allerdings massive politische, ökonomische und ökologische Probleme nach sich ziehen werde. Im „technical fix"-Szenario sollte durch neue Energiespartechnologien das gleiche ökonomische Wachstum bei nur halb so starken Energieverbrauchssteigerungen erreicht werden. „Zero energy growth is different. It represents a real break with our accustomed ways of doing things. Yet it does not represent austerity", argumentierte der Bericht weiter: Bei einer neuen Ethik könne der gegenwärtige Lebensstandard zumindest gehalten werden.[149]

---

[144] Greenberger: Caught Unawares, S. 89.
[145] Ebd., S. 86.
[146] Ford Foundation: A Time to choose. America's Energy Future, Cambridge/Mass. 1974, S. 2; siehe auch Ford Foundation. Energy Policy Project: Exploring Energy Choices. A Preliminary Report, Washington 1974, S. 1-8.
[147] Ford Foundation: A Time to choose, S. 6, 11.
[148] Ford Foundation. Energy Policy Project: Exploring Energy Choices, S. 10, 39-41.
[149] Ebd., S. 41.

Jeden der Wege konnte man nach Meinung der Ford Foundation beschreiben, aber man musste sich bewusst dafür entscheiden und politische Maßnahmen implementieren, da der Markt allein nicht dazu in der Lage sei, die Probleme im Energiebereich zu beheben.[150] Schließlich stimmten die Interessen der Energieunternehmen nicht mit dem öffentlichen Interesse überein, und weder Umweltverschmutzung noch außenpolitische Erwägungen würden von sich aus in der Energiepreisbildung abgebildet. Weil Umgestaltungen im Energiebereich lange Zeit benötigten, müsse schnell gehandelt werden und das Energy Policy Project machte eine Reihe konkreter Vorschläge, wie über Maßnahmen des technical fix in mittlerer Zukunft ein Zustand des „zero energy growth" realisiert werden könne, wenn der Staat die nötigen Maßnahmen ergreife: „It is therefore our recommendation that the new Energy Policy Council, as an undertaking of the highest priority, make an intensive, continuing study of the desirability, feasibility, and necessity of moving to zero energy growth."[151]

Bei gleicher Problemdiagnose kamen der National Petroleum Council und das Energy Policy Project der Ford Foundation also zu grundsätzlich verschiedenen energiepolitischen Lösungsansätzen, die zugleich die Pole bildeten, zwischen denen sich die politische Diskussion in den USA vollzog. Ausgetragen wurde sie beispielsweise zwischen William P. Tavoulareas, dem Präsidenten von Mobil Oil, und Carl Kaysen, einem Professor für politische Ökonomie am MIT, die beide im Beirat des Energy Policy Projects gewesen waren. Während Tavoulareas dem Projektbericht vorwarf, die Produktionsseite zu vernachlässigen und die sozialen, ökonomischen und politischen Kosten von Verbauchsbeschränkungen zu übersehen, verteidigte Kaysen die Ergebnisse von „A Time to Choose".[152] Die Berichte der Ford Foundation und des National Petroleum Councils entwarfen nicht nur ein Panorama möglicher Handlungsstrategien, sondern sie kennzeichneten auch den Zustand der Energieexpertise bzw. des Petroknowledge in den Vereinigten Staaten vor der Ölkrise, der die Reaktionsmöglichkeiten der US-Regierung sowohl materiell als auch inhaltlich beeinflusste. Neben den Vertretern der Ölindustrie verfügten vor allem Think Tanks über Petroknowledge, die ganz wesentlich von Non-profit-Organisationen gesponsert und nicht zuletzt von ökologischem Bewusstsein angetrieben wurden. Beide konkurrierten um Einfluss auf die Regierung, in der es bis 1973 nur kleine öl- und energiepolitische Expertenstäbe gab.

5.2.3 Regierungsexpertise: „Project Independence"

Bis zum Beginn der 1970er Jahre verfügten die Vereinigten Staaten, wie oben ausführlich dargestellt wurde, über keine zentrale Institution, die sich mit der langfristigen Planung und Gestaltung der Energiepolitik beschäftigte. Dies änderte

---

[150] Ford Foundation: A Time to choose, S. 7.
[151] Ebd., S. 334.
[152] William Tavoulareas/Carl Kaysen: A Debate on A Time to Choose, Cambridge/Mass. 1977.

sich in einem chaotischen, aber dann sehr raschen Prozess mit der Gründung der Federal Energy Administration und der Schaffung eines Apparates, um das von Nixon angekündigte „Project Independence", das die USA bis 1980 von Ölimporten unabhängig machen sollte, in die Tat umzusetzen.[153] Nur ein Jahr nach Nixons Ankündigung und etwa ein halbes nach Beginn der Arbeit unter Leitung von John Sawhill, Eric Zausner und Frank Zarb legte die Federal Energy Administration im November 1974 den umfangreichen Project Independence Report vor.[154] In seinem Vorwort zu dem Bericht erklärte John Sawhill, es handele sich um die unter massiven interministeriellen Anstrengungen erstellte, umfassendste Energieanalyse, die jemals unternommen worden sei.[155] Tatsächlich waren Aufwand und Dimension nicht nur für eine von einer öffentlichen Stelle produzierte Energiestudie neu, und noch knapp zehn Jahre später urteilte Martin Greenberger auf der Basis einer Befragung von Energieexperten und -politikern, dass das Project Independence mehr Aufmerksamkeit als alle anderen Modellierungen von Energiesystemen erhalten habe: „The system stands as a worn symbol of the heroic attempt to apply analysis on a grand scale to the energy debate of the seventies."[156]

Neben der Federal Energy Administration waren an der Erstellung des Project Independence Reports u. a. Mitarbeiter der Atomic Energy Commission, des Councils on Environmental Quality, der CIA, der Ministerien für Landwirtschaft, Handel, Inneres, Arbeit und Verkehr, der Environmental Protection Agency, der Federal Power Commission, der Maritime Administration, der National Science Foundation, des Office of Management and Budget sowie der Tennessee Valey Authority beteiligt. Insgesamt arbeiteten über vierhundert Personen in verschiedenen Arbeitsgruppen zu Policy Evaluation, International Assessment, Resource Development, Quantitative Analysis und Conservation sowie in „Task Forces" zu Kohle, Öl, Gas, Anlagenbau, synthetischem Benzin, Ölschiefer, Erdwärme, Sonnen- und Atomenergie, Bauen, Verkehr, Finanzen, Umwelt und Wasser an dem Bericht, wobei die Arbeitsgruppen zu den verschiedenen Energieträgern jeweils am größten waren.[157] Beim Forschungsdesign von Project Independence wichen Sawhill und Zausner inhaltlich von Nixons politischer Vorgabe ab, die Energieversorgung der Vereinigten Staaten bis 1980 unabhängig von Ölimporten zu machen. Ein solches Unterfangen wurde von nahezu allen Energieexperten entweder für nicht möglich oder aber aufgrund der ökonomischen und ökologischen Konsequenzen für nicht erstrebenswert gehalten.[158] „Energy independence" definier-

---

[153] Greenberger: Caught Unawares, S. 30. Zur Idee des Project Independence siehe Kapitel 5.2.3.
[154] Federal Energy Administration: Project Independence Report, Washington 1974; Greenberger: Caught Unawares, S. 108.
[155] Federal Energy Administration: Project Independence Report, S. i.
[156] Greenberger: Caught Unawares, S. 118.
[157] Federal Energy Administration: Project Independence Report, S. Appendix 321-344.
[158] Siehe zum Beispiel den Bericht der energiepolitischen Arbeitsgruppe des MIT Energielabors: Policy Study Group of the M.I.T. Energy Laboratory: Energy Self-Sufficiency. An Economic Evaluation, in: Technology Review 76, Mai (1974), S. 23-58.

ten sie für die Projektmitarbeiter nicht als einen Zustand, in dem die USA keine Energie mehr importierten, sondern in dem sie nur so viel importierten, dass die politische und ökonomische Verwundbarkeit durch Lieferunterbrechungen akzeptabel sei.[159] Der Project Independence Report sollte zudem weniger einen Weg zur Energieunabhängigkeit weisen, als vielmehr ein umfassendes Instrumentarium bereitstellen, um mögliche energiepolitische Strategien zu evaluieren. Neben der Erhebung und Sammlung energiebezogener Daten sollte dies durch das von William Hogan entwickelte Project Independence Evaluation System (PIES) erreicht werden. Die Modellierung des nationalen Energiesystems war insofern schwierig, als eine Vielzahl von Variablen miteinander zusammenwirkten.[160] Die Definition möglicher zukünftiger Zustände des Energiesystems musste, um der Energiepolitik den Weg zu weisen, die Preissensitivität des Verbrauchs, die Konkurrenz der Energieträger, technologische Entwicklungen, Ressourcengrenzen, Nebeneffekte wie zum Beispiel ökologische Folgen, die wirtschaftlichen Auswirkungen, regionale Unterschiede, Zeiträume möglicher Veränderungen sowie werturteilsgebundene Abschätzungen in modularer Form integrieren und in ihrer Wechselwirkung analysierbar machen.[161]

Ausgehend von der Erfahrung des Ölembargos und seinen wirtschaftlichen Auswirkungen präsentierte der Bericht zunächst ein „base case" genanntes Szenario, in dem gegenwärtige Trends ohne politische Interventionen in die Zukunft verlängert wurden, um dann für drei verschiedene politische Strategien abzuschätzen, inwiefern sie dazu in der Lage seien, die Verwundbarkeit durch Lieferunterbrechungen zu reduzieren, nämlich für die Steigerung der einheimischen Energieproduktion, die Verstärkung von Energiesparmaßnahmen und die Entwicklung von Notfallreserven. Angesichts der zentralen Rolle des Öls unter den Energieträgern war der Ölpreis die alles entscheidende Größe für die Berechnung der zukünftigen Entwicklung. Zugleich stellte er aber auch den größten Unsicherheitsfaktor dar, da die Ölpreisbildung, wie der Bericht betonte, nicht nur von ökonomischen, sondern auch von politischen Faktoren abhing, die schwer im Vorhinein abgeschätzt werden konnten.[162] Unsicher waren sowohl die Höhe des Ölpreises als auch die Frage der Preiselastizität des Verbrauchs: Nachdem der Ölpreis jahrelang relativ stabil gewesen war, gab es keine Studien darüber, ob und wie stark ein steigender Ölpreis den Verbrauch reduzieren würde. Bei der entscheidenden Variablen im Gesamtenergiesystem war der Bericht also auf Schätzungen und Analogien angewiesen, wie seine Autoren zugestanden: „While this

---

[159] Federal Energy Administration: Project Independence Report, S. 18 f.
[160] Ebd., S. 199.
[161] Ebd., S. 200 f.
[162] Ebd., S. 25; siehe auch das von 1972 bis 1974 erstellte long-term energy assessment der OECD, das zwei Szenarien für unterschiedliche Ölpreise von 3 und 9 US-Dollar (Wert von 1972) entwirft, die jeweils verschiedene Auswirkungen auf den Gesamtenergieverbrauch und die Zusammensetzung der Energieträger haben. OECD: Energy prospects to 1985. An assessment of long term energy developments and related policies: a report, Paris 1975; zu den grundsätzlichen Problemen der Ölpreisprognosen siehe Smil: Energy at the crossroads, S. 149–161.

study uses the most sophisticated set of models and analyses yet applied to energy forecasting, it represents only the best estimate of what is still a highly uncertain situation."[163] Auch die Protagonisten der Verwissenschaftlichung der Politik erkannten also die Schwierigkeit, politische Handlungen durch wissenschaftliche Analysen zu legitimieren.

Tatsächlich war das Ergebnis der heroischen Anstrengungen begrenzt.[164] Project Independence ging davon aus, dass ein höherer Ölpreis den Verbrauch insgesamt und vor allem die Ölimporte aus dem Mittleren Osten stark einschränken werde. Bei einem Preis von vier Dollar pro Barrel werde der weltweite Ölverbrauch im Jahr 1985 bei 58,9 Millionen Barrel pro Tag liegen, bei sieben Dollar bei 43,5 Millionen und bei elf Dollar nur bei 28,3 Millionen.[165] Aus dieser Annahme einer hohen Preissensitivität wurde gefolgert, dass der Ölpreis sich wahrscheinlich bei sieben Dollar einpendeln werde, weil die Verbrauchsreduktionen gerade für kleinere Ölförderländer Wachstumsverluste bedeuteten, die die Kohäsionskräfte der OPEC belasten würden.[166] Nichtsdestoweniger könne die OPEC bei ausreichender politischer Motivation auch einen Preis von elf Dollar durchsetzen, so dass die Energiestrategien jeweils für einen Ölpreis von sieben und elf Dollar für die Jahre 1977, 1980 und 1985 durchgerechnet wurden. Grundsätzlich ging der Project Independence Report davon aus, dass die Ankurbelung der einheimischen Energieproduktion stärker als Energiesparmaßnahmen dazu in der Lage sein werde, den Ölimportbedarf im Jahr 1985 zu reduzieren. Bei einem Ölpreis von sieben Dollar würden Produktionssteigerungen und Verbrauchsreduktionen es zwar auch kombiniert nicht schaffen, Importe ganz zu vermeiden, sie aber zumindest auf dem Stand von 1974 einfrieren. Bei elf Dollar pro Barrel reichten hingegen schon die Produktionssteigerungen zum völligen Importverzicht, während die Energiesparmaßnahmen die Importe auf ein niedriges Niveau brächten.[167] Obwohl das Ziel der Energieunabhängigkeit bei einem höheren Ölpreis leichter zu realisieren sei, sei dieser doch nicht im Interesse der Vereinigten Staaten, weil er die anderen Industrieländer stärker belaste.[168] Die unmittelbare Wirkung des Berichts wurde weiter gemindert durch Konflikte zwischen John Sawhill und Innenminister Rogers Morton über die Erhebung einer Benzinsteuer und die Förderung synthetischer Benzinproduktion, die Sawhill befürwortete. Dennoch entsprach Project Independence vor allem mit der Forderung nach einheimischen Produktionssteigerungen den Grundlinien der US-Energiepolitik in den 1970er

---

[163] Federal Energy Administration: Project Independence Report, S. 23; siehe zur Preiselastizität der Ölnachfrage zeitgenössisch auch Hans Otto Eglau: Ein Spiel ohne Grenzen? Fachleute rechnen, wie hoch die Ölpreise noch steigen können, Die Zeit (11.1.1974): „Dieter Schmitt, Experte am Energiewissenschaftlichen Institut der Universität Köln: ‚Leider gibt es noch kein Verfahren, mit dessen Hilfe sich die Preiselastizität der Ölnachfrage genau ermitteln ließe.'"
[164] de Marchi: Energy Policy under Nixon, S. 458–466.
[165] Federal Energy Administration: Project Independence Report, S. 24.
[166] Ebd., S. 25.
[167] Ebd., S. 34f.
[168] Ebd., S. 14, 43.

Jahren, und das Project Independence Evaluation System bildete die Grundlage für die Energiesystemmodellierungen des National Energy Outlook.[169]

Die Ausbildung eigener energiepolitischer Expertenstäbe und deren konkrete Handlungsvorschläge sollten die Handlungsfähigkeit der US-Regierung im Energiebereich erhöhen und ihre politische Souveränität sichern. Vielleicht noch wichtiger war in der Ölkrise aber ihre symbolische Dimension: Die massiven interministeriellen Anstrengungen sollten der Öffentlichkeit zeigen, dass die Regierung Herr der Lage war und über ausreichend Kompetenz und Expertise verfügte, um den Energiesektor sicher umzugestalten und künftige Energiekrisen zu verhindern. Deshalb wurde das Project Independence von massiven PR-Anstrengungen begleitet. In allen zehn Verwaltungsbezirken der Federal Energy Administration wurden von August bis Oktober 1974 jeweils mehrtägige öffentliche Anhörungen veranstaltet, bei denen Wissenschaftler, Unternehmen, Interessenverbände und Organisationen, Lokalpolitiker sowie jeder einzelne Bürger die Möglichkeit hatten, ihre Ansichten zu Project Independence zu äußern und am energiepolitischen Meinungsbildungsprozess teilzunehmen.[170] Fernsehwerbespots, in denen Soldaten in Uniformen aus dem Unabhängigkeitskrieg zu Trommelklang marschierten, riefen die Bevölkerung zur Teilnahme auf: „Today we need a new Project Independence: Energy Independence [...] be there and share in America's Future."[171] Mehr als tausend Personen wurden angehört, und die Protokolle ihrer Aussagen sowie der anschließenden Diskussionen füllen mit Anlagen zehn großformatige Bände mit über 6700 eng bedruckten Seiten. Während viele der Sprecher vorher aufgefordert worden waren, ihre Meinung zu Project Independence zu äußern, konnte man sich noch während der Anhörungen registrieren lassen, so dass jeder, der sich darum bemühte, zu Wort kam. Daher geben die Bände ein breites Meinungsspektrum wieder, von Gouverneuren und Kongressabgeordneten über ausgewiesene Wissenschaftler verschiedener Disziplinen, Vorstandsvorsitzende von Energieunternehmen, Architekten und Ingenieure, Umwelt- und Verbraucherschutzaktivisten bis hin zu einfachen Bürgern, die nur sich selbst repräsentierten. In Denver drehten sich die Anhörungen vor allem um die Nutzung einheimischer Kohle, Ölschiefer und synthetische Benzinerzeugung, in New York um die Finanzierung und die internationalen Implikationen von Project Independence, in Boston um die Definition von Energieunabhängigkeit und die besondere Lage von Neuengland, in Seattle um Forschung und Entwicklung sowie die Erschließung des Öls in Alaska, in Chicago um Kernenergie, in Kansas City um die Infrastruktur zur Erreichung der Energieunabhängigkeit, in Houston um die staatliche Regulierung der Energieproduktion, in Atlanta um die Ölförderung auf dem äußeren Festlandsockel und den Bau von Häfen, in Philadelphia um die umweltpolitischen Folgen und in San Francisco um Energiesparmaßnahmen.

---

[169] Greenberger: Caught Unawares, S. 117.
[170] Federal Energy Administration: Project Independence Blueprint. Transcripts of Public Hearings, Washington 1974–1975.
[171] „Project Independence" TV Spots 09/1974, NARA, Film Archive, ARC 88483.

5.2 Ölexpertisen oder die Reduktion und Produktion von Unsicherheit

In seinen Eröffnungsstatements betonte John Sawhill die Bedeutung der Anhörungen, da es ihnen nicht um die Zukunft irgendeines ökonomischen Guts gehe, sondern um „the future of energy – a central social resource that determines where and how we live, the nature and relationships of our institutions, and the dynamism and direction of our society."[172] Zwar bestehe Einigkeit über das Ziel, die Energieimportabhängigkeit zu verringern, aber auf dem Weg dorthin seien eine Reihe wertgebundener Entscheidungen nötig, die nun ohne den Druck einer akuten Krise in einer ausführlichen öffentlichen Diskussion gebildet werden könnten. Die Anhörungen sollten also Legitimität auch dadurch schaffen, dass sie den politischen Entscheidungsprozess ins Licht der Öffentlichkeit brachten, weshalb sich Sawhill bei der dritten Anhörung in Boston auch gegen einen Artikel des *Boston Globe* verwahrte, die Entscheidungen seien eigentlich schon gefallen und die Anhörungen nur eine öffentliche Inszenierung.[173] Vielmehr sei man in einem offenen Diskussionsprozess über die Zukunft des Energiesystems und damit auch über Amerikas Unabhängigkeit, wofür es keinen prädestinierteren Orte gebe als Faneueil Hall in Boston: „So, I feel well in the shadow of Sam Adams, James Otis, Daniel Webster and the other giants of New England and America's history."[174]

Schon die zeitliche Nähe zwischen der letzten Anhörung am 12. Oktober und der Vorstellung des Berichts am 14. November lässt Sawhills Beteuerung, die Ergebnisse der Anhörungen flössen tatsächlich in den Project Independence Report ein, auch angesichts der schieren Fülle des Materials unrealistisch erscheinen. Die meisten Aussagen waren gutgemeinte und bisweilen auch sehr gut informierte Statements zur Umgestaltung der Energiepolitik, aber zumeist in ihrer Form überhaupt nicht dazu geeignet, in die komplizierten Energieszenariomodellierungen des PIES einzufließen. Sie waren entweder allgemeine Meinungsbekundungen wie Edward Kennedys Überlegungen zum internationalen Charakter der Energiekrise und ihrer Lösung,[175] oder aber sehr spezielle wie die Vorschläge Morris Adelmans, die Macht der OPEC und der Ölfirmen zu brechen,[176] oder eines Bürgers, die Auto- durch eine Fahrradgesellschaft zu ersetzen.[177] Auch die starke Repräsentation von Umwelt- und Verbraucherverbänden, die sich allesamt für stärkere Energiesparmaßnahmen einsetzten und dazu auch konkrete Vorschläge unterbreiteten – während im Project Independence Report einheimische Produktionssteigerungen präferiert wurden –, deutet darauf hin, dass in den Anhörungen die Einflussnahme auf den politischen Prozess eher suggeriert als wirklich realisiert werden sollte. Nichtsdestoweniger zeigt der Aufwand, mit dem die Anhörungen betrieben wurden, die Sensibilität der Regierung für die Notwendig-

---

[172] Federal Energy Administration: Project Independence Blueprint. Transcript of First Public Hearing, Denver, Colorado, August 6-9, 1974, Washington 1974, S. 1.
[173] Federal Energy Administration: Project Independence Blueprint. Transcript of Third Public Hearing, Boston/MA, August 26-29, 1974, Washington 1974, S. 3.
[174] Ebd.
[175] Ebd., S. 6-9.
[176] Federal Energy Administration: Project Independence Blueprint, S. 36f.
[177] Federal Energy Administration: Project Independence Blueprint, S. 591-593.

keit, die Bevölkerung in den Prozess der Politikformulierung einzubeziehen, um auf diese Weise dessen Legitimität zu erhöhen. Im Project Independence mischten sich so technokratische Vorstellungen einer Herrschaft der Experten mit basisdemokratischen Elementen. Aufgrund der anscheinenden Gefährdung der nationalen Souveränität im Energiebereich versuchte die Regierung, ihre Handlungen sowohl durch den Verweis auf deren wissenschaftliche Fundierung als auch durch den Rückbezug auf die demokratischen Wurzeln ihrer Souveränität zu legitimieren.

Bereits ein gutes Jahr nach der Veröffentlichung des Project Independence Reports hatte sich die energiepolitische Lage in den USA, wie in der Welt insgesamt, so weit von den Annahmen und Projektionen des Berichts entfernt, dass die Federal Energy Administration einen neuen Bericht vorlegte. Nachdem sich die „Energiekrise" entspannt und das öffentliche Interesse an Energie nachgelassen hatte, verzichtete man bei der Erstellung des National Energy Outlook allerdings auf den Einbezug der Öffentlichkeit. Unter der Leitung von Eric Zausner und koordiniert von William Hogan und Bruce Pasternack wirkten etwa 150 Mitarbeiter an dem Bericht mit, der den Veränderungen Rechnung tragen sollte, die sich seit der Publikation des Project Independence Reports im Energiebereich ergeben hatten. Der schwerwiegendste Fehler, der weite Teile der früheren Szenarien entwertete, war die aus Annahmen zur Preissensitivität des Ölverbrauchs abgeleitete ökonomische Kalkulation, dass das OPEC-Kartell nicht dazu in der Lage sein werde, einen Ölpreis von über 11 US-Dollar durchzusetzen, und sich der Preis wahrscheinlich bei 7 Dollar einpendeln werde: „The events of the past two years have indicated an ability by the oil producing cartel to maintain the high prices of oil established during the embargo, even in the face of substantial declines in world oil demand [...] It seems clear that little can be done between now and 1980 to alter the supply and demand relationship between OPEC and consuming nations enough to weaken the cartel's exclusive control over prices. Thus, there is no significant likelihood of a considerably lower price for OPEC oil in this period."[178] 1975 lag der Ölpreis bereits bei 13 Dollar und die Zeit, in der ein Barrel Öl drei bis vier Dollar kostete, schien ein für alle Mal vorbei zu sein. Stattdessen rechnete man nun für 1985 mit einem Ölpreis zwischen acht und 16 Dollar.[179] Auch hatte sich gezeigt, dass erhebliche Teile des Ölverbrauchs kaum auf höhere Preise reagierten, so dass die Verbrauchsprojektionen bei höheren Preisen nach oben korrigiert werden mussten. Im Rückblick zeigte sich zwar, dass die Maßnahmen der Regierung zu einer verstärkten Explorationstätigkeit geführt hatten, aber die Zunahme der Bohrlöcher von 26 600 im Jahr 1973 auf 37 000 hatte, auch weil es Zeit brauchte, bis ein Ölfeld ökonomisch erschlossen war, noch nicht zu einer Erhöhung der einheimischen Produktion geführt. Dieser Trend

---

[178] Federal Energy Administration: National Energy Outlook, Washington D.C. 1976, S. 14.
[179] Ebd., S. 15; ganz ähnlich schätzten die Ölexperten der OECD und der britischen Regierung; siehe Report of the Working Group on the Planning: Price of Oil. Longer Term Energy Problems, 1975, NA UK, CAB 184/291.

werde sich erst mit der Ankunft des Öls aus Alaska ändern.[180] Der National Energy Outlook unterschied weiter zwischen den energiepolitischen Strategien der Produktionssteigerungen und Verbrauchsbeschränkungen, versuchte aber mehr Faktoren einzubeziehen, auch wenn der (Öl-)Preis die Zentralkategorie zur Berechnung der Energiezukünfte blieb.[181]

Das Ölembargo und die Ölpreissteigerungen erzeugten in den Vereinigten Staaten ein hohes Maß an Unsicherheit, das durch wissenschaftliche Expertise und Petroknowledge reduziert werden sollte. Der Rückgriff auf Ölexperten außerhalb der Regierung, aber auch und vor allem die Formierung eigener energiepolitischer Expertenstäbe, sollten der Regierung zum einen ermöglichen, die richtigen Entscheidungen zu treffen, die aus der Ölkrise führen könnten, und zum andern sollten sie der Öffentlichkeit demonstrieren, dass die Regierung auf der Basis bester Informationen handlungsfähig war. Zu beidem waren die Ölexperten und ihr Petroknowledge aber nur bedingt geeignet. Angesichts verschiedener werturteilsgebundener Grundannahmen, massiver wirtschaftlicher Interessen und der Neuartigkeit der Situation unterschieden sich die Expertenmeinungen sowohl in der Problemdiagnose als auch in den vorgeschlagenen Lösungsstrategien radikal voneinander und reduzierten die vorhandene Unsicherheit nicht, sondern steigerten sie im Gegenteil gerade. Die „Verwissenschaftlichung der Politik" führte zu einer „Politisierung der Wissenschaft", die deren legitimatorische Funktion als Entscheidungsgrundlage außerhalb der Sphäre des Politischen erodieren ließ.[182] Die Inflation und Polyphonie der in die Öffentlichkeit getragenen Studien über die Zukunft der Energieversorgung im Allgemeinen und des Öls im Besonderen dürfte zudem nicht unwesentlich zur Verwirrung beigetragen und nach dem wiederholten Ausbleiben angedrohter Katastrophen dann aber auch zur Abstumpfung gegenüber negativen Energieprognosen geführt haben.[183]

5.3 Souveränitätskommunikation: Regierung, Medien und Bevölkerung

5.3.1 „Don't be fuelish ..." – Energieansprachen und Energiesparen

Wie eingangs ausgeführt wurde, sind Souveränität und politische Autorität oder Legitimität soziale Kategorien. Souverän zu sein, bedeutet nicht zuletzt, von ande-

---

[180] Federal Energy Administration: National Energy Outlook, S. 2, 25.
[181] Ebd., S. 14, 18, 30, 32.
[182] Peter Weingart: Die Stunde der Wahrheit? Zum Verhältnis der Wissenschaft zu Politik, Wirtschaft und Medien in der Wissensgesellschaft, Weilerswist 2005; Sheila Jasanoff: The Fifth Branch. Science Advisers as Policymakers, Cambridge/Mass. 1990.
[183] Zur Abschwächung der Bedrohungswahrnehmung durch die Energiekrise siehe Thomas E. Fusso: The Polls: The Energy Crisis in Perspective, in: The Public Opinion Quarterly 42,1 (1978), S. 127-136.

ren als souverän anerkannt zu werden. Die politische Autorität von Regierungen hängt wesentlich davon ab, inwieweit die Regierten ihre Vertreter als zur Wahrnehmung von Souveränitätsrechten legitimiert sehen. Aus diesem Grund suchten Nixon und seine Mitarbeiter immer wieder die direkte Kommunikation mit der Bevölkerung, um ihre Politik zu legitimieren. Nachdem Nixon 1971 als erster Präsident überhaupt eine Rede allein zur Energiepolitik gehalten hatte, widmete er sich von April 1973 bis Januar 1974 gleich fünfmal in größeren Reden vor dem Kongress oder im Fernsehen dem Thema Energie, erhob sie zum zentralen Punkt seiner State of the Union Address im Januar 1974 und zum Gegenstand diverser kleinerer Verlautbarungen.[184] Nixons Energieansprachen hatten erstens die konkrete Funktion, energiepolitische Umstrukturierungen und Maßnahmen zu verkünden. Zweitens sollten sie den Kongress von der Notwendigkeit verschiedener legislativer Projekte überzeugen. Seine Fernseh- und Radioansprachen dienten drittens dazu, die Bevölkerung zum Energiesparen zu motivieren und sie viertens davon zu überzeugen, dass er als Präsident Herr der Lage war und die Energiekrise bewältigen konnte. Fünftens schließlich richteten sie sich nach dem Beginn des Ölembargos auch an die Produzenten- wie auch die übrigen Konsumentenländer, um die Position der USA in der internationalen Ölpolitik zu definieren. Immer ging es um eine souveränitätspolitische Herausforderung, mit der letztlich die amerikanische Unabhängigkeit auf dem Spiel stehe und die von der Regierung gemeistert werden müsse und könne.

Als Nixon am 18. April vor dem Kongress die Einrichtung des National Energy Office verkündete, beschrieb er die Gegenwart als Zeitalter des Übergangs, als „age of transition", in dem vor allem im Bereich der Energie neue Probleme entstünden.[185] Die Vereinigten Staaten, die mit nur sechs Prozent der Weltbevölkerung dreißig Prozent des Weltenergieverbrauchs erzeugten, würden kurzfristig mit Energieengpässen und steigenden Preisen umgehen müssen: „Clearly we are facing a vitally important energy challenge. If present trends continue unchecked, we could face a genuine energy crisis." Mit den richtigen Maßnahmen, die ökonomische und ökologische Gesichtspunkte sowie nationale Sicherheitsinteressen abwägen müssten, könne die Krise jedoch abgewendet werden, da die USA zum einen über ausreichend eigene Energieträger und zum anderen über nahezu unbegrenzten Erfindungsgeist verfügten. Konkret bedeutete dies für Nixon zunächst, die Produktion aller einheimischen Energieträger zu fördern und zwar durch die Deregulierung der Preise, die weitere Freigabe des äußeren Festlandsockels für Ölbohrungen und den Bau der Alaska-Pipeline. Außerdem müssten die Kernenergie schneller ausgebaut sowie die großen Kohlevorräte intensiver genutzt und dazu gegebenenfalls Umweltauflagen gelockert werden. Das zum Schutz der heimischen Ölindustrie gegen das billigere Öl aus dem Mittleren Os-

---

[184] Siehe zum Genre der Präsidentenrede und zur „talking presidency" allgemein Daniel T. Rodgers: Age of fracture, Cambridge/Mass. u. a. 2011, S. 15-20.

[185] Office of the White House Press Secretary: To the Congress of the United States, April 18, 1973, NARA, Nixon Library, WHCF, SMOF, EPO, Box 24.

ten eingerichtete Importquotensystem hob Nixon partiell auf. Ölfirmen wurde nun gegen Gebühren gestattet, über ihre Lizenzmengen von 1973 hinaus unbegrenzt Öl zu importieren.

Neben diesen Maßnahmen und der intensiveren Förderung von Forschung und Entwicklung im Energiebereich erhob Nixon Energiesparen zum politischen wie gesellschaftlichen Ziel: „We as a nation must develop a national energy conservation ethic."[186] Auch wenn die Energieversorgungsprobleme vor allem über die Steigerung der einheimischen Produktion gelöst werden sollten und stärkere Betonungen des Energiesparens aus früheren Referentenentwürfen herausgestrichen worden waren,[187] bildete „conservation" doch das Grundelement für die Schlusswendung der Rede. So richtete Nixon seinen Aufruf zur Neugestaltung der Energiepolitik nicht nur an seine eigene Regierung oder den Kongress, sondern an die amerikanische Nation als Ganze und jeden einzelnen Bürger: „But in the final analysis, the ultimate responsibility does not rest merely with the Congress or with this Administration. It rests with all of us – with government, with industry and with the individual citizen." Energiepolitik wurde zu einer nationalen Herausforderung, an der die Nation ihre Größe und jeder Einzelne seine individuelle Moral beweisen konnte. Anders als oft angenommen, gab also nicht erst Jimmy Carter mit seiner berühmten „Malaise"-Rede der Energiekrise eine moralische Wendung, indem er sie zum „moral equivalent of war" erklärte, sondern bereits Richard Nixon.[188] Diese Moralisierung und Nationalisierung der Energiekrise, die der gängigen Rhetorik der Präsidenten im Kalten Krieg entsprach, prägte auch die weitere energiepolitische Diskussion.[189] Zugleich wurde aber aufgrund des Watergate-Skandals Nixons eigene moralische Integrität immer stärker in Frage gestellt.

Bei der Ansprache zur Schaffung des Energy Policy Office und zur Einsetzung von John A. Love als Energiezar am 29. Juni 1973 war aus der politischen Herausforderung, den Energiebedarf in naher Zukunft zu decken, schon „one of the most critical problems in America's agenda today" geworden.[190] Der moralische Anspruch an die Nation und ihre Bürger wurde also noch größer; auf absehbare Zeit würde Ressourcenschonung eine der wichtigsten Aufgaben bleiben: „We must not waste our resources, however abundant they may seem. To do otherwise, in a world of finite resources, reflects adversely upon what we are as a peo-

---

[186] Ebd.
[187] Katz: Congress and National Energy Policy, S. 19; der Inhalt der Rede ging wesentlich auf Charles DiBona zurück, dessen ambitioniertere Vorschläge im Bereich von Forschung und Entwicklung aber wohl in letzter Minute vom Office of Management and Budget rausgestrichen wurden. Greenberger: Caught Unawares, S. 104.
[188] Daniel Horowitz: Jimmy Carter and the Energy Crisis of the 1970s. The "Crisis of Confidence" Speech of July 15, 1979; a Brief History with Documents, New York 2005; Jay E. Hakes: A Declaration of Energy Independence. How Freedom from Foreign Oil Can Improve National Security, our Economy, and the Environment, Hoboken/N.J. 2008.
[189] Zu den zentralen Begriffen der Präsidentenreden siehe Rodgers: Age of fracture, S. 17-20.
[190] Office of the White House Press Secretary: Statement by the President, June 29, 1973, NARA, Nixon Library, WHCF, SMOF, EPO, Box 24.

ple and a Nation."¹⁹¹ Nixon erkannte hier in Parenthese die Berechtigung der verbreiteten ökologischen Grenzdiskurse an und nutzte damit zugleich implizit deren alarmistische Rhetorik, um dann jedoch nur moderate Lebensstilveränderungen zu fordern: Jeder solle durch niedriger eingestellte Klimaanlagen, weniger Flugreisen oder sparsamere Autos fünf Prozent seines Energieverbrauchs einsparen, während die Regierung mit gutem Beispiel vorangehen und sieben Prozent einsparen werde.

Nixon betonte, dass diese Verhaltensänderung eine einfache Frage des Common Sense und der individuellen Klugheit sei – ein Argument, das sich auch durch seine folgenden Reden zog und die Energiesparkampagne des Advertising Council mit dem Slogan „Don't be fuelish ..." prägte. Energieverschwendung sollte mit Irrationalität und Verantwortungslosigkeit, energiesparendes Verhalten hingegen mit Klugheit, Pragmatik und Common Sense assoziiert werden, zumal es sich letztlich auch finanziell auszahlen werde. In diesem Sinne erklärte Nixon, als er Anfang Oktober die Ratgeberbroschüre des Citizens' Advisory Committee on Environmental Quality zum Energiesparen vorstellte, Regierung, Industrie und Bevölkerung müssten alle lernen, besser mit Energie umzugehen.¹⁹² Auch das Komitee sah den bisherigen Überfluss von Energie als Ursache dafür, dass die Amerikaner sich keine Gedanken über ihren Energiekonsum gemacht hätten. Um dies zu ändern, stellten sie einen Katalog von Maßnahmen zusammen, mit denen sich jeder einzelne Bürger am Gesamtprojekt des Energiesparens beteiligen könne. Dieser argumentierte, das Gefühl der Ohnmacht angesichts von Versorgungsengpässen sei genauso unbegründet wie die Annahme, dass nur die Regierung, „experts" und „policy-makers" verantwortlich und in der Lage seien, die Situation zu ändern. Jeder habe viele Möglichkeiten, Energie zu sparen und damit die Energieversorgung des Landes zu sichern. Dabei seien keine großen Veränderungen des Lebensstils erforderlich: „Many of them actually require little or no change in our basic life-styles. Most of them will save money for the consumer. All they require us to do is to think a little bit before we act, and to plan ahead so that we will be spending our energy – and thus our money – more wisely."¹⁹³

Um die angenehmen Seiten des Energiesparens zu betonen, wurde außerdem Charles M. Shultz' Snoopy zum Symbol der offiziellen „Savenergy" Kampagne des Special Assistant to the President for Consumer Affairs gemacht: Auf der Zeichnung liegt Snoopy auf seiner Hundehütte mit einer Denkblase, die „I believe in conserving energy" enthält.¹⁹⁴ Eine etwa ein Jahr ältere Broschüre des Innen-

---

[191] Ebd.
[192] Office of the White House Press Secretary: Statement by the President, October 9, 1973, NARA, Nixon Library, WHCF, SMOF, EPO, Box 24.
[193] Citizens' Advisory Committee on Environmental Quality: Citizen Action Guide to Energy Conservation, Washington 1973, S. 5f.
[194] Office of the White House Press Secretary: Energy Conservation Fact Sheet, October 9, 1973, LCL, WSP, Series III A, Drawer 13, Folder 11; die Broschüre in: NARA, Nixon Library, WHCF, SMOF, EPO, Box 1.

ministeriums hatte demgegenüber noch weniger auf den individuellen Nutzen als vielmehr auf die nationale Solidaritätsverpflichtung gesetzt, um zum Energiesparen zu motivieren: Unter dem Titel „Energy, America, and You" waren auf ihr ein aus- und ein eingeschalteter Lichtschalter zu sehen und Forderungen formuliert wie „Let's Clean Up America For Our 200th Birthday" oder „Don't let America's Future Dim ... Conserve Energy!".[195] Auch dieses nationale Argument nutzte Nixon gern am Ende seiner Reden, wenn er hervorhob, dass nationale Herausforderungen die amerikanische Nation immer wieder dazu gebracht hätten, ihre wahre Größe zu zeigen.[196] Bei den Aufrufen zur Umgestaltung der Energiepolitik in den Jahren 1973/74 ging es also immer in je unterschiedlichen Mischungsgraden um individuellen Nutzen und Komfort, verantwortliches Handeln und nationale Verpflichtungen.

Nach der Verkündung des Ölembargos gegen die Vereinigten Staaten war zwar zunächst unklar, wie es sich genau auswirken würde, doch grundsätzlich wurde erwartet, dass es die ohnehin schlechte Versorgungslage im Winter weiter verschärfen werde. Neben konkreten Maßnahmen, um Engpässe zu vermeiden, forderte Love angesichts der moralischen Dimension, die die Energiedebatte hatte, jetzt wiederholt, der Präsident selbst müsse ein sichtbares Zeichen zum Energiesparen setzen. Darüber hinaus solle er sich in einer Fernsehansprache an die Nation wenden, um sie von den Maßnahmen der Regierung zu überzeugen.[197] Um die Bevölkerung direkt und nicht durch Nachrichtensendungen gefiltert anzusprechen, solle die Rede nicht mittags, sondern um 19 Uhr abends gehalten werden, schlug sein Redenschreiber Dave Gergen vor. Außerdem solle eine Diskussion mit Nixons Beratern angeschlossen werden, um Panik zu vermeiden und zu zeigen, dass der Präsident ernsthaft an einer Lösung des Problems arbeite und sich mit neuen und ehrenwerten Beratern umgebe.[198] Um die Wirkung der Rede zu erhöhen, suchten Gergen und seine Kollegen nach einem Begriff, der die energiepolitischen Bemühungen der Regierung zusammenfassen und ähnlich einprägsam wie das „Manhattan"- oder das „Apollo-Project" sein sollte.[199] Die entscheidende Idee kam dann von Herbert Stein, der im Geiste der Vorbereitungen für die 200-Jahr-Feiern der Unabhängigkeitserklärung den Titel „Project In-

---

[195] NARA, Nixon Library, WHCF, SMOF, EPO, Box 1.
[196] Office of the White House Press Secretary: To the Congress of the United States, April 18, 1973; Office of the White House Press Secretary: Statement by the President, June 29, 1973, NARA Library, Nixon, WHCF, SMOF, EPO, Box 24.
[197] Memo for Kissinger: Emergency Oil Contingency Program, October 14, 1973; John A. Love: Memo for Henry A. Kissinger: Emergency Oil Contingency Action Plan, October 15, 1973, NARA, Nixon Library, NSC, Inst. Files, WSAG Meetings, Box H-093; John A. Love: Memo for Alexander Haig: Administration Response to the Oil Emergency, November 1, 1973; John A. Love: Memo for the President: U.S. Domestic Response to Arab Oil Boycott, October 27, 1973, NARA, Nixon Library, WHCF, SMOF, EPO, Box 35.
[198] Dave Gergen: Memo for Alexander Haig and Ronald Ziegler: Recommendation for Energy Presentation, November 2, 1973, NARA, Nixon Library, WHSF, Pres. Pers. Files, Box 102.
[199] Dave Gergen: Memo for Haig: Revised Energy Speech, Nov 4, 1973, NARA, Nixon Library, WHSF, Pres. Pers. Files, Box 102.

dependence" vorschlug.²⁰⁰ Während Nixon mit den Entwürfen des Redemanuskripts grundsätzlich sehr zufrieden und seine Eingriffe weitgehend stilistischer Natur waren, schärfte er doch die Rhetorik gegen den Kongress, dem er Untätigkeit und die Verzögerung notwendiger energiepolitischer Entscheidungen vorwarf.²⁰¹

Schon der Titel, unter dem die Rede an die Presse verteilt wurde, machte die neue Dramatik der Situation deutlich: Es handelte sich jetzt nicht mehr nur um eine Energieansprache, sondern um eine „energy emergency address", die Nixon am 7. November 1973 aus dem Oval Office des Weißen Hauses an die Bevölkerung richtete und deren Bedeutung weiter unterstrichen wurde durch ein Treffen mit Politikern aus den Einzelstaaten und Kommunen, das am Morgen stattgefunden hatte.²⁰² Nachdem die Energieversorgung bisher eine wichtige nationale Herausforderung gewesen sei, führte Nixon in seiner 25-minütigen Rede aus, sei sie durch das Ölembargo zu einem ernsthaften nationalen Problem und einer Krise geworden. In den nächsten Monaten und Jahren seien Versorgungsschwierigkeiten unausweichlich, die alle bemerken würden, unter denen aber niemand wirklich leiden müsse, sofern alle kleine Opfer brächten.²⁰³ Angesichts der dramatischsten Engpässe seit dem Ende des Zweiten Weltkriegs müsse eine Reihe weiterer Maßnahmen ergriffen werden, die über die bereits begonnenen hinausgingen: Kraftwerke dürften nicht mehr von Kohle auf Öl umgestellt werden und die umgekehrte Transformation müsse gefördert werden; dem Flugverkehr müsse weniger Treibstoff zugewiesen werden; Atomkraftwerke sollten schneller bewilligt werden. Insgesamt müsse der Heizölverbrauch um 15 Prozent gesenkt werden, weshalb jeder Bürger das Thermostat in der Wohnung sechs Grad niedriger auf im Durchschnitt 68 Grad Fahrenheit einstellen solle. Lächelnd fügte Nixon hinzu, „incidentally my doctor tells me that in a temperature of 66 to 68 degrees you are really more healthy than when it is 75 to 78, if that is any comfort", und versicherte den Zuschauern weiter: „I am directing that the daytime temperatures in federal offices be reduced immediately to a level of between 65 and 68 degrees, and that means in this room, too, as in every other room in the White House."²⁰⁴

---

[200] Alexander Haig: Memo for the President: Draft Energy Speech, November 6, 1973, NARA, Nixon Library, WHSF, Pres. Pers. Files, Box 89. Der Begriff der Unabhängigkeit war jedoch schon vorher in die Energiedebatte eingebracht worden; siehe Caroll L. Wilson: A Plan for Energy Independence, in: Foreign Affairs 51 (1973), S. 657-675. Attraktiv war er nicht zuletzt, weil er über die politischen Lagergrenzen hinweg und auch auf der radikaleren Linken anschlussfähig war; siehe Hakes: A Declaration of Energy Independence; Rifkin: The Third Industrial Revolution, S. 9-12.

[201] RN Tape 11/7/73, NARA, Nixon Library, WHSF, Pres. Pers. Files, Box 89.

[202] Office of the White House Press Secretary: Fact Sheet: The President's Energy Emergency Address, November 7, 1973, NARA, Nixon Library, WHCF, SMOF, EPO, Box 45; Memorandum: Energy Meeting with State and Local Officials, November 7, 1973, NARA, Nixon Library, WHSF, Pres. Office Files, Memoranda, Box 93.

[203] Office of the White House Press Secretary: Address by the President on the Energy Emergency on Nationwide Radio and Television, November 7, 1973, NARA, Nixon Library, WHCF, SMOF, EPO, Box 45.

[204] Ebd.

Die moralische Forderung, seinen Lebenswandel zu ändern, betraf die Regierenden zumindest ebenso sehr wie die Regierten.

Darüber hinaus, versicherte Nixon, er werde die Einergiesparmaßnahmen der Einzelstaaten oder Kommunen zum Beispiel bei der Einführung von Geschwindigkeitsbegrenzungen unterstützen. Während die bisherigen Maßnahmen des Weißen Hauses aufgrund des Economic Stabilization Act von 1970 und des Defense Production Act von 1950 möglich seien, benötige die Exekutive weitergehende Autorität, um der Energiekrise zu begegnen. Der Kongress solle den „Emergency Energy Act" verabschieden, damit der Präsident eine Zeitumstellung sowie Veränderungen bei Umweltstandards, Geschwindigkeitsbegrenzungen und Verbrauchseinschränkungen, die Nutzung der Naval Petroleum Reserve und weitere Maßnahmen veranlassen könne. In einer Zeit, in der Nixons Integrität und Autorität zunehmend in Frage standen, wandte er sich an die Bevölkerung und den Kongress mit der Forderung, seine Kompetenzen noch zu erweitern. Angesichts dieser paradoxen Konstellation endete Nixons Rede auch mit einer „persönlichen Botschaft" an jene, die seine Integrität in Frage stellten und seinen Rücktritt forderten: Er werde das Amt, für das er gewählt worden sei, nicht vorzeitig verlassen, sondern, solange er physisch dazu in der Lage sei, sechzehn bis achtzehn Stunden täglich arbeiten, um Frieden in der Welt und Wohlstand im Land zu sichern sowie alle Zweifel an der Integrität des Präsidenten zu beseitigen.[205] Der eigentliche rhetorische Höhepunkt von Nixons Rede war jedoch sein Aufruf, eine nationale Ressourcenmobilisierung in Bewegung zu setzen, die in nur sieben Jahren zu energiepolitischer Autarkie führen sollte: „Let us unite in committing the resources of this Nation to a major new endeavor, an endeavor that in this bicentennial era we can appropriately call 'Project Independence.' Let us set as our national goal, in the spirit of Apollo, with the determination of the Manhattan Project, that by the end of this decade we will have developed the potential to meet our own energy needs without depending on foreign energy sources. Let us pledge that by 1980, under Project Independence, we shall be able to meet America's energy needs from America's own energy resources."[206] Am folgenden Tag warb Nixon dann noch einmal vor dem Kongress um Zustimmung zu seinen Gesetzesvorhaben. Dabei bekräftigte er, energiepolitische Autarkie sei nicht isolationistisch, wohl aber entscheidend für die Fähigkeit der Vereinigten Staaten, eine unabhängige Außenpolitik zu betreiben.[207]

Der National Energy Emergency Act, den Nixon vom Kongress forderte, wurde zwar nie verabschiedet, erzeugte aber eine äußerst intensive Debatte im Senat und im Repräsentantenhaus. Der von Henry M. Jackson in den Senat eingebrachte Gesetzentwurf ging wesentlich weiter als die Vorstellungen der Regierung und sah Rationierungen sowie eine Regulierung der Raffinerien vor. Wäh-

---

[205] Ebd.
[206] Ebd.
[207] Office of the White House Press Secretary: Nixon's Address to the Congress of the United States, November 8, 1973.

rend der Senat das Gesetz schnell verabschiedete, nahm das Repräsentantenhaus an einem von Harley Staggers eingebrachten Gesetzesvorschlag viele Änderungen vor und hatte vor allem Bedenken gegen zu weitgehende Sondervollmachten für den Präsidenten. Eine Vermittlung der beiden Entwürfe, die Nixon und Simon vergeblich versucht hatten, in ihrem Sinne zu beeinflussen, passierte zwar den Senat, nicht aber das Repräsentantenhaus. Erst im Januar wurde ein erneuter Kompromissvorschlag verabschiedet, gegen den dann aber Nixon im März ein Veto einlegte, weil er zu niedrige Höchstpreise für einheimisch gefördertes Öl festlege.[208] Trotz dieses Scheiterns und einiger Vorbehalte gegen zu weitgehende präsidentelle Vollmachten im Energiebereich bestand Ende 1973 die paradoxe Konstellation, dass der demokratisch-dominierte Kongress Nixons Autorität einerseits grundsätzlich in Frage stellte, andererseits aber bereit war, sie im Energiebereich zu stärken.[209] In der Zwischenzeit kooperierte er mit Nixon und folgte den Vorschlägen des Weißen Hauses unter anderem mit dem Emergency Highway Energy Conservation Act und dem Daylight Saving Time Energy Conservation Act.

Angesichts der Eskalation der Ölkrise wandte sich Nixon im Abstand von nur knapp drei Wochen erneut und mit ähnlichem Grundtenor aus dem Oval Office an die Bevölkerung. Nachdem das Ölembargo aus den erwarteten Versorgungsschwierigkeiten eine „major energy crisis" gemacht habe, seien weitere Maßnahmen notwendig.[210] Um diese weniger schwerwiegend erscheinen zu lassen, betonte Nixon die globale Dimension der Ölausfälle, von denen andere Industrieländer wesentlich stärker betroffen seien. Sonntagsfahrverbote wie in einigen europäischen Ländern seien in den USA nicht nötig, aber andere Maßnahmen müssten ergriffen werden: Tankstellen sollten von Samstag 21 bis Montag 0 Uhr geschlossen, auf Bundesstraßen eine Geschwindigkeitsbegrenzung von 50 bzw. 55 mph für Busse und Lastwagen eingeführt, dem Flugverkehr Beschränkungen auferlegt, die Außenbeleuchtung von Gebäuden und vor allem die Weihnachtsbeleuchtung eingeschränkt werden. Neben diesen eher symbolischen Maßnahmen ging er auch auf den Emergency Petroleum Allocation Act ein, der die Ölzuteilungen, nach Bereichen gestaffelt, verringern werde.[211] Noch deutlicher als Anfang November verband Nixon das Ziel der energiepolitischen Initiativen mit dem Wesen der amerikanischen Nation: „Let me conclude by restating our overall objective. It can be summed up in one word that best characterizes this Nation and its essential nature. That word is 'independence.' From its beginning 200 years ago, throughout its history, America has made great sacrifices [...] to achieve and maintain its independence. In the last third of this century, our

---

[208] Siehe zu dem komplizierten Verfahren Katz: Congress and National Energy Policy, S. 22-29; dort auch Einblicke in die Atmosphäre der Kongressdebatten.
[209] Ebd., S. 34.
[210] Nixon: Energy Speech, November 25, 1973, NARA, Nixon Library, WHSF, Pres. Pers. Files, Box 89.
[211] Als kritische Evaluation der Maßnahmen siehe Grossman: U.S. Energy Policy, S. 23-27.

independence will depend on maintaining and achieving self-sufficiency in energy."[212]

Mitte Januar konnte Nixon dann im Radio erste Erfolge der energiepolitischen Anstrengungen verkünden: Der Benzinkonsum sei im Dezember neun Prozent niedriger gewesen als erwartet und in Neuengland sei der Heizölverbrauch gar um 16 Prozent gesunken.[213] Er dankte der Bevölkerung für ihre Opferbereitschaft, die Rationierungen unnötig gemacht habe, ging dann aber gleich zu den Leistungen der Regierung über, die ihren Energieverbrauch nicht um die angekündigten sieben, sondern um zwanzig Prozent gesenkt habe. Darüber hinaus waren inzwischen in der öffentlichen Debatte neue Themen aufgetaucht, zu denen er Stellung nehmen musste: Wenn die Ölfirmen von den Preissteigerungen in unangemessener Weise profitierten, sei das unzulässig, und die Regierung werde das durch eine „windfall profit tax" zu verhindern wissen. Um größtmögliche Transparenz zu erzeugen, habe er dem Kongress außerdem ein Gesetz vorgeschlagen, das die Ölfirmen dazu zwinge, genauere Berichte über ihre Arbeit vorzulegen. Außerdem trat er der verbreiteten These entgegen, es gebe überhaupt keinen wirklichen Versorgungsengpass, sondern Öl werde künstlich knapp gehalten, um Preissteigerungen durchzusetzen. Die Lage sei dramatisch – nach den Berechnungen von Bill Simons Mitarbeitern im Federal Energy Office fehlten im ersten Quartal des Jahres 1974 mindestens 2,7 Millionen Barrel pro Tag. Der Vergleich, den er zur Beschreibung der Lage wählte, konnte nicht groß genug sein: „During the Second World War, Winston Churchill was once asked why England was fighting Hitler. He answered, ‚If we stop, you will find out.'" Das Gleiche gelte für das Energiesparen in der Gegenwart. Nichtsdestoweniger prognostizierte Nixon, dass auf den Winter 1973/74 eines Tages der „Frühling der Energieunabhängigkeit" folgen werde, wenn alle gemeinsam am Project Independence arbeiteten.

Diese Botschaft war dem Weißen Haus so wichtig, dass sie am 23. Januar noch einmal in einem kurzen Fernsehclip verbreitet wurde, während der Präsident am gleichen Tag schon vor der State of the Union Address beim Kongress dafür warb, seinen Gesetzesinitiativen schnell zu folgen.[214] Er habe bereits 1971 vor kommenden Energieengpässen gewarnt, aber im Oktober 1973 sei dann plötzlich das Embargo verkündet worden und die Energiekrise über die USA hereingebrochen. Hier zeigt sich bei Nixon zum ersten Mal eine diskursive Verschiebung, die früher oder später alle an der US-Energiepolitik Beteiligten mitmachten und die auch in der öffentlichen Debatte gang und gäbe wurde: Hatte Nixon vorher die langfristigen Ursachen der Energiekrise unterstrichen und deren Wurzeln nicht zuletzt in den Wohlstandssteigerungen der vergangenen Jahrzehnte lokalisiert, verblasste die Energiekrise nun angesichts der dramatischen Entwicklungen des Ölembar-

---

[212] Nixon: Energy Speech, November 25, 1973, NARA, Nixon Library, WHSF, Pres. Pers. Files, Box 89.
[213] Radio Speech on Energy, Nixon, WHSF, Pres. Pers. Files, Box 89.
[214] Office of the White House Press Secretary: To the Congress of the United States, January 23, 1974, LCL, WSP, Series III A, Drawer 13, Folder 39.

gos und der Ölpreissteigerungen seit Oktober 1973. Nachdem William E. Simon noch Anfang Januar 1974 in einem Fernsehinterview erklärt hatte, „oh many, many, many, many times we've warned of the emerging energy crisis",[215] schrieb er nach seinem Ausscheiden aus dem Amt des Finanzministers 1978 in seiner Bekenntnisschrift „A Time for Truth" in bewusster oder unbewusster Verdrehung der Sachverhalte: „Then, without warning, the unthinkable happened. In October 1973, in the Wake of the Yom Kippur War, the Arab countries unanimously decided to place and embargo on their sales. [...] The long-dreaded energy crisis had arrived."[216] Noch in dieser Erzählung ist eine Ambivalenz enthalten, da die Energiekrise einerseits als undenkbares Ereignis ohne Vorwarnung beschrieben wird, andererseits aber als lange gefürchtet. Auch diese Ambivalenz ging allerdings in den folgenden Jahren verloren, und es verfestigte sich im öffentlichen Diskurs wie auch in der Forschung die Erzählung, dass die Energiekrise eine Folge der unerwarteten Ereignisse im Oktober 1973 gewesen sei, die die politischen Akteure in den USA von ihrer Verantwortung entlastete.

5.3.2 „Nixon doesn't practice what he preaches" – „Simon says ..."

Nixons Energieansprachen waren zentrale Bezugspunkte der Kommunikation von Legitimität und Souveränität in den Vereinigten Staaten während der Energiekrise und des Ölembargos, aber sie standen nicht für sich allein und dürfen auch nicht isoliert untersucht werden. Vielmehr wurden sie begleitet von Pressekonferenzen, auf denen die jeweiligen energiepolitischen Berater die Regierungsstrategie erläuterten. Manche von ihnen stiegen wie John A. Love oder vor allem William E. Simon selbst zu prominenten Figuren des öffentlichen Lebens auf, die nicht nur die Inhalte der Energiepolitik, sondern auch ihre öffentliche Wahrnehmung prägten. Neben ihnen vertraten auch Kongressabgeordnete, Gouverneure und Lokalpolitiker oder Experten verschiedener Couleur öffentlichkeitswirksam ihre Standpunkte zur Energiepolitik. Darüber hinaus wurden die Fernsehübertragungen von Nixons Reden anmoderiert und entsprechend gerahmt, Zeitungen fassten sie am Folgetag für die Bevölkerung zusammen und kommentierten ihren Inhalt. Und schließlich verlief die Kommunikation, auch wenn sie massenmedial geprägt war, nicht nur in eine Richtung; nationale, regionale und kommunale Politiker, Unternehmen, Interessengruppen, aber auch unzählige Bürgerinnen und Bürger wandten sich in Briefen mit ihren Reaktionen, Kommentaren und Vorschlägen wiederum an Nixon und seine Energiezaren. Gerade weil die immer weiter in den Energiebereich eingriffen, wurden sie auch zum Adressaten für alle Versorgungsprobleme. So wesentlich dieses Kommunikationsensemble für die Konstitution der Energiekrise und für ihr Verständnis ist, so schwierig ist es doch

---

[215] Issues and Answers: An Interview with William E. Simon, ABC Network, January 6, 1974, LCL, WSP, Series III A, Drawer 13, Folder 39.
[216] William E. Simon/Clare Boothe Luce: A time for truth, New York 1978, S. 54.

zu entflechten und zu analysieren. Allein im Federal Energy Office kamen beispielsweise am Freitag, dem 25., und am Montag, dem 28. Januar 1974, 993 bzw. 3972 an Simon gerichtete Briefe an, von denen ein Großteil auch individuell beantwortet werden musste, wofür ein diffiziles Bearbeitungssystem eingerichtet wurde. Auch vom Energy Policy Office sind neben der offiziellen Korrespondenz unter der Rubrik „Public Opinion Mail" mehrere tausend Briefe aus dem November und Dezember 1973 überliefert.[217]

Die öffentliche Debatte mit Diskussionsveranstaltungen, Dokumentations- und Diskussionssendungen im Fernsehen und Radio sowie einer umfassenden Presseberichterstattung ist fast noch komplexer: Allein die *New York Times* und die *Washington Post* veröffentlichten von Anfang 1973 bis zu Nixons Rücktritt am 8. August des folgenden Jahres mindestens 2172 Artikel, in denen die Worte „Nixon" und „Energie" vorkamen. Auch in selbständigen englischsprachigen Publikationen stieg die Frequenz der Worte „oil" und „energy" in den 1970er Jahren deutlich an – noch augenfälliger wird der Befund bei „energy crisis" oder „oil crisis".[218] Die Energiekrise war 1973/74 in aller Munde und Anfang Januar 1974 hielten laut einer Gallup-Umfrage 46 Prozent aller Amerikaner die Energiekrise für das wichtigste Problem, dem sich die Vereinigten Staaten gegenübersahen, womit die Energiekrise – wenn auch nur sehr kurzfristig – die hohen Lebenshaltungskosten vom ersten Platz der Rangliste verdrängte.[219] Nicht nur in den auf Öl- und Energiefragen spezialisierten Publikationsorganen, sondern auch in der einfachen Tagespresse war die Berichterstattung über die Energiekrise überraschend tiefgehend und fundiert. Aber man musste noch nicht einmal Zeitung lesen, um der Energiekrise gewahr zu werden und gut über sie informiert zu sein. Am 4. September 1973 sendete NBC um 20 Uhr eine dreistündige Dokumentation mit dem Titel „An American White Paper – The Energy Crisis", die einen Eindruck von dem hohen Niveau auch der breiten öffentlichen Diskussion über die Energieproblematik bereits im Vorfeld der eigentlichen Ölkrise vermittelt.[220]

Obwohl der Film der Energieproblematik insgesamt gewidmet war, lag der Schwerpunkt doch auf der Ölproblematik: Gleich zu Beginn erklärte König Faisal, angesichts der US-Politik sei es schwierig, die enge Freundschaft aufrechtzuerhalten. Als er erneut auftauchte, wurde erläutert: „This is King Faisal of Saudi Arabia. He's going to have a great deal to say in the next few years about the way you live." Nachdem die zentrale Rolle des Öls für die US-Energieversorgung aufgezeigt und wiederum die einzigartige Bedeutung Saudi-Arabiens für den Weltöl-

---

[217] Golubin Memo to Simon: Administrator's Correspondence, January 29, 1974, in: LCL, WSP, Series III A, Drawer 14, Folder 4; Flow Chart for Mail Processing, LCL, WSP, Series III A, Drawer 14, Folder 4; NARA, Nixon Library, WHCF, SMOF, EPO, Boxes 6-17: John A. Love Public Opinion Mail 1973.
[218] Siehe Culturomics unter http://ngrams.googlelabs.com.
[219] Gallup: The Gallup poll, S. 230f.; Fusso: The Polls: The Energy Crisis in Perspective.
[220] Die Autoren waren Len Giovannitti und Fred Freed, Regie führte Darold Murray und Sprecher war Frank McGee; NARA, Film Archive, VTR# 6523, NBC Reports: An American White Paper – The Energy Crisis, 9/4/1973, 20:00.

markt herausgearbeitet worden waren, diskutierte der Film ganz offen die Embargodrohungen und den wachsenden Druck auf Saudi-Arabien, Öl als Waffe gegen den Westen einzusetzen. Auch wenn das individuelle Wohlergehen der US-Bürger dabei direkt an die Entscheidung von weit entfernten und fremdartig dargestellten Herrschern gebunden wurde, blieb die Dokumentation doch ausgewogen und lokalisierte die Ursachen für die Energiekrise vor allem im Inland und dem „American way of life": „We are a high energy, technological advanced affluent society – wasteful and polluting." Nur deshalb stünden die Größe der Nation und die Dauer des American Century jetzt in Frage: „For almost three decades we have been the richest, most powerful nation on earth. Now a nation of six millions warns us, we must change our foreign policy, if we want full gas tanks. This is the world we expect to live in, until we produce new fuels to replace the oil we no longer have." Bei der Frage, ob die Ölkonzerne die Ölkrise miterzeugt hätten, blieb die Dokumentation ambivalent und offerierte auch am Ende keine einfachen Lösungen, sondern argumentierte, dass nur eine Verbindung von Energieeinsparungen und alternativen Energieträgern die Situation verbessern könnte. An der Frage, ob dies gelinge, entscheide sich letztlich die Größe der Nation. In der Presse wurde „An American White Paper – The Energy Crisis" überaus positiv aufgenommen und auch die Verantwortlichen von NBC waren so überzeugt von ihrer Sendung, dass sie nach dem Beginn des Ölembargos mit einem Brief entscheidende Energiepolitiker noch einmal direkt darauf hinwiesen.[221]

Wohl kaum jemand bedurfte also der Energieansprachen des Präsidenten im Oktober und November, um auf die Energieproblematik aufmerksam zu werden. Um sie herum kristallisierte sich aber die Kommunikation über politische Legitimität und Souveränität in der Energiekrise. Dies lag zum einen daran, dass sie Fragen der souveränen Energiepolitikgestaltung verhandelten und zum anderen daran, dass Nixon selbst Energiesparen zum moralischen Imperativ erhoben hatte, an dem nun auch das Handeln der Regierung gemessen wurde. Bereits nach Nixons Energieansprache im Juni begannen Ministerien, konkrete Handlungsanweisungen an alle Mitarbeiter herauszugeben, wie diese Energie sparen könnten. Im Finanzministerium umfassten diese Ratschläge nicht nur das Verhalten am Arbeitsplatz, wo technische Geräte und Licht nicht unnötig eingeschaltet werden sollten, sondern auch den privaten Bereich: Mitarbeiter sollten verbrauchsarme Autos kaufen und sowohl die Heizungen als auch die Klimaanlagen niedriger stellen.[222] Auch Innenminister Rogers B. Morton wandte sich an alle Mitarbeiter mit ähnlichen Vorschlägen und so grundsätzlichen lebenspraktischen Ratschlägen wie im Sommer leichte und im Winter warme Kleidung zu tragen, denn „as employees of the Department having the major Federal responsibility for energy

---

[221] Peter Kenney (National Broadcasting Company) to William E. Simon, November 2, 1973, LCL, WSP, Series III A, Drawer 16, Folder 16; Peter Kenney (National Broadcasting Company) to Bruce A. Kehrli, November 2, 1973, Nixon, WSHF, Staff Secretary, Box 99.
[222] Department of Treasury to all Treasury Employees: Conservation Notice, July 12, 1973; Department of Treasury to all Treasury Employees: Conservation Notice, July 17, 1973, LCL, WSP, Series III A, Drawer 13, Folder 11.

conservation, and as citizens, we have an obligation to be actively engaged in conserving our nation's energy resources."[223] Da das Verteidigungsministerium für 85 Prozent des Energieverbrauchs der Regierung verantwortlich war, konnten hier am ehesten substantielle Einsparungen erreicht werden, auch wenn es sich angesichts der sicherheitspolitischen Konstellation zugleich um einen der sensibelsten Bereiche handelte.[224] Als die Energiekrise sich ausweitete, rief das Pentagon genau wie alle anderen Ministerien seine Mitarbeiter zu Sparmaßnahmen auf – unter anderem mit einer ausführlichen Commanders' Checklist for Energy Conservation – und reduzierte darüber hinaus die Flug- und Seeübungen.[225]

Die Frage, wie Nixon und seine Regierung es selbst mit dem Energiesparen hielten, spielte in der öffentlichen Wahrnehmung seiner Energieansprachen von Beginn an eine große Rolle. Schon in der Pressekonferenz zur Energieansprache vom 29. Juni fragte ein Reporter John A. Love und Charles DiBona, ob der Präsident seine Flugreisen im gleichen Maß reduzieren würde, wie er das von der Bevölkerung erwarte. Als Love erklärte, darüber sei nicht gesprochen worden, fragte der Reporter weiter, ob sie denn über die Klimaanlagen im Weißen Haus gesprochen hätten, was aber ebenfalls nicht Gegenstand von Loves Treffen mit Nixon gewesen war.[226] Love drängte Nixon in den folgenden Monaten, sichtbare eigene Energiesparanstrengungen zu unternehmen und öffentlich zu machen. Begleitet wurden diese Verlautbarungen jedoch immer von intensiven Diskussionen über die Ernsthaftigkeit von Nixons Anstrengungen und seine moralische Integrität.

In den Tagen vor Nixons Rede am 7. November wurden die Nachrichten von der Energiekrise und dem Watergate-Skandal dominiert, zwischen denen eine Wechselwirkung bestand. Der für das Weiße Haus zuständige NBC-Korrespondent berichtete, dass die Entscheidung für die Rede erst nach längeren Diskussionen darüber gefallen sei, ob sie als Ablenkungsmanöver von Watergate ausgelegt werden könne.[227] Am Tag der Rede selbst waren sich die Sender einig, dass das Embargo nicht die Ursache der Energiekrise und dass die Energiesparinitiativen grundsätzlich zu befürworten seien. Sie berichteten aber auch über das nachmittägliche Treffen Nixons mit den Gouverneuren, auf dem über mögliche Rationierungen gesprochen worden war. Da diese in Nixons Rede nicht mehr auftauchten, warfen sie die Frage auf, ob die vorgeschlagenen Maßnahmen ausreichten.[228]

---

[223] Department of the Interior: Memo to Employees: Energy Conservation, July 31, 1973, LCL, WSP, Series III A, Drawer 13, Folder 11.
[224] Department of the Interior, Office of Energy Conservation: Federal Energy Conservation. An Interim Report, September 1973, LCL, WSP, Series III A, Drawer 13, Folder 11.
[225] Memorandum for Brigadier General Richard Lawson, USAF Military Assistant to the President: Petroleum Shortages in the Department of Defense, 30.11.1973; DoD and the Energy Crisis, in: Commanders Digest 14, No. 21, Nov 22, 1973, NARA, Nixon Library, NSC, Subject Files, Box 321.
[226] Office of the White House Press Secretary: Press Conference of John A. Love and Charles DiBona, June 29, 1973, NARA, Nixon Library, WHCF, SMOF, EPO, Box 24.
[227] NARA, Film Archive, VTR# 6658, Weekly News Summary, all networks, 5-11 Nov 1973.
[228] Ebd.

Ähnliche Erwägungen stellten auch die Kommentatoren der *New York Times* und der *Washington Post* an. Edward Cowan sah Nixons Entscheidung, eine Rede zur Energieproblematik zu halten, als eine „double opportunity – to tackle the substance of the energy problem and to show himself to the public as a President who has not been rendered politically impotent by the Watergate controversy."[229] Indem er dies explizit machte, nahm er der Strategie zugleich viel von ihrer Überzeugungskraft, beurteilte sie aber ohnehin als gescheitert, weil die freiwilligen Maßnahmen nicht ausreichten, die Energiekrise zu beheben. Diese Einschätzung entsprach dem Grundtenor in beiden Zeitungen. Explizit begrüßten sie Nixons Energiesparvorschläge als Mittel, um außenpolitische Souveränität zu sichern: „Sixty-eight degrees is a bit chilly but, in a good cause, it is tolerable. The cause in this case is, in fact, the economic and political independence of the United States. [...] If we have to turn down the thermostat, or raise prices, or ration gasoline to keep our Arab friends from bending our national interests, the President is surely correct in concluding that most Americans will choose to do just that."[230] Die *New York Times* bot sogar eine Reihe von Ärzten auf, die die Position von Nixons Hausarzt bestätigten, dass niedrigere Temperaturen in Wohnungen gesünder seien, auch wenn sie dafür allerdings keine medizinischen Studien, sondern nur den gesunden Menschenverstand anführen konnten.[231]

Obwohl sich die *New York* Times und die *Washington Post* grundsätzlich für Energieeinsparungen aussprachen, beurteilten sie diese als zu spät und nicht ausreichend, um im Winter 1973/74 noch eine Veränderung zu bewirken.[232] Vor allem Nixons Versuch, die Verantwortung dem Kongress zuzuschieben, wurde als durchsichtiges Manöver kritisiert, sein eigenes „belated awakening" und seine durch Watergate bedingte Inaktivität zu überdecken.[233] Watergate und Energie waren auch im Zeitungssatz eng miteinander verbunden: Edward Cowans Kommentar zur Energiepolitik befand sich in der *New York Times* direkt unter einem Kommentar, der die Amtsenthebung Nixons forderte. In der gesamten Berichterstattung verpuffte Nixons Ankündigung des Project Independence, die eigentlich als Clou der Rede intendiert war, und wurde überhaupt nicht diskutiert. Größere Aufmerksamkeit wurde hingegen Fragen der politischen Glaubwürdigkeit gewidmet. Nachdem auf der Pressekonferenz von Love und DiBona die Frage nach den Flugzeugen des Präsidenten nicht beantwortet worden war, hieß es in der *New York Times* „The White House undoubtedly will have to address itself soon to the 2,000 gallons of jet fuel the President's official plane burns each hour of flight

---

[229] Edward Cowan: Energy Volunteerism, The New York Times (9.11.1973).
[230] The Thermostat, Oil and Independence, The Washington Post (9.11.1973); siehe auch Thomas O'Toole: President Sets the Pattern, The Washington Post (9.11.1973).
[231] Lawrence K. Altman: Doctors Support Nixon on Cooler Homes, The New York Times (9.11.1973).
[232] Tim O'Brien: Nixon Energy Plan Held Too Late for This Winter, The Washington Post (9.11.1973); Gene Smith: Industry Acting on Energy Crisis, The New York Times (9.11.1973).
[233] Energy Gap, The New York Times (9.11.1973); The Thermostat, Oil and Independence.

from San Clemente or Key Biscayne".²³⁴ Darüber hinaus brachte sie einen größeren Artikel darüber, dass Autofahrer sich kaum an Nixons Geschwindigkeitsbegrenzungsvorschläge hielten: „An automobile driven along Shirley Highway yesterday at 50 miles an hour, the speed recommended by President Nixon in the face of an energy crisis, was passed in a seven-mile stretch by 36 automobiles, two trucks, a Metrobus and a motorcycle."²³⁵ Die Pointe des Artikels bestand darin, dass einige dieser Autos Nummernschilder hatten, die sie als Dienstwagen öffentlicher Stellen auswiesen.

Auch unnötige Autofahrten des Energiezaren in seiner Dienstlimousine erregten öffentliche Aufmerksamkeit: „Love Uses Limousine And Goes Extra Mile" überschrieb die *New York Times* einen Artikel am 9. November und im *Charlotte Oberserver* hieß es über der Associated Press Meldung noch süffisanter in schöner Alliteration: „Guess Who Guzzles Gasoline?"²³⁶ Dieser Artikel brachte Vicky H. aus Rock Hill in South Carolina derart auf, dass sie ihn ausschnitt und noch am gleichen Tag mit einem handschriftlichen Brief an John A. Love schickte: „If the article is true, then I feel that you and your associates are not being very fair to the American people. Why should we take drastic measures to curtail our fuel consumption when you seem to use more than necessary? […] I would be more than willing to try to help this crisis if I knew that government officials were doing their part also."²³⁷ Dies meinte auch Wilbur M. aus Pasco/Washington angesichts eines ähnlichen Artikels aus dem *Oregonian*. Als Republikaner sei er zunehmend desillusioniert und enttäuscht über die Führung des Landes.²³⁸ Nachdem Nixon in seinen Reden immer wieder betont hatte, dass die Energiekrise von allen Amerikanern individuell bekämpft und überwunden werden müsse, fiel dieser Anspruch nun also auf die Regierenden selbst zurück.

Am 25. November wurde dies noch deutlicher, als Dan Rather, der für das Weiße Haus zuständige CBS-Korrespondent, Nixons Energiebotschaft im Fernsehen mit den folgenden Worten ankündigte: „The President will speak about the energy crisis after he returned from Camp David Maryland Mountain Retreat by helicopter."²³⁹ Zu diesem Zeitpunkt der Energiedebatte war bereits allgemein bekannt, wie treibstoffintensiv Hubschrauberflüge waren, und wer es noch nicht wusste, erfuhr es in empörten Zeitungsartikeln. „Nixon doesn't practice what he preaches", titelte Jack Anderson am 26. November in den *Hamilton Ohio Journal News*: „The truth is that the President and his aides haven't been practicing the austerity they have been preaching. He drafted his public appeal in palmy Key Biscane, Fla., where the warm sun kept the temperatures comfortable. His luxury

---

[234] Cowan: Energy Volunteerism.
[235] Donald P. Baker/Cathe Wolhowe: Drivers Ignore Fuel-Saving Advice, The Washington Post (9.11.1973).
[236] Love Uses Limousine And Goes Extra Mile, The New York Times (9.11.1973).
[237] NARA, Nixon Library, WHCF, SMOF, EPO, Box 9, Folder 15-43.
[238] NARA, Nixon Library, WHCF, SMOF, EPO, Box 8, Folder 10-43.
[239] NARA, Film Archive, VTR# 6675, Presidential Energy Speech, 11/25/1973, 19:00, all networks.

jet burned 8000 gallons of fuel to make the round trip."[240] Weil Nixons Hund Hubschrauberflüge nicht vertrage, werde er eigens mit einem Auto übers Wochenende nach Camp David gefahren, listete die Zeitung weitere Energievergehen des Präsidenten auf. Ruth S. aus Hamilton schickte diesen Artikel verärgert an John A. Love mit dem Hinweis, die Regierenden dürften nicht erwarten, dass die Bevölkerung Gesetzen folgte, an die sie sich selbst nicht hielten.[241] Auch William E. aus North Carolina empörte sich am 26. November in einem Brief an Love über einen Zeitungsartikel, in dem berichtet wurde, dass Nixons Hubschrauberflug nach Camp David 600 Gallonen Benzin verbraucht habe, und fragte fast resigniert: „Is there not some way to get it across to our leadership in Washington that setting the example is a must if we are to succeed at all – not only in the energy crisis but in other areas of our American life?" Die Regierung habe ein fundamentales Glaubwürdigkeitsproblem, „because so many do not believe in Mr. Nixon's integrity which is so basic in any endeavor."[242]

In der *New York Times* und der *Washington Post* wurde die Infragestellung von Nixons Autorität jetzt noch grundsätzlicher. „If you liked World War II, you'll love the energy crisis", fasste Russell Baker Nixons Argument zusammen und entgegnete: „When we cannot drive to grandmother's for Sunday dinner because the tank is dry and when we must, therefore, sit home and listen to President Nixon who has just used 6,000 gallons of petroleum products to jet down to Florida and back urge us to sacrifice and beat the Nazis once again, we can give him a gentle, sulky Bronx cheer."[243] Für Edward Cowan von der *New York Times* war gerade Nixons Botschaft, dass es schon nicht so schlimm werden werde, beunruhigend, weil so viele „thoughtful people" wesentlich skeptischer seien als der Präsident und auch Experten in der Administration inzwischen für die Rationierung von Ölprodukten einträten.[244] Wo die von Nixon im Vorhinein versprochene „tough, strong action" sei, fragte denn auch ein Kommentator und lokalisierte ein Führungsvakuum im Weißen Haus: „The present crisis calls for the kind of Presidential leadership that has not been forthcoming. The nation's most critical energy gap today is in the White House."[245] Für Joseph Kraft in der *Washington Post* hatte Nixon die Chance auf ein politisches Comeback verspielt, indem er nicht die Wahrheit über die energiepolitische Lage gesagt und keine ausreichenden Maßnahmen, sondern nur ein völlig unrealistisches Programm zur Erlangung energiepolitischer Autarkie verkündet habe.[246] Beide Zeitungen boten Expertenstimmen auf, die die verabschiedeten Maßnahmen für nicht ausreichend hielten und Rationierungen oder andere drastische Schritte forder-

---

[240] Jack Anderson: Nixon doesn't practice what he preaches, Hamilton Ohio Journal News (26. 11. 1973).
[241] NARA, Nixon Library, WHCF, SMOF, EPO, Box 7, Folder 1-43.
[242] NARA, Nixon Library, WHCF, SMOF, EPO, Box 7, Folder 5-43.
[243] Russell Baker: The Less Oleaginous Life, The New York Times (27. 11. 1973).
[244] Edward Cowan: Politics and Energy, The New York Times (27. 11. 1973).
[245] Energy Gap …, The New York Times (27. 11. 1973).
[246] Joseph Kraft: Mr. Nixon's Energy Program, The Washington Post (27. 11. 1973).

ten.²⁴⁷ Genährt wurde die Skepsis an der Zulänglichkeit der Maßnahmen von Andeutungen Loves, dass man sich in zwei bis drei Wochen mit neuen Einschnitten melden und eventuell doch Rationierungen verkünden werde.²⁴⁸ Die Tatsache, dass Nixon jetzt noch keine härteren Maßnahmen verkündete, wirkte da wie ein Watergate geschuldetes Zögern und damit wie eine politische Schwäche. In diesem Sinne zitierte die *New York Times* Morris Adelman: „President Nixon is dragging his feet because he knows the necessary measures will be unpopular. He is so unpopular now that he feels he cannot afford to do anything that will alienate more people."²⁴⁹

Grundsätzlich blieben jedoch beide Zeitungen ihrer Einschätzung treu, dass die Forderung, Energie zu sparen, richtig sei und forderten lediglich härtere Maßnahmen.²⁵⁰ Dies entsprach auch der Fernsehberichterstattung, wo selbst der auf NBC geäußerten Erwartung eines „dark Christmas" auf CBS noch der positive Nebeneffekt abgewonnen wurde, dass man Weihnachten in diesem Jahr eben mehr in den Herzen als außerhalb der Häuser feiern müsse.²⁵¹ Auch die Mehrzahl der an das Energy Policy Office geschriebenen Briefe zeigen eine überraschend hohe Energiesparbereitschaft in der Bevölkerung: Bürger und Familien berichteten einerseits von ihren eigenen Energiesparanstrengungen und machten andererseits Vorschläge für allgemeinverbindliche Maßnahmen, mit denen weiter Energie eingespart werden könnte.²⁵² In einem weiteren Versuch, eine möglichst direkte Kommunikation mit der Bevölkerung zu suggerieren, bezog sich Nixon öffentlich auf diese Briefe und erklärte Anfang Dezember in den Nachrichten: „Each of these families has my personal gratitude and of the entire nation."²⁵³ Zudem versuchte das Weiße Haus, Nachrichten über unmäßigen Energieverbrauch durch die Reisen des Präsidenten zu vermeiden. Als Nixon nach Weihnachten in den Urlaub nach Kalifornien flog, nahm er nicht die Präsidentenmaschine, die normalerweise von einem Ersatzflugzeug begleitet wurde, sondern flog mit kleinem Tross in einer einfachen Linienmaschine.²⁵⁴ In den Pressemitteilungen betonte das Weiße Haus, der Präsident habe einen Beitrag zum Energiesparen leisten wollen und zugleich die Nähe zur Bevölkerung gesucht und genossen.²⁵⁵ Sensibili-

---

[247] Robert McFadden: Strategy Described as a 'Disaster' by City's Official, The New York Times (26. 11. 1973); William D. Smith: Energy Men Find Nixon Plan Weak, The New York Times (27. 11. 1973).
[248] Thomas O'Toole: Light, Fuel, Auto Speed Curbs Set, The Washington Post (26. 11. 1973).
[249] Smith: Energy Men Find Nixon Plan Weak.
[250] The Latest on Oil, The Washington Post (27. 11. 1973); Energy Gap …; Tim O'Brien: Some Businesses Protest, The Washington Post (27. 11. 1973).
[251] NARA, Film Archive, VTR# 6675, Presidential Energy Speech, 11/25/1973, 19:00, all networks.
[252] NARA, Nixon Library, WHCF, SMOF, EPO, Boxes 7-17.
[253] NARA, Film Archive, VTR# 6694, Weekly News Summary of Week 3-9, December 1973.
[254] Lou Cannon: Nixon Flies West On Commercial Jet, The Washington Post (27. 12. 1973); John Herbers: Nixon Flies to Coast on Commercial Airliner, The New York Times (27. 12. 1973).
[255] Nixon Feels Flight to Coast on Commercial Plane 'Scored Points' With the Public, The New York Times (28. 12. 1973).

siert für alle möglichen Einwände, hieß es zudem, dass die Maschine nicht voll gewesen und folglich nicht extra Platz für Nixon, seine Familie und Mitarbeiter geschaffen werden musste. Nixon selbst zeigte sich zufrieden über den PR-Coup, auch wenn seine Personenschützer und auch Henry Kissinger wenig erfreut über den Flug waren. Der Rückflug wurde aus Sicherheitsgründen wieder in einer Militärmaschine absolviert.[256]

Die Briefe, die im Energy Policy Office/Federal Energy Office ankamen bzw. beantwortet wurden, waren zumeist entweder direkt an Nixon oder an die Energiezaren John A. Love und William E. Simon gerichtet. In ihrer Behandlung wurde unterschieden zwischen Briefen von Kongressabgeordneten, Briefen von Wirtschaftsunternehmen und solchen von einfachen Bürgerinnen und Bürgern. Schon bevor er von Nixon zum Energiezaren ernannt wurde, war Simon als Vorsitzender des Oil Policy Committees einer der wichtigsten Adressaten von energiepolitischen Eingaben. In seiner Autobiographie erinnert er sich: „No sooner did the rumor get out that I was to chair the Oil Policy Committee than I was bombarded with advice, demands and warnings from an astounding number of constituencies – ranging from the fifty-five federal agencies that had been regulating the oil industry to the industry itself to refiners, brokers, dealers, jobbers, and, of course, the eight major oil companies."[257] Vor allem seit Simon für das komplizierte Ölzuteilungssystem zuständig war, wurde er zum Adressaten für alle diesbezüglichen Beschwerden und Bitten; allein die Glückwünsche zur Ernennung zum Chef des Federal Energy Offices im Dezember 1973 füllen mehrere Ordner.[258] Abgesehen von den Briefen alter Freunde, die zum Beispiel ironisch fragten, wie man es so weit bringen könne, ohne je einen lateinischen Satz richtig übersetzt zu haben, kamen die meisten Glückwünsche von Personen, die in der Ölwirtschaft tätig oder mit Ölpolitik befasst waren. Von diesen versäumte es kaum jemand, die Schwere der Zeiten im Allgemeinen und von Simons Aufgabe im Besonderen zu betonen, ihm Unterstützung anzubieten und für eigene Anliegen zu werben. So nutzte Francis W. Sargent, der Gouverneur von Massachusetts, die Gelegenheit, Simon um Gespräche über konkrete Energieversorgungsprobleme zu bitten: „Congratulations (and perhaps condolences, too) … you are taking on the toughest job in the toughest of times. At your earliest opportunity I'd like to talk with you about the unique problems of Mass. where heating oils for industry + homes are critical + unemployment already frightening."[259]

Die Mehrzahl der Briefe von Kongressabgeordneten und aus der Industrie, die bei Simon ankamen, bezogen sich auf Probleme der zunächst freiwilligen und dann verpflichtenden Zuteilung von Ölprodukten, der „voluntary" und „manda-

---

[256] Ebd.; Kissinger Telcon with Richard Nixon, December 27, 1973, 1430 Local Time, DNSA, KA11747; Lou Cannon: Nixon Returns to Capital in Small Military Jet, The Washington Post (13.1.1974).
[257] Simon/Caher: A Time for Reflection, S. 77.
[258] LCL, WSP, Series III A, Drawer 13, Folder 13-15: Correspondence – Congratulations on Appointment: 1973-1974.
[259] Francis W. Sargent to William Simon, December 3, 1973.

tory allocation". Hier zwischen „congressional" und „industry" Korrespondenz zu unterscheiden, wie es das Federal Energy Office tat, ist insofern artifiziell, als viele Unternehmen versuchten, über ihre Kongressabgeordneten Druck auf die zuständigen Regierungsstellen auszuüben. Im Sommer 1973 wiesen viele Independents in Briefen auf ihre schlechte Versorgung mit Ölprodukten hin und forderten ein stärkeres staatliches Eingreifen zu ihren Gunsten.[260] Der Chef der United Refining Company Harry A. Logan schilderte in einem ausführlichen Brief an Henry M. Jackson die Probleme der Independents, genügend Öl zu bekommen. Er sei zwar kein Anhänger der Verschwörungstheorie, dass dies eine gezielte Maßnahme der Majors sei, um sich der Konkurrenz zu entledigen, nichtsdestoweniger liefen aber alle Mechanismen auf eine Schwächung der einheimischen Ölindustrie hinaus.[261] Jackson leitete diesen Brief genauso an Simon weiter wie J. William Fulbright einen Brief von Neal Williams, dem Chef der Farmers Oil Corporation, der sich ebenfalls beklagte, unter dem gegenwärtigen System nicht genügend Öl zu erhalten.[262] Williams hatte sich zuvor an die eigentlich zuständige Stelle, das Office of Oil and Gas im Innenministerium gewandt, war dabei aber erfolglos geblieben. Genauso erging es dem Präsidenten von Sears Oil, der den komplizierten „Fuel Incident Report" ausgefüllt hatte und, als dies nichts bewirkte, seinen Kongressabgeordneten aus New York State Donald J. Mitchell aufforderte, darauf hinzuwirken, dass aus der „voluntary" eine „mandatory allocation" werde.[263] Mitchell wiederum leitete den Brief an Simon weiter, weil er „extremely concerned" sei, dass Sears' Unternehmen vor dem Aus stehe, und die Regierung hier unbedingt aktiv werden müsse.[264]

Die Einführung der „mandatory allocation" verschärfte den Regulierungsbedarf und steigerte zugleich die Zahl der Beschwerden, die beim Federal Energy Office einliefen. Senatoren und Kongressabgeordnete erklärten, die Zuteilungen für ihre Regionen seien zu niedrig und müssten angehoben werden.[265] In der Presse zeichneten Cartoonisten Bill Simon als Wegelagerer mit Pfeil und Bogen, der Autotanks anzapfend erklärte: „Simon Hood's the name. I rob from Wisconsin and give to Illinois".[266] Nicht nur Politiker, sondern auch zahlreiche Unternehmen und verschiedene Berufsgruppen sahen sich durch die Zuteilungen

---

[260] LCL, WSP, Series III A, Drawer 13, Folder 16.
[261] Harry A. Logan (United Refining Company) to Henry M. Jackson, July 11, 1973, LCL, WSP, Series III A, Drawer 16, Folder 6.
[262] Henry M. Jackson to William Simon, August 8, 1973, LCL, WSP, Series III A, Drawer 16, Folder 6; J. W. Fulbright to William Simon, July 30, 1973; Neal Williams (Farmers Oil Corp.) to J. W. Fulbright, July 20, 1973, LCL, WSP, Series III A, Drawer 16, Folder 5.
[263] H.P. Sears to Robert Plett, July 20, 1973; H. P. Sears Oil to Donald J. Mitchell, August 24, 1973, LCL, WSP, Series III A, Drawer 5.
[264] Donald J. Mitchell (House, New York) to William E. Simon: Sears Oil, August 27, 1973, LCL, WSP, Series III A, Drawer 16, Folder 5.
[265] Clifford P. Case to William Simon, January 30, 1974; John V. Tunney to William Simon, February 19, 1974, LCL, WSP, Series III A, Drawer 13, Folder 17.
[266] So im Wisconsin State Journal, February 1974, LCL, WSP, Series IX, Drawer 50, Folder 3, oversized Cartoons.

ungerecht behandelt und wiesen in Briefen an Simon auf die Bedeutung ihrer Arbeit und die Notwendigkeit einer ausreichenden Treibstoff- und Energieversorgung hin. Flugunternehmer protestierten genauso wie die unabhängigen Lastwagenfahrer, deren Organisation United Truckers of America ihren Forderungen mit Straßenblockaden und einer Lastwagendemonstration am Weißen Haus vorbei Nachdruck verlieh.[267] Beschwerden kamen aus allen Richtungen und auch von Organisationen, mit denen man in diesem Zusammenhang nicht rechnen würde. So war der Präsident der American Honey Producers Association und der American Beekeeking Federation beunruhigt, weil etwa 3000 Imker ihre Bienen im Winter in den Süden transportierten und diese im Frühjahr 1974 wieder in den Norden bringen mussten. Diesen schwierigen Transport, der nach Möglichkeit nicht unterbrochen werden dürfe, sahen sie durch die Ölengpässe gefährdet. In Reaktion auf eine Umfrage, die Glenn Gibson, der Sekretär der American Honey Producers, unter den Imkern durchführte, antwortete Robins Aspiaris, der sich selbst als „migratory beekeeper" bezeichnete: „During the months of April thru June we will be transporting these bees back to Missouri […]. Would you please advise the Federal Energy Office of our needs for fuel."[268] Gibson sammelte diese Forderungen und leitete sie dann weiter an den Kongressabgeordneten Tom Steed, den er eindringlich um Unterstützung bat: „approximately 3,000 beemen will move 2 million bee hives from southern winter locations to the honey producing regions of the North […] Tom, all of this means that we must have fuel waiting for us to buy up and down the highways seven days a week and sometimes during the night. I will not dwell on the importance of our industry to other segments of agriculture since you know the bees importance. Help us if you can."[269] Auch Morris Weaver, der Vizepräsident der American Beekeeking Federation, sandte eine Resolution des Vereins an Tom Steed, die forderte, dass die Imker spezielle Benzinbezugsscheine für den Transport der Bienen erhielten.[270] All dies erreichte William Simon, der sich eher amüsiert zeigte und antwortete, dass keine Probleme auftreten sollten, weil die unabhängigen Trucker durchgesetzt hätten, dass sie ausreichend beliefert würden.[271]

---

[267] Mike Duval: Memo for Alexander Haig: Truck Drivers Demonstration, Monday, January 21, January 19, 1974, Nixon, WHCF, Subject Files, FG 6-26; ausführliche Diskussion der politischen Konsequenzen in Office of the White House Press Secretary: Press Conference: William E. Simon, Willam J. Usery, February 5, 1974; Office of the White House Press Secretary: Press Conference: William E. Simon, et al., February 8, 1974, LCL, WSP, Series III A, Drawer 13, Folder 40; zum zeitgenössischen Standesbewusstsein der Trucker siehe auch ihre Heroisierung durch Sam Peckinpah in seinem Film „Convoy" (1978).

[268] Robins Apiaries to Glenn Gibson, January 31, 1974, LCL, WSP, Series III A, Drawer 13, Folder 18.

[269] Glenn Gibson (Executive Secretary, The American Honey Producers Association) to Tom Steed, February 2, 1974, LCL, WSP, Series III A, Drawer 13, Folder 18.

[270] Morris Weaver (Vice President, The American Beekeeking Federation, Inc.) to Tom Steed, February 4, 1974, LCL, WSP, Series III A, Drawer 13, Folder 18.

[271] William Simon to Tom Steed, February 21, 1974, LCL, WSP, Series III A, Drawer 13, Folder 18.

Briefe aus der Bevölkerung befassten sich mehrheitlich mit konkreten Energiesparmaßnahmen der Regierung, die sie entweder befürworteten oder ablehnten, und machten oftmals noch darüber hinausgehende Vorschläge zum Energiesparen. Diese betrafen vor allem die Außenbeleuchtungen sowie das Tempolimit. Eine eigene Debatte entspann sich um die Ausdehnung der „daylight saving time" auf das ganze Jahr, nachdem Kinder, die in der Dunkelheit auf dem Schulweg gewesen waren, Opfer von Unfällen geworden waren.[272] Empört schrieb Beverly B. aus Melvindale ihrem Kongressabgeordneten John Dingell: „Even if we were saving an abundant amount of energy, I do not believe any amount worth taking the life of a human being or causing a life to be miserable because of injury."[273] Dingell leitete den Brief pflichtbewusst an Simon weiter mit der Aufforderung zu überprüfen, ob die Zeitumstellung überhaupt etwas bewirke.[274] Auch der Kongressabgeordnete Don Fuqua aus Florida meinte, dass die Zeitumstellung ein Fehler gewesen sei: „Our people have been saddened by the tragic loss of five children, victims of accidents in these early morning hours. [...] Certainly if it is found that energy is not being saved, the tragic consequences of children departing for school in the dark is not worth the price."[275] Nixons Rhetorik des nationalen Opfers, das alle erbringen müssten, damit niemand wirklich leide, stieß hier an ihre offensichtlichste Grenze, wobei in den Briefen allerdings die Selbstverständlichkeit verblüfft, mit der ein individueller Unglücksfall auf eine nationale politische Entscheidung bezogen wurde. Zugleich wurde jedoch positiv registriert, dass die Zahl der Verkehrstoten durch die Geschwindigkeitsbegrenzungen zurückgegangen war.[276]

Nach seiner Ernennung zum Energiezaren wurde Simon in den Medien zum Gesicht der US-amerikanischen Energiepolitik und zum Kommunikator der Energiekrise. Dies lag zunächst an Simons Geltungsdrang und seinem ausgeprägten Bewusstsein für die Bedeutung medialer Politikvermittlung. Als John A. Love noch das Energy Policy Office leitete, beobachteten Simons Mitarbeiter dessen öffentliche Auftritte genau und evaluierten sie zumeist negativ.[277] Nachdem die Medien intensiv über die Übernahme des Federal Energy Office durch Simon berichtet hatten, hielt dieser dann wöchentliche Pressekonferenzen ab, auf denen er ausführlich über Versorgungslage und die energiepolitischen Maßnahmen informierte.[278] Als junges und unverbrauchtes Gesicht avancierte Simon in der Be-

---

[272] LCL, WSP, Series III A, Drawer 13, Folder 23.
[273] Beverly Bernett aus Melvindale to John Dingell, January 23, 1974, LCL, WSP, Series III A, Drawer 13, Folder 19.
[274] John Dingell to William Simon, January 31, 1974, LCL, WSP, Series III A, Drawer 13, Folder 19.
[275] Don Fuqua to William Simon, January 25, 1974, LCL, WSP, Series III A, Drawer 13, Folder 19.
[276] Peter M. Ellis: Motor Vehicle Mortality Reductions since the Energy Crisis, in: The Journal of Risk and Insurance 44,3 (1977), S. 373-381.
[277] Bob Nipp: Memo for William E. Simon: Gov. Love's press conference Wed. evening, Nov. 7, 1973, November 12, 1973, LCL, WSP, Series III A, Drawer 16, Folder 22.
[278] News Top, December 5, 1973, NARA, Nixon Library, WHSF, SMOF, Ziegler, Box 51.

184   5. Souveränitätspolitik in der Energiekrise – die Vereinigten Staaten

Abb. 4: William E. Simon auf dem TIME Magazine

richterstattung während der Energiekrise quasi zu einem dem Präsidenten treu ergebenen Anti-Nixon, der es im Januar 1974 auf den Titel des *Time Magazin* schaffte.

Hier wurde der Aufstieg des bis vor einem Jahr noch völlig unbekannten Simon als direkte Konsequenz der Führungsschwäche im Weißen Haus interpretiert. Mehrmals täglich wende er sich in Presseerklärungen und Interviews an die Bevölkerung, um sie mit seiner Glaubwürdigkeit davon zu überzeugen, dass die Ölkrise real sei und auch nach der Aufhebung des Embargos nicht vorbei sein werde: „Simon in the past month has become one of the most powerful and visible figures in a Government starved for leadership."[279] Die Glaubwürdigkeit Simons begründete das *Time Magazine* zum einen mit seinem angeblich exzeptionellen Arbeitseinsatz, der ihn wohltuend von einem in Agonie verfallenen Präsidenten abzuheben schien: Simon sei „a decisive policymaker and superbly organized administrator", der quasi über Nacht in einer „superagency" eintausend „young, eager troubleshooters" versammelt habe, mit denen er Tag und Nacht, werktags wie am Wochenende, an der Lösung der Energiekrise arbeite.[280] Darüber hinaus habe er im Dezember wahrscheinlich einen Rekord an Fernsehauftritten aufgestellt, bei denen er manchen als „self-assured and purposeful", anderen aber als arrogant erschienen sei. Während eines von Simons zahlreichen

[279] The Whirlwind Confronts the Skeptics, Time Magazine (21. 1. 1974), S. 24–29, hier S. 24.
[280] Ebd., S. 25.

Auftritten vor Ausschüssen des Kongresses begrüßte dann auch der republikanische Senator Charles H. Percy Simon in unausgesprochenem Gegensatz zu Nixon mit den Worten, dass es vielleicht eine Energiekrise, aber wohl keinen Mangel an „human energy" gebe; denn, wann immer er den Fernseher einschalte, sei Simon zu sehen, der Aufklärungsarbeit leiste. In medialen Darstellungen erschien Simon zum anderen auch deshalb glaubwürdig, weil sein Privatleben bzw. das seiner Frau und ihrer sieben Kinder und anders als das des Präsidenten in Home Stories als Beispiel für richtiges Leben in der Energiekrise präsentiert wurde: „At home, on a seven-acre estate in McLean, Va., Simon seeks to set an example of energy conservation. Wife Carol keeps the thermostat down to 64°, and gathers the family in the library. [...] ‚I close the door and keep the fire going,'" gab sie den Reportern Auskunft. Das Abendessen finde bei Kerzenschein – allerdings meist ohne den Vater – statt, und den Jeep habe die Familie zugunsten des sparsameren Autos des Sohnes abgeschafft.[281]

Journalisten freuten sich über die wöchentlichen Pressekonferenzen und darüber, dass Simon und seine Mitarbeiter sich bemühten, ihre Anfragen zu allen Tageszeiten umgehend zu beantworten. In seinem Umgang mit ihnen gab er sich betont jovial und stets scherzend. Am 3. Januar begann er beispielsweise eine Pressekonferenz mit den Worten: „I am surprised to see so many people here today. We are almost out of announcements. Maybe I can ask you people lots of questions this morning and you can give me some advice about things we ought to be doing that we have not done already."[282] Selbstkritisch fragte er sich zudem, ob seine Bemühungen, alle energiepolitischen Fakten offenzulegen und Anfragen umgehend zu beantworten, nicht einen gegenteiligen Effekt als den intendierten gehabt hätten. Vielleicht sei er in der allgemeinen Glaubwürdigkeitskrise zu ambitioniert in seinen Erklärungsversuchen gewesen und habe so zur allgemeinen Konfusion beigetragen.[283] Denn die Glaubwürdigkeit der Regierung konnte nicht nur durch zu wenig, sondern auch durch zu viel und vor allem widersprüchliche Information erodieren. Das Glaubwürdigkeitsproblem der Regierung war so fundamental, dass ein großer Teil der Bevölkerung die Existenz der Energiekrise insgesamt bezweifelte und diese für eine Konstruktion entweder der Ölkonzerne oder aber der Regierung selbst hielt. Simons Aufgabe bestand also, wie er selbst immer wieder beklagte, zur Hälfte darin, die Menschen davon zu überzeugen, dass die Ölkrise real sei und auch nach dem Ende des Embargos nicht beendet sein werde.[284] Die Regierung habe vor der Energieproblematik früh gewarnt, aber

---

[281] A Fitzgerald Hero in Washington, Time Magazine (21. 1. 1974), S. 27.
[282] Federal Energy Office: Press Conference, William E. Simon and John C. Sawhill, January 3, 1974, LCL, WSP, Series III A, Drawer 13, Folder 39.
[283] Ebd.
[284] Issues and Answers: An Interview with William E. Simon, ABC Network, January 6, 1974, LCL, WSP, Drawer 13, Folder 39: „There is a real crisis, and it's been brought home to the American people by the embargo. And I've said quite often my most difficult task will be once the embargo's over, to keep the American people awake to the fact that we are going to continue to have shortages." Eine fast wortgleiche Formulierung findet sich in William E. Simon, December 16, 1973, in: Face the Nation 16 (1973), S. 368-374, hier S. 372.

es sei nicht genug unternommen worden, und es gebe keinerlei Anhaltspunkte dafür, dass die Ölfirmen die Krise inszenierten.

Angesichts seiner vielen Verlautbarungen zur Realität der Energiekrise und ihrem Ausmaß sowie zu den zu ergreifenden energiepolitischen Maßnahmen wurde Simon zu einer beliebten Figur für politische Karikaturisten. Das beliebte amerikanische Kinderspiel „Simon says …", in dem alle Kinder tun müssen, was Simon sagt, bekam in diesem Zusammenhang eine neue Bedeutungsdimension, wenn Simons Anregungen für energiesparende Verhaltensregeln mit diesen Worten eingeleitet wurden.[285] Elliot Chiprut schrieb für seine Band „The Energizers" gar ein Lied mit dem Titel „(Save Our Energy) That's What Simon Says", in dem es hieß:

„Let's not use too much heat – THAT'S WHAT SIMON SAYS
Let's not drive too fast – THAT'S WHAT SIMON SAYS
SAVE OUR ENERGY – THAT'S WHAT SIMON SAYS
So that it will last […]
Keep an eye on your speed – THAT'S WHAT SIMON SAYS
Keep an eye on your heat – THAT'S WHAT SIMON SAYS
SAVE OUR ENERGY – THAT'S WHAT SIMON SAYS
Use only what you need […]
Don't leave on many lights – THAT'S WHAT SIMON SAYS
Don't drive too much about – THAT'S WHAT SIMON SAYS
Do it when Simon says – THAT'S WHAT SIMON SAYS
And you will never be out."[286]

Ein anderer Punkt, an dem sich die Karikaturisten abarbeiteten, war der Begriff des Energiezaren, aber auch Henry A. Kissinger leitete eine gemeinsame Pressekonferenz im State Department mit den Worten ein: „Well, I wanted to welcome His Majesty, the Energy Czar, to the State Department."[287] Hinter dieser ironischen Bemerkung verbarg sich anscheinend ein Unbehagen an Simons Popularität, seiner Medienkompetenz und seinem schnellen Aufstieg in den inneren Machtzirkel in Washington. Immer wieder versuchte Kissinger während der Pressekonferenz, Simon ironisch in seine innenpolitischen Schranken zu weisen und zu zeigen, wer Herr im Hause des State Departments war: „Since Mr. Simon is obviously gaining on me and since this cannot be permitted in this building", leitete Kissinger schließlich das Ende des gemeinsamen Teils der Pressekonferenz ein.[288]

---

[285] Siehe zum Beispiel den New Yorker vom 11. 2. 1974, wo eine Zeitung lesende Frau zu ihrem Ehemann am Frühstückstisch sagt „William E. Simon says you cannot continue to live your wastrel ways."
[286] LCL, WSP, Series IX, Drawer 50, Folder 3. Platte mit Widmung und Foto der Band in LCL, WSP, Series VIII, Drawer 48, Shelf III, Volume II Jan-March.
[287] Press Conference by Henry A. Kissinger and William Simon, January 10, 1974, LCL, WSP, Series III A, Drawer 13, Folder 39.
[288] Ebd., S. 37.

Ein weitgehendes Misstrauen gegenüber Nixon als Person und dem Weißen Haus als Institution hatte sich seit Watergate nicht nur im Fernsehen und in der Tagespresse breit gemacht, sondern auch in der Bevölkerung, wie Zuschriften an Medien, aber auch ans Weiße Haus deutlich zeigen. Souveränität und politische Legitimität standen in den USA weniger durch die Handlungen von OPEC und OAPEC in Frage als vielmehr durch das Verhalten der Regierung im Bereich der Energiepolitik und darüber hinaus. Das Ölembargo stellte für Nixon vielmehr eine willkommene Gelegenheit dar, seine Führungsfähigkeit unter Beweis zu stellen. Diese war inzwischen aber schon so desavouiert, dass seine Versuche meist ins Leere liefen bzw. medial direkt wieder unterlaufen wurden. In diesem Glaubwürdigkeits- und Führungsvakuum stieg dann eine Figur wie William Simon auf, der all das zu verkörpern schien, was Nixon abgesprochen wurde. Simon versuchte zum einen, durch mediale Omnipräsenz und Kommunikation energiepolitischer Daten Vertrauen in die Handlungs- und Gestaltungsfähigkeit der US-Regierung wiederherzustellen. Zum anderen versuchte er aber auch, mit dem Federal Energy Office einen Apparat aufzubauen, der die Regierung in den Stand versetzen sollte, energiepolitische Entscheidungen kompetent zu treffen. Für Nixon selbst ergab sich hier ein Dilemma: Einerseits musste er sich mit integer und kompetent wirkenden Beratern umgeben, nachdem wichtige Figuren seines engsten Stabes durch Watergate kompromittiert waren. Andererseits war es aber gerade der direkte Vergleich mit diesen Mitarbeitern, der ihn dann schlecht aussehen ließ.

5.4 Stärke zeigen – öffentliche und diplomatische Embargokommunikation

Neben den innenpolitischen Souveränitätsstrategien, das heißt der institutionellen Reorganisation, der Produktion von Petroknowledge und der Kommunikation mit der Bevölkerung, war die vierte Strategie außenpolitisch. Schließlich war die mit dem Ölembargo verbundene Forderung, eine pro-arabischere Position im Nahostkonflikt einzunehmen, vor allem eine Infragestellung der internationalen Souveränität, der auch mit diplomatischen Mitteln begegnet wurde. Wie dies geschah, wird im Folgenden zunächst vor allem anhand der Interaktion mit den Förderländern untersucht, während die Verhandlungen mit den europäischen Verbündeten erst später genauer analysiert werden (Kapitel 6.3.3 und 7).

In der komplexen Kommunikationskonstellation des Embargos versuchte die US-Regierung sowohl in vertraulichen Briefen und Gesprächen mit den Vertretern der Produzenten- und der anderen Konsumentenländer als auch öffentlich in den Medien, die Deutungshoheit über das Embargo zu gewinnen und die Bedingungen seiner Aufhebung zu bestimmen (Kapitel 4). Dabei standen personale und massenmediale Kommunikation in einem engen Wechselverhältnis: Die öffentliche Meinung oder die Meinungen anderer Akteure konnten als Argument in den diplomatischen Verhandlungen fungieren, genauso wie die gezielte Indiskretion aus vertraulichen Gesprächen die andere Seite öffentlich in Zugzwang setzen konnte. Die vom Embargo betroffenen Länder waren also nicht nur passiv, sondern versuchten auf vielfältige Weise, das Embargo für ihre Zwecke zu nutzen. Grundsätzlich lässt sich hier eine Strategie der Stärke von einer der Schwäche unterscheiden: Während die erste den Förderländern suggerieren sollte, dass ein Embargo wirkungslos sei, man es auf unbestimmte aushalten und sich keinesfalls erpressen lassen werde, betonte die zweite die ungerechte Härte der Maßnahmen und das Leiden der Bevölkerung, um die OAPEC so öffentlich ins Unrecht zu setzen und zur Aufweichung der Maßnahmen zu bewegen. Zwischen diesen Polen gab es unzählige Mischpositionen.

Jenseits der Frage, ob man eher eine Rhetorik der Stärke oder der Schwäche wählen sollte, beherrschte die Strategiedebatten im unmittelbaren Vorfeld des Embargos vor allem die Frage, ob die Vereinigten Staaten auf bilateralem oder auf multilateralem Weg versuchen sollten, ihre öl- und energiepolitische Souveränität zu sichern. Den Hintergrund für die Überlegungen im Umfeld des National Security Councils bildete das oben diskutierte NSSM 174, aus dem die Forderung hervorging, Energiesicherheit herzustellen und sich im Energiebereich international keinem Druck auszusetzen, wohl aber Druck ausüben zu können.[289] Mit bemerkenswerter Offenheit wurde innerhalb der Regierung schon vor dem Embargo diskutiert, inwiefern das Öl genutzt werden könne, um andere diplomatische Ziele zum Beispiel gegenüber den Europäern zu erreichen. Unter den sich rasch wandelnden Bedingungen im Spätsommer und Herbst 1973 musste die grundsätzliche Vorgabe, Energiesicherheit herzustellen, aber in konkrete Handlungsstrategien umgesetzt werden. Auf Anfrage Kissingers präsentierte John Knubel am 5. Oktober ein Memorandum, das vor allem die Frage klären sollte, ob multilaterale oder bilaterale Strategien geeigneter zur Herstellung von Energiesicherheit seien.[290] Dieses Memorandum bildete die Grundlage für die Verhandlungen in der Senior Review Group, die wiederum die Entscheidungsgrundlagen für den National Security Council erarbeitete.[291] Nach Knubels Einschätzung sollten die Vereinigten Staaten versuchen, das Öl weiterhin als diplomatisches Druckmittel gegenüber den Konsumentenländern zu behalten und zugleich sein Konfliktpotential innerhalb der westlichen Allianz zu minimieren. In Bezug auf die Produzenten sollten die Ausdehnung der Förderung sichergestellt und Ölfragen nach Möglichkeit vom Nahostkonflikt getrennt werden.[292] Um diese Ziele zu erreichen,

---

[289] Philip Odeen: Memo to Kissinger: Energy-related Foreign Policy Objectives, August 15, 1973, NARA, Nixon Library, NSC, Inst. Files, SRG Meetings, Box H-068.
[290] Zum Entstehungsprozess John Knubel: Memo to Kissinger: SRG Meeting on energy, October 30, 1973, October 29, 1973, NARA, Nixon Library, NSC, Inst. Files, SRG Meetings, Box H-069.
[291] John Knubel: Memo to Kissinger: Alternative Approaches to Oil Problems – A Summary, October 5, 1973; Memo: Oil Supply Arrangements: Alternative Approaches to the Major Producer and Consumer States, October 2, 1973, NARA, Nixon Library, NSC, Inst. Files, SRG Meetings, Box H-069.
[292] John Knubel: Memo to Kissinger: Alternative Approaches to Oil Problems – A Summary, October 5, 1973, NARA, Nixon Library, NSC, Inst. Files, SRG Meetings, Box H-069.

5.4 Stärke zeigen – öffentliche und diplomatische Embargokommunikation 189

könne man entweder multilateral im Verbund mit den Europäern vorgehen oder bilaterale Verhandlungen mit den Förderländern suchen. Während die multilaterale Strategie im Rahmen der OECD aufgrund unterschiedlicher Interessen und fehlender Kooperationsanreize schwierig zu realisieren und höchstens langfristig erfolgversprechend sei, bargen bilaterale Strategien ein hohes Risiko für Konflikte zwischen den Konsumenten. Das Strategiepapier plädierte daher für eine Kombination der Ansätze und für die Fokussierung der bilateralen Bemühungen auf Saudi-Arabien.[293]

Nachdem Sicherheit darüber bestand, dass die europäischen Verbündeten von arabischen Produktions- und Lieferbeschränkungen wesentlich härter getroffen werden würden als die USA, deren Importquote noch viel geringer war, beriet die Senior Review Group am 15. Oktober, wie im Falle eines Embargos im Rahmen der OECD zu verhandeln und wie zugleich mit Saudi-Arabien umzugehen sei.[294] Auf der Agenda des National Security Councils stand am gleichen Tag die Definition der außenpolitischen Ziele im Falle eines Embargos: Erstens sollte der Ölfluss in die westliche Welt und nach Japan wieder in Gang gebracht werden, zweitens die Einheit der westlichen Allianz bewahrt, und drittens sollten die langfristigen Ölinteressen der USA und ihrer Verbündeten im Mittleren Osten gesichert werden.[295] Nach dem Beginn des Embargos wurde dann am 22. Oktober in der Senior Review Group der Zielkatalog aus Knubels Memorandum erneut bestätigt.[296] Im Rahmen der OECD sollten die USA zudem vor allem auf einen Mechanismus hinarbeiten, die Ölvorräte in Krisenzeiten zu teilen, und sich für eine engere Zusammenarbeit in Forschung und Entwicklung einsetzen.

Darüber hinaus waren aber auch die innenpolitischen Maßnahmen im Energiebereich Teil der außenpolitischen Verhandlungsstrategie, weil ein geringerer Ölverbrauch die Wirkung des Embargos abschwächen und damit zugleich die Verhandlungsposition der US-Regierung stärken würde. Die Umsetzung des vom Energy Policy Office erarbeiteten Maßnahmenkatalogs bzw. der konkurrierenden Vorschläge des Finanzministeriums, die Eingang in Nixons Energiebotschaft und das Project Independence fanden, wurden für ohnehin notwendig erachtet, um die Energiepolitik der USA längerfristig neu zu ordnen. Kurzfristig konnten vor allem Energiesparmaßnahmen die Verhandlungsposition stärken, wozu sie aber öffentlich gemacht werden mussten – sei es in Form von Aufrufen zu freiwilligen Maßnahmen oder Gesetzen. Noch auf der Sitzung der Washington Special Actions Group am 17. Oktober, als zwar die Produktionsbeschränkungen, nicht aber

---

[293] Ebd.
[294] Willis C. Armstrong: Memo to the Secretary: European Vulnerability to Arab Embargo, October 13, 1973; ders.: Memo to Mr. Casey: U.S. and European Oil Supply Problems, October 13, 1973; ders./James S. Sutterlin: Memo to William J. Casey: SRG Meeting on International Petroleum situation, Monday, October 15, 10.00 am, NARA, Nixon Library, NSC, Inst. Files, WSAG Meetings, Box H-093.
[295] Talking Points NSC Meeting, October 15, 1973, NARA, Nixon Library, NSC, Inst. Files, WSAG Meetings, Box H-093.
[296] John Knubel: Memo to Kissinger: SRG Meeting on Energy, Oct 22, 1973, October 18, 1973, NARA, Nixon Library, NSC, Inst. Files, SRG Meetings, Box H-069, 3.

das Vollembargo gegen die USA verkündet waren, wurde allerdings zunächst beschlossen, dass Nixon erst nach Beilegung der Krise die energiepolitischen Maßnahmen öffentlich machen sollte. Erst dann sollte, in Kissingers Worten, den Arabern gezeigt werden „that blackmail is a losing game".[297]

Die abwartende Haltung resultierte nicht nur aus dem Optimismus bezüglich der Dauer des Konflikts, sondern auch aus der Überlegung, dass der Verweis auf die Energiesparpotentiale auch den gegenteiligen Effekt haben konnte: Nachdem Associated Press eine Äußerung von Simon kolportiert hatte, dass die Vereinigten Staaten hohe Energiesparpotentiale hätten und leicht ohne das arabische Öl auskommen könnten, befürchtete Energiezar Love, dies könne die Förderländer zur Verhängung von Produktionsbeschränkungen motivieren, und er rief Kissinger an, der ebenso verärgert war: „Tell him for Christ's sake we don't need provocative calls right now."[298] Auch zwei Mitarbeiter von William E. Simon zeigten sich besorgt über Zeitungsartikel, die die Presseerklärung des Finanzministeriums über Energiesparmaßnahmen als Drohung an die Produzentenländer auslegten, denn die Versorgungslage sei schlecht: „Perhaps we have been negligent in not stressing more heavily than we have, in both the press release and the report prepared for the NSC, that unpopular solutions and some changes in life styles will be required to meet expected shortages."[299] Auch die Kommunikation von Sparmaßnahmen war insofern kompliziert, als sie sich immer zugleich an die eigene Bevölkerung und an die Förderländer richtete: Harte Sparmaßnahmen konnten zwar die bargaining power erhöhen, zugleich aber den Eindruck von Panik erwecken, der in beide Richtungen zu vermeiden war, wenn man Hamsterkäufe verhindern und aus einer Position der Stärke heraus verhandeln wollte.[300] Die Einnahme der starken Position, dass man vom Embargo kaum getroffen sei und es problemlos überstehen werde, motivierte die Bevölkerung hingegen nicht zum Energiesparen und konnte die Förderländer zu noch härteren Maßnahmen provozieren. So erklärte Kissinger in einem Telefonat am 18. Oktober: „Say we can handle it. I know that as a token thing but if you say it's a token thing, that will force them to escalate it." Auch deshalb war Kissinger dafür, sich um die Friedensregelung im Nahen Osten zu kümmern, ohne das Öl überhaupt zu erwähnen.[301]

---

[297] Washington Special Actions Group Meeting: Middle East, Minutes, October 17, 1973, DNSA, KT00854.

[298] Telecon Governor Lov/Secretary Kissinger, October 15, 1973, 4:05 pm, DNSA, KA11259.

[299] P. L. Essley/W. A. Johnson: Memo to Simon: Seriousness of Possible Disruptions in U.S. Oil Imports, October 18, 1973, LCL, WSP, Series III A, Drawer 15, Folder 37. Noch in der Kabinettssitzung am 6. November meinte Innenminister Rogers Morton: „Our problem is the people don't believe us that a crisis is here – if we dramatize it, we might get more cooperation." Cabinet Meeting. Minutes, Tuesday, November 6, 1973, NARA, Nixon Library, WHSF, Pres. Office Files, Memoranda, Box 93.

[300] So explizit in den Überlegungen in den Talking Points für das Treffen der Washington Special Actions Group am 19. Oktober 1973; Talking Points, October 18, 1973, NARA, Nixon Library, NSC, Inst. Files, WSAG Meetings, Box H-093; Kissinger warnt vor Panikreaktionen auch in: Telcon Jameson/Kissinger, November 2, 1973, 4:00 pm und 6:00 pm, DNSA, KA11587 und KA11585.

[301] Telcon, October 18, 1973, 10:07 am, Kissinger Telephone Conversation Transcripts, Box 23.

Dies kam Henry A. Kissinger, der in den letzten Monaten des Jahres 1973 die US-amerikanische Außenpolitik ganz wesentlich bestimmte, als Nixon mit Watergate beschäftigt war, auch deshalb entgegen, weil er wenig von Öl und Energiefragen verstand, wie er selbst immer wieder freimütig kundtat.[302] Er verließ sich weitgehend auf die sicherheitspolitischen und ökonomischen Analysen der Mitarbeiterstäbe im Außenministerium und im Weißen Haus, wonach die Vereinigten Staaten im Unterschied zu den Europäern die arabischen Produktionsbeschränkungen relativ unbeschadet überstehen würden.[303] So urteilte beispielsweise Charles A. Cooper Anfang November: „The economic implications of the Arab oil embargo for us are unlikely to prove so burdensome that an early abandonment of the embargo is vital to our interest." Die amerikanischen Gegenmaßnahmen reichten aus, da die arabischen Länder das Embargo aus verschiedenen Gründen ohnehin bald von selbst aufweichen würden.[304] Angesichts dieser Lagediagnose hatte die internationale Ölpolitik für Kissinger keine Priorität. Sein Primärinteresse bestand vielmehr darin, eine Friedensregelung im Nahen Osten zu erreichen und, dem machtpolitischen Kalkül des Kalten Krieges folgend, den Einfluss der Sowjetunion in der Region zu minimieren. Öl- und Energiefragen betrachtete er als sekundär und nahm an, dass sie sich von alleine regeln würden. Nichtsdestoweniger spielten sie auf symbolischer Ebene eine große Rolle, weil es um die Demonstration nationaler Souveränität und Stärke auf internationaler Ebene ging. In seiner Shuttlediplomatie zwischen den Konfliktparteien, Gesprächen mit Vertretern der Förderländer und vor allem der saudi-arabischen Regierung – genauso wie in den Verhandlungen mit den europäischen Verbündeten (Kapitel 6.3.3) – ging es Kissinger immer auch darum, Deutungshoheit über das Embargo zu gewinnen, dessen Einfluss auf die internationalen Beziehungen zu begrenzen und die US-Hegemonie zu sichern.

Die US-Regierung verfolgte während des Ölembargos keine einheitliche politische Strategie den Produzentenländern gegenüber. Angesichts der Kräfteverhältnisse in der internationalen Ölwirtschaft sowie der politischen Verhältnisse in der arabischen Welt, in der vor allem der Irak und Libyen stark antiamerikanische Töne anschlugen und als Verhandlungspartner weitgehend ausschieden, richteten sich ihre diplomatischen Bemühungen im Wesentlichen auf Saudi-Arabien. Auch wenn in manchen Vorlagen des Außenministeriums noch überlegt wurde, ob der Iran den US-Ölbedarf befriedigen könne, herrschte unter den Experten weitgehender Konsens, dass einzig Saudi-Arabien entscheidend

---

[302] Siehe den Abschnitt „The Nixon-Kissinger Presidency", in: Robert Dallek: Nixon and Kissinger. Partners in power, New York/N.Y. 2007, S. 533-566.

[303] The White House: Oil Contingency Paper, October 7, 1973, CIA, Doc No/ESDN: 51112a4a993247d4d83944a0; CIA: The Arab Oil Cutback and Higher Prices: Implications and Reactions, October 19, 1973, CIA, Doc No/ESDN: 51112a4b993247d4d8394561; CIA: The Current State of the Arab Oil Embargo: Implications for the Consumers, October 24, 1973, CIA, Doc No/ESDN: 51112a4b993247d4d8394503.

[304] Charles A. Cooper: Memo for Secretary Kissinger: Arab Oil Embargo and Production Cutbacks, November 3, 1973, NARA, Nixon, NSC, Subject Files, Box 321.

sei.³⁰⁵ Seit sich der Abzug der Briten „east of Suez" abzuzeichnen begonnen hatte, stützte sich die Politik der Vereinigten Staaten im Mittleren Osten auf drei Länder – „drei Säulen" –, die die regionale Stabilität und den kontinuierlichen Fluss des Öls garantieren sollten: Israel, Iran und Saudi-Arabien.³⁰⁶ Nachdem sich der Iran zwar an den Ölpreissteigerungen beteiligte und diese sogar vorantrieb, das Embargo aber verurteilte, war Saudi-Arabien der aussichtsreichste Adressat, um einen Politikwechsel zu erreichen. Auch Saudi Arabien wurde von US-amerikanischer Seite allerdings mit orientalistischen Vorbehalten begegnet.³⁰⁷ So sprach Kissinger wiederholt und auch in der Gegenwart arabischer Verhandlungspartner von der „Romantik" der Araber, die diplomatische Verhandlungen erschwere, in denen es doch immer nur um kleine und pragmatische Schritte gehen könne.³⁰⁸ Politisch relevanter war die jahrelange Unterschätzung der OPEC bzw. OAPEC als politische Kraft, gegen die sich Ölexperten wie James Akins schon länger gewandt hatten und die jetzt unter dem Eindruck des Embargos gezwungenermaßen revidiert werden musste.

Aufgrund seiner geringen ölpolitischen Kompetenz war Kissinger in diesem Politikfeld stärker als sonst von den Vorlagen seiner Mitarbeiter abhängig und zeigte sich Ende Oktober frustriert darüber, dass diese ihm keine konkreten Handlungsstrategien anboten. In einer Mitarbeiterbesprechung, in der ein Gespräch mit US-amerikanischen Ölkonzernen vorbereitet wurde, erklärte Kissinger, es mache ihn verrückt, dass seit einem Jahr alle sagten, dass es eine Energiekrise geben werde und er Verhandlungen mit Förder- und Konsumentenländern sowie mit Ölfirmen werde führen müssen, aber niemand wisse, worüber genau mit welchem Ziel verhandelt werden solle: „I don't even know what the problem is. When people tell me we are consuming six million barrels a day, they might just as well say fifty thousand Coke bottles worth of oil. I don't know what that means. And I have no fixed ideas. [...] What I want to know is what the hell we are going to discuss in these negotiations. What do I discuss with these oilmen this afternoon?"³⁰⁹ Im Sommer habe er vergeblich versucht, den französischen Außenminister Jobert davon zu überzeugen, dass es eine Energiekrise geben werde, aber wenn dieser das nun einsehen und auf der Suche nach Handlungsoptionen zu ihm kommen sollte, wisse er nicht, was er ihm vorschlagen solle.³¹⁰ Wenn Kissinger auch keine genauen Vorstellungen über Öl- und Energiefragen hatte, verfügte er doch über umso präzisere Vorstellungen darüber, wie souveräne Machtpolitik betrieben werden müsse, und über ein Gespür dafür, dass man das Ölembargo zu

---

[305] Memo: Oil Supply Arrangements: Alternative Approaches to the Major Producer and Consumer States, October 2, 1973, NARA, Nixon Library, NSC, Inst. Files, SRG Meetings, Box H-069, 2.
[306] Little: Gideon's Band, S. 463; Vitalis: America's Kingdom.
[307] Little: American orientalism; Melani McAlister: Epic Encounters: Culture, Media, and U.S. Interests in the Middle East, 1945–2000, o.O. 2001.
[308] Meeting with Oil Company Executives, Memorandum of Conversation, October 26, 1973, DNSA, KT00872.
[309] Secretary's Staff Meeting, Minutes, October 26, 1973, DNSA KT00871.
[310] Ebd., S. 30.

diesem Zweck nutzen könne: „If it is true that we have more weight than the others [...] then we might even turn this crisis into a certain kind of an asset, if we could take a leadership position."[311]

Bei der souveränen Gestaltung der US-Außenpolitik wollte er weder von den Förderländern noch von den öffentlichen Äußerungen anderer Akteure wie zum Beispiel der Ölfirmen gestört werden. Schon kurz bevor das Embargo verkündet wurde, fand er Ratschläge der Ölfirmen deplatziert und quittierte die Versicherung eines Mitarbeiters, die Firmen hätten zugesagt „to play in a low key" nur mit: „They shouldn't be playing at all. They have an unparalleled record of being wrong."[312] Die Ölfirmen seien „political idiots", und es sei lächerlich, dass sie über so viel Macht verfügten, der US-Außenpolitik in Europa Schaden zufügen zu können.[313] Dementsprechend erklärte er den Vorstandsvorsitzenden von Amerade Hess, Atlantic Richfield, Cabot Co., EXXON, Gulf, MOBIL, SOCAL, Sun Oil und TEXACO, einige ihrer Aussagen seien ein „unmitigated disaster" gewesen, die seine außenpolitischen Bemühungen unterminiert hätten und dies sei nicht hinnehmbar.[314] Die Firmen sollten ihren arabischen Freunden mitteilen, dass die US-amerikanische Regierung sich ernsthaft um einen Frieden im Nahen Osten bemühen werde, sich dabei aber nicht von arabischer Seite unter Druck setzen lassen werde.

Im US-amerikanischen Außenministerium ging man davon aus, dass die saudi-arabische Regierung sich vor allem aufgrund des Drucks der anderen arabischen Länder für das Embargo entschieden habe. Da sie diesen gegenüber das Gesicht wahren müsse, gebe es wenig Möglichkeiten für eine spektakuläre Politikveränderung, wohl aber für eine praktische Abschwächung des Embargos. In dem bereits zitierten Memorandum, das Kissinger auf seinen Besuch in Saudi-Arabien vorbereiten sollte, schätzte zumindest Charles A. Cooper die Situation so ein: „There is a difference between Arab rhetoric and performance [...] there will be both economic and political incentives for them to rely more on words and less on deeds."[315] Auf dieser Basis entwickelte Cooper eine Strategie für Kissingers Gespräche mit König Faisal: Er solle Faisal darüber informieren, dass die amerikanische Außenpolitik gerade in Kernbereichen wie der Haltung im Nahostkonflikt, in den auch die Sowjetunion involviert sei, nicht durch ein ‚illegitimes und ungerechtfertigtes' Embargo zu beeinflussen sei, zumal das Embargo wirtschaftlich problemlos auszuhalten sei. Ein andauerndes Embargo könne aber den Ein-

---

[311] Ebd., S. 29, 32.
[312] Washington Special Actions Group Meeting: Middle East, Minutes, October 17, 1973, DNSA KT00854.
[313] Secretary's Staff Meeting, Minutes, October 18, 1973, DNSA KT00856.
[314] Memorandum of Conversation: Meeting with Oil Company Executives, October 26, 1973, DNSA, KT00872; siehe auch Kissingers Einschätzung der Fimen nach dem Ende der Ölkrise: Memorandum of Conversation [Meeting with British Officials], Secret, July 7, 1974, DNSA KT01245: „I never stop being amazed about the political naivete of the oil companies."
[315] Charles A. Cooper: Memo for Secretary Kissinger: Arab Oil Embargo and Production Cutbacks, November 3, 1973, NARA, Nixon Library, NSC, Subject Files, Box 321.

fluss der Sowjetunion im Mittleren Osten stärken und die öffentliche Meinung in den USA negativ beeinflussen, wodurch die US-amerikanischen Friedensbemühungen erschwert würden. Das Embargo werde die guten Beziehungen zu den USA belasten und langfristig den saudi-arabischen Interessen zuwiderlaufen, weil die USA nach alternativen Energiequellen suchen und ihre Ölimporte reduzieren würden.[316] Sollte Faisal sich nicht verständigungsbereit zeigen, könne Kissinger zudem vor ökonomischen Gegenmaßnahmen – vor allem von Seiten der härter vom Embargo getroffenen Länder – warnen. Zur Gesichtswahrung könne er ihm außerdem anbieten, die Maßnahmen gegen die Bundesrepublik und Japan abzuschwächen, woraufhin die USA alles vermieden, was den arabischen Druck auf ihn erhöhen könnte.[317] Auf amerikanischer Seite drehte sich die Diskussion also von Beginn an wesentlich um die symbolische Funktion des Embargos in der arabischen Welt, der man seine möglichen negativen Auswirkungen für die saudi-arabische Regierung entgegenzustellen suchte.

Als eine Waffenruhe zwischen Israel sowie Ägypten und Syrien erreicht war und Kissinger Saudi-Arabien besuchte, entsprach seine Argumentationsstrategie in weiten Teilen Coopers Vorschlägen. Am Abend des 8. November 1973 traf er sich in Begleitung von James Akins, der inzwischen US-Botschafter in Saudi-Arabien geworden war, zunächst um Viertel vor neun zu einem mehr als anderthalbstündigen Gespräch mit König Faisal in dessen Palast in Riad und anschließend zu Unterredungen mit Prinz Fahd, dem Innen- und stellvertretenden Premierminister, und Umar al-Saqqaf, dem Außenminister, die schon bei dem Gespräch mit Faisal zugegen gewesen waren. Faisal gegenüber betonte Kissinger vor allem die Gefahr, die von der Sowjetunion ausgehe, und versuchte die diesbezügliche Interessengleichheit mit Saudi-Arabien herauszustellen: Man habe Israel unterstützen und damit den ‚alten Freund' bloßstellen müssen, um der Ausdehnungen des sowjetischen Einflusses in der Region, der sich letztlich gegen Saudi Arabien richten würde, entgegenzutreten.[318] Saqqaf gegenüber fomulierte er noch deutlicher: „But if Arab radicals win with Soviet arms, you yourself would be threatened."[319] Tatsächlich barg die antisowjetische Haltung die gemeinsame Grundlage für eine Verständigung zwischen den Vereinigten Staaten und der saudi-arabischen Regierung, deren Vertreter den gestiegenen sowjetischen Einfluss explizit bedauerten.

Nachdem Kissinger und Faisal sich mehrfach dieser Gemeinsamkeit versichert hatten, schnitt Kissinger ein Thema an, „about which I know nothing and our Ambassador knows a great deal. This is the question of the embargo on oil by certain Arab states."[320] Als er fortfuhr, er verstehe die Emotionen, von denen die

---

[316] Ebd., S. 1 f.
[317] Ebd., S. 3.
[318] Memorandum of Conversation between King Faysal and Kissinger, November 8, 1973, NARA, Nixon Library, Mandatory Review 07, Box 34.
[319] Memo of Conversation between Umar al-Saqqaf and Kissinger, November 8, 1973, NARA, Nixon Library, Mandatory Review 07, Box 34, 3.
[320] Memorandum of Conversation between King Faysal and Kissinger, November 8, 1973, NARA, Nixon Library, Mandatory Review 07, Box 34, 9.

Entscheidung ausgelöst worden sei, unterbrach ihn Faisal und verlieh seinem gegenwärtigen Gemütszustand über das Embargo Ausdruck: „This is precisely what makes me red hot with anxiety to expedite this as fast as possible, so we can go not only to rescinding the ban but to increase our production. It has almost been calamitous to my nerves to have to take this action with my American friends. My colleagues can confirm that yesterday I nearly was incapacitated because of my nerves, but I controlled myself and was able to receive you. Yesterday I received the credentials of your ambassador, and – parenthetically, these two things are not related – I nearly had a nervous breakdown."[321] Daraufhin argumentierte Kissinger in aller Deutlichkeit – in seiner Selbstwahrnehmung auf subtile Weise –, dass das Embargo zwar keinen großen wirtschaftlichen Effekt auf die USA habe, wohl aber einen immensen psychologischen, der seine Friedensbemühungen erschwere, weil er die anti-arabischen Kräfte im Land stärke.[322] Den Versuch, durch den Verweis auf mögliche kontraproduktive Effekte die Wirkung des Embargos umzudrehen und für die eigene Strategie zu nutzen, konterte Faisal mit dem Verweis auf das Dilemma, in dem er sich befinde: Gern würde er das Embargo aufheben, aber das sei aufgrund des Drucks der radikaleren arabischen Länder nur möglich, wenn die USA ihre Nahostpolitik veränderten und ihre Unterstützung Israels beendeten.[323]

Da Einigkeit über die relativ geringe konkrete Wirkung des Embargos zu bestehen schien, wurde also seine symbolische Dimension zentral: Kissinger wollte den Eindruck vermeiden, die USA könnten zu außenpolitischen Entscheidungen gezwungen werden, und Faisal, er entziehe sich der arabischen Solidarität. Saqqaf unterstrich diesen Punkt noch einmal gegenüber Kissinger, indem er beschrieb, wie sehr Faisal darunter leide, nicht mehr für die USA eintreten zu können, aber die Isolation sei ansonsten einfach zu groß. Nicht nur die arabischen, sondern auch alle afrikanischen Länder hätten sich gegen die USA gestellt: „If I look with a microscope, only Rhodesia is with you."[324] Allerdings versicherten verschiedene Mitglieder des Königshauses Kissinger, dass die Aussagen Faisals nicht so strikt auszulegen seien, und auch Prinz Fahd versprach am Ende ihres Gesprächs, sein Bestes zu tun, um die Hindernisse für intensivere Beziehungen, das heißt das Embargo, aus dem Weg zu räumen.[325] Nachdem die Gespräche auch insgesamt in angenehmer Atmosphäre verlaufen waren, verließ Kissinger Riad mit dem Eindruck, dass eine Aufweichung oder Aufhebung der Produktionsbeschränkungen

---

[321] Ebd., S. 9; zur Haltung Faisals siehe auch Joseph Albert Kéchichian: Faysal. Saudi Arabia's King for all seasons, Gainesville/Fla. 2008, S. 119-144.
[322] So die Selbsteinschätzung in: Kissinger to General Scowcroft for the President, November 16, 1973 [090850Z NOV 73], NARA, Nixon Library, NSC, HAK Office Files – Trips, Box 41.
[323] Memorandum of Conversation between King Faysal and Kissinger, November 8, 1973, NARA, Nixon Library, Mandatory Review 07, Box 34, 10f.
[324] Memo of Conversation between Umar al-Saqqaf and Kissinger, November 8, 1973, NARA, Nixon Library, Mandatory Review 07, Box 34, 3.
[325] Memo of Conversation: Prince Fahd ibn 'Abd al-'Aziz and Kissinger, November 8, 1973, NARA Library, Nixon, Mandatory Review 07, Box 34, 4; Memorandum of Conversation: Meeting with Oil Company Executives, November 20, 1973, DNSA, KT00915.

zumindest stillschweigend auch unter anderen Bedingungen als den mit ihrer ursprünglichen Deklaration verbundenen möglich sein werde.[326]

In den folgenden Wochen mehrten sich die Berichte, dass Faisal bereit sein werde, das Embargo zu erleichtern, sobald er konkrete Schritte in Richtung eines „gerechten Friedens" in Verbindung mit einem Rückzugsversprechen sehe, aber öffentlich änderte sich zunächst nichts an der saudi-arabischen Position.[327] Um der saudi-arabischen Regierung die Ernsthaftigkeit der US-amerikanischen Friedensbemühungen zu versichern, ließ Kissinger Nixon Anfang Dezember einen Brief an Faisal schreiben, in dem auch wieder betont wurde, dass ein fortdauerndes Embargo dazu führen könne, dass sich die USA aus dem Friedensprozess zurückziehen müssten und damit der Einfluss der Sowjetunion in der Region gestärkt würde.[328] Tatsächlich rückten Vertreter der saudi-arabischen Regierung Anfang Dezember auch öffentlich davon ab, ein vollständiger Rückzug Israels sei die Bedingung für eine Aufweichung der Produktionsbeschränkungen. Diese koppelten sie jetzt, wie oben ausgeführt wurde, an den Beginn des Truppenrückzugs, sofern der das Ziel einer Implementierung der UN-Resolution 242 habe.[329] Am 11. Dezember überbrachte der ehemalige libysche Premierminister Mustafa bin Halim Kissinger die Botschaft, dass die moderateren Kräfte in der saudi-arabischen Regierung nur nach einem Vorwand – das heißt nach einer pro-arabischen Geste der USA – suchten, um das Embargo aufheben und die guten Beziehungen wiederherstellen zu können.[330] Als Kissinger bei seinem Besuch drei Tage später König Faisal allerdings darauf hinwies, dass es für Nixon eine Frage der Würde und Prinzipien sei, sich nicht zu einer politischen Entscheidung drängen zu lassen, forderte dieser noch einmal, die USA müssten sich öffentlich stärker zu den arabischen Zielen bekennen, denn: „it takes two to tango".[331] Nachdem sich die Anzeichen, dass Faisal zu einer Aufhebung des Embargos bereit sein würde, in der zweiten Dezemberhälfte noch einmal vermehrt hatten, wurden sie am 27. Dezember, nachdem es anscheinend interne Differenzen in der saudi-arabischen Regierung gegeben hatte, dementiert.[332] Entsprechend war der Ton des Briefes, den

---

[326] Kissinger to General Scowcroft for the President, November 16, 1973 [090850Z NOV 73], Kissinger to General Scowcroft for the President, November 16, 1973 [100530Z NOV 73], NARA, Nixon Library, NSC, HAK Office Files – Trips, Box 41.

[327] Siehe oben Kapitel 4.2. Harold H. Saunders: Memo for Secretary Kissinger: Saudi Position on Lifting the Oil Embargo, February 6, 1974, NARA, Nixon Library, Mandatory Review 07, Box 10.

[328] President Nixon to King Faisal, December 3, 1973, NARA, Nixon Library, NSC, Pres. Correspondence 1969-1974, Box 755.

[329] Diese Position bezog Faisal auch in einem Gespräch mit Kissinger am 14. Dezember; Harold H. Saunders: Memo for Secretary Kissinger: Saudi Position on Lifting the Oil Embargo, February 6, 1974, NARA, Nixon Library, Mandatory Review 07, Box 10.

[330] Memorandum of Conversation with Former Libyan Prime Minister bin Halim, December 11, 1973, DNSA, KT00947.

[331] Memorandum of Conversation with King Faisal of Saudi Arabia, December 14, 1973, DNSA, KT00951.

[332] Harold H. Saunders: Memo for Secretary Kissinger: Saudi Position on Lifting the Oil Embargo, February 6, 1974, NARA, Nixon Library, Mandatory Review 07, Box 10.

Nixon am 28. Dezember an Faisal schickte, härter: Angesichts der intensiven US-amerikanischen Bemühungen um einen Frieden im Nahen Osten registrierte Nixon mit „great dismay" die Entscheidung der OAPEC vom 25. Dezember, zwar die Liefermengen nach Japan und in verschiedene europäische Länder' anzuheben, nicht aber das Embargo gegen die USA zu beenden.[333] Wenn die Vereinigten Staaten bei den Friedensverhandlungen in Genf weiter ihren Einfluss geltend machen sollten, sei es absolut essenziell, dass das Embargo aufgehoben würde.

Auch im Januar blieben die Nachrichten über die saudi-arabische Haltung zur Aufhebung des Embargos widersprüchlich, und es zeichnete sich zudem immer deutlicher eine Strategiedifferenz zwischen Nixon und Kissinger ab.[334] Während Kissinger vor allem die außenpolitische Dimension des Ölembargos und die Rolle der USA im Nahen Osten reflektierte, sah Nixon, wie oben ausgeführt wurde, die Energiepolitik als ein Feld, auf dem er seine Führungsfähigkeit unter Beweis stellen und von Watergate ablenken konnte. Dies könnte vor allem gelingen, so seine Idee, wenn er selbst das Ende des Embargos verkünden würde. Schon im November wollte er daher König Faisal nach Washington einladen, um ihn in direkten Verhandlungen zur Aufhebung des Embargos zu bewegen. Kissinger hatte nach seiner Reise durch den Nahen und Mittleren Osten ein komplexeres Verständnis der Funktionsweise des Embargos gewonnen und warnte Nixons Chief of Staff Alexander Haig und den stellvertretenden National Security Adviser Brent Scowcroft in deutlichen Worten davor, diese Idee weiter zu verfolgen: „An attempt to set up meeting with Faisal in Washington is total insanity. Every Arab leader I have talked to so far has made it clear that it is far easier for them to ease pressures de facto than as public Arab policy. Only repeat only course that can work is course we are now on. Invitation to Faisal would be interpreted throughout Arab world as collapse. It would magnify, not reduce, Arab incentives to keep pressure on US via oil weapon."[335] Sollte Faisal einverstanden sein, habe er jedoch nichts gegen Nixons Idee, dass er das Ende des Embargos in Washington verkünde.

Kissinger wollte mit den arabischen Ländern aus einer Position der Stärke heraus verhandeln und den Eindruck vermeiden, dass das Embargo die Vereinigten Staaten vor Probleme stelle und man auf seine schnelle Aufhebung angewiesen sei. Zugleich sah er, dass öffentliche Erfolge schwerer zu erreichen sein würden als faktische Erleichterungen – Yamani bemühte sich offenbar im Dezember darum, die Öllieferungen an die sechste US-amerikanische Flotte sicherzustellen.[336] Im Januar zeigte sich Kissinger zunehmend verärgert über Nixons Drängen, das Ende

---

[333] President Nixon to King Faisal, December 28, 1973, NARA, Nixon Library, NSC, Pres. Correspondence 1969-1974, Box 755.
[334] Dallek: Nixon and Kissinger, S. 537.
[335] Kissinger to General Scowcroft for General Haig, November 16, 1973 [080745Z NOV 73], NARA Nixon Library, NSC, HAK Office Files, Trips, Box 41; dieser Position verlieh er auch telefonisch noch einmal Nachdruck: Telcon with Alexander Haig, November 17, 1973, 0850 Local Time, DNSA, KA11608.
[336] Harold H. Saunders: Memo for Secretary Kissinger: Saudi Position on Lifting the Oil Embargo, February 6, 1974, NARA, Nixon Library, Mandatory Review 07, Box 10.

des Embargos spätestens in der State of the Union Address zu verkünden, denn „tawdry PR gains" seien den längerfristigen Interessen der US-Außenpolitik in der Region nicht zuträglich. Wieder schrieb er an Scowcroft: „There is no possible way to arrange the lifting of the oil embargo in such a way as to permit the President to make the announcement of its lifting. [...] We have gotten where we have in this exercise by dealing from (or appearing to deal from) a position of strength. Should the president now indicate to the Arabs the vital importance to the U.S. and to him of ending the oil embargo – and ending it with an announcement from Washington – we will give strength to the Arabs in their determination to deal with us harshly."[337] Auf diese Weise könne man vielleicht eine kurzfristige Aufweichung des Embargos erreichen, müsse aber zugleich davon ausgehen, dass es beim nächsten Konflikt mit den arabischen Ländern sofort wieder verhängt werde. Eine einheitliche Politik der Stärke war also entscheidend für Kissinger, aber zugleich machte er angesichts der symbolischen Kommunikation über das Embargo keinen Unterschied zwischen tatsächlicher Stärke und dem bloßen Anschein, aus einer Position der Stärke heraus zu agieren. Vor allem Letzteren galt es unbedingt zu wahren, weshalb Kissinger versuchte, alle möglicherweise abweichenden Statements aus den USA zu unterbinden. Einer Gruppe von Senatoren, die im Januar in den Mittleren Osten reisen wollten, riet er: „Don't look soft and pleading – we can't leave the world at the mercy of twenty million Bedouins. We are a great country. They simply happen to have scarce resources."[338]

Zu diesem Zeitpunkt bemühte sich Kissinger vor allem darum, Ägyptens Präsident Sadat zu einer Aufhebung des Embargos zu bewegen und erhielt am 19. Januar tatsächlich dessen Zusicherung, dass es innerhalb einer Woche dazu kommen werde.[339] Daraufhin warnte er zwar noch, dass öffentliche Äußerungen von US-Politikern diese Abmachung gefährden könnten,[340] war aber jetzt offener für Nixons Idee, das Ende des Embargos in der State of the Union Adress zu verkünden, und schlug ihm sogar vor, sich deswegen noch einmal an Faisal zu wenden.[341] Nachdem sie Faisals Zusicherung erhalten hatten, Nixon dürfe in seiner Rede erwähnen, dass ihm führende Repräsentanten der Förderländer versichert

---

[337] Kissinger to General Scowcroft, [200755Z JAN 74], January 22, 1974, NARA, Nixon Library, HAK Office Files, Box 43; beim 22. Januar scheint es sich nicht um das Datum des Telegramms zu handeln, sondern um das der Vervielfältigung. Das Telegramm müsste zwischen dem 10. und dem 19. Januar verschickt worden sein.

[338] Memorandum of Conversation: Congressional Trip to the Middle East, January 10, 1974, DNSA, KT00988.

[339] Kissinger to General Scowcroft, [191814Z JAN 74], January 19, 1974; Kissinger to Scowcroft [142015Z JAN 74], January 22, 1974; Kissinger to Scowcroft [112245Z JAN 74], January 22, 1974, NARA, Nixon Library, HAK Office Files, Box 43.

[340] Kissinger to General Scowcroft [180846Z JAN 74], January 22, 1974, NARA, Nixon Library, HAK Office Files, Box 43: „Secretary asks that you emphasize to all in your establishment that there must be no talk of ending the embargo, oil, or related matters, or we will blow the whole deal."

[341] Kissinger Telcon with Nixon, January 22, DNSA, KA 11867.

hätten, sie seien im Diskussionsprozess über die Aufhebung des Embargos, überlegten sie gemeinsam, wie man dies spektakulärer formulieren könne („jazz it up a bit"). Am Ende entschieden sie sich für die Formulierung, es gebe ein „urgent meeting" der arabischen Minister, aufgrund dessen man allen Grund habe, von der Aufhebung des Embargos in naher Zukunft auszugehen.[342] Nachdem sie dann auch noch versucht hatten, die Passage deutlicher zu einem Erfolg der US Außenpolitik zu machen, vergewisserte sich Nixon am Folgetag noch einmal bei Kissinger, ob diese Aussage auch kein Risiko berge, die Aufhebung des Embargos doch wieder zu gefährden, was Kissinger verneinte: „The text we have given you has been cleared in fact suggested by Saudi Arabia and has […] been approved by Sadat. It would be a hell of a risk for them if they disavowed you."[343] Wiederum einen Tag später zog die saudi-arabische Regierung ihre Zusage jedoch zurück, so dass nur eine wesentlich abgeschwächtere Andeutung über das Ende des Embargos Eingang in die Rede fand.[344]

Diese erneute Wende der Verhandlungen verärgerte Kissinger, der daraufhin seine bisherige Trennung zwischen diplomatischen Verhandlungen und öffentlichen Verlautbarungen aufgab. In seinen öffentlichen Stellungnahmen war Kissinger von Beginn des Embargos an darum bemüht, zwar Verständnis für die Emotionslage in der arabischen Welt zu zeigen, zugleich aber das Embargo als ungerechtfertigten Akt zu definieren. Vor allem angesichts der intensiven US-amerikanischen Bemühungen um einen Frieden im Nahen Osten sei es nicht angemessen, ökonomischen Druck auszuüben, erklärte er bei einer Pressekonferenz am 21. November und fuhr drohend fort, wenn der Druck auf unbestimmte Zeit aufrechterhalten würde, würden die USA über mögliche Gegenmaßnahmen nachdenken.[345] Diese öffentliche Drohung, die Kissinger in diplomatischen Verhandlungen nicht substantiierte, führte sofort zu einer Eskalation der Embargokommunikation: Nicht nur die radikaleren Kräfte, sondern auch Yamani warnte Kissinger, Saudi-Arabien werde im Falle einer Militärintervention die Ölquellen in die Luft jagen.[346]

Eine militärische Eskalation brachte vor allem US-Verteidigungsminister James Schlesinger ins Spiel und löste damit regelmäßig rhetorische Eskalationsspiralen aus, obwohl ein Militäreinsatz weder praktikabel noch wahrscheinlich war.[347] Auch wenn Kissinger im Affekt selbst immer wieder erklärte, dass man es im 19. Jahrhundert nicht zugelassen hätte, dass ein Beduinen-Königtum so mit den Europäern umgeht, oder überlegte, ob man nicht Abu Dhabi besetzen könne,

---

[342] Kissinger, Telcon with Nixon, January 28, 1974, 1123 Local Time, DNSA, KA11913.

[343] Kissinger Telcon with Nixon, January 28, 1974, 1910 Local Time, DNSA, KA11919; Kissinger Telcon with Nixon, January 29, 1974, 1325 Local Time, DNSA, KA11921.

[344] Kissinger Telcon with Scowcroft, January 30, 1974, 0935 Local Time, DNSA, KA11927; Harold H. Saunders: Memo for Secretary Kissinger: Saudi Position on Lifting the Oil Embargo, February 6, 1974, NARA, Nixon Library, Mandatory Review 07, Box 10.

[345] MEES 17,5 (23.11.1973), S. 8f.

[346] Ebd., S. 11.

[347] Library of Congress Congressional Research Service: Oil Fields as Military Objectives. A Feasibility Study, Washington D.C. 1975, S. 75.

hielt er die militärischen Planspiele des Pentagons doch für ‚krank' und ‚verrückt'.[348] Unrealistisch waren auch Überlegungen, die saudi-arabische Regierung mit einem Gegenembargo zum Beispiel auf Nahrungsmittel, dem Einfrieren von Konten in den USA oder der Beendigung der militärischen Kooperation zu einem Politikwechsel zu bewegen. Diese Maßnahmen kamen alle nicht bis ins Planungsstadium, weil Saudi-Arabien durch sie vielleicht irritiert, aber weder seine Sicherheit noch sein Wohlergehen signifikant eingeschränkt worden wären, wie ein Memorandum für die Washington Special Actions Group Ende November feststellte.[349] In Bezug auf ein Nahrungsmittelembargo argumentierte auch eine Analyse des Congressional Research Service, dass der Druck des Ölembargos den eines Gegenembargos auf Lebensmittel bei weitem übersteige, weil die arabischen Länder ihre geringen Importbedürfnisse auf dem Weltmarkt befriedigen könnten.[350] Da alle Forderungen nach härteren Gegenmaßnahmen in der arabischen Welt genau registriert wurden, schärften Kissinger und Nixon Ende November auch den Führungsspitzen der Demokraten und Republikaner im Kongress ein, dass Drohungen es nicht einfach machen würden, ein Ende des Embargos zu erreichen.[351]

Statt mit Gegenmaßnahmen zu drohen, deren Realisierbarkeit auch für die arabische Seite offenkundig fragwürdig war, und damit eine zumindest rhetorische Eskalation zu provozieren, verlegte Kissinger sich vielmehr darauf, die Bemühungen der US-Regierung um einen Frieden im Nahen Osten zu betonen und das Embargo angesichts dieser Politik als ungerechtfertigt erscheinen zu lassen. Wenn das Embargo nach einer Truppenentflechtung nicht aufgehoben würde, erklärte Kissinger am 25. Januar, als er noch davon ausging, dass dies geschehen würde, dann sei dies „ highly inappropriate, and would raise serious ques-

---

[348] Siehe die Äußerungen Kissingers beim Secretary's Staff Meeting, October 26, 1973, DNSA, KT00871, 27; gegenüber Jobert: Secretary's Conversation with Foreign Minister Jobert, Secret, 7401671, December 19, 1973, DNSA, KT00966, oder gegenüber Sir Alec Douglas-Home, dem er erklärte, es sei „intelletcually absurd that 8 million Bedouins should hold to ransom the whole of the industrialised West, and at any other time in history this would have been suicide." Record of Conversation between the Foreign and Commonwealth Secretary and the U.S. Secretary of State, Dr. Henry Kissinger, at the Foreign and Commonwealth Office at 10:30 a.m. on Wednesday, 12 December 1973, Secret, DNSA, KT00948; Memorandum of Conversation with Walter Levy, November 26, 1973, DNSA, KT00923; Kissinger Telcon with Alexander Haig, October 27, 1973, 1228 Local Time, DNSA, KA11497: „I do not think we can survive with these fellows in there at Defense – they are crazy." Siehe auch Geraint Hughes: Britain, the Transatlantic Alliance, and the Arab-Israeli War of 1973, in: Journal of Cold War Studies 10,2 (2008), S. 3–40, hier S. 33.

[349] Responses to the Arab Oil Embargo, November 28, 1973, NARA, Nixon Library, NSC, Inst. Files, WSAG Meetings, Box H-095.

[350] U.S. Congress. House. Committee on Foreign Affairs: Data and Analysis Concerning the Possibility of a U.S. Food Embargo as a Response to the Present Arab Oil Boycott. Prepared by the Foreign Affairs Division, Congressional Research Service, Library of Congress, Washington D.C. 1973, S. 256; so auch die Einschätzung von Casey in: Secretary's Staff Meeting, Minutes, Thursday, October 18, 1973, DNSA, KT00856, 19.

[351] Memorandum of Conversation: Bipartisan Leadership Meeting, November 27, 1973, DNSA, KT00926, 4.

tions of confidence in our minds with respect to the Arab nations with whom we have dealt on this issue."[352] Dies entsprach noch weitgehend dem, was er auch in vertraulichen Verhandlungen immer wieder betont hatte, dass nämlich die Erfolge seiner Friedensbemühungen das Embargo in immer schlechterem Licht erscheinen ließen. Als nach dem Ärger über die State of the Union Address Anfang Februar jedoch noch immer keine Erleichterungen des Embargoregimes veranlasst worden waren, ging Kissinger noch weiter und zitierte in einer Rede vor dem Harvard-Yale-Princeton Club in Washington öffentlich aus seinen Verhandlungen mit den Förderländern, um diese weiter ins Unrecht zu setzen. Zwar äußerte er Verständnis für die Verkündung des Embargos in der Hitze des Gefechts, aber nach seinen intensiven Friedensbemühungen sei es nichts anderes mehr als eine Erpressung, die sich letztlich negativ auf die US-amerikanischen Bemühungen um eine Beilegung des Nahostkonflikts auswirken würde.[353] Ohne Bezug auf die Formulierungen der ursprünglichen Embargodeklaration oder ihre Modifikation durch Vertreter der OAPEC versuchte Kissinger also unter Verweis auf vertrauliche Gespräche mit den Produzentenländern, die Bedingungen des Embargos selbst zu seinen Gunsten umzudefinieren. Nachdem die USA ihren Teil getan hätten, seien die Förderländer nun am Zug und müssten das Embargo aufheben.

Kissinger zeigte sich sehr zufrieden über seinen „blast", auch wenn seine Berater eher für eine abwartende Haltung plädiert hatten und ihn nun für die öffentliche Erwähnung des Wortes „Erpressung" kritisierten.[354] Vor allem der Experte für den Mittleren Osten im US-Außenministerium Alfred Atherton, für dessen Ratschläge Kissinger gemeinhin empfänglich war, argumentierte, dass Kissinger nun das gleiche Verhalten an den Tag gelegt habe, das er auf arabischer Seite immer kritisiere: „just the use of the word blackmail when we are trying to work on the quiet side with the Saudis and Faisal, gives it an emotional and as you said romantic attitude." Auch Kissingers Entgegnung, die Saudis seien „pretty rough customers and they have to know we are taking it seriously", stimmte Atherton nicht um, sondern er gab zu bedenken, das Problem sei, die Araber öffentlich herauszufordern, weil sie darauf manchmal „pervers" reagierten.[355] Kissinger ging hingegen davon aus, dass sein neue harte Haltung und vor allem die Drohung, sich ganz aus den Friedensverhandlungen zurückzuziehen, zu einem

---

[352] MEES 17,14 (25. 1. 1973), S. 1.
[353] MEES 17,16 (8. 2. 1974), S. 3: „I indicated that I had been led to expect that progress on Israeli-Arab negotiations would lead to a lifting of the oil embargo. I have also repeatedly pointed out that the US could understand the embargo being put on in the heat of the conflict, under conditions in which the Arab nations had not yet seen the scope of the American diplomatic effort. [...] Since October, the US first brought about the cease-fire – the six point agreement – the disengagement between Egypt and Israel. To maintain an embargo now under these conditions must be construed as a form of blackmail, and it would be highly inappropriate and cannot but affect the attitude with which we would have to pursue our diplomacy."
[354] Kissinger Telcon with Joseph Sisco, February 6, 1974, 1412 Local Time, DNSA, KA11985.
[355] Kissinger Telcon with Alfred Atherton, February 8, 1974, 0945 Local Time, DNSA, KA11993.

schnellen Erfolg führen werde.³⁵⁶ Auch wenn sich die Staatschefs Saudi-Arabiens, Algeriens, Ägyptens und Syriens Mitte Februar grundsätzlich auf eine Aufhebung geeinigt hatten, sofern eine Truppenentflechtung an der syrischen Front erreicht würde, wurde sie doch erst einen Monat später verkündet.³⁵⁷ In der Zwischenzeit war Kissinger längst wieder zu konzilianteren Tönen zurückgekehrt: Am 2. März fragte er noch einmal bei Faisal nach, ob das Embargo nicht eigentlich hätte aufgehoben werden sollen und führte gemäß seiner ursprünglichen Strategie weiter aus, es sei kein ökonomisches sondern eher ein politisches und moralisches Problem, weil man sich von Freunden nicht derart unter Druck setzen lasse.³⁵⁸

Insgesamt zeigen Kissingers diplomatische Aktivitäten gegenüber den Förderländern wie auch seine öffentlichen Stellungnahmen, dass die vom Embargo betroffene Nation keineswegs vor die Wahl gestellt war, den Forderungen Folge zu leisten oder seine Auswirkungen zu ertragen. Vielmehr war sie aktiv an der kommunikativen Ausgestaltung des Embargoregimes, seiner Deutung und damit auch seiner Wirkung und Funktion beteiligt. Während Nixon das Embargo vor allem zu innenpolitischen Zwecken nutzen wollte, ging es Kissinger darum, außenpolitische Souveränität zu demonstrieren, indem er aus einer Position der Stärke heraus die Bedingungen des Embargos zugunsten der USA umzudefinieren und die Förderländer zum Einlenken zu bewegen suchte. Um dieses Ziel zu erreichen, war auch die Interaktion und Kommunikation mit den anderen Konsumentenländern bzw. deren Verhalten entscheidend, und auch in diesen Beziehungen wurde versucht, das Embargo auf verschiedene Weise zu instrumentalisieren. Bevor dies untersucht wird, werden jedoch zunächst die Wirkungen der Produktionsbeschränkungen auf die Bundesrepublik und Westeuropa analysiert.

5.5 Zwischenfazit

Aufgrund der massiven Verbrauchssteigerungen der 1950er und 1960er Jahre hatten die Energieversorgungsprobleme in den Vereinigten Staaten schon vor der Ölkrise begonnen und das nicht zuletzt aufgrund gesetzlicher Regelungen, die weder Anreize zur Steigerung der einheimischen Produktion oder der Importe noch zu Verbrauchsbeschränkungen schufen.³⁵⁹ Als im Oktober 1973 die OPEC den

---

[356] Kissinger Telcon with Alexander Haig, February 11, 1974, 1540 Local Time, DNSA, KA12011: „The embargo is almost certainly going to be lifted this week or early next week [...] result of our threat of stopping all diplomatic efforts [...] It proves that the only thing these guys understand is toughness. When we were sucking around them, they kicked us in the teeth." Kissinger Telcon with Richard Nixon, February 14, 1974, 1815 Local Time, DNSA, KA12032. Auch Akins wurde angewiesen, Faisal Kissingers Drohung zu übermitteln; Kissinger Telcon with Joseph Sisco, February 01, 1974, 1705 Local Time, DNSA, KA11954.

[357] Memorandum of Conversation: Meeting with Egyptian and Saudi Foreign Ministers and Vice President Ford, February 18, 1974, DNSA, KT01032.

[358] Memorandum of Conversation with King Faisal, March 2, 1974, DNSA, KT01049, 10.

[359] de Marchi: Energy Policy under Nixon, S. 427.

Ölpreis erhöhte und arabische Förderländer ein Embargo gegen die USA verhängten, verschärften diese Maßnahmen lediglich Versorgungsprobleme, die bereits als Energiekrise in aller Munde waren. Angesichts dieser Schwierigkeiten hatte auch die Umgestaltung der US-amerikanischen Energiepolitik bereits zuvor begonnen, wurde aber durch die Maßnahmen der Förderländer, die im Oktober 1973 massive Unsicherheit erzeugten, noch einmal beschleunigt. Der vom Watergate-Skandal angeschlagene Nixon versuchte, auf dem Feld der Energiepolitik Handlungsfähigkeit unter Beweis zu stellen und erhob die Sicherung der energiepolitischen Souveränität im „Project Independence" zu einer Aufgabe, an der sich die Größe der Nation und die Moralität des Einzelnen erweisen müsse. Grundsätzlich verfolgte die Regierung vier souveränitätspolitische Strategien, die immer sowohl der Schaffung als auch der Demonstration von Souveränität und Handlungsfähigkeit dienen sollten: 1. der Ausbau und die Zentralisierung energiepolitischer Kompetenzen in der Regierung; 2. die Schaffung regierungsamtlicher Expertise als Grundlage der nationalen Energiepolitik; 3. die Kommunikation mit der Bevölkerung; und 4. diplomatische Verhandlungen mit den Förder- und den Verbraucherländern.

Diese Maßnahmen wurden nicht unabhängig voneinander geplant, sondern sollten in enger Wechselwirkung zueinander stehen: Die Zentralisierung und der Ausbau des energiepolitischen Behördenapparates dienten der Schaffung von Petroknowledge. Regierungsamtliche, wissenschaftliche Energieexpertise sollte das Vertrauen der Bevölkerung in die Handlungsfähigkeit der Regierung stärken. Erfolgreiche Sparappelle hatten genauso wie längerfristige Umstrukturierungen des Energiemixes das Ziel, die Verhandlungsposition gegenüber den Förderländern zu verbessern. Und schließlich hatte Nixon die fixe Idee, den außenpolitischen Erfolg der Beendigung des Embargos zur Steigerung seiner innenpolitischen Legitimität einzusetzen. Die Bilanz der souveränitätspolitischen Strategien ist allerdings durchwachsen. So steigerten die energiepolitischen Umstrukturierungen zwar längerfristig die Handlungsfähigkeit der Exekutive, aber nicht in dem ursprünglich gewünschten Maße, und sie waren während der Ölkrise oft so hektisch und konfus, dass sie den Eindruck der Desorientierung noch verstärkten. Die Sparappelle zeigten zwar eine gewisse Wirkung, aber auch diese konnte unter den Bedingungen festgesetzter Preise nur begrenzt sein. Zugleich trugen die auch von Nixon selbst vorgenommenen Sparmaßnahmen nicht zur Legitimitätssteigerung bei, weil das Vertrauen in seine Person durch Watergate so nachhaltig erodiert war, dass alle Versuche einer Moralisierung der Ölkrise letztlich kontraproduktiv waren. Die Produktion des Petroknowledge konnte nicht die erwünschte solide Basis zur Politikfundierung liefern, weil sie von unterschiedlichen disziplinär geprägten Grundannahmen abhing, die selbst nicht wieder wissenschaftlich einzuholen waren: Ob die Ölkrise auf eine reale Verknappung des Rohstoffs verweise oder die Versorgungsprobleme in Zukunft durch den Markt geregelt werden könnten, sofern der von staatlichen Eingriffen befreit sei, waren Positionen, die sich auch weiterhin gegenüberstanden und verschiedene Maßnahmen erforderten. Paradoxerweise dominierte zwar die Verknappungsrhetorik den öffentlichen

Diskurs und die Verlautbarungen der Regierung, die Sparmaßnahmen blieben aber eher symbolisch und stattdessen wurde stärker auf Forschung und Entwicklung und die Förderung einheimischer Energieträger gesetzt.[360] Dies geschah auch durch das Project Independence, das gewaltige intellektuelle und materielle Ressourcen bündelte, aber zugleich mit seinem souveränitätspolitischen Ziel scheiterte, die USA von Ölimporten unabhängig zu machen. Vielmehr erhöhte sich die Öl(import)abhängigkeit der USA weiter, während die Preissteigerungsmöglichkeiten der OPEC massiv unterschätzt wurden. Einzig die außenpolitische Strategie der Stärke gegenüber den Förderländern war erfolgreicher, um der offensichtlichsten Herausforderung der Souveränität zu begegnen, aber auch sie barg Schwierigkeiten, wie die zeitgleichen Verhandlungen mit den europäischen Verbündeten zeigen (Kapitel 6.3.3 und 7).

---

[360] Grossman: U.S. Energy Policy, S. 3f.

6. Die Bundesrepublik Deutschland in der Welt des Öls

In der Bundesrepublik Deutschland wurde unter dem Eindruck der Ölkrise kein „Project Independence" formuliert, und das nicht, weil autarkiepolitische Bestrebungen knapp dreißig Jahre nach dem Ende der nationalsozialistischen Herrschaft noch immer einen schwierigen Klang hatten und weder der Bevölkerung noch den Verbündeten zu vermitteln gewesen wären. Kritisierten schon US-amerikanische Experten, dass energiepolitische Unabhängigkeit für die Vereinigten Staaten ein unrealistisches, wenn nicht gar gefährliches Ziel sei, wäre eine gezielte Autarkiepolitik der Bundesregierung in den 1970er Jahren schlichtweg lächerlich gewesen. Der Kontrast zu den USA hätte größer kaum sein können: Zwar hatte das Öl die Kohle in den 1960er Jahren wie in anderen Industrieländern als wichtigsten Energieträger abgelöst, aber im Unterschied zur reichhaltig vorhandenen Kohle musste Erdöl zu über 90 Prozent importiert werden. Diese Öllieferungen leisteten wiederum zu 75 Prozent die großen multinationalen Ölkonzerne, da in der Bundesrepublik keine Ölfirmen vergleichbarer Größe ansässig waren, obwohl die Bundesregierung seit der zweiten Hälfte der 1960er Jahre versucht hatte, dies durch den Zusammenschluss mehrerer deutscher Ölfirmen zur Deutschen Mineralölexplorationsgesellschaft mbH (DEMINEX) zu ändern.[1] Darüber hinaus war die Energiepolitik der Bundesrepublik Deutschland seit der Gründung der Europäischen Gemeinschaft für Kohle und Stahl (EGKS) in supranationale Strukturen eingebunden, die nationale Handlungsmöglichkeiten begrenzten. Fehlende Rohstoffe, fehlende wirtschaftliche Einflussmöglichkeiten und bereits etablierte internationale Verpflichtungen legten es für die Bundesrepublik also von Beginn an nahe, die Ölkrise als ein internationales Problem zu begreifen, das nationale Lösungsmöglichkeiten überstieg, obschon auch innenpolitisch der Energiesektor umstrukturiert wurde.

Dass die Ölkrise die Legitimation der demokratischen Ordnung durch Wohlstandssteigerungen in Frage stellte und damit die Grundfesten des Staates gefährdete, wurde im politischen Diskurs der Bundesrepublik immer wieder explizit. So erklärte der liberale Wirtschaftsminister Hans Friderichs vor dem Deutschen Bundestag in der Debatte über den Entwurf des Energiesicherungsgesetzes im November 1973, die Ölkrise sei „eine Herausforderung an uns alle, die wir in dieser Gesellschaft weitgehend in Wohlstand und Überfluß leben und dies gar als selbstverständlich betrachten […]. An der Energie hängen in unserer Volkswirtschaft eben nicht nur ein bißchen Bequemlichkeit mehr oder weniger, nicht nur warmes Wasser, Fernsehen oder Autofahren, sondern letztendlich alle Arbeitsplät-

---

[1] Unterrichtung durch die Bundesregierung. Die Energiepolitik der Bundesregierung, in: Deutscher Bundestag. Drucksachen. 7. Wahlperiode 1972-1976, Nr. 1057 (3.10.1973); zur Gründung der DEMINEX siehe Karlsch/Stokes: „Faktor Öl", S. 359-368; Lötgers: Die Deutsche Erdölversorgungsgesellschaft – DEMINEX.

ze, um nicht zu sagen: das Leben der Menschen in diesem Lande."[2] Der FDP-Bundestagsabgeordnete Otto Graf Lambsdorff bezeichnete den vollständigen Stopp der Öllieferungen gar als „Weltuntergang". Sollte es dazu kommen, argumentierte er, bedeutete das „das Ende dieser Wirtschaft und dieser Gesellschaftsordnung und des Gedeihens in dieser Bundesrepublik".[3] In Zukunft werde man auf Wohlstand und Konsummöglichkeiten verzichten und einsehen müssen, dass „wir hier bisher auf einer Basis gelebt, gearbeitet und verdient haben, die wahrscheinlich unrealistisch war."[4] Die Souveränitätsfrage stellte sich in der Bundesrepublik anders als beispielsweise in den USA, die über eine substantielle eigene Ölproduktion verfügten, oder in Frankreich, wo der Energiesektor staatlich kontrolliert und dirigiert wurde, oder in Großbritannien, wo die Problemlage durch die Streiks der Bergarbeiter verschärft wurde, zugleich aber die Ölfunde in der Nordsee Entspannung versprachen.[5] Für ein Land ohne eigene Ölförderung, ohne eine starke Ölindustrie und ohne direkten staatlichen Zugriff auf den Energiesektor, aber mit einer vergleichsweise großen wirtschaftlichen Macht, ging es vielmehr darum, wie es sich in der sich rasant wandelnden Welt des Öls positionieren konnte, um eine sichere und ausreichende Energieversorgung und damit zugleich seine politische Souveränität zu garantieren.

Auch abgesehen von Öl- und Energiefragen veränderte die seit 1969 im Amt befindliche sozial-liberale Koalition die Positionierung der Bundesrepublik in der Welt. So gab sie die schon unter der Großen Koalition aufgeweichte Hallstein-Doktrin nun auch offiziell auf, bemühte sich im Rahmen der kontrovers diskutierten Ostpolitik um bessere Beziehungen zu den osteuropäischen Nachbarländern und eröffnete den Weg für die Mitgliedschaft der Bundesrepublik und der DDR in die Vereinten Nationen.[6] Nachdem die Bundesrepublik Deutschland am 18. September 1973 aufgenommen worden war, führte Bundeskanzler Willy Brandt knapp zwei Wochen später vor der Vollversammlung der Vereinten Nationen aus,

---

[2] Hans Friderichs: Beitrag zur zweiten und dritten Beratung des Entwurfs eines Gesetzes zur Sicherung der Energieversorgung bei Gefährdung oder Störung der Einfuhren von Mineralöl oder Erdgas, in: Verhandlungen des Deutschen Bundestages. 7. Wahlperiode. Stenographische Berichte, Bd. 85, Bonn 1973, S. 3837–3840, hier S. 3838.

[3] Otto Graf Lambsdorff: Beitrag in der Debatte zur Erklärung der Bundesregierung zu aktuellen Fragen der Wirtschafts- und Energiepolitik, in: Verhandlungen des Deutschen Bundestages. 7. Wahlperiode. Stenographische Berichte, Bd. 85, Bonn 1973, S. 3926–3932, hier S. 3927.

[4] Ebd., S. 3930.

[5] Zu Frankreich siehe einführend André Nouschi: La France et le pétrole. De 1924 à nos jours, Paris 2001, und die Aufsätze in Alain Beltran (Hg.): Oil producing countries and oil companies. From the nineteenth century to the twenty-first century, Bern/Oxford 2011; zu Großbritannien Charles More: Black Gold. Britain and Oil in the Twentieth Century, London 2009; Christopher Harvie: Fool's Gold. The Story of North Sea Oil, London 1994.

[6] Siehe als jüngste Zusammenfassung Bernd Faulenbach: Das sozialdemokratische Jahrzehnt. Von der Reformeuphorie zur neuen Unübersichtlichkeit. Die SPD 1969–1982, Bonn 2011; einführend zur Ostpolitik Peter Bender: Die „Neue Ostpolitik" und ihre Folgen. Vom Mauerbau bis zur Vereinigung, München 1995, und neuer Arne Hofmann: The emergence of detente in Europe. Brandt, Kennedy and the formation of Ostpolitik, London 2007; David C. Geyer/Bernd Schaefer (Hg.): American Détente and German Ostpolitik 1969–1972, Washington D.C. 2004.

Souveränität sei in der Gegenwart nicht mehr von den Nationalstaaten allein, sondern nur noch in internationalen Zusammenhängen zu garantieren. Bereits im ersten Satz betonte er, dass er zu den Delegierten „als Deutscher und als Europäer" spreche.[7] Zwar sei Europa gegenwärtig nicht mehr als eine Wirtschaftsgemeinschaft, aber es strebe doch an, auch eine politische Gemeinschaft zu werden. Die Bundesrepublik habe sich bereiterklärt, Hoheitsrechte auf internationale Organisationen zu übertragen und das Völkerrecht dem nationalen Recht übergeordnet, weil „die Souveränität des Einzelnen wie der Völker nur in größeren Gemeinschaften gesichert werden" könne: „Die Nation findet ihre Sicherung nicht mehr in der isolierten Souveränität. Isolation schafft in Wahrheit Abhängigkeiten, die mit wohlverstandener Souveränität [in der englischen Übersetzung: „enlightened sovereignty", RG] nichts mehr zu tun hat."[8] Weil die Staaten und Kontinente ‚enger zusammengerückt' seien, blieben Konflikte und Probleme nicht mehr national oder regional begrenzt und seien dementsprechend auch nicht mehr auf diesen Ebenen zu lösen. Das „Raumschiff Erde", so führte Brandt mit einer zeitgenössisch in der Ökologiebewegung populären Metapher weiter aus, stoße an seine Ressourcengrenzen.[9] Die Entwicklungsländer, die in der Verknappung der Rohstoffe eine „politische Chance besonderer Art" sähen, warnte Brandt, dass in der bevorstehenden Verknappung kein Grund zur Genugtuung liege, sondern vielmehr zur Sorge für alle.[10] Schon vor dem Beginn der Ölkrise galt also auch dem Bundeskanzler die Öl- und Energieproblematik neben der Entspannungspolitik und den globalen wirtschaftlichen Verflechtungen als ein Faktor, der dazu führte, dass nationale Souveränität in internationalen Zusammenhängen gedacht und gesichert werden musste.

In der Welt des Öls musste die Bundesregierung mit einer Vielzahl nationaler, internationaler und transnationaler Akteure interagieren, um ihre energiepolitische Souveränität sicherzustellen. Neben den multinationalen Ölkonzernen waren dies zunächst die Vereinigten Staaten und die inter- und supranationalen Strukturen, in die die Bundesrepublik eingebunden war: Teile der energiepolitischen Kompetenzen lagen bereits auf europäischer Ebene, und neben dem grundsätzlichen Bemühen um eine Vertiefung der Europäischen Politischen Zusammenarbeit (EPZ) wurde auch versucht, mit den westeuropäischen Partnern zu

---

[7] Rede des Bundeskanzlers Brandt vor der Vollversammlung der Vereinten Nationen. 26. 9. 1973, in: Willy Brandt: Ein Volk der guten Nachbarn. Außen- und Deutschlandpolitik 1966-1974, Bonn 2005 (Berliner Ausgabe, 6), S. 498-511.
[8] Ebd., S. 510; für die englische Übersetzung von Brandts Rede siehe Willy Brandt: Address to the United Nations General Assembly. 2128th Plenary Meeting, 26 September 1973, in: United Nations. General Assembly (Hg.), Twenty-Eighth Session. Plenary Meetings. Verbatim Records of Meetings 18 September-18 December 1973 and 16 September 1974, New York 1983, S. 1-5.
[9] Kenneth E. Boulding: The Economics of Space-ship Earth [1966], in: Fred R. Glahe (Hg.), Collected Papers of Kenneth E. Bolding, Boulder/Col. 1971, S. 383-394; Sabine Höhler: Beam us up, Boulding! – 40 Jahre „Raumschiff Erde", Karlsruhe 2006.
[10] Rede des Bundeskanzlers Brandt vor der Vollversammlung der Vereinten Nationen, in: Brandt: Ein Volk der guten Nachbarn, S. 504f.

einer Gemeinsamen Energiepolitik zu finden. Angesichts der globalen Transformation des Ölmarktes erschien darüber hinaus eine Kooperation mit den anderen großen Verbraucherregionen, d.h. Nordamerika und Japan, notwendig zu sein, die schon zuvor im Rahmen der OECD stattgefunden hatte (Kapitel 3.1). Aufgrund der großen Bedeutung des Nahen bzw. Mittleren Ostens und Nordafrikas als Öllieferanten für die Bundesrepublik mussten zudem die Beziehungen zu dieser Region besonderes Augenmerk erhalten, was durch die schwierige Stellung der Bundesrepublik zum arabisch-israelischen Konflikt verkompliziert wurde. Genau wie gegenüber den Vereinigten Staaten bemühte sich die Bundesregierung auch im Verhältnis zu den Förderländern darum, nicht allein aufzutreten, sondern im Verbund mit den europäischen Partnern. Währenddessen versuchten alle Ölimportländer, um einen ausreichenden Fluss des Öls zu garantieren, sowohl ihre Beziehungen zu den Förderländern über bilaterale Verhandlungen zu verbessern als auch multilaterale Foren des Austauschs wie zum Beispiel im Rahmen der Vereinten Nationen zu finden. Nachdem die sozial-liberale Koalition zu Beginn der 1970er Jahre die Ostverträge ausgehandelt hatte, ging es schließlich auch um die weitere Ausgestaltung des Verhältnisses zu den Ostblockstaaten bzw. insbesondere zur Sowjetunion, die als Energielieferant die Abhängigkeit vom Öl aus arabischen Ländern reduzieren konnte.[11]

Wie wohl kein zweites Gut verdeutlichte das Öl die weltweiten wirtschaftlichen Verflechtungen, in denen sich die Bundesrepublik zu Beginn der 1970er Jahre befand, und damit zugleich auch die Schwierigkeiten souveräner Politikgestaltung. Nachdem schon das kurz vor Beginn der Ölkrise verabschiedete Energieprogramm das Ziel hatte, den energiepolitischen Handlungsspielraum der Regierung zu erhöhen und Energiesicherheit zu garantieren (Kapitel 3.3), verschärften die Preissteigerungen und Produktionsbeschränkungen von OPEC und OAPEC im Oktober 1973 die Situation. Die Ölkrise machte die abstrakte Frage nach der Position der Bundesrepublik in der Welt, ihren Beziehungen zu Westeuropa und den USA, zur arabischen Welt und den Ölförderländern sowie den Entwicklungsländern ohne signifikante Rohstoffvorkommen und zum Ostblock wesentlich konkreter und zwang die Bundesregierung, ihre Politik näher auszugestalten. Die Positionierung der Bundesrepublik in der Welt steht auch im Zentrum dieses Kapitels: Wie verhielt sich die Bundesregierung in der Ölkrise zu den europäischen Partnern und den USA, den Förderländern, der Arabischen und Dritten Welt und zum Ostblock? Da die Bundesrepublik bereits im Rahmen der EG, aber auch der OECD und den Vereinten Nationen in internationale Strukturen eingebunden war, müssen deren Eigenlogik und ihr Einfluss auf die bundesdeutsche Politikgestaltung immer mitbedacht werden (6.3).

Bevor die internationalen Strategien der Souveränitätssicherung untersucht werden, geht es jedoch zunächst einmal darum, die Auswirkungen der Ölkrise auf die Bundesrepublik bzw. ihre zeitgenössische Wahrnehmung zu rekonstruieren

---

[11] Siehe den nur Konzept gebliebenen „Vorschlag zu einer Methodik der Untersuchung der Energie- und Rohstoffproblematik" vom Dezember 1974, PA AA, B 71 (Referat 405), 113894.

(6.1). Wie schon in den USA erzeugten das Ölembargo und die Preissteigerungen auch in der Bundesrepublik einen Moment der Unsicherheit, den die Bundesregierung durch möglichst exaktes Petroknowledge überwinden wollte, um politisch handlungsfähig zu bleiben. Die Bedeutungssteigerung und Inflation der Energieexpertisen hatten zudem auch Konsequenzen für die Bemühungen um eine volkswirtschaftliche Gesamtsteuerung, deren Grundlage die Gutachten des Sachverständigenrates zur Begutachtung der gesamtwirtschaftlichen Entwicklung bilden sollten. Die häufig formulierte These, dass mit der Ölkrise auch das Ende der Planungs- und gesamtwirtschaftlichen Steuerungsvisionen gekommen sei, gilt es im Folgenden zu überprüfen und gegebenenfalls zu differenzieren (6.2).[12]

6.1 Lageeinschätzungen und Krisenreaktionen 1973/74

Nach Beginn des Jom-Kippur-Kriegs war die Bundesregierung unsicher, welche Folgen der Krieg für die weltweite wie auch die bundesrepublikanische Energieversorgung haben würde. Das Kabinett diskutierte mögliche Maßnahmen im Falle von Lieferausfällen und beauftragte Ulf Lantzkes Abteilung im Bundeswirtschaftsministerium, in dem schon das wenige Wochen zuvor verabschiedete Energieprogramm der Bundesregierung vorbereitet worden war, regelmäßig Bericht über die Versorgungslage zu erstatten und im Falle von Engpässen weitere Notfallmaßnahmen zu erarbeiten.[13] Lantzkes Abteilung verdoppelte ihre Mitarbeiterzahl angesichts dieser Aufgaben im Verlauf der Ölkrise auf über 20 Personen und griff auf die Expertise der schon 1971 gebildeten „kleinen Arbeitsgruppe" zurück, der auch Vertreter verschiedener Unternehmen und der (energie-)wirtschaftlichen Forschungsinstitute DIW, RWI und EWI angehörten (Kapitel 3.3).[14] In kurzer Folge legte das Wirtschaftsministerium dem Kabinett dann Berichte über die „Aktuelle Situation im Mineralölbereich" vor und evaluierte Handlungsoptionen. Wie in den USA, Großbritannien und wohl den meisten anderen Industrieländern wurden nunmehr Politiker, die sich bisher wenig oder gar nicht mit Energiefragen beschäftigt hatten, sondern die ausreichende Versorgung mit Rohstoffen in ihren Überlegungen vorausgesetzt hatten, wöchentlich oder sogar täglich mit Berichten über die Energieversorgungslage konfrontiert, die bisweilen ihre sonstigen politischen Vorhaben in Frage zu stellen schienen.

---

[12] Siehe Gabriele Metzler: Konzeptionen politischen Handelns von Adenauer bis Brandt. Politische Planung in der pluralistischen Gesellschaft, Paderborn 2005; Jarausch: Das Ende der Zuversicht?; Anselm Doering-Manteuffel: Nach dem Boom: Brüche und Kontinuitäten der Industriemoderne seit 1970, in: Vierteljahrshefte für Zeitgeschichte 55 (2007), S. 560-581; Dirk van Laak: Planung. Geschichte und Gegenwart des Vorgriffs auf die Zukunft, in: Geschichte und Gesellschaft 34 (2008), S. 305-326.

[13] Übersicht über Regelungen zur Krisenvorsorge im Mineralölbereich, 10.10.1973, PA AA, B 36 (Referat 310), 104991; Tischvorlage für die Kabinettsitzung am 17. Oktober 1973, Bonn, 15.10.1973, BArch, B 136/7706.

[14] Zum Wachstum der Abteilung von Lantzke im BMWi siehe Wolfgang Hoffmann: Bonner Expertenstäbe – Die Verwalter der Krise, Die Zeit (30.11.1973).

Auch in der Bundesrepublik wirkten die sich rasch verändernden Berichte über die Energielage verwirrend und eine konsistente Politikgestaltung schien auf ihrer Basis nicht leichter zu werden. Als Willy Brandt Ende November in der Bundestagsdebatte zu aktuellen Fragen der Energiepolitik Stellung nahm, reagierte er gereizt auf einen Zuruf aus der Union, die Regierung solle die Wahrheit sagen: „Wer auch nur einen Funken von Einsicht in die Entwicklung dieser Wochen hat, weiß, daß sich die Wahrheit, die sie wissen möchten, allein im Lauf der letzten drei, vier Wochen fast von Tag zu Tag verändert hat."[15] Damit lieferte er Franz Josef Strauß eine Vorlage, der Regierung vorzuwerfen, nicht mehr Herr der Lage zu sein. Die zeitweise durchaus schnellen Änderungen der Lage im Energiebereich rechtfertigten es für Strauß nicht, von „täglich wechselnden Wahrheiten zu reden". Vielmehr müsse die Regierung dazu in der Lage sein, genaue und aktuelle Daten zur Energiesituation zu präsentieren und ihre Politik an diesen auszurichten: „Wir wollen die Wahrheit wissen. [...] Wir wollen doch eine wissenschaftlich fundierte, substantiierte Analyse der technischen und wirtschaftlichen Fakten und ihrer sozialen Auswirkungen haben. Das kann man doch nach so langer zeitplanmäßiger Vorbereitung in Ihrem Planungsstab allgemein und langer Zeit seit Ausbruch der Krise vom 6. Oktober wahrlich erwarten."[16] Vertreter von Regierung und Opposition bekannten sich also zu einem verwissenschaftlichten Politikverständnis, dem unter den Bedingungen der Ölkrise aber nur schwer Genüge zu tun war. Um die Bereitstellung der von Strauß geforderten Informationen für die Regierung bemühte sich das Wirtschaftsministerium seit Beginn der Krise, aber seine zahlreichen Berichte hatten zunächst eine große Zahl von Unbekannten, so dass sie nicht die Sicherheit und Eindeutigkeit liefern konnten, die von der Opposition eingefordert wurden. Nichtsdestoweniger hoben sie die Energieproblematik auf die Ebene höchster Entscheidungsträger und trugen so wesentlich zur Formierung von „Energie" als einem eigenständigen politischen Handlungsfeld bei.

In dem ersten Bericht nach der Verkündung der Produktionsbeschränkungen durch die OAPEC konnte das Wirtschaftsministerium am 22. Oktober noch nicht auf deren Wirkungen eingehen, sondern berechnete nur die kriegsbedingten Ausfälle durch die Zerstörung der Häfen von Banias und Tartus sowie die Verringerung des Durchsatzes durch die Transarabian-Pipeline. Das Papier erwartete eine Reduktion der Lieferungen um fünf Prozent und versprach, die „‚kleine Arbeitsgruppe' aus Vertretern von BMWi, Wirtschaft, Institute[n]" werde das weitere Krisenmanagement vorbereiten. Ziel sei die „fortlaufende Steuerung der Entwicklung ‚mit leichter Hand' (Preise, Schlichtungsstelle); ohne gesetzliche Regelung in Kooperation mit Bundesregierung ggf. freiwillige Ver-

---

[15] Willy Brandt: Erklärung der Bundesregierung zu aktuellen Fragen der Wirtschafts- und Energiepolitik, in: Verhandlungen des Deutschen Bundestages. 7. Wahlperiode. Stenographische Berichte, Bd. 85, Bonn 1973, S. 3908-3913, hier S. 3908.
[16] Franz Josef Strauß: Beitrag in der Debatte zur Erklärung der Bundesregierung zu aktuellen Fragen der Wirtschafts- und Energiepolitik, in: Verhandlungen des Deutschen Bundestages. 7. Wahlperiode. Stenographische Berichte, Bd. 85, Bonn 1973, S. 3913-3923, hier S. 3914.

brauchseinschränkung durch Mineralölindustrie."[17] Knapp zwei Wochen später, als die Unklarheiten über die Höhe der Lieferbeschränkungen beseitigt waren, aber noch immer nicht sicher war, wie sie durchgesetzt werden und sich in Europa auswirken würden, rechnete das Wirtschaftsministerium damit, dass im November 10 bis 15 Prozent weniger Rohöl nach Deutschland fließen würden.[18] Zwar nahmen die Ölgesellschaften an, dass es bis zum Januar keine ernsthaften Engpässe geben würde, aber die Kleine Arbeitsgruppe schlug doch schon jetzt Maßnahmen vor, um Versorgungsproblemen vorzubeugen. Schon im Zuge der durch die OECD initiierten Krisenvorsorgemaßnahmen hatte die Kleine Arbeitsgruppe einen gestuften Aktionsplan vorbereitet, der in Abhängigkeit von den realen Lieferausfällen schrittweise umgesetzt werden sollte. Er sah zuerst den Abbau der frei verfügbaren Vorräte bei den Ölgesellschaften, zweitens den Appell an die Bevölkerung zu freiwilligen Einsparungen, drittens den Abbau der nach OECD-Vorgaben eingerichteten Pflichtvorräte, viertens die Substitution von Öl durch andere Energieträger, v.a. Kohle, und schließlich staatliche Verbrauchsbeschränkungen vor.[19]

Auch wenn sich Energieexperten einig waren, dass es – abgesehen vom Aufbau und Einsatz von Ölvorräten – grundsätzlich drei Strategien zur Sicherung der Energieversorgung gab, nämlich Sparmaßnahmen, die Diversifizierung der Energieträger und die Diversifizierung der Bezugsländer, versprachen doch einzig Sparmaßnahmen kurzfristige Verbesserungen der Lage, während Diversifizierungsmaßnahmen nur auf lange Sicht wirken konnten.[20] Sparappelle an die Bevölkerung waren am einfachsten auszuführen, in ihrer Wirkung aber auch am schwierigsten abzuschätzen. In Zeitungsanzeigen warben paradoxerweise gerade die großen deutschen Ölfirmen dafür, sparsam mit ihren Produkten umzugehen, und gaben ganz konkrete Energiespartipps, denen sich der Bundeswirtschaftsminister Mitte November mit ganzseitigen Anzeigen in großen deutschen Tageszeitungen anschloss. Dabei verortete er die bundesdeutschen Energieprobleme im Kontext einer globalen Rohstoffverknappung, aus der er dann den individuellen Imperativ zum Energiesparen ableitete: „Energie, insbesondere Mineralöl, ist heute und in Zukunft nicht mehr unbegrenzt verfügbar. Die Vorgänge im Nahen Osten haben diese Entwicklung verschärft. Auch die Bundesrepublik ist davon betroffen. Mit einer Verknappung der Ölzufuhr muß gerechnet werden. Gemeinsame Anstrengungen sind notwendig, um Schwierigkeiten der Ölversorgung zu mildern. Jeder von uns kann als Verbraucher einen entscheidenden Beitrag dazu

---

[17] Abteilung III C 1/III C 2 [BMWi]: Aktuelle Situation im Mineralölbereich, 22.10.1973, PA AA, B 71 (Referat 405), 113906.
[18] Abteilung III C 1/III C 2 [BMWi]: Aktuelle Situation im Mineralölbereich, 3.11.1973, PA AA, B 36 (Referat 310), 104992.
[19] Weiß an Abteilungsleiter IV: Krisenvorsorge im Mineralölbereich; Preisentwicklung im Mineralölbereich, 29.10.1973, BArch, B 136/7708; Quante an Abteilungen im Ministerium: Sitzung der Kleinen Arbeitsgruppe am 31. Oktober 1973, BArch, B 102/282309.
[20] Zur Unterscheidung der Strategien siehe Gilford John Ikenberry: The Irony of State Strength. Comparative Responses to the Oil Shocks in the 1970s, in: International Organization 40 (1986), S. 105-137.

leisten. Die Mineralölgesellschaften in der Bundesrepublik empfehlen ihnen, mit Kraftstoff und Heizöl sparsam umzugehen. [...] Ich unterstütze den Appell der Deutschen Mineralölwirtschaft. Zur Zeit gibt es keinen Grund zur Unruhe. Dennoch: Energie sparen kann jeder, im Haushalt, im Auto, im Betrieb. Sparen zur rechten Zeit sichert unsere künftige Energieversorgung."[21]

Da im Falle von Lieferausfällen nur Sparmaßnahmen eine kurzfristige Verbesserung der energiepolitischen Lage und damit auch der politischen Handlungsfreiheit und internationalen Verhandlungsposition versprachen, setzte die Bundesregierung also wie die Regierungen anderer Länder auch auf Warnungen, Appelle oder, abstrakter gesprochen, auf Krisenkommunikation, bevor die Versorgungslage tatsächlich dramatisch wurde.[22] Hierbei handelte es sich um eine diffizile kommunikative Gratwanderung, weil zwar eine Gefährdungskulisse nötig war, um die Bevölkerung zum Energiesparen zu motivieren, andererseits aber zu dramatische Szenarien vermieden werden mussten, um nicht Gefahr zu laufen, dass die Lage durch Hamsterkäufe verschlechtert würde.[23] Auch in der Presse überwogen in den Monaten von Oktober 1973 bis Februar 1974 negative Schilderungen über die gegenwärtige Versorgungslage bzw. negative Prognosen über ihre Zukunft, die den realen Ausfällen nicht entsprachen.[24] Aus dieser strukturellen medialen Verstärkung der Ölkrise zu schließen, es habe keine wirkliche Krise gegeben, weil Öl nie wirklich knapp geworden sei, ist so einfach wie belanglos.[25] Denn nicht die Dinge in der Welt bewirken soziale und politische Veränderungen, sondern erst ihre gesellschaftliche und politische Wahrnehmung. Wie Morris Adelman in anderen Zusammenhängen betont hat, mag die Ölknappheit eine Fiktion gewesen sein, aber der Glaube an sie war ein Faktum, das im Fall der ersten Ölkrise die Umsetzung bereits vorher erarbeiteter energiepolitische Maßnahmen beschleunigte und bisweilen erst ermöglichte.[26]

Im Unterschied zu den Auswirkungen der Sparappelle meinte die Kleine Arbeitsgruppe, den Effekt von gesetzlichen Verbrauchsbeschränkungen wie Fahrverboten oder Ähnlichem genau berechnen zu können, aber es bestand zu Beginn der Ölkrise in der Bundesrepublik keine gesetzliche Grundlage für den Erlass sol-

---

[21] Hans Friderichs: Ein offenes Wort zum Ölverbrauch, Süddeutsche Zeitung (12.11.1973); siehe zum Beispiel die Anzeigen der Shell AG in Die ZEIT: „Sie sparen bis zu 35% Heizöl mit der richtigen Einstellung" (30.11.1973); „Erst lüften, dann heizen! Sonst werfen Sie Ihr Geld zum Fenster hinaus." (7.9.1973); „Wenn Ihr Motor im Stand läuft, verschwenden Sie in 4 Minuten Benzin für 1 km. Stellen Sie ihn ab!" (7.12.1973).

[22] Siehe zur öffentlichen Kommunikation der europäischen Regierungen in der Ölkrise auch Hohensee: Der erste Ölpreisschock 1973/74.

[23] Zu diesem Vorwurf gegenüber der Bundesregierung siehe Russe (CDU/CSU): Stellungnahme zur Erklärung der Bundesregierung zur Lage der Energieversorgung, in: Verhandlungen des Deutschen Bundestages. 7. Wahlperiode. Stenographische Berichte, Bd. 86, Bonn 1974, S. 4544–4550, hier S. 4545.

[24] Hans Mathias Kepplinger/Herbert Roth: Creating a Crisis. German Mass Media and Oil Supply in 1973-74, in: The Public Opinion Quarterly 43 (1979), S. 285–296.

[25] Ebd.; siehe auch Hohensee: Der erste Ölpreisschock 1973/74.

[26] Adelman: The genie out of the bottle, S. xxii.

cher Maßnahmen.²⁷ Die Bundesregierung hatte zwar die von der OECD vorgeschlagenen Pflichtbevorratungsregelungen eingeführt, aber noch kein Gesetz verabschiedet, das sie im Krisenfall ermächtigt hätte, drastischere Notmaßnahmen zu erlassen. Dies wurde in der akuten Ölkrise als Defizit empfunden und mit beeindruckender Geschwindigkeit geändert.²⁸ Schon am 7. November wurde ein bereits länger vorbereiteter Entwurf eines Gesetzes zur „Sicherung der Energieversorgung bei Gefährdung oder Störung der Einfuhren von Mineralöl oder Erdgas" im Kabinett diskutiert und zwei Tage später im Bundestag verabschiedet. Das sogenannte Energiesicherungsgesetz ermöglichte es der Bundesregierung, Rechtsverordnungen zur Produktion, zu Transport, Lagerung, Verteilung und zum Verbrauch von Öl und anderen Energieträgern zu erlassen, „um die Deckung des lebenswichtigen Bedarfs an Energie für den Fall zu sichern, daß die Energieversorgung durch die Gefährdung oder Störung der Mineral- oder Erdgaseinfuhr unmittelbar gefährdet oder gestört ist und die Gefährdung oder Störung durch marktgerechte Maßnahmen nicht, nicht rechtzeitig oder nur mit unverhältnismäßigen Mitteln zu beheben ist".²⁹ Das Energiesicherungsgesetz erweiterte den Handlungsspielraum der Exekutive, auch wenn es dem Bundesrat und dem Bundestag weitgehende Kontrollrechte einräumte. Es galt zunächst für ein Jahr, nach seiner Erneuerung im Dezember 1974 aber dauerhaft. Fünf Jahre nachdem die Bundesrepublik mit den kontrovers diskutieren Notstandsgesetzen wesentliche Souveränitätsrechte von den Alliierten übernommen hatte, wurde die staatliche Souveränität also erneut für einen Eventualfall gestärkt, der eine Gefährdung der staatlichen Ordnung hätte bedeuten können. Nachdem es durch das Energiesicherungsgesetz dazu „ermächtigt" worden war, auch außerhalb eines allgemeinen Notstands massiv in die Energiewirtschaft einzugreifen, erließ das Bundeskabinett dann tatsächlich eine Reihe verbrauchsbeschränkender Maßnahmen, von denen die vier autofreien Sonntage vom 25. November bis zum 16. Dezember die wohl breiteste gesellschaftliche Diskussion auslösten und sich zugleich am tiefsten ins kollektive Gedächtnis einbrannten.³⁰

Nachdem das Wirtschaftsministerium für den Monat Dezember eigentlich 15-prozentige Ausfälle bei den Öllieferungen erwartet hatte, stellte Lantzkes Abteilung Mitte Dezember fest, dass die tatsächlichen Ausfälle nur bei 6,2 Prozent

---

[27] Quante an Abteilungen im Ministerium: Sitzung der Kleinen Arbeitsgruppe am 31. Oktober 1973, BArch, B 102/282309.

[28] Lahnstein an Chef des BK: Mineralölversorgung der BRD, 2.11.1973; Weiß an Chef des BK: Aktuelle Situation im Mineralölbereich, 5.11.1973, BArch, B 136/7708.

[29] Sicherung der Energieversorgung bei Gefährdung oder Störung der Einfuhren von Mineralöl oder Erdgas (Energiesicherungsgesetz), Bundesgesetzblatt, Teil 1, Nr. 89, 10. November 1973.

[30] Abteilungsleiter IV an BK: Anwendung des „Energiesicherungsgesetzes", 14. November 1973, BArch, B 136/7708. Siehe zur Diskussion über die autofreien Sonntage sowie auch sonst zur Diskussion über die Maßnahmen der Bundesregierung in der Presse Hohensee: Der erste Ölpreisschock 1973/74, S. 143-161 und passim. Zum Gebrauch des Ermächtigungsbegriffs siehe zum Beispiel W/III D: Zwischenbericht über den Aufbau eines „Krisenmanagements" zur Sicherung einer optimalen Energieversorgung im Falle einer Mineralölversorgungsstörung, 10. Juli 1972, BArch, B 102/282309.

lagen.³¹ Auch die kurzfristige Gefährdung der Versorgung des Kanzleramtes mit Fernwärme, die aus den Lieferschwierigkeiten der Stadtwerke Bonn resultierte, konnte durch eine schnelle Intervention abgewendet werden. Grundsätzlich bemühten sich Regierung und Ministerien darum, Energie zu sparen oder zumindest den Eindruck zu erwecken, dass sie es taten.³² Angesichts der international unübersichtlichen Lage, der sich aufgrund der langen Tankerfahrzeiten erst langsam auswirkenden Lieferbeschränkungen und der Unsicherheit, wie OPEC und OAPEC sich in Zukunft verhalten würden, ging die Bundesregierung für Januar jedoch weiter davon aus, dass die Ölausfälle bis zu 20 Prozent betragen könnten und diskutierte weitergehende Energiesparmaßnahmen.³³ Große intellektuelle Anstrengungen flossen in die Evaluierung verschiedener möglicher Fahrverbotsregelungen, eines Endziffernsystems, wonach Autos mit Kennzeichen, die auf eine 2 enden, am 2., 12. und 22. eines Monats nicht fahren dürfen, eines Plakettensystems, bei dem sich jeder Autofahrer den Tag aussuchen kann, und eines alternierenden Wochenendfahrverbots nach geraden und ungeraden Autokennzeichen.³⁴ Als Wirtschaftsminister Friderichs und Finanzminister Schmidt auf einer Pressekonferenz am 19. Dezember verkündeten, die Regierung habe sich für das alternierende Endziffernsystem an Wochenenden entschieden, das einen Monat später in Kraft treten sollte, herrschte mehrfach große Heiterkeit, als die Minister selbst ironisierten, mit was für Detailfragen sie sich angesichts der Ölkrise auseinandersetzen mussten. Als Friderichs die Frage nicht beantworten konnte, ob am 19. Januar mit den geraden oder den ungeraden Endziffern begonnen würde, erwiderte er auf den Einwurf, das richte sich wohl „nach der persönlichen Präferenz des Sachbearbeiters", er wisse nicht „ob es sich nach dem Abteilungsleiter, dem Staatssekretär oder dem Minister richtet. Das müssen wir noch prüfen."³⁵ Nachdem dies genauso wie Schmidts Frage, „ob wir nicht in Gefahr geraten, die Qualität des Lebens zu beeinträchtigen, wenn hier von ‚Endnummern' die Rede" sei, bereits Heiterkeit ausgelöst hatte, kam es zu dem folgenden Wortwechsel:

---

³¹ III C 2 Tischvorlage zur aktuellen Situation im Mineralölbereich, 4.12.1973, BArch, B 136/7682; Weiß an BK: Morgige Sitzung des Kabinettsausschusses für Wirtschaft, 16.12.1973, BArch, B 136/7683.
³² Oberstadtdirektor der Stadt Bonn, Dr. Hesse, an Staatssekretär Horst Grabert (BK), 6.12.1973, BArch, B 136/7683; siehe zum Beispiel die Maßnahmen des Verteidigungsministeriums, die vom Übungsverzicht bis zur Schließung der Schwimmbäder reichten: Bundesminister der Verteidigung an den Bundeskanzler, 13.12.1973, BArch, B 136/7683.
³³ Da sich die akuten Lieferausfälle im Januar und Februar allerdings nur auf etwa 15 Prozent beliefen, reichten die freiwilligen und verpflichtenden Sparmaßnahmen aus, um schwerwiegende Mangelsituationen abzuwenden; III C 2 Tischvorlage zur aktuellen Situation im Mineralölbereich, 22.1.1974; III C 2: Ergebnisvermerk: Aktuelle Situation im Mineralölbereich, 20.2.1974, BArch, B 136/7708.
³⁴ Weiß an BK: Morgige Sitzung des Kabinettsausschusses für Wirtschaft, 16.12.1973; BMWi: Entscheidungsvorlage zur aktuellen Situation im Mineralölbereich, 17.12.1973; Weiß, Dehmel (Gruppe IV/2): Vermerk für Kabinettsitzung am 19. Dezember 1973, BArch, B 136/7683;
³⁵ Pressekonferenz Nr. 149/73, am Mittwoch, 19. Dezember, 12.15, Pressehaus I, S. 16, BArch, B 145-I F.

„Frage: Noch einmal zum Fahrverbot. Sie sagten, Sie fangen mit den geraden Endziffern an. Dürfen die nun fahren oder dürfen sie nicht fahren?
(Große Heiterkeit)
Vors. Lorenz: Jetzt wird vor unseren Augen eine weitere Entscheidung getroffen.
BM Friderichs: Die Wagen mit geraden Ziffern dürfen nicht fahren, die Wagen mit ungeraden Ziffern – weil die mit 1 anfangen – dürfen fahren. – Oder sollen wir es umgekehrt machen?
(Heiterkeit)
Ich bin in einer etwas schwierigen Situation, weil ich die Nummer meines Privatwagens nicht auswendig weiß.
Frage: Wie ist es denn mit der Zahl Null?
BM Friderichs: Dazu haben wir ein Gutachten bei einem Mathematiker in Auftrag gegeben, und von diesem Ergebnis wird das abhängen."[36]

Nachdem schon die autofreien Sonntage von der Bevölkerung, wenn auch nicht vom Hotel- und Gaststättengewerbe, überraschend positiv aufgenommen worden waren, deutet auch dieser Austausch während der Pressekonferenz auf eine nicht unerhebliche Bereitschaft hin, humorvoll mit den Verbrauchsbeschränkungen umzugehen.[37] Zugleich offenbarte Friderichs' ironische Wendung zum Schluss aber auch eine offenkundige Reflexion in der Bundesregierung über die im Zeichen der Verwissenschaftlichung der Politik zunehmende Abhängigkeit ihrer Handlungen in allen Politikfeldern von wissenschaftlichen Gutachten und externer Expertise. Gerade im Energiebereich explodierte die Wissensproduktion angesichts der raschen Veränderungen der Jahre 1973/74 geradezu. Nicht zuletzt wegen der langfristigen Wirkungen einmal getroffener Entscheidungen im Energiebereich schienen genaue Daten und Prognosen hier essenziell zu sein. Wie schon in den USA wurde wissenschaftliche Expertise auch in der Bundesrepublik als wesentliches Instrument zur Herstellung und Demonstration von Souveränität gesehen.

6.2 Energiepolitische Veränderungen und die Veränderung des Politischen

In einem Vortrag an der University of Chicago äußerte sich Finanzminister Helmut Schmidt, der sich in Abgrenzung zu Willy Brandt eigentlich um ein energisches und zupackendes Auftreten bemühte, am 13. März 1974 überraschend emotional zu seinen Erfahrungen in der Ölkrise. Er habe sich persönlich „ziemlich hilflos gefühlt angesichts der Tatsache, daß zum Beispiel der Informationsstand der deutschen Bundesregierung in der Ölkrise zeitweise allein vom guten Willen

---

[36] Ebd., S. 18.
[37] Ebd., S. 151 f.

einiger Öldirektoren abhing."[38] Ganz ähnlich erinnerte sich Ulf Lantzke, die Informationen der Regierung, aber auch der Ölfirmen in der Bundesrepublik über die Vorgänge in den Förderländern seien „unvollständig, widersprüchlich und verwirrend" gewesen; einzig die großen multinationalen Konzerne hätten über bessere Informationsstrukturen verfügt.[39] Nachdem die Bundesregierung im November – nach Ansicht von Franz Josef Strauß zu spät – begonnen hatte, mit einem Fragebogen bei den Ölfirmen aktuelle Daten über die Versorgungslage einzuholen, wurde das Meldesystem Anfang Dezember verbessert: Die Ölfirmen sollten jetzt regelmäßig direkt an das Wirtschaftsministerium Bericht erstatten, das diese Meldungen von unabhängigen Sachverständigen prüfen lassen wollte.[40] Zeitgleich wurden die einschlägigen Ministerien, das heißt vor allem Wirtschaft, Verkehr, Raumordnung/Städtebau/Bauwesen, Forschung und Technologie sowie Finanzen, beauftragt, „begleitende Maßnahmen zur Energiesituation" zu erarbeiten, die die energiepolitische Lage langfristig verbessern sollten.[41]

Gefragt und ungefragt erhielt die Bundesregierung vor, während und nach der Ölkrise zahlreiche Vorschläge von Wissenschaftlern, aus der Industrie sowie von selbsternannten Öl- und Energieexperten, wie die Energieversorgung der Bundesrepublik Deutschland zu sichern sei. Neben den bereits genannten Wirtschaftsforschungsinstituten (DIW, RWI, EWI) kooperierten die energiepolitischen Abteilungen des Wirtschaftsministeriums in der zweiten Hälfte der 1960er Jahre auch mit dem Verein Deutscher Eisenhüttenleute, dem Max Planck Institut für Eisenforschung, dem IFO Institut, der Deutschen Gesellschaft für Mineralölwissenschaft und Kohlechemie e.V. oder dem Institut für Erdölforschung.[42] Auch der Bundesverband der Deutschen Industrie nahm wiederholt zur Energiepolitik Stellung und betonte beispielsweise während der Ölkrise in ausführlichen Gutachten, die Gemeinsame Energiepolitik im Rahmen der EG dürfe die Funktionsweise der Marktmechanismen nicht beeinträchtigen.[43] Die Vertreter der verschiedenen Energieindustriezweige betreiben eine massive Lobbypolitik, um die Wett-

---

[38] Helmut Schmidt: Die Energiekrise – Eine Herausforderung für die westliche Welt. Vortrag vor der Roosevelt University in Chicago am 13.3.1974, in: Bulletin des Presse- und Informationsamts der Bundesregierung 35 (1974), S. 325-330, hier S. 329f.

[39] Ulf Lantzke: The OECD and Its International Energy Agency, in: Daedalus 104,4 (1975), S. 217-227, hier S. 219, 225.

[40] III C 2 Tischvorlage zur aktuellen Situation im Mineralölbereich, 4.12.1973, BArch, B 136/7682; Strauß: Beitrag in der Debatte zur Erklärung der Bundesregierung zu aktuellen Fragen der Wirtschafts- und Energiepolitik, in: Verhandlungen des Deutschen Bundestages. 7. Wahlperiode, S. 3915.

[41] Chef des BKA an alle Bundesminister: Kabinettsitzung vom 19. Dezember: Begleitende Maßnahmen zur Energiesituation, 20.12.1973, Barch, B 136/7682.

[42] BArch, B 102/200614, Gutachten des wissenschaftlichen Beirats am BMWi zur Energiepolitik 1967-1980.

[43] Siegfried Eichler (BDI) an Lantzke: Stellungnahme des BDI zur Energiepolitik, 24.5.1973; BDI: Memorandum zur Europapolitik, 12. Januar 1974; Stellungnahme des BDI zum Dokument KOM (74)550 der EG Kommission vom 29. Mai 1974, Barch, B 102/200763, Bd. 5: Energiepolitische Vorstellungen der Verbände und Organisationen der Wirtschaft außerhalb der Energiewirtschaft 1972-74.

6.2 Energiepolitische Veränderungen und die Veränderung des Politischen 217

bewerbsposition ihrer jeweiligen Energieträger zu verbessern. So richtete der deutsche Steinkohlenbergbau im Juni 1972 ein Schreiben an die Bundesregierung, in dem unter Bezug auf die in den USA schon virulente und auch in Europa drohende Energiekrise gefordert wurde, die einheimische Kohleförderung zu verstärken, um Energiesicherheit herzustellen und mögliche Zahlungsbilanzprobleme durch steigende Ölimportkosten zu vermeiden. Die Importabhängigkeit Deutschlands und Europas könne nur verringert werden, wenn die Steinkohleförderung zumindest auf dem derzeitigen Stand bleibe, erstrebenswert sei jedoch eine Verdopplung der Fördermengen bis 1985, weil weder die Öl- noch die Gas- oder Atomenergieproduktion schnell genug gesteigert werden könnten.[44] In Übereinstimmung mit den Arbeitgebern forderte auch die Industriegewerkschaft Bergbau und Energie während der Ölkrise von Bundeskanzler Brandt, es müsse wieder verstärkt auf Stein- und Braunkohle zurückgegriffen werden.[45]

Erwartungsgemäß sah der Lobbyverband „Deutsches Atomforum" die Lage grundsätzlich anders und plädierte für einen verstärkten Ausbau der Kernenergie zur Überwindung der Ölkrise, während die Ölunternehmen, die die relevanten Regierungsstellen großzügig mit Informationsmaterial versorgten, die Zukunft der bundesdeutschen Energieversorgung noch immer wesentlich im Öl sahen.[46] Abgesehen von obskuren Eingaben wie den Schreiben zweier Spanier, von denen der eine seine bisherigen Erfolge beim Auffinden von Wasseradern mit Wünschelruten nun auf Ölfelder übertragen wollte und der andere, ein Autodidakt und Halbinvalide, ein neues Verfahren zur Kohlehydrierung entwickelt hatte, wurden externe Expertisen genau registriert, und die Bundesregierung griff in vielen Zusammenhängen gezielt auf sie zurück.[47] Bei der Sachverständigenanhörung des Wirtschaftsausschusses des Deutschen Bundestages zu „relevanten Fragen der Energiepolitik" erläuterten Enno Schubert von der Gelsenberg AG und Albert Hallmann von der BP AG am 7. November den Abgeordneten die Lage auf dem internationalen Mineralölmarkt. Zwei Wochen später informierte Schubert ebenfalls Regierungsmitglieder bei den Energiegesprächen in Münstereifel.[48] Auch der umtriebige Walter Levy, der schon der US-Regierung

---

[44] Chef des Bundeskanzleramtes an Bundesminister für Wirtschaft und Finanzen [z.H. MD Dr. Lantzke], 7. Juli 1972: Schreiben des deutschen Steinkohlenbergbaus vom 28. Juni 1972, Barch, B 136/7667. Das Antwortschreiben von Staatssekretär Rohwedder war eher zurückhaltend und verwies darauf, dass die öffentliche Hand schon viel für den Steinkohlenbergbau getan habe und jetzt die Verbraucher entscheidend seien: Rohwedder: Antwortschreiben an Gesamtverband des deutschen Steinkohlenbergbaus und Steinkohlenbergbauverein, 10. 8. 1972, ebd.

[45] Industriegewerkschaft Bergbau und Energie an Bundeskanzler Willy Brandt, 20. 11. 1973, Barch, B 102/200539.

[46] H. Mandel (Deutsches Atomforum) an Willy Brandt, 7. 12. 1973, BArch, B 136/7683.

[47] Deutsches Generalkonsulat Barcelona an AA: Schreiben des spanischen Staatsangehörigen Vicente Munoz, 10. Juni 1974; Hernández, Rosendo Santana (14. 02. 1974): Schreiben an den Bundespräsidenten über ein Verfahren der Kohleverflüssigung, PA AA, B 71 (Referat 405), 113905.

[48] Unkorrigierte Stenographische Niederschrift über die Anhörung von Sachverständigen in nicht-öffentlicher Sitzung des Ausschusses für Wirtschaft zu relevanten Fragen der Energiepolitik, 7. 11. 1973, BArch, B 102/200539; Lahnstein an Brandt: Energie-Gespräche in Münstereifel, 21. 11. 1973, BArch, B 136/7708; siehe auch Schuberts Autobiographie: Enno

seine Expertise zur Verfügung gestellt und den britischen Premierminister Edward Heath zur Lage auf dem Ölmarkt beraten hatte, offerierte der Bundesregierung seine Expertise.[49]

Zwar nahm die Zahl der Regierungsmitarbeiter, die sich mit Energiefragen beschäftigten, im Verlauf der Ölkrise wie in den USA zu, aber die Bundesregierung baute keinen der Federal Energy Administration vergleichbaren eigenen Expertenstab auf, der auf der Basis der von den Ölfirmen erhobenen Daten Vorausberechnungen der Energieentwicklung und Simulationen alternativer Energiezukünfte vorgenommen hätte. Diese Aufgabe oblag weiter den (Energie-)Wirtschaftsforschungsinstituten, die in der Kleinen Arbeitsgruppe mit dem Wirtschaftsministerium kooperierten. Nachdem das DIW in Berlin, das EWI in Köln und das RWI in Essen schon 1972 einen ersten Bericht zur Sicherung der bundesdeutschen Energieversorgung gegen Versorgungsstörungen im Mineralölbereich vorgelegt hatten (siehe 3.3), hatte das Wirtschaftsministerium gleich ein Anschlussgutachten in Auftrag gegeben, an dem die Institute parallel zu ihrer beratenden Tätigkeit während der Ölkrise arbeiteten, bis sie es 1974 vorlegten. War das erste Gutachten in vielen Bereichen noch recht vage gewesen, lag der Schwerpunkt nun auf der „Anwendung eines Simulationsmodells als Entscheidungshilfe zur Überwindung von Störungen der Mineralölversorgung in der Bundesrepublik Deutschland".[50]

Auf der Basis eines noch zu schaffenden Informationssystems sollte das Simulationsmodell Daten über den Krisentyp, den Energieverbrauch, die Vorratshaltung, Substitutionsmöglichkeiten und die Wirkung möglicher energiepolitischer Maßnahmen miteinander korrelieren, um so eine energiepolitische Entscheidungsgrundlage zu liefern. Dazu wurden 37 verschiedene Verbrauchergruppen gebildet, und die Versorgung mit sowie der Verbrauch von zwölf Mineralölprodukten in vier Regionen (Nord, West, Südwest, Süd) untersucht.[51] Letztlich handelte es sich bei dem Modell um ein Feedback-System, bei dem die Konsequenzen von Störungen der normalen Versorgungslage genauso berechnet werden sollten wie die Effekte von Gegenmaßnahmen, um die Störungen der Energieversorgung und des Wirtschaftslebens so gering wie möglich zu halten. Für drei exemplarische Versorgungsstörungen zeigten die Institute dann die Möglichkeiten des Modells, die Wirkungen politischer Maßnahmen durchzurechnen und so energiepolitische Entscheidungen auf eine rationale Basis zu stellen. Zugleich sahen sie aber

---

Schubert: Vom Bergmann zum Ölexperten. Stationen einer Karriere. Biografie, Frankfurt am Main 2007; Unterlagen zur Anhörung des Sachverständigenrates am 7. Dezember 1973, BArch, B 102/200539.

[49] Staden: Gespräch zwischen dem Bundeskanzler und Walter Levi, 27. 11. 1974, PA AA, B 71 (Referat 405), 113909; Levi wird schon 1970 als Berater des Wirtschaftsministeriums genannt; siehe Der Parlamentarische Staatssekretär des Bundesministers für Wirtschaft an den Herrn Präsidenten des Deutschen Bundestages: Energiepolitik, 11. 6. 1970, Deutscher Bundestag. 6. Wahlperiode. Drucksache VI/941.

[50] Manfred Liebrucks/H.W Schmidt/D. Schmitt: Sicherung der Energieversorgung für die Bundesrepublik Deutschland Teil II. Gemeinschaftsgutachten der Institute DIW, EWI und RWI, Berlin 1974, S. 2.

[51] Ebd., S. 7f.

die Grenzen der wissenschaftlichen Politikfundierung: Ob in einer Mangelsituation verstärkt Vorräte eingesetzt oder Öl durch andere Energieträger substituiert oder aber Verbrauchsbeschränkungen eingeführt würden, hielten sie für eine letztlich politische Entscheidung, die nicht mehr von der Wissenschaft, sondern von der Regierung zu treffen sei.[52]

6.2.1 Energiepolitische Planungen und ihre Fortschreibung

Auch ohne die Energiemodellierung der Institute zugrunde legen zu können, arbeiteten die einschlägigen Ministerien während der Ölkrise intensiv an einem Maßnahmenkatalog, um die Wirkungen der Ölproduktionsbeschränkungen abzumildern und die bundesdeutsche Energieversorgung langfristig sicherer zu gestalten. Bis Ende Februar hatten alle Ministerien auf die Anfrage des Bundeskanzleramtes reagiert und Vorschläge in den Bereichen der Energie-, Verkehrs- und Strukturpolitik vorgelegt.[53] Die wichtigste Maßnahme, die unmittelbar während der Krise beschlossen wurde, war das Rahmenprogramm Energieforschung. Ausgehend von der Annahme, dass eine ausreichende Energieversorgung die Voraussetzung für die „Leistungsfähigkeit der gesamten Volkswirtschaft" wie auch die „Lebensqualität des Einzelnen" sei, diagnostizierte das Bundesministerium für Forschung und Technologie eine Gefährdung durch die Fokussierung auf fossile Energieträger, eine wachsende Abhängigkeit vom Mittleren Osten und Belastungen für die Umwelt.[54] Daher solle die Kernenergie ausgebaut, Energie rationeller und sparsamer verwendet und das Potential der Kohle zum Beispiel zur Hydrierung ausgelotet werden. Zusammen mit dem vierten Atomprogramm der Bundesregierung stellte das Rahmenprogramm Energieforschung in den folgenden Jahren jeweils 1,75 Mrd. D-Mark für Forschungsprojekte in diesen Bereichen zur Verfügung.[55]

Spätestens im Frühjahr 1974 waren die Prognosen der Wirtschaftsforschungsinstitute, die dem Energieprogramm vom September 1973 zugrunde gelegen hatten, von der Wirklichkeit überholt worden, aber angesichts der unübersichtlichen Lage und der Schwierigkeiten, die Mengen- und Preispolitik der Förderländer vorauszusehen, schienen neue Prognosen mit großen Schwierigkeiten behaftet zu sein.[56] Nichtsdestoweniger wurden die einschlägigen Institute damit beauftragt, bis Mai

---

[52] Ebd., S. 90.
[53] Überblick über den Rücklauf aus den Ressorts (Stand 21. 2. 1974); Chef des Bundeskanzleramtes an die Herren Planungsbeauftragten der Bundesministerien: Synopse der Ressortstellungnahmen zum Schreiben des Chef BK „Begleitende Maßnahmen zur Energiesituation", 22. 3. 1974, BArch, B 136/7682.
[54] Tischvorlage des BMFT für die 45. Kabinetts-Sitzung am 9. 1. 1974: Rahmenprogramm Energieforschung 1974-1977, BArch, B 136/7683.
[55] Ebd.; Unterrichtung durch die Bundesregierung. Erste Fortschreibung des Energieprogramms der Bundesregierung, in: Deutscher Bundestag. Drucksachen. 7. Wahlperiode 1972-1976, Nr. 2713 (1974).
[56] Quante (III D): Modellrechnungen für die Entwicklung des Energieverbrauchs, 4. 3. 1974; III D: Diskussionspapier: Thesen zur Energielage und generelle Konsequenzen für die Energiepolitik, 19. 3. 1974, BArch, B 102/146456.

eine neue Prognose zu erstellen, auf deren Basis dann eine Erste Fortschreibung des Energieprogramms entworfen werden sollte. Das in Anlehnung an das magische Viereck der Globalsteuerung sogenannte „Zielviereck" der Energiepolitik, nämlich eine ausreichende, sichere, kostengünstige und umweltschonende Energieversorgung zu erreichen, bestehe weiter, müsse aber den neuen Realitäten angepasst werden, argumentierte Lantzke auf der Klausurtagung zur Fortschreibung des Energieprogramms.[57] Wegen deren langen Wirkungszeiten waren allerdings kurzfristig, also in einem Zeitraum von zwei bis vier Jahren, ohnehin keine grundlegenden Veränderungen zu erzielen. Wie die Shell AG schon 1974 vorgerechnet hatte, dauerten beispielsweise die geophysikalischen Arbeiten zum Auffinden eines Ölfeldes ein bis drei Jahre, weitere ein bis zwei Jahre seien für die Bohrungen nötig und noch einmal sechs bis 18 Monate für den Bau einer Bohrinsel im Fall von Offshore-Bohrungen. Auch für den Bau einer Raffinerie benötige man mindestens fünf, für den eines Tankers zwei bis drei Jahre, und beim Kraftwerksbau waren die Zeiträume eher noch länger.[58] Kurz- und mittelfristig bis 1985, so nahm man gemeinhin an, werde die Abhängigkeit vom Öl aus dem Mittleren Osten also weiter bestehen bleiben, die Nachfrage weiter wachsen und Öl knapper werden. Lediglich langfristig könne man die Ölabhängigkeit reduzieren, wenn man schon in der Gegenwart die richtigen energiepolitischen Entscheidungen treffe.[59] Als eine vorläufige Energieprognose der Institute im Mai 1974 vorlag, wurde im Wirtschaftsministerium beschlossen, die erste Fortschreibung des Energieprogramms bis September kabinettsreif zu machen.[60] Tatsächlich präsentierte die Bundesregierung Ende Oktober die Erste Fortschreibung des Energieprogramms und begründete die schnelle Überarbeitung des erst ein Jahr alten Programms damit, dass die Entwicklung auf dem Weltölmarkt „verstärkt durch außerökonomische Gegebenheiten mitbestimmt" werde und „eine reibungslose Energieversorgung [somit] keine Selbstverständlichkeit mehr" sei.[61] Durch die Maßnahmen des Programms sollten bis zum Jahr 1985 der Anteil des Öls an der bundesdeutschen Energieversorgung von 55 auf 44 Prozent gesenkt und der der Kernenergie von einem Prozent auf 15 sowie der des Erdgas von zehn auf 18 Prozent gesteigert werden, wohingegen der Anteil der Steinkohle von 22 auf 14 Prozent zurückgehen werde.[62] Diese rasanten Veränderungen sollten erreicht werden durch Erdgaslieferverträge mit den Nieder-

---

[57] Abt. III: Ergebnisprotokoll: Klausurtagung über die Fortschreibung des Energieprogramms am 25. März 1974 und Vorsitz von Minister Dr. Friderichs bzw. Staatssekretär Rohwedder, 29. März 1974, BArch, B 102/146456, Urs Dolinski/Hans-Joachim Ziesing: Sicherheits-, Preis- und Umweltaspekte der Energieversorgung, Berlin 1976; dies./Klaus-Dieter Labahn: Maßnahmen für eine sichere und umweltverträgliche Energieversorgung, Berlin 1978.
[58] Shell: The National Energy Outlook 1974, S. 38.
[59] Ebd.; siehe auch III D: Diskussionspapier: Thesen zur Energielage und generelle Konsequenzen für die Energiepolitik, 19. 3. 1974, BArch, B 102/146456.
[60] Lücke (Abt. III): Ergebnisprotokoll: Klausurtagung über die Fortschreibung des Energieprogramms am 9./10. Mai 1974; Arbeitsprogramm der Abteilung III (als Ergebnis der Klausurtagung am 9./10. Mai 1974), 13. 5. 1974, BArch, B 102/146456.
[61] Unterrichtung durch die Bundesregierung. Erste Fortschreibung des Energieprogramms, S. 5.
[62] Ebd., S. 6.

6.2 Energiepolitische Veränderungen und die Veränderung des Politischen 221

landen und der Sowjetunion, durch Energiesparmaßnahmen, die weitere Förderung der Steinkohle und den Bau von Kernkraftwerken.

Im Jahr 1974 machte die Kernenergie mit 2,300 Megawatt etwa vier Prozent der Stromerzeugung aus. Schon im Energieprogramm des Vorjahres war vorgesehen gewesen, sie auf 18 000 Megawatt im Jahr 1980 und 40 000 im Jahr 1985 auszubauen; angesichts der Ölkrise sollten es jetzt zumindest 20 000 beziehungsweise 45 000 Megawatt sein, obwohl eigentlich 50 000 erwünscht seien. Diese hätten 1985 dann 45 Prozent der Stromerzeugung ausmachen sollen.[63] Die Kernenergie galt als die alternative Energie schlechthin, auf deren Ausbau in allen westlichen Industrieländern, vor allem aber in Frankreich, gesetzt wurde, wo seit 1963 Kernreaktoren zur Stromerzeugung genutzt wurden und die Atomenergie mit Vorstellungen der nationalen Erneuerung und Modernisierung verbunden war.[64] Frankreichs 6. Plan der wirtschaftlichen Entwicklung für den Zeitraum von 1971 bis 1975 war zwar noch von einer weiter zunehmenden Dominanz des Öls im Energiebereich ausgegangen, hatte aber für den folgenden 7. Plan schon einen deutlichen Ausbau der Kernenergie angekündigt, zumal das Land in diesem Bereich für rückständig gehalten wurde.[65] Im Jahr 1985 sollte die Kernenergie 50 Prozent des Elektrizitätsbedarfs und damit 15 Prozent des Gesamtenergiebedarfs decken.[66] Unter dem Eindruck des Ölembargos und der Preissteigerungen wurden diese Planungen dann korrigiert und ihre Umsetzung beschleunigt.[67] Bis 1985 sollte nun der Anteil des Öls an der Gesamtenergieversorgung in Frankreich von über 66 auf 42 Prozent gesenkt und gleichzeitig der Anteil der Kernenergie auf 25 Prozent gesteigert werden.[68] Anders als in der Bundesrepublik, wo der beabsichtigte

---

[63] Ebd., S. 15.
[64] Guy de Carmoy: French Energy Policy, in: Wilfrid L. Kohl (Hg.), After the Second Oil Crisis: Energy Policies in Europe, America, and Japan, Lexington/Mass. 1982, S. 113-136, hier S. 124; Gabrielle Hecht: The radiance of France. Nuclear power and national identity after World War II, Cambridge/Mass. 1998, S. 2; siehe auch Sandra Tauer: Störfall für die gute Nachbarschaft? Deutsche und Franzosen auf der Suche nach einer gemeinsamen Energiepolitik (1973-1980), Göttingen 2012.
[65] Vortrag von Yves Bouvier auf der Tagung „L'Europe et l'énergie", Padua, 18./19.10.2013.
[66] VIe plan de développement économique et social 1971-1975. Rapport général: Les objectifs généraux et les actions prioritaires du VIe plan et annexes au rapport général: Programmes d'actions détaillées, Paris 1971, S. 301. Noch 1969 hatten sich die französischen Planer darauf verlassen, dass das Öl die gesamten nötigen Energieverbrauchssteigerungen ermöglichen werde, kurz darauf wurden sie aber skeptischer; Comité professionnel du pétrole: Pétrole 1969. Elements statistiques – áctivité de l'industrie pétrolière, [Paris] [1970]. Allgemein zur französischen „planification" siehe Dieter Gosewinkel: Zwischen Diktatur und Demokratie. Wirtschaftliches Planungsdenken in Deutschland und Frankreich: Vom Ersten Weltkrieg bis zur Mitte der 1970er Jahre, in: Geschichte und Gesellschaft 34 (2008), S. 327-359.
[67] Commissariat Général du Plan: Rapport d'exécution 1974, 29.7.1974; ANF, Service du Premier Ministre, versement 19890575, art. 204 ; Commissariat Général du Plan: Crise pétrolière et taux d'actualisation du Plan, 22.5.1975, ANF, versement 19890617, art. 99.
[68] Commissariat Général du plan. Commission de l'Énergie et des Matières Premières du VIIIe Plan: Rapport sur les bilans de la politique énergétique de 1973 à 1978, Paris [1979]; siehe auch Comité professionnel du pétrole: Pétrole 73. Éléments statistiques, activité de l'industrie pétrolière, [Paris] [1974]; Comité professionnel du pétrole: Pétrole 74. Éléments statistiques. Activité de l'industrie pétrolière, [Paris] [1975]; Horst Mendershausen: Coping with the oil crisis. French and German experiences, Baltimore/London 1976.

Ausbau der Kernenergie von massiven Bürgerprotesten verzögert wurde, ging er in Frankreich relativ zügig voran.[69]

Trotz des im Energieprogramm formulierten, umfangreichen Maßnahmenkatalogs und der großen Hoffnungen, die zu diesem Zeitpunkt in die Kernenergie gesetzt wurden, hielt die Bundesregierung Westdeutschland für zu klein und machtlos, um die akuten Energieprobleme zu überwinden: „Die Probleme des Weltenergiemarktes können nur durch internationale Zusammenarbeit gelöst werden. Der gegenwärtig noch weitgehend nationale energiepolitische Handlungsrahmen reicht künftig nicht mehr aus."[70] Aus diesem Grund begrüßte die Bundesregierung die Bemühungen um eine multilaterale Zusammenarbeit wie zum Beispiel im Rahmen der Internationalen Energieagentur (Kapitel 7.3), wollte aber auch die nationalen Bemühungen intensivieren, wozu sie genaue Prognosen über Angebot und Nachfrage der verschiedenen Energieträger in Auftrag gab. Die Wirtschaftsforschungsinstitute, die auch bei der Fortschreibung des Energieprogramms beratend zur Seite gestanden hatten, hatten jetzt also alle Hände voll zu tun, zumal die Nachfrage nach Energieexpertisen auch auf Länderebene sprunghaft anstieg. Die Verunsicherung durch die Ölkrise, die vergangene Energieprognosen radikal entwertet hatte, führte nicht zur Überzeugung, dass man die Entwicklung des Öl- und Energiemarktes nicht vorhersagen oder planen könne, sondern im Gegenteil zu einer deutlichen Intensivierung der Prognose- und Planungstätigkeit.

Allein das Deutsche Institut für Wirtschaftsforschung erstellte neben den schon erwähnten Arbeiten zur Sicherung der Energieversorgung für die Bundesrepublik in kurzer Folge Energiegutachten für Bayern (1971, 1973, 1974, 1976, 1977, 1979), Norddeutschland (1972, 1978, 1980/81), Nordrhein-Westfalen (1971), Hessen (1973, 1977), Berlin (1981) und Baden-Württemberg (1974, 1979).[71] Hinzu ka-

---

[69] Joachim Radkau: Aufstieg und Krise der deutschen Atomwirtschaft 1945–1975. Verdrängte Alternativen in der Kerntechnik und der Ursprung der nuklearen Kontroverse, Reinbek bei Hamburg 1983, S. 434–461.

[70] Unterrichtung durch die Bundesregierung. Erste Fortschreibung des Energieprogramms, S. 7.

[71] Urs Dolinski/Hans-Joachim Ziesing: Die regionalen Entwicklungstendenzen des Energieverbrauchs in Baden-Württemberg und seinen Regierungsbezirken bis 1980, Berlin 1970; dies.: Die Entwicklungstendenzen des Energieverbrauchs in Nordrhein-Westfalen bis 1980. Untersuchung im Auftrage des Wirtschaftsministeriums von Nordrhein-Westfalen, Düsseldorf, Berlin 1971; dies.: Die regionalen Entwicklungstendenzen des Energieverbrauchs in Bayern und seinen Regierungsbezirken bis 1985, Berlin 1971; Manfred Liebrucks/Hildebrand Kummer: Grundlagen einer regionalwirtschaftlich orientierten Energiepolitik im norddeutschen Raum, Berlin 1972; Urs Dolinski/Hans-Joachim Ziesing: Der Energiemarkt in Bayern im Jahre 1971. Gutachten im Auftrag des Bayerischen Staatsministeriums für Wirtschaft und Verkehr, Berlin 1973; dies.: Die regionalen Entwicklungstendenzen des Energieverbrauchs in Hessen und seinen fünf Planungsregionen bis 1985. Untersuchung im Auftrage des Hessischen Ministers für Wirtschaft und Technik, Wiesbaden, Berlin 1973; dies.: Die Entwicklung des Energieverbrauches in Baden-Württemberg und seinen 12 Regionalverbänden bis zum Jahre 1990. Gutachten im Auftrage des Ministeriums für Wirtschaft, Mittelstand und Verkehr in Baden-Württemberg, Stuttgart, Berlin 1974; Urs Dolinski: Der Energiemarkt in Bayern bis zum Jahre 1990 unter Berücksichtigung der Entwicklungstendenzen auf dem Weltenergiemarkt und auf dem Energiemarkt der Bundesrepublik Deutschland, Berlin 1974; ders./Hans-Joachim Ziesing: Ziele für eine bayerische Energiepolitik. Gutachten im Auftrag des Bayerischen Staatsministeriums für Wirtschaft und Verkehr, München, Berlin 1975; dies.: Maßnahmen für eine bayerische Energiepolitik. Gutachten im Auftrag des Bayerischen Staatsministeriums für Wirtschaft

men Studien zur künftigen Entwicklung der Energienachfrage (1978), zur Atomenergie (1975), zum Ost-West-Handel mit Energie (1975), zur Substitution von Öl (1978, 1980), zum Zielkonflikt von Sicherheit, Preisgünstigkeit und Umweltverträglichkeit (1976, 1978) sowie zur Entwicklung der Energiepreise (1979).[72] Die rasanten Veränderungen auf dem Energiemarkt ließen Prognosen schnell veralten, wie immer wieder reflektiert wurde.[73] Gerade die daraus resultierende Verunsicherung führte aber offenbar nicht zu der Überzeugung, dass man die Entwicklung von Energieangebot und -nachfrage nicht prognostizieren könne, sondern sie erhöhte nur den Prognosebedarf. So nahm die Zahl der Energieprognosen von 1950 bis 1980 deutlich zu: Ab 1968 waren es in keinem Jahr weniger als fünf, 1976 waren es 30 und 28 im Jahr 1980.[74] Zwar argumentierten Kritiker angesichts der Fehlerhaftigkeit der Energieprognosen, diese sagten letztlich mehr über das Umfeld des Prognostikers aus als über die Zukunft der Energieversor-

und Verkehr, München, Berlin 1976; Hans-Joachim Ziesing: Die künftige Entwicklung des Energiemarktes in Bayern bis zum Jahre 1995. Überprüfung und Fortschreibung der Prognose aus dem Jahre 1974, Berlin 1977; ders.: Die regionalen Entwicklungstendenzen des Energieverbrauchs in Hessen und seinen Planungsregionen bis 1990. Untersuchung im Auftrage des Hessischen Ministers für Wirtschaft und Technik, Wiesbaden, Berlin 1977; Eckhard Casser u. a.: Grundlagen und Ziele für eine gemeinsame Energiepolitik im norddeutschen Raum und Berlin. Gutachten im Auftrage der Konferenz der Wirtschaftsminister/-senatoren der Länder Bremen, Hamburg, Niedersachsen, Schleswig-Holstein und Berlin, Berlin 1978; Klaus-Dieter Labahn: Die künftigen Entwicklungstendenzen der Energiewirtschaft in Baden-Württemberg bis zum Jahre 1990. Gutachten im Auftrage des Ministeriums für Wirtschaft, Mittelstand und Verkehr in Baden-Württemberg, Berlin 1979; Urs Dolinski: Untersuchung zu Fragen regional unterschiedlicher Energiepreise innerhalb Bayerns sowie zwischen Bayern und der übrigen Bundesrepublik Deutschland. Gutachten im Auftrage des Bayerischen Staatsministeriums für Wirtschaft und Verkehr, München, Berlin 1979; Grundlagen und Ziele für eine gemeinsame Energiepolitik im norddeutschen Raum und Berlin. Gutachten im Auftrage der Konferenz der Wirtschaftsminister/-senatoren der Länder Bremen, Hamburg, Niedersachsen, Schleswig-Holstein und Berlin, Berlin 1981; Hans-Joachim Ziesing u. a.: Die Entwicklung des Elektrizitätsverbrauchs in Land Berlin bis zum Jahre 2000. Untersuchung im Auftrage des Senators für Wirtschaft und Verkehr, Berlin, Berlin 1980.
[72] Manfred Liebrucks u. a.: Untersuchung der Möglichkeiten zur Substitution von Mineralöl: Gemeinschaftsgutachten der Institute, Berlin 1978; dies.: Volkswirtschaftliche Auswirkungen bei Verzögerungen des Baus von Kernkraftwerken. Modellrechnungen, Berlin 1975; Manfred Liebrucks/Hildebrand Kummer: Entwicklungstendenzen des Energieeinsatzes in der deutschen Elektrizitätswirtschaft, Berlin 1972; Jochen Bethkenhagen: Bedeutung und Möglichkeiten des Ost-West-Handels mit Energierohstoffen, Berlin 1975; Urs Dolinski: Sicherheits-, Preis- und Umweltaspekte der Energieversorgung, Berlin 1976; ders.: Maßnahmen für eine sichere und umweltverträgliche Energieversorgung, Berlin 1978; ders.: Untersuchung zu Fragen regional unterschiedlicher Energiepreise in der Bundesrepublik Deutschland. Darstellung, Begründung und Auswirkungen am Beispiel ausgewählter Bundesländer, Berlin 1979; ders.: Zum Problem der Substitutionsmöglichkeit von Mineralölprodukten durch andere Energieträger. Dargestellt am Beispiel eines Bundeslandes, Berlin 1980.
[73] Heino Elfert: Energieprognosen gestern und heute. Voraussagen sind noch schwieriger geworden, in: Die Mineralölwirtschaft 30,6 (1977), S. 281.
[74] Michael Kraus: Über die Kritik an Energieprognosen und ihre Berechtigung, in: Fritz Lücke (Hg.), Ölkrise. 10 Jahre danach, Köln 1984, S. 253-268; ders.: Bundesdeutsche Energieprognosen der letzten 30 Jahre. Eine Fehlerursachenanalyse, in: Manfred Härter (Hg.), Energieprognostik auf dem Prüfstand, Köln 1988, S. 89-117, hier S. 90; ders.: Energieprognosen in der Retrospektive. Analyse von Fehlerursachen der Prognose/Ist-Abweichungen von Energiebedarfsschätzungen in der Bundesrepublik Deutschland von 1950 bis 1980, Karlsruhe 1988.

gung, aber die große Mehrheit der Energieexperten hielt sie auch in den 1980er Jahren weiterhin für unverzichtbar.[75] Schon vor der Ölkrise hatten Energieprognostiker argumentiert, man dürfe ihre Analysen nicht als exakte Vorhersagen der Zukunft missverstehen, sondern müsse sie als ungefähre Angaben über die Entwicklungsrichtung betrachten.[76] Während manche angesichts der häufigen Falsifizierung auf die Entwicklung verschiedener Szenarien setzten, meinten andere, dies vernebele die Aussagen nur, deren Wert neben der tatsächlichen Entwicklung auch an ihrer Bedeutung im energiepolitischen Entscheidungsprozess gemessen werden müsse.[77] In den 1970er Jahren nahm nicht nur die Zahl der Energieprognosen zu, sondern diese wurden auch langfristiger. Denn die langen Zeiträume, bis Maßnahmen zur Veränderung des Energiemix bzw. zum Ausbau einzelner Energieträger überhaupt Wirkung zeigten, machten es nötig, die Zukunftshorizonte jetzt immer öfter bis zum Jahr 2000 auszuweiten.[78]

Dies war keine deutsche Spezialität, sondern galt auch für andere Länder. Die Planungsstäbe der britischen Regierung begannen beispielsweise im Zuge der Ölkrise und der Erwartung des Nordseeöls kurz- und mittelfristige Energieprognosen als unzureichend zur Politikformulierung zu betrachten. So wurde 1975 die interministerielle Arbeitsgruppe, die sich mit der mittelfristigen Entwicklung der Ölpreise beschäftigte, durch eine „Working Group on the Planning" ersetzt, deren Aufgabe es war, nun längerfristige Energieprognosen für den Zeitraum von 1980 bis zum Jahr 2000 zu erstellen.[79] Zwar erkannte eine parallel agierende Arbeitsgruppe zur Energiestrategie in ihrem Bericht, dass Prognosen für diesen Zeitraum mit einer hohen Unsicherheit behaftet seien und daher nicht als Blaupausen für Regierungshandeln dienen könnten. Sie argumentierte aber weiter, dies entbinde die Regierung nicht von der Pflicht, langfristige Prognosen zu erstellen. Denn Handlungen würden immer von bestimmten Zukunftsvorstellungen beeinflusst, die daher so valide wie eben möglich sein müssten.[80]

Die längerfristigen energiepolitischen Erwartungen diskutierte im November 1977 der Bergedorfer Gesprächskreis Körber-Stiftung unter Leitung des Direktors des Energiewissenschaftlichen Instituts der Universität zu Köln Hans K. Schnei-

---

[75] Manfred Härter: Diskussion: Energieprognosen, in: Lücke, Ölkrise, S. 292-293; ders.: Energieprognostik. Kein Fortschritt ohne „Psychologie"?, in: Manfred Härter (Hg.), Energieprognostik auf dem Prüfstand, Köln 1988, S. 3-13.
[76] Hans-Joachim Burchard: Methoden und Grenzen der Energieprognosen, Hamburg 1968.
[77] Eberhard Jochem: Der Ruf der Energiebedarfsprognosen, in: Fritz Lücke (Hg.), Ölkrise. 10 Jahre danach, Köln 1984, S. 269-285; Manfred Härter: Einführung in den Problemkreis Energieprognosen, in: Lücke, Ölkrise, S. 252-253.
[78] Unterrichtung durch die Bundesregierung. Zweite Fortschreibung des Energieprogramms der Bundesregierung, in: Deutscher Bundestag. Drucksachen. 7. Wahlperiode 1976-1980, Nr. 1357 (19. 12. 1977), S. 15; siehe auch Carroll L. Wilson: Energy: Global Prospects 1985-2000. Report of the Workshop on Alternative Energy Strategies, WAES, New York [u. a.] 1977, S. IX. Diese Veränderung konstatiert auch Vaclav Smil: Energy at the crossroads. Global perspectives and uncertainties, Cambridge/Mass. 2003, S. 123.
[79] Report of the Working Group on the Planning: Price of Oil. Longer Term Energy Problems, 1975, NA UK, CAB 184/291.
[80] Report of the Working Group on Energy Strategy, 9. 2. 1976, NA UK, POWE 29/917.

der.[81] Klaus M. Meyer-Abich, der als Professor für Philosophie der Naturwissenschaften an der Universität Essen verschiedenen energiepolitischen Beratungsgremien angehörte, argumentierte, bis Mitte der 1980er Jahre werde es genug Öl und andere Energieträger geben und ab der Jahrtausendwende würden alle Ressourcenprobleme durch mehr oder weniger unerschöpfliche Energiequellen wie Kernenergie, Kernfusion und Solarenergie überwunden. Dazwischen müsse aber mit ernsthaften Schwierigkeiten gerechnet werden.[82] Meyer-Abich stand mit dieser Meinung nicht allein. Auch Walter Levy argumentierte, „wir sollten zumindest als wahrscheinlich annehmen, daß zwischen 1985 und 1990 sehr schwere Energieprobleme auf uns zukommen werden. Zu jenem Zeitpunkt werden weder genügend Öl noch genügend Kohle, Atomenergie oder Sonnenenergie vorhanden sein."[83]

Diese Zukunftsperspektive, die von einer Verknappung des Öls ausging und aus heutiger Perspektive abstrus wirkt, wurde von der Mehrheit der zeitgenössischen Energieexperten geteilt. Schon vor der Ölkrise waren die Energieexperten der EG davon ausgegangen, dass es ab 1985 zu Energieversorgungsproblemen kommen werde.[84] In den Vereinigten Staaten prognostizierten sowohl unabhängige Forschungseinrichtungen wie die American Association for the Advancement of Science als auch Unternehmen wie zum Beispiel Shell ein „energy gap" für die Zeit zwischen ca. 1985 und 2000.[85] Im Jahr 1977, als die Zweite Fortschreibung des Energieprogramms der Bundesregierung von den Forschungsinstituten vorbereitet und von der Regierung verabschiedet wurde, kamen so unterschiedliche Einrichtungen wie die Central Intelligence Agency, die British Petroleum AG, die Internationale Energieagentur und der Workshop on Alternative Energy Strategies am MIT zu ähnlich pessimistischen Einschätzungen über die Zukunft des Öls und damit auch der Energieversorgung westlicher Industrieländer. Die CIA urteilte: „In the absence of greatly increased energy conservation, projected world demand for oil will approach productive capacity by the early 1980s and substantially exceed capacity by 1985."[86] Die OECD und BP formulierten am deutlichsten die Gesamtperspektive, dass der Energieverbrauch zwar mit geringeren

---

[81] Energiekrise – Europa im Belagerungszustand? Politische Konsequenzen aus einer eskalierenden Entwicklung, Hamburg-Bergedorf 1977.

[82] Ebd., S. 14.

[83] Ebd., S. 19.

[84] Premier Ministre. Comité Interministériel pour les Questions de Coopération Economique Européenne. Secrétariat Général: Energie Document de travail pour la réunion du Groupe Energie des 21 et 22 Mars 1973, Paris 15.3.1973, Archives Nationales de France, Fontainbleau (ANF), Service du Premier ministre, versement 19900644, art. 2.

[85] Allen L. Hammond/William D. Metz/Thomas H. Maugh: Energie für die Zukunft. Wege aus dem Engpaß, Frankfurt am Main 1974, S. 158 (von der DFG angestoßene Übersetzung von Energy for the Future); Shell: The National Energy Outlook; John C. Campbell/Guy de Carmoy/Shinichi Kondo: Energy: A Strategy for International Action. A Report of the Task Force on the Political and International Implications of the Energy Crisis to the Executive Committee of the Trilateral Commission, Washington D.C. 1974.

[86] Central Intelligence Agency: The International Energy Situation. Outlook to 1985, Washington 1977, S. 1.

Wachstumsraten weiter zunehmen, es aber trotzdem zwischen 1985 und 2000 zu Versorgungsengpässen kommen werde.[87] Auch das internationale Forscherteam des MIT unter Leitung von Carroll L. Wilson, an dem auch Hans Detzer von der BASF, Heinrich Mandel von den RWE und Hans K. Schneider vom EWI Köln beteiligt waren, prognostizierte, dass die Weltölproduktion um 1985 zu sinken beginnen werde und alternative Energieträger eine immer größere Rolle spielen würden: „The task for the world will be to manage the transition from dependence on oil to greater reliance on other fuels, nuclear energy and, later, renewable energy systems."[88]

Die Wirtschaftsforschungsinstitute nahmen diese internationalen Diskussionen über zukünftige Energieversorgungsengpässe sehr genau wahr und kamen zu ähnlichen Schlüssen, als sie den Prognosezeitraum für die Zweite Fortschreibung des Energieprogramms ebenfalls ausweiteten.[89] Dabei handelte es sich um eine sogenannte bedingte Prognose, die von der Vorgabe des Wirtschaftsministeriums ausging, dass das Wirtschaftswachstum bis zum Jahr 1985 im Schnitt 4 und danach 3,5 Prozent betragen würde, weil dies für den Erhalt des Beschäftigungsstandes und der Sozialsysteme nötig sei.[90] Die Institute rechneten noch zwei Alternativfälle von 3,5 und 4,5 Prozent Wirtschaftswachstum durch und vertraten die Position, dass bei entsprechenden Maßnahmen die Wachstumsraten des Energieverbrauchs von denen des Bruttosozialprodukts entkoppelt werden und bei 2,8 bzw. 1,6 Prozent liegen könnten.[91] Der Anteil des Öls sollte reduziert und der der Kernenergie massiv gesteigert werden, vor allem aber sollte die Entkopplung von Wirtschafts- und Energieverbrauchswachstum durch Energieeinsparungen erreicht werden. Hatte noch die Erste Fortschreibung des Energieprogramms bei

---

[87] OECD: Energy prospects to 1985. An assessment of long term energy developments and related policies: a report, Paris 1975; OECD: World Energy Outlook. A Reassessment of Long Term Energy Developments and Related Policies, Paris 1977; BP AG: Energie 2000. Tendenzen und Perspektiven 1977, S. 22; siehe auch Shell AG: Der Beitrag des Mineralöls zur künftigen Energieversorgung. Prognosen erfordern schon heute Entscheidungen, o.O. 1978. Nachdem im Handbuch Energie von 1970 noch eine Vervierfachung des Weltenergieverbrauchs und eine Verdreifachung in Westeuropa und den USA prognostiziert worden war, gingen die Autoren 1976 nur noch von einer Verdreifachung bzw. einer Verdopplung aus. Gerhard Bischoff: Einleitung, in: ders./Werner Gocht/F. Adler (Hg.), Das Energiehandbuch, Braunschweig 1970, S. 1-2; Gerhard Bischoff: Einleitung, in: ders./Werner Gocht (Hg.), Das Energiehandbuch, Braunschweig 1976, S. 1 f.

[88] Wilson: Energy: Global Prospects 1985-2000, S. 3; die technischen Daten für die verschiedenen OECD-Länder in Paul S. Basile: Energy Demand Studies, Major Consuming Countries. Analyses of 1972 Demand and Projections of 1985 Demand, Cambridge/Mass 1977; siehe auch die kurze Zusammenfassung von Andrew Flower: World Oil Production, in: Scientific American 238,3 (1978), S. 41-49.

[89] Unterrichtung durch die Bundesregierung. Zweite Fortschreibung des Energieprogramms der Bundesregierung, in: Deutscher Bundestag. Drucksachen. 7. Wahlperiode 1976-1980, Nr. 1357 (19. 12. 1977): Anhang III: Ergebnisse von Studien über die Entwicklung der Weltenergiemärkte bis zum Jahr 2000; siehe auch Manfred Liebrucks/H.W Schmidt/D. Schmitt: Die künftige Entwicklung der Energienachfrage in der Bundesrepublik Deutschland und deren Deckung. Perspektiven bis zum Jahre 2000, Essen 1978, S. 8.

[90] Ebd.; Unterrichtung durch die Bundesregierung. Zweite Fortschreibung, S. 12.

[91] Ebd., S. 13.

der „Weg-vom-Öl-Strategie" vor allem auf die Angebotsseite und den Ausbau anderer Energieträger gesetzt, verschob die Zweite Fortschreibung den Akzent nun deutlich auf die Nachfrageseite.[92] Auch in Zukunft werde zwar „Wachstum nicht ohne Zunahme des Energieverbrauchs möglich sein", aber durch eine sparsamere und rationellere Energieverwendung könnten die Steigerungsraten langfristig verringert werden.[93]

Eine rationellere Energieverwendung durch neue Technologien zu erreichen, war bereits eines der Anliegen des in der Ölkrise verabschiedeten Rahmenprogramms Energieforschung gewesen, das die Forschungsförderung der Bundesregierung, die sich im Energiebereich bisher auf die Kernkrafttechnologie konzentriert hatte, auch auf andere Energieträger ausgeweitet hatte. Auch wenn der größte Teil der Fördermittel in Projekte zur Kohlentechnologieforschung floss (277,1 Mio. DM), kamen doch schon an zweiter Stelle Forschungsprojekte zur rationellen Energieverwendung (227,1 Mio. DM) und zur Einsparung in den Bereichen Energieumwandlung, -transport und -speicherung (143,6 Mio. DM), während in Bergbautechnik und Ölförderung weniger investiert wurde (115,5 bzw. 33,9 Mio. DM).[94] Schon im Frühjahr 1977, also vor der Zweiten Fortschreibung des Energieprogramms, verabschiedete die Bundesregierung ein neues Programm zur Förderung von Energieforschung und Energietechnologien, das den Zeitraum von 1977 bis 1980 umfassen sollte. Rationelle Energieverwendung rangierte nun höher als die anderen drei Förderbereiche: Kohle und fossile Energieträger, neue Energiequellen und Kernenergie.[95] Parallel hatte das Bundesministerium für Forschung und Technologie nach der Ölkrise auch die Arbeitsgruppe Umwelt, Gesellschaft, Energie (AUGE) der Universität Essen mit der Erstellung einer Studie zu „Wirtschaftspolitischen Steuerungsmöglichkeiten zur Einsparung von Energie durch alternative Technologien" beauftragt, deren Ergebnisse 1978 in drei umfangreichen Bänden vorgelegt wurden. Unter Leitung von Klaus Meyer-Abich kam der Bericht in dessen eigenwilliger Diktion zu dem Schluss, dass Energiesparen neben fossilen Energieträgern und der Kernenergie die dritte wichtige „Energiequelle" der Zukunft darstellen werde.[96]

---

[92] Siehe auch aus marxistischer Perspektive Martin Meyer-Renschhausen: Das Energieprogramm der Bundesregierung. Ursachen und Probleme staatlicher Planung im Energiesektor in der BRD, Frankfurt/New York 1981, S. 4.

[93] Unterrichtung durch die Bundesregierung. Zweite Fortschreibung des Energieprogramms, S. 2f.; Zur Entkopplung von Wirtschaftswachstum und Energieverbrauch siehe auch Werner Müller/Bernd Stoy: Entkopplung. Wirtschaftswachstum ohne mehr Energie?, Stuttgart 1978; Ehrhardt: Energiebedarfsprognosen, S. 218-220.

[94] Projektleitung Energieforschung KFA Jülich: Rahmenprogramm Energieforschung. Jahresbericht 1976, o.O. o.J.

[95] Bundesministerium für Forschung und Technologie: Programm Energieforschung und Energietechnologien. 1977-1980, Bonn 1977, S. 12f; siehe auch den knapp 1100 Seiten umfassenden Bericht über Möglichkeiten zur Energieeinsparung in allen möglichen Bereichen, der schon im Folgejahr vorgelegt wurde: Bundesministerium für Forschung und Technologie: Rationelle Energieverwendung. Statusbericht 1978. Teil 1 und 2, Bonn 1978.

[96] Klaus Michael Meyer-Abich u. a.: Wirtschaftspolitische Steuerungsmöglichkeiten zur Einsparung von Energie durch alternative Technologien. Bd. 1: Zusammenfassung, Essen 1978, S. 3;

Im Unterschied zu radikaleren ökologischen Vorstellungen einer Energiewende bzw. des Beschreitens eines sanften Energiepfades, die oft auch alternative, nicht mehr auf Wirtschaftswachstum basierende Lebens- und Gesellschaftsformen entwarfen, argumentierte die AUGE, dass die notwendigen Energiesparmaßnahmen weder staatlichen Dirigismus erforderten noch zu einer Reduktion wirtschaftlichen Wachstums und gesellschaftlichen Wohlstandes führen würden.[97] Zwar gab es bis in die Reihen der SPD wachstumskritische Stimmen wie die Erhard Epplers, der 1974 im Konflikt mit Helmut Schmidt über die Höhe der Entwicklungshilfe als Entwicklungshilfeminister zurücktrat. Eppler, der vor allem in der SPD-Programmdiskussion der 1970er Jahre eine wichtige Rolle spielte, nahm wachstumskritische Impulse aus der Ökologiebewegung, die vom MIT-Bericht für den Club of Rome formuliert worden waren, auf und sprach sich für einen Übergang von einem rein quantitativ definierten Wachstumsbegriff zu einem der Steigerung der Lebensqualität aus, womit er gerade für jüngere SPD-Mitglieder wichtig wurde.[98] Als die SPD am 28. und 29. April 1977 eine Fachtagung zum Thema „Energie, Beschäftigung, Lebensqualität" veranstaltete, wurden jedoch zugleich die Grenzen der Wachstumskritik auch innerhalb der deutschen Sozialdemokratie sichtbar. Schon in dem von Forschungsminister Hans Matthöfer für die Tagung erstellten Diskussionsleitfaden wurde festgestellt, dass Wirtschafts- und Energieverbrauchswachstum sich in der Bundesrepublik bisher überraschend parallel entwickelt hätten. Zwar strebe die SPD, wie im Orientierungsrahmen '85 festgelegt, eine Transformation vom quantitativen zum qualitativen Wachstum an, bekenne sich aber doch zum Wachstum. Allerdings sei es eine noch offene Frage, wie weit man Wachstum und Energieverbrauch voneinander entkoppeln könne.[99] Auch der Bremer Bürgermeister Hans Koschnik erklärte gleich zu Beginn der Konferenz, sozialdemokratische Politik sei ohne weiteres Wachstum und damit auch steigenden Energieverbrauch nicht möglich. Erhard Epplers Eröffnungsreferat wurde ein Vortrag des Vorsitzenden der Industriegewerkschaft Bergbau und Energie über „Wachstum als Ziel der Wirtschaftspolitik" an die Seite gestellt.[100] Wo Eppler fragte, was denn über-

---

siehe auch die populärere Kurzfassung ders. (Hg.): Energieeinsparung als neue Energiequelle. Wirtschaftspolitische Möglichkeiten und alternative Technologien, München 1979. Beteiligt waren auch die Bergbauforschung GmbH Essen, Fichtner Beratende Ingenieure, die Forschungsstelle für Energiewirtschaft München, das Institut für elektrische Anlagen und Energiewirtschaft der RWTH Aachen, die Kraftwerk Union AG Erlangen und die Programmgruppe Systemforschung und Technologische Entwicklung der Kernforschungsanlage Jülich.

[97] Meyer-Abich u. a.: Wirtschaftspolitische Steuerungsmöglichkeiten zur Einsparung von Energie durch alternative Technologien, S. 2; Klaus Michael Meyer-Abich: Vorwort, in: ders. (Hg.), Energieeinsparung als neue Energiequelle. Wirtschaftspolitische Möglichkeiten und alternative Technologien, München 1979, S. 17–19, hier S. 17.

[98] Erhard Eppler: Ende oder Wende, Stuttgart/Berlin/Mainz 1975.

[99] Hans Matthöfer: Energie. Ein Diskussionsleitfaden, in: Wilhelm Dröscher/Klaus-Detlef Funke/Ernst Theilen (Hg.), Energie, Beschäftigung, Lebensqualität, Bonn-Bad Godesberg 1977, S. 319–482, hier S. 325f., 331f.

[100] Wilhelm Dröscher/Klaus-Detlef Funke/Ernst Theilen (Hg.): Energie, Beschäftigung, Lebensqualität, Bonn-Bad Godesberg 1977.

haupt wachsen solle, betonte Adolf Schmidt: „Ohne ausreichende Energieversorgung sind bei uns weder Vollbeschäftigung noch Umweltschutz möglich", woraus er die „unabwendbare Notwendigkeit ableitete, „unserer Volkswirtschaft auch in Zukunft mehr Energie zur Verfügung zu stellen als zum gegenwärtigen Zeitpunkt."[101] In der Schlussdiskussion stand einzig der Vizepräsident des Deutschen Naturschutzrings klar auf Epplers Seite, während die meisten Redner darin übereinstimmten, dass Wirtschaftswachstum weiter nötig und ohne Energieverbrauchssteigerungen nicht zu realisieren sei.[102] Auch Bundeskanzler Schmidt sprach sich zwar für Versuche aus, das Wirtschaftswachstum mit weniger Energieaufwand zu sichern, betonte aber zugleich, man müsse sich alle energiepolitischen Optionen offenhalten, denn „eine Volkswirtschaft, die nicht wächst, sondern stagniert, kann die nötigen Arbeitsplätze für die Arbeitslosen von heute und die arbeitssuchenden Jugendlichen von morgen nicht zur Verfügung stellen. Deswegen brauchen wir Wachstum, dieses Wachstum darf nicht an Energiemangel scheitern."[103]

Auch innerhalb der CDU/CSU wurde der ökologische Vordenker Herbert Gruhl, der 1975 mit seinem Buch „Ein Planet wird geplündert" einen großen Publikumserfolg landete, marginalisiert.[104] Gerade seine wachstums- und fortschrittsskeptischen Positionen hatten keinen Platz in der Partei des Wirtschaftswunders, in der Franz Josef Strauß definierte, konservativ bedeute in der Gegenwart, an der Spitze des Fortschritts zu marschieren.[105] Nach seinem Ausscheiden wurde Gruhl zu einem der Gründungsväter der GRÜNEN, die zwar einen Teil der konservativen Wachstumsskeptiker zunächst binden konnten, sich mittelfristig aber in eine andere Richtung entwickelten.[106] Das Wachstumsparadigma war Ende der 1970er Jahre so stark, dass es in energiepolitischen Prognosen nicht in Frage gestellt werden durfte, wenn man mit ihnen Gehör finden wollte. Immerhin war die Vorgabe der Bundesregierung für die Berechnungen zur Zweiten Fortschreibung des Energieprogramms, dass das Wirtschaftswachstum mindestens vier Prozent betragen müsse, weil sonst Politik nicht so wie bisher betrieben werden könne. Sogar das Öko-Institut in Freiburg versuchte in diesem Klima zu zeigen, dass „sich die Bundesrepublik Deutschland auch in Zukunft bei weiterem Wirtschaftswachstum mit Energie versorgen

---

[101] Ebd., S. 41.
[102] Ebd., S. 271-318.
[103] Helmut Schmidt: Vorwort. Alle Energie-Optionen offenhalten, in: Manfred Krüper (Hg.), Energiepolitik. Kontroversen – Perspektiven, Köln 1977, S. 7-10, hier S. 8; siehe auch Schmidts Beitrag in Dröscher/Funke/Theilen (Hg.): Energie, Beschäftigung, Lebensqualität, S. 292-305.
[104] Herbert Gruhl: Ein Planet wird geplündert. Die Schreckensbilanz unserer Politik, Frankfurt am Main 1975; Silke Mende: Nicht rechts, nicht links, sondern vorn. Eine Geschichte der Gründungsgrünen, München 2011, S. 73-78.
[105] Zur Veränderung der „Sprachen des Konservativen" in Großbritannien und der Bundesrepublik entsteht gerade eine Habilitationsschrift von Martina Steber an der LMU München.
[106] Siehe zu den intellektuellen Strömungen der Gründungsgrünen ausführlich Mende: Nicht rechts, nicht links, sondern vorn.

kann – aber ohne Einsatz von Kernenergie und mit rasch sinkendem Erdölverbrauch".[107]

Die Dritte Fortschreibung des Energieprogramms, die im Jahr 1981 im Zeichen der inzwischen massiven gesellschaftlichen Auseinandersetzung um die Kernenergie stand, zog eine positive Bilanz der energiepolitischen Bemühungen der Bundesregierung: „Die jahrelang enge Kopplung von gesamtwirtschaftlichem Wachstum und einem nahezu gleichstarken Wachstum des Energieverbrauchs [wurde] aufgebrochen. Die Politik des ‚weg vom Öl' zeigt deutlichere Erfolge."[108] Nichtsdestoweniger werde auch angesichts der Probleme beim Ausbau der Kernenergie die Abhängigkeit von Ölimporten weiter bestehen bleiben.[109] Daraus ergaben sich weiter hohe Versorgungsrisiken, wie vor allem die zweite Ölkrise der Jahre 1978/79 gezeigt hatte. Die energiepolitische Verwundbarkeit sollte durch die Fortsetzung der bisherigen Politik des Energiesparens und der Energieträgerdiversifizierung reduziert werden. Die zweite Ölkrise, die durch die Revolution im Iran ausgelöst wurde, im Wesentlichen aber eine durch Spekulationen erzeugte Preiskrise war, führte also – genauso wie in anderen Ländern – nicht zu einer grundsätzlichen Umorientierung der bundesdeutschen Energiepolitik, sondern nur zu einer Intensivierung bereits bestehender Tendenzen.[110] In methodischer Hinsicht wurde jedoch die Fehlerhaftigkeit der bisherigen Energieprognosen reflektiert und die Institute wurden deshalb von allen Vorgaben befreit, nachdem das Wirtschaftswachstum und damit auch der Energieverbrauch seit der Zweiten Fortschreibung des Energieprogramms wesentlich geringer als prognostiziert ausgefallen waren. Entsprechend gingen die Institute jetzt davon aus, dass der Energieverbrauch bis 1995 mit 1 bis 1,4 Prozent nur noch halb so stark wachsen werde wie das Bruttosozialprodukt.[111]

---

[107] Florentin Krause/Hartmut Bossel/Karl-Friedrich Müller-Reissmann: Energie-Wende. Wachstum und Wohlstand ohne Erdöl und Uran. Ein Alternativbericht des Öko-Instituts/Freiburg, Frankfurt am Main 1980, S. 9; siehe zur ähnlichen Entwicklung in Frankreich Michael Bess: The light-green society. Ecology and technological modernity in France, 1960-2000, Chicago 2003.

[108] Unterrichtung durch die Bundesregierung. Dritte Fortschreibung des Energieprogramms der Bundesregierung, in: Deutscher Bundestag. Drucksachen. 9. Wahlperiode 1980-1983, Nr. 983 (5.11.1981), S. 6.

[109] Siehe zur Kernenergie Unterrichtung (Bericht) Enquete-Kommission „Zukünftige Kernenergie-Politik", in: Deutscher Bundestag. Drucksachen. 8. Wahlperiode 1976-1980, Nr. 4341 (27.6.1980); siehe zur Kontroverse auch Cornelia Altenburg: Kernenergie und Politikberatung. Die Vermessung einer Kontroverse, Wiesbaden 2010.

[110] Anders Frank Bösch: Umbrüche in die Gegenwart. Globale Ereignisse und Krisenreaktionen um 1979, in: Zeithistorische Forschungen/Studies in Contemporary History, Online-Ausgabe 9,1 (2012); zur zweiten Ölkrise einführend aus der zeitgenössischen politikwissenschaftlichen Diskussion Wilfrid L. Kohl (Hg.): After the Second Oil Crisis; Robert James Lieber: The oil decade, New York 1983.

[111] Unterrichtung durch die Bundesregierung. Dritte Fortschreibung des Energieprogramms, S. 8; zum Vertrauensverlust der Prognosen siehe auch Hans-Joachim Burchard: Prognosen und Wirklichkeit, in: Dröscher/Funke/Theilen, Energie, Beschäftigung, Lebensqualität, S. 281 f.

6.2.2 Das Ende von Steuerung und Planung in der Ölkrise?

Schon angesichts der Ölpreiserhöhungen der Jahre 1970–72, die sich erst aus der Perspektive der radikalen Preissprünge der folgenden Jahre marginal ausnahmen, hatten Ökonomen und Wirtschaftspolitiker begonnen, über die volkswirtschaftlichen Folgen der Veränderungen auf dem Ölmarkt nachzudenken. Nach dem Beginn der Ölkrise wurde rasch klar, dass die bisherige Konjunkturpolitik unter den Bedingungen von Lieferbeschränkungen und steigenden Preisen nicht mehr möglich war. So argumentierte man im Bundeskanzleramt, dass die klassischen konjunkturpolitischen Maßnahmen, wenn sie eingesetzt würden, um einen Anstieg der Arbeitslosenzahlen zu verhindern, den Ölmangel wiederum verstärken und Arbeitslosigkeit produzieren würden.[112] Das Bundesministerium für Arbeit und Sozialordnung nahm diesen Zusammenhang zum Anlass, die aktive Anwerbung sogenannter Gastarbeiter zu beenden.[113] Nicht zuletzt nachdem Helmut Schmidt auch öffentlich auf den Konflikt von Beschäftigungs- und Energiepolitik hingewiesen hatte, brach in der Koalition eine Auseinandersetzung über die Gestaltung der Wirtschaftspolitik im Zeichen der Ölkrise aus.[114]

Die Debatte über die ordnungs- und wirtschaftspolitischen Konsequenzen der Ölkrise verdichtete sich in der Diskussion über das Sondergutachten, das der Sachverständigenrat zur Begutachtung der gesamtwirtschaftlichen Entwicklung am 17. Dezember 1973 zur Ölkrise vorlegte. Der 1963 eingerichtete Sachverständigenrat gab nach der Verabschiedung des Gesetzes zur Förderung der Stabilität und des Wachstums der Wirtschaft im Jahr 1967 die Richtung für die keynesianische Globalsteuerung vor mit dem Ziel, das sogenannte magische Viereck von Wirtschaftswachstum, Vollbeschäftigung, Geldwertstabilität und einer ausgeglichenen Handelsbilanz im Gleichgewicht zu halten.[115] Weil bei der Abfassung des Jahresgutachtens im November 1973 von Tag zu Tag klarer geworden sei, dass „der Bundesrepublik wie anderen Industrieländern der westlichen Welt Einschränkungen in der Versorgung mit Erdöl drohten, die die Wirtschaftspolitik vor bisher unbekannte Aufgaben stellen würden", entschloss sich der Sachverständigenrat zur Publikation eines Sondergutachtens.[116] Denn die Lieferbeschränkungen und rasanten Preissteigerungen beträfen unmittelbar und mittelbar alle Wirtschaftsbereiche und veränderten auch die gesamtwirtschaftlichen Größen, so dass sich eine Unmenge Fragen ergäben. Freimütig gestanden die Sachverständigen

---

[112] Heick an Chef BK: Konjunkturpolitische Überlegungen zur Erdölkrise, 22. 11. 1973, Barch, B 136/7708.
[113] Bundesminister für Arbeit und Sozialordnung an Präsident der Bundesanstalt für Arbeit: Ausländische Arbeitnehmer, 23. 11. 1973, Barch, B 149/54458.
[114] Hans-Ulrich Spree: Ölkrieg in der Bonner Koalition, Süddeutsche Zeitung (28. 11. 1973).
[115] Zum Sachverständigenrat und seiner Arbeit siehe Tim Schanetzky: Die große Ernüchterung. Wirtschaftspolitik, Expertise und Gesellschaft in der Bundesrepublik 1966-1982, Berlin 2007; Metzler: Konzeptionen politischen Handelns von Adenauer bis Brandt.
[116] Unterrichtung durch die Bundesregierung. Sondergutachten des Sachverständigenrates ‚Zu den gesamtwirtschaftlichen Auswirkungen der Ölkrise', in: Deutscher Bundestag. Drucksachen. 7. Wahlperiode 1972-1976, Nr. 1456 (19. 12. 1973), S. 1.

ein: „Wir können nicht sagen, daß wir auf alle diese Fragen eine Antwort wüßten, die wir ausreichend fänden." Allerdings benötige man auch kein vollständiges und sicheres Wissen, um „vernünftige Entscheidungen" treffen zu können, sondern oftmals reichten auch ungefähre Quantifizierungen, um die Probleme zu erkennen und die Richtung vorgeben zu können.[117]

In seiner Prognose rechnete der Sachverständigenrat damit, dass das Produktionsbeschränkungsregime der OAPEC im kommenden Jahr unverändert fortbestehen und der Bundesrepublik 15 bis 20 Prozent weniger Öl zur Verfügung stehen würden. Vor allem das Ziel der Vollbeschäftigung gerate unter diesen Bedingungen sowohl durch die Einschränkungen von Produktionsmöglichkeiten als auch durch den partiellen Nachfragerückgang unter Druck, und diesen Schwierigkeiten könne nicht mit den klassischen konjunkturfördernden Mitteln begegnet werden: Der Ölmangel hemme die Produktion, und der steigende Preis treibe die Inflation und verhindere die Schaffung von Arbeitsplätzen.[118] In Korrektur des Gutachtens für das Jahr 1973 ging der Sachverständigenrat nun davon aus, dass sich der konjunkturelle Abschwung 1974 fortsetzen und das Arbeitsvolumen stärker abnehmen werde als prognostiziert.[119] Trotz der negativen Auswirkungen sprach er sich aber gegen Maßnahmen aus, die über den Anwerbestopp hinausgingen, wie zum Beispiel Repatriierungen von Gastarbeitern. Abschließend räumten die Sachverständigen noch einmal die hohe Unsicherheit ihrer Prognose ein; die Entwicklung könne sehr viel glimpflicher, aber auch wesentlich schlimmer bis zu einer grundsätzlichen Gefährdung der wirtschaftlichen Tätigkeit verlaufen. Dennoch zeigten sie sich optimistisch, dass menschlicher Erfindungsgeist langfristig den Übergang in eine alternative Energiezukunft ermöglichen und Öl eines Tages nur noch als Grundstoff der Petrochemie dienen werde.[120]

Schon vor dem Beginn der Ölkrise hatte der Sachverständigenrat begonnen, von der keynesianischen Globalsteuerung abzurücken und im Sinne des Monetarismus dem Ziel der Geldwertstabilität höchste Priorität einzuräumen, was mit einem Generationswechsel bei seinen Mitgliedern einherging.[121] In der Ölkrise traten die Dilemmata einer keynesianischen Wirtschaftspolitik deutlich zutage. Ihre Schwierigkeiten, mit der Gleichzeitigkeit von wirtschaftlicher Stagnation und Inflation umzugehen, dienten vor diesem Hintergrund nur noch als Aufhänger für eine auch öffentlich geäußerte grundsätzliche Kritik an der Globalsteuerung und eine offene Diskussion über ordnungspolitische Grundsätze.[122] Gerahmt

---

[117] Ebd., S. 2.
[118] Ebd., S. 3 f.
[119] Ebd., S. 9 f.
[120] Ebd., S. 16.
[121] Schanetzky: Die große Ernüchterung, S. 128–138.
[122] Schanetzky: Die große Ernüchterung, S. 161–179; Michael Ruck: Ein kurzer Sommer der konkreten Utopie. Zur westdeutschen Planungsgeschichte der langen 60er Jahre, in: Axel Schildt (Hg.), Dynamische Zeiten. Die 60er Jahre in den beiden deutschen Gesellschaften, Hamburg 2000, S. 362–401; Michael Ruck: Gesellschaft gestalten. Politische Planung in den 1960er und 1970er Jahren, in: Sabine Mecking/Janbernd Oebbecke (Hg.), Zwischen Effizienz und Legitimität. Kommunale Gebiets- und Funktionalreformen in der Bundesrepublik

und zugleich überhöht wurde diese Debatte zeitgenössisch von einem Pathos des Realismus und der Ernüchterung: Während die 1960er Jahre die Zeit der hochfliegenden Erwartungen und unbegrenzten Hoffnungen sowie der Planungs-, Steuerungs- und Machbarkeitsphantasien gewesen seien, hätten sich diese in der Krise als Illusionen erwiesen, so dass sie einer nüchternen, pragmatischen und realistischen Haltung des Krisenmanagements Platz machen müssten. Diese Deutung der Jahre 1973/74 als Stimmungsumschwung, in dem sich eine grundsätzlich andere Art, Politik zu machen, Bahn gebrochen habe, wird in verschiedenen Nuancen heute noch von zahlreichen Historikern vertreten; in der Bundestagsdebatte zum Gutachten des Sachverständigenrates am 17. Januar 1974 tauchte sie bereits in aller Deutlichkeit auf.[123]

Noch in seiner Neujahrsansprache hatte Willy Brandt erklärt, die Energiekrise werfe Fragen für die zukünftige Wirtschaftsordnung auf: Freie Märkte sollten regeln, was sie regeln können, aber der Staat dürfe sich nicht aus der Verantwortung stehlen.[124] Wirtschaftsminister Friderichs' Regierungserklärung zur Energiepolitik der Bundesregierung und zum Sondergutachten des Sachverständigenrats bezog dann aber eine deutlich marktwirtschaftlichere Position. Die mit dem Kabinett abgestimmte Rede, die auf einen Entwurf von Ulf Lantzke zurückging, enthielt zunächst einen allgemeinen Bericht über die Versorgungssituation des Landes, um dann zu der Frage Stellung zu nehmen, ob die bisherigen energiepolitischen Maßnahmen der Regierung ausreichen oder ob und inwiefern sie erweitert werden müssten.[125] Während sich die mengenmäßige Versorgungslage der Bundesrepublik mit Öl entspannt habe, sah die Regierung jetzt in den steigenden Ölpreisen den hauptsächlichen Grund zur Sorge. Auch hier herrsche jedoch Unsicherheit angesichts einer sich ständig verändernden Lage, in der niemand mehr „ernsthaft behaupten [könne], er wisse, was am Welterdölmarkt in den nächsten Monaten geschieht, was die Ölländer wirklich tun und wie die Reaktionen hierauf sein werden". Daher sei die Zeit noch nicht reif für eine Fortschreibung des Energieprogramms, dessen Grundlinien aber noch immer richtig

---

    Deutschland in historischer und aktueller Perspektive, Paderborn 2009, S. 35–47; siehe zur zeitgenössischen ökonomischen Diskussion Hans Karl Schneider u. a.: Stabilisierungspolitik in der Marktwirtschaft. Verhandlungen auf der Tagung des Vereins für Socialpolitik, Gesellschaft für Wirtschafts- und Sozialwissenschaften, in Zürich 1974, Berlin 1975.

[123] Siehe zum Beispiel Metzler: Konzeptionen politischen Handelns von Adenauer bis Brandt; Schanetzky: Die große Ernüchterung; Ruck: Ein kurzer Sommer der konkreten Utopie; ders.: Westdeutsche Planungsdiskurse und Planungspraxis der 1960er Jahre im internationalen Kontext, in: Heinz-Gerhard Haupt (Hg.), Aufbruch in die Zukunft. Die 1960er Jahre zwischen Planungseuphorie und kulturellem Wandel; DDR, CSSR und Bundesrepublik Deutschland im Vergleich, Weilerswist 2004, S. 289–325; Faulenbach: Das sozialdemokratische Jahrzehnt; Doering-Manteuffel: Nach dem Boom: Brüche und Kontinuitäten der Industriemoderne seit 1970.

[124] Willy Brandt: Ansprache zum Jahreswechsel 1973/74, in: Bulletin des Presse- und Informationsamts der Bundesregierung 1 (1974), S. 5–6.

[125] Abteilung III: Beitrag Energiepolitik für die Regierungserklärung am 17.1.1974, 12.1.1974; BMWi: Tischvorlage für die Kabinettssitzung am 16. Januar 1974, 15.1.1974, Barch, B 102/200516.

seien.¹²⁶ Schon in seinem Entwurf hatte Lantzke herausgestellt, dass die Ölkrise vor allem zwei Effekte habe: Zum einen zeige sie, dass die „ausreichende Versorgung unserer Volkswirtschaft mit Energie [...] eine hohe Priorität" habe, indem sie vor Augen führe, dass schon geringe Ausfälle Einschränkungen im Leben aller notwendig machten. Zum anderen verdeutliche die Ölkrise, dass die Energieversorgung kein ausschließliches Problem der Wirtschaftspolitik sei, sondern vielmehr eines, das den Kern der staatlichen Ordnung und Souveränität betreffe, das heißt, an dem „unsere gesamte Handlungsfreiheit nach innen und außen hängt".¹²⁷ Auch vor dem Bundestag betonte Friderichs, die sich aus der Ölkrise ergebenden Belastungen und Gefahren für die westlichen Volkswirtschaften seien in der Geschichte der Bundesrepublik ohne Beispiel: „Den Grundlagen unserer Wirtschaft droht Gefahr von außen."¹²⁸ Nichtsdestoweniger müsse man weiter auf die liberale Wirtschaftsordnung vertrauen und dürfe den Energiesektor nicht staatlich regulieren, zumal die bisherige Organisation dazu geführt habe, dass Mangelsituationen weitgehend ausgeblieben seien. Mit anderer Akzentuierung als Brandt meinte er: „Nicht alles muß vom Staat gemacht werden, nicht alles kann vom Staat gemacht werden."¹²⁹ In Bezug auf die wirtschaftlichen Auswirkungen und die wirtschaftspolitischen Reaktionen schloss Friderichs weitgehend an das Gutachten des Sachverständigenrates an und betonte darüber hinaus aber die internationale Dimension der Krise und die daraus resultierende Notwendigkeit, sowohl mit den Industrie- als auch mit den Rohstoff- und Entwicklungsländern enger und besser zusammenzuarbeiten.¹³⁰

Andere Vertreter der Regierungskoalition schlossen sich Friderichs' Bewertungen in der Debatte an, akzentuierten diese aber zum Teil deutlicher. Die liberalen Werner Zywietz und Otto Graf Lambsdorff sahen die Bundesrepublik am Beginn einer „neuen Energieära", in der die Ölförderländer wesentlich größeren Einfluss auf die Produktion nehmen würden, so dass dem Öl eine wichtigere Rolle in allen außen- und entwicklungspolitischen Überlegungen zukommen würde.¹³¹ Lambsdorff sprach sich zwar für die staatliche deutsche Mineralölgesellschaft aus, lehnte darüber hinausgehende Maßnahmen aber ab; die Ölkrise sei zwar eine Herausforderung der sozialen Marktwirtschaft, könne aber in deren Rahmen bewältigt werden.¹³²

---

[126] Hans Friderichs: Erklärung der Bundesregierung zur Lage der Energieversorgung, in: Verhandlungen des Deutschen Bundestages. 7. Wahlperiode. Stenographische Berichte, Bd. 86, Bonn 1974, S. 4539-4544, hier S. 4541.

[127] Abteilung III: Beitrag Energiepolitik für die Regierungserklärung am 17. 1. 1974, 12. 1. 1974, S. 8.

[128] Hans Friderichs: Erklärung der Bundesregierung zur Lage der Energieversorgung, in: Verhandlungen des Deutschen Bundestages. 7. Wahlperiode. Stenographische Berichte, Bd. 86, Bonn 1974, S. 4539-4544, hier S. 4539.

[129] Ebd., S. 4544.

[130] Ebd., S. 4541.

[131] Werner Zywietz: Stellungnahme zur Erklärung der Bundesregierung zur Lage der Energieversorgung, in: Verhandlungen des Deutschen Bundestages. 7. Wahlperiode. Stenographische Berichte, Bd. 86, Bonn 1974, S. 4571-4573.

[132] Lambsdorff, Otto Graf, in: Stellungnahme zur Erklärung der Bundesregierung zur Lage der Energieversorgung, in: ebd., S. 4556-4562.

Wie ihre Koalitionskollegen dankten auch die Sozialdemokraten in der Debatte zunächst immer der Bevölkerung für ihre Bereitschaft zum Energiesparen und betonten, dass in Zukunft grundsätzlich weniger verschwenderisch mit Energie umgegangen werden müsse. Adolf Schmidt und Herbert Ehrenberg betonten aber im Unterschied zu den Liberalen auch, dass es sich bei Energie nicht einfach um eine Ware unter anderen handele, sondern es vielmehr darum gehe, „die Voraussetzung für diese unsere Volkswirtschaft zu erhalten, damit die Marktwirtschaft funktionieren kann, denn ohne ausreichende Energie [...] ist eine Marktwirtschaft nicht zu denken."[133] Geschickt bezog sich Ehrenberg dabei auf Äußerungen seines CDU-Kollegen und Energieexperten Fritz Burgbacher, um zu zeigen, dass auch ein „überzeugter Anhänger der Marktwirtschaft und des liberalen Welthandels" erkennen müsse, dass „die Energien aller Art nicht Waren im üblichen Sinne" seien und deshalb auch „nicht ausschließlich nach den Grundsätzen des freien Wettbewerbs und der Marktwirtschaft behandelt werden" könnten.[134] Die besondere Funktion der Energie im Wirtschaftssystem sorgte einerseits dafür, dass ihr Mangel als Souveränitätsbedrohung beschrieben werden konnte und maß den Energieträgern andererseits einen besonderen Stellenwert zu, der sie von anderen Gütern zu unterscheiden schien.

Für die CDU/CSU-Fraktion antwortete der Verkehrspolitiker Ernst Müller-Hermann, der sich stark für ordnungspolitische Fragen interessierte und die Debatte zu einem Frontalangriff auf die Idee der Globalsteuerung nutzte.[135] Das Gutachten der Sachverständigen war für ihn ein Dokument der Eile und Ratlosigkeit, das nur belege, dass die Globalsteuerung, die man 1966 als „eine Art Wunderwaffe" angesehen habe, ihre „Bewährungsprobe zumindest bisher nicht bestanden" habe.[136] Noch grundsätzlicher kritisierte er die „These von der Machbarkeit wirtschaftspolitischer Prozesse, die besonders von der SPD als eine Art Glaubensbekenntnis vertreten" werde, an der Wirklichkeit aber völlig vorbeigehe, sowie „die ewige Prognosemacherei", die ein „ganz besonderes Übel" sei.[137] Man dürfe nicht annehmen, dass die Regierung oder irgendwelche Experten mit einer „Superweisheit" ausgestattet seien und die Entwicklung des nächsten Jahres oder gar der kommenden Jahre vorhersagen könnten. Stattdessen benötige man nur „für einen überschaubaren Zeitraum Daten unter bestimmten Prämissen", was inzwischen auch allgemein erkannt werde: „Ich glaube, daß im Jahre 1973 in der

---

[133] Adolf Schmidt: Stellungnahme zur Erklärung der Bundesregierung zur Lage der Energieversorgung, in: ebd., S. 4550-4556, hier S. 4552.

[134] Hebert Ehrenberg: Stellungnahme zur Erklärung der Bundesregierung zur Lage der Energieversorgung, in: ebd., S. 4568-4571, hier S. 4570.

[135] Ernst Müller-Hermann: Stellungnahme zur Erklärung der Bundesregierung zur Lage der Energieversorgung, in: ebd., S. 4564-4568; Christiane Reinecke: Müller-Hermann, Ernst, in: Biographisches Handbuch der Mitglieder des Deutschen Bundestages 1949-2002. Bd. 1: A-M, München 2002, S. 589-590.

[136] Ernst Müller-Hermann: Stellungnahme zur Erklärung der Bundesregierung zur Lage der Energieversorgung, in: Verhandlungen des Deutschen Bundestages. 7. Wahlperiode. Stenographische Berichte, Bd. 86, Bonn 1974, hier S. 4565.

[137] Ebd., S. 4566.

ganzen deutschen Öffentlichkeit und in allen Gruppen unserer Gesellschaft ein Ernüchterungsprozeß eingesetzt hat, der jetzt durch die Schwierigkeiten der Ölkrise verstärkt wird, und daß dieser Ernüchterungsprozeß durchaus eine Chance bietet, daß wir auf neuen Grundlagen wieder an der Weiterentwicklung des wirtschaftlichen Wachstums mit sich in diesem Rahmen bewegenden weiteren Ansprüchen der Gesellschaft arbeiten können."[138] Auch Hermann Josef Russe hielt die Entwicklungen der letzten Monate für ein „heilsames Repetitorium in Sachen ordnungspolitische Funktionsfähigkeit der sozialen Marktwirtschaft".[139] Gemeinsam formulierten sie eine Position, die noch heute als Leitmotiv die historische Forschung zu den 1970er Jahren bestimmt, dass nämlich die Ölkrise in der Bundesrepublik einen fundamentalen Wandel in der Art, Politik zu machen, wenn nicht auslöste, dann doch zumindest verstärkte und für alle deutlich indizierte. Allerdings war bei Müller-Hermann und Anderen der (ordnungs-)politische Wunsch Vater des Gedankens, so dass zu fragen ist, ob und inwiefern diese politische Wunschvorstellung der „Ernüchterung" mit der offenkundigen Konnotation, dass es vorher an Realitätssinn gemangelt habe und sich zumindest Teile der Bevölkerung oder der politischen Kräfte Illusionen und Träumen hingegeben hätten, in die historische Betrachtung der 1970er Jahre übertragen werden kann.

Am 28. November 1974 zog das Jahresgutachten des Sachverständigenrates, das unter Mitarbeit von Hans K. Schneider vom EWI Köln entstanden war, der dann von 1982 bis 1992 dem Sachverständigenrat angehörte und ihm ab 1985 vorstand, eine erste Bilanz der wirtschaftlichen und wirtschaftspolitischen Konsequenzen der Ölkrise. Die plötzliche Verteuerung des Öls habe den Konflikt zwischen Geldwertstabilitäts- und Arbeitsmarktpolitik nicht erzeugt, sondern nur verschärft.[140] Durch die Ölkrise seien alle vier im Stabilitäts- und Wachstumsgesetz festgelegten Ziele verfehlt worden, allerdings seien die Effekte nicht so schlimm wie zu Beginn der Ölkrise erwartet: Die Außenhandelsbilanz sei weiter positiv, die Wirtschaft, wenn auch mit geringen Raten, gewachsen und die konsequent restriktive Geldpolitik, die die Bundesbank schon vor der Ölkrise begonnen habe, habe eine Inflation verhindert.[141] Der Geldpolitik maßen die Sachverständigen höchste Bedeutung zu, denn „Probleme, die eine stabilitätsorientierte Geldpolitik nicht löst, löst eine nachgiebige Geldpolitik auch nicht." Diese Einsicht wachse inzwischen auch in den Ländern, die wie Frankreich und Großbritannien auf die steigenden Ölpreise mit einer Ausweitung der Geldmenge reagiert hätten.[142] Um zu zeigen, dass eine restriktive Geld- und Lohnpolitik weiter nötig sei, entwarf das Gutachten drei bedingte Prognosen, bei denen die Schärfe der Geldpolitik und die Lohn-

---

[138] Ebd., S. 4565.
[139] Hermann Josef Russe: Stellungnahme zur Erklärung der Bundesregierung zur Lage der Energieversorgung, in: ebd., S. 4544–4550, hier S. 4546.
[140] Sachverständigenrat zur Begutachtung der gesamtwirtschaftlichen Entwicklung: Jahresgutachten 1974, in: Deutscher Bundestag. Drucksachen. 7. Wahlperiode 1972–1976, Nr. 2848 (28.11.1974), S. II.
[141] Ebd., S. 6.
[142] Ebd., S. 7.

zurückhaltung jeweils variierten. Als der Sachverständigenrat fünf Jahre später die gesamtwirtschaftlichen Auswirkungen der zweiten Ölkrise bewerten musste, konnte er beruhigt feststellen, dass die Belastung durch die Verteuerung des Öls wesentlich geringer ausfiel als 1974, weil inzwischen in Reaktion auch die Preise für Exportgüter aus den Industrieländern stark gestiegen waren.[143] Darüber hinaus hätten die Länder, die 1974 noch mit einer expansiven Geldpolitik reagiert hatten, aus diesem Fehler gelernt und sich dem deutschen Kurs der Geldwertstabilität angeschlossen. So gelte es nun, die Anpassung an die höheren Preise „ohne Inflationsstoß und ohne Rezession" zu meistern.[144] Energiepolitisch unterstütze der Ölpreisanstieg sogar die schon seit Mitte der 1970er Jahre verfolgte Strategie der Bundesregierung, die Ölabhängigkeit der Energieversorgung zu reduzieren.[145]

Während der wirtschaftstheoretische Paradigmenwechsel vom Keynesianismus zum Monetarismus in vereinfachenden Darstellungen oft auf die Wirkung der Ölkrise und das neuartige Phänomen der Stagflation zurückgeführt wird, ist inzwischen wiederholt festgestellt worden, dass die Transformation früher eingesetzt hatte und durch die Ereignisse der Jahre 1973/74 nur verstärkt wurde.[146] Wenn die Idee der Globalsteuerung noch eines letzten Todesstoßes bedurfte, dann wurde ihr dieser vielleicht durch die Ölkrise versetzt, aber die Bundesregierung reagierte zunächst auch mit klassisch keynesianischer Konjunkturpolitik und Sonderprogrammen, um die Wirkungen der Ölkrise auf den Arbeitsmarkt abzufedern, und verbuchte diese Maßnahmen als Erfolg.[147] Trotz des fast gleichzeitigen Wechsels zu konservativen Regierungen in den USA, Großbritannien, der Bundesrepublik und anderen Ländern um 1980 erscheint es ohnehin fraglich, ob der wirtschaftstheoretische Paradigmenwechsel je in einem solchen Maße wirtschaftspolitisch umgesetzt wurde, dass die Konstruktion einer fundamentalen epistemischen Wende in den 1970er Jahren gerechtfertigt wäre.[148] Gleiches gilt

---

[143] Sachverständigenrat zur Begutachtung der gesamtwirtschaftlichen Entwicklung: Jahresgutachten 1979/80, in: Deutscher Bundestag. Drucksachen. 8. Wahlperiode 1976-1980, Nr. 3420 (22.11.1979), S. 153.

[144] Ebd., S. 156.

[145] Ebd., S. 162-167.

[146] John Turner: Governors, governance, and governed. British politics since 1945, in: Kathleen Burk/Paul Langford (Hg.), The British Isles since 1945, Oxford 2003, S. 19-62, hier S. 37; Werner Abelshauser: Deutsche Wirtschaftsgeschichte seit 1945, München 2004, S. 270; Alexander Nützenadel: Stunde der Ökonomen. Wissenschaft, Politik und Expertenkultur in der Bundesrepublik 1949-1974, Göttingen 2005, S. 22; siehe vor allem Schanetzky: Die große Ernüchterung, S. 128.

[147] Unterrichtung durch die Bundesregierung. Erste Fortschreibung des Energieprogramms, S. 5.

[148] Siehe die Ölkrise als tiefe Zäsur bei Martin Werding: Gab es eine neoliberale Wende? Wirtschaft und Wirtschaftspolitik in der Bundesrepublik Deutschland ab Mitte der 1970er Jahre, in: Vierteljahrshefte für Zeitgeschichte 56 (2008), S. 303-321, hier S. 303f.; die These der fundamentalen Wende bei Hobsbawm: The Age of Extremes, S. 286; Doering-Manteuffel: Nach dem Boom: Brüche und Kontinuitäten der Industriemoderne seit 1970; Charles S. Maier: Two Sorts of Crises? The „Long" 1970s in the West and the East, in: Hans Günter Hockerts (Hg.), Koordinaten deutscher Geschichte in der Epoche des Ost-West-Konflikts, München 2003, S. 49-62.

für die allgemeine Beschreibung der wirtschaftlichen und wirtschaftspolitischen Transformationsprozesse im Umfeld der Ölkrise als Abkehr vom Planungsdenken bzw. von der Idee einer Steuerung wirtschaftlicher und gesellschaftlicher Prozesse durch wissenschaftliche Expertise.[149] Wenngleich dies für die Globalsteuerung, also die umfassende Planung und Steuerung wirtschaftlicher Prozesse, gelten mag, zeigte sich doch im engeren Bereich der Energiepolitik die gegenteilige Entwicklung. Dass in der Ölkrise bisherige energiepolitische Erwartungen zerstört wurden, erhöhte den Bedarf an Energieexpertisen. Solange der Ölpreis stabil gewesen war, benötigte niemand Prognosen darüber, wie er sich zukünftig entwickeln würde; erst als er in der Ölkrise volatil wurde, bestand ein erhöhter Prognosebedarf, den bis heute unzählige Energieökonomen zu befriedigen suchen. Weil Öl der wichtigste Energieträger war, hingen auch die Bedeutung und ökonomischen Möglichkeiten von Kohle, Gas, Atom und alternativen Energien von seinem Preis ab, und es ließen sich unter je verschiedenen politischen und ökonomischen Annahmen unzählige verschiedene Energiezukünfte modellieren. In diesem Sinne zerstörte die Ölkrise keine Zukunftshorizonte, sondern sie eröffnete vielmehr neue und führte zur stärkeren Produktion von Prognosen und Planungen.[150]

In der Bundesrepublik übernahm – anders als in den USA, in Frankreich oder Großbritannien – keine zentrale staatliche Einrichtung die Energieprognostik, sondern das Wirtschaftsministerium delegierte diese Aufgabe an drei Wirtschaftsforschungsinstitute, deren Prognosen die Basis für die Energiepolitik der Bundesregierung lieferten. Auch hier verläuft die Bewegung, anders als von der Forschung nahegelegt, nicht von der Planung der 1960er zum Krisenmanagement der 1970er Jahre, sondern erst die Ölkrise bzw. ihre Erwartung führte überhaupt zu einem umfassenden und koordinierten Energieprogramm der Bundesregierung. Grundsätzlich blieb der ölpolitische Ansatz der sozialliberalen Koalition marktwirtschaftlich, wie es schon der ihrer Vorgänger gewesen war, aber die gezielte Förderung zunächst der DEMINEX und der Kernenergie, dann der Kohleveredelung und von Energiespartechnologien sollte doch – in Ulf Lantzkes Worten – die energiepolitische Entwicklung mit „leichter Hand" steuern. Wenn überhaupt, nahm die Steuerung der Energiepolitik in der Krise zu und wurde nicht durch die Krise desavouiert. Darüber hinaus legte die Krise auch keine kurzfristigeren Zukunftsplanungen und Prognosen nahe, sondern machte im Gegenteil gerade langfristige Perspektiven nötig. Immer häufiger sollten Energieprognosen jetzt bis zum Jahr 2000 reichen, um langfristige Planungshorizonte abzustecken.

---

[149] Siehe van Laak: Planung, S. 318-320; Gabriele Metzler: Am Ende aller Krisen? Politisches Denken und Handeln in der Bundesrepublik der sechziger Jahre, in: Historische Zeitschrift 275 (2002), S. 57-103; dies.: Konzeptionen politischen Handelns von Adenauer bis Brandt; Nützenadel: Stunde der Ökonomen; Winfried Süß: Der keynesianische Traum und sein langes Ende. Sozioökonomischer Wandel und Sozialpolitik in den siebziger Jahren, in: Jarausch, Das Ende der Zuversicht?, S. 120-137; Ruck: Gesellschaft gestalten.

[150] Zur Planungstätigkeit im Agrarsektor: Klaus Patel: The Paradox of Planning: German Agricultural Policy in a European Perspective, 1920s to 1970s, in: Past & Present 212.1 (2011), S. 239-269.

Damit passen die energiepolitischen Veränderungen der 1970er Jahre nicht zu dem von Historikern immer wieder diagnostizierten Pathos der Ernüchterung, mit dem die Zeitgenossen ihre Gegenwart betrachtet hätten. Ist es „nüchterner" zu glauben, man könne den Anteil der Kernenergie am Energiemix in wenigen Jahren auf 15 Prozent steigern, als sich darauf zu verlassen, dass der rasant wachsende Energiebedarf durch stetig weiter sprudelnde Ölquellen befriedigt werden wird? Auch die ökologischen und gesellschaftspolitischen Alternativen derer, die vorgaben, die Grenzen des Wachstums erkannt zu haben, nahmen sich nicht nüchterner oder realistischer aus als die Erwartungen der Fortschrittsapologeten. Angesichts der gewaltigen finanziellen Investitionen, die zur Energieproduktion nötig sind, und der langen Laufzeiten, die diese rentabel machen müssen, ist die Energiewirtschaft wahrscheinlich ohnehin kein Ort für nüchterne und pragmatische Krisenmanager, sondern ihr wohnt immer etwas langfristig Visionäres inne. Wer entscheidet, welche energiepolitischen oder auch wirtschaftspolitischen Vorstellungen illusorisch, welche visionär und welche pragmatisch-realistisch sind? Hier sind genaue Argumentationen nötig und nicht die Übernahme zeitgenössischer Topoi wie zum Beispiel der „Ernüchterung", zumal der Begriff einer politischen Auseinandersetzung entstammt, in der er zur Delegitimierung gegnerischer Positionen eingesetzt wurde. Es mag sein, dass sich der Monetarist sich selbst für nüchterner und realistischer hielt als den Keynesianer und der Atomlobbyist überzeugt war, er erkenne Realitäten der Energiepolitik, die dem Vertreter sanfter Energiepfade verborgen blieben, aber das berechtigt nicht dazu, den einen auch in historischer Perspektive für nüchterner zu halten als den anderen.

Die Energieexpertisen der Institute und das Energieprogramm der Bundesregierung mit seinen Fortschreibungen sollten der Bundesrepublik einen Weg „weg vom Öl" weisen und damit eine ausreichende Energieversorgung auch in Zukunft garantieren bzw. sie energiepolitisch unabhängiger machen. Neben der faktischen Garantie von Handlungsfähigkeit sollten die Energieprogramme aber auch Souveränität demonstrieren. Allerdings wurde die Legitimation staatlichen Handelns durch wissenschaftliche Expertise angesichts der rasanten Zunahme inhaltlich divergierender Energiestudien zunehmend schwieriger. Wo nicht nur Wirtschaftsforschungsinstitute, sondern auch einzelne Energieunternehmen oder -branchen und Vertreter der Ökologiebewegung den zukünftigen Energiebedarf prognostizierten und politische Handlungsvorschläge machten, entstand vor allem in der Debatte um die Kernenergie der Eindruck, dass man für jede politische Position einen Experten finden konnte, der sie vertrat.[151] Dies enthob die Regierung jedoch nicht der Notwendigkeit, ihre Position wissenschaftlich zu fundieren, um als handlungsfähig und souverän zu gelten. Insgesamt, so erkannten die verantwortlichen Energiepolitiker immer wieder an, war die energiepolitische Souveränität der Bundesrepublik aufgrund ihrer hohen Importabhängigkeit jedoch ohnehin eingeschränkt, so dass außenpolitischen Strategien der Souveränitätssicherung große Bedeutung zukam.

---

[151] Weingart: Die Stunde der Wahrheit?; Jasanoff: The Fifth Branch.

6.3 Ein Platz an der Ölheizung – internationale und globale Zusammenhänge bundesdeutscher Energiepolitik

Für die Debatte über aktuelle Fragen der Energiepolitik, die am 29. November 1973 im Deutschen Bundestag stattfinden sollte, wurde Willy Brandt ein Entwurf für seine Regierungserklärung vorgelegt, der wie folgt begann: „Zum ersten Male im Leben der Bundesrepublik Deutschland sind wir alle mit einer ernsthaften Situation des Mangels konfrontiert. Zum ersten Male müssen Regierung und Opposition, Parlament und Öffentlichkeit sich mit den psychologischen, ökonomischen, sozialen und politischen Folgen dieses Mangels auseinandersetzen."[152] Brandt gefiel dieser Einstieg nicht, der auf die spezifischen Mangelerfahrungen der deutschen Geschichte und die Wohlstandssteigerungen in den Jahren des ökonomischen Booms seit der Gründung der Bundesrepublik anspielte. An den Rand des Manuskripts notierte er: „Ich möchte einen ,sachlicheren' Einstieg, der auch weniger ,national' sein sollte: es kommt entscheidend darauf an, dass wir die europ. + weltweiten Zusammenhänge von Anfang an klarmachen"[153] Abgesehen von marginalen Eingriffen in den Text bezogen sich auch seine anderen Anmerkungen auf die internationale Dimension der Krise: die Rolle der EG, seine Gespräche in Paris und die Beziehungen zum Ostblock. Vermieden werden sollten allerdings Passagen, in denen die Schuld für die Entwicklungen und die daraus resultierenden wirtschaftspolitischen Schwierigkeiten einzig bei anderen gesucht wurde.[154]

Grundsätzlich hatte Brandt, wie schon US-Präsident Nixon, nichts dagegen, die Ölkrise als nationale Herausforderung zu begreifen, die durch individuell moralisches Verhalten der Bürgerinnen und Bürger überwunden werden könne und müsse. Als er am 24. November im Fernsehen die vom Kabinett verabschiedeten Sparmaßnahmen, allen voran die autofreien Sonntage, ankündigte, stellte er zunächst fest, dass die jüngere Generation damit zum ersten Mal eine Mangelerfahrung machen werde. Wenn sich das Land an den Sonntagen bis Weihnachten in eine große „Fußgängerzone" verwandele, könnten alle Generationen Solidarität üben und ihren „Erfindungsgeist" unter Beweis stellen.[155] Damit könne die Energiekrise zu einer Chance für ein neues Miteinander werden: „Wir lernen in diesen Wochen, was in Vergessenheit zu geraten drohte: daß Egoismus nicht einmal den Egoisten hilft, daß wir vielmehr auf gegenseitige Hilfe angewiesen sind."[156] In der

---

[152] Erklärung vor dem Deutschen Bundestag, 29. 11. 1973, Barch, B 136/7683.
[153] Ebd.
[154] AL IV: Regierungserklärung 29. November 1973 – eine erste Skizze, 23. 11. 1973, Barch, B 136/7683.
[155] Erklärung des Bundeskanzlers Brandt im deutschen Fernsehen, 24. November 1973, in: Willy Brandt: Mehr Demokratie wagen. Innen- und Gesellschaftspolitik 1966-1974, Bonn 2001 (Berliner Ausgabe, 7), S. 467-468, hier S. 467.
[156] Ebd., S. 468; Klaus Harpprecht bewertet die Erklärung allerdings als „frei von jeder Moralisierung"; siehe Klaus Harpprecht: Im Kanzleramt. Tagebuch der Jahre mit Willy Brandt: Januar 1973-Mai 1974, Reinbek 2000, S. 411.

Regierungserklärung vor dem Deutschen Bundestag war Brandt aber die internationale Dimension der Krise offenbar besonders wichtig. Die Energieversorgung, begann Brandt seine Ausführungen, sei nicht nur in der Bundesrepublik und in Europa, sondern letztlich in der ganzen industrialisierten Welt gefährdet. Die „Probleme der Rohölverknappung" seien von keinem Verbraucherland – vor allem aber nicht von der Bundesrepublik – allein zu lösen, sondern nur auf dem Wege internationaler Kooperation, wobei den Europäischen Gemeinschaften eine Schlüsselstellung zukomme.[157] An der Energiefrage werde sich zeigen, „was die europäische Gemeinschaft wirklich wert ist".[158] Nichtsdestoweniger habe die Regierung mit dem Energieprogramm, dem Erdgasgeschäft mit der Sowjetunion und Brandts Reise in den Iran im Frühjahr 1973 schon wichtige Schritte zur Erhöhung der Energiesicherheit unternommen. Auch müsse der Nahostkonflikt von der Ölkrise deutlich unterschieden werden; Letztere werde voraussichtlich länger dauern und sei nur durch eine neue Kooperation zwischen Verbraucher- und Produzentenländern zu überwinden. In der kommunikativen Konstellation des Embargos versuchte Brandt, die richtige Mischung aus rhetorischer Stärke und argumentativer Konzilianz auszutarieren: „Meine Damen und Herren, ich spreche hier nicht verallgemeinernd von ‚den' Arabern. Ich wiederhole auch, daß Erdöl und Nahost nicht dasselbe sind, und ich rate davon ab, zumal auf grobschlächtige Weise nach Sanktionen zu rufen, sosehr die Beteiligten wissen sollten, daß sie irren, wenn sie uns für Schlappiers halten."[159]

Als zu weich und nachgiebig wollte Brandt in den internationalen Verhandlungen über das Embargo nicht gelten und betonte immer wieder die Bereitschaft der Deutschen, notfalls auch Opfer und Entbehrungen in Kauf zu nehmen, um ihre Souveränität zu sichern. Am eindrücklichsten tat er dies quasi zeitgleich in einem Gespräch mit dem französischen Ministerpräsidenten Pierre Messmer, dem er – mit offenbar geringer Scheu vor Generalisierungen über die „Araber" – erklärte, „er – der Bundeskanzler – habe vor einigen Tagen den sowjetischen Botschafter empfangen und ihm gesagt, er möge seinen arabischen Freunden einen Gruß bestellen und sie daran erinnern, daß in einigen europäischen Ländern nach dem Krieg durch die Arbeitskraft und den Überlebenswillen der Bevölkerung manche Vorgänge zustande gekommen seien. Die arabischen Länder möchten auch nicht vergessen, daß zwar vor einigen Jahren die Kohleverflüssigung als ein für die damaligen Verhältnisse zu teures Verfahren nicht durchgeführt worden sei. Es sei aber ein leichtes, die entsprechenden Experten aus Südafrika wieder zurückzuholen."[160] Nicht nur lasse man sich in seiner Souveränität nicht ein-

---

[157] Willy Brandt: Erklärung der Bundesregierung zu aktuellen Fragen der Wirtschafts- und Energiepolitik (29.11.1973), in: Verhandlungen des Deutschen Bundestages. 7. Wahlperiode. Stenographische Berichte, Bd. 85, Bonn 1973, S. 3908-3913, hier S. 3908, 3911.
[158] Ebd., S. 3911. Das Protokoll verzeichnet hier Beifall aus allen Fraktionen.
[159] Ebd., S. 3911.
[160] Gespräch des Bundeskanzlers Brandt mit Ministerpräsident Messmer in Paris, in: Hans-Peter Schwarz (Hg.), Akten zur Auswärtigen Politik der Bundesrepublik Deutschland 1973. Band III: 1. Oktober bis 31. Dezember, München 2004, S. 1909-1917, hier S. 1912.

schränken, so die Botschaft, sondern letztlich schnitten sich die Förderländer ins eigene Fleisch, weil die Produktionsbeschränkungen dazu führten, dass die Industrieländer ihre Abhängigkeit vom Öl reduzierten.

Sieht man von Wirtschaftsminister Friderichs' Erklärung ab, die Ölkrise verdeutliche, wo die negativen Aspekte einer international stark verflochtenen Volkswirtschaft lägen, kreiste die Debatte über Brandts Regierungserklärung allerdings im Wesentlichen um die konkreten, von der Regierung auf der Basis des Energiesicherungsgesetzes erlassenen Maßnahmen und ihre Konsequenzen für die Bevölkerung.[161] Im Vordergrund standen Fragen, ob die Regierung schnell genug oder zu langsam, in ausreichendem Maße, übertrieben oder unzureichend auf die Veränderung der energiepolitischen Lage reagiert habe. In der unmittelbaren Entgegnung von Franz Josef Strauß auf Willy Brandt wurde jedoch zunächst die außenpolitische Dimension der Ölkrise explizit. In seiner vehementen und konfrontativen Rede warf Strauß der Regierung vor, „die Kernfrage des künftigen Verhältnisses zu den erdölfördernden Ländern" im Nahen und Mittleren Osten sowie in Afrika zu leicht zu nehmen bzw. zu ignorieren. Auch übersehe die Regierung die Gefahr einer wachsenden Abhängigkeit von Lieferungen aus dem Ostblock und habe die Probleme, die sich aus den steigenden Ölpreisen für das Weltwährungssystem ergäben, völlig ignoriert. Strauß' entscheidendster Vorwurf an die Adresse der Bundesregierung war jedoch, nicht entschieden genug an der Seite der Vereinigten Staaten gestanden zu haben, „von denen immer noch unsere Sicherheit so gut wie allein abhängt, in einer Krise, in der es um Leben oder Tod für uns alle gehen konnte."[162] Die Europäer müssten, so Strauß, endlich unter Beweis stellen, dass sie an der Seite der USA wenigstens bereit seien, regionale Verantwortung zu übernehmen, anstatt „großmaulige" Erklärungen abzugeben.[163]

Schon knapp drei Wochen vorher, am 9. November 1973, war die Debatte über die Verabschiedung des Gesetzes zur Sicherung der Energieversorgung bei Gefährdung oder Störung der Einfuhren von Mineralöl oder Erdgas (Energiesicherungsgesetz) heftiger geworden, als Rainer Barzel der Regierung vorgeworfen hatte, materielle Ölinteressen über die politische Moral gestellt und mit ihrer Politik in der Ölkrise das Verhältnis zu Israel und den Vereinigten Staaten, von denen Deutschlands Sicherheit und Souveränität doch essenziell abhänge, aufs Spiel gesetzt zu haben.[164] Vertreter der sozialliberalen Koalition verwahrten sich gegen

---

[161] Hans Friderichs: Beitrag in der Debatte zur Erklärung der Bundesregierung zu aktuellen Fragen der Wirtschafts- und Energiepolitik, 27.11.9173, in: Verhandlungen des Deutschen Bundestages. 7. Wahlperiode. Stenographische Berichte, Bd. 85, Bonn 1973, S. 3932–3940.

[162] Franz Josef Strauß: Beitrag in der Debatte zur Erklärung der Bundesregierung zu aktuellen Fragen der Wirtschafts- und Energiepolitik, 27.11.1973, in: ebd., S. 3913–3923, hier S. 3923.

[163] Ebd.; zum Konflikt zwischen der Bundesregierung und den USA siehe unten Kapitel 6.3.3.

[164] Rainer Barzel: Beitrag zur zweiten und dritten Beratung des Entwurfs eines Gesetzes zur Sicherung der Energieversorgung bei Gefährdung oder Störung der Einfuhren von Mineralöl oder Erdgas, in: Verhandlungen des Deutschen Bundestages. 7. Wahlperiode. Stenographische Berichte, Band 85, Bonn 1973, S. 3841–3844, hier S. 3842: „Wie gern zitiert der Herr Bundeskanzler den Satz aus der Bibel: ‚Der Mensch lebt nicht vom Brot allein'. Es wäre inte-

diese Vorwürfe und betonten sowohl die Ausgewogenheit ihrer Politik im Nahen Osten als auch die Dramatik der Krise, die entschlossenes Regierungshandeln erfordere.[165] Auch Vertreter der Regierungsfraktion beklagten jedoch die aus dem Nationalismus der Mitgliedsstaaten resultierende Unfähigkeit der EG, eine gemeinsame Energiepolitik zu formulieren und als selbständiger Akteur den USA und den Förderländern gegenüber aufzutreten.[166] Jenseits der üblichen Polemik zwischen Regierung und Opposition zeigten sich in der Debatte also nicht zuletzt unterschiedliche Vorstellungen von nationaler Sicherheit und geopolitischer Ordnung. Während die Redner der CDU/CSU-Fraktion nationale Sicherheit im traditionellen Sinn als militärische Sicherheit verstanden, so dass die Blockkonfrontation der wesentliche Ordnungsfaktor und die enge Anlehnung an die Vereinigten Staaten die außenpolitische Maxime waren, sahen die Regierungsfraktionen die bundesdeutsche Sicherheit stärker durch energie- und wirtschaftspolitische Fragen gefährdet, angesichts derer die globalen Trennungslinien ganz anders verliefen.

6.3.1 Ölförderländer und arabische Welt im Auswärtigen Amt

Die Beziehungen der Bundesrepublik zu den arabischen Ländern gestalteten sich zu Beginn der 1970er Jahre schwierig, was zum einen aus der besonderen Verpflichtung gegenüber Israel resultierte und zum anderen eine Folge der Nichtanerkennungspolitik der Hallstein-Doktrin war.[167] Als im Jahr 1965 zunächst Waffenlieferungen der Bundesregierung an Israel bekannt wurden und diese dann diplomatische Beziehungen zu Israel aufnahm, zogen die arabischen Staaten ihrerseits ihre Botschafter aus der Bundesrepublik ab.[168] Zwar begann die sozialliberale Koalition 1969, die Beziehungen zur arabischen Welt wieder zu normalisieren und unter formaler Aufgabe der Hallstein-Doktrin diplomatische Beziehungen auch zu den Ländern wieder aufzunehmen, die in der Zwischenzeit die DDR anerkannt hatten, aber dieser Prozess war zu Beginn des Ölembargos noch nicht abgeschlossen, sondern zog sich bis 1974 hin.[169]

In dieser sensiblen Konstellation kam es immer wieder zu Irritationen und Spannungen, wenn den arabischen Ländern die bundesdeutsche Position zum

---

ressant für dieses Haus [...], wenn der Bundeskanzler diese Sentenz auf Grund der Erfahrungen dieser Tage, mit dem Blick auf die Lage der Menschen hier und auf die Erfahrungen in einer hochindustrialisierten Gesellschaft und in einem empfindlichen Staatswesen einmal mit dem Blick auf das Öl formulierte."

[165] Siehe die Redebeiträge von Apel und Brandt in: ebd., S. 3845f., 3848-3950.
[166] Karl Ahrens: Beitrag zur zweiten und dritten Beratung des Entwurfs eines Gesetzes zur Sicherung der Energieversorgung bei Gefährdung oder Störung der Einfuhren von Mineralöl oder Erdgas, 9. 11. 1973, in: ebd., S. 3840-3841.
[167] William Glenn Gray: Germany's cold war. The global campaign to isolate East Germany, 1949 – 1969, Chapel Hill 2003.
[168] Peter Hünseler: Die außenpolitischen Beziehungen der Bundesrepublik Deutschland zu den arabischen Staaten von 1949-1980, Frankfurt am Main u. a. 1990, S. 142-156.
[169] Ebd., S. 165.

Nahostkonflikt, die erklärtermaßen vom Grundsatz der „Ausgewogenheit" bestimmt werden sollte, zu pro-israelisch erschien. So kritisierten die Regierungen der arabischen Länder kurz vor der Ölkrise den Nahostpassus in Willy Brandts Rede vor den Vereinten Nationen und warfen der Bundesregierung vor, den Standpunkt der Ausgewogenheit zu verlassen, nachdem die Beziehungen zu den meisten arabischen Ländern inzwischen wiederhergestellt worden seien.[170] Brandt hatte in seiner Rede das Interesse der Bundesregierung an „einem friedlichen Ausgleich im Nahen Osten" genauso wie die Bedeutung des Engagements der internationalen Gemeinschaft bei der Vermittlung betont, dann aber weiter ausgeführt, dass „vor allem das unmittelbare Friedensgespräch zwischen der beteiligten arabischen Welt und Israel den Ausgleich elementarer Interessen beider Seiten zu sichern vermag".[171] Zum Ärger der arabischen Länder ließ er die UN-Resolution 242, die den Rückzug Israels aus im Sechstagekrieg besetzten Gebieten forderte, unerwähnt und schien damit auf die israelische Linie einzuschwenken. Im Auswärtigen Amt sah man das arabische Vertrauen in die Politik der Bundesregierung dadurch nachhaltig gestört und forderte, zusammen mit dem Bundeskanzleramt zu einer einheitlichen Sprachregelung zurückzukehren, die beinhaltete, dass die UN-Resolution 242 die „Grundlage für eine Nahostfriedenslösung festhalte", was am besten noch einmal von Willy Brandt selbst bekräftigt werden sollte.[172]

Im direkten Gespräch mit den Botschaftern und Missionschefs aus dem Libanon, Ägypten, Libyen, Jordanien, Tunesien, Marokko, Sudan, Algerien und Saudi-Arabien versuchte Walter Scheel am 8. Oktober 1973 die Wogen zu glätten, indem er, nachdem die Nahost-Passage in Brandts Rede „offenbar Missverständnisse hervorgerufen" habe, noch einmal bekräftigte, die Haltung der Bundesregierung habe sich nicht geändert.[173] Während der ägyptische Botschafter darauf einging, nachdem seine Regierung sich zuvor in ihren Bemühungen, die deutsch-arabischen Beziehung zu verbessern, desavouiert gefühlt hatte, betonte der libysche Botschafter, die Bundesregierung solle sich zu der Position bekennen, dass Israel sich erst zurückziehen müsse, bevor es zu Verhandlungen kommen könne. Nachdem auch Teile von Brandts Rede in der Debatte zum Energiesicherheitsgesetz in der arabischen Welt auf Kritik gestoßen waren, gab das Auswärtige Amt die Sprachregelung aus, Brandt habe auch einmal auf „weniger erfreuliche Auswirkungen derzeitiger arabischer Ölpolitik hinweisen müssen".[174] Nicht nur die regierungsamtlichen, sondern alle öffentlichen Äußerungen in der Bundesrepublik

---

[170] Lahn an Staatssekretär: Arabische Reaktionen auf Nahost Passus in der VN-Rede des Herrn Bundeskanzlers, 4. 10. 1973, PA AA, B 150, 290.

[171] Rede des Bundeskanzlers Brandt vor der Vollversammlung der Vereinten Nationen, in: Brandt: Ein Volk der guten Nachbarn, S. 508.

[172] Lahn an Staatssekretär: Arabische Reaktionen auf Nahost Passus in der VN-Rede des Herrn Bundeskanzlers, 4. 10. 1973, PA AA, B 150, 290.

[173] Vermerk: Treffen Bundesminister Scheel mit Missionschefs von Libanon, Ägypten, Libyen, Jordanien, Tunesien, Marokko, Sudan, Algerien, Saudi Arabien, 8. 10. 1973, PA AA, Referat 310, 104988; auch ebd., B 150, 290.

[174] 1622 Redies an Kairo: Nahost-Konflikt, Ölkrise, 10. 11., VS.Bd. 9989, PA AA, B 250, 292.

wurden in der arabischen Welt genau beobachtet. Wegen der in ihnen verwandten rassistischen Stereotype wurden beispielsweise die Artikel der Springerpresse zum Nahen Osten in seinem arabischen Teil als noch schlimmer als die israelische Presse wahrgenommen, so dass der deutsche Botschafter in Ägypten vorschlug, den Verleger Axel Cäsar Springer doch einmal auf höherer Ebene zu einem Gespräch zu bitten und ihm die Konsequenzen seiner Zeitungsartikel für die bundesdeutsche Außenpolitik und möglicherweise auch die Ölversorgung klarzumachen.[175]

In ihrer Politik den arabischen Ländern gegenüber befand sich die Bundesregierung immer in einer diffizilen Zwickmühle, weil sie zugleich mit einer zu proarabischen Politik Gefahr lief, die Beziehungen zu Israel aufs Spiel zu setzen. So witzelte die israelische Zeitung *Ma'ariv* Anfang November 1973, Willy Brandt werde sich wohl bald bei einem Kniefall vor einem Bohrturm fotografieren lassen, und der israelische Botschafter übermittelte wiederholt scharfe Demarchen wegen einer angeblich zu einseitig pro-arabischen Politik der Bundesregierung.[176] Um jedoch genauer zu verstehen, wie die Bundesregierung in der Ölkrise international agierte und die Beziehungen zu den vor allem arabischen Förderländern zu verbessern suchte, müssen zunächst die Strukturen untersucht werden, im Rahmen derer im Auswärtigen Amt Wissen über ölpolitische Zusammenhänge und die arabische Welt generiert wurde.

Informationskanäle und Wissensproduktion

Wie oben gezeigt, liefen sowohl bei der Vorbereitung des Energieprogramms der Bundesregierung als auch während der Ölkrise die Fäden der Energiepolitgestaltung im Wirtschaftsministerium zusammen und hier genauer in der von Ulf Lantzke geleiteten Abteilung für Energiepolitik und Grundstoffe (Kapitel 3.3.1). Lantzkes Abteilung bewertete die energiepolitische Lage der Bundesrepublik, und die anderen Ministerien folgten diesen Einschätzungen bzw. entwarfen von ihnen ausgehend ihre politischen Strategien. Angesichts der internationalen Dimension der Ölkrise war das Wirtschaftsministerium jedoch auch auf die Expertise des Auswärtigen Amts angewiesen, dessen Botschafter über die energiepolitische Situation in ihren jeweiligen Einsatzländern berichteten. Schon vor Beginn der akuten Phase der Ölkrise ging ein Doppel dieser Berichte immer direkt an Lantzkes Abteilung im Wirtschaftsministerium.[177] Darüber hinaus liefen wesentliche Teile der internationalen Kommunikation der Bundesregierung über das Außenministerium, es bereitete grundsätzlich alle bilateralen sowie internationalen Verhand-

---

[175] Steltzer Kairo an AA: Deutsch-ägyptisches Verhältnis, 3. 11. 1973, Barch, B 136/7708.
[176] Siehe zum Beispiel Israelische Demarche wegen Haltung der BRD im Nahostkonflikt, 26. 3. 1974, VS-Bd. 10121, PA AA, B 150, 301; das Ma'ariv Zitat in: Ölkrise. Kein Verlaß auf Großmütter, Der Spiegel (5. 11. 1973), S. 23-27.
[177] Heldt: Plurex an Botschaften: Arabische Erdölpolitik, 10. 10. 1973, PA AA, B 71 (Referat 405), 113906; BMWi an AA (Kruse): Botschafterberichte über Erdölangelegenheiten, 13. 6. 1973, PA AA, B 71 (Referat 405), 113905.

lungen vor und koordinierte die Europapolitik. Für alle die internationale Ölwirtschaft betreffenden Fragen war im Auswärtigen Amt das Referat 403 „Grundsatzfragen der Außenwirtschaftspolitik, Erdölpolitik, Außenhandelsförderung, Gewährleistungen im Außenhandel und Kapitalexport, Rüstungskontrolle" zuständig. Erst die Veränderungen auf dem globalen Ölmarkt seit 1970 hatten Erdölpolitik so wichtig werden lassen, dass sie im Zuge der Umstrukturierung des Ministeriums während der sozialliberalen Koalition in die Referatsbezeichnung aufgenommen worden war. Geleitet wurde es von Hansheinrich Kruse, einem 1916 geborenen Juristen und Ökonomen, der 1950 in den Diplomatischen Dienst eingetreten und nach Stationen in Genf, Bonn und Paris unter anderem Leiter der Wirtschaftsabteilung bei der Ständigen Vertretung bei den Vereinten Nationen in New York gewesen war.[178]

In seinem Beitrag zum Tätigkeitsbericht im Außenpolitischen Jahrbuch 1973 betonte Hansheinrich Kruse, es habe „nicht der im Herbst 1973 ausgebrochenen Versorgungskrise bedurft, um der Energiepolitik einen wichtigen Platz in der deutschen Außenpolitik einzuräumen."[179] Auch wenn dies grundsätzlich richtig ist, bekam das Thema Energie in den Jahren 1973/74 doch eine deutlich höhere Relevanz.[180] Im Referat 403 bildete es nun einen Schwerpunkt der Tätigkeit und nahm so viele Kapazitäten in Anspruch, dass das Referat infolge der Ölkrise geteilt wurde und sich nun ein eigenes Referat 405 im Auswärtigen Amt den Energiefragen widmete.[181] Auch die ölbezogenen Wissens-, Kommunikations- und Organisationsstrukturen, mit denen das Auswärtige Amt in das Jahr 1973 ging, waren deutlich verbesserungsfähig, wie von den Mitarbeitern wiederholt bemängelt wurde. Erst im Mai 1973 bat Kruse beispielsweise darum, die Monatszeitschrift Öl und den *Middle East Economic Survey* (MEES) zu abonnieren.[182] Ohne den MEES oder einen der äquivalenten Nachrichtendienste – das *Petroleum Intelligence Weekly* wurde offenbar nur in der Vertretung bei der OPEC in Wien gele-

---

[178] Telefonat mit Hans-Stefan Kruse, dem Sohn von Hansheinrich Kruse, der ebenfalls im Auswärtigen Dienst tätig war, am 1. Februar 2012. Unterabteilungsleiter war Hans Lautenschlager und Abteilungsleiter seit März 1973 Peter Hermes. Daneben war auch das von Helmut Redies geleitete Referat „Naher Osten" der politischen Abteilung (Leitung: Lothar Lahn) mit den relevanten Förderländern befasst.

[179] Die Energieversorgung in der deutschen Außenpolitik, 30.12.1973, PA AA, B 36 (Referat 310), 104935.

[180] Peter Hermes: Meine Zeitgeschichte. 1922–1987, Paderborn u. a. 2007, S. 234: „Die Energiekrise war innerhalb eines Jahres das beherrschende Thema der nationalen und internationalen Wirtschaftspolitik geworden."

[181] Kruse an Diplo Teheran: Berichte über Energiefragen, 12.8.1975, PA AA, B 71 (Referat 405), 113905.

[182] Kruse, [Hansheinrich]: Brief zum Bezug von Erdölfachzeitschriften, 8.5.1974, PA AA, B 71 (Referat 405), 113905. Als 1976 die Botschaft in Kuwait vorschlug, das OAPEC News Bulletin zu abonnieren, das offenkundig bis dahin auch nicht in den Beständen des Auswärtigen Amts oder des BMWi vorhanden gewesen war, wollte man sich nur darauf einlassen, wenn keine Kosten entstünden. Siehe Dt. Botschaft Kuwait an AA: News Bulletin der Organisation of Arab Petroleum Exporting Countries, 9.2.1976, PA AA, B 71 (Referat 405), 113907.

sen – war es schwer möglich, im Feld der internationalen Ölpolitik auf dem aktuellen Wissensstand zu bleiben. In dieser Konstellation war man auch im Auswärtigen Amt auf die Informationen der Ölfirmen angewiesen: Als die ESSO AG Kruses Referat die Firmenpublikationen „Öldorado 72" und „Gegenwärtige und künftige Probleme der Energieversorgung" zusandte, bedankte dieser sich daher herzlich und bat darum, ihm auch in Zukunft „die einschlägigen Publikationen der ESSO A.G." zukommen zu lassen.[183]

Zumindest in Kruses Referat beobachtete man die Veränderungen auf dem Weltölmarkt schon vor der Ölkrise genau und diagnostizierte vier wesentliche Gefahren: „1. Konkurrenz der drei großen Verbraucherregionen (USA, Japan, Europa) mit dem Ziel, Präferenzzonen zu bilden. 2. Unzureichende Investitionen für die mittelfristige Befriedigung der Nachfrage. 3. Politisch und wirtschaftlich motivierte Angebotsbeschränkungen durch die Förderländer. 4. Sonderproblem: Zahlungsbilanz- und Währungsprobleme auf Grund des Volumens der Ölimporte und der Überschußgelder der Förderländer."[184] Ganz im Sinne von Ulf Lantzkes gleichzeitiger Problemanalyse ging auch Kruses Papier, das er für eine Botschafterkonferenz erstellt hatte, davon aus, dass nur die USA in der Lage seien, auf den Weltölmarkt gestaltenden Einfluss zu nehmen, während die Bundesrepublik zu schwach und Europa zu uneins seien. Da auch bilaterale Verhandlungen mit nur einem Förderland wie zum Beispiel dem Iran nicht ausreichen, um die deutsche Ölversorgung zu sichern, müsse auf multinationaler Ebene angesetzt und ein günstiges Klima für die Kooperation zwischen Förder- und Verbraucherländern geschaffen werden, wozu der diplomatische Dienst seinen Beitrag zu leisten habe. Auf der Konferenz wurden Energiefragen dann nicht besprochen, obwohl sich die Botschaften in den ölpolitisch relevanten Ländern doch immer wieder beklagten, schlecht über die Energieproblematik informiert zu sein. Am 22. März 1973 bat beispielsweise Peter Metzger, der Leiter der deutschen Vertretung in Saudi-Arabien, das Auswärtige Amt darum, ihn für sein Gespräch mit Yamani mit aktuellen Informationen über die Energiepolitik der Bundesregierung zu versorgen. Weil diese gerade neu formuliert und zeitgleich innerhalb der EG und der OECD verhandelt werde, erhielt er von Kruse, nachdem dieser Rücksprache mit dem BMWi gehalten hatte, aber nur eine Aufzeichnung aus dem vergangenen Jahr, die angesichts der rasanten Veränderungen wenig hilfreich war.[185] Genauso wurde im Mai eine Anfrage der deutschen Vertretung bei den internationalen Organisationen in Wien, also unter anderem der OPEC, abschlä-

---

[183] Kruse, Hansheinrich. Brief an Hans Forstmeier (ESSO AG), 20.6.1973, 113905, PA AA, B 71 (Referat 405), 113905.

[184] Referat 403: Botschafterkonferenz in Djakarta, hier: Internationale Ölpolitik; Kruse, [Hansheinrich]: Aktuelle Erdölpolitik – Stichworte für Vortrag in Jakarta, 18.4.1973, PA AA, B 71 (Referat 405), 113905.

[185] Metzger, [Peter]: Schreiben zur Energiepolitik der BRD, 22.3.1973, PA AA, B 71 (Referat 405), 113924; Kruse, [Hansheinrich]: Schreiben an die italienische Botschaft – Schutzmachtvertretung für die Interessen der Bundesrepublik Deutschland in Djidda, 2.4.1973, PA AA, B 36 (Referat 310), 104992.

gig beschieden.[186] Wenige Wochen später beschwerte sich auch der deutsche Botschafter in Tripolis Günter Franz Werner, früher habe die Botschaft regelmäßig Berichte aus den Vertretungen in Nordafrika und dem Mittleren Osten erhalten, die Erdöl und Erdgas betreffen, aber in der letzten Zeit kämen diese nur noch sporadisch und vor allem die Berichte aus Algerien und dem Iran fehlten. Da diese Berichte nicht nur für die Arbeit der Botschaft in Tripolis, sondern auch für die Tätigkeit des dort ansässigen Erdölreferenten, in dessen Zuständigkeitsgebiet auch Algerien fiel, essenziell seien, bat Werner darum, zur alten Praxis zurückzukehren.[187] Noch deutlicher wurde im Juli die Vertretung bei der OPEC in Wien: Man habe erfahren, dass eine Sitzung des „Ölexpertenausschusses" der OECD stattgefunden habe, über die man bisher noch keinen Bericht erhalten habe. Die Vertretung müsse aber auf den Verteiler für „derartige Berichte" gesetzt werden, denn „nur wenn die Vertretung stärker in den bestehenden Informationsfluß integriert wird, kann sie sich über wichtige Entwicklungen im Mineralölbereich auf dem laufenden halten." Wohl nicht zu Unrecht hielt die Vertretung dies für „ein notwendiges Erfordernis für Gespräche mit dem OPEC-Sekretariat".[188]

Die deutschen Vertretungen in den relevanten Ländern waren zwar dazu angehalten, regelmäßig Bericht über die ölpolitischen Veränderungen und Entscheidungen zu erstatten, dazu aber nicht immer hinreichend in der Lage. Nach dem Abbruch der diplomatischen Beziehungen im Jahr 1965 und ihrer erneuten Normalisierung unter der sozialliberalen Koalition befanden sich viele Botschaften in den arabischen Ländern noch im Aufbau. Während die Beziehungen zu Algerien schon 1971 wieder aufgenommen worden waren und ein intensiver Austausch stattfand, gab es beispielsweise in Saudi-Arabien zunächst nur einen kleinen Stab der Schutzmachtvertretung der deutschen Interessen in der italienischen Botschaft in Djidda. Erst im September 1973 wurde die Wiederaufnahme der diplomatischen Beziehungen vereinbart, und im Januar 1974 kam es zum formalen Botschafteraustausch.[189] In den deutschen Vertretungen in Nordafrika und dem Mittleren Osten waren insgesamt nur zwei spezielle Erdölreferenten tätig, die im Iran und in Libyen ansässig waren, aber alle Förderländer der Region übersehen sollten. Im Frühjahr 1974 bemängelte der an der deutschen Botschaft in Tripolis

---

[186] Kruse, [Hansheinrich]: Situationsanalyse des BMWi zur deutschen Energiepolitik an Vertretung der BRD bei den internationalen Organisationen in Wien, 17.5.1973, PA AA, B 71 (Referat 405), 113907.

[187] Werner (Tripolis) an AA: Energiepolitische Berichterstattung, 19.6.1973, PA AA, B 71 (Referat 405), 113905.

[188] Kurth (Wien) an AA: Sitzung des OECD Ölexpertenausschusses, 24.07.1973, PA AA, B 71 (Referat 405), 113907.

[189] AA 303/310 Politische Beziehungen im Verhältnis zu A. Algerien und B. Saudi Arabien, 9.1.1974, Barch, B 136/6342; Algerien und Sudan waren Vorläufer gewesen. Erst am 12. März 1972 stellte die Arabische Liga ihren Mitgliedern frei, Beziehungen zu Deutschland aufzunehmen, was der Libanon (30. März 1972), die Vereinigten Arabischen Emirate (17. Mai 1972) und Ägypten (8. Juni 1972) auch taten. Kuwait (3. Februar 1973) und Saudi Arabien folgten ein Jahr später und der Irak (28. Februar), Syrien (7. August) und Jemen (16. September) erst 1974. Hünseler: Die außenpolitischen Beziehungen der Bundesrepublik Deutschland zu den arabischen Staaten von 1949-1980.

stationierte Hartwig Berghaus sowohl bei Gesprächen im Auswärtigen Amt und im Wirtschaftsministerium als auch in Ergänzung zu seinem Tätigkeitsbericht, diese Personalstruktur sei nicht ausreichend. Schon im Dezember 1973 hatte Günter Franz Werner, der deutsche Botschafter in Libyen, im Anschluss an eine Reise von Berghaus durch den Nahen Osten unter Bezug auf arabische Politiker und amerikanische Kollegen wie James Akins die „Notwendigkeit einer stärkeren deutschen Repräsentanz in diesem für unsere wirtschaftliche Entwicklung bedeutsamen Raum" betont.[190] Berghaus selbst wurde konkreter und forderte, es müsse ein dritter Erdölreferent in der Region eingesetzt werden, der für die arabischen Staaten am Golf zuständig sein sollte.[191] Seinem Kollegen im Iran sei es nicht zuletzt wegen der Animositäten zwischen Teheran und seinen arabischen Nachbarn nicht möglich, auch diese Länder zu überblicken, die jedoch immer wichtiger für die weltweite wie auch die bundesdeutsche Ölversorgung würden. Als Einsatzort schlug Berghaus Beirut vor, obwohl der Libanon selbst nicht zu den Ölförderländern zählte. Denn wichtig bei der Ortsentscheidung seien „in erster Linie Gesichtspunkte des Informationsflusses und der Flugverbindungen. Für beides ist Beirut prädestiniert. In Beirut beispielsweise haben die drei international bekannten Ölfachzeitschriften ihren Sitz bzw. ein Büro, nämlich ‚Petroleum Intelligence Weekly', ‚Middle East Economic Survey' und ‚Arab Oil and Gas'. Zahlreiche Informationen laufen in Beirut als dem Bankzentrum des Mittleren Ostens zusammen. Von mehreren Erdölgesellschaften ist bekannt, daß sie ihre Public Relations-Manager gelegentlich für eine Woche nach Beirut entsenden, um Informationen einzuholen. Einige Erdölfirmen haben Büros unmittelbar in Beirut, z. B. Exxon, Continental, Mobil, die Aramco und andere."[192]

Von diesem Knotenpunkt des ölpolitischen Informationsflusses war das Auswärtige Amt und damit auch die Bundesregierung während der unmittelbaren Krisenmonate von Oktober 1973 bis März 1974 also weitgehend abgetrennt. Berichte aus dem Libanon waren seltener und spielten eine geringere Rolle als die aus den Förderländern der Region. Als sich die Verhandlungen zwischen Ölfirmen und OPEC-Staaten zuspitzten und der Jom-Kippur-Krieg ausbrach, bat das Auswärtige Amt die Botschaften in den arabischen Ländern erneut und mit Nachdruck „im Hinblick auf evtl. notwendig werdende Krisenvorsorgemaßnahmen im Mineralölbereich aufgrund des Nahostkonflikts [...] um laufende und umgehende Drahtberichterstattung über insoweit relevante Pläne oder Maßnahmen der dortigen Regierungen [...] (,Erdöl als Waffe')."[193] Wie bisher sollten alle Berichte auch direkt an die energiepolitischen Abteilungen des Wirtschaftsministeriums gehen, und schon eine Woche später erinnerte Kruse noch einmal an die

---

[190] Werner, [Günter Franz]: Bericht über die Nahostreise des Erdölreferenten Berghaus, 22.12.1973, PA AA, B 36 (Referat 310), 104992.
[191] Hartwig Berghaus an Kruse: Erdölreferenten in den arabischen Förderländern, Tripolis, 29.5.1974, PA AA, B 71 (Referat 405), 113921.
[192] Ebd.
[193] Bartels: Schreiben an deutsche Botschaften in arabischen Ländern, 10.10.1973, PA AA, B 36 (Referat 310), 104911.

dringliche Notwendigkeit der Berichterstattung.[194] Eine eigentlich für Oktober geplante Nahost-Botschafterkonferenz wurde abgesagt, weil die Botschafter angesichts der Verschärfung der Lage in ihren Ländern benötigt wurden, und tatsächlich berichteten einige von ihnen intensiv, bisweilen mehrmals täglich, über die Entwicklungen der Ölpolitik.

In der Kommunikation zwischen dem Auswärtigen Amt und den Botschaften tauchten allerdings auch während der Ölkrise immer wieder Probleme auf: Am 19. Oktober wies Kruse zum Beispiel die Botschaft in Saudi-Arabien an, an „möglichst hoher Stelle" vorstellig zu werden und zu erklären, die Bundesregierung habe sich „stets für [die] Verwirklichung VN-resolution 242 eingesetzt" und sie sei „nicht Partei im Konflikt, sondern an dessen Lösung im Sinne von VN-Resolution 242 interessiert". Auch weil die diplomatischen Beziehungen gerade erst voll wiederhergestellt worden seien, sehe man sich als befreundetes Land und gehe davon aus, von den Produktionsbeschränkungen nicht betroffen zu sein.[195] Dieser von Lautenschlager unterschriebene Text erreichte den Geschäftsträger der Botschaft jedoch erst am 24. Oktober, als sich die ölpolitische Lage schon wieder so stark gewandelt hatte, dass dieser zurückfragen musste, ob es noch sinnvoll sei, der Aufforderung nachzukommen.[196] Am 3. Januar 1974 wies Lautenschlager die deutschen Botschaften in den OPEC-Staaten aus Anlass der kurz bevorstehenden OPEC-Konferenz an, ihre Gastregierungen vor weiteren Preiserhöhungen zu warnen, weil diese die weltwirtschaftliche Entwicklung gefährdeten.[197] In Quito konnte diese Anweisung aus Zeitmangel nicht ausgeführt werden, in Nigeria wegen eines Feiertags und auch in Jakarta und Bagdad gelang es erst am 5. bzw. 6. Januar.[198] Der deutsche Botschafter in Kuwait beklagte sich, dass solche Schritte nur erfolgversprechend seien, wenn die Botschaft besser mit Informationsmaterial versorgt würde: „anrege daher, ausfuehrliche argumentation gegen foerderungsdrosselung und ueberzogene preissteigerungen zusammenzustellen, die bei entsprechenden demarchen, aber auch sonstigen gespraechen benutzt werden koennten. blosse appelle an vernunft und guten willen haben in der gegenwaertigen euphorie ueber gelungenen waffengang mit israel und scheinbaren erfolg der ‚oelwaffe' nur geringe wirkung."[199] Schließlich sahen sich die deutschen Botschaftsmitarbeiter in den Förderländern oft exzellent ausgebildeten und besser informierten Mitarbeitern der einschlägigen Ministerien gegenüber, was ihre Verhandlungsposition deutlich erschwerte.

---

[194] Heldt: Plurex: Arabische Erdölpolitik, 10. 10. 1973, PA AA, B 71 (Referat 405), 113906; Kruse, [Hansheinrich]: Teilrunderlaß zur Erdölpolitik, 17. 10. 1973, PA AA, B 36 (Referat 310), 104991.

[195] Kruse an Diplogerma Djidda: Saudische Erdölpolitik, 19. 10. 1973, PA AA, B 71 (Referat 405), 113906.

[196] Ebd.

[197] Lautenschlager an Botschaften: Bevorstehende OPEC-Sitzung, 3. 1. 1974, PA AA, B 36 (Referat 310), 104993.

[198] Siehe die Antwortschreiben ebd.

[199] Freundt (Kuwait) an AA: Bevorstehende OPEC-Sitzung am 7. 1. 1974, 6. 1. 1974, PA AA, B 36 (Referat 310), 104993.

Kommunikations- und Informationsdefizite zeigten sich auch an einem anderen Knotenpunkt der weltweiten Ölkommunikation, nämlich bei der OPEC in Wien. Die dortige Vertretung bezog immerhin – anders als das Auswärtige Amt selbst – das teure *Petroleum Intelligence Weekly* und wurde von der OPEC direkt mit Informationen versorgt, verfügte aber darüber hinaus nur über wenig relevante Literatur und bekam nur dann und wann Statistiken, so dass sie sich weitgehend auf Analysen in Tageszeitungen verließ.[200] Die Schwierigkeiten der dortigen Mitarbeiter resultierten aber neben ihrem geringen ölpolitischen Informationsstand auch aus der zurückhaltenden Informationspolitik der OPEC. So berichtete Werner Ungerer, der Leiter der deutschen Vertretung bei den internationalen Organisationen in Wien, im Januar 1973 detailliert über die anstehenden personellen Veränderungen in der OPEC. Den neuen Generalsekretär Abderahmane Khene hielt er zwar für fachlich weniger kompetent als seinen Vorgänger, dafür aber für zugänglicher, so dass er sich von dem Wechsel intensivere Kontakte versprach. Um diese zu realisieren, müsse er allerdings besser über „die deutschen Vorstellungen zur internationalen Ölpolitik und auch zur Energiepolitik im Allgemeinen unterrichtet" werden: „Leider liess die Unterrichtung der Vertretung bisher zu wünschen übrig."[201] Ungerer sah sich aber schnell von Khene enttäuscht und berichtete, dass sich die offenere Informationspolitik der OPEC wohl in häufigeren Presseverlautbarungen erschöpfen werde, während Interviews und Gespräche nicht dazugehören würden. „Diese im Vergleich zu anderen internationalen Organisationen sehr restriktive Informationspolitik demonstriert gleichzeitig die Schwierigkeiten, die auch die wenigen Wiener diplomatischen Vertretungen, die sich um die OPEC bemühen, bei der Beschaffung von ‚Inside-Informationen' haben. Die Sekretariatsmitglieder haben offensichtlich strikte Anweisungen, sich gegenüber Vertretern von diplomatischen Missionen ähnlich wie gegenüber Pressevertretern zu verhalten. Diese ‚Mauer' läßt sich nur durch gezielte persönliche gesellschaftliche Kontakte mit etwas aufgeschlosseneren Sekretariatsmitgliedern teilweise überwinden, was viel Zeit und Beharrlichkeit erfordert."[202] Grundsätzlich erfuhr die deutsche Vertretung in Wien also wie der Rest der Welt von den Beschlüssen der OPEC, wenn diese verkündet wurden, und berichtete erst dann minutiös an das Auswärtige Amt. Zwar wurden im Vorfeld Mutmaßungen angestellt, was auf den Treffen beschlossen werden würde, aber letztlich erwies sich die OPEC doch weitgehend als Black Box, deren Output beobachtet wurde, ohne das Innenleben genau zu kennen.

Auch das Wirtschaftsministerium war schlecht über die OPEC informiert: Erst nach der Beendigung des Embargos im März 1974 forderte es beim Auswärtigen Amt eine Darstellung über die „politischen und finanziellen Köpfe des Kartells der erdölfördernden Länder" an. Diese wurde von Hansheinrich Kruses Referat

---

[200] Ungerer, [Werner]: Aufzeichnung Literatur zur Erdölfrage, 2.9.1974, PA AA, B 71 (Referat 405), 113907.
[201] ders.: OPEC; hier: Neuer Generalsekretär, 7.2.1973, PA AA, B 71 (Referat 405), 113907.
[202] ders.: OPEC; hier: Informationspolitik, 06.03.1973, PA AA, B 71 (Referat 405), 113907.

erstellt und liefert ein gutes Bild des Kenntnisstandes der deutschen Diplomatie.[203] Bei der Übersendung des Schreibens am 9. Mai entschuldigte Kruse die Verzögerung der Antwort damit, dass zur Erstellung des Überblicks die Auslandsvertretungen miteinbezogen werden mussten.[204] Der Bericht enthielt dann aber im Wesentlichen allgemein zugängliches Wissen, das auch mit einer Zeitungsrecherche und erst Recht durch die Lektüre der einschlägigen Öl-Periodika zu gewinnen gewesen wäre. Eindeutig war die Einschätzung, die politisch und finanziell bestimmenden Kräfte kämen aus „dem Iran und den arabischen Ländern, nicht aber aus dem Kreis der afrikanischen, lateinamerikanischen und asiatischen Mitglieder der Kartellorganisation OPEC".[205] Der wichtigste Verfechter von Preissteigerungen sei der Schah Mohammed Reza Pahlevi, meist vertreten von seinem Finanzminister Hushang Ansari, die in dieser Forderung allerdings vom ebenfalls einflussreichen algerischen Präsidenten Houari Boumedienne und seinem Ölminister Belaid Abdessalam unterstützt würden. Demgegenüber träten König Faisal und sein Ölminister Yamani für eine gemäßigte Preispolitik ein, während die anderen OPEC-Länder wie Nigeria, Indonesien, Venezuela, Ecuador oder Gabun die jeweiligen preispolitischen Entscheidungen stützten, sofern sie ihren Interessen entsprächen. Gaddafi, „die Herrscher Kuwaits, der Golfstaaten oder die irakische Führung [seien ...] hinsichtlich der Preispolitik nur Mitläufer, aber doch Befürworter einer harten Erdölpolitik der OPEC und der Araber".[206] Motiviert seien sie zum einen durch die Gefahr einer zu schnellen Erschöpfung ihrer Ölreserven und zum anderen durch die Erfahrung des Kolonialismus und den Nahostkonflikt. Für die Durchführung und Ausgestaltung des Ölembargos machte das Auswärtige Amt vor allem Faisal, Boumedienne und Gaddafi verantwortlich. Abderahmane Khene, der algerische Generalsekretär der OPEC, koordiniere die Verbandsinteressen zwar und vertrete sie nach außen, nehme aber auf ihre Gestaltung keinen wesentlichen Einfluss.

Nichtsdestoweniger hatte das Auswärtige Amt die öffentlichen Äußerungen Khenes nach dessen Ernennung zum Generalsekretär zu Beginn des Jahres 1973 genau registriert. Als Khene Ende September 1973 auf Einladung der Friedrich-Ebert-Stiftung zu einem Vortrag nach Bonn kam, traf er sich zu einem Gespräch mit Detlev-Karsten Rohwedder, Ulf Lantzke und Hansheinrich Kruse und überraschte hier wie auch sonst durch seine wenig ökonomische und stark moralische Argumentation.[207] Wie schon Yamani (Kapitel 4.3) verwies auch Khene immer

---

[203] BMWi an AA: Zusammenstellung: Politische und finanzielle Köpfe des Kartells der erdölfördernden Länder, 20. 3. 1974, PA AA, B 36 (Referat 310), 104993. Ein gutes Jahr später legte die deutsche Vertretung bei der OPEC in Wien auch ein detailliertes Papier über deren Struktur und Funktionsweise vor: Interwien an AA: Organisation der OPEC, 8. 7. 1975, PA AA, B 71 (Referat 405), 113908.
[204] Kruse, [Hansheinrich]: Schreiben an das Bundesministerium für Wirtschaft (Ref. III C 2): Politische und finanzielle Köpfe des Kartells der Erdölproduzierenden Länder, 9. 5. 1974, PA AA, B 71 (Referat 405), 113906.
[205] Ebd.
[206] Ebd., S. 2.
[207] Referat 403 an Staatssekretär: Besuch des OPEC Generalsekretärs Khène, 27. 9. 1973, PA AA, B 71 (Referat 405), 113907; Ungerer, [Werner]: Fernschreiben zum Gespräch Khènes

wieder auf die Endlichkeit der Ölreserven und die dadurch bedingte Notwendigkeit, alternative Energieträger zu entwickeln. Dies sahen deutsche Diplomaten oft als Verschleierung der eigentlichen ökonomischen Interessen, die hinter der Ölpolitik der Förderländer, insbesondere der arabischen, stünden, zumal es sich bei der Grenzrhetorik um den Import westlicher Interpretationen der ölpolitischen Weltlage handele. So berichtete der deutsche Vertreter bei den internationalen Organisationen in Genf über ein Gespräch mit Khene, dieser habe sich einer „politisch-moralischen, von einsicht in wirtschaftliche zusammenhaenge kaum beeinflussten argumentation" bedient: „argumente, die sich an den sorgen des ‚club of rome' und an der forderung nach mehr wirtschaftlicher und sozialer gerechtigkeit in den wirtschaftsbeziehungen zwischen industrielaendern und entwicklungslaendern orientieren, sind – wie die mitglieder der opec inzwischen gelernt haben, sehr viel griffiger und schwerer zu widerlegen, als das primitive drohen mit dem zudrehen des oelhahns."[208] Wie so oft zeigt sich auch hier eine Überraschung westlicher Diplomaten, bei ihren arabischen Gesprächspartnern nicht nur auf ein deutlich gestiegenes Selbstbewusstsein, sondern auch auf einen hohen Informations- und Kenntnisstand zu treffen.

Im Unterschied zur OPEC, über die die deutsche Vertretung in Wien zwar mit Schwierigkeiten aber doch regelmäßig und detailliert Bericht erstattete, wurde die OAPEC nur in ihren Verlautbarungen und über die Botschaften der Mitgliedsländer wahrgenommen. Seit der zweiten Oktoberhälfte des Jahres 1973 häuften sich die Berichte über die grundsätzliche Stimmung in Regierung und Öffentlichkeit der jeweiligen Länder, die vor allem abzuschätzen versuchten, ob die Bundesrepublik weiter als neutral oder nicht doch als freundlich oder feindlich eingestuft werden würde. Dabei bemerkten nur wenige wie der deutsche Botschafter in Beirut, dass die Unklarheit in den Verlautbarungen der OAPEC Methode hatte, weil sie Unsicherheiten erzeugte und die deutsche Seite immer wieder zu Nachfragen, Auslegungen und Gesprächen zwang.[209] Am dringlichsten und deutlichsten war dies im Fall von Libyen.

Libysches Öl und Deutsche Angst

Nach dem Sturz von König Idris und der Revolution im Jahr 1969 zählte die libysche Regierung unter Muammar al-Gaddafi zu den radikalsten Verfechtern einer an den Interessen der Förderländer orientierten Ölpolitik. Neben der Verstaatlichung ausländischer Ölfirmen, die in Libyen wegen der Zersplitterung der Förderlizenzen leichter möglich war als in anderen Ländern, forderte Gaddafi immer wieder auch den Einsatz des Öls als Waffe im Kampf gegen die Ausbeutung der

---

im BMWi, 25. 9. 1973, PA AA, B 71 (Referat 405), 113907; im Anhang der Text von Khènes Vortrag bei der FES.
[208] Herbst: Gespräch mit Khene, 10. 1. 1974, PA AA, B 71 (Referat 405), 104993.
[209] Lankes, [Georg Christian]: Fernschreiben zur arabischen Erdölpolitik, 23. 10. 1973; Lankes, [Georg Christian]: Nahostkrise, 23. 10. 1973, PA AA, B 36 (Referat 310), 104991.

„Dritten Welt" durch die „imperialistischen Mächte".[210] Noch wenige Wochen vor Beginn der Ölkrise hatte Gaddafi der Zeitschrift *Newsweek* ein viel beachtetes Interview gegeben, in dem er die libysche Nationalisierungspolitik lediglich als Vorstufe zum Einsatz des Öls in politischen Auseinandersetzungen beschrieben und geurteilt hatte: „Oil, if properly used, can be more effective than military clashes."[211] Während der libysche Verbalradikalismus die US-amerikanische Regierung angesichts der ohnehin geringen Importe aus der Region relativ kalt lassen konnte, sah dies für die Bundesregierung grundsätzlich anders aus. Denn im Herbst 1973 fanden nicht nur wesentliche Teile des Auslandsengagements deutscher Ölfirmen in Libyen statt, sondern die Bundesrepublik bezog mehr als 25 Prozent ihres Öls von dort, so dass Libyen damit der größte deutsche Öllieferant war.[212]

Nach der Verkündung der Lieferbeschränkungen im Oktober 1973 hatte das Wirtschaftsministerium zunächst geurteilt, dass kurzfristige Ausfälle von ein bis zwei Wochen selbst dann kein ernsthaftes Problem darstellten, wenn sie bis zu 50 Prozent betrügen. Blieben die Importe hingegen längerfristig unter den derzeitigen Mengen, könne schon eine Verringerung um zwanzig Prozent ernsthafte Probleme erzeugen.[213] Das libysche Öl war also essenziell, und aufgrund der kurzen Tankerfahrzeiten hätte sich ein libysches Embargo sehr rasch auf die bundesdeutsche Energieversorgung ausgewirkt. So hieß es in Walter Scheels Sprechzettel für die Kabinettsitzung am 7. November ausgehend von der Expertise des Wirtschaftsministeriums: „Sollte jedoch Libyen, das zur Zeit 25% der deutschen Mineralöleinfuhren liefert, Maßnahmen gegen die Bundesrepublik ergreifen, würde sich die Lage schon binnen Wochenfrist erheblich verschärfen und einschneidende Einschränkungen beim Verbrauch [...] notwendig machen."[214] Als in der zweiten Oktoberhälfte bekannt wurde, dass die Vereinigten Staaten Waffen und Kriegsgerät von Stützpunkten in Deutschland nach Israel lieferten, kritisierten die arabischen Länder die Bundesregierung für die Duldung dieser Vorgänge scharf

---

[210] Siehe Kapitel 4.1 und Yergin: The Prize, S. 577–580; als Einführung zu den deutsch-libyschen Beziehungen siehe Tim Szatkowski: Gaddafis Libyen und die Bundesrepublik Deutschland 1969 bis 1982, München 2013.

[211] Kaddafi: A New Form of War. Interview, Newsweek (24.9.1973); ganz ähnlich hatte sich schon der libysche Ölminister am 18. August geäußert: siehe MEES 16,45 (31.8.1973), S. 6f.

[212] DiploTripolis an BMWi: Libyen, Erdöl, 1.2.1973; Berghaus: Vermerk: Deutsche Erdölinteressen im Lichte der libyschen Erdölpolitik, 19.12.1972, PA AA, B 36 (Referat 310), 104840; Libyen lag vor Saudi-Arabien mit 18,5 Prozent sowie Iran, Algerien und Nigeria mit jeweils um die zehn Prozent; Unterrichtung durch die Bundesregierung. Die Energiepolitik der Bundesregierung, S. 24f.

[213] Kruse, [Hansheinrich]: Herrn Staatssekretär zur Information, 17.10.1973, PA AA, B 36 (Referat 310), 104991; siehe auch Abteilung III C 1/III C 2 [BMWi]: Aktuelle Situation im Mineralölbereich, 22.10.1973, in: PA AA, B 71 (Referat 405), 113906.

[214] Hermes, [Peter]: Sprechzettel für die 39. Kabinettsitzung am 7. November 1973, 6.11.1973, PA AA, B 71 (Referat 405), 113924; [Kruse, Hansheinrich], Bericht zur aktuellen Mineralölsituation. Sachstand, 6.11.1973, PA AA, B 36 (Referat 310), 104992; siehe auch Abteilung III C 1/III C 2 [BMWi]: Aktuelle Situation im Mineralölbereich, 3.11.1973, PA AA, B 36 (Referat 310), 104992; Weiß an Chef des Bundeskanzleramtes: Aktuelle Situation im Mineralölbereich, 5.11.1973, und Weiß: Vermerke für die Kabinettsitzung am 7.11.1973, Barch, B 136/7708.

und drohten, die Bundesrepublik mit in das Vollembargo einzubeziehen, wenn die Regierung keine pro-arabischere Haltung einnähme. In dieser prekären Konstellation bekam die vermeintlich abstrakte Frage nach der Positionierung Deutschlands in der Welt einen ganz konkreten Gehalt: Bei der Sicherung ausreichender Öllieferungen ging es auch darum, auf die besonderen Beziehungen zu Israel Rücksicht zu nehmen, das Verhältnis zu den USA nicht über Gebühr zu belasten und sich zugleich zu den Forderungen europäischer Solidarität insbesondere mit den vom Vollembargo betroffenen Niederlanden zu verhalten.

Mitte Oktober waren die Ansichten der Experten geteilt, ob eine massive militärische Unterstützung der USA für Israel den Einsatz der sogenannten Ölwaffe nach sich ziehen würde, aber es fehlte nicht an diesbezüglichen Warnungen von arabischer Seite (Kapitel 4.1). Das Bundeskabinett nahm schon vor Beginn des Produktionsbeschränkungsregimes wahr, dass die arabischen Länder „etwaige Waffenlieferungen der USA an Israel über deren Einheiten in der Bundesrepublik" mit Misstrauen beobachteten.[215] Tatsächlich hatte der amerikanische Botschafter in der Bundesrepublik, Martin J. Hillenbrand, Walter Scheel am 16. Oktober darüber informiert, dass die USA Waffen auch aus Depots auf deutschem Territorium an Israel liefern würden, und die Bundesregierung erhielt am folgenden Tag sogar eine Aufstellung über das gelieferte Gerät.[216] Die Gefahr, wegen der amerikanischen Waffenlieferungen zum Ziel eines arabischen und vor allem libyschen Ölembargos zu werden, erzeugte in der zweiten Oktoberhälfte und Anfang November 1973 erhebliche Nervosität und hektische Aktivitäten in der Bundesregierung, die von diversen arabischen Äußerungen noch genährt wurden. So wurde der Leiter des Büros der arabischen Liga am 25. Oktober im Auswärtigen Amt vorstellig, um zu erklären, dass man kein Vertrauen mehr in die Bundesregierung habe. Diese missbillige die Waffenlieferungen zwar, lasse sie aber gleichzeitig zu, so dass man auf deutsche Lippenbekenntnisse zur Neutralität nichts mehr gebe.[217]

Am beunruhigendsten waren jedoch die öffentlichen Äußerungen Gaddafis, der Willy Brandt in einem Brief aufforderte, sich im Nahostkonflikt eindeutig zur arabischen Sache zu bekennen und in einem Interview mit *Le Monde* am 23. Oktober drohte: „We've made all the preparations – and so have the other Arabs – to deprive Europe completely of oil. We shall ruin your industries as well as your

---

[215] Metzger (Djidda) an AA: Erdölpolitik Saudi Arabiens, 16.10.1973, VS-Bd. 1912 (201), PA AA, B 150, 291; Außenpolitische Unterrichtung des Bundeskabinetts am 17. Oktober 1973, 16.10.1973, PA AA, B 1 (Referat 010), 576.

[216] Aufzeichnung über das Gespräch des Herrn Bundesministers mit dem amerikanischen Botschafter am 16.10.1973; Pfeffer: Aufzeichnung Nahostkonflikt, Amerikanische Waffenlieferungen aus der Bundesrepublik Deutschland nach Israel, 17.10.1973, VS-Bd. 1012 (201), PA AA, B 150, 291.

[217] Abt. 3 Lahn an Staatssekretär: Besuch des Leiters des Büros der Arabischen Liga Herr Katib, 25.10.1973, PA AA, B 1 (Referat 010), 576; siehe zum Element der Angst in der Ölkrise ausführlicher Rüdiger Graf: Gefährdungen der Energiesicherheit und die Angst vor der Angst. Westliche Industrieländer und das arabische Ölembargo 1973/74, in: Patrick Bormann/Thomas Freiberger/Judith Michel (Hg.), Angst in den Internationalen Beziehungen, Bonn 2010, S. 227–250.

trade with the Arab world. [...] Libya is the only country in the region that Europe fears, because we are quite ready to do without oil revenues. [...] We are determined to hit America, if necessary by striking Europe."[218] Für Lothar Lahn, den Leiter der politischen Abteilung im Auswärtigen Amt, demonstrierte das Interview, in dem Gaddafi sich „noch unbeherrschter als gewöhnlich" gegeben habe, einen „erschreckenden Extremismus". Ungeachtet der sonstigen „verbalen Exzesse" Gaddafis riet er Staatssekretär Frank, die Äußerungen ernst zu nehmen.[219] Grundsätzlich scheint es im Auswärtigen Amt keine klare Linie gegeben zu haben, wie Gaddafi einzuschätzen sei. Zum einen berichtete der deutsche Botschafter aus Tripolis, dass Gaddafi nach seinem Brief an Brandt den bisher größten Auftrag an deutsche Firmen in Libyen außerhalb des Erdölsektors vergeben habe. Werner bewertete dieses Vorgehen mit klassisch orientalistischen Stereotypen, indem er erklärte, Gaddafi suche „nach altem bazar-brauch, seinen partner einzubinden, dass dieser nicht in das lager der konkurrenten geht, nicht ohne den drohenden hinweis des moeglichen abbruchs der lukrativen geschaefts-beziehungen".[220] Gaddafi erschien in Werners Berichten als ein letztlich von wirtschaftlichen Motiven angetriebener Akteur, wenn auch die Logiken des wirtschaftlichen Handelns sich von europäischen unterscheiden mochten.[221] Andererseits beschrieb der in Libyen stationierte Botschaftsrat Gerhard Müller-Chorus Gaddafi nicht als rationalen wirtschaftlichen Akteur. Er zeigte sich unsicher, wie ein Mann mit Gaddafis „Mentalität und Psychostruktur" mit der einhelligen Expertenmeinung umgehen würde, dass ein Embargo gegen die Bundesrepublik nicht durchsetzbar sei. Seiner Ansicht nach könnte Gaddafi versucht sein, „mit allem nachdruck das embargo durchsetzen zu wollen [...] und sich in eine art perfektionierung des embargos hineinsteigern. spaetestens beim scheitern dieser bemuehungen koennten sich soviel ressentiments bei ihm aufgestaut haben, dass er schließlich der saudischen linie folgend und diese uebertrumpfend unter hintanstellung der eigenen finanzinteressen das embargo durch eine entsprechende produktionsbeschraenkung ergaenzt und damit eine echte versorgungskrise ausloest."[222] Auch Staatssekretär Frank berichtete von einem Besuch in Tripolis, ihm sei dort „eine ganze andere Welt aufgegangen, „eine Welt, die nicht in diesen kommerziellen und ökonomischen Kategorien denkt wie unsere."[223] Man könne also nicht davon ausgehen, dass es deshalb nicht zu einem Embargo kommen würde, weil dies

---

[218] Zitiert nach MEES 17,1 (26.10.1973), S. 11.
[219] Lahn an Staatssekretär: Interview des libyschen Staatspräsidenten mit Le Monde vom 23.10.1973, 25.10.1973, PA AA, B 1 (Referat 010), 576.
[220] Werner, [Günter Franz]: Fernschreiben zu Libyens Haltung nach der OPEC-Konferenz vom 17.10. in Kuwait, 20.10.1973, PA AA, B 36 (Referat 310), 104991.
[221] Ebd.; siehe auch Werner, [Günter Franz]: Libysche Erdölpolitik, 20.10.1973; Werner, [Günter Franz]: Fernschreiben zur libyschen Erdölpolitik, 23.10.1973, PA AA, B 36 (Referat 310), 104991.
[222] Müller-Chorus an AA: Libysche Androhung eines Ölembargos, 1.11.1973, PA AA, B 1 (Referat 010), 576.
[223] Hintergrundgespräch mit StS Frank: Nahostdeklaration der Europäischen Gemeinschaft, 7.11.1973, PA AA, B 1 (Referat 010), 576. Jedem, der das nicht glaubte, empfahl er die Lek-

letztlich den ökonomischen Interessen der arabischen Länder selbst widersprechen würde.

Am 30. Oktober spitzte sich die Lage zu, als Müller-Chorus vom libyschen Staatssekretär Naas ins Außenministerium zitiert wurde, wo dieser ihm eröffnete, die libysche Regierung bitte die Bundesregierung „möglicherweise zum letzten Mal", sich eindeutiger zum Nahostkonflikt zu positionieren.[224] Die libysche Regierung erwarte eine Antwort innerhalb einer Woche und werde ansonsten Maßnahmen gegen Deutschland ergreifen, zu denen ein Vollembargo gehören könne, zu dem auch die anderen arabischen Förderländer bereit seien. Statt sich eng an die USA zu binden wie bisher, solle die Bundesregierung lieber die viel nützlicheren Beziehungen zu den arabischen Staaten ausbauen und sich vor allem hüten, die vom Vollembargo betroffenen Niederlande zu unterstützen. Angesichts der Diktion nahm Müller-Chorus nach Rücksprache mit den amerikanischen Kollegen an, das Ultimatum komme direkt von Gaddafi und sei wesentlich dadurch motiviert, dass das bisherige Beharren auf Neutralität bzw. Abrücken von den USA auf libyscher Seite als Schwäche ausgelegt worden sei.[225]

Vor die Wahl gestellt, dem als unberechenbar geltenden Gaddafi einen Anlass für den Stopp der Öllieferungen zu bieten und einen Konflikt mit den Vereinigten Staaten und den Protest Israels zu riskieren, entschied sich die Bundesregierung für die zweite Möglichkeit. Sowohl mit öffentlichen Verlautbarungen als auch mit diplomatischen Initiativen wurde alles darangesetzt, die stabile Ölzufuhr zu gewährleisten. Nach dem Waffenstillstand wurde Botschafter Hillenbrand am 23. Oktober ins Auswärtige Amt bestellt und ihm erklärt, die Bundesregierung gehe davon aus, dass US-Waffenlieferungen von deutschem Territorium unterblieben.[226] Als dennoch weiter Schiffe mit US-Kriegsmaterial ausliefen, protestierte die Bundesregierung öffentlich und wies zugleich alle Botschafter in den arabischen Ländern an, ihren Gastregierungen mitzuteilen, die Bundesregierung sei diesbezüglich weder konsultiert noch informiert worden, missbillige die Lieferungen und halte sich im Nahostkonflikt strikt an den Grundsatz der Neutralität.[227] In seinen Briefen an Boumedienne und Gaddafi vom 26. Oktober 1973

---

türe des Gaddafi-Interviews in Le Monde: „Und da wird einem klar, mit welchen Dimensionen, auch psychologischen Dimensionen, wir in diesem Konflikt rechnen müssen."

[224] Botschaftsrat Müller-Chorus, Tripolis, an das Auswärtige Amt, in: Schwarz (Hg.), Akten zur Auswärtigen Politik der Bundesrepublik Deutschland 1973. Band III, S. 1668–1689, hier S. 1686.

[225] Ebd.; Müller-Chorus an AA: Libysche Androhung eines Ölembargos, 1.11.1973, PA AA, B 1 (Referat 010), 576.

[226] Vermerk über Gespräch Frank mit Hillenbrand: Waffenlieferungen, 23.10.1973, PA AA, B 1 (Referat 010), 576; zum Konflikt mit den USA siehe Kapitel 6.3.3 sowie den gut informierten Artikel Ölkrise: Kein Verlaß auf Großmütter.

[227] Pressemitteilung und Sprachregelungen des Pressereferats (nur zur eigenen Information), 26.10.1973, PA AA, B 1 (Referat 010), 576: „Die Bundesregierung hat am 24. Oktober erfahren, daß israelische Schiffe in Bremerhaven mit amerikanischem Material für Israel beladen wurden und ausgelaufen sind. Sofort nach Bekanntwerden hat der Staatssekretär des Auswärtigen Amtes den amerikanischen Geschäftsträger in Bonn zu sich gebeten. Er hat ihm unter Hinweis auf die Demarche beim amerikanischen Botschafter vom Vortage er-

bezog sich Willy Brandt zwar nicht explizit auf die Waffenlieferungen, versicherte jedoch beiden, dass die Bundesrepublik im Nahostkonflikt neutral sei und bekannte sich zur UN-Resolution 242. Dabei betonte er nicht nur das Recht aller Staaten, innerhalb freier und anerkannter Grenzen souverän zu agieren, sondern erwähnte auch explizit die „gerechte Lösung des palästinensischen Problems" als Bedingung einer Friedenslösung.[228] Auch öffentlich drückten Brandt und Scheel immer wieder die bundesdeutsche Neutralität im Konflikt aus, was wiederum zu Irritationen auf israelischer Seite führte.[229] So formulierte der israelische Botschafter gegenüber dem Auswärtigen Amt die Besorgnis seiner Regierung in Bezug auf die deutschen Neutralitätsbekundungen. Neutralität reiche nicht aus, denn schließlich handele es sich nicht um ein Fußballspiel, sondern um den Existenzkampf Israels.[230] Ölscheiche und Auschwitz könne man nicht auf eine Stufe stellen. Staatssekretär Frank, bei dem Ben-Horin vorstellig geworden war, beschied dem Botschafter relativ barsch, Neutralität sei eben das Wort für Nichteinmischung in Konflikte und man könne sich durch Wortinterpretationen auch unnötige Schwierigkeiten machen. Der Bundesregierung gehe es vor allen Dingen darum, einen dritten Weltkrieg zu verhindern, für den momentan alle Bedingungen vorhanden seien.[231]

Am gleichen Tag empfing Frank den libyschen Botschafter Jalial Daghely, mit dem er nicht weniger schroff umging, indem er das Gespräch mit der Feststellung eröffnete, man solle „besser die libysche Mahnung (‚Ultimatum'), innerhalb einer Woche Antwort zu geben, vergessen. Dies sei wohl nicht der richtige Ton, miteinander zu sprechen."[232] Die Bundesregierung sei von den libyschen Drohungen enttäuscht, denn schließlich sei sie weiter gegangen als die Verbündeten, indem sie die Verstimmung der USA riskiert hätten, die doch für die Garantie der bundesdeutschen Sicherheit von elementarer Bedeutung seien. Die Bundesregierung sei im Nahostkonflikt immer neutral gewesen, und im Übrigen tage man gerade in Brüssel, um eine gemeinsame europäische Position zu finden, die von da an auch die deutsche sein werde (Kapitel 6.3.2). Die deutsche Botschaft in Tripolis war angewiesen, auf die bundesdeutsche Neutralität und zudem die

klärt, die strikte Neutralität der Bundesrepublik Deutschland im Nahostkonflikt gebiete es, daß Waffenlieferungen aus amerikanischen Depots in der Bundesrepublik an einer der kriegführenden Parteien unter Inanspruchnahme des Territoriums oder von Einrichtungen der Bundesrepublik nicht gestattet werden können." Siehe auch Jesser/Fiedler an Diplogerma Kairo: Stellungnahme zu Waffenlieferungen, 25.10.1973, PA AA, B 1 (010), 576.
[228] Willy Brandt an Muamar Ghadafi [sic], 26.10.1973; Willy Brandt an Houari Boumedienne, 26.10.1973, PA AA, B 1 (Referat 010), 576.
[229] Interview mit Bundesaußenminister Scheel für die ZDF-Sendung Bonner Perspektiven, 28.10.1973, PA AA, B 150, 291; eine Zusammenstellung der öffentlichen Äußerungen Brandts als Diskussionshilfe für den deutschen Botschafter in Libyen im Anhang zu Jesser/Fiedler: Libysches Ultimatum, 31.10.1973, PA AA, B 1 (Referat 010), 576.
[230] Vermerk über ein Gespräch zwischen Frank und israelischem Botschafter am 5.11.1973, PA AA, B 1 (Referat 010), 576.
[231] Ebd.
[232] Jesser: Vermerk über ein Gespräch zwischen Staatssekretär Frank und dem libyschen Botschafter Daghely am 5.11.1973, PA AA, B 1 (Referat 010), 576.

essenzielle Bedeutung des Öls für die weltweite wirtschaftliche Entwicklung hinzuweisen.[233]

Während die Nachrichten aus Libyen widersprüchlich waren – neben wiederholten Drohungen zeigte sich die libysche Presse zufrieden mit dem Inhalt des dort veröffentlichten Schreibens Willy Brandts – tat sich für die deutschen Diplomaten in Ägypten ein erfolgversprechenderer Weg auf, das drohende Embargo abzuwenden.[234] Schon am 2. November hatte der ägyptische Botschafter im Auswärtigen Amt erklärt, er halte die Embargodrohungen für falsch und Libyen sei in der arabischen Welt damit isoliert. Zugleich forderte er aber, die Bundesregierung müsse eine pro-arabische Haltung einnehmen, um das Embargo zu verhindern.[235] Tatsächlich übernahm es Ägyptens Präsident Sadat, Gaddafi von seinen Embargoplänen abzubringen. Denn in Kairo war man mit der Erklärung der EG zum Nahostkonflikt vom 6. November zufrieden und erwartete neben dem Dank der Bundesregierung, dass Willy Brandt auf der von Golda Meir einberufenen Konferenz der Sozialistischen Internationale nicht von dieser Position abweichen werde.[236] Schon am Folgetag berichtete der Botschafter Werner aus Tripolis, die libysche Embargodrohung bestehe nicht mehr, obwohl der libysche Ministerpräsident Jallud noch am 12. November im Spiegel mit der Drohung zitiert wurde, Europa werde in Zukunft nur dann genügend Öl erhalten, wenn es den Arabern Waffen liefere.[237]

Tatsächlich ließen sich die Partei- und Regierungschefs der Sozialistischen Internationale bei ihrem Treffen in London nicht auf die von Golda Meir geäußerte Klage ein, die Nahostdeklaration der Europäer sei zu pro-arabisch und gehe über die UN-Deklaration 242 hinaus. Willy Brandt übernahm es, als erster auf die Kritik zu antworten: Zwar gestand er zu, dass die Erklärung in manchen Punkten „schöner" hätte ausfallen können, aber Israel solle sie nicht zu seinem Nachteil auslegen, und gegenseitige Anklagen würden seine Isolation nur verstärken.[238] Am 16. November dankte Willy Brandt, wie von Botschafter Steltzer angeregt, Sadat für seine Vermittlung, nachdem er zuvor Heath gegenüber behauptet hatte, die harte Haltung der Bundesregierung gegenüber dem libyschen Embargo sei

---

[233] Jesser/Fiedler: Libysches Ultimatum, 31.10.1973, PA AA, B 1 (Referat 010), 576.

[234] Werner (Tripolis) an Bonn: Veröffentlichung des Schreibens des Bundeskanzlers an Ghaddafi vom 26.10., 8.11.1973, Barch, B 136/7708; Werner, [Günter Franz]: Libysche Erdölpolitik, 5.11.1973; ders.: Libysche Erdölpolitik, 7.11.1973; ders.: Libysche Erdölpolitik, 8.11.1973, PA AA, B 36 (Referat 310), 104992.

[235] Redies: Gespräch mit ägyptischem Botschafter Kamel über libysche Boykott-Drohungen am 2.11.1973, 3.11.1973, PA AA, B 150, 292.

[236] Steltzer, [Hans Georg]: Fernschreiben zur Nahostkrise, 9.11.1973, PA AA, B 150, 292; AA an Bundeskanzleramt: Ägyptische Unterstützung gegenüber libyschem Ölboykott, 12.11.1973, PA AA, B 1 (Referat 010), 576.

[237] Werner, [Günter Franz]: Fernschreiben zur libyschen Ölembargopolitik, 10.11.1973, PA AA, B 36 (Referat 310), 104992; Europa muß den Arabern Waffen liefern. Der libysche Regierungschef Abd el-Salam Dschallud über Erdöl und Israel, Der Spiegel (12.11.1973), S. 120–128.

[238] Hase, [Karl-Günther v.]: Bericht über das Treffen der sozialistischen Internationale in London, 12.11.1973, PA AA, B 150, 292.

der Grund für das Einlenken Gaddafis gewesen.[239] Mit der Erklärung der EG vom 6. November war die bundesdeutsche Außen- und Nahostpolitik in europäische Zusammenhänge eingebettet, die es im Folgenden in den Blick zu nehmen gilt.

6.3.2 Gemeinsame Energiepolitik: EG und EPZ

Der Entschluss, mit der Norderweiterung der Europäischen Gemeinschaften auch eine Europäische Politische Zusammenarbeit (EPZ) anzustreben, hatte sich schon in den Verhandlungen über den Beitritt Großbritanniens herausgebildet. In den entscheidenden Ländern agierten zu diesem Zeitpunkt dezidiert pro-europäische Regierungen: die Tory-Regierung unter Edward Heath mit Außenminister Sir Alec Douglas-Home als die vielleicht europafreundlichste Regierung Großbritanniens (1970–1974), Präsident Georges Pompidou (1969–1974) in Frankreich mit den Außenministern Maurice Schumann (1969–1972) und Michel Jobert (1973/74), die den gaullistischen Kurs abschwächte, und die Regierung von Willy Brandt und Walter Scheel in der Bundesrepublik Deutschland.[240] Trotz des allgemeinen Bestrebens nach einer Vertiefung der europäischen Integration gelang es jedoch nicht, angesichts der drohenden Versorgungsschwierigkeiten im Ölbereich zu einer gemeinsamen Energiepolitik zu finden, die wesentlich über die von der OECD geforderten Krisenvorsorgemechanismen hinausgegangen wäre. Nichtsdestoweniger verfolgten die Mitgliedsländer der EG während der Ölkrise keine rein nationale Energiepolitik mehr, sondern alle energiepolitischen Initiativen und Bestrebungen hatten entweder eine europäische Komponente oder wurden in ihren europäischen Zusammenhängen reflektiert und diskutiert.

Im Mai 1973 hatte vor allem die französische Regierung in einer langen Sitzung des Ministerrates versucht, gemeinsame europäische Regelungen im Mineralölbereich zu schaffen, die der französischen Energiepolitik entsprochen hätten, scheiterte mit diesem Versuch aber an den zu unterschiedlichen nationalen energiepolitischen Vorstellungen.[241] Die wesentlichen Differenzen bezogen sich auf die Fragen, ob der Binnenmarkt für Ölprodukte reguliert werden solle und ob ein Dialog mit den Förderländern der Konsumentensolidarität vorzuziehen sei.[242] Die Öl-

---

[239] Steltzer, [Hans Georg]: Fernschreiben zur Nahostkrise, 9.11.1973, PA AA, B 150, 292; Gespräch des Bundeskanzlers Brandt mit Premierminister Heath in London, in: Schwarz (Hg.), Akten zur Auswärtigen Politik der Bundesrepublik Deutschland 1973. Band III, S. 1807-1815, hier S. 1812.

[240] Daniel Möckli: European foreign policy during the Cold War. Heath, Brandt, Pompidou and the dream of political unity, London/New York 2009, S. 17-55; kritisch zu Heath: Catherine Hynes: The Year That Never Was. Heath, the Nixon Administration and the Year of Europe, Dublin 2009; sowie zu Frankreich Aurélie Elisa Gfeller: Imagining European Identity. French Elites and the American Challenge in the Pompidou-Nixon Era, in: Contemporary European History 19,2 (2010), S. 133-149.

[241] Möckli: European foreign policy during the Cold War, S. 198; Kapitel 3.3.2, sowie Nigel J. D. Lucas/Dimitri Papacostantinou: Western European Energy Policies. A comparative study of the influence of institutional structure on technical change, Oxford 1985, S. 56.

[242] Nigel J. D Lucas: Energy and the European communities, London 1977, S. 56.

preissteigerungen und Produktionsbeschränkungen im Oktober 1973 erhöhten sozusagen die Einsätze in der Debatte über eine Gemeinsame Energiepolitik: Für die einen waren sie ein Prüfstein für die Qualität der europäischen Integration bzw. der innereuropäischen Solidarität und verdeutlichten die Notwendigkeit gemeinsamen europäischen Handelns. Bei den anderen erzeugte die Furcht vor Lieferausfällen dagegen nationale Reflexe, und sie versuchten, im Alleingang bzw. in bilateralen Verhandlungen mit den Förderländern ihre Ölversorgung zu sichern.[243] Insofern die Produktions- und Lieferbeschränkungen vom Jom-Kippur-Krieg ausgelöst worden waren, war das Problem einer gemeinsamen Energiepolitik oder auch nur einer innereuropäischen energiepolitischen Solidarität eng mit der Frage verbunden, ob und inwiefern es den EG gelingen werde, eine gemeinsame Position zum arabisch-israelischen Konflikt zu formulieren. Die Nahostpolitik wurde auf diese Weise geradezu zu einem Testfall für die EPZ und die Möglichkeit einer eigenständigen, von den USA unabhängigen Außenpolitik der EG.[244]

Schon am 13. Oktober, also noch vor dem Einsatz der „Ölwaffe", forderte ein Kommuniqué der EG die sofortige Einstellung der Kampfhandlungen, aber eine gute Woche später konnten sich die Nahostexperten nicht auf eine gemeinsame Stellungnahme zur Sicherheitsratsresolution 338 einigen, die die Kriegsparteien zum Waffenstillstand und zur Implementierung der UN-Resolution 242 aufforderte.[245] Vor allem die französische Seite sperrte sich gegen jede Erklärung, die nicht auch die Waffenlieferungen an die Kriegsparteien verurteilte. Ende Oktober und Anfang November, als die genauen Auswirkungen der Lieferbeschränkungen auf Europa noch kaum abzusehen waren, bemühten sich die Mitgliedsländer der EG darum, einerseits in bilateralen Verhandlungen mit den Förderländern eine ausreichende Ölversorgung sicherzustellen und andererseits eine gemeinsame europäische Position zum Nahostkonflikt zu formulieren. Die von der OAPEC vorgenommene Einteilung der europäischen Länder in feindliche, die kein Öl mehr bekommen sollten (Niederlande), freundliche, die genauso viel bekommen sollten wie bisher (Großbritannien und Frankreich), sowie neutrale Länder, für die die Produktionsbeschränkungen galten, führte zu massiven Interessenkonflikten.[246] Während die Niederlande auf die europäische Solidarität pochten und darin von der Bundesregierung, die ebenfalls befürchtete, von einem Vollembargo betroffen werden zu können, sowie Italien, Belgien und Luxemburg unterstützt wurden, fürchteten die Briten und Franzosen, durch eine Solidaritätserklärung ihren relativ privilegierten Status und ihre guten Beziehungen zur arabischen Welt aufs Spiel zu setzen.[247]

---

[243] Tauer: Störfall für die gute Nachbarschaft?, S. 109f.
[244] Möckli: European foreign policy during the Cold War, S. 198-208.
[245] Redies: Gesprächsunterlagen für die Tagung des EG Ministerrates am 5./6. November 1973, 4. 11. 1973, VS.Bd. 9994, PA AA, B 150, 292.
[246] Hellema/Wiebes/Witte: The Netherlands and the Oil Crisis; Graf: Making Use of the Oil Weapon; Venn: The Oil Crisis.
[247] Botschafter Lebsanft, Brüssel (EG), an das Auswärtige Amt: Ratstagung, hier: Erdölkrise, 4. 12. 1973, in: Schwarz (Hg.), Akten zur Auswärtigen Politik der Bundesrepublik Deutschland 1973, Band III, S. 1962-1965; Lebsanft: Bericht über die EG Tagung vom 6. 11. 1973, PA AA, B 150, 292.

Nach der Verkündung der Produktionsbeschränkungen durch die OAPEC verfolgte die britische Regierung offensiv eine „Britain first"-Strategie, deren Ziel es war, „to safeguard full supplies to the UK even at the expense of our partners".[248] Anfang November wurden die möglichen negativen Konsequenzen eines solchen Verhaltens für die Rolle Großbritanniens in Europa und der Welt in Regierungskreisen zwar offen diskutiert und nach Strategien gesucht, wie man wenigstens „in private and practices" pro-europäisch bleiben könne. Nichtsdestoweniger wandte sich der britische Außenminister Sir Alec Douglas-Home jedoch zusammen mit seinem französischen Kollegen Jobert gegen europäische Solidaritätserklärungen und enttäuschte damit vor allem die vom Vollembargo betroffenen Niederlande.[249] Die Franzosen versuchten kategorisch, jede Befassung der EG mit Öl- und Energiefragen zu vermeiden, und Jobert zeigte sich darüber bestürzt, dass die deutsche Initiative einer gemeinsamen Erklärung zur energiepolitischen Solidarität nicht geheimgehalten worden war.[250] Die Bundesregierung hatte vorgeschlagen, die EG sollten zumindest Besorgnis über die jüngsten Entwicklungen ausdrücken und ihre Absicht erklären, „den gemeinsamen Markt gegenüber Störungen von außen abzusichern und sein gutes Funktionieren im Inneren auch künftig zu gewährleisten".[251] Nachdem die Franzosen und Briten sich zunächst geweigert hatten, ein Abendessen der Außenminister zu einem „Erdöl-Essen" umzufunktionieren, beteuerte die bundesdeutsche Seite, auch ihr gehe es nicht um eine „spektakuläre Solidaritätsbekundung".[252] Nach einer Vermittlung zwischen Frankreich und Holland einigten sich die Außenminister schließlich am 6. November auf einen Minimaltext, der bestätigte, dass Mineralölversorgungsfragen Thema der EG seien.[253]

---

[248] Document 356: Fenn to Parsons, 1.11.1973, in: Keith Hamilton (Hg.): The year of Europe. America, Europe and the energy crisis, 1972–1974, London 2006.

[249] Document 360: J.E. Cable an J.0. Wright MWE 2/12, 2.11 1973, in: Hamilton, The Year of Europe; siehe zu den britisch-holländischen Beziehungen Duco Hellema: Anglo-Dutch Relations during the early 1970s. The Oil Crisis, in: Nigel John Ashton/ders. (Hg.), Unspoken allies Anglo-Dutch relations since 1780, Amsterdam 2001, S. 255–272; zur Kommunikation mit den Niederlanden Anfang November siehe Document 357: Douglas-Home to UKREP Brussels et al.: Netherlands and Arab Oil, November 1973, in: Hamilton, The year of Europe; Document 358: Douglas Home to Van der Stoel, November 1973, in: ebd.

[250] Botschafter Lebsanft, Brüssel (EG), an das Auswärtige Amt: Tagung der Europäischen Gemeinschaften am 6.11., 7.11.1973, in: Schwarz (Hg.), Akten zur Auswärtigen Politik der Bundesrepublik Deutschland 1973. Band III, S. 1757–1760, hier S. 1758; siehe auch Botschafter Lebsanft, Brüssel (EG), an das Auswärtige Amt: Ratstagung, hier: Erdölkrise, 4.12.1973, in: ebd., S. 1965.

[251] Lautenschlager, [Hans]: Vorlage zur Behandlung der Erdölkrise in der EG, 2.11.1973, PA AA, B 36 (Referat 310), 104992.

[252] Lautenschlager, [Hans]: Aufzeichnung über Abendessen der Außenminister der EG in Brüssel, 05.11.1973, PA AA, B 36 (Referat 310), 104992.

[253] Botschafter Lebsanft, Brüssel (EG), an das Auswärtige Amt: Tagung der Europäischen Gemeinschaften am 6.11., 7.11.1973, in: Schwarz (Hg.), Akten zur Auswärtigen Politik der Bundesrepublik Deutschland 1973, Band III, S. 1579; Dokument 377: Bericht aus Brüssel, 6.11.1973, in: Hamilton (Hg.), The year of Europe.

Diese Erklärung führte lediglich dazu, dass ein paar kleinere arabische Förderländer die Bundesrepublik für ihre Initiative kritisierten und mit einem Embargo drohten, das wenig wirkungsvoll gewesen wäre. Wesentlich größere Aufmerksamkeit erhielt die am gleichen Tag von den Außenministern nach vorheriger achtzehnstündiger Debatte der politischen Direktoren verabschiedete sogenannte Nahostdeklaration der EG.[254] In dieser Erklärung bekannte sich die EG zu den UN-Resolutionen 338 und 242 und formulierte Prinzipien einer künftigen Friedensregelung: den Verzicht auf Gewalt, die Beendigung der israelischen Besatzung, die Achtung der Souveränität und die Berücksichtigung der legitimen Rechte der Palästinenser.[255] Mit dieser Erklärung gingen die Europäer über die UN-Resolution 242 hinaus, die insofern ambivalent gewesen war, als sie in ihrer französischen Variante zwar den Rückzug Israels aus den (allen) 1967 besetzten Gebieten forderte, was den Vorstellungen der arabischen Länder entsprach, in der englischsprachigen aber nur den Rückzug aus im Sechstagekrieg besetzten Gebieten (also einigen), worauf Israel sich vielleicht hätte einlassen können. Die Nahostdeklaration der EG eliminierte diese Ambivalenz, die es bisher ermöglicht hatte, es in Verhandlungen sowohl der arabischen als auch der israelischen Seite recht zu machen. Die Erklärung vom 6. November wurde daher allgemein so interpretiert, dass sich die westeuropäischen Länder unter Drohung der arabischen Lieferbeschränkungen nicht zu wirklicher Solidarität mit den Niederlanden hatten durchringen können und ihre bisherige Neutralität im Nahostkonflikt zugunsten einer pro-arabischen Position aufgaben. Dabei wurde übersehen, dass der Erklärung ein genauer Abstimmungsprozess mit den arabischen Ländern darüber vorausgegangen war, was von diesen als ausreichende Stellungnahme akzeptiert würde, um eine Erleichterung der Produktionsbeschränkungen zu erreichen.[256] Die Erklärung war für die EG letztlich der einfachste und unproblematischste Schritt, um sich in der Auseinandersetzung um die Öllieferungen wieder einen argumentativen Vorteil zu verschaffen.[257]

Obwohl es mit dieser Resolution zum ersten Mal gelungen war, eine einheitliche außenpolitische Position im Rahmen der EPZ zu formulieren, konnte die Erklärung doch nicht über die massiven Differenzen zwischen den europäischen

---

[254] Hintergrundgespräch II. Teil (Frank und Pachelbel zur Nahostdeklaration der EG am 7. November 1973), PA AA, B 1 (Referat 010), 572.

[255] Bulletin, hg. vom Presse- und Informationsamt der Bundesregierung, vom 14. November 1973, zitiert nach Hohensee: Der erste Ölpreisschock 1973/74, S. 261f.; französischer Text: Déclaration commune des gouvernements de la Communauté économique européenne sur la situation au Proche-Orient, in: La Politique Étrangère de la France. Textes et Documents. 2e semestre 1973, Paris 1974, S. 171.

[256] Metzger, [Peter]: Fernschreiben über saudiarabische Erdölpolitik, 31.10.1973, PA AA, B 36 (Referat 310), 104991; ders.: Telegramm zur Haltung Saudi-Arabiens zu Freund- und Feindstaaten, 03.11.1973, PA AA, B 36 (Referat 310), 104992: „1. in gespraech mit designiertem us-botschafter akins hat am saqqaf am 3.11. nochmals definiert, welchen inhalt die erklaerungen der regierungen haben muessten, die ,eine chance haben wollen' voll mit erdoel weiter beliefert zu werden."

[257] Graf: Making Use of the Oil Weapon.

Regierungen hinwegtäuschen, die jeweils national um die Öl- und Energieversorgung ihrer Länder fürchteten.[258] In der politischen Öffentlichkeit vieler EG-Länder und der Vereinigten Staaten wurde die Nahostdeklaration gemeinhin als ein hilfloses Einknicken vor arabischem Druck gewertet. Auch in der deutschen Presse überwogen am Tag nach der Erklärung die deutlich kritischen Kommentare, die auch die kommunikativen Anforderungen des Embargos reflektierten. Einhellig meinten die Kommentatoren der großen deutschen Tageszeitungen, die Nahostdeklaration gebe die vorherige neutrale Position auf und ihr pro-arabischer Charakter sei auf den Druck der „Ölwaffe" zurückzuführen.[259] In der *Süddeutschen Zeitung* forderte Dieter Schröder „Mehr Kaltblütigkeit in der Ölkrise". In Bezug auf Israel könne kein europäisches Land und am wenigsten Deutschland neutral bleiben, führte er aus und meinte, die Uneinigkeit der Europäer habe den Einsatz der „Ölwaffe" geradezu herausgefordert.[260] Auch Günther Gillessen warf den westeuropäischen Regierungen in der *FAZ* vor, nach dem St. Floriansprinzip zu handeln und den Brand des Nachbarhauses in Kauf zu nehmen, wenn das eigene nur verschont werde. Ein solches Verhalten sei aber kurzsichtig, denn „die sichtbare Furcht der europäischen Regierungen vor Erdöl-Erpressung macht solche Erpressung wahrscheinlicher, umfangreicher und langfristig wiederholbar". Daher forderte Gillessen weitere Solidarität mit den Niederlanden: „Frieren für Holland? Frieren wir uns zusammen und erfrieren wir uns Einfluß."[261]

Die negative öffentliche Reaktion, die sich schon anlässlich der Haltung der Bundesregierung zu den Waffenlieferungen der Amerikaner nach Israel aufgebaut hatte, wurde im Auswärtigen Amt genau registriert, so dass Staatssekretär Paul Frank noch am Tag der Kommentare zur Nahostdeklaration Pressevertreter zu einem Hintergrundgespräch lud. Offenbar über die Kommentare verärgert, eröffnete Frank das Gespräch mit einer emotionalen und bisweilen auch durchaus aggressiven Erklärung zur deutschen Haltung im Nahostkonflikt und der Ölkrise, deren Niederschrift sechzehn eng beschriebene Schreibmaschinenseiten füllt.[262] Es ist schwer zu entscheiden, inwiefern Frank hier wirklich seinem über die vergangenen Wochen und Monate aufgestauten Ärger Luft machte oder ob er nur strategisch die Journalisten einzuschüchtern und zu einer positiveren Berichterstattung zu bewegen suchte. Auch in den Protokollen seiner Gespräche mit internationalen Partnern überrascht immer wieder Franks konfrontativer und bisweilen aggressiv wirkender Diskussionsstil. Für ein strategisches Verhalten spricht

---

[258] Daniel Möckli übernimmt die Perspektive der EG und deutet die Nahostdeklaration als Höhepunkt der EPZ; Möckli: European foreign policy during the Cold War, S. 185, 204.
[259] Erich Hauser: Diplomatische Klimmzüge, Frankfurter Rundschau (7.11.1973); Rm: Nachgiebigkeit in Brüssel, Frankfurter Allgemeine Zeitung (7.11.1973); Dieter Schröder: Mehr Kaltblütigkeit in der Ölkrise, Süddeutsche Zeitung (7.11.1973); siehe auch noch Monate später das kritische Urteil von Fritz Ullrich Fack: Europa als Restposten, Frankfurter Allgemeine Zeitung (13.2.1974).
[260] Schröder: Mehr Kaltblütigkeit in der Ölkrise.
[261] Günther Gillessen: Frieren für Holland?, Frankfurter Allgemeine Zeitung (7.11.1973).
[262] Hintergrundgespräch mit StS Frank: Nahostdeklaration der Europäischen Gemeinschaft, 7.11.1973, PA AA, B 1 (Referat 010), 576.

zumindest seine retrospektiv unter Bezugnahme auf Verhandlungen mit Kissinger während der Ölkrise formulierte Maxime diplomatischer Kommunikation: „In der Replik auf brutale Anwürfe darf keine Spur von Angst sein, weil Angst die Aggressivität des anderen erst recht provoziert."²⁶³

Den versammelten Pressevertretern erklärte er, die Kommentare zur Nahostdeklaration vom Vortag zeigten, dass zumindest einige von ihnen „nicht begriffen [hätten], worum es eigentlich geh[e]", nämlich um eine Frage von Krieg und Frieden. Auch hätten sie offenkundig nicht verstanden, was für „geradezu apokalyptische" Konsequenzen ein substantieller Ausfall von Öllieferungen für ein hochindustrialisiertes Land wie die Bundesrepublik nach sich ziehen werde: „Fragen Sie doch Industrielle, was 25% weniger Energie für sie bedeutet. Fragen Sie die Petrochemie, was aus ihr wird, und fragen Sie doch – ob es bei 25% bleibt, sind wir noch gar nicht sicher – was hier sozial und wirtschaftlich in diesem Land und in Frankreich und in Holland und in Großbritannien entsteht, wenn man uns die Energiedecke, die Energiebasis wegzieht."²⁶⁴ Einen Konflikt mit den USA über deren Waffenlieferungen an Israel (Kapitel 6.3.3) habe er nicht „aus Jux und Tollerei" oder „um den starken Max zu markieren" riskiert, sondern um nicht in den Krieg hineingezogen zu werden und um die ‚vitalen Interessen' der Bundesrepublik Deutschland ‚intakt zu halten'.²⁶⁵ In dieser Situation sei es die Aufgabe der deutschen Außenpolitik, das richtige Maß an „selbstverteidigender Solidarität" zu entwickeln, um die „vitale Existenz" der Bundesrepublik zu garantieren.²⁶⁶ Im Gegensatz zu den Kommentaren betonte Frank, dass die Nahosterklärung der EG keine Reaktion auf die Ölkrise sei, sondern in der Kontinuität deutscher und europäischer Politik stehe. Das ‚unwürdige' Jonglieren mit der französisch- und der englischsprachigen Version der UN-Resolution 242 müsse ein Ende haben, auch wenn es für die Bundesregierung bequem gewesen sei, „wir verstehen da immer nur Bahnhof" zu sagen.²⁶⁷ Außerdem sollten die Journalisten honorieren, dass die Erklärung das erste Zeichen einer neu entstehenden politischen Entität sei, beziehungsweise dass die Krise der europäischen Einigung eine Chance verleihe. Genauso wie die Bundesrepublik seien auch die EG insgesamt durch die Ölkrise gezwungen, sich in der Welt und in Beziehung zu anderen Weltregionen zu verorten: „Im Grunde genommen ist sich Europa hier seiner Interessen bewusst geworden, seines Platzes in der Welt und seiner Rolle, die es übernehmen kann."²⁶⁸ Die Erklärung sei nicht die Summe der neun Positionen der Mitgliedsländer, sondern die europäische, die sich die Bundesregierung in Zukunft zu eigen machen werde. Wohl jeder der anwesenden Journalisten dürfte Frank nach seinem langen Ausbruch geglaubt haben, dass es ihm „persönlich viel lieber und

---

²⁶³ Paul Frank: Entschlüsselte Botschaft. Ein Diplomat macht Inventur, München 1985, S. 271 f.
²⁶⁴ Hintergrundgespräch am 7.11.1973 mit StS Frank: Nahostdeklaration der Europäischen Gemeinschaft, PA AA, B 1 (Referat 010), 576, S. 7.
²⁶⁵ Ebd., S. 2.
²⁶⁶ Ebd., S. 8.
²⁶⁷ Ebd., S. 13.
²⁶⁸ Ebd., S. 4.

angenehmer" gewesen wäre, wenn er alles, was er über diese Dinge denke, „in Leitartikeln oder anderen Kommentaren" hätte abreagieren können.[269]

Die Nahostdeklaration der EG wurde von den arabischen Ländern wie erwartet begrüßt und eröffnete den Ländern der EG damit weiteren diplomatischen Manövrierraum. Gemäß der kommunikativen Logik des Embargos lag der Ball nun nicht mehr bei ihnen, sondern es war an der arabischen Seite, auf die Erklärung zu reagieren. Schon wenige Tage nach der Verabschiedung der Nahosterklärung schlug die britische Regierung den Partnern vor, die Nahostdeklaration jetzt zu einer konzertierten diplomatischen Initiative bei den arabischen Ländern zu nutzen und diese zur Aufhebung der Produktionsbeschränkungen sowie des Embargos zu bewegen: „It seems desirable that the Community countries should begin to cash the credit which the Declaration has earned them."[270] In einer gemeinsamen Demarche solle den arabischen Ländern erklärt werden, dass die europäische Einheit auch ihnen nutzen werde, dass ihre Maßnahmen im Ölbereich diese Einheit aber untergrüben, die ökonomische Entwicklung Europas gefährdeten und zudem die öffentliche Meinung negativ beeinflussten. Während dieser Vorstoß gemeinhin auf Zustimmung stieß, sperrte sich Frankreich zunächst gegen die Initiative.[271] Am 20. November verabschiedeten die Außenminister der EG jedoch eine gemeinsame Erklärung und beschlossen, dass diese den arabischen Ländern „vertraulich" und „nicht als Protest […], sondern als Teil des allgemeinen Dialogs zwischen europäischen Regierungen und arabischen Staaten über die jetzige Lage" überbracht werden solle.[272] Dabei sollte jeweils der europäische Botschafter im Land die Botschaft überbringen, der aufgrund der Beziehungen zum Gastland die größten Aussichten auf Erfolg hatte. In Libyen trafen beispielsweise der deutsche und der französische Botschafter den Leiter der politischen Abteilung des dortigen Außenministeriums zu einem Gespräch in „lockerer Atmosphäre" und gewannen den Eindruck, dass die Libyer begännen, die Europäer als Einheit zu begreifen und sich eher für eine Erleichterung als eine Verschärfung des Embargos einsetzen würden.[273] Tatsächlich setzte die OAPEC die eigentlich für Dezember vorgesehene weitere fünfprozentige Kürzung der Lieferungen an die neutralen Länder Europas aus, ließ das Embargo gegen die Niederlande jedoch bestehen.

In der Ölkrise entstand also eine doppelte Kommunikationsstruktur zwischen den westeuropäischen und den arabischen Ländern. Einerseits verhandelten die

---

[269] Ebd., S. 16.
[270] Lautenschlager: Vermerk: Diplomatische Initiative der Neun in der Erdölfrage, 12. 11. 1973; Secretary of State (GB): Botschaft an die europäischen Regierungen bezüglich der Aufhebung des Embargos, 10. 11. 1973, PA AA, B 71 (Referat 405), 113906.
[271] Document 393: Copenhagen tel 483, MWE 2/12, 15. 11. 1973: Reports on meeting of the Political Directors of the Nine and French veto on proposed approach to Arab oil producers, in: Hamilton, The year of Europe.
[272] Redies, [Helmut]: Schritt der „Neun" bei den arabischen Regierungen, 21. 11. 1973; Redies: Plurex: Gesprächsführung der EG-Mitgliedstaaten bei den arabischen Ländern, 21. 11. 1973, VS.Bd. 9994, PA AA, B 150, 293.
[273] Werner an AA: Nahostkonflikt – Beziehungen EG arabische Länder, 27. 11. 1973, VS.Bd. 14059, PA AA, B 150, 293.

Bundesregierung und die Regierungen der anderen europäischen Länder direkt mit den Förderländern, um ihre Energieversorgung sicherzustellen. Vor allem Frankreich und Großbritannien, aber auch die Bundesrepublik und Japan bemühten sich um bilaterale Abkommen, so dass der *Middle East Economic Survey* im Januar 1974 zutreffend titelte: „Bilateral Deals: Everybody's doing it".[274] Andererseits versuchten die Länder der EG aber auch, den arabischen Ländern als Gemeinschaft gegenüberzutreten. Einzelne ihrer Repräsentanten sprachen für die EG insgesamt, so dass sie in einem Kernbereich souveräner Politikgestaltung freiwillig Kompetenzen abtraten. Darin allerdings einen nationalen Souveränitätsverlust oder einen grundsätzlichen Souveränitätstransfer auf die supranationale Ebene zu sehen, greift insofern zu kurz, als die Regierungen nur dann die EG für sich sprechen ließen, wenn sie annahmen, dass das ihren jeweiligen nationalen Strategien zur Herstellung von Energiesicherheit nutzen würde. Die Bundesregierung zum Beispiel verschanzte sich gegenüber den arabischen Ländern quasi hinter der Neunererklärung, indem sie erklärte, dass es hier nun eine europäische Position gebe, von der die Bundesrepublik als Teil der EG nicht abweichen könne und die auszulegen sie nicht befugt sei. Die EPZ, die sich in der Nahostdeklaration manifestiert hatte, bedeutete also keinen Souveränitätsverzicht der Mitgliedsländer, sondern im Gegenteil eher eine Erweiterung von deren Souveränitätsspielräumen. Die Mitgliedsländer erwiesen sich als zu klein und machtlos sowohl um die Energieproblematik zu lösen als auch um eine bedeutsame Rolle im Nahostkonflikt zu spielen. Erst der Zusammenschluss schien die Nationalstaaten zu retten und ihnen Handlungsoptionen zu eröffnen, auch wenn sich letztlich selbst die EG als zu klein erwiesen, zumal der supranationale Zusammenschluss immer dort auf Schwierigkeiten stieß, wo er nicht im Interesse aller lag.[275]

Die Ambivalenz von nationaler und europäischer Energiesicherungspolitik setzte sich in den folgenden Wochen fort und kristallisierte sich beim europäischen Gipfeltreffen in Kopenhagen am 14. und 15. Dezember heraus. Schon bei einem Treffen der Außenminister Anfang Dezember wurde die Energiefrage ausführlich diskutiert, aber die vor allem von den Niederlanden und Dänemark geforderten Maßnahmen scheiterten am Widerstand Frankreichs und auch Großbritanniens, die keine Eskalation auf arabischer Seite provozieren wollten.[276] Angesichts der von ihnen offensichtlich verfolgten „sauve qui peut"-Strategie sahen sich die französische und die britische Regierung sowohl von Seiten der Partnerländer als auch innerhalb der EG zunehmender Kritik ausgesetzt. Als ein Strategiepapier der Planungsabteilung des Foreign and Commonwealth Office Anfang

---

[274] MEES 17,13 (18.1.1974), S.1; als Aufstellung der bilateralen Abkommen siehe Document 299: Paper Prepared in the Office of Economic Research, Central Intelligence Agency, Washington, February 4, 1974, in: Linda W Qaimmaqami/Edward C. Keefer (Hg.): Energy Crisis, 1969-1974, Washington 2012, S. 840-844; zur Praxis in Großbritannien Document 440: Minute: Egerton to Taylor N/B 12/5, in: Hamilton (Hg.): The year of Europe.
[275] Alan S. Milward: The European Rescue of the Nation-State, Berkeley 1992, S. 2f.
[276] Document 435: UKREP Brussels tel 6054, SMG 12/598/1, 5.12.1973, in: Hamilton, The year of Europe; Document 445: Tel 764 to Bonn MWE 1/548/25, 10.12.1973, in: ebd.

Dezember die britische Position auf dem kommenden Gipfeltreffen definieren sollte, untersuchte es dazu fünf verschiedene Optionen: „a) Increased Saudi Production for Britain [...] b) Arab Preferences without Increased Production [...] c) Accept Equal Misery [...] d) Exploiting the position of BP [...] e) Restricting Exports to the EEC of Oil and Products."[277] Angesichts der komplizierten Gemengelage des Ölproduktionsbeschränkungsregimes argumentierten die Experten, es gebe für die britische Regierung keine „clear-cut choice between a policy of pursuing national advantage and one of European co-operation".[278] Eine rein nationale Strategie könnte, auch wenn sie erfolgreich wäre, zu einer Verschlechterung der Beziehungen innerhalb Europas führen, deren negative Effekte langfristig schwerer wögen als ein Mangel an Öl. Die Regierung solle sich zunächst abwartend verhalten, denn schließlich habe sich die bisherige Praxis als zielführend erwiesen, insofern auch die Niederlande durch die Verteilungspolitik der Ölkonzerne von den schlimmsten Folgen des Embargos verschont würden. Spektakuläre Aktionen seien demgegenüber zu vermeiden. Zwar könne man die Zusammenarbeit intensivieren, müsse aber einen europäischen Zugriff auf die Ölreserven in der Nordsee vermeiden bzw. „our ability to exploit the North Sea as a national asset" wahren.[279]

Da auch die französische Regierung weiter gegen intensivere Bekundungen europäischer Solidarität war, war es schwer, auf dem Gipfel in Kopenhagen Einigkeit über eine gemeinsame Energiepolitik herzustellen. Schließlich bestanden wesentliche Differenzen darüber, wie stark ein gemeinsamer Markt für Mineralölprodukte reguliert werden und welche Rolle den großen Ölgesellschaften bei der Versorgung Europas in Zukunft zukommen sollte. Während Frankreich für eine dirigistische Politik eintrat und den Einfluss der Ölfirmen zugunsten einer direkten Kommunikation zwischen den Regierungen der Förder- und der Konsumentenländer zurückdrängen wollte, wollte die Bundesregierung einen flexibleren Markt und die Versorgung weiter durch die multinationalen Konzerne gewährleistet wissen.[280] Daher einigten sich die Staats- und Regierungschefs in Kopenhagen nur auf eine recht allgemein gehaltene Erklärung zur Energie mit Arbeitsaufträgen für die Kommission und den Rat.[281] So enttäuschend die inhaltlichen Ergebnisse waren, so interessant war der Gipfel auf symbolischer Ebene mit der „Declaration of European Identity", die aus den Diskussionen über Henry A. Kissingers „Year of Europe" entstanden war (Kapitel 6.3.3). Kissingers Initiative hatte einen innereuropäischen Selbstverständigungsprozess befördert, der jetzt zu einer Er-

---

[277] Permanent Under-Secretary's Planning Committee: Oil and Europe, 11.12.1973 (PC 73(17)), NA UK, FCO 30/1944.
[278] Ebd.
[279] Document 467: Tel 1551 to UKREP Brussels, SMG 12/598/1, 17. Dezember, in: Hamilton, Year of Europe.
[280] Lantzke an Friderichs, Behandlung der Energiefragen auf der Gipfelkonferenz am 14./15. Dezember 1973, 7.12.1973, Barch, B 102/201338.
[281] The Copenhagen Summit Conference, in: Bulletin of the European Communities 12 (1973), S. 6–12.

klärung der EG führte, die das Ziel hatte: „to achieve a better definition of their relations with other countries and of their responsibilities and the place which they occupy in world affairs."[282] Dabei registrierten die Regierungschefs zunächst den globalen Einflussverlust, den ihre Länder im 20. Jahrhundert erlitten hatten. Während sie früher einzeln eine wichtige internationale Rolle hätten spielen können, seien die internationalen Probleme der Gegenwart zu groß, als dass sie dazu noch in der Lage wären. Die einzige Lösung sei daher ein Zusammenschluss.[283] „Acting as a single entity" solle Europa Ausgleich und Kooperation mit allen Ländern suchen und so zum allgemeinen Nutzen der Weltgemeinschaft beitragen. Interessanterweise begann die Liste der Länder, mit denen Europa bereits jetzt kooperiere und in Zukunft kooperieren wolle, mit der Gruppe „Afrika, Mittelmeerländer und Mittlerer Osten", und erst an zweiter Stelle folgten die USA, Japan und Kanada. Daran anschließend kam die Notwendigkeit der Zusammenarbeit mit der Sowjetunion im Sinne der Entspannungspolitik, und schließlich wurden die übrigen Weltregionen aufgezählt.[284] In der akuten Phase der Ölkrise gaben die Länder der EG also den Beziehungen zu Nordafrika und dem Mittleren Osten in einer öffentlichen Erklärung den Vorrang gegenüber den transatlantischen Beziehungen, die spätestens seit der Nahostdeklaration ohnehin angespannt waren. So vollzog sich die Bestimmung der Rolle Europas in der Welt ganz wesentlich über die Abgrenzung von den Vereinigten Staaten im Bereich der internationalen Energiepolitik. Zugleich blieben die Länder der EG aber nicht zuletzt im Energiebereich von der Kooperation mit den USA abhängig, wie im Folgenden gezeigt werden wird (Kapitel 7).

6.3.3 Transatlantische Verwerfungen im „Year of Europe"

Im Jahr 1973 wollte Henry A. Kissinger den transatlantischen Beziehungen eine neue Form und Bedeutung verleihen. Am 23. April erklärte er im Waldorf-Astoria in New York Vertretern der Associated Press, Europa solle wieder im Zentrum der US-amerikanischen Außenpolitik stehen, nachdem diese sich in den vergangenen Jahren vor allem mit der Sowjetunion und China sowie dem Krieg in Vietnam beschäftigt habe. Zur Überraschung vieler Europäer schlug er vor, mit den Partnerländern bis zum Herbst eine neue Atlantik-Charta auszuhandeln. Kissingers „Year of Europe" getaufte Initiative beeinflusste die transatlantischen Beziehungen während des gesamten Jahres und hat gerade wegen ihrer Koinzidenz mit den

---

[282] The Declaration of European Identity, in: Bulletin of the European Communities 12 (1973); URL: http://www.cvce.eu/obj/Declaration_on_European_Identity_Copenhagen_14_December_1973-en-02798dc9-9c69-4b7d-b2c9-f03a8db7da32.html (zuletzt besucht am 20.9.2012); siehe auch Möckli: European foreign policy during the Cold War, S. 219-224.

[283] The Declaration of European Identity: „International developments and the growing concentration of power and responsibility in the hands of a very small number of great powers mean that Europe must unite and speak increasingly with one voice if it wants to make itself heard and play its proper rôle in the world."

[284] Siehe dazu ausführlich Aurélie Elisa Gfeller: Building a European Identity. France, the United States and the Oil Shock, 1973-1974, New York 2012.

europäischen Bemühungen um eine Europäische Politische Zusammenarbeit zeitgenössisch breite Debatten und historisch starkes Forschungsinteresse hervorgerufen.[285] Von Beginn an stieß das Year of Europe bei europäischen Regierungsvertretern auf Kritik, weil diese sich über den Schritt nicht ausreichend in Kenntnis gesetzt fühlten und verärgert darüber waren, dass Kissinger den USA eine globale, Europa aber nur eine regionale Rolle zugestehen wollte.[286] Noch in seinen Memoiren kritisierte Edward Heath die fehlende Sensibilität der Amerikaner gegenüber europäischen Befindlichkeiten in einer schwierigen Phase des Einigungsprozesses. Dies sei schon an der Art deutlich geworden, wie Kissinger seine Initiative eröffnet habe: „For Henry Kissinger to announce a Year of Europe without consulting any of us was rather like my standing between the lions in Trafalgar Square and announcing that we were embarking on a year to save America!"[287] Anders als Heath hier suggeriert war die britische Regierung sehr wohl vorher über die Initiative konsultiert worden, hatte allerdings andere Vorstellungen über die Ausgestaltung der transatlantischen Zusammenarbeit.[288]

Während Kissingers Initiative unter anderem das Ziel verfolgt haben dürfte, die US-amerikanische Hegemonie im westlichen Bündnis zu stabilisieren, bewirkte sie eher das Gegenteil: Sie verschärfte die transatlantischen Spannungen, katalysierte den europäischen Einigungsprozess und verstärkte die Selbstbehauptungsbestrebungen der EG-Länder gegenüber den USA.[289] Differenzen ergaben sich vor allem daraus, dass Kissinger zwar eine multilaterale Struktur schaffen, über diese aber zunächst in bilateralen und geheimen Gesprächen mit den einzelnen europäischen Regierungen verhandeln wollte, wohingegen die Europäer den Amerikanern in den Verhandlungen als Einheit gegenübertreten wollten.[290] Die dazu notwendigen Abstimmungsprozesse verlängerten die Reaktionszeit auf die amerikanischen Vorschläge und führten dort zu Verstimmungen. Dies galt auch für die Entsendung europäischer Vertreter nach Washington, die dort als nicht satisfaktionsfähig wahrgenommen wurden, wie zum Beispiel der dänische Außenminister Knud Andersen. Auch hier zeigte sich ein Autoritäts- oder Souveränitäts-

---

[285] Hynes: The Year That Never Was; Möckli: European foreign policy during the Cold War, S. 140-183; Gfeller: Building a European Identity; Judith Michel: Willy Brandts Amerikabild und -politik, 1933-1992, Göttingen/Oxford 2010, S. 355 und passim; Alastair Noble: Kissinger's Year of Europe, Britain's Year of Choice, in: Matthias Schulz/Thomas Alan Schwartz (Hg.), The strained alliance. US-European relations from Nixon to Carter, New York 2010, S. 221-235.
[286] Keith Hamilton: Britain, France, and America's year of Europe, 1973, in: Diplomacy & Statecraft 17,4 (2006), S. 871-895, hier S. 876; Gfeller: Imagining European Identity, S. 137.
[287] Edward Heath: The Course of My Life. My Autobiography, London 1998, S. 493.
[288] Niklas H. Rossbach: Heath, Nixon and the Rebirth of the Special Relationship. Britain, the US and the EC, 1969-74, Basingstoke 2009, S. 135-146.
[289] Fabian Hilfrich: West Germany's Long Year of Europe. Bonn between Europe and the United States, in: Schulz/Schwartz, The strained alliance, S. 237-256; siehe auch Daniel Möckli: Asserting Europe's Distinct Identity. The EC Nine and Kissinger's Year of Europe, in: ebd., S. 195-220.
[290] Möckli: European foreign policy during the Cold War, S. 148-151; Keith Hamilton: Introduction, in: ders., The year of Europe, S. 1-43, hier S. 36.

problem: Während ein Entsandter der EG zwar dazu autorisiert war, die USA über einen europäischen Beschluss zu informieren, konnte er nicht in Verhandlungen über diesen eintreten, sondern musste sich dazu zuerst rückversichern. Dies scheint vor allem Kissinger als Zumutung empfunden zu haben.[291] Als Richard Nixon sich Brandt gegenüber empört über die verhaltene Reaktion der Europäer auf das Year of Europe äußerte, versuchte dieser, den amerikanischen Präsidenten zu beschwichtigen, indem er darauf verwies, dass das politische Europa sich in einem Formierungs- und Lernprozess befinde, der langwierig und manchmal auch lästig sein könne. Offen forderte Brandt Nixon dazu auf, die europäische Einigung zu unterstützen und Europa so zu behandeln, als ob es die angestrebte Einheit schon erreicht hätte.[292]

Während Frankreich eine Einbindung der USA in europäische Angelegenheiten grundsätzlich vermeiden wollte und das Year of Europe für ein einfaches Herrschaftsinstrument der Amerikaner hielt, war vor allem die britische Regierung in einer schwierigen Situation. Sie wollte einerseits die besonderen Beziehungen zu den USA nicht gefährden und andererseits den Europäern aber auch nicht als „trojanisches Pferd" erscheinen, in dem die Vereinigten Staaten mit am europäischen Verhandlungstisch saßen.[293] Auch die Regierung Heath entschied sich jedoch wie die europäischen Partner dafür, der europäischen Integration den Vorrang vor der „special relationship" zu geben, so dass der externe diplomatische Druck, den das Year of Europe entfaltete, zu einer Stärkung der EPZ führte. Zugleich verschärften sich durch die Initiative, den transatlantischen Beziehungen eine neue Form und Struktur zu geben, die Konflikte zwischen den USA und sowohl den westeuropäischen Ländern als auch den Europäischen Gemeinschaften insgesamt. Diese Konflikte erreichten noch einmal eine neue Qualität, als das Ölembargo und die Preissteigerungen massive transatlantische Interessengegensätze zutage treten ließen.

Aus dem ohnehin schon angespannten Verhältnis zwischen den Vereinigten Staaten und der Bundesrepublik entwickelte sich in der zweiten Oktoberhälfte ein offener Konflikt, als die Bundesregierung, um ein libysches oder gar gesamtarabisches Ölembargo zu verhindern, gegen die amerikanischen Rüstungslieferungen von Depots in Deutschland nach Israel protestierte (Kapitel 6.3.1). Schon bevor das Embargo gegen die USA verhängt worden war, hatten sich Kissinger und der amerikanische NATO-Botschafter Donald Rumsfeld verärgert über die mangelnde Unterstützung der europäischen Verbündeten gezeigt, sich bei dieser Kritik

---

[291] Henry A. Kissinger: The United States and a Unifying Europe, in: Department of State Bulletin 69, (31.12.1973), S. 777-782, hier S. 779.
[292] Fernschreiben des Präsidenten der Vereinigten Staaten von Amerika, Nixon, an den Bundeskanzler Brandt 30. Juli 1973, in: Brandt: Ein Volk der guten Nachbarn, S. 486f.; Fernschreiben des Bundeskanzlers Brandt an den Präsidenten der Vereinigten Staaten, Nixon, 4.8.1973, in: ebd., S. 488-490; siehe auch die Gespräche von Brandt und Scheel mit Nixon und Kissinger Ende September 1973: Gespräche Brandt/Scheel mit Nixon/Kissinger, 2.10.1973, 240 – 1921/73v, PA AA, B 150, 290.
[293] Zu Frankreich Gfeller: Imagining European Identity, S. 137; zu Großbritannien Noble: Kissinger's Year of Europe, S. 890.

aber nicht primär auf die Bundesrepublik bezogen.[294] Als das Auswärtige Amt am 24. Oktober jedoch den US-amerikanischen Botschafter einbestellte, um gegen das Auslaufen von israelischen Schiffen mit US-amerikanischen Waffen aus Bremerhaven zu protestieren, war die Verärgerung innerhalb der US-amerikanischen Regierung groß. Sowohl der deutsche Botschafter in Washington von Staden als auch der amerikanische Botschafter in der Bundesrepublik Hillenbrand berichteten wiederholt über die „Woge der Verbitterung über das Verhalten der Alliierten" oder über die ‚heftige Reaktion' und ‚tiefe Enttäuschung' in Washington.[295] Die Entrüstung fiel umso größer aus, als das US-Militär in der Nacht vom 24. zum 25. Oktober wegen einer möglichen Konfrontation mit der Sowjetunion in strategische Alarmbereitschaft versetzt wurde.[296] Auf der einen Seite warfen die Amerikaner nun den Europäern vor, sie in dieser weltpolitisch schwierigen Situation im Stich gelassen und sich aus den Bündnisverpflichtungen gestohlen zu haben. Auf der anderen Seite zeigten sich die Europäer darüber verärgert, dass sie im Vorfeld der Entscheidung nicht konsultiert worden waren.

In den Protokollen der Treffen zwischen Staatssekretär Frank und dem amerikanischen Gesandten Cash bzw. Botschafter Hillenbrand am 24. und 25. Oktober wird die Anspannung und Erregung auf beiden Seiten deutlich. Auch wenn Frank am Anfang offen das Trilemma der deutschen Position in diesem Konflikt darlegte, weder im deutsch-amerikanischen noch im deutsch-israelischen oder deutsch-arabischen Verhältnis Schäden entstehen zu lassen, traten doch massive Interessenkonflikte zutage, die in aller Schärfe ausgetragen wurden.[297] Während Cash auf

---

[294] Botschafter von Staden, Washington, an Staatssekretär Frank, 20.10.1973, in: Schwarz (Hg.), Akten zur Auswärtigen Politik der Bundesrepublik Deutschland 1973. Band III, S. 1627-1628; siehe auch die Lageanalyse der CIA: Memorandum: Troubled Alliance: Western Europa, the US and the Middle East Crisis, November 2, 1973, CIA, Doc No/ESDN: 51112a4b993247d4d8394507.

[295] Staden, [Berndt von]: Fernschreiben zum europäisch-amerikanischen Verhältnis, 28.10.1973, PA AA, B 150, 291; Gespräch des Staatssekretärs Frank mit dem amerikanischen Botschafter Hillenbrand, 25.10.1973, in: Schwarz (Hg.), Akten zur Auswärtigen Politik der Bundesrepublik Deutschland 1973, Band III, S. 1647-1653.

[296] Asaf Siniver: Nixon, Kissinger, and U.S. foreign policy making. The machinery of crisis, Cambridge 2008, S. 188; Janice Gross-Stein: Flawed Strategies and Missed Signals. Crisis Bargaining Between the Superpowers, October 1973, in: David Warren Lesch (Hg.), The Middle East and the United States. A historical and political reassessment, Boulder/Colo. 1999, S. 204-226.

[297] Gespräch des Staatssekretärs Frank mit dem amerikanischen Gesandten Cash, 24.10.1973, in: Schwarz (Hg.), Akten zur Auswärtigen Politik der Bundesrepublik Deutschland 1973, Band III, S. 1638-1643, hier S. 1640; einen Eindruck von der auch innenpolitischen Hitzigkeit der Debatte sowie von Paul Franks konfrontativem Diskussionsstil liefern dessen Erinnerungen, in denen er sich selbst als Caspar Hilzinger bezeichnet: „Der Arbeitskreis ‚Außenpolitik' der SPD-Bundestagsfraktion zitierte Caspar Hilzinger [...]. Auch dort fiel das böse Wort von den Heizöl-Diplomaten. Das sagte Caspar Hilzinger so ruhig, wie es ihm eben möglich war: ‚Ja, meine Herren von der SPD-Fraktion, wir sind Öl-Diplomaten. Das muß ich zugeben. Aber wir sind nicht für das leichte Heizöl zuständig, sondern für das Schweröl. Wir fühlen uns nicht zuständig für die warmen Stuben, sondern für die Arbeitsplätze. [...] Entweder wir kriegen das Öl auf der Grundlage guter Beziehungen zu den Produzentenländern, oder wir müssen es uns holen, und das würde Krieg bedeuten.' Caspar Hilzinger konnte sich in dem anschließenden Lärm kaum verständlich machen." Frank: Entschlüsselte Botschaft, S. 270.

Franks Protest hin behauptete, es habe eine deutsche Clearance für die Lieferungen gegeben und immer wieder nach Wegen suchte, die Lieferungen doch noch zu ermöglichen, stellte Frank sich stur und lehnte Waffenlieferungen in jeder Form ab.[298] Als Hillenbrand am folgenden Tag eine starke Demarche der US-Regierung durchführte, versicherte Frank ihm, die Äußerungen, die er in den vergangenen beiden Tagen Hillenbrand und Cash gegenüber gemacht habe, seien wohlüberlegt gewesen und hätten das Einverständnis des Bundeskanzlers gehabt.[299] Die „ausgewogene Politik" der Bundesregierung im Nahostkonflikt sei „diktiert durch vitale deutsche Interessen". Frank meinte, die USA müssten andere Wege finden, wenn sie weiter Waffen an Israel liefern wollten. Schließlich sei das Embargo gegen die Niederlande aus nichtigerem Anlass verhängt worden, und die Bundesregierung könne unter keinen Umständen riskieren, auch von einem Lieferstopp getroffen zu werden.[300] Auf den Hinweis Hillenbrands, die Lage sei nicht so dramatisch, er wisse, dass die Bundesrepublik Ölvorräte für mindestens zwei Monate habe, entgegnete Frank, es gehe letztlich nicht um Öl. Man nehme nicht deswegen eine weiche Haltung ein, sondern es gehe darum, die strikte Neutralität der Bundesrepublik im Konflikt zu wahren.[301] In einem Moment der Selbstkritik gestand Frank ein, dass die Bundesregierung mit der bisherigen Strategie ihre Ziele nicht erreicht, sondern vielmehr sowohl die Araber als auch die Israelis und die USA gegen sich aufgebracht habe, jedoch nicht ohne hinzuzufügen, er wisse nicht, ob das bedeute, dass man alles falsch oder alles richtig gemacht habe.[302]

In der US-Regierung wurde der Konflikt über die Waffenlieferungen sowie zwischen der US-amerikanischen und der europäischen Haltung gemeinhin im Sinne von Kissingers Initiative so interpretiert, dass „die USA global, aber die Europäer regional dächten."[303] Immer wieder erklärten Kissinger und seine Mitarbeiter, den Vereinigten Staaten gehe es vor allem darum, den Einfluss der Sowjetunion im Nahen Osten zu begrenzen und die Europäer müssten erkennen, dass das langfristig auch ihren eigenen Interessen diene, anstatt sich um kurzfristige Öllieferungen zu sorgen.[304] In der Embargokonstellation schien Kissinger einzig die Einnahme

---

[298] Gespräch des Staatssekretärs Frank mit dem amerikanischen Gesandten Cash, 24.10.1973, in: Schwarz (Hg.), Akten zur Auswärtigen Politik der Bundesrepublik Deutschland 1973, Band III, S. 1638-1643.

[299] Gespräch des Staatssekretärs Frank mit dem amerikanischen Botschafter Hillenbrand, 25.10.1973, in: Schwarz (Hg.), Akten zur Auswärtigen Politik der Bundesrepublik Deutschland 1973, Band III, S. 1647-1653.

[300] Ebd., S. 1651 f.

[301] Ebd., S. 1652.

[302] Ebd., S. 1653.

[303] Staden, [Berndt von]: Fernschreiben zur Auswirkung des Nahostkrieges auf die amerikanische Haltung bei der KSZE, 27.10.1973, PA AA, B 150, 291.

[304] Botschafter von Staden, Washington, an Bundesminister Scheel am 26.10.1973, Schwarz, Akten zur Auswärtigen Politik der Bundesrepublik Deutschland 1973, Band III, S. 1662-1668; Botschafter von Staden, Washington, an Bundesminister Scheel, 17.11.1973, in: ebd., S. 1943-1946; Staden, [Berndt von]: Gespräch mit Secretary of Defense James R. Schlesinger, 31.10.1973, PA AA, B 150, 291; siehe auch Berndt von Staden: Zwischen Eiszeit und Tauwetter. Diplomatie in einer Epoche des Umbruchs; Erinnerungen, Berlin 2005, S. 138.

einer Position der Stärke erfolgversprechend, um den Fluss des Öls langfristig zu sichern und den Einfluss der Sowjetunion in der Region einzudämmen (Kapitel 5.4). Dabei gestand er den europäischen Partnern trotz ihrer wesentlich höheren Abhängigkeit von Öllieferungen aus arabischen Förderländern keine abweichende Position zu, um seine eigene Verhandlungsstrategie nicht zu untergraben. Das Potential der Hegemonialmacht, die Verbündeten auf ihre Linie zu bringen, war allerdings begrenzt. Denn durch die Fortschritte der Entspannungspolitik in Europa reduzierte sich die Bedrohungswahrnehmung, und die Bundesregierung bzw. Willy Brandt waren überzeugt, dass die Amerikaner ihre Truppenpräsenz in Europa nicht wesentlich verringern würden, was Kissinger in Reaktion auf anders lautende Andeutungen Schlesingers auch bestätigte.[305] Zwar bemühte sich die Bundesregierung um Schadensbegrenzung, und Willy Brandt erkannte in einem Schreiben an Nixon die entscheidende Rolle der USA an und bekräftigte die deutsche Solidarität.[306] In der Sache blieb Brandt jedoch hart: „aber es ist ein anderes thema, wenn vom boden der bundesrepublik deutschland aus – ohne dass man die bundesregierung auch nur korrekt informiert, geschweige denn fragt – ueber amerikanische materialien verfügt wird zu zwecken, die eben nicht teil der buendnispolitik sind."[307] In diesem Falle habe die Bundesrepublik protestieren müssen. In seiner Antwort gestand Nixon zwar die anders gelagerten ökonomischen Interessen der Europäer im Nahen Osten zu, hob jedoch erneut im Sinne Kissingers hervor, dass die Eindämmung des sowjetischen Einflusses im Nahen Osten zur Bündnispolitik gehöre. Außerdem zeigte er sich erneut schockiert darüber, dass die bundesdeutsche Demarche bezüglich der Waffenlieferungen an die Öffentlichkeit gelangt sei, ohne dass der US-Regierung Zeit zur Reaktion gelassen worden wäre.[308] Je nach Lesart hatten also entweder die kurzsichtige und regional begrenzte Perspektive der bundesdeutschen Außenpolitik oder die „vitalen Interessen" der Bundesrepublik bzw. die Notwendigkeit, ein arabisches Embargo zu vermeiden, zu massiven Konflikten mit der Hegemonialmacht USA geführt.[309] Unter dem Eindruck der Ölkrise handelte die Bundesregierung zunächst stärker als europäische Macht im Verbund mit den europäischen Partnern denn als Bündnispartner der Hegemonialmacht USA. Dies wurde am deutlichsten im Konflikt um die Nahostdeklara-

---

[305] Botschafter von Staden, Washington, an Bundesminister Scheel am 26.10.1973, in: Schwarz (Hg.), Akten zur Auswärtigen Politik der Bundesrepublik Deutschland 1973, Band III, S. 1664.

[306] Gespräch des Staatssekretärs Frank mit dem amerikanischen Botschafter Hillenbrand, 29.10.1973, in: Schwarz (Hg.), Akten zur Auswärtigen Politik der Bundesrepublik Deutschland 1973, Band III, S. 1670-1677; siehe auch die ex-post Darstellung in Frank: Entschlüsselte Botschaft, S. 268; Interview mit Bundesaußenminister Scheel für die ZDF-Sendung Bonner Perspektiven, 28.10.1973, PA AA, B 150, 291.

[307] Telegramm Brandt an Nixon, 28.10.1973, PA AA, B 150, 291.

[308] Fernschreiben des Präsidenten der Vereinigten Staaten von Amerika, Nixon, an den Bundeskanzler Brandt, 30.10.1973, in: Brandt: Ein Volk der guten Nachbarn, S. 514-516.

[309] Judith Michel berichtet allerdings unter Bezug auf ein Gespräch mit Brandts ehemaligem Redenschreiber Klaus Harpprecht, die Bundesregierung habe Israel insgeheim Waffen geliefert, wodurch sich auch die Wogen im transatlantischen Verhältnis wieder geglättet hätten. Michel: Willy Brandts Amerikabild und -politik, S. 375f.

tion vom 6. November, die in den USA scharf kritisiert wurde. Für Walter Laqueur stellte das Verhalten der EG und ihrer Mitglieder gar die Integration selbst in Frage: „The real victim of the crisis in Europe was not the growth rate and prosperity; it was the myth European power and unity."[310]

Die Verschärfung der Spannungen zwischen der US-amerikanischen und den europäischen Regierungen resultierte sowohl aus ihrer unterschiedlich starken Abhängigkeit von Öllieferungen aus dem Mittleren Osten als auch aus verschiedenen Einschätzungen des Nahostkonflikts bzw. seiner globalen Implikationen. Schon das NSSM 174 hatte im Sommer 1973 ausgeführt, dass die Vereinigten Staaten ein arabisches Ölembargo relativ problemlos überstehen würden, die Europäer und Japaner dabei aber vor größeren Schwierigkeiten stünden.[311] In der US-Administration war man sich der im Vergleich zu den Europäern wesentlich stärkeren Position im Öl- und Energiebereich bewusst und gedachte, sie durchaus als Hebel in den Verhandlungen einzusetzen, wie Philip Odeen Henry Kissinger nahegelegt hatte: „Our Western European and Japanese Allies are much more dependent on imported energy than we are. This gives us more leverage in dealing with them on energy matters. We also get leverage from the fact that most major oil companies are American; we have considerable economic and political influence with the two biggest exporters, Saudi Arabia and Iran; and, we lead in most fields of energy-related technology. We must proceed carefully with our Allies in the Year of Europe to ensure that we can use our leverage in energy – for example, in the OECD emergency import sharing discussions – to get concessions in other areas."[312] Aus amerikanischer Perspektive nahmen sich das Ölembargo und die Produktionsbeschränkungen also wesentlich weniger dramatisch aus. Stattdessen sah das State Department im Oktober 1973 die größte Gefahr darin, im Zuge des Jom-Kippur-Krieges könne die Sowjetunion ihren Einfluss im Nahen und Mittleren Osten ausdehnen und damit die globalen Kräfteverhältnisse zu ihren Gunsten verschieben. In einer Zeit der Détente und Entspannungspolitik zwischen den Blöcken erschien den europäischen Regierungen angesichts der realen und drohenden Ölengpässe eine solche Entwicklung wiederum wesentlich weniger gefährlich zu sein.

Der deutsche Botschafter in Washington, Berndt von Staden, versuchte in seinen Berichten wiederholt, der Bundesregierung die grundsätzlich anderen Kategorien und Gefahrenabschätzungen der US-amerikanischen Außenpolitik nahezubringen.[313] Wie oben ausgeführt, sah Kissinger die Friedenslösung im Nahen

---

[310] Walter Laqueur: The Idea of Europe Runs Out of Gas, in: The Atlantic Community Quarterly, Spring (1974), S. 64-75, hier S. 64.
[311] Zu den außenpolitischen Strategieerwägungen in den USA siehe Kapitel 5.4.
[312] Philip Odeen: Memo for Kissinger: Meeting on Energy, Saturday, September 8, 1973, NARA, Nixon, NSC, Subject Files, Box 321.
[313] Staden, [Berndt von]: Gespräch mit Secretary of Defense James R. Schlesinger, 31.10.1973, PA AA, B 150, 291: „Das gespraech mit schlesinger zeigt deutlich, dass die amerikaner den gegenwaertigen nahostkonflikt aus einem etwas anderen blickwinkel betrachten als die europaeer. die vereinigten staaten sehen im vordergrund die konfrontation der beiden weltmaechte. sie betrachten es als ihre hauptaufgabe, eine gleichgewichtsverschiebung und gefaehrdung der energieversorgung des westens auf lange sicht zu verhindern. [...] sie betrach-

Osten als einzigen Weg, die Ölzufuhr langfristig sicherzustellen. Durch die Haltung der Europäer sah er seine Strategie der Stärke gefährdet, da deren Nahostdeklaration und ihr Streben nach bilateralen Deals von den Förderländern als Schwäche ausgelegt würden. Grundsätzlich führe das Nachgeben gegenüber einer Erpressung dazu, dass man weiter erpressbar bleibe, meinte Kissinger, aber noch mehr gelte dies für die Verhandlungen mit arabischen Ländern. So erklärte er dem britischen Außenminister Sir Alec Douglas-Home, seine Erfahrung aus Verhandlungen mit „den Arabern" sei, dass diese, sobald man eine ihrer Forderungen erfüllte, eine neue aufstellten.[314] Nachdem er von den Europäern mit der Nahostdeklaration vor vollendete Tatsachen gestellt worden war, versuchte Kissinger, zumindest die japanische Regierung von einer ähnlichen Verlautbarung abzubringen, was ihm allerdings angesichts der hohen japanischen Abhängigkeit vom Öl aus dem Mittleren Osten nicht gelang.[315] Kissingers Verärgerung über die zu weiche Haltung der Europäer und Japaner, in der er eine Behinderung seiner diplomatischen Bemühungen sah, war umso größer, als Kritik laut wurde, die Vereinigten Staaten sähen das Embargo und die Ölpreissteigerungen als Möglichkeit, ihre eigene Wettbewerbsposition gegenüber Europa und Japan zu verbessern.[316]

Kissinger ließ die europäischen Gesprächspartner seine Verärgerung deutlich spüren und äußerte sich intern noch kritischer und verächtlicher über die Europäer: „Europeans are almost impossible right now".[317] Vor allem die Briten und Franzosen wollten die europäische Einigung über den Konflikt mit den Vereinigten Staaten vorantreiben. Wie schwer es war, die Konfrontation mit einem verärgerten Kissinger auszutragen und auszuhalten, zeigt beispielsweise das Protokoll seines Treffens mit dem französischen Außenminister Michel Jobert, für den Kissinger besonders wenig übrig hatte. Auf Kissingers direkte Frage versicherte Jobert eilfertig, er glaube selbstverständlich nicht an die „komplizierten Theorien", dass die

---

ten die europaeischen befuerchtungen wegen eines arabischen oelboykotts als von kurzfristiger natur, die angesichts der weitergehenden folgen zurückzustehen haetten." ders.: Bericht zur amerikanischen Haltung im Nahostkonflikt, 8.11.1973, PA AA, B 150, 292.

[314] Record of Conversation between the Foreign and Commonwealth Secretary and the U.S. Secretary of State, Dr. Henry Kissinger, at the Foreign and Commonwealth Office at 10:30 a.m. on Wednesday, 12 December 1973, Secret, DNSA, KT00948; siehe auch Middle East Situation and Prospects [Discussion with Japanese Foreign Minister], Secret, Memorandum of Conversation, 7324413, November 14, 1973, DNSA, KT00911.

[315] Middle East Situation and Prospects [Discussion with Japanese Foreign Minister], Secret, Memorandum of Conversation, 7324413, November 14, 1973, DNSA, KT00911; Press Accounts of Secretary Kissinger's Visit to Tokyo, Secret, Memorandum of Conversation, November 22, 1973, DNSA, KT00919. Die Lage in Japan war der US-Regierung sehr genau bekannt; siehe Undersecretary of State for Economic Affairs, Arthur W. Hummel, Memorandum for the Secretary: Arab Oil Cutbacks and Japan, November 3, 1973, Nixon Library, NSC, Subject Files – Energy Crisis 1973-74, Box 321.

[316] Staden, [Berndt von]: Fernschreiben zu atlantischen Beziehungen und Nahostkrise, 23.11.1973, PA AA, B 150, 293.

[317] Kissinger Telcon with Donaldson, January 3, 1974, DNSA, KA 11786; Secretary's Staff Meeting, Wednesday, December 26, 1973, 3:10 p.m., DNSA, KT00973.

Amerikaner es letztlich auf eine Schwächung Europas abgesehen hätten.[318] Obwohl doch gerade die französische Regierung die Selbstbehauptung Europas gegen die USA vorantreiben wollte und grundsätzlich andere Vorstellungen über die internationale Kooperation im Öl- und Energiebereich verfolgte, drang nichts davon gegen Kissingers rhetorische Vehemenz durch, sondern das Gespräch verlief überraschend kooperativ. Wenn man den Gesprächsprotokollen glauben darf, galt das auch für das Aufeinandertreffen Kissingers mit den westeuropäischen Außenministern auf und am Rande einer NATO-Tagung am 10. und 11. Dezember in Brüssel.[319] Zur Vorbereitung auf seine Europareise waren Kissinger Anfang Dezember noch einmal genaue Zahlen über die Lieferausfälle in Europa und die daraus resultierenden außenpolitischen Handlungsoptionen vorgelegt worden. Wieder betonten seine Berater, die überlegene Verhandlungsposition der USA gegenüber den Europäern: „We have the power to make their oil situation better or worse."[320] Denn nur die Vereinigten Staaten könnten nennenswerten Einfluss auf Israel ausüben; aufgrund ihrer geringen Importabhängigkeit und der Tatsache, dass fünf der sieben größten Ölfirmen ihren Sitz in den USA hätten, könnten sie als einziges Land eine egoistische Strategie verfolgen, zumal sie noch immer über Einfluss auf Saudi-Arabien verfügten und einen Vorsprung bei neuen Energietechnologien hätten. Ziel der Verhandlungen müsse es sein, den Niederländern zu helfen und die Europäer durch die Versicherung der amerikanischen Kooperationsbereitschaft dazu zu bringen, dem arabischen Druck nicht weiter nachzugeben.

Sowohl beim NATO-Treffen am 10. Dezember als auch im Gespräch mit den Außenministern der EG am Folgetag äußerte Kissinger harte Kritik an deren Verhalten, schlug dann aber neue Formen der energiepolitischen Kooperation vor.[321] Diese konkretisierte er am 12. Dezember in einer Rede vor der Pilgrims of Great Britain Society in London, die offenkundig nur schlecht mit Nixon abgestimmt war.[322] Die Axiome der gemeinsamen Politik lauteten nach Kissinger: „Détente is

---

[318] Secretary's Conversation with Foreign Minister Jobert, Secret, December 19, 1973, DNSA, KT00966.

[319] Memo: Scowcroft to President: Sec. Kissinger's Address to the NATO Meeting, December 12, 1973, Nixon Library, NSC, HAK Office Files, Trips, Box 42; Document 447: FM Brussels to FCO: NATO Ministerial Meeting, December 10, 1973, in: Hamilton, The year of Europe; Document 449: UKDEL NATO to FCO: NATO Ministerial Meeting Private Session, December 11, 1973, in: ebd.; Document 450: FCO to UKREP Brussels: EEC – US Declaration, December 11, 1973, in: ebd.

[320] Memorandum for Secretary Kissinger from Jan Lodal/Helmut Sonnenfeldt, Subject: Next Steps in the European Oil Situation, December 4, 1973, Nixon Library, NSC, Subject Files – Energy Crisis 1973-74, Box 321.

[321] Memo: Scowcroft to President: Sec. Kissinger's Address to the NATO Meeting, December 12, 1973, Nixon Library, NSC, HAK Office Files, Trips, Box 42; Document 447: FM Brussels to FCO: NATO Ministerial Meeting, December 10, 1973, in: Hamilton, The year of Europe; Document 449: UKDEL NATO to FCO: NATO Ministerial Meeting Private Session, December 11, 1973, in: ebd.; Document 450: FCO to UKREP Brussels: EEC – US Declaration, December 11, 1973, in: ebd.

[322] Kissinger to Scowcroft [131000Z DEC 73], 23.12.1973, Nixon Library, NSC, Files, HAK Office Files, Box 42; Kissinger: The United States and a Unifying Europe.

an imperative. […] Common defense is a necessity. […] European unity is a reality. […] Economic interdependence is a fact."[323] Erkenne man diese Grundsätze an, resultierten Differenzen nur noch daraus, ob der Nahostkonflikt als regionaler oder aber als globaler Konflikt im Zeichen des Kalten Krieges interpretiert und die Energiekrise als Produkt des Jom-Kippur-Krieges oder als Konsequenz langfristiger Entwicklungen gesehen werde.[324] Kissinger plädierte dafür, die Energiekrise als ein langfristiges Problem mit globalen Implikationen zu begreifen, für das nur gemeinschaftliche Lösungen gefunden werden könnten, und schlug daher die Bildung einer Energy Action Group aus „senior and prestigious individuals" vor. Diese sollten in drei Monaten ein Aktionsprogramm zur Lösung der Krise erarbeiten, um so die Ölkrise zum wirtschaftlichen Äquivalent des Sputnik-Schocks von 1957 werden zu lassen.[325]

In Europa stand vor allem die französische Regierung Kissingers Vorstoß kritisch gegenüber, wohingegen die anderen Länder der EG die Initiative zu einer transatlantischen Kooperation in Energiefragen begrüßten. Auch Lantzke und Rohwedder im bundesdeutschen Wirtschaftsministerium sahen dies so: „Aus der energiepolitischen Interessenlage der Bundesrepublik heraus", ließen sie den Bundeskanzler wissen, sei Kissingers Kooperationsangebot „grundsätzlich sehr positiv zu beurteilen und zu unterstützen", so dass Brandt auf dem Kopenhagener Gipfel mit Nachdruck auf eine positive Reaktion der Gemeinschaft hinarbeiten solle, die dann nicht erreicht wurde (Kapitel 6.3.2).[326] Trotz dieses Versuchs stellte die Bundesregierung in der Ölkrise das Verhältnis zu den Europäern zunächst über das zu den USA, und den Europäern insgesamt war die Sicherheit ihrer Energieversorgung wichtiger als die Stabilität des transatlantischen Bündnisses. Aufgrund der wirtschaftlichen Machtverhältnisse und der Bedingungen der internationalen Ölwirtschaft blieb dies jedoch eine Episode und schon bald fanden sich die meisten Europäer wieder zur engen Kooperation mit den USA bereit, um die Ölkrise zu überwinden und künftige Versorgungsstörungen zu verhindern (Kapitel 7.2).

6.3.4 Die Ölkrise und die Beziehungen zur Zweiten und zur Dritten Welt

Durch die Ölkrise wurden nicht nur im Rahmen der ganz wesentlich symbolischen Declaration of European Identity die Beziehungen der Bundesrepublik zu den Förderländern, den europäischen und den nordamerikanischen Verbündeten überdacht. Vielmehr beeinflusste die Ölkrise auch die Beziehungen zur „Zweiten" und zur „Dritten Welt": Angesichts der ökonomischen Bedrohung durch Öl- und

---

[323] Kissinger: The United States and a Unifying Europe, S. 779.
[324] Ebd., S. 780.
[325] Ebd., S. 781.
[326] Lantzke an Hermes, Entwurf für Schreiben Rohwedder an Grabert, 13.12.1973; Detlev K. Rohwedder an Horst Grabert (BMWi): Gipfelkonferenz am 14./15. Dezember 1973, 13.12.1973, PA AA, B 71 (Referat 405), 113893.

Energieengpässe bzw. gestiegene Energieimportkosten wurden überkommene ideologische Konflikte mit dem Ostblock genauso hintangestellt wie neuere, hehre Ziele in der Entwicklungspolitik. Letztlich bestimmte vor allem das Streben nach Energiesicherheit die bundesrepublikanische Außenpolitik.

Jenseits der oben skizzierten Verstimmungen wurde das transatlantische Verhältnis weiter dadurch belastet, dass die Energiekrise die Bereitschaft der westeuropäischen Länder zur wirtschaftlichen Kooperation mit dem Ostblock erhöhte. Trotz der globalen Konfliktkonstellation des Kalten Krieges, der sich zunächst vor allem in Europa und hier wiederum insbesondere im geteilten Deutschland konzentrierte, hatte die Sowjetunion schon zu Beginn der 1960er Jahre wesentlichen Anteil an der Energieversorgung Westeuropas. Die Länder des Rats für gegenseitige Wirtschaftshilfe (RGW) waren nicht nur energieautark; vielmehr machte Exportöl aus der Sowjetunion 1961 ungefähr 35 Prozent der griechischen, 22 Prozent der italienischen, 21 Prozent der österreichischen und 19 Prozent der schwedischen Versorgung aus.[327] Auch in der Bundesrepublik stammten zu Beginn der 1960er Jahre immerhin um die fünf Prozent der Rohöleinfuhren aus der Sowjetunion. Diese Importe nahmen zunächst zu, sanken aber ab 1968 wieder und machten auch aufgrund des schnell ansteigenden Gesamtenergieverbrauchs einen immer geringeren Anteil aus.[328] Sicherheitspolitische Erwägungen, die man angesichts des Kalten Krieges vermuten könnte, spielten bei diesen Lieferungen zunächst keine besondere Rolle, weil angenommen wurde, dass die Sowjetunion die aus den Rohstoffverkäufen resultierenden Devisen zumindest ebenso dringend benötigte wie die westlichen Länder das Öl.[329] Im Rahmen der vor allem von Egon Bahr und Willy Brandt vorangetriebenen Ostpolitik kam intensiveren ökonomischen Beziehungen eine zentrale Bedeutung zu, um „Wandel durch Annäherung" zu erreichen.[330] Durch für beide Seiten nützliche wirtschaftliche Kooperationen sollten engere Austauschprozesse und Verflechtungen entstehen und das Klima zwischen Ost und West insgesamt verbessert werden.[331] Sichtbarstes Zeichen der ökonomischen Ostpolitik und ihrer Energiekomponente war der Abschluss des sogenannten Gas-Röhren-Geschäfts in den Jahren 1970 und 1972, im Rahmen dessen die Sowjetunion sich zur Lieferung einer großen Menge Erdgas

---

[327] David S. Painter: Oil, Resources, and the Cold War, 1945–1962, in: Melvyn P Leffler/Odd Arne Westad (Hg.), The Cambridge History of the Cold War, Cambridge/New York 2009, S. 486–507, hier S. 505.
[328] Unterrichtung durch die Bundesregierung. Die Energiepolitik der Bundesregierung, S. 24 f.; Jochen Bethkenhagen: Bedeutung und Möglichkeiten des Ost-West-Handels mit Energierohstoffen, Berlin 1975, S. 211 und passim.
[329] Hanns-D. Jacobsen: Probleme des Ost-West-Handels aus Sicht der Bundesrepublik Deutschland, in: German Studies Review 7,3 (1984), S. 531–553.
[330] Gottfried Niedhardt: Ostpolitik. Phases, Short-Term Objectives, and Grand Design, in: David C. Geyer/Bernd Schaefer (Hg.), American Détente and German Ostpolitik 1969–1972, Washington D.C. 2004, S. 118–136; David C. Geyer/Bernd Schaefer: Preface, in: dies. (Hg.), American Détente and German Ostpolitik 1969–1972, Washington D.C. 2004, S. 1–4, hier S. 2.
[331] Werner D. Lippert: The economic diplomacy of Ostpolitik. Origins of NATO's energy dilemma, New York 2011, S. 20, 34.

im Austausch für 2,4 Millionen Tonnen Großrohre bereit erklärte.[332] Schon vor der Ölkrise bemühte sich die Bundesregierung zudem um ein Dreiecksgasliefergeschäft mit der Sowjetunion und dem Iran, in dem der Iran Gas an die Sowjetunion und diese wiederum an die Bundesrepublik liefern sollte, um Transportkosten zu sparen.[333]

Nach der Verkündung der Produktionsbeschränkungen durch die OAPEC und den begleitenden Preissteigerungen nahm das Interesse der Bundesregierung an Öl- und Gaslieferungen aus den Ländern des RGW schlagartig zu. Bis zu zehn oder fünfzehn Prozent der westdeutschen Energieversorgung könnten aus osteuropäischen Quellen stammen, meinten die Experten, ohne dass sich daraus eine kritische Abhängigkeit vom politischen Gegner ergebe. Im Gegenteil würde sich die Abhängigkeit von Ländern wie Libyen dadurch merklich verringern.[334] Die Schwierigkeit schien eher darin zu bestehen, die sowjetische Produktion entsprechend zu steigern, als in den möglichen politischen Konsequenzen, die sich angesichts der Entspannungspolitik nicht mehr dramatisch ausnahmen, zumal der Nutzen wie im Gas-Röhren-Geschäft beiderseitig sei.[335] Unmittelbar nach Beginn der Ölkrise beschwerte sich Brandt in einem Brief an Breschnew über die arabische „Politik der Erpressung" und fuhr fort: „Natürlich wäre es alles etwas leichter, wenn wir nicht so sehr vom Öl abhängen würden. Die Frage wäre interessant, ob und inwieweit die Sowjetunion zu kurzfristigen oder mittelfristigen Lieferungen bereit oder in der Lage wäre. Langfristig werden wir große Anstrengungen machen, um künftig von Erpressungen unabhängig zu werden."[336] Auch bat er Breschnew zwei Monate später noch einmal darum, seinen Einfluss im arabischen Raum und bei den Förderländern „im mäßigenden und ausgleichenden Sinne" einzusetzen.[337] Breschnew versuchte zwar zunächst, Zwietracht im westlichen Bündnis zu säen, indem er darauf hinwies, den USA sei nicht an einem schnellen Ende des Embargos gelegen, weil sie von den Ölpreissteigerungen und der Schwächung Europas letztlich profitierten.[338] Nach längeren Verhandlungen wurde dann aber im August 1974 doch ein neues Erdgaslieferabkommen geschlossen, im

---

[332] Bethkenhagen: Bedeutung und Möglichkeiten des Ost-West-Handels mit Energierohstoffen, S. 202–204.
[333] Schauer an Bundeskanzler: Deutsch-iranische Zusammenarbeit auf dem Gebiet der Energieversorgung, 30. 4. 1973, BArch, B 136/7706; siehe auch BArch, B 136/17572.
[334] Schon am 23. Oktober fragte Peter Hermes deswegen bei Ulf Lantzke an; siehe Hermes, [Peter]: Brief an Ulf Lantzke zur Energieimportabhängigkeit vom Ostblock, 23. 10. 1973, PA AA, B 71 (Referat 405), 113924.
[335] Lüders, [Karl Heinz]: Fernschreiben zu Öllieferungen aus der UdSSR, 20. 11. 1973, PA AA, B 36 (Referat 310), 104992.
[336] Bundeskanzler Brandt an den Generalsekretär des ZK der KPdSU, Breshnew, in: Schwarz (Hg.), Akten zur Auswärtigen Politik der Bundesrepublik Deutschland 1973. Band III, S. 1780–1782, hier S. 1781.
[337] Bundeskanzler Brandt an den Generalsekretär des ZK der KPdSU, Breshnew, am 4. Januar 1974, in: Hans-Peter Schwarz (Hg.), Akten zur Auswärtigen Politik der Bundesrepublik Deutschland 1974. Band I: 1. Januar bis 30. Juni 1974, München 2005, S. 3–5.
[338] Egon Bahr: Aufzeichnung des Bundesministers Bahr, in: Schwarz (Hg.), Akten zur Auswärtigen Politik der Bundesrepublik Deutschland 1973. Band III, S. 1747–1750, hier S. 1748.

Rahmen dessen die UdSSR insgesamt etwa zehn Milliarden Kubikmeter Gas pro Jahr an die Bundesrepublik liefern sollte.[339]

Auch wenn sich aus steigenden Öl- und Gasimporten aus der Sowjetunion und den Ländern des RGW keine neuen Abhängigkeiten ergaben, wurden sie doch von den USA nicht gern gesehen, sondern als Herausforderung für das transatlantische Bündnis interpretiert. Schließlich führten die Rohstoffabkommen der Hegemonialmacht vor Augen, dass ihre westeuropäischen Verbündeten ihre Energiesicherheit durch engere wirtschaftliche Verbindungen mit dem Gegner im Kalten Krieg zu gewährleisten suchten, weil die USA allein dies nicht zu können schienen.[340] Dies geschah noch dazu in einer Zeit, als sich die Spannungen zwischen den Supermächten aufgrund der Lage im Nahen Osten gerade wieder erhöht hatten. Letztlich resultierte auch dieser transatlantische Konflikt wieder daraus, dass Kissinger den Nahostkonflikt und die Ölkrise primär aus der Perspektive des Kalten Krieges betrachtete und, um die globalen Kräfteverhältnisse nicht zu verschieben, jeden Machtzuwachs der Sowjetunion in der Region zu verhindern suchte. Für die Europäer stand hingegen die eigene Energieversorgung im Zentrum, und ideologische Überlegungen traten demgegenüber in den Hintergrund. Die Wirtschafts- und Energielieferabkommen mit der Sowjetunion waren von einem Instrument der Ostpolitik zu einer strategischen Entscheidung geworden, um die westdeutsche Energiesicherheit zu garantieren.[341]

Die Ölkrise erhöhte also die Bereitschaft der Bundesregierung, auf die Anliegen der Ostblockstaaten einzugehen, weil sie sich für deren Öl- und Gasvorkommen interessierte. Einen nachteiligen Effekt hatte die Ölkrise hingegen auf die Beziehungen der Bundesrepublik zu Entwicklungsländern ohne nennenswerte Vorkommen von Energierohstoffen. Zu Beginn der 1970er Jahre befand sich die bundesdeutsche Entwicklungshilfepolitik in einer Phase der Neuorientierung. Erhard Eppler, der schon während der Großen Koalition Entwicklungshilfeminister gewesen war, legte im Juli 1973 ein Papier über die „Ziele und Grundsätze der deutschen Entwicklungspolitik" vor, in dem er diese kategorial von der Außenpolitik unterschied. So habe sich die Entwicklungspolitik an den Interessen der Entwicklungsländer auszurichten, während die Außenpolitik nationale Interessen verfolge. Vor allem im Außenministerium stieß die Position, man könne Politik im Interesse anderer Länder machen, auf heftige Kritik, aber es gelang Eppler allen Widerständen zum Trotz doch, das Kabinett im September 1973 auf eine Verdopplung der Entwicklungshilfe zu verpflichten.[342] Im Lichte der massiven Öl-

---

[339] Unterrichtung durch die Bundesregierung. Erste Fortschreibung des Energieprogramms, S. 11.
[340] Manfred Wörner: Neue Dimensionen der Sicherheit. Referat bei der XII. Internationalen Wehrkunde-Begegnung, München 1. 2. 1975, in: Klaus von Schubert (Hg.), Sicherheitspolitik der Bundesrepublik Deutschland. Dokumentation 1945 – 1977, Köln 1979, S. 590-597.
[341] Lippert: The economic diplomacy of Ostpolitik, S. 139.
[342] Peter Hermes: Development Policy and Foreign Affairs, in: Intereconomics 9,3 (1974), S. 91-94; Hermes: Meine Zeitgeschichte, S. 222f.; Bastian Hein: Die Westdeutschen und die Dritte Welt. Entwicklungspolitik und Entwicklungsdienste zwischen Reform und Revolte 1959-1974, München 2006, S. 306.

preisanstiege der folgenden Monate wurde diese Entscheidung allerdings sofort wieder in Frage gestellt. Zwar verwahrten sich sowohl Erhard Eppler als auch der CDU-Fraktionsvorsitzende Karl Carstens in einer Fernsehdiskussion Anfang Dezember dagegen, in Reaktion auf die Ölkrise nun die Entwicklungshilfe zu kürzen, weil dies die Falschen treffe, aber zu diesem Zeitpunkt wurde im Außenministerium bereits intensiv darüber nachgedacht, wie die Entwicklungshilfe im Konflikt mit den Förderländern instrumentalisiert werden könne.[343]

Schon Mitte November hatte ein Mitarbeiter des Auswärtigen Amts eine Zusammenstellung der in näherer Zukunft anstehenden Treffen der UN vorbereitet, bei denen in Abstimmung mit den anderen OECD-Ländern auf den Zusammenhang zwischen Ölkrise und Entwicklungshilfe hingewiesen werden könne. Die ökonomischen Konsequenzen der Lieferbeschränkungen und Preissteigerungen könnten die wirtschaftliche Leistungsfähigkeit der Industrieländer und damit auch deren Bereitschaft zur Entwicklungshilfe reduzieren.[344] Allerdings war den Förderländern bewusst, dass von ihren Maßnahmen auch und in besonderem Maße die Entwicklungsländer ohne eigene Ölvorkommen getroffen wurden, und sie versuchten, diese Effekte abzumildern und den engen Schulterschluss mit diesen Staaten der Dritten Welt vor allem in den Foren der UN zu wahren. Die Vertreter der Industrieländer mussten also vorsichtig sein, nicht durch etwaige Drohungen die Solidarität zwischen den Entwicklungsländern zu stärken. Daher schlug Walther Gehlhoff vor, allgemeine Stellungnahmen zu vermeiden und den Zusammenhang nur in konkreten Gesprächen über einzelne Entwicklungshilfeprojekte anzudeuten.[345] Auch Peter Hermes wies die deutschen Diplomaten an, allgemeine Diskussionen sowie Konfrontationen zu vermeiden, weil diese möglicherweise resultierende Solidarisierungen in der Dritten Welt erzeugten. Wohl aber sollten sie auf die Sachzwänge hinweisen, die sich ergäben aus der durch die Ölkrise verminderten wirtschaftlichen Tätigkeit, die „schädliche Auswirkungen nicht nur für die Industrieländer, sondern – unmittelbar und mittelbar – auch für die Entwicklungsländer haben" könnte.[346] Als Argumentationshilfe wurden den Diplomaten die folgenden Stichpunkte mitgegeben: Zwar seien Quantifizierungen noch nicht möglich, aber die Ölverknappung werde sicher zu einer Verringerung des Wirtschaftswachstums, wenn nicht gar zu einem Rückgang der Produk-

---

[343] Fernsehdiskussion zwischen Erhard Eppler und Karl Carstens, ARD, 6.12.1973, 21.45, BArch, B 257/34391, siehe auch Erhard Eppler: Ölkrise und Entwicklungshilfe, Die Zeit (21.12.1973).

[344] Umlauff: Vermerk zu Folgen der Erdölkrise für die Fähigkeit der Industriestaaten, weiterhin Entwicklungshilfe zu geben, 16.11.1973, PA AA, B 71 (Referat 405), 113905; siehe auch Lautenschlager, [Hans]: Auswirkungen der Erdölpreiserhöhungen und -versorgungsschwierigkeiten auf die internationale Zusammenarbeit, 23.11.1973, PA AA, B 71 (Referat 405), 113905.

[345] Gehlhoff, [Walter]: Fernschreiben zu den Auswirkungen der Ölkrise auf die internationale Zusammenarbeit, 4.12.1973, PA AA, B 36 (Referat 310), 104992; siehe auch Dittmann, [Heinz]: Auswirkungen der Erdölpreiserhöhungen auf int. Zusammenarbeit, 7.12.1973, PA AA, B 71 (Referat 405), 113905.

[346] Hermes, [Peter]: Plurex an vier Vertretungen zu den Auswirkungen der Erdölpreiserhöhungen auf internationale Zusammenarbeit, 7.12.1973, PA AA, B 71 (Referat 405), 113905.

tion führen. Zudem würden die höheren Energiepreise auch eine Verteuerung der Investitionsgüter bewirken. Darüber hinaus stellten notwendige Investitionen in neue Energien die Entwicklungshilfe genauso in Frage wie das geringere Steueraufkommen, das auch die psychologische Bereitschaft zur Entwicklungshilfe reduziere.[347]

Insofern die Entwicklungsländer auch direkt durch die Verteuerung des Ölpreises getroffen wurden, waren die deutschen Botschaften, wie die anderer Industrieländer auch, gehalten, über diese Auswirkungen genau Bericht zu erstatten, um so die argumentative Position in den Verhandlungen mit den Förderländern zu stärken.[348] Im Vorfeld der 1974 anstehenden Sondersitzung der Vereinten Nationen zu Rohstoff- und Entwicklungsfragen (Kapitel 7.4.1) wurden diese Informationen dann systematisch zusammengetragen. Die höheren Energiepreise schlügen in vielen Ländern direkt auf das Wirtschaftswachstum durch, da sie über keine Substitutionsmöglichkeiten verfügten und anders als die Industrieländer auch nicht mit substantiellen Devisenrückflüssen rechnen könnten. Am schlimmsten betroffen seien von den am wenigsten entwickelten Ländern Indien, Burma, Bangladesch und Pakistan, von den Entwicklungsländern Korea, Thailand und die Philippinen sowie die Schwellenländer Türkei, Brasilien, Taiwan und Jamaika, analysierte man im Auswärtigen Amt.[349] Auf der Basis von ähnlichen Studien der OECD und der Weltbank unterschied die Kommission der EG drei Gruppen von Entwicklungsländern: Einige Länder profitierten von den insgesamt gestiegenen Rohstoffpreisen und könnten dadurch die Wirkung des Ölpreisanstiegs abfedern. Eine zweite Gruppe, zu der Südkorea, Taiwan oder Singapur gehörten, könne auf Devisenreserven zurückgreifen oder Kredite aufnehmen. Am schlimmsten betroffen seien aber Länder, denen auch diese Möglichkeit fehle, wie Indien, Pakistan, Bangladesch und Sri Lanka, die Länder in Mittelamerika und der Karibik, der Sahel-Zone sowie Senegal, Kenia und Burundi.[350] Die Kommission forderte deshalb, auf die Einrichtung eines Sonderhilfsfonds hinzuwirken, an dem sich die Länder der EG mit 500 Millionen US-Dollar beteiligen sollten. Als dieser Hilfsfonds tatsächlich von den Vereinten Nationen beschlossen wurde, verweigerte das Bundeskabinett unter Helmut Schmidt Eppler jedoch zunächst die Zustimmung zum deutschen Beitrag, was für diesen insofern doppelt peinlich war, als er sich im Rat der EG-Entwicklungshilfeminister, dem er vorstand, für den Fonds eingesetzt hatte. Als dann auch noch aufgrund der Ölkrise nicht nur die Verdopplung der Entwicklungshilfe zurückgenommen wurde, son-

---

[347] Ebd.
[348] 403 an Botschaften: Auswirkungen der Preisentwicklung im Mineralölbereich auf die Entwicklungsländer, 21. 2. 1974, PA AA, B 36 (Referat 310), 113905.
[349] Hermes an den Staatssekretär: Voraussichtliche Auswirkungen der Erdölkrise auf die Entwicklungspolitik der anderen Geberländer, 4. 3. 1974; Referat 310: Die Auswirkungen der Erdölpreiserhöhungen auf die nicht-erdölproduzierenden außereuropäischen Entwicklungsländer, PA AA, B 36 (Referat 310), 104993; zur öffentlichen Diskussion der Problematik siehe Entwicklungsländer. Fast vernichtend, Der Spiegel (14. 1. 1974), S. 73-74.
[350] Kommission der EG: Versuch zur Neutralisierung der Folgen bestimmter internationaler Preisentwicklungen für die am stärksten betroffenen Länder, 20. 3. 1974, Barch, B 136/8029.

dern der Etat sogar verkleinert werden sollte, trat Eppler von seinem Amt zurück.[351]

Angesichts der Ölpreissteigerungen und Produktionsbeschränkungen konzentrierte sich die deutsche Außenpolitik auf die Beziehungen sowohl zu den Förder- als auch zu den anderen großen Verbraucherländern. Die Beziehungen zu den Entwicklungsländern, die über keine nennenswerten Ölreserven verfügten, waren demgegenüber von untergeordneter Bedeutung und wurden vor allem strategisch in ihrer Funktion für die Verhandlungen mit den Förderländern betrachtet. So versuchte die Bundesregierung wie die Regierungen anderer Industrieländer auch, bei internationalen Verhandlungen einen Keil in das Lager der Entwicklungsländer zu treiben und das Schicksal der am härtesten von den Preissteigerungen betroffenen Länder als moralisches Argument gegen die Förderländer in Stellung zu bringen. Diese Strategie erzielte jedoch nur geringe Erfolge, weil die Förderländer es ihrerseits geschickt verstanden, sich als Avantgarde der Entwicklungsländer zu präsentieren, und zugleich deren wirtschaftliche Probleme ganz konkret zu mindern suchten (Kapitel 7.4). Da der Verteilungsspielraum in den Industrieländern durch die Ölkrise abnahm, geriet auch die Entwicklungshilfe auf den Prüfstand und war eines der ersten politischen Opfer. Die unter Eppler begonnene Neuorientierung der deutschen Entwicklungspolitik endete also, bevor sie richtig begonnen hatte.

6.4 Zwischenfazit

Die Angst vor einem Mangel an Öl sowie vor den ökonomischen Konsequenzen eines starken Ölpreisanstieges führte in der Bundesrepublik zu einer Reorganisation der Energiepolitik, die nicht erst mit der Ölkrise, sondern schon 1970 einsetzte und mit der Verabschiedung des Energieprogramms im August/September 1973 einen ersten Höhepunkt erreichte. Die Einbindung der relevanten Ministeriumsmitarbeiter in transnationale Expertennetzwerke im Rahmen der OECD wirkte hier direkt zurück auf die nationale Politikformierung. Trotz der bereits begonnenen Umgestaltungen forderten auch die Ölpreiserhöhungen und Produktionsbeschränkungen die Souveränität der Bundesrepublik Deutschland heraus, indem sie Energiesicherheit und Wirtschaftswachstum zu gefährden schienen. Wie wenig vorstellbar es deutschen Politikern in den 1970er Jahren war, Politik ohne die wirtschaftlichen Wachstumsraten der vergangenen Jahrzehnte zu machen, zeigt sich auch daran, dass die Bundesregierung den Wirtschaftsforschungsinstituten noch für ihre Prognose zur Zweiten Fortschreibung des Energieprogramms im Jahr 1977 die Vorgabe machte, das Wirtschaftswachstum müsse bis 1985 durchschnittlich 4 und danach 3,5 Prozent betragen, weil sonst weder der Erhalt des Beschäftigungsstandes noch der Sozialsysteme möglich seien.

[351] Hein: Die Westdeutschen und die Dritte Welt, S. 266f.

Die Reaktion der Bundesregierung auf die souveränitätspolitische Herausforderung durch die Ölkrise unterschied sich von der ihrer Verbündeten. Zunächst war das Wirtschaftsministerium stark marktwirtschaftlich orientiert und widersprach allen Vorschlägen einer stärkeren Regulierung des Energiesektors. Anders als in Frankreich und Großbritannien, wo große Regierungsinstitutionen mit der Steuerung des Energiesektors befasst waren oder in den USA, wo eine solche Behörde rasch aufgebaut wurde, unternahm die Bundesregierung auch keinen Versuch, eine eigene regierungsamtliche Expertise zu entwickeln. Der Ausbau der mit Öl und Energie befassten Referate blieb moderat und das Wirtschaftsministerium verließ sich wesentlich auf externe Energieexpertisen, die von wirtschaftswissenschaftlichen Forschungsinstituten erstellt wurden. Durch die Veränderungen der internationalen Ölwirtschaft nahm der Bedarf an Prognosen und Planungen des zukünftigen Energieangebots und -verbrauchs rasant zu. Die These von der großen Ernüchterung und dem Ende der Planung mag also vielleicht für die Idee der Globalsteuerung zutreffen, nicht aber für den Energiebereich: Prognosen und Planungen wurden zahlreicher und langfristiger, und eine Verringerung der mit ihnen verbundenen Gestaltungseuphorie ist nirgendwo festzustellen.

Die Ölkrise ließ die abstrakte Frage nach der Verortung der Bundesrepublik in der Welt für die noch relativ junge sozialliberale Koalitionsregierung akut werden und zwang sie, die Beziehung zu den verschiedenen Weltregionen unter den Bedingungen der Energieproblematik näher auszugestalten. Aufgrund des fortschreitenden europäischen Einigungsprozesses betraf dies zunächst die Beziehungen zu den europäischen Verbündeten und die Formulierung einer gemeinsamen außenpolitischen Position. Im Jahrzehnt der Entspannung war die Bereitschaft der Bundesregierung und der anderen europäischen Länder relativ groß, den Konflikt mit den USA zu riskieren und ideologischen Ballast über Bord zu werfen, um die eigene Energiesicherheit durch Öl- und Gaslieferungen aus dem Ostblock zu erhöhen. Es wäre allerdings vorschnell, darin eine Überwindung der Logik des Kalten Krieges bzw. der US-amerikanischen Hegemonie im westlichen Bündnis zu sehen. Weder hatten die USA zu diesem Zeitpunkt schon ihr ganzes ökonomisches Potential in die Verhandlungen mit den Europäern eingebracht, noch wurden die Konfliktlinien des Kalten Krieges langfristig aufgeweicht.

Obwohl die Ölkrise dazu führte, dass sich die Länder der EG in der Nahostdeklaration vom 6. November 1973 zum ersten Mal überhaupt auf eine gemeinsame außenpolitische Position einigten, lässt sie sich doch nicht bruchlos in eine Erfolgsgeschichte der europäischen Einigung einfügen. Denn vielmehr verdeutlichen gerade die Verhandlungen über eine gemeinsame Energiepolitik, dass die Mitgliedsländer der EG immer nur insoweit zur supranationalen Integration bereit waren, als sich dadurch nationale Souveränitätsspielräume an anderer Stelle vergrößerten. Die Dominanz ökonomischer Erwägungen und des Aspekts der Energiesicherheit zeigte sich auch und gerade in den Beziehungen zu den Entwicklungsländern, die über keine nennenswerten Energierohstoffvorkommen verfügten. Ungeachtet vorheriger Bekenntnisse zu einer an den Interessen der Entwicklungsländer ausgerichteten Politik besann sich die Bundesregierung unter dem Eindruck der gefährdeten Energieversorgung hier schnell auf ihre eigenen ökonomischen Interessen und versuchte, die Länder der Dritten Welt in der Auseinandersetzung mit den Förderländern zu instrumentalisieren.

7. Ölkonferenzen: Globale Interdependenz und nationale Souveränität

Durch die Handlungen von OPEC und OAPEC im Oktober 1973 war die Welt des Öls aus den Fugen geraten. Nationale Regierungen in Westeuropa und den USA sahen sich zumeist nicht dazu in der Lage, der souveränitätspolitischen Herausforderung allein zu begegnen und den ausreichenden Fluss des Öls sicherzustellen. Dieser Befund ist wenig überraschend für ein Land wie die Bundesrepublik, dessen (energiepolitische) Souveränität ohnehin in supranationale Strukturen eingebettet war und dessen Repräsentanten klassische Vorstellungen isolierter Souveränität zu Beginn der 1970er Jahre explizit aufgegeben hatten. Aber auch die Vereinigten Staaten oder die Europäischen Gemeinschaften insgesamt konnten die Welt des Öls nicht nach ihren eigenen Vorstellungen gestalten. Sie versuchten nicht, im Alleingang Energiesicherheit herzustellen, sondern vielmehr durch internationale Kooperation. Auch die Erhebung der zur Energiepolitikgestaltung benötigten Daten, die schon auf nationaler Ebene für erhebliche Probleme gesorgt hatte, erschien im globalen Maßstab als noch größere Herausforderung, die Kooperationen notwendig machte.

Was lag in einer Zeit, in der auf der Konferenz für Sicherheit und Zusammenarbeit in Europa (KSZE) versucht wurde, das Verhältnis der Blöcke zueinander neu zu strukturieren und bisher unüberwindlich geglaubte Gegensätze abzumildern, näher, als die Welt des Öls ebenfalls durch eine internationale Konferenz wieder in Ordnung zu bringen? Allerdings bestand trotz der gemeinsamen Problemdiagnose kaum Einigkeit darüber, wie eine Konferenz aussehen sollte, die die Welt des Öls effektiv neu ordnen und dabei die Energiesicherheit Westeuropas und der USA gewährleisten könnte. Sollten sich zunächst die wichtigsten Ölimportländer treffen, um eine gemeinsame Position zu finden, wie die USA vorschlugen? Oder sollten sie gleich mit den Förderländern zusammenkommen, wie es die französische Konzeption vorsah? Sollte es nur um die Ölwirtschaft oder aber um die Errichtung einer „Neuen Weltwirtschaftsordnung" gehen, die die Gruppe 77 schon seit längerem forderte? Welche Rolle würden die Entwicklungsländer ohne nennenswerte Rohstoff- bzw. Ölvorkommen spielen? Wenn im Folgenden die konkurrierenden Konferenz- und Neuordnungsvorstellungen näher untersucht werden, geht es nicht zuletzt darum, den vordergründigen Gegensatz von nationalen und internationalen Strategien aufzulösen und stattdessen die multiplen Möglichkeiten der Souveränitätsbehauptung in nationalen, regionalen, internationalen und supranationalen Strukturen zu untersuchen, die in enger Wechselwirkung zueinander standen.

7.1 Das Kooperationsangebot der USA

Schon in seiner sogenannten Pilgrim's Speech am 12. Dezember 1973 hatte Henry A. Kissinger die Einrichtung eines neuen internationalen Gremiums vorgeschlagen, um die Öl- und Energiepolitik der großen Konsumentenländer besser zu koordinieren. Die Energy Action Group sollte parallel zum Oil Policy Committee der OECD bzw. darüber angesiedelt werden, handlungsfähiger sein und mögliche Konfrontationen zwischen den drei großen Verbraucherregionen, USA, Westeuropa und Japan, oder zwischen einzelnen Ländern verhindern. Tatsächlich hatten das Oil Policy Committee und seine High Level Group Oil in der akuten Ölkrise seit Oktober keine wesentliche Koordinierungs- oder gar Führungsrolle übernommen bzw. übernehmen können. Auf der ersten Sitzung der High Level Group nach den Beschlüssen von OPEC und OAPEC am 25. Oktober 1973 konnten die Auswirkungen der Produktionsbeschränkungen noch nicht abgeschätzt werden, so dass auch keine Gegenmaßnahmen formuliert wurden.[1] Um den Kriseneindruck nicht zu verstärken, entschied man sich dagegen, das International Industry Advisory Board förmlich zu aktivieren. Zumindest die deutsche Delegation erlebte die Sitzung als zugleich „spannungsgeladen" und von „Resignation und Ratlosigkeit" gegenüber der Ölpreispolitik der Förderländer geprägt.[2] Auch in der nächsten Sitzung am 19. November tauschte die High Level Group Oil zwar Informationen über die Versorgungslage in den verschiedenen Ländern aus, erzielte aber keine Einigung über weitere Maßnahmen. Außer den Niederlanden war kein Land bereit, den OECD-Krisenmechanismus des oil-sharing in Kraft zu setzen.[3] „In den am Rande der Sitzung geführten Gesprächen" sei zudem deutlich geworden, berichtete Ulf Lantzke, „dass die Hoffnungen auf eine relativ schnelle Rückkehr zu ‚normalen Verhältnissen' sehr gering" war.[4]

Als sich die High Level Group am 19. Dezember zum nächsten Mal traf, lag Kissingers Vorschlag einer Energy Action Group schon vor, und in Großbritannien sowie in der Bundesregierung hielt man ihn für wesentlich aussichtsreicher als die weitere Kooperation im Rahmen der OECD, die von Frankreich favorisiert wurde.[5] Obwohl die US-Delegierten den Vorschlag in der High Level Group nur dahingehend erläuterten, dass jetzt entschlossenes Handeln in kleiner Gruppe nö-

[1] OECD. Oil Section. High Level Group of the Oil Committee, 19th Session 25.10.1973; Abt. III, Lantzke an Bundesminister: Außerordentliche Sitzung der high-level-group am 25. Oktober, 23.10.1973; Schmidt (III C 2): Bericht über die Sitzung der high-level-group und des OECD Mineralölausschusses, 26.10.1973, Barch, B 102/183432, Bd. 4 1973.
[2] Emmel, [Egon Heinrich]: Bericht über die Sitzung des Öl-Ausschusses der OECD, 26.10.1973, PA AA, B 36 (Referat 310), 104991; Kruse, [Hansheinrich]: Bericht über die Sitzung der High-Level-Group des Ölausschusses der OECD am 25.10.1973, 26.10.1973, PA AA, B 36 (Referat 310), 104991.
[3] III C 2: Sitzung der High Level Group am 19.11.1973: Vorschlag für Stellungnahme, 16.11.1973; Lantzke: Vermerk: Ergebnis der High Level Group in Paris am 19.11.1973, 20.11.1973, Barch, B 102/183433, Bd. 5 1973.
[4] Lantzke: Vermerk: Ergebnis der High Level Group in Paris am 19.11.1973, 20.11.1973, Barch, B 102/183433, Bd. 5 1973.
[5] Detlev K. Rohwedder an Horst Grabert (BMWi): Gipfelkonferenz am 14./15. Dezember 1973, 13.12.1973, PA AA, B 71 (Referat 405), 113893: „Wir sollten aber klarmachen, daß wir nicht bereit sind, den eminent politischen Vorschlag der USA auf den Routine-Weg der OECD zu verweisen. Dort sind Energiefragen schon zu lange ohne konkrete Ergebnisse behandelt worden." Helmut Schmidt hatte Kissinger bereits im November einen ähnlichen Vorschlag gemacht. Möckli: European foreign policy during the Cold War, S. 258.

tig sei, begrüßten ihn alle Delegationen außer der französischen und der japanischen grundsätzlich. Zugleich sprachen sie sich aber auch dafür aus, die Förderländer in die Initiative miteinzubeziehen, um den Anschein der Konfrontation zu vermeiden.[6] Die High Level Group der OECD verabschiedete sich angesichts der Ölkrise also selbst aus der internationalen Energiepolitikkoordination und -gestaltung und war bereit, einem noch nicht genau definierten Gremium die Führung zu überlassen. Die Vorstellungen zu Letzterem wurden im Januar 1974 konkreter, als Richard Nixon sich an die Regierungschefs von Frankreich, Großbritannien, der Bundesrepublik, den Niederlanden, Norwegen, Kanada und Japan wandte, um ihre Außenminister zu einer Konferenz der wichtigsten ölverbrauchenden Industrieländer einzuladen.

Nixons Einladungsschreiben entwarf eine dramatische Krisensituation: „Today the energy situation threatens to unleash political and economic forces that could cause severe and irreparable damage to the prosperity and stability of the world. Two roads lie before us. We can go our own separate ways, with the prospect of progressive division, the erosion of vital interdependence, and increasing political and economic conflict; or we can work in concert, developing enlightened unity and cooperation, for the benefit of all mankind – producer and consumer countries alike."[7] Die Welt befinde sich an einer historischen Weggabelung und von den Entscheidungen der wichtigen Industrieländer werde die internationale Ordnung und wirtschaftliche Entwicklung für das verbleibende Jahrhundert abhängen, erklärte Nixon. Daher sollten sie sich zu einer Konferenz in Washington zusammenfinden, um über die Reduktion des Energieverbrauchswachstums zu verhandeln und eine gemeinsame Position für eine drei Monate später avisierte Konferenz mit den Förderländern zu formulieren, ohne dabei jedoch die am schlimmsten von den Ölpreissteigerungen betroffenen Entwicklungsländer aus dem Blick zu verlieren. Angesichts der delikaten kommunikativen Konstellation des Embargos schrieb Nixon, um eine Eskalation zu vermeiden, gleichzeitig an die Regierungschefs der OPEC-Länder und erläuterte ihnen, das Ziel der Washingtoner Konferenz bestehe nur darin, eine für Förder- wie für Konsumentenländer produktive und positive Struktur zu finden, über die mit ihnen möglichst bald verhandelt werden solle.[8] Trotz dieser Beteuerung wurde Nixons Einladung zumindest von einigen arabischen Ländern als konfrontative Maßnahme wahrgenommen und entsprechend hart kritisiert, während die Kri-

---

[6] OECD. Oil Section. High Level Group of the Oil Committee, 21th Session 19.12.1973; III C 2: Sitzung der High Level Group am 19.12.1973, 17.12.1973, Barch, B 102/183433, Bd. 5 1973; Vogler: Sitzung von OECD-High-Level-Group und Ölausschuß am 19.12.1973, 22.12.1973, Barch, B 102/183434, Bd. 6 1973-74.

[7] Die Einladungsschreiben sind mehr oder weniger identisch; siehe Document 494: Richard Nixon to Edward Heath, January 9, 1974, in: Hamilton, The year of Europe. Zu Krisendiagnosen und ihrer Funktion im politischen Diskurs siehe Rüdiger Graf: Either-Or. The Narrative of "Crisis" in Weimar Germany and in Historiography, in: Central European History 43,4 (2010), S. 592-615.

[8] Nixon an Heads of OPEC, January 9, 1974, Hamilton (Hg.): The year of Europe; im Anhang zum Dokument 494.

tik so entscheidender Länder wie Iran und Saudi Arabien allerdings ausblieb oder moderat ausfiel.[9]

Auch in Westeuropa waren die Reaktionen sehr unterschiedlich, was große Probleme für die Europäische Politische Zusammenarbeit (EPZ) aufwarf.[10] In der Bundesregierung erhoben sich sofort entscheidende Stimmen für die Annahme der Einladung. Noch bevor die Einladung überhaupt abgeschickt war, empfahl der deutsche Botschafter in Washington Berndt von Staden, der das angespannte Verhältnis der vergangenen Wochen am deutlichsten zu spüren bekommen haben dürfte, „aus politisch-psychologischen Gründen [...] dringend eine grundsätzlich positive öffentliche Reaktion auf die Initiative."[11] Im Wirtschaftsministerium rieten Ulf Lantzke und alle anderen zuständigen Mitarbeiter Minister Friderichs, im Bundeskabinett auf Zustimmung zu plädieren.[12] Kritischer war man demgegenüber im Außenministerium, wo vor allem Staatssekretär Frank den Verdacht äußerte, dass Kissinger in Washington nachholen wolle, was ihm im vergangenen Jahr nicht gelungen sei: die „Gleichschaltung der europäischen und japanischen Haltung mit der amerikanischen".[13] Angesichts des Bekenntnisses der Bundesregierung zur Europäischen Politischen Zusammenarbeit und des starken Bemühens, gerade in der Energiepolitik zu einer gemeinsamen Haltung der EG-Länder zu finden, teilte die Bundesregierung den Vereinigten Staaten zunächst allerdings nur inoffiziell ihre grundsätzlich positive Haltung mit und stellte die förmliche Annahme bis zur nächsten EG-Ratssitzung am 14./15. Januar zurück.[14]

Im Vorfeld der Ratssitzung zeichneten sich bei einer Sitzung der Ständigen Vertreter in Brüssel drei unterschiedliche Positionen ab: Die Vertreter Großbritanniens, der Bundesrepublik, der Niederlande und Italiens waren in verschiedenen Intensitätsgraden dafür, die Einladung anzunehmen. Da an Belgien, Irland und Dänemark keine Einladungsschreiben ergangen waren, sprachen sich deren Vertreter nur für eine gemeinsame Reaktion der EG, nicht aber für individuelle Antwortschreiben aus. Burin, der Vertreter Frankreichs, verwies hingegen nur auf die Probleme der Einladung und die möglichen negativen Folgen einer solchen Konferenz.[15]

---

[9] Moltmann (Algier) an Bonn: erdoel als waffe. hier: erklaerungen von minister abdessalam in tokyo, 30. 1. 1974, Barch, B 136/7683.

[10] Siehe zu diesem Aspekt Möckli: European foreign policy during the Cold War, S. 253-300. Möcklis Darstellung ist die bisher beste zur Washingtoner Konferenz, ihrer Vorbereitung und ihren Auswirkungen, sie kommt aber durch ihren Fokus auf die EPZ zu verzerrten Urteilen.

[11] Botschafter von Staden, Washington, an das Auswärtige Amt, 5. Januar 1974, in: Hans-Peter Schwarz (Hg.), Akten zur Auswärtigen Politik der Bundesrepublik Deutschland 1974, Band I: 1. Januar bis 30. Juni 1974, München 2005, S. 16-18, hier S. 18.

[12] Lantzke an Friderichs: Kooperation zwischen Rohölförder- und -verbraucherländern; hier: Initiative von Außenminister Kissinger, 7. 1. 1974; Geisendörfer an Friderichs, 10. 1. 1973, Barch, B 102/201371.

[13] Frank an Staden: Vorbereitung Gespräch mit Kissinger, Energiekonferenz, 31. 1., VS.Bd. 528, PA AA, B 150, 297.

[14] Sprechzettel für Kabinettsitzung am 16. 1. 1974: Vorschau auf Energiekonferenz, 15. 1. 1974, in: PA AA, B 71, (Referat 405), 113893.

[15] Document 503: Palliser, UKREP Brussels tel 168, COREPER discussion of Energy Conference, January 11, 1974, in: Hamilton, The year of Europe.

Auf der Ratstagung beschlossen die Außenminister dann, an der Konferenz teilzunehmen, sofern alle Länder der EG eingeladen und auch die EG selbst repräsentiert würden.[16] In ihren Antwortschreiben betonten sie zudem, dass die Konferenz nur den ersten Schritt auf dem Weg zu einer grundsätzlicheren Zusammenarbeit von Konsumenten und Produzenten darstellen solle, weil jede Konfrontation vermieden werden müsse.[17] Vor allem die französische Regierung betonte diesen Aspekt immer wieder und zögerte aber auch deshalb mit der Annahme der Einladung, weil sie in der Washingtoner Konferenz einen Schachzug Kissingers sah, nach dem gescheiterten Year of Europe die US-amerikanische Hegemonie in der westlichen Welt durch Verhandlungen mit den europäischen Ländern im Energiebereich zu konsolidieren. Daher machte Jobert die Teilnahme Frankreichs davon abhängig, ob und was für eine gemeinsame Verhandlungsposition von der EG gefunden werden würde. Mit der Annahme der Einladung beschlossen die Außenminister zugleich, auch den europäisch-arabischen Dialog voranzutreiben, der auf dem Gipfel in Kopenhagen im Dezember von den arabischen Ministern angeregt worden war, um eine Konfrontation mit den arabischen Förderländern zu vermeiden.[18]

Da Nixons Einladung nun schnell noch an die übrigen Länder der EG, die EG selbst und die OECD ausgesprochen wurde, ergab sich die eigentümliche Doppelstruktur, dass auf der Washingtoner Konferenz sowohl die Teile als auch das Kollektiv der EG repräsentiert waren. Schon im Abstimmungsprozess für eine gemeinsame, auf der Konferenz einzunehmende Position zeigte sich, dass diese sowohl die Aufgabe von Souveränitätsrechten bedeutete als auch – zumindest für einige Länder – neue Souveränitätsspielräume eröffnete. Als sich die leitenden Energiebeamten am 23. Januar zur Ausarbeitung einer gemeinsamen Position trafen, trat der Konflikt zwischen Frankreich, das den Spielraum der Konferenz eng begrenzen wollte und sich stattdessen für eine Konferenz der Verbraucher- und Förderländer unter dem Dach der UN aussprach, und den anderen Ländern offen zutage.[19] Die Empfehlung der Kommission an den Rat sah dann vor, die Konfrontation mit den Förderländern zu vermeiden und auf der Konferenz nach der

---

[16] Document 509: Tel 120 to Washington: Decision of EC Council of Ministers to accept Nixon's conference invitation, January 17, 1974, in: Ebd.

[17] Die verschiedenen Annahmeschreiben in Nixon Library, NSC, Subject Files, Energy Crisis 1973-74, Box 321.

[18] Document 507: Tel 110 to Washington: EC Political Directors decision to proceed with Euro-Arab dialogue, January 16, 1974, in: Hamilton, The year of Europe; zum auf eine französische Initiative zurückgehenden, aber wenig erfolgreichen europäisch-arabischen Dialog siehe Aurélie Elisa Gfeller: A European Voice in the Arab World. France, the Superpowers and the Middle East, 1970-1974, in: Cold War History 11 (2011), S. 1-18; Tauer: Störfall für die gute Nachbarschaft, S. 155-160.

[19] III D I: Vermerk: Vorbereitung der Konferenz über Energiefragen am 11.2. in Washington, 22.1.1974, BArch, B 102/201371; Kittel: Zusammentreffen der Leitenden Energiebeamten der EG-Länder mit Vizepräsident Simonet am 23. Januar 1974; Lautenschlager: Gespräch mit dem französischen Gesandten Morizet über die französischen Vorstellungen zur Einberufung einer Weltenergiekonferenz im Rahmen der UN, 31.1.1974, PA AA, B 71 (Referat 405), 113893.

zweckmäßigsten Form eines gemeinsamen Dialogs zu suchen. Daneben könne aber über verstärkte Maßnahmen zum Energiesparen und zur Förderung neuer Energiequellen, über die Rolle der Mineralölindustrie und ein Verteilungssystem für Krisenfälle gesprochen werden.[20] Als auf der Ratstagung am 4. und 5. Februar die gemeinsame Verhandlungslinie festgelegt werden sollte, stand dem aber noch immer ein restriktiver Vorschlag Frankreichs gegenüber, die exklusive Zusammenarbeit der Industrieländer nur im Bereich Forschung und Entwicklung zu erlauben. Alle anderen Fragen sollten dementsprechend in anderen, bereits existierenden Gremien diskutiert und die Schaffung neuer institutioneller Strukturen unbedingt vermieden werden. Darüber hinaus ging es Frankreich um die „sehr deutliche Klarstellung, dass die Gemeinschaft die Handlungsfreiheit im Verhältnis zu den Produzentenländern behalten" müsse.[21] Die französische Regierung wolle eine Erneuerung und Festigung der amerikanischen Dominanz gegenüber Europa vermeiden, und sie fürchte daher die Institutionalisierung der Beziehungen zwischen „an as yet disunited Europe and the American leviathan in a way that would not produce an equal dialogue", berichtete der britische Botschafter in Paris, denn die amerikanische Politik sei „intrinsically independent and selfish".[22]

Dass Europa als Ganzes den Amerikanern widerstehen könne und müsse, sah man in den anderen Hauptstädten aber anders. Die Blockbildung mit den USA wurde in Großbritannien nicht aus grundsätzlich machtpolitischen Erwägungen abgelehnt, sondern nur aus strategischen, um die Förderländer nicht zu provozieren. Im Gegensatz zur französischen Position urteilte Ulf Lantzke, dass Frankreichs restriktive Verhandlungslinie dazu führen würde, dass die Europäer in Washington nationale Positionen einnähmen und sich dadurch schwächten.[23] Denn bei Frankreichs anscheinend internationaler Strategie, nach der nur noch die EG an den Verhandlungen teilnehmen sollten, gehe es letztlich darum, die nationale Handlungsfreiheit zu bewahren und bilaterale Abkommen mit den Förderländern weiter zu ermöglichen. Der westdeutschen und der britischen Regierung erschien demgegenüber eine Anlehnung an die Vereinigten Staaten grundsätzlich aussichtsreicher zu sein, um die eigene energiepolitische Souveränität zu wahren. Denn dies könne aus politischen, finanziellen und Energieversorgungsgründen nicht ohne die USA geschehen, waren die Experten in Großbritannien überzeugt: Einzig die USA könnten Druck auf Israel und die arabischen Förderländer aus-

---

[20] Kommission der EG: Empfehlung der Kommission für eine gemeinschaftliche Haltung für die Washingtoner Konferenz am 11. 2. 1974, 24. 1. 1974, Barch, B 102/201371.

[21] Lantzke: Aufzeichnung zur Behandlung der Vorbereitung der Washingtoner Konferenz im EG Rat am 5. 2. 1974, PA AA, B 71 (Referat 405), 113893; zur Position Frankreichs siehe ausführlicher Gfeller: Imagining European Identity; Gfeller: Building a European Identity, S. 85-113.

[22] Document 547: Tomkins, Paris tel 185: French approach to the Energy Conference, February 9, 1974, in: Hamilton, The year of Europe; siehe auch Document 544: Paris tel 181: French desire that Europe should not appear to be acting under American auspices, February 8, 1974, in: ebd.

[23] Lantzke: Aufzeichnung zur Behandlung der Vorbereitung der Washingtoner Konferenz im EG Rat am 5. 2. 1974, PA AA, B 71 (Referat 405), 113893.

üben; anders als Europa und Japan seien sie ökonomisch von der Krise nur unwesentlich getroffen und könnten sich bei einem offenen Wettkampf um Ölreserven in bilateralen Abkommen durchsetzen.[24] Diese Analyse der Kräfteverhältnisse wurde im Bundeswirtschaftsministerium geteilt, und auch Willy Brandt gab Walter Scheel und Helmut Schmidt auf die Energiekonferenz mit, dass es sicherlich darum gehe, eine „möglichst einheitliche Haltung" der EG zu erreichen bzw. zu erhalten, man zugleich aber mit Situationen rechnen müsse, „in denen unsere Delegation auch im engeren Sinne die Interessen der Bundesrepublik Deutschland zu vertreten" habe. In Fragen der Sicherheit und der Energiepolitik müsse man darauf achten, „mit den USA in sehr engem Kontakt zu bleiben".[25] Dies sah auch die britische Regierung so: Wie bei der Bundesregierung fand die britische Solidarität in der EG ihre Grenzen dort, wo nationale Interessen bedroht schienen. Die Möglichkeit bilateraler Abkommen und die autonome Entscheidungsgewalt über die Verwendung des zu erwartenden Nordseeöls wollte die britische Regierung unbedingt wahren. Ganz offen erklärte Lord Carrington, der die britische Energiepolitik leitete, dem EG-Kommissionsvorsitzenden Simonet, Großbritannien werde keiner europäischen Regelung zustimmen, die die britische Souveränität über das Nordseeöl einschränke.[26]

In den Vereinigten Staaten waren das State Department, das Federal Energy Office und das Finanzministerium sowie andere Regierungsabteilungen ab Mitte Januar intensiv mit der Vorbereitung der Washingtoner Konferenz beschäftigt, aber es herrschte weitgehende Unklarheit über Ziel und Zweck der Veranstaltung. So stellte der Mitarbeiter des National Security Councils Charles A. Cooper gegenüber Kissinger fest, er wisse nicht, was der ganze Vorbereitungsaufwand in den Ministerien solle: „We need a simple conference to establish a simple political point, not a complex conference which by attempting to resolve a host of technical issues not only fails to make its political point but makes the real problem worse."[27] Alle Regierungen erkennten, dass die Energiekrise das Potential habe, sie aus dem Amt zu werfen und sähen also Handlungsbedarf. Weil die Krise aber neuartig sei, herrsche Uneinigkeit über die richtige Strategie, zumal innenpolitisch richtige Lösungen außenpolitisch falsch sein könnten. In dieser Konstellation dürfe die Konferenz nicht mit technischen Fragen überladen werden, sondern müsse lediglich einen Rahmen für die Kooperation der Konsumentenländer schaffen, um deren bargaining power zu erhöhen. Detailfragen könnten dann später angegangen werden.

---

[24] Document 539: Steering Brief for Washington Conference, February 7, 1974, in: Hamilton, The year of Europe.

[25] Bundeskanzler Brandt an Walter Scheel: Energiekonferenz, 8.2.1974, PA AA, B 71 (Referat 405), 113893.

[26] Document 526: Note by Custis: Discussion between Carrington and Simonet, January 31, 1974, in: Hamilton, The year of Europe.

[27] Document 286: Memorandum from Charles A. Cooper of the National Security Council Staff to Secretary of State Kissinger, Washington, January 21, 1974, in: Qaimmaqami/Keefer, Energy Crisis, 1969–1974, Washington 2012.

Viele Beobachter auch innerhalb der US-amerikanischen Administration teilten den Eindruck, dass Kissingers Agenda für die Konferenz zu breit und komplex war: In Arbeitsgruppen sollten die Außenminister Fragen der internationalen Beziehungen zu den Förderländern und der Mechanismen ihrer zukünftigen Kooperation diskutieren. Die Finanzminister sollten sich den wirtschafts- und währungspolitischen Aspekten der Ölkrise widmen, die Energiebeamten der Begrenzung von Verbrauchssteigerungen, der Entwicklung alternativer Energiequellen und dem oil sharing. Schließlich sollten Wissenschafts- und Technologiebeamte Vorschläge zur Kooperation in Forschung und Entwicklung erarbeiten, und dies alles sollte dann innerhalb von zwei bis zweieinhalb Tagen in einem gemeinsamen Kommuniqué zusammenfließen.[28] Ein Grund für die inhaltliche Überladung der Konferenz dürfte darin bestanden haben, dass Kissinger sich in Energiefragen nicht auskannte und dazu tendierte, die Komplexität der Materie zu unterschätzen. Darüber hinaus war Kissinger zwar Anfang 1974 der weltweit bekannteste und nach der Vergabe des Friedensnobelpreises auch ein weithin gefeierter Diplomat, mit der Washingtoner Konferenz richtete er aber zum ersten Mal eine internationale Tagung aus, nachdem er bisher vor allem bilateral verhandelt hatte. Nicht zuletzt durch Kissingers monomanischen Arbeitsstil und die daraus resultierende Menge seiner Aufgaben verzögerte sich die Vorbereitung der Konferenz, und seine Mitarbeiter blieben im Unklaren über deren Zweck.[29]

Die fehlende Kommunikation und Strategiefestlegung schlugen in der unmittelbaren Konferenzvorbereitung dann zurück. Als weniger als zwei Wochen vor Konferenzbeginn in einer Besprechung im State Department zur bevorstehenden Energiekonferenz einer von Kissingers Mitarbeitern im Sinne von Nixons Einladungsschreiben referierte, es gehe nicht darum, einen Block der Konsumentenländer zu bilden, sondern den ersten Schritt auf dem Weg zu einer Kooperation auch mit den Förderländern zu gehen, platzte dem Außenminister der Kragen: „We have said it a hundred times and it's bull ... — excuse me for using that language. It [the conference, RG] is, of course, designed to create a united front. That's the only purpose of a consumer meeting. And we can waffle around this and we can say elegant things. And, of course, we should say it — but, for God sakes, in a senior group here, let's not kid ourselves. The purpose is to create a consumer group that improves the bargaining position of the consumers."[30] Die Industrieländer müssten eine gemeinsame Front gegen die Revolution der Weltwirtschaft und Finanzordnung bilden, um nicht einzeln unterzugehen; ansonsten sei man in der gleichen Position wie die antiken griechischen Stadtstaaten gegenüber Mazedonien oder Rom. Kurz vor Konferenzbeginn präzisierte Kissinger sei-

---

[28] Non-Paper der amerikanischen Botschaft zur Energiekonferenz am 11.2.1974, 30.1.1974, PA AA, B 71 (Referat 405), 113893.

[29] Document 562: FCO Diplomatic Report 192/74 [R.A. Sykes]; The Washington Energy Conference, 10-13 February, 1974, 27.2.1974, in: Hamilton, The year of Europe.

[30] Document 293: Minutes of the Secretary of State's Staff Meeting, Washington, January 31, 1974, in: Qaimmaqami/Keefer, Energy Crisis, 1969-1974.

ne Zielvorstellungen gegenüber dem Finanzminister George P. Shultz und dem Energiezaren William E. Simon: Erstens wolle er „some kind of consumer organization" erwirken, um den Förderländern besser entgegentreten zu können. Zweitens sei der französische Verdacht berechtigt, weil er das „regional autarchy concept" zerbrechen und zu kooperativeren Formen der Vergangenheit zurückkehren wolle. Drittens wolle er den „sense of panicky impotence" ausräumen, der die Europäer momentan dazu bringe, in bilateralen Abkommen nach den für sie besten Auswegen zu suchen.[31] Die Vereinigten Staaten seien als einzige dazu in der Lage, eine solche Einigung zu erreichen, gegen die niemand etwas einwenden könne, weil sie dadurch keinen direkten unilateralen Vorteil hätten. Hier argumentierte Kissinger offenbar in längerfristigen macht- und geostrategischen Kategorien: Er wollte die Konsolidierung der US-amerikanischen Hegemonie in der westlichen Welt über eine intensivere Kooperation in Energiefragen erreichen, auch wenn die USA hieraus keinen kurzfristigen Nutzen zögen.

In bilateralen Gesprächen mit den europäischen Ländern und zwar vor allem mit Großbritannien versuchten Kissinger und seine Mitarbeiter schon vor Beginn der Konferenz deren Gelingen zu sichern. Schon Ende Januar zeigte sich Kissinger sicher, die Briten in jedem Falle und höchstwahrscheinlich auch die Deutschen auf seiner Seite zu haben.[32] Sir Alec Douglas-Home hatte Kissinger im Januar über die Haltung der verschiedenen europäischen Länder informiert, ihn in Bezug auf Verfahrensfragen beraten und dahingehend beruhigt, dass aus dem europäisch-arabischen Dialog wohl kaum etwas werden würde, bevor die Amerikaner ihre Friedensbemühungen im Nahen Osten beendet hätten.[33] Am 31. Januar riet er, es sei psychologisch wichtig, das Arrangement der task forces nicht wie ein fait accompli aussehen zu lassen, und bestätigte Kissinger kurz vor Beginn der Konferenz noch einmal, dass man alles daran setzen werde, die Franzosen in Europa zu überstimmen.[34] Die britische Zusammenarbeit war den Amerikanern im Vorfeld

---

[31] Document 305: Memorandum of Conversation, Energy Conference, Washington, February 6, 1974, in: ebd. In Retrospektive verengt Kissinger die Ziele auf den zweiten Punkt; eine Deutung, der Möckli folgt, die aber der Komplexität der Lage und der schwierigen internationalen Situation der Ölkrise nicht gerecht werden dürfte. Möckli: European foreign policy during the Cold War, S. 262.

[32] Document 293. Minutes of the Secretary of State's Staff Meeting, Washington, January 31, 1974, in: Qaimmaqami/Keefer, Energy Crisis, 1969-1974.

[33] Document 507: Tel 110 to Washington: EC Political Directors decision to proceed with Euro-Arab dialogue, in: Hamilton, Year of Europe; Document 519: Tel 219 to Washington: HMG's views of the role of the Energy Conference, January 29, 1974, in: ebd.; Document 520: Washington tel 351: US preparations for Energy Conference, January 29, 1974, in: ebd.; Document 522: Douglas-Home: Tel 237 to Washington: US paper on the energy conference, January 30, 1974, in: ebd.; Memorandum of Conversation: Middle East Disengagement; Washington Energy Conference, Top Secret, January 20, 1974, DNSA, KT01006.

[34] Document 525: Douglas-Home: Tel 251 to Washington: US handling of energy task force proposal, January 31, 1974, in: Hamilton, The year of Europe; Memorandum of Conversation: Energy Conference [Discussion with Alec Douglas-Home], Secret, February 10, 1974, DNSA, KT01026; Möckli: European foreign policy during the Cold War, geht demgegenüber von einer einheitlichen Front der Europäer aus, die erst auf der Konferenz durch den plötzlichen Seitenwechsel Helmut Schmidts aufgebrochen worden sei.

der Konferenz so wichtig, dass Nixon selbst sich mit dem delikaten Anliegen („I recognize the sensitivity of this suggestion.") an Edward Heath wandte, ob nicht ein hoher britischer Beamter Kissinger bei der Vorbereitung der Konferenz zur Seite stehen könne.[35] Obwohl Heath immer darum bemüht war, nicht als „trojanisches Pferd" der Amerikaner in den EG zu erscheinen, entsandte er umgehend Jack Rampton aus dem Department of Trade and Industry, nicht jedoch ohne Kissinger darauf hinzuweisen, es sei sehr wichtig, dass „knowledge of Sir Jack Rampton's mission should not become known to our Community partners".[36] Zumindest der Bundesregierung dürfte die Mission jedoch bekannt geworden sein, da auch Brandt der Aufforderung Nixons nachkam, schon am Mittwoch vor Konferenzbeginn einen erfahrenen Beamten nach Washington zu schicken, um Kissingers Mitarbeiter bei der Vorbereitung der Konferenz zu unterstützen, wobei auch ihm Diskretion zugesichert wurde.[37]

Nachdem Kissinger sich auch mit der Bundesrepublik Deutschland eng abzustimmen gesucht hatte, ging er also relativ erfolgsgewiss in die Konferenz.[38] Auch die CIA schätzte vor der Tagung, dass die Bundesregierung zunehmend verärgert über die fehlende Bereitschaft der Franzosen zur Kooperation sei und zusammen mit den Holländern eher einen Bruch in der EG riskieren würde, als den französischen Forderungen nachzugeben.[39] Der britische Botschafter in Frankreich meinte zudem, dass Frankreich angesichts des hohen Drucks auf der Konferenz einknicken werde, denn „despite Jobert's taunts and tendency to play the mini-Kissinger in reverse, French behavior will also be determined by M Pompidou's wish not to alienate the Americans altogether, his attachment to the Western alliance, and his knowledge of the realities of the world power equation over energy, money and the Middle East conflict."[40]

Kurz vor Beginn der Konferenz traf Kissinger sich dann noch einmal mit Nixon, Shultz und Simon, um die amerikanische Gesamtstrategie abzustimmen. Für den Erfolg der Tagung sei es essenziell, meinten Nixon und Kissinger, die Rolle der Außenminister möglichst klein zu halten, weil diese zu sehr in ihren nationalen Repräsentationslogiken gefangen seien. Zudem hielt Kissinger nicht viel von seinen europäischen Kollegen: „the Foreign Ministers are idiots, except for Home.

---

[35] Document 530: Nixon to Heath: Visit from Experienced British Official, February 3, 1974, in: Hamilton, The year of Europe.

[36] Document 533: Tom Bridges to Michael Alexander: Rampton to visit Washington for talks, February 4, 1974, in: Ebd.

[37] Möckli: European foreign policy during the Cold War, S. 270; Nixon an Brandt, 4. 2. 1974, und Bahr an Kissinger, 4. 2. 1974, AdsD EB 439.

[38] Siehe vor allem die Gespräche mit Egon Bahr und Walter Scheel; Staden an AA: Gespräch Bahr-Kissinger, Energiekonferenz, 1. 2. 1974; Gespräch Scheel – Kissinger: Energiekonferenz, 10. 2., VS.Bd. 14066, PA AA, B 150, 298.

[39] Document 299: Paper Prepared in the Office of Economic Research, Central Intelligence Agency, Washington, February 4, 1974, in: Qaimmaqami/Keefer, Energy Crisis, 1969-1974.

[40] Document 547: Tomkins, Paris tel 185: French approach to the Energy Conference, February 9, 1974, Hamilton, The year of Europe; es ist unklar, ob die Amerikaner Kenntnis von dieser Einschätzung hatten, aber es ist nicht unwahrscheinlich.

Moro, Scheel, Jobert – they're all bad."⁴¹ Auf einer technischen Ebene bestünde hingegen kein Grund zur Konfrontation, meinte Nixon, und das sollten Shultz und Simon ihren Kollegen auf der Konferenz durch eine detaillierte Analyse der energie- und finanzpolitischen Konsequenzen der Ölkrise klarmachen, die möglichst auch die Außenminister verstehen sollten. „I think you [Shultz] and Bill [Simon] can talk to the technical types and talk turkey to them – they don't have to posture like the Foreign Ministers."⁴² Man solle die Konfrontation mit den Europäern nicht suchen, ihnen notfalls aber deutlich machen, dass man bei fehlender Kooperation die US-Truppen in Europa reduzieren werde. Kissinger bezweifelte allerdings, dass die Europäer eine solche Drohung noch ernst nehmen würden. Vielmehr müsse man ihnen klarmachen, dass die Vereinigten Staaten bei einer Ablehnung der Kooperation der stärkste Spieler im Wettstreit um das knappe Öl sein würden.

7.2 Energie und Souveränität auf der Washingtoner Energiekonferenz

Die Zusammensetzungen der Delegationen der verschiedenen Teilnehmerländer geben Aufschluss über die Wichtigkeit, die der Konferenz jeweils beigemessen wurde. Neben Kissinger und seinen Mitarbeitern wurden die USA durch Finanzminister George P. Shultz, William E. Simon und deren Berater vertreten. Nachdem die britische Delegation zunächst von dem für Energie zuständigen Lord Carrington geleitet werden sollte, weil Außenminister Douglas-Home erst kurz vorher von einer Afrikareise zurückkam und sich nach eigenen Worten nicht zu kissingerhaftem Reiseverhalten in der Lage sah, nahm er auf Kissingers und Nixons Drängen doch selbst teil.⁴³ Für die Bundesrepublik kamen Außenminister Walter Scheel und Finanzminister Helmut Schmidt, wobei Scheel in seiner Funktion als Ratspräsident der EG agierte. Die deutsche Delegation umfasste alle entscheidenden Figuren der bundesdeutschen Energiepolitikgestaltung und wurde dadurch so groß, dass sie um zusätzlichen Platz am Konferenztisch bitten musste.⁴⁴ Die französische Delegation unter Leitung des Außenministers Michel Jobert nahm sich neben der deutschen, kanadischen oder italienischen verhältnismäßig

---

[41] Memorandum of Conversation: Washington Energy Conference, February 9, 1974, DNSA, KT01025.
[42] Ebd.
[43] Memorandum of Conversation: Middle East Disengagement; Washington Energy Conference [Talks with British Officials], Top Secret, January 20, 1974, DNSA, KT01006.
[44] Die Minister wurden unter anderem begleitet von Abteilungsleiter Peter Hermes (AA), den Referatsleitern Helmut Redies und Hansheinrich Kruse (AA) und Staatssekretär Karl Otto Pöhl (Finanzen). Aus dem Wirtschaftsministerium nahmen Staatssekretär Detlev Karsten Rohwedder und Abteilungsleiter Ulf Lantzke und aus dem Ministerium für Forschung und Technologie ein Unterabteilungs- und ein Referatsleiter teil. Heinichen an Scheel: Genehmigung nachstehender Delegationsliste, 28. 1. 1974; Kruse an Diplogerma Washington; Energiekonferenz in Washington; hier: Platzaufteilung, 4. 2. 1974, PA AA, B 71 (Referat 405), 113893.

klein aus, zumal der als amerikafreundlicher geltende Finanzminister Giscard d'Estaing nicht mitgereist war.[45] Auch aus Frankreich war jedoch mit Jean Blancard, dem neu eingesetzten Generalsekretär für Energiefragen, einer der wichtigsten Energieexperten der Regierung nach Washington gekommen. Für die EG nahmen neben Scheel Kommissionspräsident François-Xavier Ortoli und die Vizepräsidenten Sir Christopher Soames und Henri Simonet teil. Die OECD wurde durch ihren Generalsekretär Émile van Lennep sowie den Leiter des „long-term energy assessment" Hans K. Schneider vertreten, der als Direktor des EWI Köln auch die Bundesregierung beriet. Im großen Konferenzsaal des State Departments versammelte sich also, als die Konferenz am 11. Februar begann, die geballte außen-, energie- und finanzpolitische Kompetenz der großen westlichen Industrienationen und Japans. Ein Vergleich zu den intimen Treffen der High Level Group Oil, auf denen sich Ministerialbeamte in den 1960er Jahren der gleichen Aufgabe gewidmet hatten, zeigt die politische Bedeutungssteigerung, die Öl und Energie binnen weniger Jahre erfahren hatten. Der Einbezug der Finanzminister resultierte daraus, dass sich die Einschätzung der Ölkrise in den Industrieländern zu diesem Zeitpunkt verschoben hatte: Nachdem man den Winter bis dahin relativ problemlos überstanden hatte, schienen die kurz- und mittelfristig größten Gefahren nicht mehr von Versorgungsengpässen auszugehen, sondern vielmehr von den rasanten Preissteigerungen, die die Zahlungsbilanzen der Industrieländer belasteten.[46]

Zu Beginn der Konferenz sprach zuerst Kissinger selbst zu den Delegierten. Er betonte, die Größe und der globale Charakter der Energiekrise gefährdeten nicht nur den Wohlstand der Industrieländer, sondern auch die wirtschaftliche Entwicklung in der Dritten Welt und damit letztlich alle Nationen. Mit dem Wachstum der Weltwirtschaft sei auch die Stabilität der internationalen Ordnung in Gefahr. Das Problem sei seit einem Jahr in seinen Grundzügen erkennbar gewesen und werde sicher bis zum Ende des Jahrzehnts und vielleicht darüber hinaus bestehen bleiben.[47] Nationale Lösungen seien unmöglich: Versuchten die Industrieländer, in Konkurrenz zueinander durch bilaterale Abkommen mit den Förderländern die eigene Energieversorgung zu sichern, würden sie den Ölpreis nach oben treiben, und dies hätte desaströse Folgen für alle Beteiligten. Die anwesenden Ländervertreter sollten also zu ihrem eigenen Nutzen kooperieren und bestimmte Handlungsmöglichkeiten aufgeben, auch wenn diese souveränen Staaten grundsätzlich zustünden: „We do not dispute the right of sovereign nations to

---

[45] Möckli: European foreign policy during the Cold War, S. 266.
[46] CIA: International Oil Developments – Current Overview, January 4, 1974, CIA, Doc No/ ESDN: 51112a4b993247d4d8394563; zur öffentlichen Diskussion siehe Hans Roeper: Hohe Defizite untergraben die Weltwirtschaft. Die Auswirkungen der Ölverteuerung, Frankfurter Allgemeine Zeitung (14. 2. 1974).
[47] Opening Remarks of the Honorable Henry A. Kissinger, Secretary of State, February 11, 1974, PA AA, B 71 (Referat 405), 113894. Die erste Schätzung entspricht vielleicht Kissingers eigenem energiepolitischen Erkenntnisstand, nicht aber dem innerhalb der US-Regierung (siehe oben 3.2). Am leichtesten zugänglich sind die Konferenzdokumente in Auszügen in The Washington Energy Conference, in: The Atlantic Community Quarterly, Spring (1974), S. 22-54.

make individual arrangements. But we believe that it is essential that these arrangements follow agreed rules of conduct. In their absence, unrestrained bilateralism is certain to produce disastrous political and economic consequences."[48] Um diesen Punkt zu bekräftigen, strich Kissinger in bilateralen Gesprächen immer wieder heraus, dass die Vereinigten Staaten im Falle eines Wettstreites zwischen den Verbrauchernationen angesichts ihrer wirtschaftlichen, politischen und militärischen Macht am besten dastehen und ihre Machtposition dann auch ausnutzen würden. Öffentlich entwarf er jedoch im Einklang mit avancierten politikwissenschaftlichen Theorien seiner Zeit eine Welt globaler „Interdependenz", in der isoliertes nationales Machtstreben für alle von Nachteil sei und nach internationalen Lösungen gesucht werden müsse: „As we look toward the end of this century we know that the energy crisis indicates the birth pains of global interdependence. [...] Will we consume ourselves in nationalistic rivalry which the realities of interdependence make suicidal? Or will we acknowledge our interdependence and shape cooperative solutions?"[49] Nationale Souveränität könne also einzig durch die Aufgabe von Souveränitätsrechten in internationalen Zusammenhängen gewahrt werden. Daher sollte auf der Konferenz und in dem zu etablierenden Nachfolgegremium nach gemeinsamen Lösungen für Energieverbrauchsreduktionen, Forschung und Entwicklung, Krisenmechanismen, die internationale Finanzordnung sowie die Beziehungen zu den Entwicklungs- und den Förderländern gesucht werden.

Simon bezog Kissingers grundsätzliche Problemanalyse genauer auf die energie- und vor allem ölpolitische Situation. Die Ursachen für die gegenwärtige Misere machte Simon zum einen in dem verbreiteten Glauben aus, die Ära billiger und unbegrenzter Rohstoffe werde für immer anhalten. Zum anderen habe man „Interdependenz" zu lange nicht erkannt und sie demzufolge auch nicht in die eigenen Planungen einbezogen.[50] Wie schon bei seiner Tätigkeit als Energiezar in

---

[48] Opening Remarks of the Honorable Henry A. Kissinger, Secretary of State, February 11, 1974, PA AA, B 71 (Referat 405), 113894.

[49] Ebd.; siehe zur Theoriebildung Joseph S. Nye, JR./Robert O. Keohane: Transnational Relations and World Politics: A Conclusion, in: International Organization 25,3 (1971), S. 721-748, sowie ausführlich Kapitel 8.1.4. Daniel J. Sargent: Oil, Interdependence, and Hegemony. The U.S. in the Middle East, 1969-1974, ISS Seminar, Yale/New Haven 2007; ders.: The United States and Globalization in the 1970s, in: Ferguson, The Shock of the Global, S. 49-64, interpretiert Kissingers Äußerungen als Ausdruck seiner Auffassungen und tatsächlichen Handlungsmaximen. Kissinger instrumentalisierte die Interdependenz-Rhetorik aber auch, um die hegemoniale Position der USA zu festigen; ein Aspekt, der im Vordergrund steht bei Möckli: European foreign policy during the Cold War, S. 252-279. Die folgende Analyse der Verhandlungen entspricht nicht dem Konferenzablauf. Für dessen genaue Erzählung inklusive des Gossip aus den einschlägigen Memoiren siehe Möckli: ebd., und Gfeller: Building a European Identity, S. 114-140. Auf die deutsch-französischen Beziehungen während der Tagung konzentriert sich Claudia Hiepel: Willy Brandt und Georges Pompidou. Deutsch-französische Europapolitik zwischen Aufbruch und Krise, München 2012, S. 292-301.

[50] Statement by the Honorable William E. Simon Administrator, Federal Energy Office before the Washigton Energy Conference, Washington, D.C., February 11, 1974, PA AA, B 71 (Referat 405), 113894: „The explanation of our current problems lies in ourselves – in our own failure to acknowledge our interdependence and plan for it."

den Vereinigten Staaten sah Simon auch die Schwierigkeiten internationaler Energiepolitikgestaltung ganz wesentlich in einem Mangel an energie- und vor allem ölbezogenem Wissen begründet, der behoben werden müsse, damit Regierungen wieder handlungsfähig sein könnten.[51] Nachdem auch er sich also für einen weltweiten Datenaustausch und die Förderung alternativer Energieträger ausgesprochen hatte, erklärte er den Delegierten noch rasch, dass Nixons Project Independence trotz seines Namens kein nationales Autarkieprojekt sei. Im Gegenteil dienten seine Anstrengungen im Energiesparbereich und in der Forschungsförderung allen Ländern, da sie dazu beitrügen, Energieverbrauch und Energieangebot weltweit wieder ins Gleichgewicht zu bringen.

Finanzminister Shultz kam die Aufgabe zu, den anderen Delegierten die Folgen des steigenden Ölpreises für die Industrie- und die Entwicklungsländer auseinanderzusetzen. Die Gegenwart und nahe Zukunft beschrieb Shultz als „a time of wast new uncertainty", in der nichts negativer als „beggar thy neighbor"-Strategien seien, bei denen sich einzelne Länder Vorteile auf Kosten anderer zu verschaffen suchten.[52] Stattdessen müssten neue Wege der finanz- und währungspolitischen Kooperation gefunden werden. Shultz' Botschaft wurde unterstützt von Walter J. Levy, der als Energieanalyst an der Konferenz teilnahm und zuvor schon sowohl die amerikanische als auch die bundesdeutsche Regierung und den britischen Premierminister Edward Heath direkt beraten hatte. Levy verteilte den Delegierten ein Papier, in dem er abschätzte, dass sich die zusätzlichen Kosten der Ölimporte allein in den Jahren 1972–74 weltweit auf 79,3 Milliarden US-Dollar belaufen würden, wovon die Europäer 39,7, die USA 15,9 und Japan 12,8 Milliarden zu tragen hätten. Durch seine Analyse, erklärte Levy stolz der *Washington Post*, sei den anwesenden Ministern und vor allem den Finanzministern zum ersten Mal die ganze Dimension des Problems bewusst geworden.[53] Nahezu alle Punkte von Levys Aussage können mit Fug und Recht bezweifelt werden: Es war weder das erste Mal, dass die Finanzminister das Problem der Vervierfachung des Ölpreises begriffen, noch schätzten sie es wahrscheinlich in seinen Dimensionen richtig ab. Denn die Zahlen und Prognosen, die von der US-amerikanischen Regierung, vor allem aber auch von der OECD der Konferenz vorgelegt wurden, unterschätzten das Ölpreissteigerungspotential dramatisch. Sowohl Simon als auch der Generalsekretär der OECD van Lennep gingen in ihren Vorträgen davon aus, dass der Ölpreis 1980 bis 1985 nicht über dem Ölpreis von 1973 liegen werde.[54] Dieser Einschätzung lag das „long-term energy assessment" der OECD zu-

---

[51] Ebd.
[52] Statement by the Honorable George P. Shultz, Secretary of the Treasury, February 11, 1974, PA AA, B 71 (Referat 405), 113894.
[53] Hobart Rowen: Energy Parley Responds to Economic Facts, The Washington Post (17. 2. 1974). Zu Levys Position siehe Walter J. Levy: World oil cooperation or international chaos, in: Foreign Affairs 52 (1974), S. 690-713.
[54] Statement by the Secretary General of the OECD, February 11, 1974, PA AA, B 71 (Referat 405), 113894; zur Vorbereitung der Konferenz in der High Level Group Oil siehe Paris OECD: Sitzung der High Level Group Oil, 4. 2. 1974, PA AA, B 71 (Referat 405), 113893.

grunde, an dem, wie deren Direktor den Delegierten stolz erklärte, seit zwei Jahren sechs Komitees und zwölf Arbeitsgruppen der OECD sowie externe Experten arbeiteten und das in wenigen Monaten die zentralen Energieprobleme für die OECD-Länder in den 1980er Jahren modellierbar machen würde. Die ersten Projektionen von Angebot und Nachfrage gaben Anlass zur Beruhigung: Auch ohne energiepolitische Maßnahmen würden die Ölimporte der OECD-Länder bei Fortbestehen der Preissteigerungen in den Jahren 1980 und 1985 das Niveau von 1973 nicht übersteigen, führte Hans K. Schneider aus.[55] Der Grund hierfür sei der Preismechanismus, meinte auch der Generalsekretär der OECD: „The spectacular rise in the price of imported oil will set in motion powerful forces reducing demand and stimulating alternative sources of supply."[56] Genauso wie das Federal Energy Office überschätzte auch die OECD die Preiselastizität des Ölverbrauchs und unterschätzte zugleich die Kohäsion der OPEC. Auch ein kurzer Austausch zwischen Nixon und Shultz vor Konferenzbeginn zeigt, dass sie diese Annahme teilten:
„Shultz: The price is going down.
The President: Why?
Shultz: The price. People respond to price."[57]

Auf der Washingtoner Energiekonferenz betonten fast alle Außen- und Finanzminister die langfristigen Ursachen der Energiekrise, ihre globalen Dimensionen und die Notwendigkeit, zu internationalen Lösungen zu kommen, die auch die Förderländer einbeziehen sollten.[58] Der niederländische Außenminister Max van der Stoel konnte der Ölkrise sogar etwas Gutes abgewinnen, da es langfristig ohnehin zu einem Mangel gekommen wäre und die Industrieländer auf diese Weise schon jetzt zum Umsteuern gezwungen seien.[59] Dies sah auch Norwegens Außenminister Knut Frydenlund ähnlich: „The oil crisis has brought home to us in a dramatic manner that the industrialized countries have been living beyond their means as far as the exploitation of natural resources and raw materials are concerned."[60] Simons Diagnose, dass Daten und Informationen fehlten, fügte er einen weiteren Aspekt hinzu, indem er bemerkte, die Ölkrise habe auch das Unwissen und die fehlende Kontrolle der Regierungen über die multinationalen Ölfirmen offengelegt. Diesen Zustand gelte es in Zukunft zu beheben.

---

[55] Statement by Professor Hans K. Schneider, Director of the OECD L-Term Energy Assessment, February 12, 1974, PA AA, B 71 (Referat 405), 113894.
[56] Statement by the Secretary General of the OECD, February 11, 1974, PA AA, B 71 (Referat 405), 113894.
[57] Memorandum of Conversation: Washington Energy Conference, Secret, February 9, 1974, DNSA, KT01025; siehe auch Helmut Schmidt: Der Ölpreis wird sinken, Frankfurter Allgemeine Zeitung (14. 2. 1974).
[58] Siehe paradigmatisch Statement by H.E. Mr. Masayoshi Ohira, Minister for Foreign Affairs of Japan, February 11, 1974, PA AA, B 71 (Referat 405), 113894.
[59] Intervention by Max an der Stoel, February 11, 1974, PA AA, B 71 (Referat 405), 113894.
[60] Statement by Mr. Knut Frydenlund, Foreign Minister of Norway, February 11, 1974; siehe auch Statement by Mr. Jens Evensen, Minister if Commerce and Shipping of Norway, February 12, 1974, PA AA, B 71 (Referat 405), 113894.

Die für den Konferenzerfolg entscheidenden Vertreter der EG, Frankreichs, der Bundesrepublik und Großbritanniens widmeten sich in ihren Reden jedoch weniger der konkreten Energieproblematik als vielmehr den Fragen, welche Kooperationsformen der Industrieländer angebracht seien und welche nicht. Als Ratsvorsitzender präsentierte Scheel die Position der EG: Der globale Charakter des Energieproblems erfordere internationale Lösungen, in die alle Ländergruppen einbezogen werden müssten, so dass diese Konferenz nur der erste Schritt auf dem Weg zu einem umfassenderen Dialog sein könne. Neben diesem Forum könnten auch bilaterale Abkommen mit den Förderländern allen dienen und spätere multilaterale Abkommen vorbereiten. Für nicht erstrebenswert hielten die Europäer die Bildung einer neuen Institution, sondern sie wollten die Arbeit in die OECD verlagern. Ausdrücklich begrüßte Scheel die französische und algerische Initiative, durch eine UN-Konferenz zu einer neuen Weltöl- und Weltrohstoffordnung zu finden (Kapitel 7.4).[61]

Nach dem Vortrag der europäischen Position stellte sich Scheels Kabinettskollege Schmidt, der jetzt für die Bundesregierung sprach, eindeutig an die Seite der USA. Mit Nachdruck unterstützte Schmidt alles, was von der amerikanischen Delegation gesagt worden war und wandte sich gegen die floskelhafte Beteuerung, man wolle eine Konfrontation mit den Förderländern vermeiden. Die Konfrontation sei von OPEC und OAPEC ausgegangen und jetzt müssten die Industrieländer entscheiden, ob sie im Sinne der USA kooperierten oder versuchten, ihre eigene Haut zu retten. Die zweite Strategie werde katastrophale Folgen haben, weshalb Schmidt für die Annahme der amerikanischen Vorschläge plädierte und den europäischen Partnern indirekt drohte: „Our reason for advocating cooperation is not that our country would not be able to ‚go it alone'. We do in fact have only little oil and gas in our ground [...] but Germany, speaking frankly, can at least pay its oil bill. We do not foresee any serious balance of payments problems for Germany. Therefore, if everybody tried to go his own way, we would not have to fear competition."[62] Mit einem persönlichen Bekenntnis zum Multilateralismus schloss Schmidt seine Ausführungen: In den letzten Jahren sei ihm immer klarer geworden, dass die Probleme der Sicherheit, des Handels, des Geldes und der Energie eng miteinander verbunden seien und von ihrer Lösung das Wohlergehen aller und das Gleichgewicht in der Welt abhingen. Deshalb müsse man sich um eine gemeinsame Lösung bemühen.[63] Sir Alec Douglas-Home bewegte sich in seinen Äußerungen näher am Mandat der EG, als er meinte, bilaterale Abkommen müssten weiter möglich sein. Die bestehenden Institutionen hielt er für wichtig,

---

[61] Introductory Statement by the President of the Council of the European Communities, February 11, 1974; siehe auch Erklärung des Präsidenten der Kommission der Europäischen Gemeinschaften Francois-Xavier Ortoli, Washington, February 11, 1974, PA AA, B 71 (Referat 405), 113894.
[62] Statement by the German Federal Minister of Finance, Helmut Schmidt, February 11, 1974, PA AA, B 71 (Referat 405), 113894.
[63] Ebd.

erkannte aber zugleich an, dass eine „follow-up machinery" eingerichtet werde müsse.[64]

Nachdem Douglas-Home sich recht geschickt positioniert hatte, konzentrierte sich Joberts ganzer Ärger auf Scheel, der die Position der EG nicht adäquat wiedergegeben habe und Schmidt, „who did not have the advantage, or disadvantage, of taking part in our work at Brussels" und den Rahmen des Vereinbarten verlassen habe.[65] Die Industrieländer, so Jobert, dürften sich nicht mehr anmaßen, für die ganze Welt zu sprechen, sondern müssten von Beginn an den Dialog mit den Entwicklungs- und den Förderländern über Öl und Energie suchen; eine Position, die parallel zur Konferenz auch der irakische Präsident Ahmed Hasan al-Bakr in einem offenen Brief an Richard Nixon unterstützte.[66] Genaugenommen handele es sich bei der Washingtoner Konferenz nicht um eine Konferenz der Verbraucherländer, weil zumindest die USA und Kanada, bald aber auch Norwegen und Großbritannien, wichtige Förderländer seien. Währungs- und finanzpolitische Fragen seien am besten über OECD, Weltbank und Internationalen Währungsfond zu verhandeln. Darüber hinaus wies Jobert auf die strukturellen Nachteile der Europäer gegenüber den Amerikanern in allen Energieverhandlungen hin. Seinen Angriff auf Kissinger, die Konferenz und die US-amerikanische Außenpolitik insgesamt führte Jobert indirekt, indem er ausführlich den demokratischen Senator Edmund Muskie zitierte: Das eigentliche Ziel der Konferenz sei nicht, wie überall beteuert, die Vorbereitung der Kooperation mit den Förderländern, sondern vielmehr die Bildung einer gemeinsamen Front gegen die OPEC, um den Ölpreis wieder nach unten zu treiben. Die USA gäben vor, uneigennützig internationale Anliegen zu verfolgen, zeigten aber „in the style of our diplomacy" und „the substance of our actions" immer wieder, dass es tatsächlich um „narrow nationalistic goals" gehe.[67] Die ganze Anlage des Project Independence verdeutliche, dass die USA eigentlich auf einem nationalistischen Weg seien, wie Frankreich richtig erkannt habe. Daher könne man von den Europäern nicht erwarten, dass sie den amerikanischen Vorschlägen zur Kooperation folgten, in denen nationale Interessen nur notdürftig verschleiert würden. Jobert schloss mit einem ganz offenen Pädoyer für ökonomischen Nationalismus in Krisenzeiten: „I would like to end with an allusion to what Mr. Schmidt said when he stated that everybody did not have to try to save his own hide. Of course when everything is going well, approaches are friendly and completely elegant. But when everything is going badly, everyone tries to save his own hide. I see nothing against this."[68]

---

[64] Statement by the Right Honorable Sir Alec Douglas Home, K.T., M.P., Secretary of State for Foreign and Commonwealth Affairs, the United Kingdom, February 11, 1974, PA AA, B 71 (Referat 405), 113894.
[65] Statement by His Excellency Michel Jobert, Minister of Foreign Affairs, Washington, February 11, 1974, PA AA, B 71 (Referat 405), 113894.
[66] Kissinger warnt vor ruinösem Wettbewerb, Frankfurter Allgemeine Zeitung (12.2.1974).
[67] Statement by His Excellency Michel Jobert, Minister of Foreign Affairs, Washington, February 11, 1974, PA AA, B 71 (Referat 405), 113894.
[68] Ebd.

Obwohl Jobert anscheinend als einziger die EG-Position, die er vorher entscheidend mitgeprägt hatte, in Reinform vertrat, stellte er sich doch mit seiner intransigenten Haltung außerhalb des inzwischen von den übrigen Europäern erreichten Konsenses. Diese versuchten am kommenden Tag genauso wie Kissinger in vielen Gesprächen vergeblich, Jobert zum Einlenken zu bringen. Weder Scheels Erklärung, die Existenz der Gemeinschaft sei durch Joberts Kompromisslosigkeit bedroht, noch Schmidts Vorwurf, Jobert habe die ökonomischen Realitäten und die Grenzen des westeuropäischen Einflusses im Mittleren Osten nicht verstanden, konnten die Haltung Joberts, der strikte Anweisungen von Präsident Pompidou hatte, verändern.[69] Auch das direkte Gespräch zwischen Jobert und Kissinger scheinen beide Seiten als unangenehm und unproduktiv empfunden zu haben.[70] Nicht nur Helmut Schmidt, den Möckli für das Auseinanderbrechen der europäischen Front und damit auch das Scheitern der EPZ verantwortlich macht, sondern auch Douglas-Home war schon vor Beginn der Konferenz entschlossen, im Entscheidungsfall die Nähe zu den Vereinigten Staaten der Gemeinsamkeit mit Frankreich und der einheitlichen europäischen Position vorzuziehen. Anders als oft behauptet, dürfte es also kaum noch Nixons Tischrede bedurft haben, in der dieser ausführte, dass „security and economic considerations are inevitably linked and energy cannot be separated from either."[71] Konnte dieser Satz zum einen als schlichter Ausdruck eines erweiterten Sicherheitsverständnisses begriffen werden, das auch ökonomische Sicherheit umfasste, konnte er zum anderen auch als recht unverhohlene Drohung verstanden werden, die amerikanischen Truppen in Europa zu reduzieren, sollte die Konferenz scheitern. Es spricht wenig dafür, dass diese Befürchtung auf deutscher Seite oder bei den Briten den Ausschlag für die pro-amerikanische Haltung gab, da beide die Kräfteverhältnisse im Energiebereich ohnehin so einschätzten, dass die enge Kooperation mit den USA der erfolgversprechendste Weg zur Garantie ihrer Energiesicherheit und damit auch ihrer nationalen Souveränität sei.[72]

Nachdem die langwierigen Versuche, Jobert umzustimmen, gescheitert waren, musste die Konferenz um einen halben Tag verlängert werden, um doch noch ein

---

[69] Hiepel: Willy Brandt und Georges Pompidou, S. 300.
[70] Hermes, Staden an AA: Energiekonferenz. Delegationsbericht Nr. 1, 12. 2. 1974; Brunner, Staden an AA: Energiekonferenz. Delegationsbericht Nr. 2, 13. 2. 1974, PA AA, B 71 (Referat 405), 113893; Möckli: European foreign policy during the Cold War, S. 268-279; Peter Hermes berichtet, Douglas-Home habe während der Konferenz gesagt, Jobert sei für Kissinger ungefähr das, was für ihn, Douglas-Home, die IRA sei. Hermes: Meine Zeitgeschichte, S. 225.
[71] Marilyn Berger: Nixon Links Security, Fuel, The Washington Post (12. 2. 1974); siehe auch Document 555: Sykes, Washington tel 612: Broad political consequences of the Energy Conference, February 16, 1974, in: Hamilton, The year of Europe; die These findet sich zum Beispiel bei Fiona Venn: International Co-operation versus National Self-Interest. The United States and Europe during the 1973-1974 Oil Crisis, in: Kathleen Burk/Melvyn Stokes (Hg.), The United States and the European Alliance since 1945, Oxford/New York 1999, S. 71-100, hier S. 87.
[72] Anders als Fiona Venn argumentiert, war das Ergebnis der Konferenz weniger auf „American threats and domination" zurückzuführen, von denen es auch gar nicht so viele gab, als vielmehr auf europäische Abwägungsprozesse und Einschätzungen globaler Kräfteverhältnisse; siehe Venn: International Co-operation versus National Self-Interest.

gemeinsames Kommuniqué zu verabschieden. In einer langen Nachtsitzung vom 12. auf den 13. Februar lagen ein kanadisch-japanischer und ein US-amerikanischer Entwurf vor, der schließlich durch eine Intervention und Veränderung Douglas-Homes von allen angenommen wurde, wobei die französische Delegation sich von einzelnen Punkten des Kommuniqués explizit distanzierte.[73] Im Kommuniqué erkannten die anwesenden Länder die große Bedeutung an, die die unbegrenzte Verfügbarkeit preisgünstigen Öls für ökonomisches Wachstum und politische Stabilität gehabt hatte.[74] Die Ursachen der gegenwärtigen Krise lägen vor allem in den rasanten Öl- und Energieverbrauchssteigerungen der vergangenen Jahrzehnte, dann aber auch in den politischen Entwicklungen in den Förderländern. Um eine gerechtere und stabilere Ordnung der internationalen Energiewirtschaft zu erreichen („a more equitable and stable international energy relationship"), wollten sie ein umfassendes Aktionsprogramm entwickeln und dabei – so eine entscheidende Kompromissformel – auf der Arbeit der OECD „aufbauen". Dazu sollte eine Koordinierungsgruppe eingerichtet werden, die das Programm in den Bereichen Energiesparen und Verbrauchsminderungen, Krisenreaktionsmechanismen, Entwicklung alternativer Energieträger sowie Forschung und Entwicklung ausarbeiten sollte. Von diesen letzten Punkten distanzierte sich die französische Delegation. Daneben erklärten die Länder aber auch, sie begrüßten Initiativen, Rohstofffragen im Rahmen der UN zu diskutieren und strebten eine gemeinsame Konferenz mit den Förderländern an.

Angesichts dieses Ergebnisses gingen die Bewertungen der Konferenz nach ihrem Abschluss weit auseinander. Jobert gab noch auf dem Flughafen ein viel beachtetes Interview, in dem er den Vorwurf erhob, die Konferenz sei von den Vereinigten Staaten lediglich als Vorwand genutzt worden, um ihre politische Vorherrschaft innerhalb der transatlantischen Allianz zu behaupten. Die Europäer hätten, so Jobert, den Ernst der Energiesituation überhaupt nicht begriffen und seien daher auf die politischen Manöver Kissingers hereingefallen, der sie durch massiven Druck auf Linie gebracht habe.[75] Nichtsdestoweniger hatte er sich schon vorher zufrieden über die Konferenz geäußert; zum einen ironisch, weil er einiges über sein eigenes Verhalten und das der europäischen Kollegen gelernt habe und zum anderen ernsthaft, weil es ihm gelungen sei, die „französische Unabhängigkeit" zu wahren.[76]

---

[73] Document 562: FCO Diplomatic Report 192/74 [R.A. Sykes]; The Washington Energy Conference, 10-13 February, 1974, 27. 2. 1974, in: Hamilton, The year of Europe; Hermes, Staden an AA: Energiekonferenz. Delegationsbericht Nr. 3, 14. 2. 1974; Kruse: Ortex Energiekonferenz in Washington am 11.-13. 2. 1974, 14. 2. 1974, PA AA, B 71 (Referat 405), 113893.

[74] Washington Energy Conference: Communiqué, February 13, 1974, NARA, Nixon Library, NSC, Subject Files – Energy Crisis 1973-74, Box 321: „They noted that during the past three decades progress in improving productivity and standards of living was greatly facilitated by the ready availability of increasing supplies at fairly stable prices."

[75] Marilyn Berger: Jobert Calls Talks a 'Pretext', The Washington Post (14. 2. 1974).

[76] Murrey Marder/Ronald Koven: 12 Nations Agree On Energy Group, The Washington Post (14. 2. 1974); Jan Reifenberg: Der tote General hätte Beifall gespendet, Frankfurter Allgemeine Zeitung (11. 2. 1974); das Echo auf Joberts Haltung war außerhalb Frankreichs einhellig negativ, in Frankreich aber gemischt und überwiegend positiv; siehe Lob und Tadel für

Letztlich begriff Jobert die Konferenz also als ein Produkt US-amerikanischen Hegemoniestrebens, gegen das er die französische Souveränität auch im Konflikt mit den anderen Europäern, die er als „Verräter" sah, hatte verteidigen müssen.[77]

In der Bundesregierung bedauerte man zwar den Konflikt mit Frankreich und die daraus resultierenden Schwierigkeiten für die Europäische Politische Zusammenarbeit, war aber grundsätzlich zufrieden mit dem Ergebnis und besten Willens, an der internationalen Kooperation mitzuwirken.[78] Daran änderten auch die heftigen Reaktionen in manchen arabischen Ländern wie zum Beispiel Algerien nichts. Hier erklärte Abdessalam ganz wie Jobert, die Vereinigten Staaten versuchten, ihre verlorene Hegemonie auf dem Gebiet der Energiepolitik wiederherzustellen.[79] In der algerischen Presse hieß es, „deutschland, italien und japan haetten in washington bewiesen, dass sie keine unabhaengigen laender seien", sondern von den Vereinigten Staaten abhängig; einzig die „ehrliche, feste und mutige" Haltung Frankreichs sei auf der Konferenz ein Lichtblick gewesen.[80] Die britische Bewertung ähnelte weitgehend der bundesdeutschen, auch wenn man durchaus sah, dass den Amerikanern über das Vehikel der Energiepolitik gelungen war, womit sie zuvor mit dem Year of Europe gescheitert waren.[81] Um die negativen Reaktionen aus den Förderländern abzufedern, gab Douglas-Home die folgende Sprachregelung an die britischen Botschaften in den OPEC- und OAPEC-Ländern aus: Die Entscheidung der US-amerikanischen Regierung zur Einberufung der Konferenz sei „courageous and wise" gewesen, wenn sie dabei auch manchmal unsensibel vorgegangen sei.[82] Man hätte die Entscheidung zwischen Frankreich und den USA gerne vermieden, aber „when French obduracy obliged us to choose, we had no repeat no hesitation", zumal sich bei allen Delegationen während der Konferenz das starke Gefühl breitgemacht habe, „that the French should not get away with it this time".[83] Da die französische Regierung wahrscheinlich versuchen würde, aus diesem Konferenzergebnis in den Verhandlungen mit den Förderländern Vorteile zu ziehen, sollten die britischen Diploma-

---

Jobert, Frankfurter Allgemeine Zeitung (15. 2. 1974); Gfeller: Building a European Identity, S. 130-133.

[77] Hermes: Meine Zeitgeschichte, S. 225 erinnert sich, dass Jobert sich mit den Worten verabschiedet habe: „Ich war hier unter Freunden und verbschiede mich von Freunden." Siehe auch Möckli: European foreign policy during the Cold War, S. 276-278.

[78] Hermes, Staden an AA: Energiekonferenz. Delegationsbericht Nr. 3, 14. 2. 1974, PA AA, B 71 (Referat 405), 113893.

[79] Moltmann an AA: Fernschreiben über arabische Reaktion auf Konferenz, 13. 2. 1974, PA AA, B 71 (Referat 405), 113893.

[80] Moltmann: Fernschreiben über arabische Reaktion auf Konferenz, 15. 2. 1974, PA AA, B 71 (Referat 405), 113893; siehe auch „Front gegen Ölproduzenten". Scharfe Kritik der OPEC an Washingtoner Energiekonferenz, Frankfurter Rundschau (15. 2. 1974).

[81] Document 562: FCO Diplomatic Report 192/74 [R.A. Sykes]; The Washington Energy Conference, 10-13 February, 1974, 27. 2. 1974, in: Hamilton, The year of Europe; Document 555: Sykes, Washington tel 612: Broad political consequences of the Energy Conference, February 16, 1974, in: ebd.

[82] Document 553: Douglas-Home: Guidance tel 24: Summary: work of the Energy Conference, February 14, 1974, in: ebd.

[83] Ebd.

ten dem entgegentreten und immer die gemeinsamen Interessen von Förder- und Verbraucherländern betonen.

In der US-Regierung war man überaus zufrieden mit dem Ergebnis der Washingtoner Energiekonferenz. Als Kissinger Nixon telefonisch von der Tagung berichtete, erklärte er gleich zu Beginn, er habe seine Ziele fast hundertprozentig erreicht.[84] Abgesehen davon, dass man das Kommuniqué durchgebracht habe, habe man auch den Ländern der EG eine Lehrstunde erteilt. Hier stimmte Nixon emphatisch zu: „The point is the European Community, instead of having that silly unanimity rule, learned they can't gang up against us and we can use it now, we can use it on trade, security, with everything else."[85] Dies sah auch Kissinger so und fügte hinzu, dass auch die Amerikaner etwas wiedererkannt hätten, das – mag man hinzufügen im Year of Europe – fast in Vergessenheit geraten war: „It taught us an important lesson if we really throw our weight around we can have our way."[86] Nach außen war Kissingers und Nixons Diktion selbstverständlich eine andere. Mehrfach bedankte sich Kissinger bei Douglas-Home für die gute Kooperation auf der Konferenz und auch Nixon dankte Edward Heath: Der zentrale Konflikt auf der Konferenz sei nicht die Konfrontation zwischen den USA und Frankreich gewesen, sondern vielmehr der Konflikt zwischen „cooperation" und „ruinous isolation".[87] Auch Kissinger verschleierte die nationalen Interessen der Vereinigten Staaten hinter einer Rhetorik der internationalen Kooperation. Einzig in einem Interview deutete er die Berechtigung anderer Interpretationen an: „'Sometimes,' he said amid laughter, ‚there are disagreements not because people do not understand each other but because they understand each other only too well.'"[88] Es wäre jedoch falsch, einen einfachen Gegensatz zwischen internationaler Kooperation und nationalem Interesse zu konstruieren.[89] Beide Strategien schlossen einander nicht aus, sondern vielmehr konnte die eine gerade durch die andere verfolgt werden und umgekehrt. Dass die internationale Kooperation im nationalen Interesse der Amerikaner, aber auch der Briten und Deutschen – oder innerhalb der EG der Franzosen – lag, bzw. dass nationale Interessen gerade über eine internationale Kooperation verfolgt wurden, heißt nicht, dass Letztere nicht wirklich ernst genommen worden wäre.

Auch in der US-amerikanischen Presse wurde die Energiekonferenz ganz überwiegend positiv bewertet. Nixons kommunikative Strategie, auf dem Feld der Energiepolitik politische Führungsstärke unter Beweis zu stellen, war also aufgegangen. Schon vor der Tagung hatte er Kissinger geraten: „Give the press something after each session so that we get something positive on TV."[90] Insgesamt

---

[84] Telcon Nixon – Kissinger, February 14, 1974, DNSA, KA12032.
[85] Ebd.
[86] Ebd.
[87] Document 556: Nixon to Heath: Douglas Home at Conference, February 18, 1974, in: Hamilton, The year of Europe.
[88] Marder/Koven: 12 Nations Agree On Energy Group.
[89] Venn: International Co-operation versus National Self-Interest.
[90] Memorandum of Conversation: Washington Energy Conference, Secret, February 9, 1974, DNSA, KT01025.

stellte dann die *Washington Post* fest, die Washingtoner Energiekonferenz bedeute eine „Erneuerung der atlantischen Allianz unter amerikanischer Führung".[91] Sowohl die *New York Times* als auch die *Washington Post* führten die Übereinstimmung und die Bereitschaft aller Länder außer Frankreichs zur internationalen Kooperation vor allem auf die Überzeugungskraft der ökonomischen Argumente zurück, die von Kissinger und Simon vorgebracht worden waren.[92] Unter der Überschrift „Two Cheers for France" beschrieb James Reston allerdings Michel Jobert als den eigentlichen Konsensstifter der Tagung: „What Jobert did […] was to dramatize the dangers of nationalism in dealing with the world problems of defense, money, trade and energy […] He made Mr. Nixon look good […] without his eloquent defense of selfish nationalistic interests, we might have never understood how silly they were."[93] Erst das Gespenst des französischen Nationalismus habe Nixons Project Independence und Kissinger's internationale Offensive wie ein altruistisches Projekt zum Nutzen aller aussehen lassen. Letztlich, so analysierte Leonard Silk, sei die Strategie der Vereinigten Staaten aus drei Gründen aufgegangen: Ihre Vorschläge seien moderat gewesen, durch die Verbindung von Energie und Sicherheit mit Drohpotential versehen und zugleich mit ausreichender ökonomischer Macht unterfüttert gewesen.[94]

Die bundesrepublikanische Presse war sich einig, dass es auf der Washingtoner Energiekonferenz um mehr als um Öl gegangen sei, nämlich um die Gegenwart und Zukunft der transatlantischen Beziehungen sowie den Stand der europäischen Einigung und die Rolle Europas in der Welt.[95] Die Ölkrise, so argumentierte Dieter Schröder in der *Süddeutschen Zeitung*, habe die „Stunde der Wahrheit" für den europäischen Integrationsprozess eingeläutet.[96] Angesichts dieser existenziellen Herausforderung sei der „schöne Schein einer ‚gemeinsamen Außenpolitik'" zerplatzt, und die Europäer hätten sich wie Schiffbrüchige verhalten, die misstrauisch darauf bedacht seien, „ihre Überlebenschance durch kleine Vorteile zu verbessern", hieß es in den Kommentaren der *Süddeutschen* und der *Frankfurter Rundschau*.[97] Für die *FAZ* hatten die Europäer einen desolaten Eindruck hinterlassen bzw. ein erbärmliches Spektakel geboten, das überhaupt nur noch mit Theatermetaphern adäquat zu begreifen zu sein schien.[98]

---

[91] An Atlantic Energy Program, The Washington Post (14. 2. 1974), S. 22.
[92] Interdependence on Oil, The New York Times (13. 2. 1974); Rowen: Energy Parley Responds to Economic Facts.
[93] James Reston: Two Cheers for France, The New York Times (15. 2. 1974); eine ähnliche Kritik am französischen Kurs wiederholt Nouschi: Pétrole et relations internationales, S. 125-127.
[94] Leonard Silk: Energy Talks: Why U.S. Position Won, The New York Times (15. 2. 1974).
[95] g.n.: Um mehr als Öl, Frankfurter Allgemeine Zeitung (13. 2. 1974).
[96] Dieter Schröder: Das europäische Mißverständnis, Süddeutsche Zeitung (15. 2. 1974).
[97] Erich Hauser: Abstieg in die Bedeutungslosigkeit, Frankfurter Rundschau (14. 2. 1974); schr.: 13 in einem Boot, Süddeutsche Zeitung (12. 2. 1974).
[98] Reifenberg: Der tote General hätte Beifall gespendet; Fritz Ullrich Fack: Europa als Restposten, Frankfurter Allgemeine Zeitung (13. 2. 1974); Hans Jürgensen: Die europäische Truppe auf Amerika-Tournee, Frankfurter Allgemeine Zeitung (14. 2. 1974); mom.: Ohne Frankreich, Frankfurter Rundschau (15. 2. 1974); Monika Metzner: Frankreich und EG tief zerstritten, Frankfurter Rundschau (14. 2. 1974).

Die Hauptschuld an dem Konflikt wurde allerdings gemeinhin den Franzosen zugesprochen, die die Realitäten der globalen Ölwirtschaft nicht erkannt hätten. Auch wenn die europäischen Regierungen versuchten, ihre und die europäischen Handlungsspielräume gegenüber den USA zu wahren, könnten sie diesen gegenüber auf dem Feld der Energiepolitik doch nicht ebenbürtig sein.[99] Die Kooperationsvorschläge der USA hätten nicht nur die Macht, sondern auch die Logik auf ihrer Seite gehabt, und die französische Alternative sei nichts als eine Chimäre: „eine Rebellion des Irrationalismus gegen die politischen Umweltbedingungen Europas."[100] Trotz der Beteuerungen der Bundesregierung, es sei keine Entscheidung zwischen Frankreich und den USA gefallen und eine solche stehe auch nicht an, war sich die deutsche Presse doch weitgehend einig, dass man sich, wie Marion Gräfin Dönhoff in der ZEIT formulierte, im Zweifelsfall für die USA zu entscheiden habe.[101]

7.3 Das Internationale Energieprogramm und die Internationale Energieagentur

In die Hauptstädte zurückgekehrt galt es für die Delegationen, den „follow-up"-Prozess zu organisieren und sozusagen die „Maschinerie" in Gang zu setzen, die dann im Sinne des Konferenzkommuniqués die Welt des Öls umgestalten sollte. Denn unmittelbar nach der Washingtoner Energiekonferenz lud Nixon Vertreter der Teilnehmerländer für den 25. Februar zu einem ersten Treffen der Energiekoordinierungsgruppe nach Washington ein, um – wie Kissinger erklärte – den Schwung, der auf der Konferenz erreicht worden sei, aufrechtzuerhalten („to maintain momentum").[102] Sowohl Zeitpunkt als auch Ortswahl stießen in Europa auf Kritik, weil Kissinger damit die Abstimmung innerhalb der EG faktisch unmöglich machte und zugleich die US-Hegemonie innerhalb der Initiative räumlich zu demonstrieren schien. Kissinger zeigte sich bei der Ortswahl flexibel, beharrte jedoch auf dem Zeitplan, weil jetzt schnell die Verfahrensfragen geregelt und die Arbeitsaufträge verteilt werden müssten. Schließlich gehe es darum, so erklärte Kissinger seinem Amtskollegen Scheel, wie der Westen „seine innere Ordnung und Autorität erhalten" könne – also sowohl um Fragen der innenpoliti-

---

[99] Hk.: Bonn will Entscheidungsspielraum sichern. Geringe Erwartungen der Bundesregierung, in: Frankfurter Allgemeine Zeitung (11. 2. 1974); Jan Reifenberg: Amerika hat in der Energiepolitik den längeren Atem. Europas Rolle bei der Konferenz von Washington, Frankfurter Allgemeine Zeitung (11. 2. 1974).

[100] g.n.: Um mehr als Öl; siehe auch Dieter Schröder: Geld fehlt der Weltwirtschaft mehr als Öl, Süddeutsche Zeitung (13. 2. 1974).

[101] Marion Gräfin Dönhoff: Allein mit Amerika. ... wenn Paris weiter mauert, Die Zeit (15. 2. 1974); Hans Kepper: Bonn lehnt Parteinahme ab. Rücksichtnahme auf Kontrahenten bei Energiekonferenz, Frankfurter Rundschau (15. 2. 1974).

[102] Kissinger über Hillenbrand an Scheel über Follow Up zur Energiekonferenz, 21. 2. 1974, PA AA, B 71 (Referat 405), 113893.

schen als auch der internationalen Souveränität.[103] Genauer sollte sich die Koordinierungsgruppe nach US-amerikanischen Vorstellungen mit einem heterogenen und breiten Themenkatalog beschäftigen, nämlich mit Energiesparmaßnahmen, der beschleunigten Entwicklung konventioneller Energiequellen, dem „oil sharing", internationaler Kooperation in Forschung und Entwicklung und bei der Urananreicherung, der Wirtschafts- und Finanzordnung sowie den Beziehungen zu den Förderländern, der Dritten Welt und den internationalen Ölfirmen.[104]

Die ersten beiden Sitzungen der Koordinierungsgruppe im Februar und März in Brüssel waren nach dem Eindruck der deutschen Delegationsleiter Rohwedder bzw. Lantzke produktiv und verliefen, nachdem Frankreich nicht mehr teilnahm, in angenehmer Atmosphäre.[105] In eigenen ad-hoc-Arbeitsgruppen sollten unter deutschem Vorsitz Fragen der Forschung und Entwicklung geklärt werden, unter Leitung der Amerikaner sollte es um Urananreicherung gehen und die italienische Delegation stand der Arbeitsgruppe zur Rolle der internationalen Ölgesellschaften vor. Die Diskussion über andere Themen wurde in bereits bestehende internationale Organisationen ausgelagert: konventionelle Energieentwicklung, oil-sharing, Energiesparen und Entwicklungshilfe in die OECD; Währungs- und Finanzierungsprobleme in Weltbank, Internationalen Währungsfonds und OECD. Die Koordinierungsgruppe selbst beschäftigte sich mit den Beziehungen zu anderen Verbraucherländern, Entwicklungsländern und Förderländern (unter Federführung Großbritanniens), mit möglichen internationalen Institutionen für langfristige Geldanlagen der Förderländer (Bundesrepublik), mit der Entwicklung des internationalen Ölmarktes (USA) und mit den Aussichten auf eine beschleunigte sozio-ökonomische Entwicklung in den Förderländern (Bundesrepublik).[106]

Die meisten Arbeitsgruppen schritten zunächst schnell zur Tat und holten von den Teilnehmerländern die nötigen Informationen ein, um dann der Koordinierungsgruppe Berichte und Vorschläge für zu ergreifende Maßnahmen vorzulegen.[107] Anfang Mai ließ die Dynamik jedoch nach: Die Arbeitsgruppe zur Rolle

---

[103] Gespräch Scheel Kissinger am 3. März 1974, Energiefragen, 4.3., VS-Bd. 8844, PA AA, B 150, 300.

[104] Siehe die entsprechenden Vorlagen für das Treffen am 25. Februar in PA AA, B 71 (Referat 405), 113894; Sprechzettel für Kabinettsitzung über eventuelle Aussprache über Folgearbeiten der Washingtoner Energiekonferenz, 27.2.1974; Lantzke/Rohwedder: Bericht über die zweite Sitzung der Energie-Koordinierungsgruppe, 14.3.1974, PA AA, B 71 (Referat 405), 113893.

[105] Lantzke/Rohwedder: Bericht über die zweite Sitzung der Energie-Koordinierungsgruppe, 14.3.1974, PA AA, B 71 (Referat 405), 113893.

[106] Kruse: Bericht über 2. Sitzung der Koordinierungsgruppe, 14.3.1974; Übersicht über Organisationen, die die Folgearbeiten der Washingtoner Energiekonferenz übernommen haben, 27.3.1974, PA AA, B 71 (Referat 405), 113893.

[107] Response to Questionnaire From Ad Hoc Group of the Oil Committee on Conserving Energy & Restraining Demand by the United States, April 10, 1974, NARA, Nixon Library, NSC, Subject Files, Energy Crisis 1973-74, Box 321; International Cooperation in OECD on Energy Conservation and Demand Restraint. A report of the ad hoc Group on Conservation of Energy Resources and Demand Restraint, May 9, 1974, Barch, B 136/8026; John Knubel:

der Ölgesellschaften in der internationalen Ölwirtschaft hatte keine Einigung erzielen können, und der Chef der US-Atomenergiebehörde Dixy Lee Ray schränkte die Bereitschaft seines Landes zur Weitergabe von Urananreicherungstechnologie merklich ein.[108] Uneinigkeit bestand weiterhin auch über die Prognose der zukünftigen Ölpreisentwicklung. Während die amerikanische Delegation hier der optimistischen Analyse von Simons Federal Energy Office folgte, der Ölpreis werde sich bald bei sieben Dollar einpendeln, waren die anderen Delegationen skeptischer.[109] Nachdem die Briten schon früh für direkte Gespräche mit den Förderländern eingetreten waren, herrschte allerdings Anfang Mai nach der Sondersitzung der Vollversammlung der Vereinten Nationen zur Rohstoffproblematik Konsens, dass die Kommunikation mit den Förderländern zurückgestellt werden sollte, bis beide Seiten eine einheitliche Position formuliert hätten (Kapitel 7.4.1).

Im Juni erneuerte sich der Schwung in der Arbeitsgruppe jedoch, als die Amerikaner einen Entwurf für ein Integrated Emergency Program zur Diskussion stellten, das einen Mechanismus entwarf, der Ölkrisen wie die im Oktober 1973 in Zukunft wenn nicht unmöglich machen, so doch in ihren Wirkungen stark abfedern sollte. Neben der allgemeinen Preisproblematik und der Suche nach Anlagemöglichkeiten für die Petrodollars stand der kurzfristige Krisenpräventionsmechanismus im Zentrum der Debatten der nächsten Monate. Die Energiekoordinierungsgruppe versuchte hier ein System des oil sharing zu etablieren, das schon der High Level Group Oil als Erweiterung des nur europäischen Verteilungssystems vorgeschwebt hatte, aber in der bloßen Antizipation der Ölkrise ohne deren konkrete Erfahrung nicht realisiert worden war.[110] Während das oil sharing im Grundsatz allgemein befürwortet wurde, mussten vor allem Detailfragen geklärt werden; wie der Mechanismus ausgelöst und von welcher Organisation er verwaltet werden würde. Die US-Delegation wehrte sich lange dagegen, die Verwaltung des Programms in der OECD anzusiedeln, die sie für zu bürokratisch hielt, erklärte sich schließlich aber dazu bereit, um den Europäern, die sich immer

---

United States Response to 'Questionnaire to Participants' from the OECD Group on Accelerated Development of Conventional Energy Resources, April 15, 1974; Group on Accelerated Development of Conventional Energy Resources: Answers to the 'Questionnaire to Participants', by United States, April 16, 1974, NARA, Nixon Library, NSC, Subject Files, Energy Crisis 1973-74, Box 321; Schnellbrief BMWi an Bundeskanzleramt Dr. Thiele, AA Dr. Kruse, Finanzen Dr. Pieske, Zusammenarbeit Herr Stryk: Auswirkungen der jüngsten energiepolitischen Entwicklung auf Weltwirtschaft und Investitionen, 25. 3. 1974, PA AA, B 36 (Referat 310), 104993; siehe auch PA AA, B 71 (Referat 405), 113895.

[108] Kruse an Dg 40: 4. Sitzung der E-K, 2./3. 5. 1974, 6. Mai 1974, PA AA, B 71 (Referat 405), 113895.

[109] Ebd.; siehe auch Memorandum of Conversation: The EC and Energy; the Middle East; Berlin; U.S.-European Relations; SALT [Meeting with British Officials], Secret, February 26, 1974, DNSA KT01035; Memorandum of Conversation: Energy; North Sea Oil; Foreign Assistance; Nuclear Non-proliferation; CSCE; Trade Bill, [Meeting with British Officials], Secret, July 7, 1974, DNSA KT01245.

[110] Kruse an Staatssekretär: 5. Sitzung der Energie-Koordinierungsgruppe am 17./18. Juni 1974; Kruse an Staatssekretär: 7. Sitzung der Energiekoordinierungsgruppe, 29./30. Juli, 1. 8. 1973, PA AA, B 71 (Referat 405), 113895.

gegen eine neue Institution ausgesprochen hatten, die Zustimmung zu erleichtern.[111]

Ende September verabschiedeten dann die Außenminister den Entwurf eines Abkommens über ein Internationales Energieprogramm (IEP), das von einer Internationalen Energieagentur (IEA) verwirklicht werden sollte, die im Rahmen der OECD zu gründen sei. Zum Inkrafttreten war neben der Zustimmung der Länder also auch ein Ratsbeschluss der OECD nötig, der am 15. November 1974 bei Enthaltungen Finnlands, Frankreichs und Griechenlands erfolgte.[112] Das Internationale Energieprogramm beinhaltete neben dem Krisenmechanismus, „um Notständen in der Ölversorgung [...] zu begegnen", ein Set langfristiger Maßnahmen, um „eine gesicherte Ölversorgung zu vernünftigen und gerechten Bedingungen zu fördern".[113] Die Signatarstaaten, Belgien, Dänemark, Bundesrepublik Deutschland, Irland, Japan, Kanada, Luxemburg, Niederlande, Österreich, Schweden, Schweiz, Spanien, Türkei, Vereinigtes Königreich und Nordirland sowie die USA, zeigten sich „entschlossen, ihre Abhängigkeit von Öleinfuhren durch langfristige Bemühungen im Wege der Zusammenarbeit bei der rationellen Energieverwendung, der beschleunigten Entwicklung alternativer Energiequellen, der Forschung und Entwicklung im Energiebereich und der Urananreicherung zu verringern".[114]

Im Falle einer akuten Versorgungskrise in einem oder mehreren Teilnehmerländern sollte wie folgt vorgegangen werden: Wenn die Ölversorgung um mehr als sieben Prozent gegenüber dem normalen Ölverbrauch sinkt, sollten die betroffenen Länder selbst Einsparmaßnahmen in Höhe von sieben Prozent veranlassen und zudem würde ein Ölverteilungssystem in Kraft gesetzt werden, das die Lasten der Ölausfälle gleichmäßig unter den Teilnehmerstaaten verteilt, wobei sowohl die einzurichtenden Mindestvorräte als auch die einheimische Produktion miteinbezogen würden. Um das System für Krisenfälle mit der „notwendigen Schlagkraft" zu versehen, sollte die Inkraftsetzung automatisch erfolgen, wenn das Sekretariat das Vorliegen der Mangelsituation bestätigt.[115] Dieser Automatismus unterschied das Internationale Energieprogramm vom oil sharing, das schon vor der Ölkrise für die europäischen Länder der OECD eingerichtet worden war und für dessen Inkraftsetzung ein einstimmiger Beschluss nötig war, der unter

---

[111] Ebd.; 255 Gespräch Brandt Kissinger, u. a. Energiekonferenz, 4.3., VS-Bd. 14057, PA AA, B 150, 300; zu Frankreich: BMWi: Aufzeichnung für die deutsch-französischen Konsultationen zur Energiepolitik am 8./9. Juli 1974, 2. Juli 1974, PA AA, B 71 (Referat 405), 113895.

[112] Decision of the Council Establishing an International Energy Agency of the Council, 15.11.1974, in: Richard Scott (Hg.), The International Energy Agency. The First Twenty Years. Bd. 3: Principle Documents, Paris 1994, S. 27; siehe dazu ders.: The History of the International Energy Agency. The First Twenty Years, Bd. 1: Origins and Structure, Paris 1994, S. 49-54, sowie mit anderen Dokumenten: Die Gründung der Internationalen Energieagentur, in: Europa-Archiv 30,2 (1975), S. D1-30.

[113] Gesetz zu dem Übereinkommen vom 18. November 1974 über ein Internationales Energieprogramm. Vom 30. April 1975, in: Bundesgesetzblatt. Teil II,31 (1975), S. 701-742, hier S. 703.

[114] Ebd.

[115] Ebd., S. 709-711; Gesprächsführung für einen Besuch des Ministers in Washington am 28. September 1974, 19. September 1974, PA AA, B 71 (Referat 405), 113895.

den konkreten Krisenbedingungen nicht erfolgte.[116] Einmal in Gang gesetzt, konnte einzig der Verwaltungsrat mit qualifizierter Mehrheit innerhalb von 15 Tagen die Maßnahmen stoppen, wobei die Stimmen der Mitgliedsländer in Abhängigkeit vom Ölverbrauch so gewichtet waren, dass weder die Europäer noch die Amerikaner und Japaner zusammen den Rest majorisieren konnten. Wenn, nach der klassischen Formulierung Carl Schmitts, „souverän ist, wer über den Ausnahmezustand entscheidet", wurde durch die automatische Inkraftsetzung des Krisenmechanismus in Notfallsituationen Souveränität von den Nationalstaaten auf eine internationale Behörde bzw. an einen abstrakten Mechanismus delegiert. Nur noch in Kooperation mit der qualifizierten Mehrheit der anderen Teilnehmerländer konnten nationale Regierungen ihre Handlungsfreiheit zurückgewinnen und die Krisenreaktionen wieder außer Kraft setzen. Unter dem unmittelbaren Eindruck der Ölkrise, in der nationale Strategien noch zur Verschärfung der Preissteigerungen beigetragen hatten, banden sich die Regierungen also in einem bestimmten Bereich selbst die Hände, um auf diese Weise ihre viel grundsätzlichere energiepolitische Souveränität zu erhalten und zu sichern.

Zu diesem Zweck sollte auch die Einrichtung eines Informationssystems über die Lage auf dem internationalen Ölmarkt im Allgemeinen und die Möglichkeiten zur Durchführung von Notmaßnahmen im Besonderen dienen. Simons Erklärung, dass die US-Regierung angesichts fehlender Daten und Kenntnisse in der Ölkrise überhaupt nicht dazu in der Lage gewesen sei, eine effektive Energiepolitik zu betreiben, erschien auf internationaler Ebene noch plausibler. So berichtete Ulf Lantzke, dass die Arbeit in der High Level Group während der Ölkrise auch deshalb ineffektiv gewesen sei, weil sie nicht über verlässliche Informationen und Lageeinschätzungen verfügte: „It soon became clear that a reliable assessment of the world-market situation was not at all easy to obtain; information available to the governments of the industrialized countries, as well as to the oil companies, concerning events in the oil-producing countries was incomplete, contradictory, and confusing."[117] Um die aus dem Wissensmangel resultierende Unsicherheit zu reduzieren, sollten die nationalen Regierungen dem Sekretariat von nun an regelmäßig Bericht über die auf ihrem Hoheitsgebiet tätigen Ölfirmen erstatten.[118] Angesichts ihrer zentralen Stellung in der internationalen Ölwirtschaft, konnten sowohl das oil sharing als auch das Informationssystem nur dann funktionieren, wenn die multinationalen Ölkonzerne daran mitwirkten. Bei einem ersten Treffen zeigten sich die Chefs der großen multinationalen Konzerne grundsätzlich

---

[116] Ulf Lantzke: The OECD and Its International Energy Agency, in: Daedalus 104,4 (1975), S. 217–227, hier S. 218.

[117] Ebd., S. 219. An anderer Stelle beschreibt Lantzke die Situation wie folgt: „The result was international paralysis, and the OECD Oil Committee was unable to agree even on the formal collection of the information necessary to operate an oil sharing scheme." Ulf Lantzke: The Role of International Cooperation, in: Alvin L. Alm/Robert J. Weiner (Hg.), Oil Shock. Policy Response and Implementation, Cambridge/Mass. 1984, S. 77–96, hier S. 77f.

[118] Gesetz zu dem Übereinkommen vom 18. November 1974 über ein Internationales Energieprogramm.

kooperationsbereit, äußerten aber zugleich Vorbehalte gegen das Informationssystem. So gestand C.O. Peyton von Exxon ein, die Zeit, in der die Firmen allein den Ölmarkt kontrolliert hätten, sei vorbei: „The new circumstances prevailing in international oil markets indicate both individual governments and inter-governmental organizations must inevitably play a more active role therein."[119] Ein allgemeines Informationssystem sei allerdings nur dann sinnvoll, wenn Doppelungen zu den bereits von den Firmen bereitgestellten Wissensressourcen vermieden und zunächst eine genaue Kenntnis des logistischen Systems der Ölkonzerne erworben würde, sagte er unter Verweis auf die spezifische Expertise der Firmen bei der Produktion von Petroknowledge. Nur dann könnten die relevanten Informationen zum oil sharing im Krisenfall gesammelt und bereitgestellt werden. Zusammen mit seinen Kollegen warnte Peyton allerdings, das System müsse so gestaltet sein, dass die „commercial confidentiality" gewahrt bleibe. Da weder auf die Expertise noch auf die ökonomischen Möglichkeiten der Firmen verzichtet werden konnte, wurde in Arbeitsgruppen unter Leitung von Exxon ein Informationssystem und unter der Leitung von BP einen oil-sharing-Mechanismus im Sinne des IEP entwickelt.[120] Dabei könnte das Interesse der Firmen an einem formal unabhängigen, aber doch mit ihren Daten gespeisten Informationssystem nicht zuletzt aus der Kritik resultiert haben, der sie selbst während und seit der Ölkrise ausgesetzt waren.[121]

Im Bundeswirtschaftsministerium wurde das Internationale Energieprogramm emphatisch begrüßt: Der „während der letzten Krise deutlich gewordene Mangel an Information über die Aktivitäten der internationalen Ölgesellschaften" werde jetzt behoben und zudem ein effektiver Krisenmechanismus zur Bewältigung zukünftiger Angebotseinschränkungen vorgelegt.[122] Zwar sei es bedauerlich, dass Frankreich sich nicht an der IEA beteilige, aber dieser Nachteil werde dadurch aufgewogen, dass es gelungen sei, die USA in ein System des oil sharing zu integrieren.[123] Das Internationale Energieprogramm sei eine notwendige Ergänzung der nationalen Krisenbewältigungsmaßnahmen, deren Grenzen in den Monaten seit Oktober 1973 deutlich zutage getreten seien. Auch stehe das Internationale Energieprogramm nicht im Widerspruch zur EG-Energiepolitik, zumal dessen Ziele nur unter Einbeziehung auch außereuropäischer Verbraucherländer erreicht werden könnten.[124] In Bezug auf die Öl- und Energieproblematik erwiesen sich also nicht nur nationale Strategien, sondern auch der Zusammenschluss der west-

---

[119] C.O. Peyton (Exxon): International Energy Program, 23.10.1974; Energy Co-ordinating Group: Consultation with the Oil Companies, 23.-24. Oktober 1974, PA AA, B 71 (Referat 405), 113894.
[120] Ebd.
[121] So die Einschätzung von Lantzke: The OECD and Its International Energy Agency, S. 225.
[122] BMWi an den Chef des BK: Internationales Energieprogramm (IEP), 14.10.1974, Barch, B 102/200590.
[123] Ebd.; Dickas: Vermerk für die Sitzung des Wirtschaftskabinetts am 21.10.1974, 17.10.1974, Barch, B 136/8471.
[124] BMWi Denkschrift zum Internationalen Energieprogramm, 11.11.1974, PA AA, B 71 (Referat 405), 113894.

europäischen Länder im Rahmen der EG als zu klein, um Souveränität zu garantieren.[125]

Während in den meisten Ländern die Außenministerien Vertreter in den Verwaltungsrat der IEA delegierten, übernahm dies in der Bundesrepublik das Wirtschaftsministerium, das damit auch die deutsche Position in der internationalen Energiepolitik insgesamt kontrollierte. Auch die Vertreter im geschäftsführenden Ausschuss, der ständigen Gruppe für Notstandsfragen und der ständigen Gruppe für den Ölmarkt wurden vom Wirtschaftsministerium entsandt. Die deutschen Sprecher in der Gruppe für langfristige Zusammenarbeit und im Haushaltsausschuss kamen aus dem Bundesministerium für Forschung und Technologie bzw. dem Finanzministerium, und das Auswärtige Amt schaffte es nur mit großer Mühe, sich zumindest den Platz in der Ständigen Gruppe für die Beziehungen zu den Förder- und den anderen Verbraucherländern gegenüber dem Wirtschaftsministerium zu sichern. Zumindest von bundesdeutscher Seite wurde die IEA also weniger als außenpolitische denn als technisch-wirtschaftspolitische Organisation gesehen, in der – wie schon im Rahmen der OECD – Experten aus den Ministerien direkt miteinander agierten. Diese Verschiebung wurde diagnostiziert und vorangetrieben von Helmut Schmidt, der inzwischen Bundeskanzler geworden war und wenige Wochen nach der Gründung der IEA am 17. Januar 1975 die außenpolitische Bundeskonferenz der SPD mit der Feststellung eröffnete, Außenpolitik sei „heute für uns nicht eine Spezialdisziplin wohlgekleideter, weißbärtiger, sich gut benehmender Diplomaten, sondern sie [sei] eben zugleich Weltwirtschaftspolitik, Weltrohstoffpolitik, Weltagrarpolitik, Weltwährungspolitik, Weltentwicklungspolitik und Weltsicherheitspolitik."[126] Man lebe gegenwärtig, so Schmidt weiter, „in einem universalen System wechselseitiger Abhängigkeiten der Nationen" und „totaler Interdependenz der politischen und der wirtschaftspolitischen Entwicklungen", das vor allem durch die Ölkrise veranschaulicht aber auch geprägt worden sei.[127] Daher müsse nach neuen Formen der Gestaltung der internationalen Politik gesucht werden. Wie Schmidt galt auch vielen Politikwissenschaftlern die Ölkrise als Indikator und paradigm case für die Transformation der internationalen Beziehungen und gerade die Gründung der Internationalen Energieagentur, die C. Fred Bergsten in einer dritten Welle der internationalen Institutionenbildung lokalisierte, wurde zu einem Musterbeispiel der „transgovernmental coalitions among governmental sub-units with complementary policies and interests", in der Robert Keohane und Joseph Nye das Signum einer neuen Epoche inter- bzw. transnationaler Politikgestaltung ausmachten (Kapitel 8.1.4).[128]

---

[125] Kruse: Überblick über die verschiedenen energiepolitischen Initiativen, 26. 11. 1974, PA AA, B 71 (Referat 405), 113894.

[126] Helmut Schmidt: Leitgedanken unserer Außenpolitik, in: ders., Kontinuität und Konzentration, Bonn-Bad Godesberg 1975, S. 226-243, hier S. 227.

[127] Ebd., S. 238.

[128] Robert O. Keohane: The International Energy Agency. State Influence and Transgovernmental Politics, in: International Organization 32,4 (1978), S. 929-951, hier S. 931; C. Fred Bergsten: Interdependence and the Reform of International Institutions, in: International Organi-

Der Krisenmechanismus, der vor dem Hintergrund der ersten Ölkrise entwickelt worden war, erwies sich in der sogenannten zweiten Ölkrise 1978/79 allerdings als nicht geeignet, die negativen Auswirkungen der iranischen Revolution auf den internationalen Ölmarkt abzufedern. Da die Produktionsausfälle weniger als sieben Prozent der Ölversorgung in den IEA-Ländern ausmachten, wurden die Krisenmaßnahmen nicht ausgelöst, während zugleich der Ölpreis auf den Spotmärkten aufgrund der hohen Unsicherheit sprunghaft anstieg. Sowohl die zweite Ölkrise als auch die Verwerfungen im Zug des Golfkrieges 1990–91 führten dann jedoch zu einer Modifikation und Flexibilisierung des Krisenmechanismus.[129] Die wesentliche Funktion der Internationalen Energieagentur bestand jedoch weder in der Krisenprävention noch in der langfristigen energiepolitischen Kooperation, die ebenfalls im IEP angedacht und dann im Long-Term Co-operation Programme von 1976 und in den Principles for Energy Policy näher ausbuchstabiert worden war.[130] Entscheidend für die Bedeutung der IEA bis in die Gegenwart wurde vielmehr die Sammlung und Bereitstellung ölbezogener Daten, die kurz nach der Gründung der IEA zunächst über das Crude Oil Import Price Information System, das Petroleum Product Price Information System, Crude Oil Cost Information System und das Financial Information System geregelt wurde.[131]

Wie schon das Oil Policy Committee der OECD, kontrollierte die IEA die Energiepolitiken der Mitgliedsländer und machte die Ergebnisse ihrer Reviews publik, so dass auf nationale Regierungen zum einen ein gewisser Druck ausgeübt wurde und ihnen zum anderen Anregungen zur Politikgestaltung geliefert wurden.[132] Darüber hinaus veröffentlichte sie neben vielen anderen statistischen Informationen detaillierte Energiebilanzen der OECD-Länder sowie einen *World Energy Outlook* in periodischer Form.[133] Schon dessen erstes Exemplar hob 1977 die epochale Bedeutung der Ölkrise hervor, seit der die Ölpreise rasant gestiegen seien, sich das Wirtschaftswachstum in den Industrieländern aber verlangsamt habe. Beides habe eine größere Unsicherheit zur Folge, die Prognosen schwieriger aber auch notwendiger denn je werden lasse.[134] Fünf Jahre später betonte Ulf Lantzke, der zum Gründungsdirektor der IEA geworden war, die Bedeutung, die

---

zation 30,2 (1976), S. 361–372; Robert Owen Keohane: After Hegemony, Princeton/N.J. 1984, S. 182–240.
[129] Lantzke: The Role of International Cooperation; Richard Scott: The History of the International Energy Agency. The First Twenty Years, Bd. 2: Major Policies and Actions, Paris 1994, S. 114–119; Gudrun Maass: Die Internationale Energieagentur. Lehren aus der Vergangenheit – Herausforderung für die Zukunft, in: Hohensee/Salewski, Energie – Politik – Geschichte, S. 191–204.
[130] Scott: The History of the International Energy Agency, Bd. 2, S. 158, 171.
[131] Ebd., S. 304–309.
[132] Siehe zum Beispiel International Energy Agency: IEA Reviews of National Energy Programmes, Paris 1978; International Energy Agency: Energy research, development and demonstration in the IEA countries. 1981 review of national programs, Paris 1982.
[133] Energy Balances of OECD Countries 1- (1974/76-); World Energy Outlook 1- (1977-).
[134] OECD: World energy outlook. A Reassessment of Long Term Energy Developments and Related Policies, Paris 1977.

die Fortsetzung dieser Entwicklung auch für die soziale und politische Ordnung in Westeuropa und den USA gehabt habe: „Over the past decade, we have seen the energy problem strain our economies to an extent which has tested the social consensus on which Western democracies are built."[135] Trotz zweier Ölkrisen und der energiepolitischen Anstrengungen der letzten neun Jahre diagnostizierte der Direktor der IEA noch immer eine hohe Abhängigkeit von Öllieferungen und eine daraus resultierende Verwundbarkeit, weshalb er eine strukturelle Bewegung „weg vom Öl" forderte. Für die anstehenden energiepolitischen Maßnahmen wollte die IEA das notwenige Daten- und Wissensfundament liefern und blieb seitdem ein wesentlicher Faktor für die Produktion und Distribution des Petroknowledge.

7.4 Alternative Ordnungskonzeptionen der Welt des Öls

Die Kooperation der wichtigsten Ölverbraucherländer in der Internationalen Energieagentur war ein Weg, die Welt des Öls nach den Erfahrungen der Ölkrise neu zu ordnen, aber eben nur einer in einer historisch offenen Konstellation, in der auch andere Möglichkeiten diskutiert und versucht wurden. Während ihrer Verhandlungen in Washington und Brüssel über ein Internationales Energieprogramm betonten die westeuropäischen Länder wie auch die USA immer wieder, es gehe Ihnen nicht um eine Konfrontation mit den Förder- oder Entwicklungsländern, sondern nur um den ersten Schritt auf dem Weg zu einer umfassenderen Kooperation. Nichtsdestoweniger führten die zeitgleich von Algerien und Frankreich initiierten multilateralen Kommunikationsforen zwischen Produzenten- und Konsumentenländern nicht zum Erfolg und schufen – anders als die Zusammenarbeit in der Internationalen Energieagentur – weder neue Strukturen für die Produktion des Petroknowledge noch dauerhafte Souveränitätsveränderungen in der Welt des Öls. Wie immer in der Geschichte sind aber nicht nur die tatsächlich gewählten Pfade, sondern auch die nicht betretenen Wege entscheidend zum Verständnis der Entwicklung. Schließlich konnten die Zeitgenossen nicht wissen, welches Konzept sich durchsetzen würde. Zumindest zeitweise sah es Mitte der 1970er Jahre für viele Beobachter so aus, als ob sich durch den Konflikt über Rohstoffe im Allgemeinen und das Öl im Besonderen die globalen Konfliktlinien verändert hätten und der Ost-West- in Zukunft von einem Nord-Süd-Konflikt abgelöst werden würde, sofern nicht gerechtere und kooperativere Formen des internationalen wirtschaftlichen Austauschs gefunden würden.[136]

---

[135] International Energy Agency: World Energy Outlook, Paris 1982; Peter Roggen: Die Internationale Energie-Agentur. Energiepolitik und wirtschaftliche Sicherheit, Bonn 1979.
[136] Siehe zum Beispiel C. Fred Bergsten: The Threat from the Third World, in: Foreign Policy 11, Sommer (1973), S. 102-124; One, two, many OPECs, in: Foreign Policy 14, Spring (1974), S. 56-57, sowie Kapitel 8.1.3.

7.4.1 Öl für eine Neue Weltwirtschaftsordnung – die Vereinten Nationen

Im Prozess der Dekolonisierung seit dem Ende des Zweiten Weltkriegs traten eine Reihe neuer Staaten den Vereinten Nationen bei, die zwar ihre politische Souveränität erlangt hatten, deren Wirtschaften aber noch immer von den ehemaligen Kolonialmächten abhängig und auf deren Vorteil ausgerichtet waren. Daher versuchten sie in den Foren der Vereinten Nationen, die Strukturen der internationalen Wirtschaftsordnung zu verändern, die ihnen zum Nachteil gereichten. Seit 1964 geschah dies vor allem in der United Nations Conference for Trade and Development (UNCTAD), auf der sich die sogenannten Entwicklungsländer in der sogenannten Gruppe 77 organisierten, um ihren Forderungen Nachdruck zu verleihen.[137] Das zentrale Anliegen der Entwicklungsländer, die bemerkt hatten, dass sich ihre politische Souveränität nicht in wirkliche Macht umsetzen ließ, war die Erlangung permanenter Souveränität über die auf ihrem Territorium befindlichen Rohstoffe. Noch im September 1973, also wenige Wochen vor dem Beginn der Ölkrise, hatte sich die Blockfreienbewegung auf ihrem Gipfel in Algier unzufrieden mit dem Stand der Verhandlungen über eine Neue Weltwirtschaftsordnung gezeigt und eine Sondersitzung der Generalversammlung der Vereinten Nationen zu diesem Thema gefordert. Die Maßnahmen von OPEC und OAPEC verliehen diesem Anliegen neuen Nachdruck, da sie die ökonomische Macht zu demonstrieren schienen, die rohstoffreiche Entwicklungsländer ausüben könnten, wenn sie sich zusammenschlössen.[138] Zugleich versuchten die Ölförderländer in dem Bewusstsein, dass die rohstoffarmen Entwicklungsländer von den Ölpreissteigerungen am härtesten getroffen werden würden, diese Auswirkungen abzumildern und sich an die Spitze der Bewegung für eine neue Weltwirtschaftsordnung zu setzen.[139] Allen voran betonte der algerische Staatschef Houari Boumedienne, der „Ölkrieg" demonstriere die Interdependenz, die zwischen den Ländern weltweit bestehe. Es handele sich also nicht um einen begrenzten oder auch nur begrenzbaren Konflikt, sondern um ein Element in der globalen Auseinandersetzung für gerechtere Terms of Trade in einer neuen Weltwirtschaftsord-

---

[137] Marc Williams: Third World Cooperation. The Group of 77 in UNCTAD, London 1991; Mahfuzur Rahman: World Economic Issues at the United Nations. Half a Century of Debate, Boston 2002, S. 146; als Überlick über die Debatten und Themen der UN und ihrer Unterkonferenzen siehe Waldo Chamberlain/Thomas Hovet/Erica Hovet: A Chronology and Fact Book of the United Nations 1941–1976, Dobbs Ferry/N.Y. 1976.

[138] Williams: Third World Cooperation; Rahman: World Economic Issues at the United Nations, S. 147.

[139] Siehe zum Beispiel die „Feierliche Erklärung der Konferenz der Herrscher und Staatsoberhäupter der Mitgliedsländer der OPEC" vom 6. März 1975: „Sie stellen gleichfalls mit Nachdruck fest, daß die Mitgliedsländer der OPEC [...] in jener Richtung vorgegangen sind, in die alle Entwicklungsländer, als Rohmaterialerzeuger, für die Verteidigung der legitimen Rechte ihrer Völker ihre Hoffnung setzen." Zu den konkreten Maßnahmen Ibrahim Shihata: The Opec Special Fund and the North-South Dialogue, in: Third World Quarterly 1,4 (1979), S. 28–38.

nung.¹⁴⁰ Aus diesem Grund und um ein Alternativforum zur Washingtoner Konferenz zu schaffen, ohne dabei – wie im Rahmen der französischen Initiative – auf Energiefragen beschränkt zu sein, bat er am 31. Januar 1974 den Generalsekretär der Vereinten Nationen Kurt Waldheim um die Einberufung einer Sondersitzung der Generalversammlung zu diesem Thema. Nachdem sich Mitte Februar eine Mehrheit der Länder – unter anderen auch die Bundesrepublik und die übrigen Länder der EG – dafür ausgesprochen hatte, diskutierte die sechste Sondersitzung der Vereinten Nationen vom 9. April bis zum 2. Mai 1974 über mögliche Veränderungen der Weltwirtschaftsordnung.¹⁴¹

Auf dieser Sitzung prallten grundsätzlich verschiedene Vorstellungen darüber aufeinander, wie die Weltwirtschaft im Angesicht der Ölkrise einzurichten sei. Im ersten Drittel von Houari Boumediennes Eröffnungsrede kamen Öl und Energie zunächst einmal überhaupt nicht vor. Stattdessen stellte er das Anliegen der Blockfreienbewegung vor, nach der Erlangung politischer Souveränität ihre wirtschaftliche Entwicklung voranzubringen. Dies sei in den hergebrachten Strukturen der Weltwirtschaft nicht zu verwirklichen, weil die Industrieländer nicht nur über ein Monopol bei der Erzeugung industrieller Güter verfügten, sondern auch die globalen Rohstoffmärkte und -preise kontrollierten. Algerien habe begriffen, dass hier der Schlüssel zu wirklich souveräner Gleichberechtigung im internationalen System liege: „Immediately upon receiving their sovereignty, the Algerian people applied themselves to carrying out the vast undertaking of recovering their natural resources, in order to enable the state and the people to take actual control of the national economy into their own hands."¹⁴² Ohne nationale Kontrolle über die Rohstoffförderung und Preise gebe es keine wirtschaftliche Entwicklung in der Dritten Welt, habe auch der Gipfel der Blockfreien in Algier im September 1973 diagnostiziert. Die Handlungen von OPEC und OAPEC seien nur die konsequente Fortsetzung dieser Einsicht und demonstrierten die Bedeutung der Rohstoffe für die nationale Souveränität.¹⁴³ Die am härtesten von den Ölpreissteigerungen betroffenen Entwicklungsländer, die über keine Ölreserven verfügten, mahnte Boumedienne, das Ölembargo und die Ölpreissteigerungen

---

[140] „The problem facing the world is much larger than oil alone or even raw materials: it concerns the relations between developed countries and the others in every field. This is the heart of the question." Le Monde (5. 2. 1974), zitiert in: MEES 17,16 (8. 2. 1974), S. x.

[141] Zur Einladungsannahme siehe Dittmann an StS: Algerischer Vorschlag zur Einberufung einer außerordentlichen Tagung der VN-generalversammlung über Rohstoff- und Entwicklungsfragen, 11. 2. 1974, PA AA, B 1 (Referat 010), 580.

[142] Houari Boumedienne: Address to the General Assembly of the UN, in: United Nations. General Assembly (Hg.), Sixth Special Session. Plenary Meetings. Verbatim Records of Meetings 9 April-2 May 1974, 2208th Plenary Meeting, 10 April 1974, New York 1976, S. 1-11, hier S. 4. Als wenig analytischen Gesamtüberblick über die Debatte siehe Rahman: World Economic Issues at the United Nations, S. 149-160.

[143] Boumedienne: Address to the General Assembly of the UN, S. 4: „No action could have fitted more neatly into the logic of the basic concerns of the developing countries than what was undertaken by the oil-exporting countries […] the first and at the same time the most concrete and most spectacular illustration of the importance of raw material prices for our countries."

nicht als Problem, sondern als Beispiel und Quelle der Hoffnung zu sehen. Gerade die „violent reaction" der großen Ölverbraucherländer auf der Washingtoner Energiekonferenz zeige deren Angst, dass das Beispiel von OPEC und OAPEC Schule machen könne.[144] Als Ziel der Konferenz nannte Boumedienne die Festlegung auf Prinzipien einer Neuen Weltwirtschaftsordnung, die ihren Ausgang von der Transformation der Rohstoffmärkte nehmen solle: „First the developing countries must take over their natural resources, which implies, essentially, nationalizing the exploitation of these resources and controlling the machinery governing the determination of their prices."[145] Nach der Nationalisierung sollten sie Kartelle mit anderen Ländern bilden und so durch partiellen Souveränitätsverzicht in Kollektiven versuchen, ihre Souveränität zu sichern. Durch die Generalisierung der Öl- und Energieproblematik und den Einbezug aller Rohstoffe suchte Boumedienne die fragile Einheit der Dritten Welt zu wahren und zugleich die Schubkraft der Ölkrise zu nutzen, um die alte Forderung nach einer Veränderung der Weltwirtschaftsordnung durchzusetzen.

Keines der Industrieländer, die an der Washingtoner Energiekonferenz teilgenommen hatten, wollte sich diesen Diagnosen und den daraus abgeleiteten Forderungen vorbehaltlos anschließen. Schon im Vorfeld der UN-Sondersitzung war man in der US-amerikanischen und der Bundesregierung skeptisch in Bezug auf ihren Erfolg gewesen.[146] Kissinger hielt es noch immer für gefährlich, in einen globalen Dialog einzusteigen, bevor die Industrieländer eine einheitliche Position formuliert hätten, weil dies gerade die radikaleren unter den Entwicklungsländern stärken könnte. Walter Gehlhoff, der deutsche Botschafter bei den Vereinten Nationen, meinte, die Vorbereitungsdokumente der Gruppe 77 deuteten nicht darauf hin, dass von Seiten der Entwicklungsländer ein ernsthafter Dialog gesucht würde.[147] Daher, so nahm man im Bundeskabinett an, werde die Konferenz kaum zu einem produktiven Dialog, sondern möglicherweise eher zu einer Verschärfung des Nord-Süd-Konfliktes führen.[148]

Auf der Konferenz formulierte Henry Kissinger erwartungsgemäß am deutlichsten die Gegenposition zu den Vorschlägen der Gruppe 77, indem er zunächst die einfache Opposition von entwickelten und Entwicklungsländern als anachronistisch verwarf, weil sie den durch die Ölpreissteigerungen ausgelösten enormen Reichtumsverschiebungen nicht Rechnung trage. Aufgrund der Interdependenz globaler Wirtschaftsbeziehungen säßen zudem alle Länder in einem Boot und weder ein einzelnes Land, noch eine Gruppe von Ländern sei dazu in der Lage,

---

[144] Ebd., S. 5.
[145] Ebd., S. 6.
[146] Lautenschlager: Vermerk über Gespräch mit dem französischen Gesandten Morizet über die französischen Vorstellungen zur Einberufung einer Weltenergiekonferenz im Rahmen der UN, 31. 1. 1974, PA AA, B 36 (Referat 310), 104993.
[147] uno Botschaft an aa: 6. Sondersitzung. entwurf für erklärung der Blockfreien, 5. 3. 1974; uno Botschaft an AA: sondersitzung vn. zwischenbilanz der vorbereitung, 8. 3. 1974; unogerma an aa: entwurf über die errichtung einer nieo, 28. 3. 1974, PA AA, B 1 (Referat 010), 580.
[148] Unterrichtung für die Kabinettsitzung am 20. 3. 1974 über Sondersitzung der VN, 19. 3. 1974, PA AA, B 1 (Referat 010), 580.

völlig unabhängig und souverän zu agieren.¹⁴⁹ Dies müssten nicht nur die Industrieländer, sondern auch die Entwicklungsländer akzeptieren: Die Übernahme von Souveränitätsrechten im Rohstoffbereich nütze den Entwicklungsländern langfristig nur dann etwas, wenn sie im Einvernehmen mit den Industrieländern geschehe und die weltwirtschaftliche Entwicklung durch diesen Schritt nicht gefährdet werde.¹⁵⁰ Dementsprechend sah Kissingers Prioritätenkatalog für die Konferenz grundsätzlich anders aus. Denn um Wachstum und Entwicklung für alle zu befördern, bedürfe es zuallererst einer ausreichenden Energieversorgung zu vernünftigen Preisen. Um dies zu erreichen, habe die Washingtoner Energiekonferenz bereits eine globale Agenda vorgelegt, von der ausgehend nach gemeinsamen Lösungen gesucht werden müsse. Jenseits dessen sei die weltwirtschaftliche Entwicklung durch einen Kreislauf von Überschuss und Knappheit gefährdet, den es durch Verbesserungen der Energie- und Rohstoffexpertise zu durchbrechen gelte: „In the long term, our hopes for world prosperity will depend on our ability to discern the long-range patterns of supply and to forecast future imbalances so as to avert dangerous cycles of surplus and shortage."¹⁵¹ Darüber hinaus nannte Kissinger das Verhältnis von Ernährung und Bevölkerungswachstum sowie die Lage der am wenigsten entwickelten Länder ohne Rohstoffe als größte Herausforderungen – nicht zuletzt um das Lager der Dritten Welt zu spalten. Der Gegensatz zwischen Kissinger und Boumedienne, die ihre Reden wechselseitig als konfrontativ empfunden zu haben scheinen, hätte größer kaum sein können und erstreckte sich bis in alle Details.¹⁵² So rechtfertigte Boumedienne die Ölpreissteigerungen mit dem Verfall des Ölpreises in den vorangegangenen Jahren und den gleichzeitigen Preissteigerungen von Fertigprodukten, Getreide und Kunstdünger, wohingegen Kissinger den Preisanstieg beim Kunstdünger, der viele Entwicklungsländer hart traf, mit den Ölpreissteigerungen erklärte.

Boumediennes Rede und das Design der Sitzung, deren Spiritus Rector er war, einte nicht nur die Länder der sogenannten Dritten Welt – Yamanis und Amuzegars Reden unterschieden sich im Grundtenor kaum von der Boumediennes. Die Sitzung verdeutlichte auch den Industrieländern, dass ihre gemeinsamen Interessen auf eine Lösung der Energieproblematik hinausliefen, nicht aber auf eine neue Weltwirtschaftsordnung. Walter Scheel sprach wieder wie schon zwei Monate zuvor in Washington in doppelter Funktion. Als deutscher Außenminister wählte er die gleiche Strategie wie Kissinger, um die Front der Dritten Welt zu spalten, indem er erklärte, die Industrieländer würden zwar von der Ölkrise ge-

---

[149] Henry A. Kissinger: Address to the UN General Assembly, in: United Nations. General Assembly (Hg.), Sixth Special Session. Plenary Meetings. Verbatim Records of Meetings 9 April-2 May 1974, 2214th Plenary Meeting, 15 April 1974, New York 1976, S. 3-11, S. 3: „We are part of a single international economic system on which all of our national objectives depend. No nation or bloc of nations can unilaterally determine the shape of the future."

[150] Ebd., S. 4.

[151] Ebd., S. 5.

[152] Siehe das Gespräch zwischen Kissinger und Boumedienne Memorandum: Conversation at Dinner at the People's Palace, Algiers, April 29, 1974, Secret, DNSA, KT01124.

troffen, nicht aber in ihrem „Lebensnerv" berührt, während es für viele Entwicklungsländer, die keine Düngemittel mehr kaufen könnten, um die nackte Existenz gehe.[153] Scheel erkannte das Verlangen der Dritten Welt nach Entwicklung an, betonte aber, die Zusammenhänge der Weltwirtschaft seien zu komplex, als dass sie in kurzer Zeit nach neuen Prinzipien umgestaltet werden könnten. Angesichts der Entwicklung auf den Energie- und Finanzmärkten brachte Scheel zudem ein „Gefühl des Versagens, der Unzulänglichkeit […] der Unsicherheit und Hilflosigkeit" zum Ausdruck. Souveräne Politikgestaltung schien ihm durch die Ereignisse der letzten Monate fundamental in Frage gestellt zu sein: „Sprunghaftigkeit der Daten, Beschleunigung der Veränderungen, Unvorhersehbarkeit: hier stoßen die Regierungen, die Staaten an ihre Grenzen. Sie können die Probleme allein, ein jeder für sich nicht bewältigen. […] Wir müssen uns alle in eine Wirklichkeit einfügen, deren Ablauf wir nicht mehr allein gestalten können. Wir stolpern im Dunkeln, wir meinen anonyme Mächte hielten die Fäden in der Hand, manipulierten uns alle."[154]

Der EG-Ratspräsident Scheel gab sich nüchterner als der deutsche Außenminister, bekräftigte die Bereitschaft der EG zur Entwicklungshilfe und zur Suche nach wirtschaftlichen Vergünstigungen für die Entwicklungsländer, strich zugleich aber heraus, dass das Funktionieren der Weltwirtschaft nicht gefährdet werden dürfe. Vor allem müssten multilaterale Institutionen wie GATT bestehen bleiben und ausgebaut, ein Rückfall in den Bilateralismus aber vermieden werden.[155] Selbst Jobert teilte zwar viele von Boumediennes Sorgen, betonte aber, dass das Energieproblem, das die Wirtschaften und damit das individuelle Leben der Menschen in den meisten Ländern existenziell betreffe, im Zentrum der gemeinsamen Anstrengungen stehen müsse. Nicht zuletzt deshalb düpiert, weil Algerien die Sondersitzung parallel bzw. in Konkurrenz zur französischen Initiative durchgesetzt hatte, argumentierte er, dass Energiequellen von so existenzieller Bedeutung für alle Länder seien, dass kein Land ausschließliche Souveränität über sie beanspruchen könne: „In proposing a world energy conference France merely recognized the capital importance of energy raw materials. The development of our nation rests wholly on them. As natural resources, they come of course under the sovereignty of producer States. As a condition of modern economic life, they represent, however, a special responsibility for all those who profit from them – and I naturally include among them the large international companies."[156] Daher müssten die Rohstoffmärkte global organisiert und eine größere Transparenz auch über die Preisentwicklung hergestellt werden.

---

[153] Rede von BM Scheel auf der 6. Sondersitzung der GV der VN am 10. 4. 1974, PA AA, B 1 (Referat 010), 580.
[154] Ebd.
[155] Ebd.; EG. Der Rat. Aufzeichnung Vorbereitung der außerordentlichen VV der VN, 5. 4. 1974, PA AA, B 1 (Referat 010), 580.
[156] Michel Jobert: Address to United Nations General Assembly, in: United Nations. General Assembly (Hg.), Sixth Special Session. Plenary Meetings. Verbatim Records of Meetings 9 April–2 May 1974, 2209th Plenary Meeting, 10 April 1974, New York 1976, S. 5–11, hier S. 7.

Die in der zweiwöchigen Generaldebatte zutage getretenen grundsätzlich verschiedenen Vorstellungen darüber, ob zunächst vor allem die Öl- und Energiekrise bzw. ihre Konsequenzen überwunden werden sollten oder diese nicht vielmehr zum Anlass für eine grundstürzende Veränderung der Weltwirtschaftsordnung genommen werden solle, verhinderten auch in der anschließenden Sitzung des ad-hoc-Ausschusses die Konsensbildung. Dem Ausschuss lagen sowohl eine Deklaration und ein Aktionsprogramm der Gruppe 77 als auch ein französischer Entwurf für eine Regulierung der Rohstoffmärkte und ein Hilfsprogramm für die am wenigsten entwickelten Länder vor. Durch Vermittlung des iranischen UN-Botschafters Fereydoun Hoveyda, der den Vorsitz im Ausschuss innehatte, wurde dann eine veränderte Fassung des Entwurfs der Gruppe 77 als Konsens angenommen, ohne dass darüber abgestimmt worden wäre. Schon in der Schlusssitzung distanzierten sich daher die Vertreter der US-amerikanischen und der Bundesregierung von der Declaration on the Establishment of a New International Economic Order.[157]

Die Deklaration genauso wie das zu ihrer Verwirklichung verabschiedete Aktionsprogramm entwarfen eine ökonomische Ordnung, die auf „equity, sovereign equality, interdependence, common interest and cooperation among all States" basieren sollte.[158] Neben allgemeinen Souveränitätsprinzipien sollte sich die New International Economic Order vor allem auszeichnen durch „full permanent sovereignty of every State over its natural resources and all economic activities" einschließlich des Rechts auf Nationalisierungen und Regulierungen transnationaler Firmen, durch eine Fixierung des Verhältnisses von Rohstoff- und Industriegüterpreisen und das Recht, Präferenzregionen und Produzentenvereinigungen zu bilden, also Souveränitätsgewinn durch Souveränitätsverzicht zu erzielen.[159] Vor allem gegen diese Punkte richteten sich die Bedenken der Bundesregierung und anderer Industrieländer: Ihrer Ansicht nach musste die Entschädigung für Enteignungen nach internationalem Recht erfolgen, eine Bindung der Rohstoffpreise an die Preise von Fertigprodukten würde die ohnehin starke Inflation verschärfen, und Produzentenkartelle widersprächen den Prinzipien eines offenen Welthandels.[160] Insgesamt bewertete man das Konferenzergebnis als Erfolg für Algerien, weil es gelungen sei, die vom Westen intendierte Spaltung der Entwicklungsländer zu verhindern. Zwar habe der formale Konsens keine rechtlich bindende Kraft, er könne aber eine hohe politische und moralische Wirkung in zukünftigen Verhandlungen entfalten und werde das Selbstbewusstsein und die

---

[157] Sondertagung der Vereinten Nationen über Rohstoff- und Entwicklungsprobleme, in: Europa-Archiv 29,2 (1974), S. D 277-300.
[158] Declaration on the Establishment of a New International Economic Order, in: United Nations. General Assembly (Hg.), Resolutions Adopted during Its Sixth Special Session 9 April-2 May 1974, New York 1974, S. 3-5.
[159] Ebd.; siehe auch Programme of Action on the Establishment of a New International Economic Order, in: United Nations. General Assembly (Hg.), Resolutions Adopted during Its Sixth Special Session 9 April-2 May 1974, New York 1974, S. 5-12.
[160] Dohms: Ortex Nr. 48 zur 6. Sondergeneralvers., 3. 5. 1974, PA AA, B 1 (Referat 010), 580.

Machtposition der Entwicklungsländer in den Vereinten Nationen stärken, die somit von einem Austragungsort des Ost-West- zur Arena des Nord-Süd-Konfliktes geworden seien.[161]

Tatsächlich bestimmte das Thema der Neuen Weltwirtschaftsordnung und die daraus resultierende Konfliktkonstellation über ein Jahr lang die Verhandlungen in verschiedenen UN-Gremien, weil die Entwicklungsländer versuchten, aus der Declaration for a New International Economic Order rechtlich bindende Schlussfolgerungen zu ziehen.[162] Auch auf der 29. Generalversammlung der Vereinten Nationen, die im September 1974 unter dem Vorsitz des Algeriers Abdelaziz Bouteflika stattfand, stand das Thema auf der Tagesordnung. Henry A. Kissinger entwarf die Gegenwart nun als eine globale Entscheidungssituation, in der man entweder den Weg eines zunehmenden Konflikts oder den einer globalen Neuordnung gehen könne, für die man traditionelle Vorstellungen nationaler Souveränität aufgeben müsse.[163] In seltener Einmütigkeit diagnostizierten er, Jobert und der neue britische Außenminister James Callaghan, dass der Ölpreis zu hoch sei und die weltwirtschaftliche Entwicklung gefährde.[164] Die Entwicklungsländer focht diese Analyse jedoch nicht an, sondern sie setzen mit ihrer Stimmenmehrheit auf Tagungen des UN-Umweltprogramms (UNEP) und der UNCTAD im Oktober 1974 eine Erklärung zur Neuen Weltwirtschaftsordnung durch, die die Ressourcenproblematik um ihre ökologischen Gesichtspunkte erweiterte. Ganz grundsätzlich stellte diese Erklärung von Cocoyoc das Wachstumsparadigma in Frage, forderte eine Neuverteilung des globalen Reichtums und bemerkte zugleich zur Souveränitätsproblematik nicht ohne eine gewisse Genugtuung, „die tiefgreifende Umkehr der Machtstellung [versetze] die Industriestaaten in kritischen Bereichen ihrer Wirtschaft in einen Zustand, den die Dritte Welt schon allzu lange kennt, nämlich die Unmöglichkeit, lebenswichtige wirtschaftliche Entscheidungen nach eigenem Dafürhalten zu treffen."[165]

---

[161] Ebd. und Deutsche Haltung zur Erklärung und zum Aktionsprogramm über die Errichtung einer neuen Weltwirtschaftsordnung (6. Sonder-Generalversammlung der VN über Rohstoffe und Entwicklung, 9.4.-2.5.1974 in New York); 21.11.1974, PA AA, B 36 (Referat 310), 113905.

[162] Deutsche Haltung zur Erklärung und zum Aktionsprogramm über die Errichtung einer neuen Weltwirtschaftsordnung (6. Sonder-Generalversammlung der VN über Rohstoffe und Entwicklung, 9.4.-2.5.1974 in New York); 21.11.1974, PA AA, B 36 (Referat 310), 113905.

[163] Henry A. Kissinger: Address to the UN General Assembly, in: United Nations. General Assembly (Hg.), Twenty-Ninth Session. Plenary Meetings. Verbatim Records of the 2233rd to 2265th Meetings, 17 September-10 October 1974, 2238th Plenary Meeting, 23 September 1974, New York 1974, S. 59-63, hier S. 59: „New realities have not yet overcome old patterns of thought and action. Traditional concepts – of national sovereignty, social struggle and the relation between the old and the new nations – too often guide our course."

[164] Dokumente zur 29. Generalversammlung der Vereinten Nationen vom 30. August 1974, in: Europa-Archiv 29,2 (1974), S. D511-538.

[165] Erklärung von Cocoyoc. Verabschiedet von den Teilnehmern des Symposiums des Umweltprogramms der Vereinten Nationen und der Welthandelskonferenz über Modelle der Rohstoffnutzung, der Umweltschutzes und der Entwicklung vom 8. bis zum 12. Oktober 1974, in: Europa-Archiv 30,2 (1974), S. D357-364, hier S. 359.

Im Dezember 1974 verabschiedeten die UN dann – gegen die Stimmen der USA, der Bundesrepublik, Großbritanniens, Belgiens, Luxemburgs und Dänemarks sowie bei zehn Enthaltungen – als Resolution 3281 die Charter of Economic Rights and Duties of States, an der im Rahmen der UNCTAD schon seit 1972 gearbeitet worden war. Die wiederum rechtlich nicht bindende Charta bestätigte die wesentlichen Punkte der Deklaration zur Neuen Weltwirtschaftsordnung: die permanente Souveränität über Rohstoffe, das Recht zu Nationalisierungen nach nationalen Gesetzen und das Recht zur Bildung von Konsumentenvereinigungen.[166] Der Konflikt über die rechtliche Grundlage der Nationalisierungen setzte sich auf der dritten Generalkonferenz der UN für industrielle Entwicklung und Zusammenarbeit (UNIDO) im März 1975 genauso fort wie auf der Siebten Sondersitzung der Generalversammlung der UN, auf der im September 1975 die Resolution on Development and International Economic Co-Operation verabschiedet wurde.[167] Im Rahmen der UN erzielten die Entwicklungsländer bzw. die Gruppe 77 große symbolische Erfolge, indem sie die Veränderungen im Öl- und Energiebereich zum Paradigma für eine neue Weltwirtschaftsordnung erhoben und dementsprechende Resolutionen auch gegen den Willen der großen Industrieländer durchsetzten. Gerade weil die Vereinigten Staaten, Westeuropa und Japan die Prinzipien einer neuen Weltwirtschaftsordnung aber nicht teilten, blieben die Deklarationen weitgehend folgenlos. Nichtsdestoweniger sah es zumindest kurzzeitig für viele Beobachter so aus, als ob die Ölkrise nicht nur im Energiebereich, sondern weit darüber hinaus Veränderungen ausgelöst habe, die zu einer Verschiebung globaler Konfliktlinien und Kräfteverhältnisse führen würden. Da eine Neue Weltwirtschaftsordnung bzw. eine globale Umverteilung des Reichtums mit Wohlstandsverlusten in den Industrieländern einhergegangen wäre, nährten auch diese Debatten in westlichen Industrieländern Sorgen um die Stabilität der demokratischen Ordnungen.[168]

7.4.2 Die Konferenz für internationale wirtschaftliche Zusammenarbeit

Noch folgenloser als UN-Konferenzen blieb die französische Initiative einer multilateralen Konferenz der Produzenten-, Konsumenten- und Entwicklungsländer zu Energiefragen, die als Konkurrenzprojekt zur Washingtoner Energiekonferenz und der Internationalen Energieagentur entworfen worden war. Letztlich wurde

---

[166] United Nations. General Assembly: 3281 Charter of Economic Rights and Duties of States (1974). http://www.un.org/documents/ga/res/29/ares29.htm (21. März 2012).
[167] United Nations. General Assembly (Hg.): Plenary Meetings. Verbatim records of the 23236th to the 2349th meetings, 1-16 September 1975, New York 1976; Development and international economic co-operation, in: United Nations. General Assembly (Hg.), Resolutions adopted by the general Assembly during its Seventh Special Session. 1-16 September 1975, New York 1976, S. 3-10.
[168] Siehe als populäre Darstellung des neuen arabischen Reichtums Gerhard Konzelmann: Die Reichen aus dem Morgenland. Wirtschaftsmacht Arabien, München 1975.

dieser Versuch einer gemeinsamen Neugestaltung der Welt des Öls zerrieben zwischen der sich etablierenden Organisation der Verbraucherländer und dem Anspruch der Entwicklungsländer, Energie nur als Teil einer allgemeineren Umstrukturierung der Rohstoffmärkte zu diskutieren. Schon im Januar 1974, als Präsident Nixon die führenden Verbraucherländer zur Energiekonferenz nach Washington einlud, erklärte die französische Regierung, dass sie statt eines Zusammenschlusses der Verbraucher einen multilateralen Dialog mit den Förder- wie auch den Entwicklungsländern ohne Öl- und Rohstoffvorkommen anstrebe, und sie erneuerte diese Position während und nach der Konferenz wiederholt. Erst nachdem Giscard d'Estaing dem verstorbenen Pompidou im Amt des Staatspräsidenten gefolgt war und sich die Verabschiedung des Internationalen Energieprogramms abzeichnete, nahmen die französischen Pläne konkretere Gestalt an. Am 24. Oktober stellte Giscard, der als kooperationsbereiter und amerikafreundlicher galt, den französischen Plan vor, dass zehn bis zwölf Länder – je zur Hälfte Export- und Importländer – auf einer Konferenz nach Auswegen aus der Energieproblematik suchen sollten, in der er die Hauptursache für die gegenwärtige Wirtschaftskrise ausmachte.[169] Die Einladungen sollten nach der sogenannten Yamani-Formel versandt werden, das heißt an die EG, die Vereinigten Staaten, Japan, Brasilien, Indien, Zaire, Iran, Venezuela, Saudi-Arabien, Algerien und Venezuela sowie an die Vereinten Nationen, die OECD und OPEC als Beobachter. Neben den Nationalstaaten, die jeweils die Positionen der Verbraucher-, Förder- und Entwicklungsländer vertreten sollten, nahmen also internationale Organisationen beträchtlichen Raum ein.

Sowohl in der britischen als auch in der US-amerikanischen Regierung war man verärgert über die französische Initiative, die den bestehenden multilateralen Diskussionsforen ein weiteres hinzufügte. Auch in der Bundesregierung war man unsicher, was das genaue Ziel der Konferenz sein würde, und grundsätzlich skeptisch, ob in dieser Zusammensetzung überhaupt konkrete Ergebnisse zu erzielen sein würden.[170] Angesichts dieser Vorbehalte erwies sich die von Frankreich vorgesehene Vorbereitungszeit als zu kurz, zumal vor allem die britische Regierung eine Repräsentation durch die EG für nicht ausreichend hielt und durchzusetzen versuchte, dass daneben zumindest auch noch Großbritannien, Frankreich und die Bundesrepublik repräsentiert würden.[171] Weitere Differenzen, die ausgeräumt werden mussten, bestanden zudem darüber, ob die IEA einen Beobachterstatus erhalten sollte.[172] Noch unklarer als die Verfahrensfragen

---

[169] Kruse: Analyse der energiepolitischen Ausführungen des Staatspräsidenten Giscard d'Estaing, 31. 10. 1974, PA AA, B 2 (Referat 014), 225.
[170] Hermes, Abt. 4, an BM: Vorschlag des französischen Staatspräsidenten zur Einberufung einer Konferenz der industrialisierten Verbraucherländer, der Entwicklungsländer und der Erdölexportländer, 6. 11. 1974, PA AA, B 71 (Referat 405), 113909.
[171] Kruse an Staatssekretär: Teilnehmerkreis Vorkonferenz; Verbraucher-Produzenten; 30. 1. 1975, PA AA, B 71 (Referat 405), 113909.
[172] 403-412: Konferenz der erdölverbrauchenden und erdölerzeugenden Länder, 13. 2. 1975, Barch, B 136/8471.

war allerdings, was eigentlich inhaltlich auf der Konferenz diskutiert werden sollte, weshalb in allen Administrationen ins Blaue hinein umfangreiche Zielkataloge entwickelt wurden, die die Abstimmung dann nicht unbedingt einfacher machten.[173] Um die Konferenz zu einem Erfolg werden zu lassen, sollten die Fragen des Teilnehmerkreises, des Prozeduralen und der Agenda auf einer Vorkonferenz geklärt werden, zu der die französische Regierung im März 1975 nach der Yamani-Formel nach Paris einlud.[174]

Wie die zahlreichen internationalen Energiekonferenzen des Jahres 1974 gezeigt hatten, lagen die energiepolitischen Vorstellungen der großen Verbraucherländer zu diesem Zeitpunkt noch immer weit auseinander und daher hielt es neben Kissinger auch Helmut Schmidt für nicht angebracht, ohne vorherige Abstimmung zwischen den Industrieländern in einen Dialog mit Förder- und Entwicklungsländern einzutreten. Schon im Dezember 1974 schlug er deshalb seinen Kollegen in Frankreich, den USA und Großbritannien vor, zunächst solle sich eine kleine Expertengruppe über gemeinsame Ziele und Strategien abstimmen. Dabei schien Schmidt – wie schon Nixon bei der Vorbereitung der Washingtoner Energiekonferenz – davon auszugehen, dass im Wesentlichen politische Erwägungen die Konsensbildung im Energiebereich verhinderten, die von regierungsunabhängigen Experten schnell erreicht werden könne. Folglich schlug er Wilson, Giscard und Ford vor, dass sich bis zu fünfzehn Experten, die keiner Regierung angehörten, wohl aber Zugang zu höchsten Regierungskreisen haben sollten, inoffiziell und ohne öffentliche Erklärungen in der Anonymität einer deutschen Großstadt treffen sollten, um „all major problems that have arisen for the world economy as an upshot of the oil price explosion" zu diskutieren und Lösungsvorschläge zu erarbeiten.[175] Nachdem man in London zunächst unsicher war, ob es die Personen, die Schmidt sich vorstellte – kompetent, aber nicht in der Regierung – überhaupt gab, benannte die Regierung Wilson Sir Eric Roll vom Bankhaus Warburg, während aus Deutschland Wilfried Guth, der im Vorstand der Deutschen Bank für das Auslandsgeschäft zuständig war, aus den USA Ex-Finanzminister George Shultz und aus Frankreich der Ökonom Raymond Barre, der von 1967 bis 1973 Finanzkommissar der EG gewesen war, entsandt wurden.[176] Die Zusammensetzung der Gruppe, die sich Anfang Februar zum ersten Mal in Kronberg bei Frankfurt traf, zeigte also deutlich, wie sehr sich in den führenden Industrieländern die Problemwahrnehmung von den eigentlichen Energiefragen hin zu den durch die Ölpreissteigerungen ausgelösten Verwerfungen der Weltfinanz- und Weltwährungsordnung verschoben hatte.

---

[173] Siehe für die Bundesrepublik das 26-seitige Papier des BMWi: Konferenz der Erdölverbraucher- und -erzeugerländer, 26. 3. 1975, PA AA, B 71 (Referat 405), 113909.
[174] AL II an BK: Internationale Energiekonferenz, 4. 3. 1975, Barch, B 136/8471.
[175] Helmut Schmidt an Harold Wilson am 23. 12. 1974; Armstrong: Schmidt's proposal of Consumer/Producer Dialogue, January 15, 1975, NA UK, PREM 16/610.
[176] Partick Wright: Schmidt-Proposal, 31. 12. 1974; Schmidt to Wilson am 14. 2. 1973; Schmidt to Wilson am 14. 2. 1973, NA UK, PREM 16/610.

Zwar ist nicht mehr festzustellen, ob es an Schmidts technokratischer Vision einer vorherigen Konsenserzielung durch regierungsunabhängige Experten lag, aber die Vertreter der Industrieländer zeigten sich auf der Vorkonferenz, die Mitte April in Paris stattfand, in seltener und bemerkenswerter Einigkeit. Die EG trat tatsächlich als Einheit auf, und selbst Frankreich scherte nur am Ende kurzfristig aus der gemeinsamen Verhandlungslinie aus, um einen Konsens mit den Entwicklungsländern zu erzielen.[177] Gerade diese Einheit von EG, USA und Japan verhinderte jedoch, dass die Vorkonferenz zu einem Ergebnis kam, da auch die sieben Entwicklungs- und Förderländer eine gemeinsame Position einnahmen und in vielen Punkten den Industrieländern diametral widersprechende Standpunkte vertraten. Während Letztere die Verhandlungen auf Energiefragen beschränken wollten, forderten die Entwicklungs- und Förderländer, Rohstoff- und Entwicklungsfragen gleichberechtigt zu behandeln. Angesichts dieser Gegensätze und der Unnachgiebigkeit beider Seiten konnte die Vorkonferenz nur dadurch, dass sie nach neun Tagen ohne Ergebnis unterbrochen wurde, vor dem Scheitern bewahrt werden.[178] Die internationale Reaktion auf die Ergebnislosigkeit der Konferenz war gelassen.[179] Nachdem die meisten Industrieländer der französischen Initiative ohnehin mit Skepsis gegenübergestanden und die Erfolgsaussichten gering geschätzt hatten, waren sie kaum enttäuscht, zumal mit der IEA und den Vereinten Nationen andere Kommunikationsforen weiter bestanden.[180] Nicht zuletzt diese Einschätzung dürfte dafür verantwortlich gewesen sein, dass die europäischen Länder zu einer gemeinsamen Repräsentation ihrer Interessen durch die EG bereit gewesen waren. Dennoch schien das offizielle Scheitern des Dialogs, zu dem sich die Industrieländer immer wieder bekannt hatten, unkalkulierbare Risiken zu bergen, so dass sie durchaus darum bemüht waren, die Gespräche wiederaufzunehmen und zum Erfolg zu führen. In der Bundesrepublik wurde Anfang Juni auf einer Kabinettsklausur die Wiederaufnahme der Konferenz diskutiert und beschlossen, Hans-Jürgen Wischnewski, den Staatsminister im Auswärtigen Amt, auf eine „Fact-Finding Mission" in die sieben Förder- und Entwicklungsländer zu schicken, um deren Intentionen genauer zu bestimmen.[181] Wenig über-

---

[177] Abt. 403: EG-Ratssitzung zu Verbraucher-Produzentenkonferenz. Gesprächsunterlagen; Kurzfassung des Sprechzettels zur Konferenz, 8.4.1975; Kruse an Staatsminister Moersch: Bericht über die Vorkonferenz im Bundeskabinett, 15.4.1975, 11.2.1975, PA AA, B 71 (Referat 405), 113909.

[178] Loeck: Vermerk für die Kabinettsitzung am 23. April, Analyse der Ergebnisse der Energievorkonferenz, 22.4.1975; AA 405: Ergebnisse der Vorkonferenz, 24.4.1975, BArch, B 136/8471.

[179] Robert (Botschafter z.b.V. für Energiefragen) an BM: Pariser Vorkonferenz der erdölverbrauchenden und -erzeugenden Länder: Gesamtbewertung und Schlussfolgerungen, Bonn, 18.4.1975, PA AA, B 71 (Referat 405), 113905; 405 an D4: internationale Reaktionen nach Unterbrechung der Vorkonferenz, 29.4.1975, PA AA, B 71 (Referat 405), 113910.

[180] Eine genaue Aufstellung über die Reaktionen und Bewertungen in den Teilnehmerländern findet sich in: Analyse der Vorkonferenz, 2.5.1975, PA AA, B 71 (Referat 405), 113905.

[181] Unterlagen dazu in PA AA, B 71 (Referat 405), 113906; Abt. 4 an BM: Fact Finding Mission eines Vertreters der Bundesregierung in Erdöl- und Entwicklungsländern, 17. Juni 1975, PA AA, B 71 (Referat 405), 113911.

raschend entpuppte sich auf dieser Reise für Wischnewski Algerien als das radikalste Land, während die saudi-arabische Regierung als einzige die weltwirtschaftlichen Zusammenhänge verstehe und daher gemäßigt auftrete.[182] Für Zaire seien die gestiegenen Energiekosten nebensächlich, während sie für Brasilien und Indien, das am härtesten von der Krise getroffen sei, ernsthafte Probleme darstellten. Alle Länder seien zur Wiederaufnahme der Konferenz bereit, sofern Energie-, Rohstoff- und Entwicklungsfragen gleichberechtigt behandelt würden.[183] Nicht zuletzt Wischnewskis Reise bestärkte die Bundesregierung in der Einschätzung, dass die Konferenz nur mit einem erweiterten Themenkatalog unter Einbeziehung von Rohstoff- und Entwicklungsfragen fortzusetzen sei.[184]

Als die Vorkonferenz vom 13. bis zum 17. Oktober erneut in Paris zusammentrat, waren die Industrieländer insgesamt zur Ausweitung des Themenkataloges und des Teilnehmerkreises bereit. Die nun 27 Teilnehmerländer sollten ab Dezember in vier Arbeitsgruppen mit je zehn Entwicklungs- und Förder- sowie fünf Industrieländern die Themenkomplexe Energie, Rohstoffe, Entwicklung und finanzielle Angelegenheiten diskutieren.[185] Skepsis in Bezug auf die Erfolgsaussichten der Konferenz erschien jedoch vielen Beobachtern noch immer angemessen, da zum einen das Konsensprinzip gelten sollte und zum anderen Verhandlungsvorgaben äußerst allgemein gehalten waren. So sollte beispielsweise die Kommission zur Energie „alle Arrangements erleichtern, die auf dem Gebiet der Energie wünschenswert erscheinen".[186] Auf der Konferenz sprach die EG tatsächlich weitgehend mit einer Stimme, auch wenn sich neben Frankreich als Land, das die Konferenz einberufen hatte, Großbritannien wegen seiner „besonderen Energiesituation" und Luxemburg als Land, das die nächste Ratspräsidentschaft innehatte, Rederecht ausbedungen hatten.[187]

Im Unterschied zur Energiekoordinierungsgruppe nach der Washingtoner Energiekonferenz nahmen die Kommissionen der Konferenz für internationale

---

[182] Abt. 4: Bericht über die Fact-finding-Mission von StM Wischnewski, 5. August 1975, PA AA, B 71 (Referat 405), 113911; siehe dazu Hermes: Meine Zeitgeschichte, S. 227.

[183] Abt. 4: Bericht über die Fact-finding- Mission von StM Wischnewski, 5. August 1975, PA AA, B 71 (Referat 405), 113911.

[184] Grundsätze der Bundesregierung für den Dialog mit den erdölproduzierenden und anderen Entwicklungsländern, 15. August 1975, PA AA, B 1 (MB 010), 178638; Kruse: Bericht über deutsch-französische Konsultationen über Energie- und Rohstofffragen, 2. Juli 1975, PA AA, B 71 (Referat 405), 113910; Helmut Schmidt an Harold Wilson, 2.10.1975, NA UK, PREM 16/612.

[185] Ergebnisse der Pariser Vorkonferenz zur Konferenz über internationale wirtschaftliche Zusammenarbeit vom 13.-16. Oktober 1975, PA AA, B 1 (MB 010), 178638; United States. Congressional Staff Report on the Conference on International Economic Cooperation, in: International Legal Materials 15,2 (1976), S. 388-394.

[186] Ergebnisse der Pariser Vorkonferenz zur Konferenz über internationale wirtschaftliche Zusammenarbeit vom 13.-16. Oktober 1975, PA AA, B 1 (Referat 010), 178638.

[187] Kruse an Minister: Konferenz über die internationale wirtschaftliche Zusammenarbeit (KIWZ). Vertretung der BRD, 9.12.1975; KIWZ, Vorbereitung und Gesprächsführung, 8.12.1975; EG Der Rat: Entwurf der Gesamthaltung der Gemeinschaft auf der KIWZ, 21.11.1975, PA AA, B 1 (Referat 010), 178639.

wirtschaftliche Zusammenarbeit im Verlauf des Jahres 1976 erst langsam ihre Arbeit auf – jeweils unter dem Vorsitz eines Industrie- und eines Entwicklungslandes. In der Energie-Kommission wurden zwar alle Energiethemen angesprochen, aber so gut wie keine Einigung erzielt, weil scharfe Differenzen darüber bestanden, wie das Energieproblem mit den anderen Themen zusammenhing und welche Rolle Energie im Gesamtzusammenhang der Konferenz überhaupt spielen sollte. Neben dem Vorschlag der USA für die Gründung eines International Energy Institutes wurde zunächst vor allem ein Papier der IEA diskutiert, demzufolge Öl nur eine Übergangsenergie darstelle und von anderen Energiequellen abgelöst werden müsse. Zwar bestand über diese Grundaussage Einvernehmen, aber über ihre zeitlichen Implikationen konnte keine Übereinstimmung hergestellt werden. Weder über diese Themen noch in den anderen Kommissionen konnte ein inhaltlich bedeutsamer Konsens erzielt werden, so dass die Konferenz mit einem Kommuniqué endete, das neben inhaltsleeren Übereinstimmungen zumindest ebenso viele konkrete Differenzen benannte. So hatte man sich darauf geeinigt, dass Öl und Gas erschöpfbar und daher erneuerbare Energien und Energieeinsparungen nötig seien. Man gab allgemeine Empfehlungen zur nationalen und internationalen Energiepolitik ab und erklärte, die Entwicklungshilfe verbessern zu wollen. Zugleich gab es aber explizit keine Übereinkunft über das Niveau der Energiepreise, die Kaufkraftsicherung der Einkünfte der Förderländer, die Verwirklichung einer Neuen Weltwirtschaftsordnung, die Verschuldung der Entwicklungsländer, die Regulierung transnationaler Firmen oder Maßnahmen gegen die Inflation.[188]

Auch in zuständigen Gremien der UN wurden in den folgenden Jahren keine substanziellen Fortschritte über diese Fragen erzielt. Vielmehr konzentrierten sich die Industrieländer auf die Kooperation innerhalb der Internationalen Energieagentur, während die Ölförderländer sich vor allem innerhalb der OPEC oder in bilateralen Verhandlungen abstimmten. Auch auf der Agenda der IEA geriet der Dialog mit den Förderländern in den Hintergrund, wie Ulf Lantzke bei seinem Ausscheiden 1984 bemerkte.[189] Die Vorschläge zu einer grundsätzlichen Umgestaltung der Welt des Öls auf dem Wege der Kooperation zwischen Förder- und Verbraucherländern, zu denen sich während der Ölkrise der Jahre 1973/74 alle Akteure öffentlich bekannt hatten, scheiterten also in den folgenden Jahren an den massiven Interessendifferenzen zwischen Industrie- und Entwicklungsländern. Während Erstere die ausreichende Versorgung ihrer Volkswirtschaften mit Energie zu stabilen Preisen sichern und den Fluss der Petrodollars kontrollieren wollten, strebten die Förderländer im Verbund mit den Entwicklungsländern ohne Ölvorkommen eine grundsätzlichere Umgestaltung der Weltwirtschaft zu ihren Gunsten an.

---

[188] United States. Congressional Staff Report on the Conference on International Economic Cooperation.
[189] Scott: The International Energy Agency. The First Twenty Years, Bd. 3, S. 341.

7.4.3 Sowjetische Initiativen zu einer europäischen Energiekonferenz

In Studien zu einzelnen Politikfeldern und vor allem in Arbeiten zu außenpolitischen Fragen gerät leicht in Vergessenheit, dass die untersuchten Aspekte historisch jeweils nur ein Element in einem viel größeren Problemzusammenhang waren und die zeitgenössischen Politiker genauso wie die interessierte Öffentlichkeit ihre Aufmerksamkeit parallel auch anderen Fragen widmeten. Neben der Energie-, Weltfinanz- und Nord-Süd-Problematik, um die es auf den bisher untersuchten internationalen Konferenzen ging, war das beherrschende außenpolitische Thema des Untersuchungszeitraums in Westeuropa die Entspannungspolitik zwischen den Blöcken. Dieser sollte in der Konferenz für Sicherheit und Zusammenarbeit in Europa (KSZE) eine neue Form gegeben werden. Im Juli 1973, also wenige Monate vor der Ölkrise in Helsinki eröffnet, erreichte der KSZE-Prozess seinen ersten Höhepunkt in der am 1. August 1975 unterzeichneten Schlussakte von Helsinki. In den sogenannten drei Körben der Schlussakte wurden allgemeine Prinzipien der internationalen Politik, konkrete Zusammenarbeit in Wirtschaft, Wissenschaft, Technik und Umwelt sowie Prinzipien der humanitären Zusammenarbeit verabschiedet.[190]

Schon bei der Eröffnung der KSZE hatte der sowjetische Außenminister Andrei Gromyko eine Konferenz zur Zusammenarbeit in Energiefragen als Folgeprojekt für die KSZE angeregt und nach ihrem Abschluss erneuerte Leonid Breschnew diesen Vorschlag zunächst auf einem Kongress der Kommunistischen Partei Polens.[191] Offiziell unterbreitete die Sowjetunion den westeuropäischen Ländern dann im März/April 1976 während einer Sitzung der Economic Commission for Europe der Vereinten Nationen den Vorschlag zu einer gesamteuropäischen Konferenz, die sich mit gemeinsamen Problemen der Umwelt-, Verkehrs- und Energiepolitik beschäftigen sollte. Im Energiebereich sollten dabei vor allem „large-scale projects [...] with due regard for available energy resources in Europe" behandelt werden sowie „questions as interlinking of the European electrical power and gas-supply systems, and joint construction of large-size fuel-energy enterprises based on coal, brown coal, lignite and natural gas deposits".[192] In der Europäischen Kommission und der Bundesregierung sah man diesen Vorstoß vor allem durch das sowjetische Interesse an Kapital und Technologie aus dem Westen motiviert sowie der Tatsache geschuldet, dass die Länder des Ostblocks nicht an den umfassenden Gesprächen im Rahmen der Konferenz für internationale wirtschaftliche Zusammenarbeit teilnahmen.

---

[190] Arie Bloed: The Conference on Security and Co-operation in Europe. Analysis and basic documents, 1972–1993, Dordrecht 1993; ders.: The Conference on Security and Co-operation in Europe. Basic Documents, 1993–1995, Den Haag 1997; Oliver Bange/Gottfried Niedhardt (Hg.): Helsinki 1975 and the Transformation of Europe, Oxford/New York 2008.

[191] Working Paper of the Commission Services: Soviet Proposals for Pan-European Conferences in the Fields of Energy, Transport, and the Environment, 1976, PA AA, B 71 (Referat 405), 113892.

[192] Ebd.

Zwar gab es auch von westeuropäischer Seite ein gewisses Interesse an einer engeren energiepolitischen Zusammenarbeit mit den osteuropäischen Ländern, solange deren Energie- und hier vor allem Gaslieferungen keine kritische Abhängigkeit erzeugten. Allerdings, so stellte ein Arbeitspapier der Kommission fest, folge der sowjetische Vorschlag eindeutig deren Interessen. Mit der Economic Commission for Europe, der Konferenz für internationale wirtschaftliche Zusammenarbeit sowie den Gremien der Vereinten Nationen und der OECD bestünden schon genug multilaterale Gremien, in denen diese Fragen behandelt werden könnten. Genau genommen gebe es im Energie-, Verkehrs- und Umweltbereich in den Mitgliedsländern der EG kaum genügend qualifizierte Mitarbeiter, um die bestehenden Gremien zu bestücken. In der EG-Kommission sah man folglich weder Argumente für die Annahme des sowjetischen Vorschlags noch für seine Zurückzuweisung. Daher wurde der Konferenzvorschlag dilatorisch behandelt und versandete schließlich, zumal sich gleichzeitig der Nord-Süd-Dialog als unproduktiv, bilaterale Verhandlungen aber als nützlich erwiesen hatten. In der Bundesregierung wurde diese Einschätzung geteilt, zumal die zuständigen Stellen im Auswärtigen Amt grundsätzlich bezweifelten, dass es „auf dem Energiegebiet überhaupt Themen gibt, die sich für die Diskussion auf europäischen Konferenzen eignen."[193]

7.5 Zwischenfazit

Die weltweite Dynamik der Ölkrise hatte nicht nur die zentrale Bedeutung des Öls für die ökonomische Entwicklung der Industrieländer verdeutlicht, sondern auch gezeigt, dass Energiefragen letztlich globale Fragen waren. Da diese Globalität die Handlungsmöglichkeiten einzelner Staaten übertraf, lag es nahe, nach weltweiten Lösungen zu suchen. Zwar scheiterten die Versuche, über die Vereinten Nationen oder die Konferenz für internationale wirtschaftliche Zusammenarbeit ein wirklich globales Steuerungsgremium zu schaffen, in dem Industrie-, Förder- und Entwicklungsländer gemeinsam über die internationale Öl- und Energiewirtschaft hätten verhandeln können. Aber die beiden Organisationen, die die permanenten Veränderungen der weltweiten energiepolitischen Landschaft der 1970er Jahre überstanden bzw. aus ihr hervorgingen, die OPEC und die IEA, waren doch zumindest in ihrem Anspruch und ihrem Aktionsradius global und beeinflussten die Öl- und Energiepolitik auch in den folgenden Jahrzehnten. Im Energiebereich schien Souveränitätssicherung sowohl für die Produzenten- als auch für die Konsumentenländer nur durch den partiellen Souveränitätsverzicht in internationalen Organisationen möglich zu sein. Angesichts der globalen Kräfteverhältnisse war die Zeit für eine autonome europäische Energiepolitik vorbei,

---

[193] 405–411: Breschnew-Vorschläge für gesamteuropäische Konferenzen; hier: Energie, 24.9.1976; Kruse an Dg 40: Energiekonferenz, 29.9.1976, PA AA, B 71 (Referat 405), 113892.

bevor sie richtig begonnen hatte, genauso wie das US-amerikanische Project Independence schon von den Energieexperten umdefiniert wurde, die es eigentlich ausgestalten sollten.

Es griffe aber zu kurz, aus der intensiven Konferenztätigkeit und der Tendenz zu internationalen Zusammenschlüssen in den 1970er Jahren zu schließen, dass die politisch Verantwortlichen die gestiegene wirtschaftliche Interdependenz erkannt und sich damit von unilateraler Machtpolitik verabschiedet hätten. Trotz anderslautender zeitgenössischer Diagnosen und daran angelehnter historischer Analysen wurden die Kategorien nationaler Souveränität in den 1970er Jahren nicht obsolet (Kapitel 8.1.4). Vielmehr dienten internationale Organisation und Zusammenschlüsse nationalen Regierungen als Mittel der Souveränitätsbehauptung; nationale Regierungen nutzten internationale Organisation nur insoweit sie dadurch auch die eigene Souveränität stärken konnten. Die USA verzichteten in der IEA auf Souveränitätsrechte, weil sie damit zugleich verhinderten, dass in Europa relevante energiepolitische Strukturen geschaffen wurden, von denen sie ausgeschlossen gewesen wären. Die meisten Europäer ließen sich ihrerseits darauf ein, weil sie angesichts der wirtschaftlichen Machtverhältnisse die energiepolitische Konfrontation mit den USA vermeiden wollten. Ähnliches gilt für die OPEC-Länder, die sich vor allem dort auf gemeinsame Strategien einigen konnten, wo diese den Interessen aller dienten. Wenn die Erzählung des Souveränitätsverlusts also zu einfach ist, stellt sich die Frage, wie die Ölkrise in die souveränitätsgeschichtlichen Entwicklungen in den USA und Westeuropa im letzten Drittel des 20. Jahrhunderts eingeordnet werden kann.

8. Petroknowledge, Grenzerkenntnis und Souveränität oder: Wie die Ölkrise entstand

Die 1970er Jahre gelten heute gemeinhin als wichtige Transformationsphase in der Geschichte westlicher Industrieländer, als Wende vom ökonomischen Boom der Nachkriegsjahrzehnte hin zur wie auch immer zu beschreibenden ökonomischen, sozialen und politischen Konstellation der Gegenwart. In dieser Erzählung spielt die Ölkrise, wie eingangs erläutert wurde, eine zentrale Rolle. Je kürzer der Text, umso sicherer erfolgt ein Verweis auf die Ölkrise als Faktor oder zumindest Indikator für eine fundamentale Wende von den euphorischen und unbegrenzten Hoffnungen des Booms zum pragmatischen Krisenmanagement der folgenden Jahrzehnte.[1] Zugleich bewerten Ökonomen und Wirtschaftshistoriker die Konsequenzen der Ölkrise als wesentlich begrenzter und machen langfristige und tieferliegende Faktoren für die ökonomischen Veränderungen in Westeuropa und den USA verantwortlich, auf die dann die Ölpreissteigerungen nur verschärfend aufgesetzt hätten.[2] Wie erwarb die Ölkrise die ikonische Qualität, die sie heute in keinem Überblickstext über die 1970er Jahre fehlen lässt? Oder anders gefragt: Wie entstand die „erste Ölkrise", wie wir sie heute kennen oder zu kennen glauben?

Wie im Verlauf der Arbeit gezeigt wurde, destabilisierten die Handlungen von OPEC und OAPEC die Welt des Öls zu Beginn der 1970er Jahre und dann vor allem im Oktober 1973. Zumindest in der Wahrnehmung der Zeitgenossen forderten sie die Souveränität der westlichen Industrieländer ganz fundamental heraus, und dieser Herausforderung wurde auf verschiedene Weisen begegnet: durch die Reorganisation energiepolitischer Kompetenzen und die Veränderungen der nationalen Energiepolitik, durch diplomatische Initiativen zur Neuordnung der Welt des Öls, durch die Nutzung wissenschaftlicher Expertise sowie durch innenpolitische und internationale Kommunikationsstrategien. In diesem Prozess der Souveränitätsbehauptung bildete sich Energie als eigenständiges und zentrales Politikfeld in der Form aus, in der wir es heute kennen. Begleitet wurden diese Veränderungen von intensiven wissenschaftlichen wie öffentlichen Diskussionen, die direkt aus der Ölkrise hervorgingen und ihre Wahrnehmung prägten und bis heute prägen.[3] Vor allem Politikwissenschaftler und Ökonomen, aber auch interdisziplinär orientierte Energieexperten, die als Typus neu entstanden, stellten die Frage, ob und inwiefern die in der Ölkrise für alle sichtbar zutage getretene, neuartige energiepolitische Konstellation staatlichem Handeln innen- wie außenpolitisch Grenzen setze. Ihre Antworten folgten dabei disziplinären Grundannahmen, politischen Motiven und Annahmen über zukünftige Entwicklungen, so dass sie nicht einfach als Beschreibungen der Ölkrise übernommen werden dürfen. Viel-

---

[1] Siehe Kapitel 1, Anm. 40.
[2] Siehe zusammenfassend Maier: Two Sorts of Crises?, S. 49-62.
[3] Die Zunahme des Schrifttums erfasst ansatzweise Alain Beltran: Orientation Bibliographique. L'Énergie depuis 1973, in: Bulletin de l'Institut d'Histoire du Temps Présent 45 (1991), S. 27-54.

mehr müssen sie in ihrer Prägekraft für die Entstehung der Ölkrise bzw. ihre diskursive Hervorbringung reflektiert werden.[4]

Vielen Zeitgenossen erschienen die Veränderungen, die sich zu Beginn der 1970er Jahre in der Welt des Öls vollzogen, als fundamentaler Bruch. Schon im Juni 1971 konstatierte Walter J. Levy in *Foreign Affairs*: „the economic terms of the world trade in oil have been radically altered [...] the winds of change for the oil industry [...] have now risen to hurricane proportions".[5] Kurz vor der Ölkrise veröffentlichte auch der französische Ökonom Jean-Marie Chevalier ein Buch über die jüngsten Veränderungen auf dem internationalen Ölmarkt, in dem er argumentierte, dass das Jahr 1971 einen Wendepunkt in der Geschichte des Öls markiere, weil es den Förderländern zum ersten Mal gelungen sei, gegen den Willen der Ölfirmen Preissteigerungen und höhere Gewinnbeteiligungen durchzusetzen.[6] In Unkenntnis der nahen Zukunft erschienen vielen Beobachtern diese öl- und energiepolitischen Entwicklungen als fundamentale Transformationen, aber schon wenige Monate später nahmen sie sich nur noch als Vorbereitung größerer Veränderungen aus. Nach Beginn des Ölembargos und den ersten Preissprüngen im Oktober 1973 waren sich Energieexperten, Politikwissenschaftler, Politiker und politische Beobachter einig, dass es sich bei diesen Vorgängen um einen Wendepunkt nicht nur in der Geschichte des Öls, sondern auch in der Entwicklung der westlichen Industrienationen sowie der globalen wirtschaftlichen Austauschprozesse und der internationalen Politik handele. So versammelten sich im März 1974 und im Januar 1975 unter der Ägide des *Harvard Center for International Affairs* einflussreiche Politikwissenschaftler und Ökonomen in Cambridge/Massachusetts und Turin, um die Auswirkungen der Ölkrise zu diskutieren. Im anschließenden Tagungsband reflektierte der Herausgeber Raymond Vernon die Tendenz der Zeitgenossen, die Gegenwart überzubewerten und aktuelle Ereignisse zu großen Krisen zu machen, die sich später als nebensächlich erwiesen. Für die Ölkrise sei dies aber nicht zu erwarten: „The events in the oil market that drew the world's attention in the months following October 1973, however, may prove to have a more enduring significance."[7]

In der Bundesrepublik Deutschland veranstaltete *DIE ZEIT* 1974 eine große Diskussion zur Energiekrise, an der Helmut Schmidt, Ralf Dahrendorf, Carl Friedrich von Weizsäcker, der Vorstandsvorsitzende der Merck AG Hans Joachim Langmann, der Leiter des Workshops on Alternative Energy Strategies (WAES) am MIT Carroll Wilson und der Direktor des EWI Köln Hans Karl Schneider, der auch am WAES mitgearbeitet hatte, teilnahmen. Bei dieser Diskussion herrschte Konsens: „'Dies ist keine Episode, dies ist das Ende einer Ära', [...] Übereinstimmend haben wir festgestellt, daß tatsächlich das Ende eines Zeitalters angebrochen ist. Wir werden dazu gezwungen, viel Gewohntes neu zu durchdenken und

---

[4] Siehe zu dieser Problematik ausführlich Graf/Priemel: Zeitgeschichte in der Welt der Sozialwissenschaften.
[5] Walter J. Levy: Oil power, in: Foreign Affairs 49 (1971), S. 652–668.
[6] Jean-Marie Chevalier: Le nouvel enjeu pétrolier, Paris 1973, S. 9; siehe auch Jean-Jacques Berreby: Le pétrole dans la stratégie mondiale, Paris 1974.
[7] Vernon: The Oil crisis, S. vii.

zu betrachten, die politischen Entscheidungsprozesse, unser Wertsystem, unseren Lebensstil."8 Zeitgleich äußerte Franz Josef Strauß die „feste Überzeugung", Historiker „des nächsten Jahrzehnts oder der nächsten Generationen [würden] mit höchster Wahrscheinlichkeit das Jahr 1973 als tiefgreifenden Einschnitt in die Nachkriegsgeschichte, als historische Zäsur bewerten."9 Auch viele der im Umfeld der Ölkrise entstandenen Energiestudien betonten den fundamentalen Bruch, den diese für die Industrieländer und die Weltwirtschaft insgesamt bedeute, und die Konstruktion einer epochalen Wende wurde in den folgenden Jahren zu einem festen Topos in den unzähligen politik- und wirtschaftswissenschaftlichen Publikationen zur Energiepolitik.[10] Diese Diskussionen beschränkten sich nicht auf wenige Fachleute und Politiker, sondern erreichten eine breite Öffentlichkeit. Gary Eppen erschien es gar, als ob in den USA noch nie ein politisches Thema in Friedenszeiten so großen öffentlichen Raum eingenommen habe wie die Debatte über die Energiekrise in den 1970er Jahren, und Ulf Hansen urteilte in der Bundesrepublik zehn Jahre nach der Ölkrise, diese sei „Schlagwort geworden und [...] zugleich ein Synonym für viele Vorgänge, Veränderungen, Ängste und Hoffnungen"; keine der anderen Krisenerscheinungen der 1970er Jahre sei so tief „in das Bewusstsein eingedrungen wie die Ölkrise".[11]

Mit der Ölkrise wurden sowohl wirtschaftliche als auch politische und mentale bzw. diskursive Veränderungen in den Industrienationen narrativ in Verbindung gebracht. Nachdem schon während der Ölkrise Befürchtungen laut geworden waren, die Ölpreissteigerungen könnten eine weltweite wirtschaftliche Rezession auslösen und den Fortbestand der Wohlstandsgesellschaften in Westeuropa, den USA und Japan gefährden, war es danach nur ein kleiner intellektueller Schritt, die realen wirtschaftlichen Entwicklungen auf die Ölkrise zurückzuführen oder zumindest an diese zu binden.[12] Die „ökonomische Welt" war 1975 für Bundeskanzler Helmut Schmidt „mit der von 1973 nur noch in wenigen Aspekten vergleichbar".[13] Zwei Jahre später meinte Guido Brunner beim Bergedorfer Gesprächskreis der Körber-Stiftung zur Energiekrise sogar, nichts werde „wieder so werden, wie es vor 1973 gewesen" sei.[14] In Retrospektion erschienen die Jahre des

---

[8] Die Energiekrise. Episode oder Ende einer Ära, Hamburg 1974, S. 11.
[9] Franz Josef Strauß: Europäische Zäsur, in: Zeitbühne 3,6 (1974), S. 15-16, hier S. 16.
[10] Bayerisches Oberbergamt: Energiebilanz Bayerns 1973. Daten zur Entwicklung der Energiewirtschaft, München 1974; Allen L. Hammond/William D. Metz/Thomas H. Maugh: Energie für die Zukunft. Wege aus dem Engpaß, Frankfurt am Main 1974; Ministère de l'industrie et de la recherche. Delagation générale à l'énergie. Direction Carburants: Activité de l'industrie pétrolière 1973, [Paris] [1974], S. 7; Philip Windsor: Oil. A Plain Man's Guide to the World Energy Crisis, London 1975; Energy Systems Program Group International Institute for Applied Systems Analysis: Energy in a finite world. A Global Systems Analysis, Cambridge/Mass. 1981; S. Manoharan: The oil crisis. End of an era, New Delhi 1974.
[11] Ulf Hansen: Begrüßung, in: Lücke, Ölkrise, S. 13-16, hier S. 13.
[12] Siehe zum Beispiel den Spiegel-Titel vom 19. November 1973 „Folge der Ölkrise: Das Ende der Überflußgesellschaft", oder Frances Cairncross/Hamish McRae: The Second Great Crash. How the Oil Crisis Could Destroy the World's Economy, Bungay 1975.
[13] Schmidt: Leitgedanken unserer Außenpolitik, S. 238.
[14] Energiekrise – Europa im Belagerungszustand?, S. 6.

Booms jetzt Vielen als goldenes Zeitalter, in das es anscheinend kein Zurück mehr gab.[15] Als zehn Jahre nach der Ölkrise eine Reihe von politik- und wirtschaftswissenschaftlichen Konferenzen und Sammelbänden die Ereignisse seit der Ölkrise Revue passieren ließ, erschien diese noch immer als fundamentaler Wendepunkt: „In light of the passage of a decade, October 1973 appears as a virtual continental divide, separating a post-World War II generation of economic recovery, prosperity, and Western unity from an era of stagflation, lost confidence, and disarray. In a sense this date is arbitrary. [...] Nonetheless, in its scope and endurance as a source of division, the crisis that began in October 1973 marked a new and identifiable era."[16]

Angesichts der weltumspannenden Struktur der Ölwirtschaft wurden die durch die Ölkrise hervorgebrachten Veränderungen ebenfalls global verstanden. Sie schufen neue Rahmenbedingungen für die nationale Außenpolitik, die oft als Einschränkungen begriffen wurden. Zugleich argumentierten die im Aufschwung befindlichen und neu entstehenden Umweltbewegungen, auch ganz abgesehen von den ökologischen Folgekosten des steigenden Energiekonsums setze die Verfügbarkeit von Energieressourcen der Politik in Zukunft engere Grenzen. Die Handlungen von OPEC und OAPEC hätten dies nur vorgezogen und verdeutlicht. Auch hier wurde in vielen Schriften ein epochaler Transformationsprozess konstruiert, so etwa 1976 im ersten Heft der *Annual Review of Energy*: „the beginning of an era when man first fully realized the magnitude of the energy-resource-environment problem [...] which took many years to develop, will also take many years to solve."[17] Ein ähnlich deutliches Pathos der Entscheidung sprach auch aus Erhard Epplers „Ende oder Wende": „Wir müssen erst einmal begreifen, daß wir an einem historischen Wendepunkt stehen: von einem Zeitalter der Grenzüberwindung zu einem Zeitalter der Grenzbestimmung, von einem Zeitalter der unbegrenzten Möglichkeiten zu einem der möglichen Begrenzungen, von einem Zeitalter partiellen Überflusses zu einem Zeitalter, wo wir erkennen, was überflüssig ist."[18] Zeitgenössische Einschätzungen wie diese wurden oft nahtlos in die Umweltgeschichtsschreibung übernommen und bestimmen bis heute in weiten Kreisen die Wahrnehmung der 1970er Jahre im Allgemeinen und der Ölkrise im Besonderen.[19]

---

[15] Jean Fourastié: Les trente glorieuses ou la révolution invisible de 1946 à 1975, Paris 1979.

[16] Lieber: The oil decade, S. 1; Joel Darmstadter/Hans H. Landsberg/Herbert C. Morton: Energy, Today and Tomorrow. Living with Uncertainty, Englewood Cliffs/N.J. 1983; Lücke: Ölkrise; Kohl: After the Second Oil Crisis; Antoine Ayoub (Hg.): Le Marché pétrolier international dix ans après la crise de 1973. Bilan et perspectives, Québec 1984; Hanns W. Maull: Raw Materials, Energy, and Western Security, London/Basingstoke 1984; Daniel Yergin: Crisis and Adjustment. An Overview, in: ders./Martin Hillenbrand (Hg.), Global Insecurity. A Strategy for Energy and Economic Renewal, Boston 1982, S. 1–28; Klaus Marquardt: Auf den Spuren der Ölkrise. Eine Weltindustrie verändert ihre Strukturen, Essen 1983.

[17] Jack M. Hollander: Preface, in: Annual Review of Energy 1 (1976), S. vi-ix, hier S. vi.

[18] Eppler: Ende oder Wende, S. 18.

[19] Rolf-Peter Sieferle: Epochenwechsel. Die Deutschen an der Schwelle zum 21. Jahrhundert, Berlin 1994, S. 248: „Ein gewichtiger Kandidat für die neue Epochenschwelle wäre nicht so

Politik-, Wirtschafts- und Sozialwissenschaftler, aber auch Aktivisten der entstehenden Umweltbewegung entwarfen die Ölkrise als fundamentalen Wendepunkt und schrieben diese Deutung bis in die Gegenwart fort. Sowohl außen- wie innenpolitisch schienen sich durch den Aufstieg von „Energie" als Problemfeld die Bedingungen politischen Handelns grundlegend verändert zu haben und nationale Souveränität mithin eingeschränkter zu sein als vorher. Im Folgenden soll sowohl die wirklichkeitskonstituierende Kraft dieser zeitgenössischen Diskurse sichtbar gemacht als auch ihre Plausibilität vor dem Hintergrund der vorangegangenen Kapitel und der späteren Entwicklung überprüft werden. Dabei gilt es zu reflektieren, dass diese zeitgenössischen Deutungen immer auch Zukunftsentwürfe enthielten, die heute zumindest in Teilen Vergangenheit und Gegenwart sind. Auf diese Weise soll genauer bestimmt werden, ob und inwiefern es sich bei der Ölkrise auch um einen souveränitätsgeschichtlichen Wendepunkt handelte.

8.1 Transnationale Grenzen nationaler Souveränität

Die Versuche westlicher Regierungen, der Herausforderung ihrer Souveränität durch OPEC und OAPEC mit innen- und außenpolitischen Maßnahmen zu begegnen, wurden von zeitgenössischen Politikwissenschaftlern intensiv reflektiert. Sie analysierten die Veränderungen, die sich daraus für die internationale Politik insgesamt ergaben und versuchten oftmals zugleich, politische Handlungsanweisungen zu geben. Sie untersuchten Ölfirmen als paradigmatische multinationale Konzerne,[20] die von nationalen Regierungen kaum mehr eingehegt werden konnten (8.1.1). Darüber hinaus konstatierten sie eine grundsätzliche Verschiebung außenpolitischer Prioritäten und Machtverhältnisse, die sich aus dem Aufstieg von Energiesicherheit als zentraler politischer Kategorie ergeben habe (8.1.2). Des Weiteren fragten sie, ob sich die bipolare Ordnung des Kalten Krieges zu einem Konflikt um Ressourcen zwischen „Nord" und „Süd" verschiebe oder sich gar eine multipolare Welt ausbilde (8.1.3). Am wichtigsten und folgenreichsten war aber schließlich die Theorie, die Ölkrise verdeutliche, dass sich die Welt in einem Zustand komplexer Interdependenz befinde, innerhalb dessen transnationale Prozesse und Organisationen zunehmend wichtiger und die Möglichkeiten natio-

---

sehr das Jahr 1989, welches nur empirisch einen Schlußstrich unter eine Bewegung setzte, die prinzipiell längst abgeschlossen war, sondern vielleicht das Jahr 1973, von dem an sich tatsächlich neue Problemhorizonte geöffnet haben." Siehe auch Kai F. Hünemörder: Die Frühgeschichte der globalen Umweltkrise und die Formierung der deutschen Umweltpolitik (1950-1973), Stuttgart 2004, S. 18; Merrill: The Oil Crisis of 1973-1974; und differenzierter: Patrick Kupper: Die „1970er Diagnose". Grundsätzliche Überlegungen zu einem Wendepunkt der Umweltgeschichte, in: Archiv für Sozialgeschichte 43 (2003), S. 325-348.

[20] Louis Turner: The Oil Majors in World Politics, in: International Affairs 52 (1976), S. 368-380, hier S. 368: „No debate on transnational relations can ignore the issue of the power of the multinational companies (MNCs). No debate on the multinationals can avoid dealing with the Oil Majors"; siehe auch Louis Turner: Multinational companies and the Third World, London 1973.

8.1.1 Multinationale Ölkonzerne als Souveränitätsgefahren

In Reaktion auf die Ölkrise beauftragte das französische Parlament am 27. Juni 1974 eine Untersuchungskommission mit der Erstellung eines Berichts über die Aktivitäten der in Frankreich agierenden Ölfirmen. Der Schwerpunkt der Untersuchung sollte nicht auf den staatlichen Firmen Elf-Erap oder der Compagnie Française des Pétroles (CFP) liegen, sondern auf den internationalen Konzernen. Die Kommission berichtete, dass die Firmen zwar bereitwillig Auskunft gegeben hätten, aber der Kontext der Informationen oft schwer zu erschließen oder sie schlicht falsch gewesen seien. Daher sei es ihr an vielen Punkten nicht gelungen, zu eindeutigen Schlussfolgerungen zu gelangen.[21] Diese Schwierigkeit resultierte nach Ansicht der Berichterstatter aus der Natur multinationaler Konzerne, die sich einzelstaatlichen Regelungsversuchen weitgehend entzögen und ihre Entscheidungen im Geheimen träfen. Als solche seien sie mit demokratischen Prozessen nicht vereinbar, sondern bildeten vielmehr ‚Staaten ohne Territorium', deren Herrscher durch Kooptation bestimmt würden und dann quasi monarchische Macht ausübten.[22] Wenn die Regierungen der westlichen Industrieländer souverän bleiben wollten, müssten sie folglich die Macht der Konzerne beschneiden und die Ölversorgung staatlich regulieren: „Il est temps que les Etats récupèrent leur pleine souveraineté dans le domaine pétrolier; les questions politiques ne doivent pas échapper au politique."[23] Die schon vorher virulente Debatte über nationale Souveränitätseinschränkungen durch multinationale Konzerne wurde infolge der Ölkrise noch stärker als bisher an den Ölfirmen und deren Verhalten festgemacht. In der Ölkrise habe sich gezeigt, so argumentierten viele Autoren, dass multinationale Ölkonzerne nicht nur die Souveränität der Länder beschränkten, in denen sie Öl förderten. Im Gegenteil sei es den Förderländern seit Beginn der 1970er Jahre gelungen, immer mehr Souveränitätsrechte zurückzuerlangen, während die Souveränität der Industrieländer, in denen die Ölkonzerne eigentlich beheimatet waren, durch deren Aktivitäten in Frage zu stehen schien.

Nicht nur in Frankreich, sondern auch in den USA tagten schon im Verlauf und dann weiter nach dem Ende der Ölkrise verschiedene Senatsausschüsse, die sich mit dem Verhalten der US-Ölkonzerne beschäftigten. Bei den oben ausführlicher diskutierten Anhörungen des Committee on Government Operations zum Federal Energy Office und den multinationalen Konzernen, die im Januar 1974 unter Vorsitz von Henry A. Jackson stattfanden, wurde gar die Frage aufgeworfen,

---

[21] Commission d'Enquête Parlementaire: Sur les Sociétés Petrolières Opérant en France, Paris 1974, S. 12.
[22] Ebd., S. 66.
[23] Ebd., S. 224.

ob die Ölkrise nicht vielleicht von großen Ölkonzernen inszeniert worden sei, um die Preise hoch- und die Independents aus dem Markt zu treiben.[24] In der amerikanischen Öffentlichkeit kursierten Gerüchte über Tanker, die vor der Küste ankerten, aber nicht gelöscht würden, und derartige Verschwörungstheorien wie auch die Kritik an den Ölkonzernen erhielt neue Nahrung, als diese Rekordgewinne für das Jahr 1973 vorlegten. Schon vor Beginn der Ölkrise war ein Unterausschuss des von J. William Fulbright geleiteten Senate Comittee on Foreign Relations eingesetzt worden, der sich mit der Rolle multinationaler Konzerne in der US-Außenpolitik beschäftigen sollte. Ausgelöst worden war dieses Interesse von den Aktivitäten der International Telephone and Telegraph Corporation im Umfeld des Sturzes der Allende-Regierung in Chile, aber unter Leitung von Frank Church hatte der Ausschuss dann auch damit begonnen, den Einfluss der multinationalen Ölkonzerne auf die Gestaltung der US-amerikanischen Außenpolitik seit den 1950er Jahren zu untersuchen.[25] Mit der Ölkrise erhielten diese Anhörungen von Konzern- und Regierungsmitarbeitern sowie unabhängigen Experten eine neue Dramatik, als sich herausstellte, dass die Regierung von den Informationen abhing, die ihr die Ölkonzerne übermittelten und so in ihrer Energiepolitikgestaltung nicht autonom war.[26] Jetzt ging es unter breiter öffentlicher Aufmerksamkeit um die Frage, ob und inwiefern das Verhältnis von Ölfirmen und US-amerikanischer Außenpolitik zur Entstehung der Energiekrise beigetragen hatte. So fragte Frank Church in seinem Eröffnungsstatement am 30. Januar 1974: „Can the U.S. Government afford any longer to assume a passive role while private companies negotiate at the international level, with sovereign foreign governments, on questions of petroleum supply?"[27] Für Church ging es darum, die Frage zu klären, ob die Geheimhaltung bzw. restriktive Informationspolitik der Konzerne dazu geführt habe, dass die Möglichkeiten der Regierung, Steuern zu erheben, Wettbewerb herzustellen und die Energieversorgung der USA zu sichern, eingeschränkt gewesen seien.[28] Im Fokus der Anhörungen standen also einerseits die nur unzureichenden Kontrollmöglichkeiten der US-Regierung, die den Ölkonzernen weitgehende Steuervergünstigungen eingeräumt hatte, und andererseits die begrenzten Möglichkeiten der Ölkonzerne in Verhandlungen mit den

---

[24] U.S. Congress. Senate. Comitee on Government Operations: The Major Oil Companies. Hearings before the Permanent Subcommittee on Investigations, Washington D.C. 1974, S. 114; U.S. Congress. Senate. Comitee on Government Operations: The Federal Energy Office. Hearings before the Permanent Subcommittee on Investigations, Washington D.C. 1974.
[25] U.S. Congress. Senate. Committee on Foreign Relations: Multinational Corporations and United States Foreign Policy. Hearings Before the Subcommittee on Multinational Corporations, Washington D.C. 1973-1975.
[26] U.S. Congress. Senate. Committee on Foreign Relations: Multinational Petroleum Companies and Foreign Policy. Hearings Before the Subcommittee on Multinational Corporations, Bd. 5, Washington D.C. 1974, S. 9.
[27] U.S. Congress. Senate. Committee on Foreign Relations: Multinational Petroleum Companies and Foreign Policy. Hearings Before the Subcommittee on Multinational Corporations, Bd. 4, Washington D.C. 1974, S. 5.
[28] Ebd., S. 8; siehe auch die Bände 5 bis 8 des Kommissionsberichts.

Förderländern, denen gegenüber sie nur über ökonomische, nicht aber über politische oder militärische Macht verfügten.

Eine eigene Anhörung widmete das Commitee on Government Operations – wiederum unter Vorsitz von Henry A. Jackson – einer schwerwiegenden und für das Verhältnis von multinationalen Ölkonzernen und US-amerikanischer Regierung zugleich bezeichnenden Episode, die sich während der Ölkrise ereignet hatte, nämlich der Weitergabe von Informationen durch die Firmen an die saudi-arabische Regierung, die es dieser ermöglicht hatte, auch die US-amerikanische Flotte in das Ölembargo miteinzubeziehen.[29] Nachdem allen Beteiligten klar war, dass die Vereinigten Staaten durch das Ölembargo nicht besonders hart getroffen werden würden, kam die saudi-arabische Regierung auf die Idee, auch die Länder in das Embargo miteinzubeziehen, aus denen die weltweit agierende US-Marine Treibstoff bezog. Also wies Yamani den Präsidenten von Aramco, Frank Jungers, an, innerhalb von drei Tagen bei Aramcos amerikanischen Mutterkonzernen, d.h. Exxon, Texaco, Socal und Mobil, Informationen darüber einzuholen, aus welchen Ländern Öl an die US-amerikanische Flotte geliefert wurde.[30] Die Ölfirmen kamen dieser Aufforderung nach und hatten offenkundig keine grundsätzlichen Bedenken, diese Daten zu einem Zeitpunkt herauszugeben, als sich die amerikanischen Streitkräfte aufgrund einer möglichen Konfrontation mit der Sowjetunion im Nahen Osten in erhöhter Alarmbereitschaft befanden. In der Anhörung, zu der unter anderen der Präsident von Exxon Charles O. Peyton, der Chef der Produktionsabteilung von Texaco Paul E. Grimm und Edward F. Kondis von Mobil geladen waren, trafen die unterschiedlichen Logiken der multinationalen Konzerne auf der einen und der nationalen Politiker auf der anderen Seite aufeinander.

Peyton sagte aus, er habe diese neue Anweisung der saudischen Regierung nur für eine logische Fortsetzung und genauere Spezifizierung der ersten Embargodeklaration gehalten, über deren Inhalt Exxon die US-Regierung sofort in Kenntnis gesetzt habe. Außerdem habe man weitere Produktionskürzungen verhindern wollen, die bei Nichtbefolgen gedroht und desaströse Folgen nach sich gezogen hätten.[31] Erst kurz vor Ablauf des Ultimatums hatte ein Abteilungsleiter von Exxon bei dem für die Energieversorgung der Streitkräfte zuständigen Mitarbeiter des Verteidigungsministeriums angerufen, aber nicht, wie dieser dem Untersuchungsausschuss eindrücklich schilderte, um die Erlaubnis zur Herausgabe der Daten einzuholen: „I told Mr. Ward [... Aviation Sales Dep. Exxon International, RG] that I could see nothing illegal in releasing data from unclassified government petroleum supply contracts. I also advised Mr. Ward that I was aware of the implications of the Saudi request and I certainly did not encourage EXXON to comply, because of the obvious intent of the Saudi Government to use the information to inhibit the supply of products to U.S. forces around the world. Mr. Ward

---

[29] U.S. Congress. Senate. Commitee on Government Operations: Cutoff of Petroleum Products to U.S. Military Forces. Hearings before the Permanent Subcommittee on Investigations, Washington D.C. 1974, S. 881.
[30] Ebd. S. 882f.
[31] Ebd., S. 914-918.

replied that he had little choice but to comply, and he was only concerned with whether he might 'go to jail' as a result. He added that if I were to provide OSD Counsel's view on legality it would have to be forthcoming in 15 minutes if he was to meet his deadline."[32] Angesichts der kurzfristigen Deadline, erklärte Nolan, habe er dann nicht mehr zurückgerufen, weil er keine Rechtswidrigkeit habe feststellen können und diese Nachricht aber von Exxon als Unterstützung hätte ausgelegt werden können. Die politisch-militärstrategischen sowie allgemein nationalen Erwägungen vollkommen abholde, rein ökonomischen Kalkulationen und Aspekten formaler Rechtmäßigkeit folgende Argumentation der Ölfirmen brachte die anwesenden Senatoren regelrecht in Rage. So fragte Jackson Paul E. Grimm im Anschluss an dessen Aussage: „Didn't anyone say ‚Look, boys, we are in the midst of a strategic alert. Shouldn't the Secretary of Defense, the highest people in the government, be advised of the October 31 wire and what do we do about it?' Wouldn't that be the thing an ordinary stiff would understand?"[33] Kleinlaut und wenig überzeugend gestand Grimm zu, in Retrospektive sehe das sicher so aus, aber insgesamt ließen die Vertreter der Ölfirmen wenig Schuldbewusstsein erkennen, wo es keine Gesetze gab, gegen die sie verstoßen hatten. Gerade aus Jacksons rhetorischer Frage spricht aber noch einmal die Feststellung, dass auch und gerade höchste Regierungsmitarbeiter aufgrund fehlender Informationen in der Ölkrise nur eingeschränkt handlungsfähig waren, während die Ölkonzerne so agierten, wie sie es für richtig hielten.

Eine ähnliche Erfahrung hatte auch die britische Regierung gemacht, als sie das immerhin mehrheitlich in Staatsbesitz befindliche Unternehmen BP dazu bewegen wollte, das eigene Land bevorzugt zu beliefern und keine Kürzungen vorzunehmen. Im Umfeld des Embargos und der Produktionsbeschränkungen im Oktober 1973 fanden viele Treffen zwischen hohen britischen Regierungsvertretern und dem Vorsitzenden von BP Sir Eric Drake sowie dem Direktor von Shell Transport and Trading Frank MacFadzean statt. Schon am 21. Oktober 1971 warnte Drake in einem Gespräch mit Premierminister Heath vor möglicherweise dramatischen Öllieferengpässen und forderte die Regierung auf, Rationierungsmaßnahmen zu ergreifen. Heath entgegnete darauf, der einfache ‚Mann auf der Straße' werde solche Schritte kaum verstehen, solange ein britisches Unternehmen wie BP über genügend Öl verfüge, um die Versorgung des Landes sicherzustellen. Zumindest müsse BP Ölprodukte in Großbritannien billiger verkaufen als zum Bespiel in Japan.[34] Drake wies diese Forderung von sich und führte wenige Tage später gegenüber Lord Carrington, der für die britische Energiepolitik zu-

---

[32] Ebd., S. 969-970.
[33] Ebd., S. 900.
[34] Note of Discussion Prime Minister with Drake and Fadzean, 21.10.1973, NA UK, PREM 15/1838; siehe auch Eric Drake to Secretary of State for Trade and Industry, 29.10.1973, NA UK, PREM 15/1839; siehe zum Verhältnis zwischen der britischen Regierung und BP: Federal Energy Administration: The Relationship of Oil Companies and Foreign Governments, Washington D.C. 1975, S. 183-188; Bamberg: The History of the British Petroleum Company, Bd. 3, S. 481.

ständig war, aus, BP sei ein multinationaler Konzern, der mit 85 verschiedenen Regierungen umgehen müsse, die alle bevorzugt behandelt werden wollten und denen er zumindest das Gefühl vermitteln müsse, dass ihre Länder gerecht behandelt würden. Er könne zwar versuchen, zusätzliches Öl nach Großbritannien zu leiten, die Menge aber im Vorhinein nicht quantifizieren.[35] Noch in seinen Erinnerungen äußerte Edward Heath seine Verärgerung über die Weigerung BPs, seinen Wünschen nachzukommen, und deutet sie als fehlende nationale Hilfsbereitschaft: „When I invited the chairmen of Shell and BP to Chequers as my guests, however, I was met with a complete refusal to co-operate. I was deeply ashamed by the obstinate and unyielding reluctance of these magnates to take any action whatever to help our own country in its time of danger."[36] Angesichts der Verlautbarungen der OAPEC, die Großbritannien als „friendly nation" von den Produktionsbeschränkungen ausnahmen, bestand die britische Regierung in ihren Verhandlungen mit den Ölfirmen darauf, genauso viel Öl wie vorher zu erhalten, und wehrte sich gegen die Politik der Ölfirmen, die Ausfälle gleichmäßig auf alle Bezugsländer – außer die vom Vollembargo betroffenen – zu verteilen. Die Verantwortlichen von Shell und BP weigerten sich aber unter Verweis auf mögliche Vergeltungsmaßnahmen in anderen Ländern, von der Verteilungspolitik des „equal misery" ohne eine eindeutige und öffentliche Weisung der britischen Regierung abzurücken: „BP says that unless they are legally compelled to the contrary, they will continue to share out their valuable supplies in a fair and equitable manner among their customers."[37]

In der zweiten Novemberhälfte eskalierte die Debatte zwischen den Ölfirmen und der britischen Regierung, nachdem in der Öffentlichkeit Stellungnahmen von Ministern zitiert worden waren, dass BP mit seiner Ölverteilungspolitik die nationalen Interessen Großbritanniens verletze. In mehreren hitzigen Diskussionen beschwerte sich Drake darüber, öffentlich an den Pranger gestellt zu werden, betonte aber erneut, dass die Entscheidung zur bevorzugten Belieferung Großbritanniens eine politische sei, die nicht von BP getroffen werden könne, sondern nur von der Regierung zu verantworten sei.[38] Immer wieder versuchte er genauso wie MacFadzean, die Minister davon zu überzeugen, dass eine solche Politik auch nicht im Interesse der britischen Regierung liege. Denn zum einen würden Deutschland und Japan dann in einen härteren Preiskampf einsteigen, den Großbritannien nur verlieren könne, und zum anderen benötige das Land neben der Einfuhr von Rohöl auch raffinierte Ölprodukte, deren Lieferung im Fall einer

---

[35] Mumford: Meeting Drake and Lord Carrington, 24. 10. 1973; tatsächlich bemühte sich BP darum, versuchte dies aber nicht öffentlich werden zu lassen; siehe Mumford to Defence: The Oil Crisis, 25. 10. 1973, NA UK, PREM 15/1839.
[36] Heath: The Course of My Life, S. 503.
[37] Report Secretary of State for Defence saw Eric Drake, Mr. Baxendale und Mr. Pearce, 29. 10. 1973; die Warnung von Drake in R.T. Armstrong: Commercial: Secret, 23. 10. 1973, NA UK, PREM 15/1839.
[38] Note: Meeting between Secretary of State and Sir Eric Drake, 23. 11. 1973; Report of a Conversation between the Chancellor of the Dutchy of Lancaster John Davis, Eric Drake und McFadzean, 23. 11. 1973, NA UK, PREM 15/1842.

wirtschaftlichen Auseinandersetzung ausbleiben könnte.[39] Auf seine Gesprächspartner wirkte Drake „tense und edgy", als er beteuerte, er tue alles, um die britische Ölversorgung zu sichern. Nur mit Mühe konnten die Minister verhindern, dass Drake selbst mit einer Stellungnahme an die Öffentlichkeit ging, um klarzustellen, dass nicht die Regierung, sondern BP im nationalen Interesse handele.[40] Da die Regierung vor den Konsequenzen einer öffentlichen Anweisung an BP, ihren Lieferverträgen mit anderen Ländern nicht mehr nachzukommen, sondern Großbritannien bevorzugt zu beliefern, zurückscheute, setzten BP und Shell ihre bisherige Politik fort, die Lasten der Ölproduktionsbeschränkungen möglichst gleichmäßig auf alle Bezugsländer zu verteilen.

Dass nicht die Regierungen der westlichen Industrieländer, sondern vielmehr die multinationalen Ölkonzerne in autonomen, ihrer eigenen Geschäftslogik folgenden Entscheidungen für die gleichmäßige Verteilung der reduzierten Ölmenge gesorgt hatten, gab der Debatte über die Bedeutung multinationaler Konzerne für die nationale Souveränität in Europa und den USA neuen Auftrieb. Schon 1974 veröffentlichte das aus der US-amerikanischen Verbraucherschutzbewegung hervorgegangene Center for Science in the Public Interest eine Informationsbroschüre über „Major Oil: What Citizens Should Know about the Eight Major Oil Companies". Die acht größten Ölfirmen, so hieß es in der Einleitung, seien „world empires", also globale Machtstrukturen, die nationale Grenzen überspannten, und als solche würden sie immer größer, reicher und mächtiger. Zwar gebe es andere „giant coporations" wie Ford oder GM, aber deren Macht komme der der Ölindustrie nicht nahe, weil diese ein besonderes Gut kontrollierten: „The Big Eight literally control the life-blood of the modern world. Without oil […] the technologically advanced nations would be paralyzed. […] Petroleum is our lifeblood and the Big Eight are the marrow, heart and arteries."[41] Die verbreitete Metapher, Öl sei das Blut der modernen Volkswirtschaften, wurde hier also weiter dramatisiert, weil die Firmen, die es kontrollierten, sich jeder staatlichen Kontrolle entzögen. Daher könnten sie das souveräne Recht der Völker einschränken, ihre Energieversorgung zu sichern und ihre nationale Energiepolitik zu gestalten.[42]

Ließen die Verbraucherschützer die Frage noch offen, ob die Ölfirmen ihre Macht im Guten oder im Schlechten einsetzten, intensivierte sich parallel ein firmenkritischer Diskurs, der die Macht der multinationalen Konzerne im Allgemeinen und der Ölindustrie im Besonderen als Gefahr begriff und zuweilen ver-

---

[39] Douglas Allen, Note of Conversation with Drake, 27.11.1973, NA UK, PREM 15/1842; Douglas Allen: Note of two Meetings with Eric Drake, 22.11.1973, NA UK, CAB 164/1199.
[40] Note: Meeting between Secretary of State and Sir Eric Drake, 23.11.1973, NA UK, PREM 15/1842.
[41] Albert J. Fritsch/Ralph Gitomer: Major Oil. What Citizens Should Know about the Eight Major Oil Companies, Washington 1974, S. 5; siehe auch die regierungsoffizielle Publikation Federal Energy Administration: U.S. Oil Companies and the Arab Oil Embargo, Washington D.C. 1975.
[42] Fritsch/Gitomer: Major Oil, S. 6.

schwörungstheoretische Züge annahm.⁴³ Ältere Publikationen über die Ölindustrie wurden neu aufgelegt und übertrafen sich darin, die Firmen mit Superlativen und in Analogie zu Staaten zu beschreiben. So formulierte beispielsweise der britische Journalist Christopher Tugendhat in der Neuauflage seiner 1968 zuerst erschienenen Studie über die Ölindustrie, diese sei „bigger and more international than any other". Die Vertreter der Ölfirmen verhandelten mit Regierungen „on almost equal terms, signing agreements almost as if they were sovereign independent states, and their finances dwarf the national budgets of all but the largest countries."⁴⁴ Am wirkmächtigsten war in diesem Diskurszusammenhang Anthony Sampsons Arbeit zu den „Seven Sisters", mit deren Titel er eine ältere Bezeichnung für die sieben größten Ölkonzerne aufgriff und weiter popularisierte. Der britische Journalist und Wirtschaftspublizist erklärte seinen Lesern gleich im Vorwort, dass er eine der seltsamsten Geschichten seiner Zeit erzählen wolle, nämlich „how the world's biggest and most critical industry came to be dominated by seven giant companies; how the Western governments delegated much of the diplomatic function to them."⁴⁵ Zugleich erzählte Sampson, der viele Gespräche mit Firmenmitarbeitern und Regierungsvertretern geführt hatte, aber auch die Geschichte, wie die Firmen, nachdem sie die ökonomische Welt des Öls über Jahrzehnte in ihrem Sinne geformt hatten, in den wenigen Monaten der Ölkrise ihre Macht und marktbeherrschende Stellung hatten verlieren können. Als die Firmen während des Embargos und der Produktionsbeschränkungen das vorhandene Öl gleichmäßig verteilten, seien sie aber noch eine Art „temporäre Weltregierung" gewesen, meinte Sampson, obwohl sich diese Deutung nicht mit der Selbstwahrnehmung der Firmenmanager gedeckt habe. So habe ein New Yorker Ölfirmenmanager Sampsons Frage „Didn't you feel [...] that you were ruling the world?" zurückgewiesen: „No, the world was ruling us."⁴⁶

Die These der Weltregierung und allumfassenden Macht vertrug sich nicht gut mit dem plötzlichen Machtverlust und der Tatsache, dass die Firmen selbst während und nach der Krise mehrfach um staatliche Unterstützung ersucht hatten.⁴⁷ Auch wenn die Ölfirmen in der Ölkrise Rekordgewinne meldeten und die Downstream-Operationen, das heißt die Verarbeitung des Öls und den Verkauf

---

[43] Siehe zum Beispiel Hartmut Elsenhans: Die Kostensteigerungen für Erdöl vom Juni 1973 bis zum Januar 1974. Berechnung der Kostensteigerung für Erdöl aus den OPEC-Ländern und für die Erdölproduktion der 7 Großkonzerne für Panorama, 4. 2. 1974, nebst einer Erwiderung der Deutschen Shell AG und deren Widerlegung durch den Autor, Berlin 1974; ders./ Gerd Junne: Zu den Hintergründen der gegenwärtigen Ölkrise, in: Blätter für deutsche und internationale Politik 18,12 (1973), S. 1305-1317; wesentlich differenzierter Peter R. Odell: OPEC und die Multis. Amerikanische Politik und europäische Optionen, in: Hager, Erdöl und internationale Politik, S. 41-50.

[44] Christopher Tugendhat: Oil, the biggest business, London 1975, S. 2; auch die saudi-arabische Tochterfirma Aramco wurde in der New York Times als „country within a country" beschrieben. Leonard Mosley: The richest oil company in the world, The New York Times (10. 3. 1974).

[45] Sampson: The Seven Sisters, S. IX.

[46] Ebd., S. 262.

[47] Robert B. Stobaugh: The Oil Companies in the Crisis, in: Daedalus 104,4 (1975), S. 179-202, hier S. 200.

von Ölprodukten, noch immer weitgehend kontrollierten, erodierte ihre Machtposition doch sowohl durch die höheren Beteiligungen bzw. Verstaatlichungen in den Förderländern als auch durch die Bemühungen der Industrieländer, energiepolitische Veränderungen vorzunehmen.[48] Auch abgesehen von Arbeiten, deren erklärtes Ziel es war, die positive Funktion der Ölfirmen für alle Beteiligten oder die durch Staaten und Politik gesetzten Grenzen ihrer Macht hervorzuheben, wurde die Rolle der multinationalen Konzerne im Allgemeinen und der Ölfirmen im Besonderen im wissenschaftlichen Diskurs differenzierter gesehen als in den populären Anklageschriften gegen die Macht der ‚Multis'.[49] Louis Turner erklärte, es sei noch zu früh, den Einfluss multinationaler Konzerne auf die internationale Politik abschließend zu bestimmen, wies aber darauf hin, dass sich die Entwicklungsländer – im Gegensatz zu klassischen Ausbeutungsthesen – gegenüber den Ölfirmen in der Gegenwart nicht als hilflos erwiesen hätten.[50] Die multinationalen Konzerne seien, so habe sich auch in der Ölkrise gezeigt, weder Agenten ihrer Heimat- noch ihrer Gastgeberländer. Andersherum, argumentierte die Wirtschaftshistorikerin Mira Wilkins, seien die Aktivitäten der Firmen aber auch nicht gegen nationale Regierungen gerichtet, sondern sie folgten ihrer eigenen ökonomischen Logik.[51] Die Debatte über das Verhältnis von nationalen Regierungen und multinationalen (vor allem Öl-)konzernen riss in den folgenden Jahrzehnten nicht ab, sondern setzt sich mit unveränderten Grundzügen bis in die Gegenwart fort. Enthüllungsjournalistische Publikationen über die Macht und das sich nationalen Rechtssystemen entziehende Verhalten von Ölfirmen wie Texaco/Chevron in Ecuador oder Shell in Nigeria stehen Publikationen gegenüber, die den Einfluss der Firmen zwar nicht wesentlich kleiner, aber doch weniger kriminell beschreiben.[52]

Ließ die Macht der multinationalen Konzerne die Kategorie der nationalen Souveränität also obsolet werden? Die Antwort auf diese Frage sei, wenn man die verschiedenen Untersuchungen der International Labour Organization, der OECD, der EG und des Economic and Social Councils der UN in Rechnung stellte, sicher ein „eingeschränktes ‚Nein'", meinte der Politologe Joseph Nye. Zwar sei die ökonomische Macht der 200 größten Unternehmen gewaltig, aber auch

---

[48] Raymond Vernon: An Interpretation, in: ders., The Oil crisis, S. 1-14, hier S. 5-8; Maull: Ölmacht.

[49] Als Verteidigungsschriften siehe Robert B. Krueger: The United States and International Oil. A Report for the Federal Energy Administration on U.S. Firms and Government Policy, New York 1975; Peter F. Drucker: Multinationals and Developing Countries: Myths and Realities, in: Foreign Affairs 53 (1974), S. 121-134; Geoffrey Chandler: The Innocence of Oil Companies, in: Foreign Policy 27 (1977), S. 52-70.

[50] Turner: The Oil Majors in World Politics, S. 370-372.

[51] Mira Wilkins: The Oil Companies in Perspective, in: Daedalus 104,4 (1975), S. 159-178; die nationalen Bezüge multinationaler Konzerne vor allem in den USA betont Kenneth Neal Waltz: Theory of International Politics, Reading/Mass. 1979, S. 151.

[52] Crude (Regie: Joe Berlinger, 2009); Steve Coll: Gusher. The power of ExxonMobil, The New Yorker (9.4.2012), S. 28-37; Steve Coll: Private Empire. ExxonMobil and American Power, New York 2012.

schwache Staaten seien dazu in der Lage, deren nationale Tochtergesellschaften zu verstaatlichen.⁵³ Allerdings schüfen die Investitionen der multinationalen Konzerne transnationale wirtschaftliche Verflechtungen, die von verschiedenen Akteuren zu politischen Zwecken instrumentalisiert werden könnten. Diese ökonomische Interdependenz führe darüber hinaus dazu, dass sich der Begriff der nationalen Sicherheit fundamental verändere (Kapitel 8.1.2). Auch Louis Turner hielt es für übertrieben, die Ölfirmen als „para-governmental bodies" zu sehen, zumal die politische Intervention im Öl- und Energiebereich in der Folge der Ölkrise national wie international zugenommen habe.⁵⁴

Die Frage nach dem Verhältnis von Ölfirmen und Außenpolitik war schon von den Untersuchungsausschüssen des US-Senats in historischer Perspektive gestellt worden und wurde in deren Nachfolge auch von der historischen Forschung aufgegriffen. Burton I. Kaufmann untersuchte 1977 das System, durch das die Ölkonzerne in den 1950er Jahren quasi außenpolitische Funktionen übernommen hatten, und in den 1980er Jahren widmeten sich David Painter und Fiona Venn der Entwicklung des Verhältnisses zwischen Ölfirmen und internationalen Beziehungen in den 1940er und 1950er Jahren bzw. im Verlauf des 20. Jahrhunderts.⁵⁵ Auch wenn diese Texte ungleich differenzierter und historisch schärfer waren als die stärker journalistischen Unternehmungen, die ihnen vorausgegangen waren, teilten sie doch ähnliche Annahmen und Fragehorizonte bezüglich der souveränitätspolitischen Bedeutung multinationaler Ölkonzerne. Noch Daniel Yergins Geschichte des Öls, das wahrscheinlich prägendste Buch des Feldes, wollte zum einen die Geschichte des „biggest and most pervasive business" der Welt erzählen und zum anderen die Verbindung des Öls mit nationalen politischen Strategien und internationaler Machtpolitik untersuchen.⁵⁶ Dabei übernahm auch Yergin viele Topoi und narrative Elemente, die schon den Diskurs über die Macht der Ölkonzerne und die daraus resultierende Herausforderung für die souveräne Energie- und Außenpolitikgestaltung der westlichen Industrienationen geprägt hatten, indem er seine Geschichte als Krimi von durchweg männlichen Schurken und Helden entwarf.⁵⁷

---

[53] Joseph S. Nye: Multinational Corporations in World Politics, in: Foreign Affairs 53,1 (1974), S. 153-175, hier S. 153; Hans Günter (Hg.): Transnational industrial relations: the impact of multi-national corporations and economic regionalism on industrial relations. A symposium held at Geneva by the International Institute for Labour Studies, [London/New York] 1972; United Nations. Department of Economic and Social Affairs: The Impact of Multinational Corporations on Development and on International Relations, New York 1974; Nye hatte selbst zu den 52 „eminent persons" gehört, die die Studie für den ECOSOC der UN erstellt hatten.

[54] Louis Turner: Oil companies in the international system, London 1978, S. 176-199.

[55] Burton I. Kaufmann: Mideast Multinational Oil, US Foreign Policy and Antitrust: The 1950s, in: Journal of American History 63 (1977), S. 937-959; David S. Painter: Private power and public policy. Multinational oil companies and U.S. foreign policy, 1941-1954, London 1986; Venn: Oil Diplomacy.

[56] Yergin: The Prize, S. 13.

[57] Ebd.; Yergin nahm auch am zeitgenössischen Diskurs teil, bevor er ihn zur historischen Erzählung transformierte; Yergin/Hillenbrand: Global Insecurity.

8.1.2 Sicherheit, Energie und Energiesicherheit

Sicherheitsfragen betreffen den Kern staatlicher Ordnung und nationaler Souveränität. Staaten beanspruchen das Monopol legitimer physischer Gewaltsamkeit und versprechen im Tausch dafür, die physische und materielle Unversehrtheit ihrer Bürgerinnen und Bürger gegen Übergriffe zu sichern – im Innern mit polizeilichen Mitteln und nach außen militärisch.[58] Die Legitimität eines Staates hängt wesentlich davon ab, ob er die Sicherheit seiner Bürgerinnen und Bürger garantieren kann. Die internationalen Bedingungen dieser Sicherheitsgarantie wandelten sich im Laufe der Zeit genauso, wie sich auch die Sicherheitsansprüche der Bevölkerung veränderten – zum Beispiel durch den stärkeren Einbezug sozialer Sicherheit. In der Veränderung des Sicherheitsverständnisses spielte die erste Ölkrise bzw. der Aufstieg des Begriffs der Energiesicherheit als politische Kategorie und Handlungsbedingung in den 1970er Jahren eine entscheidende Rolle.[59] So schrieb der ehemalige Brigadegeneral George A. Lincoln, der im Zweiten Weltkrieg Planungschef von George Marshall und nach einer akademischen Karriere in West Point von 1969 bis Januar 1973 Chef des Office of Emergency Preparedness gewesen war, im Jahr seines Ausscheidens einen Artikel in der Novemberausgabe des *Air Force Magazine*, der dem Problem der Energiesicherheit gewidmet war. Mit der Erfahrung des Militärs wie auch des Organisators der Maßnahmen gegen die US-amerikanische Energiekrise vor der Ölkrise (siehe Kapitel 5.1) argumentierte Lincoln, dass die einstmals beträchtliche Sorge um die Sicherstellung der Versorgung mit kritischen strategischen Materialien, zu denen Energie im eigentlichen Sinne niemals gehört habe, durch eine wesentlich größere Sorge um die breiter zu verstehende Energiesicherheit ersetzt werden müsse. Bei der ausreichenden Versorgung mit Energie gehe es nicht primär um den militärischen Bedarf, der nur zehn Prozent des gesamten Energieverbrauchs ausmache: „Rather, energy security is a problem area of the heat and light and power for our total economy, together with assurance against coercion by the possessors of those energy resources that make possible our American way of life."[60]

Auch Militärs rückten also unter dem Eindruck der Energie- und Ölkrise von einem engen und staatszentrierten Verständnis nationaler Sicherheit ab. Klassischerweise war unter dem Stichwort der nationalen Sicherheit vor allem auch im Zeichen des Kalten Krieges der Schutz gegen feindliche Übergriffe verstanden

---

[58] Werner Conze: Sicherheit, Schutz, in: Otto Brunner/ders./Reinhart Koselleck (Hg.), Geschichtliche Grundbegriffe, Bd. 5, Stuttgart 1984, S. 831-862; Franz-Xaver Kaufmann: Sicherheit als soziologisches und sozialpolitisches Problem. Untersuchungen zu einer Wertidee hochdifferenzierter Gesellschaften, Stuttgart 1973; Eckart Conze: Sicherheit als Kultur. Überlegungen zu einer ‚modernen Politikgeschichte' der Bundesrepublik Deutschland, in: Vierteljahrshefte für Zeitgeschichte 53 (2005), S. 357-380; Nikolaus Werz (Hg.): Sicherheit, Baden-Baden 2009.

[59] Siehe dazu sowie zum Folgenden Rüdiger Graf: Between National and Human Security. Energy Security in the United States and Western Europe in the 1970s, in: Historical Social Research 35,4 (2010), S. 329-348.

[60] George A. Lincoln: Energy Security. New Dimension for US Policy, in: Air Force Magazine 56,11 (1973), S. 49-55, hier S. 49.

worden, der im Wesentlichen durch militärische Maßnahmen garantiert werden könne. Rohstoffe und Energieträger waren in diesem Zusammenhang von militärstrategischer Bedeutung, und ihr Fehlen konnte mittelbar die nationale Sicherheit berühren, wenn es die Verteidigungsbereitschaft des Militärs einschränkte. So urteilte Carl Vansant noch 1971, angesichts der globalen Verteilung von Energieträgern wohne der Energieversorgung notwendigerweise eine strategische Komponente inne: „Energy is the lifeblood of technical society, and one form of energy – oil – is absolutely essential for modern military mobile operations."[61] Eine ausreichende Ölzufuhr müsse also sichergestellt sein, damit das Militär funktionsfähig bleibe und die nationale Sicherheit gewährleisten könne. Lincoln vertrat demgegenüber einen wesentlich weiteren Begriff der Energiesicherheit, indem er die Energieversorgung der gesamten Wirtschaft und Gesellschaft als sicherheitsrelevant beschrieb, insofern Energiemangel sowohl die Stabilität der gesellschaftlichen als auch der politischen Ordnung gefährden könne.

Schon vor dem Ölembargo und den Preissteigerungen war die Energieversorgung in diesem weiten Sinne als Sicherheitsproblem sowohl für die USA als auch und in besonderem Maße für Westeuropa wahrgenommen worden.[62] Nach den Debatten über die richtige Ölimportpolitik in den USA und die Sicherung gegen Lieferunterbrechungen im Rahmen der OECD wurde der Konnex von Energie und Sicherheit einerseits enger und andererseits umfassender gedacht. Immerhin ging es 1973/74 den Regierungen der USA und ihrer Verbündeten permanent um die „security of supplies". In der Bundesrepublik wurde ein Energie*sicherungs*gesetz erlassen und der Schwerpunkt der Energieversorgungsdiskussionen verschob sich vom Aspekt der Kostengünstigkeit auf den der Sicherheit.[63] Gerade Personen, die wie Lincoln Anfang der 1970er Jahre ganz konkret mit Fragen der Energieversorgung beschäftigt waren, trugen deren Bedeutung für ein breiter zu verstehendes Konzept von nationaler Sicherheit in die Öffentlichkeit. So erklärte Philipp Odeen, der 1973 an der Erstellung des National Security Study Memorandum 174 zur „National Security and Energy Policy" mitgewirkt hatte, einige Jahre später, man habe die enge Verbindung von Energie und nationaler Sicherheit zu lange nicht wahrgenommen und müsse sie jetzt ins Zentrum sicherheitspolitischer Überlegungen rücken.[64] Der ehemalige Direktor der Federal Energy Administration John Sawhill steuerte ein Vorwort ähnlichen Inhalts zu einem von Joseph Nye und David A. Deese herausgegebenen Sammelband zu „Energy and Security" bei, und

---

[61] Carl Vansant: Strategic energy supply and national security, New York 1971, S. vii; siehe auch die Definitionen bei Harold J. Barnett: The Changing Relation of Natural Resources to National Security, in: Economic Geography 34,3 (1958), S. 189-201, hier S. 189.

[62] Harold Lubell: Middle East Oil Crises and Western Europe's energy supplies, Baltimore 1963; ders.: Security of Supply and Energy Policy in Western Europe, in: World Politics 13,3 (1961), S. 400-422; Levy: Oil power, S. 662: „ the security of the Western world which so intimately depends on the uninterrupted flow of oil." Siehe oben Kapitel 3.

[63] Siehe Kapitel 6.1 und 6.2 sowie Dolinski/Ziesing: Sicherheits-, Preis- und Umweltaspekte; dies./Labahn: Maßnahmen.

[64] Philip A. Odeen: Organizing for National Security, in: International Security 5,1 (1980), S. 111-129, hier S. 115.

Martin Hillenbrand, der ehemalige US-Botschafter in Deutschland, publizierte zusammen mit Daniel Yergin einen Sammelband, der sich mit der durch die Energiekrisen entstandenen „Global Insecurity" beschäftigte.[65]

Auch wenn es früher schon einzelne Beiträge zum Thema gegeben hatte, kam die politikwissenschaftliche Diskussion über den Zusammenhang zwischen Energie und nationaler Sicherheit erst durch die Ölkrise richtig in Schwung.[66] Unter Politologen setzte sich schnell die Überzeugung durch, dass „Energieaußenpolitik [...] faktisch alle essentiellen politischen Bereiche tangierte: wirtschaftliches Wachstum, Bewältigung sozialer Konflikte, erfolgreiche Systemkonkurrenz, Allianzkohäsion, Probleme der Weltwirtschafts- und Finanzordnung", wie Harald Müller 1977 in einem Literaturbericht erläuterte. Gerade in den jüngeren Forschungsarbeiten würden all diese Aspekte zu einem „neuen umfassenden Sicherheitsbegriff" verschmolzen.[67] In der neu gegründeten Zeitschrift *International Security* stellte Linda B. Miller im gleichen Jahr fest, dass die Ölkrise in der Politikwissenschaft in kurzer Zeit zu einem wichtigen Paradigma avanciert sei, anhand dessen – wie zuvor an der Kuba-Krise – Strukturprinzipien der zeitgenössischen Weltpolitik studiert würden.[68] Die Ölkrise habe gezeigt, so fasste Miller den Mainstream der neuen Forschungen zusammen, dass nationale Sicherheit nicht mehr mit militärischen Mitteln garantiert werden könne, und habe damit den Blick vom staatszentrierten Sicherheitsbegriff auf die sicherheitspolitische Bedeutung wirtschaftlicher Entwicklungen und Verflechtungen geöffnet. Darüber hinaus verschiebe die Ölkrise nicht nur die internationalen Machtverhältnisse, sondern auch die klassischen Analyseparameter der internationalen Beziehungen, denn Fragen der Wirtschaft und Ressourcenversorgung seien nicht mehr allein durch das „Prisma der Supermachtkonfrontation" zu analysieren.[69]

---

[65] David A. Deese/Joseph S. Nye (Hg.): Energy and Security, Cambridge/Mass. 1981, S. xvf.; Yergin/Hillenbrand (Hg.): Global Insecurity; siehe auch Martin J. Hillenbrand: NATO and Western Security in an Era of Transition, in: International Security 2,2 (1977), S. 3-24, wo Energie aber nur eine untergeordnete Rolle spielt.

[66] Siehe zum Beispiel Samuel Nakasian: The Security of Foreign Petroleum Resources, in: Political Science Quarterly 68,2 (1953), S. 181-202; Theodor Wessels: Die Sicherheit der nationalen Versorgung als Ziel der nationalen Wirtschaftspolitik, in: Zeitschrift für die gesamte Staatswissenschaft 120,4 (1964), S. 602-617; Robert James Lieber: Oil and the Middle East war, Cambridge/Mass. 1976, S. 46, 48: „As Raymond Vernon has pointed out, the oil issue has been in the realm of high politics before." Lieber: Oil and the Middle East war, S. 48.

[67] Harald Müller: Energiepolitik. Ein neuer Bereich der Außenpolitik, in: Neue Politische Literatur 22,4 (1977), S. 484-502, hier S. 484; siehe auch Michael Stoff: Oil, War, and National Security. The Search for a National Policy on Foreign Oil, 1941-1947, New Haven 1980, S. ix: „the crucial link between oil and national security, once solely the concern of military and government officials, has become a matter of public discourse." Bo Heinebaeck: Oil and security, New York 1974, S. 5; Lieber: Oil and the Middle East war, S. 48; Edward N. Krapels: Oil and Security. Problems and Prospects of Importing Countries, London 1977, S. 29.

[68] Linda B. Miller: Review: Energy, Security and Foreign Policy: A Review Essay, in: International Security 4,1 (1977), S. 111-123, hier S. 112. Manchen ging der Einbezug von Energiefragen in den Sicherheitsdiskurs allerdings noch nicht weit genug; siehe Melvin A. Conant/Fern R. Gold: Geopolitics of Energy, Washington D.C. 1977, S. 7.

[69] Miller: Review: Energy, Security and Foreign Policy: A Review Essay, S. 114.

Die zeitgenössische Diskussion um das Verhältnis zwischen Öl- bzw. Energieversorgung und Sicherheit hatte verschiedene Aspekte, wie Bo Heinebaeck für das Stockholm International Peace Research Institute aufschlüsselte: Öl sei essenziell für militärische und ökonomische Sicherheit; Versuche, den Ölfluss zu garantieren, könnten zu Konflikten führen; Petrodollars gefährdeten die wirtschaftliche Entwicklung in den Ölimportländern und würden von den Exportländern zu großen Teilen in Waffen investiert; darüber hinaus berge der Tankertransport Risiken und mögliche Ölkatastrophen bedrohten die ökologische Sicherheit.[70] Während in der allgemeineren Literatur zu Energie und Sicherheit auch weiterhin Fragen der nuklearen Proliferation, der politischen Verhältnisse am Persischen Golf, der Geopolitik knapper Ressourcen und ganz klassisch des militärstrategischen Energiebedarfs diskutiert wurden, bewirkte die Ölkrise doch vor allem eine Ausweitung des Sicherheitsbegriffs in verschiedenen Hinsichten.[71]

Erstens umfasste der Gegenstandsbereich der nationalen Sicherheit nicht mehr nur militärische, sondern auch ökonomische und damit gesellschaftliche sowie politische Fragen. Daher reichte es zur Sicherheitsgarantie nicht mehr, Ölvorräte für das Militär aufzubauen, wie Richard N. Cooper für das Londoner Institute for Strategic Studies ausführte, sondern diese müssten groß genug sein, um auch ökonomischen Verwerfungen begegnen zu können.[72] Zweitens ging es nicht mehr primär um die Sicherheit des Staates, sondern vielmehr um die seiner Bürger; die Referenzgruppe wurde also wesentlich erweitert. Drittens weitete sich die sicherheitspolitische Perspektive angesichts des globalen Charakters der Ölwirtschaft sowie wirtschaftlicher Verflechtungen im Allgemeinen räumlich aus und damit vergrößerte sich auch die Zahl möglicher Sicherheitslieferanten. Für die sicherheitspolitische Arbeitsgruppe des außenpolitischen Think Tanks Atlantic Council argumentierte beispielsweise Joseph J. Wolf, Sicherheitspolitik könne in der Gegenwart nicht mehr regional begrenzt bleiben: „It's ramifications are global."[73]

---

[70] Heinebaeck: Oil and security, S. 12 f.; zur Diskussion um die Umweltsicherheit siehe Thorsten Schultz: Transatlantic Environmental Security in the 1970s? NATO's "Third Dimension" as an Early Environmental and Human Security Approach, in: Historical Social Research 35,4 (2010), S. 309-328.

[71] David A. Deese: Economics, Politics, and Security, in: International Security 4,3 (1979), S. 140-153, hier S. 142; als Beispiele für klassisch militärstrategische Erwägungen nach der Ölkrise siehe Robert R. Ulin: US National security and Middle Eastern Oil, in: Military Review 59,5 (1979), S. 39-49; Geoffrey Kemp: Military Force and Middle East Oil, in: David A. Deese/Joseph S. Nye (Hg.), Energy and Security, Cambridge/Mass. 1981, S. 365-390. Zur Ausweitung des Sicherheitsbegriffs siehe Christopher Daase: National, Societal, and Human Security. On the Transformation of Political Language, in: Historical Social Research 35,4 (2010), S. 22-40; Emma Rothschild: What is Security?, in: Barry Buzan/Lene Hansen (Hg.), International Security, Vol. III: Widening Security, Los Angeles u. a. 2007, S. 1-34. Die Kategorienbildung im folgenden Abschnitt folgt Daase.

[72] Richard N. Cooper: Natural resources and national security, in: Resources Policy 2, Juni (1975), S. 192-203.

[73] Joseph J. Wolf: The Growing Dimensions of Security, Washington D.C. 1977, S. 1: „In the nuclear age, in an increasingly crowded and interdependent world, security is not a matter merely of military strength. Security also involves a combination of many other factors, including domestic as well as foreign ones: political, economic, social and psychological."

Schließlich wurde auch die Gefahrenkategorisierung ausgeweitet. Da schon kleine Versorgungsengpässe große Auswirkungen zeitigen konnten, musste nicht nur eine akute Gefahr oder ein konkretes Risiko, sondern jede Form der Verwundbarkeit ausgeschlossen werden.[74]

Die diskursive Erweiterung des Sicherheitsbegriffs wurde sowohl von Politikwissenschaftlern als auch von Politikern vorangetrieben. Sie folgte nicht den Interessen einer bestimmten politischen Gruppe, sondern die begriffliche Verschiebung erfasste im Zuge der Ölkrise und der anschließenden wirtschaftlichen Verwerfungen das gesamte politische Spektrum. So erntete Präsident Nixon viel Zustimmung für seine Äußerung auf der Washingtoner Energiekonferenz im Frühjahr 1974, dass Energie und Sicherheit intrinsisch miteinander verbunden seien und nicht voneinander getrennt werden könnten (siehe 7.2). Zugleich lieferte er damit ein Stichwort, das in der Folge oft zitiert wurde. Zeitgleich argumentierte auch der demokratische Senator und spätere US-Vizepräsident Walter F. Mondale in einem Artikel in *Foreign Affairs*, zwar seien die klassischen Sicherheitsfragen – der atomare Rüstungswettlauf, der Systemwettstreit und die Konfrontation gewaltiger Armeen bzw. ihre Beeinflussung lokaler Konflikte weltweit – nicht obsolet, aber sie würden doch letztlich überschattet von der Gefahr einer nicht mehr kontrollierbaren wirtschaftlichen Krise. Daher schloss er, dass sich die nationale Sicherheitspolitik verändern müsse: „The priority we have accorded for years to traditional political and security concerns must now be given to international economic issues. If we do not resolve them, the security problems that may ensue could dwarf those that now remain."[75] Joseph Nye, der von 1977 bis 1979 aus der Wissenschaft in die Carter Administration gewechselt war, bemängelte noch 1981, dass zwar viel über Energiesicherheit geredet werde, die USA auf einen Energienotstand aber nicht annähernd so gut vorbereitet seien wie auf einen militärischen Angriff, obwohl dessen Konsequenzen ähnlich dramatisch wären.[76]

In der Bundesrepublik war der sicherheitspolitische Konsens in der Energiefrage ähnlich breit. So hielt Bundeskanzler Helmut Schmidt im Oktober 1977 vor dem Londoner Institute for Strategic Studies einen Vortrag über „politische und wirtschaftliche Aspekte der westlichen Sicherheit", in dem er drei neue Dimensionen der Sicherheit ausmachte. An erster Stelle stand für Schmidt nach der Ölkrise und

---

[74] Joseph Nye definierte Energiesicherheit als die Abwesenheit jeglicher Gefahren für die Energieversorgung; Joseph S. Nye: Energy Security Strategy, in: Samuel P. Huntington (Hg.), The Strategic imperative. New policies for American security, Cambridge/Mass. 1982, S. 301-329, hier S. 303; siehe auch Richard H. Ullmann: Redefining Security, in: International Security 8,1 (1983), S. 129-153, hier S. 146; Maull: Raw Materials, Energy, and Western Security, S. 5: „The definition of the challenge as the task of securing ‚access to raw materials' clearly appears too narrow." William W. Hogan: Import Management and Oil Energencies, in: Deese/Nye, Energy and Security, S. 261-284; David J. Blair/Paul A. Summerville: Oil Import Security. The Cases of Japan and Great Britain, o.O. 1983.
[75] Walter F. Mondale: Beyond Detente. Toward International Economic Security, in: Foreign Affairs 53,1 (1974), S. 1-23, hier S. 2.
[76] Joseph S. Nye: Energy and Security, in: Deese/Nye, Energy and Security, S. 3-22, hier S. 5; Joseph S. Nye/David A. Deese/Alm Alvin: Conclusion. A U.S. Strategy for Energy Security, in: ebd., S. 391-424, hier S. 423.

der Zerstörung des Systems von Bretton Woods die Sicherheit der wirtschaftlichen Entwicklung. Darunter verstand er „die Notwendigkeit, das Fundament unseres Wohlstands zu sichern, den Zugang zu Energie und Rohstoffen nach den Bedingungen eines freien Handels zu gewährleisten und uns ein Währungssystem zu geben, das es uns erlaubt, diese Zielsetzungen auch zu erreichen."[77] Die weiteren neuen Dimensionen, soziale und innere Sicherheit, traten neben den wirtschaftlichen Fragen zurück, im Rahmen derer wiederum die Energieversorgung am wichtigsten war: „Wenn es für die wirtschaftliche Sicherheit des Westens eine zentrale Frage gibt, dann ist es die Energiefrage", erklärte Schmidt in aller Deutlichkeit.[78] Manfred Wörner, der sicherheitspolitische Experte der CDU, der schon im Wahlkampf 1972 als möglicher Verteidigungsminister gehandelt worden war, hätte dem Bundeskanzler hier kaum widersprochen. In einem Vortrag auf der Münchener Sicherheitskonferenz hatte er schon 1975 erklärt, dass angesichts der Ölkrise Sicherheit nicht mehr wie noch in den 1960er Jahren als „Synonym für national, regional oder international organisierte militärische Stärke" verstanden werden dürfe.[79] Die Energiekrise habe gezeigt, dass die NATO bei der Bereitstellung von Sicherheit nicht mehr „autark" sei. Im Anschluss an Karl Kaiser formulierte Wörner, die Alliierten könnten zwar „einen Nuklearschirm, nicht jedoch einen Erdölschirm und schon gar keinen Rohstoffschirm über das ganze Bündnisgebiet spannen".[80]

In sicherheitspolitischen Debatten bildete die Ölkrise somit einen zentralen Referenzpunkt, und kritische Stimmen bemängelten bereits früh, dass die Fixierung auf Ölimporte die anderen sicherheitspolitisch relevanten Aspekte der Energieversorgung verdecke.[81] Auch wenn es in den Debatten über Sicherheit in einem weiteren Sinne vor allem um wirtschaftliche Sicherheit ging, die nicht nur von Öl und Energie abhing, spielte Öl wohl vor allem deshalb eine zentrale Rolle, weil es nicht nur der Treibstoff der wirtschaftlichen Entwicklung, sondern auch weiterhin jeder modernen Kriegsführung war. Auch wenn die Mehrheit der Autoren klar machte, dass die Energieversorgung des Militärs nicht in Frage stand, schwang dieser Aspekt in den Debatten doch immer mit und erhöhte ihre Virulenz. Dies galt umso mehr, als es spätestens seit der Ölkrise zu den klassischen Topoi dystopischer Visionen gehörte, für die Zukunft Ressourcenkriege vorauszusagen, wie Richard H. Ullmann 1983 feststellte.[82] Die Ausweitung des Sicherheits-

---

[77] Helmut Schmidt: Politische und wirtschaftliche Aspekte der westlichen Sicherheit. Vortrag vor dem International Institute for Strategic Studies, London 28.10.1977, in: Klaus von Schubert (Hg.), Sicherheitspolitik der Bundesrepublik Deutschland. Dokumentation 1945-1977, Köln 1979, S. 618-631, hier S. 618.

[78] Ebd., S. 627.

[79] Manfred Wörner: Neue Dimensionen der Sicherheit. Referat bei der XII. Internationalen Wehrkunde-Begegnung, München 1.2.1975, in: Schubert (Hg.), Sicherheitspolitik, S. 590-597, hier S. 591.

[80] Ebd., S. 593.

[81] Amory B. Lovins/L. Hunter Lovins: Brittle power. Energy Strategy for National Security, Andover/Mass. 1982, S. 2f.

[82] Ullmann: Redefining Security. Die Tradition dystopischer Prognosen zum Zusammenhang von Ressourcen und Krieg setzt sich in unterschiedlicher Qualität bis heute fort. Siehe zum

begriffs setzte sich nach der Ölkrise nicht zuletzt auch im Rahmen der Vereinten Nationen fort und erhielt ihre jüngste Gestalt im Konzept der Human Security.[83] Wichtige Stationen bildeten hier die Berichte der sogenannten Brandt- und Palme-Kommissionen. 1980 legte die Unabhängige Kommission für Internationale Entwicklungsfragen unter Vorsitz von Willy Brandt den UN einen Bericht darüber vor, wie das „Überleben" auf dem Planeten zu „sichern" sei.[84] Dieses sah die Kommission wesentlich durch die Strukturen der Weltwirtschaft und den Umgang mit den natürlichen Ressourcen gefährdet, wobei das Öl sowohl wegen seiner Bedeutung für die Entwicklung der Weltwirtschaft als auch wegen seiner möglichen Erschöpfung als besonders relevant galt.[85] Vor allem das Aktionsprogramm zur Sicherung der Überlebenschancen konzentrierte sich auf Fragen der Ölwirtschaft, die im Verlauf der 1970er Jahre auch in den regulären UN-Gremien diskutiert worden waren.

Blickt man auf die Zusammensetzung der Brandt-Kommission, so überrascht nicht, dass der Ölpreis und die Ölversorgung in dem Bericht eine entscheidende Rolle spielten. Denn neben Willy Brandt hatten auch viele andere Kommissionsmitglieder während der Ölkrise hohe Regierungsämter innegehabt wie zum Beispiel Edward Heath als britischer Premierminister, Haruki Mori als japanischer Botschafter in London, Olof Palme als schwedischer Premierminister, Layachi Yaker als algerischer Handelsminister und Jan P. Pronk als Minister für Entwicklungszusammenarbeit in den Niederlanden. Zwei Jahre später stellte dann die Unabhängige Kommission für Abrüstung und Sicherheit unter Vorsitz von Olof Palme in ihrem Bericht „Common Security" fest, dass militärische Aufrüstung allein nicht dazu in der Lage sei, nationale Sicherheit zu gewährleisten. Denn „ein sicherer Staat ist zweifellos der, der weder militärisch angegriffen noch besetzt wird, noch irgendwelchen diesbezüglichen Drohungen ausgesetzt ist, der ferner Gesundheit und Sicherheit seiner Bürger schützt und ganz allgemein wirtschaftlichen Wohlstand fördert".[86] Rüstungspolitik könne die weiteren Aspekte der Sicherheit nicht nur nicht gewährleisten, sondern sogar gefährden, indem die für sie genutzten finanziellen Ressourcen nicht mehr für andere Politikfelder zur Verfügung stünden.

Was bedeutete die Ausweitung des Sicherheitsbegriffs für nationale Souveränitätskonzeptionen? Nach der Ölkrise konstatierte Hans J. Morgenthau, der Vordenker realistischer Machtpolitik, eine Trennung von militärischer und ökonomischer Macht bzw. den Sachverhalt, dass Letztere nicht mehr aus Ersterer fol-

---

Beispiel Klare: Resource Wars; Harald Welzer: Klimakriege. Wofür im 21. Jahrhundert getötet wird, Frankfurt am Main 2008.

[83] Umbach: Globale Energiesicherheit; Cornel Zwierlein/Rüdiger Graf: The Production of Human Security in Premodern and Contemporary History, in: Historical Social Research 35,4 (2010), S. 7-21.

[84] Unabhängige Kommission für Internationale Entwicklungsfragen, Das Überleben sichern. Der Brandt-Bericht der Nord-Süd-Kommission, Frankfurt am Main 1980.

[85] Ebd., S. 201-215.

[86] Olof Palme: Der Palme-Bericht. Bericht der Unabhängigen Kommission für Abrüstung und Sicherheit ‚Common Security', Berlin 1982, S. 20.

ge.⁸⁷ Zwar hatte es während und nach der Öl- und Energiekrise in der US-amerikanischen Öffentlichkeit wie auch in Regierungskreisen Debatten über die Möglichkeit einer militärischen Intervention am Golf gegeben, nach dem Vietnamkrieg sahen darin aber aufgrund der hohen Risiken gerade im Zeichen des Kalten Krieges nur wenige Autoren eine wirkliche Option, die Ölzufuhr militärisch zu sichern.⁸⁸ War der Einsatz des Militärs die souveräne Entscheidung von Nationalstaaten und blieb dies auch trotz der Bündnisverpflichtungen, die die europäischen und nordamerikanischen Länder im Rahmen der NATO eingegangen waren, so standen die Maßnahmen zur Herstellung von ökonomischer Sicherheit, für die eine ausreichende Zufuhr von Energie zu einem nicht zu hohen Preis von entscheidender Bedeutung war, nicht im gleichen Maß in ihrer Verfügungsgewalt. Denn die ganz überwiegende Mehrheit der Energieexperten lehnte trotz des „Project Independence" autarkiepolitische Maßnahmen zur Sicherung der Energieversorgung ab.⁸⁹ Sicherheit schien also nur in stärkerer ökonomischer und energiepolitischer Kooperation mit anderen Staaten realisierbar zu sein, was implizierte, dass die Chancen unilateraler Machtentfaltung eingeschränkt waren.⁹⁰

Obwohl es sich hierbei um den hegemonialen Diskurs handelte, dürfen doch auch die gegensätzlichen Stimmen nicht überhört werden, die schon in den 1970er Jahren für eine weitere militärische Behauptung nationaler Sicherheit auch in Energiefragen eintraten. In der von Norman Podhoretz herausgegebenen Zeitschrift *Commentary*, um die sich in den 1970er Jahren Theoretiker des Neokonservatismus sammelten, vertrat zum Beispiel der Politikwissenschaftler Robert W. Tucker die Position, aus der Energiekrise sei keineswegs notwendigerweise die Forderung nach mehr internationaler Kooperation abzuleiten. Im Gegenteil plädierte er für mehr nationale Unabhängigkeit, mehr „independence" statt „interdependence".⁹¹ Es sei geradezu ein Skandal, dass bei einer so massiven Herausforderung der US-amerikanischen Souveränität der Gebrauch des Militärs noch nicht einmal ernsthaft erwogen worden sei. Tucker hielt es für wenig wahrscheinlich,

---

[87] Hans J. Morgenthau: The New Diplomacy Movement. International Commentary, in: Encounter August (1974), S. 52-57; siehe auch Klaus Knorr: The Limits of Economic and Military Power, in: Vernon, The Oil crisis, S. 229-244.

[88] Library of Congress Congressional Research Service, Oil Fields as Military Objectives; Document 434: Report by the Joint Intelligence Committee, 5. Dezember 1973, in: Hamilton, The Year of Europe.

[89] Siehe übereinstimmend Wessels: Die Sicherheit der nationalen Versorgung; Policy Study Group of the M.I.T. Energy Laboratory: Energy Self-Sufficiency. An Economic Evaluation, in: Technology Review 76, Mai (1974), S. 23-58. Auch für Großbritannien bedeutete das Nordseeöl keine Energieunabhängigkeit; siehe Lawrence Freedman: Großbritannien als Erdölproduzent. Die Legende von der Unabhängigkeit, in: Europa-Archiv 15 (1978), S. 477-487.

[90] Siehe für den Fall Japan Saburo Okita: Natural Resource Dependency and Japanese Foreign Policy, in: Foreign Affairs 52,4 (1974), S. 714-724.

[91] Robert W. Tucker: Oil. The Issue of American Intervention, in: Commentary 59,1 (1975), S. 21-31. Zur Neuformierung der Rechten und ihren Publikationsorganen siehe Murray Friedman: The Neo-conservative Revolution. Jewish Intellectuals and the Shaping of Public Policy, Cambridge/Mass. 2005, S. 38, 121; John Ehrmann: The rise of neoconservatism. Intellectuals and foreign affairs 1945-1994, New Haven 1995, S. 50; Jacobs: The Conservative Struggle and the Energy Crisis.

dass die Sowjetunion auf einen Einmarsch der USA zum Beispiel in den Irak militärisch reagieren würde, und meinte, auch die zu erwartenden Proteste der Europäer gegen eine solche unilaterale Aktion seien zu vernachlässigen, weil diese ohnehin auf die USA angewiesen seien. Nicht zu intervenieren und die Förderländer gewähren zu lassen, habe langfristig negativere Konsequenzen als eine Militäraktion. Diese nicht durchzuführen bzw. noch nicht einmal zu erwägen, sei das Produkt von ‚politischer Inkompetenz und Willensschwäche'.[92] Ausgehend von Tuckers Analysen verglich ein Miles Ignotus in *Harper's Magazine* die Haltung des Westens gegenüber der OPEC mit der gegenüber Hitler im Jahr 1938. Nach einer Analyse verschiedener Handlungsmöglichkeiten schloss er: „There remains only force. The only feasible countervailing power to OPEC's control of oil is power itself – military power."[93] Die Abwägung aller politischen und militärischen Risiken führe zu dem Schluss, dass interveniert werden könne und müsse: „For if we do not do it, Project Independence will in fact be Project Isolation, with a somewhat impoverished America surrounded by a world turned into a slum."[94]

Auch in den folgenden Jahren erhoben sich wiederholt Stimmen, dass die Folgen eines Mangels an Öl schlimmer seien als die Folgen einer militärischen Intervention am Golf. Noch 1981 fasste Robert Tucker seine Interventionen in einem Buch zusammen, das dem von ihm wahrgenommenen „Niedergang der amerikanischen Außenpolitik" in den 1970er Jahren den „wirklichen Zweck" amerikanischer Macht gegenüberstellte. Mit Bezug auf die US-amerikanische Politik gegenüber den Förderländern und vor allem den politischen Veränderungen in Libyen und im Iran urteilte er, dass eine Machtposition noch nie so leichtfertig aufgegeben worden sei: „Never before have nations that possessed so great a superiority in power as the Western countries possessed over the Middle East producers placed themselves in so needless and so dangerous a predicament."[95] Ziel der US-Außenpolitik müsse es in Zukunft sein, eine „normale politische Welt" wiederherzustellen, in der Staaten mit großen Machtmitteln wieder die diesen entsprechende unabhängige Position einnähmen.[96] Von derartigen Äußerungen lässt sich leicht eine Kontinuitätslinie zur jüngeren US-amerikanischen Interventionspolitik am Persischen Golf ziehen, die zugleich mit einer neuen Bereitschaft zum Unilateralismus einherging (Kapitel 8.1.4).[97]

---

[92] Tucker: Oil, S. 30.
[93] Miles Ignotus: Seizing Arab Oil, in: Harper's Magazine 250, March (1975), S. 45-62, hier S. 48; das Pseudonym wird sowohl Henry A. Kissinger als auch Edward Luttwak zugeschrieben.
[94] Ebd., S. 62.
[95] Robert W. Tucker: The Purposes of American Power. An Essay on National Security, New York 1981, S. 58f.
[96] Ebd., S. 186; siehe als Kritik Nye: Energy and Security, S. 15-20.
[97] Siehe zum Beispiel Edward N. Luttwak: Intervention and Access to Natural Resources, in: Hedley Bull (Hg.), Intervention in world politics, New York 1984, S. 79-94. Die einschlägigen Blogs sind voll von Artikeln, die entsprechende Verbindungen mal akkurat und mal verschwörungstheoretisch herstellen; siehe zum Beispiel Ray McGovern: Bush, Oil and Moral Bankruptcy (2007). http://www.counterpunch.org/2007/09/27/bush-oil-and-moral-bankruptcy/ (23. Mai 2012).

8.1.3 Globale Konfliktlinien: Nord-Süd statt Ost-West?

In dem zu Beginn des vorangegangenen Abschnitts zitierten Aufsatz aus dem *Air Force Magazine* vom November 1973 warb George A. Lincoln nicht nur für einen erweiterten Sicherheitsbegriff, sondern er prognostizierte auch, dass Energie in Zukunft ein immer wichtigeres Politikfeld werden und die politische Dominanz des Kalten Krieges brechen würde: „Energy issues and policy are likely to replace the now waning cold war as a central policy concern, both domestic and foreign."[98] Während der Ölkrise erschien es vielen zeitgenössischen Beobachtern auch angesichts der fortschreitenden Entspannungspolitik so, als ob die globale Konfliktgeographie in einem fundamentalen Wandel begriffen sei.[99] Denn die Entspannungspolitik habe die Angst vor einem militärischen Konflikt mit der Sowjetunion sinken lassen und damit, so urteilten viele Zeitgenossen, unter dem Eindruck eines knapper werdenden Ölangebots die Fliehkräfte innerhalb des westlichen Bündnisses deutlich erhöht (Kapitel 6.3.2 und 6.3.3). In den Worten Karl Kaisers hatten die durch die Krise ausgelösten Entwicklungen gar „die Grundfesten der Europäischen Gemeinschaft, des westlichen Bündnissystems und des Verhältnisses zwischen den entwickelten und den weniger entwickelten Teilen der Welt erschüttert".[100] Dadurch schienen die Chancen der USA zu sinken, eine hegemoniale Politik durchzusetzen. Selbst Hermann Kahn, der Leiter des Hudson Institutes, der als Theoretiker des „Thermonuclear War" ein geradezu paradigmatischer außenpolitischer Realist und Machtstratege war, sah einen relativen Abstieg der Supermächte und ein Ende der bipolaren Weltordnung des Kalten Krieges voraus: Durch den wirtschaftlichen Aufstieg von Japan, Deutschland/Westeuropa und China werde mittelfristig eine multi- bzw. pentapolare Welt entstehen, in der, wie schon Hans J. Morgenthau meinte, militärische Fragen an Bedeutung für die Gestaltung der internationalen Beziehungen verlieren würden.[101] Auch Seyom Brown beschrieb in einem Bericht für die Brookings Institution über die „New Forces in World Politics" den Kalten Krieg als eine in Auflösung begriffene Epoche, die sich durch Einfachheit und Stabilität ausgezeichnet habe.[102] Mit etwas anderer Akzentuierung machte die Trilaterale Kommission die Entspannung

---

[98] Lincoln: Energy Security, S. 55.
[99] Als frühere Version der folgenden Überlegungen siehe Rüdiger Graf: Das Petroknowledge des Kalten Krieges, in: Bernd Greiner (Hg.), Macht und Geist im Kalten Krieg, Hamburg 2011, S. 201-222.
[100] Karl Kaiser: Die Auswirkungen der Energiekrise auf die westliche Allianz, in: Hager, Erdöl und internationale Politik, S. 73-86, hier S. 73; ders.: The Energy Problem and Alliance Systems, in: International Institute for Strategic Studies (Hg.), The Middle East and the International System. II. Security and the Energy Crisis, London 1975, S. 17-24; siehe auch Ann-Margret Walton: Atlantic Relations: Policy Coordination and Conflict. Atlantic Bargaining over Energy, in: International Affairs 52 (1976), S. 180-196.
[101] Herman Kahn: Angriff auf die Zukunft. Die 70er und 80er Jahre: So werden wir leben, Wien/München/Zürich 1972, S. 67f.; ders.: On Thermonuclear War, Princeton/N.J. 1960; Morgen-thau: The New Diplomacy Movement.
[102] So Kermit Gordon in seinem Vorwort zu Seyom Brown: New Forces in World Politics, Washington 1974, S. viif.

für die Freisetzung des Konfliktpotentials innerhalb der westlichen Gesellschaften verantwortlich, was wiederum zu einem „substantial relative decline in American military and economic power" und einem „major absolute decline in American willingness to assume the burdens of leadership" geführt habe.[103] Damit erodiere also die übersichtliche bipolare Ordnung des Kalten Krieges, und andere Kräfte nähmen Einfluss auf die internationalen Beziehungen, die die Handlungsfähigkeit der etablierten Mächte weiter beschränkten.

Was trat aber an die Stelle des Ost-West-Konflikts? Eine Reihe von Politikwissenschaftlern argumentierte, dass die globale Achse der Blockkonfrontation nun um 90 Grad gedreht und durch die Auseinandersetzung zwischen dem entwickelten, aber rohstoffarmen Norden und dem rohstoffreichen, aber unterentwickelten Süden ersetzt werden würde. Nicht ausgelöst, aber verstärkt wurden diese Ängste durch die Versuche der Gruppe 77, die Ölkrise in den Verhandlungen über eine Neue Weltwirtschaftsordnung im Rahmen der Vereinten Nationen zu instrumentalisieren (siehe Kapitel 7.4.1). Viele Autoren aus der sogenannten Dritten Welt, wie zum Beispiel der iranische Finanzminister Jahangir Amuzegar, waren in internationalen politikwissenschaftlichen Fachzeitschriften in den USA und Westeuropa durchaus präsent und entwarfen einen grundsätzlichen Nord-Süd-Konflikt, innerhalb dessen sie die Veränderungen auf dem internationalen Ölmarkt verorteten.[104] Schon vor Beginn der Ölkrise hatte C. Fred Bergsten, der von 1969 bis 1971 Kissingers Assistent für internationale Wirtschaftsbeziehungen im National Security Council gewesen war, mit einem Aufsatz in *Foreign Policy* vor der „Gefahr aus der Dritten Welt" gewarnt und damit eine breite öffentliche wie politikwissenschaftliche Debatte ausgelöst.[105] Nach Bergstens Ansicht ging die US-amerikanische Außenpolitik ein gewaltiges Risiko ein, wenn sie die Dritte Welt weiterhin vernachlässige und sich weniger um Entwicklungshilfe kümmere als die anderen Industrieländer. Denn nicht nur das Selbstbewusstsein und die Ansprüche der Entwicklungsländer würden in Zukunft wachsen, sondern auch ihre ökonomische Macht, so dass Konfrontationen mit den Industrieländern wahrscheinlicher würden. Dies gelte umso mehr, als die ‚Sicherheitsdecke' („the security

---

[103] Crozier/Watanuki/Huntington: The Crisis of Democracy, S. 158.
[104] Jahangir Amuzegar: The Oil Story. Facts, Fiction, and Fair Play, in: Foreign Affairs 51 (1973), S. 676-689; ders.: OPEC in the Context of the Global Power Equation, in: Denver Journal of International Law and Policy 4 (1974), S. 221-228; ders.: The North-South Dialogue: From Conflict to Compromise, in: Foreign Affairs 54,3 (1976), S. 547-562; ders.: A Requiem for the North-South Conference, in: Foreign Affairs 56,1 (1977), S. 136-159; ders.: Not Much Aid and Not Enough Trade: Cloudy Prospects in North-South Relations, in: Third World Quarterly 1,1 (1979), S. 50-64; siehe als bibliographischen Überblick über die intensiven Debatten zur Neuen Weltwirtschaftsordnung Linus A. Hoskins: The New International Economic Order: A Bibliographic Essay, in: Third World Quarterly 3,3 (1981), S. 506-527, sowie als Beiträge Richard N. Cooper: A New International Economic Order for Mutual Gain, in: Foreign Policy 26 (1977), S. 66-120; Branislav Gosovic/John Gerard Ruggie: On the Creation of a New International Economic Order: Issue Linkage and the Seventh Special Session of the UN General Assembly, in: International Organization 30,2 (1976), S. 309-345.
[105] C. Fred Bergsten: The Threat from the Third World, in: Foreign Policy 11, Sommer (1973), S. 102-124.

blanket") des Kalten Krieges, die ökonomische Konflikte bisher abgeschwächt habe, immer weiter zur Seite geschoben würde.[106] Vor allem im Rohstoffbereich könnten die Länder der Dritten Welt Druck auf die Industrieländer und damit auch auf die USA ausüben, zumal diese sich angesichts des Vietnamkrieges nicht sicher sein könnten, eine militärische Konfrontation zu gewinnen. Die Situation im Ölbereich sei mit dem Zusammenschluss zum Produzentenkartell lediglich der Prototyp für andere Rohstoffe.[107] Um die souveräne Stellung der USA auf internationaler Ebene nicht zu gefährden, liege es also in ihrem nationalen Interesse, die Verbindungen zu Ländern der Dritten Welt weiter auszubauen und für deren Entwicklung zu sorgen.

Der durch das Ölembargo und die Produktionsbeschränkungen deutlich zutage tretende „Souveränitätswechsel beim Erdöl" schien Bergstens Diagnose einer substantiellen „Gefahr aus der Dritten Welt" zu bestätigen. Die Zeitschrift *Foreign Policy* fragte in einer Artikelserie besorgt, ob man jetzt „ein, zwei, viele OPECs" zu erwarten habe.[108] Vor allem Stephen D. Krasner war skeptisch und argumentierte, das Öl sei die Ausnahme und nicht die Regel. Denn nur im Fall von OPEC und OAPEC kämen drei Elemente zusammen, die für die Durchsetzung von Lieferbeschränkungen konstitutiv seien: stillschweigende Duldung durch multinationale Konzerne, hohe Einnahmen, aus denen ausreichend Rücklagen gebildet wurden, und ein von allen geteiltes, wichtiges Ziel.[109] Nur das Öl habe zudem eine so zentrale Stellung für die Wirtschaften der Industrieländer, dass Lieferbeschränkungen Aussicht darauf hätten, den notwendigen Druck auf deren Regierungen auszuüben. Daher schloss Krasner: „It is not necessary to engage in a futile effort to buy good behavior, or a politically and economically costly form of economic warfare. The Third World is not in a position to squeeze very hard."[110] Dies sah Bergsten als „wishful thinking", das auf einer falschen Diagnose der ökonomischen und politischen Verhältnisse in der Dritten Welt basiere: Weder seien die ökonomischen Interessen anderer Rohstoffproduzenten so verschieden, wie Krasner sie darstelle, noch seien ihre politischen Gemeinsamkeiten so gering.[111] Da

---

[106] Ebd., S. 107.
[107] Ebd., S. 110.
[108] One, two, many OPECs, in: Foreign Policy 14, Spring (1974), S. 56-57; Hans-Joachim Burchard: Der Souveränitätswechsel beim Erdöl, in: Außenpolitik 25 (1974), S. 447-460.
[109] Stephen D. Krasner: Oil Is the Exception, in: Foreign Policy 14, Spring (1974), S. 68-84, hier S. 79; siehe auch Geoffrey Kemp: Scarcity and Strategy, in: Foreign Affairs 56 (1978), S. 396-414; Kemp: Military Force and Middle East Oil.
[110] Krasner: Oil Is the Exception, S. 83; ähnlich auch Richard Löwenthal: Committee Discussions on Oil and Strategy. Report to the Conference, in: International Institute for Strategic Studies (Hg.), The Middle East and the International System. II. Security and the Energy Crisis, London 1975, S. 38-41; John C. Campbell: Oil Power in the Middle East, in: Foreign Affairs 56,1 (1977), S. 89-110, S. 90: „the oil revolution [...] remains just that, a changed relationship between some oil producers and some oil consumers. It has not generated OPECs for other commodities. It has not emancipated the Third World from its poverty, nor has it ushered in a new world order."
[111] C. Fred Bergsten: The Threat Is Real, in: Foreign Policy 14, Spring (1974), S. 84-90, hier S. 86; vermittelnd: Zuhayr Mikdashi: Collusion Could Work, in: Foreign Policy 14, Spring (1974), S. 57-68.

sich die Konfrontation der Supermächte in den 1970er Jahren abgeschwächt, die globale ökonomische Interdependenz aber in den letzten Jahrzehnten zugenommen habe, sah Bergsten ein Zeitalter globaler Ressourcenkonflikte voraus. Er enthielt sich zwar genauer Zukunftsprognosen, da der Kalte Krieg zurückkehren oder die weitere Verbreitung von Atomwaffen Unsicherheiten verstärken könne, meinte aber doch, dass wirtschaftliche Entwicklungen und vor allem die Rohstoffbeziehungen zur sogenannten Dritten Welt in Zukunft wichtiger für die Gewährleistung nationaler Sicherheit werden würden.[112]

Die globale Konfliktgeographie schien sich für viele Autoren also in der Ölkrise ganz konkret verschoben zu haben. So erklärte Geoffrey Kemp, der als Sicherheitsexperte auch für das Pentagon tätig war, durch die Verschiebung ökonomischer Macht in die nicht-industrialisierte Welt, die wachsende Bedeutung von Ressourcen sowie Veränderungen im Seerecht habe sich die strategische Weltkarte verändert: „Although the impact of each of the trends is important, taken together the effect is dramatic. For what is emerging is nothing less than a remarkable new strategic map. The practical effects are to resurrect the importance of geography and resources as a factor in military thinking, and to make us more sensitive to the geo-strategic perspectives of regional powers."[113] Schon George A. Lincoln hatte versucht, die veränderte Konfliktgeographie zu visualisieren, indem er die Größe der verschiedenen Weltregionen proportional zu ihren Ölreserven auf einer Weltkarte abbilden ließ (siehe Abbildung 5).

Dass die Region um den Persischen Golf angesichts dieser Größenverhältnisse nun erhöhte sicherheitspolitische Aufmerksamkeit erfordere, meinten auch Melvin A. Conant und Fern R. Gold in ihrem Bericht über die neue Geopolitik der Energie, den sie 1977 dem Committee on Interior and Insular Affairs des US-Senats vorlegten.[114] Geographische Faktoren wurden im Rahmen militärstrategischer Erwägungen nun wieder wichtiger. Zeitgleich konstatierte auch John Peter Cole in der Neuauflage von „Geography of World Affairs", dass diese sich in den gut zwanzig Jahren seit der ersten Publikation fundamental verändert habe. Sei die Welt 1957 noch wesentlich von den USA und der Sowjetunion bestimmt worden, stünden heute Fragen der Ressourcen und Grenzen des Wachstums im Vordergrund.[115]

Damit schien die Ölkrise sowohl die Geographie der Welt als auch ihre internationale Ordnung zu verändern. Für Edward Friedland, Paul Seabury und Aaron Wildavsky handelte es sich nicht um ein Ereignis, das auf den eng begrenzten

---

[112] C. Fred Bergsten/Robert O. Keohane/Joseph S. Nye: International Economics and International Politics: A Framework for Analysis, in: International Organization 29,1 (1975), S. 3-36; siehe auch Conant/Gold: Geopolitics of Energy, S. 5.

[113] Geoffrey Kemp: The New Strategic Map, in: Survival 19,2 (1977), S. 50-59, hier S. 52.

[114] U.S. Senate Committee on Interior and Insular Affairs. Chair Henry M. Jackson: Geopolitics of Energy, Washington 1977; ähnlich drei Jahre später auch U.S. Senate. Committee on Energy and Natural Resources: The Geopolitics of Oil. Staff Report, Washington D.C. 1980.

[115] John Peter Cole: Geography of world affairs, Harmondsworth/New York 1979, S. 11, 13, 108, 290.

8. Petroknowledge, Grenzerkenntnis und Souveränität

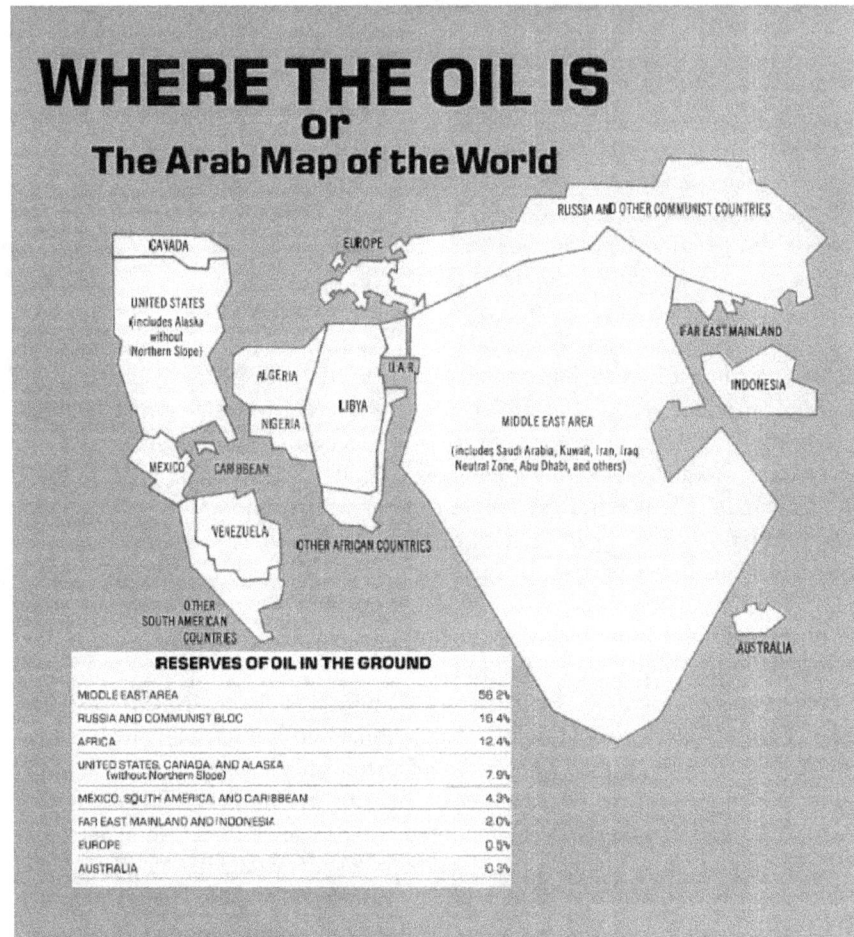

Abbildung 5: Weltregionen in Relation zu ihren Ölreserven

Bereich der internationalen Öl- oder auch nur Wirtschaftsbeziehungen beschränkt wäre, sondern um eine systemische Veränderung der internationalen Beziehungen und Weltpolitik. Denn „oil is energy; energy is money; money is control; control is power. Oil in the wrong hands is money misspent and control corrupted; control corrupted is power abused; power abused is force misused. With oil out of control, force follows. With force out of control, so may be the world."[116] Auch der britische Politikwissenschaftler Hedley Bull meinte angesichts der Entwicklungen im Ölbereich, dass die internationale Politik gegenwärtig zu sehr auf die USA und die Sowjetunion zugeschnitten sei und stattdessen

---

[116] Edward Friedland/Paul Seabury/Aaron Wildavsky: Oil and the Decline of Western Power, in: Political Science Quarterly 90,3 (1975), S. 437–450, hier S. 437.

den neuen Kräften mehr Rechnung tragen müsse. Zwar verfüge die OPEC bisher noch über nur geringe machtpolitische Möglichkeiten auf dem Feld der internationalen Politik: „rudimentary military power, the prestige of numbers, the possession of raw materials which others need, and the appeal of ideology". Auf längere Sicht würden die Länder jedoch durch die Öleinnahmen modernisiert, so dass ihnen bald auch die Machtmittel zur Verfügung stünden, die sich aus der technischen und industriellen Entwicklung ergäben.[117] Dass durch die Veränderungen im Ölbereich Staaten, die über keine klassischen Machtinstrumente verfügten, Macht über Länder ausüben könnten, die ihnen militärisch, technologisch und wirtschaftlich weit überlegen seien, beschrieb Hans J. Morgenthau als Revolution der Weltpolitik – vergleichbar der Wende vom Feudalsystem zum Nationalstaat.[118] Die bereits zitierte ‚Trennung von militärischer und politischer Macht' führe dazu, dass die Organisationsprinzipien der Weltpolitik ihren wirklichen Kräften und Bedingungen nicht mehr gerecht würden. Es sei eine Perversion, dass das Öl „the lifeblood of an advanced industrial state" unter der Kontrolle von Potentaten sei, „who have no other instrument of power and who are accountable to nobody, morally, politically, or legally".[119] Es sei schon irrational gewesen, meinte Morgenthau, die Kontrolle von Atomwaffen, die die Menschheit zerstören könnten, souveränen Nationalstaaten zu überlassen, aber diese Irrationalität werde noch davon übertroffen, dass nun Staaten, die nur in einem sehr begrenzten Sinn souverän zu nennen seien, mit dem Öl über ein Mittel verfügten, die westliche Zivilisation weniger dramatisch, aber doch genauso nachhaltig zu zerstören: „The former [die westlichen Nationalstaaten, RG] are not longer, and the latter [die Förderländer, RG] have never been, capable of performing the functions for which government was established in the first place, that is, to protect and promote the life, liberty and pursuit of happiness of its citizens. Their power is essentially destructive."[120]

Angesichts dieser durch die Ölkrise veränderten Konstellation stellte sich die Frage, welche Rolle die Nationalstaaten in Zukunft noch spielen würden. Für Seyom Brown unterminierten die neuen Kräfte, die in der Ölkrise zutage getreten seien, nicht nur die Ordnung des Kalten Krieges, sondern auch das Fundament, auf dem die souveränen Nationalstaaten standen. Sie beförderten stattdessen „other bases of political community – ethnicity, religion, social class, economic function, generation", die sich nun deutlicher behaupten und eine andere Struktur der Weltpolitik erzeugen würden.[121] Diese Einschätzung blieb zwar nicht unwidersprochen, aber eine wortmächtige Gruppe von Politologen um C. Fred

---

[117] Hedley Bull: Arms Control and World Order, in: International Security 1 (1976), S. 3-16, hier S. 8.
[118] Hans J. Morgenthau: World Politics and the Politics of Oil, in: Gary D. Eppen (Hg.), Energy. The policy issues, Chicago 1975, S. 43-51, hier S. 44.
[119] Ebd., S. 50.
[120] Ebd.; siehe auch zustimmend die Einleitung von Gary D. Eppen: Introduction, in: Gary D. Eppen (Hg.), Energy. The policy issues, Chicago 1975, S. xi-xiv, hier S. xi.
[121] Brown, Seyom: New Forces in World Politics, Washington 1974, S. 3.

Bergsten, Robert Keohane und Joseph Nye versuchte doch angesichts einer grundsätzlichen Transformation weltpolitischer Prinzipien auch eine neue Theorie der internationalen Beziehungen zu etablieren.[122] Denn ihrer Ansicht nach wurde die Weltpolitik der Gegenwart von Konflikten beherrscht, die mit den bisherigen Theorieangeboten nicht adäquat erklärt werden konnten.[123]

8.1.4 Transnationalität, Interdependenz und internationale Organisationen

Der außenpolitische Realismus war in einem doppelten Sinn die Theorie des Kalten Krieges. Einerseits war er ein Produkt des Kalten Krieges, insofern er an dessen Beginn von Autoren wie Hans J. Morgenthau und George F. Kennan entwickelt wurde und andererseits diente er vor allem zur Analyse und Erklärung der Blockkonfrontation.[124] Es bedurfte nicht der Ölkrise, um Kritik an einem Verständnis der internationalen Beziehungen zu formulieren, das diese als von ökonomischen und innenpolitischen Erwägungen kaum beeinflusste Machtkämpfe souveräner Staaten konzipierte. Schon 1954 gab der Jurist und Politikwissenschaftler Karl Loewenstein zu bedenken, die Idee einer gleichberechtigten Interaktion souveräner Staaten, die das Völkerrecht wie auch die Theorie internationaler Beziehungen präge, sei eine Fiktion. Angesichts der technologischen Verdichtung, wirtschaftlicher und politischer Austauschprozesse sowie wachsender Interdependenzen könne kein Staat – selbst nicht die Supermächte – in „isolierter Souveränität" leben.[125] Allerdings seien Souveränität und wirtschaftliche Kooperation nicht antithetisch zu verstehen. Gerade unter den Bedingungen des Kalten Krieges seien vielmehr internationale Kooperationen nötig, die mit Begrenzungen nationaler Souveränitätsrechte einhergingen.[126] In diesem Sinne bemühten sich um 1970 dann vor allem Robert Keohane und Joseph Nye darum, den außenpolitischen Realismus zu überwinden oder ihn zumindest so zu erweitern, dass er ökonomischen Interdependenzen und transnationalen Prozessen besser Rechnung tragen konnte.

Nye und Keohane, die sich aus ihrem Studium bei Stanley Hoffmann an der Harvard University kannten, wo sie auch promoviert worden waren, standen noch am Beginn ihrer akademischen Karrieren, als sie nach einer Sitzung des Herausgebergremiums der Zeitschrift *International Organization* im Jahr 1968 ein Heft zur Theorie internationaler Organisationen und ihrer Rolle in den internationalen Beziehungen planten. Im Anschluss an Raymond Aron, Philip Jessup,

---

[122] Bull: Arms Control and World Order, S. 9; ähnlich auch Campbell: Oil Power in the Middle East.
[123] Siehe Bergsten/Keohane/Nye: International Economics and International Politics: A Framework for Analysis.
[124] Hans J. Morgenthau: Politics among Nations. The Struggle for Power and Peace, New York 1948; George F. Kennan: American diplomacy, 1900-1950, Chicago 1951.
[125] Karl Loewenstein: Sovereignty and International Co-operation, in: The American Journal of International Law 48,2 (1954), S. 222-244, hier S. 223.
[126] Ebd.

Karl Kaiser, Horst Mendershausen und James Rosenau sollte die Theoretisierung über den Begriff der „Transnationalität" bzw. der „transnationalen Beziehungen erfolgen, dessen Tragfähigkeit zunächst im Juni 1970 auf einer Tagung am Harvard Center for International Affairs ausgetestet wurde. Im Folgejahr gaben Nye und Keohane dann ein Heft von *International Organization* unter dem Titel „Transnational Relations and World Politics" heraus, das 1973 noch einmal als Sammelband publiziert wurde und bis heute einen zentralen Bezugspunkt der politikwissenschaftlichen Debatte um transnationale Beziehungen und nichtgouvernementale Akteure bildet.[127] Inhaltlich ging es um wirtschaftliche Prozesse, Nichtregierungsorganisationen, multinationale Konzerne, Stiftungen, die katholische Kirche, revolutionäre Organisationen sowie transnationale Verflechtungen bei Flugverkehr, Arbeitsbeziehungen, Wissenschaft, Weltraumforschung und Kernenergie. Auch wenn das Öl also nicht den Anstoß für die Theorieformulierung gegeben hatte, wurde es nach der Ölkrise zu einem paradigmatischen Fall, anhand dessen die Bedeutungssteigerung transnationaler Prozesse und internationaler Organisationen exemplifiziert werden konnten.[128]

Zwei Jahre nach der Ölkrise veröffentlichten Nye und Keohane zusammen mit C. Fred Bergsten einen Aufsatz, der einen Forschungsrahmen für den Zusammenhang zwischen internationaler ökonomischer Interdependenz und internationalen Beziehungen entwerfen sollte.[129] Als wichtigstes Thema der Weltwirtschaft machten sie die Rohstoffversorgung aus, nachdem die Handlungen von OPEC und OAPEC gezeigt hätten, dass Länder bereit seien, Rohstoffe zu politischen Zwecken zu instrumentalisieren.[130] Die Ölkrise habe verdeutlicht, dass die US-amerikanische Hegemonie seit dem Ende des Zweiten Weltkriegs, als die wesentlichen Institutionen der westlichen Welt geschaffen wurden, abgenommen habe, woran die internationale Ordnung angepasst werden müsse. In einer eng verflochtenen Welt mit über hundert Staaten, von denen zumindest zwei Dutzend wichtig für die weltwirtschaftliche Entwicklung seien, seien auch die USA nicht mehr unabhängig von wirtschaftlichen Problemen anderer Länder: „The oil crisis dramatized the vulnerability of most of the world, including the United States, to supply interruptions of a single key commodity."[131] Während eine Reihe weiterer Autoren diese Diagnose teilte, ging Bergsten noch einen Schritt weiter und be-

---

[127] Robert Keohane/Joseph S. Nye: Preface, in: International Organization 25,3 (1971), S. v-vi; dies.: Transnational relations and World Politics; Thomas Risse-Kappen (Hg.): Bringing Transnational Relations back in. None-State Actors, Domestic Structures and International Institutions, Cambridge 1995; Thomas Risse: Transnational Actors and World Politics, in: W. Carlsnaes (Hg.), Handbook of International Relations, London 2002, S. 255-274; in der geschichtswissenschaftlichen Diskussion über Transnationalität spielt diese Tradition eine überraschend geringe Rolle.

[128] So auch bei Stanley H. Hoffmann: Primacy or world order. American foreign policy since the cold war, New York 1978, S. 118; siehe auch ders.: Gulliver's Troubles. Or the Setting of American Foreign Policy, New York 1968.

[129] Bergsten/Keohane/Nye: International Economics and International Politics: A Framework for Analysis.

[130] Ebd., S. 12.

[131] Ebd., S. 23, 35.

schrieb die Gegenwart als neue Welle der internationalen Institutionenbildung.[132] Das Hauptziel des Umweltprogramms der UN, des Welternährungsrats und der Internationalen Energieagentur war für Bergsten: „to make the world safe for interdependence".[133] Grundsätzlich bestünden zwei weltpolitische Möglichkeiten: die Hegemonie durch ein einzelnes Land oder die Schaffung kooperativer Lösungen in internationalen Organisationen. Weil kein Land zur Übernahme der Hegemonialstellung in der Lage sei, müsse die Kooperation gesucht werden, um der engen Verbindung von Handels-, Finanz-, Rohstoff-, Entwicklungs- und Sicherheitsproblemen Herr zu werden, die in der Ölkrise zutage getreten seien.

Die Interdependenz im Energiebereich schien sowohl spezifische Charakteristika und eine besondere Intensität aufzuweisen als auch stellvertretend für die wirtschaftlichen Austauschprozesse insgesamt stehen zu können.[134] Zur genaueren Untersuchung ihrer Bedeutung für die Internationalen Beziehungen bot sich die Internationale Energieagentur an.[135] Deren Analyse konnte für Robert Keohane die herrschende Lehre differenzieren, dass Nationalstaaten ihre Handlungen in internationalen Organisationen nicht am Wohle aller, sondern allein an der Wahrung der eigenen nationalen Interessen ausrichteten. Denn in internationalen Organisationen wie der IEA bildeten sich transgouvernementale Koalitionen zwischen Untereinheiten von Regierungen, die dann wieder auf deren Politikformierung wirkten: „My thesis is that decision making in the IEA governing Board can be adequately described in interstate terms, but that the politics of policy implementation are only explicable by taking into account transgovernmental as well as state behavior."[136] Auch James E. Katz meinte, die Gründung der IEA werfe neues Licht auf das Verhältnis von internationalen Organisationen und nationalstaatlicher Souveränität. Denn auch wenn das Ziel bei ihrer Gründung der Schutz und die Stärkung des Nationalstaats gewesen sei, habe die IEA doch zu einer Überschreitung nationaler Grenzen und einer höheren Ebene der Koordination von Politik geführt.[137] Stanley Hoffmann schließlich argumentier-

---

[132] C. Fred Bergsten: Interdependence and the Reform of International Institutions, in: International Organization 30,2 (1976), S. 361–372; siehe auch Walter J. Levy: World oil cooperation or international chaos, in: Foreign Affairs 52 (1974), S. 690–713; Harlan Cleveland: World Energy and US Leadership, in: Atlantic Community Quarterly 13,1 (1975), S. 26–45; Wolfgang Hager: Die Internationale Energie-Agentur. Problematische Sicherheitsallianz für Europa, in: ders., Erdöl und internationale Politik, S. 87–114; Hoffmann: Primacy or world order, S. 320f.

[133] Bergsten: Interdependence and the Reform of International Institutions, S. 363, 361.

[134] Nazli Choucri: International Politics of Energy Interdependence. The Case of Petroleum, Lexington/Mass. 1976.

[135] Siehe zum Beispiel Wilfrid L. Kohl: The International Energy Agency. The Political Context, in: Columbia University (Hg.), Oil, the Arab-Israel dispute, and the industrial world. Horizons of crisis, Boulder/Col. 1976, S. 247–257; Mason Willrich/Melvin A. Conant: The International Energy Agency. An Interpretation and Assessment, in: American Journal of International Law 71 (1977), S. 199–223; Bergsten: Interdependence and the Reform of International Institutions, S. 366; Roggen: Die Internationale Energie-Agentur.

[136] Robert O. Keohane: The International Energy Agency. State Influence and Transgovernmental Politics, in: International Organization 32,4 (1978), S. 929–951, hier S. 932f.

[137] James E. Katz: The International Energy Agency: Energy Cooperation or Illusion?, in: World Affairs 144,1 (1981), S. 55–82, hier S. 79.

te, in der IEA seien die USA vom Hegemon zum „senior partner" der Europäer geworden.[138]

Am grundsätzlichsten und einflussreichsten wurden diese Schlussfolgerungen bei Keohane und Nye, die 1977 mit „Power and Interdependence" eine umfassende Kritik der realistischen Auffassung internationaler Beziehungen formulierten, die rasch zum Lehrbuch avancierte.[139] Komplexe Interdependenz zeichnete sich für sie durch multiple Kommunikationskanäle zwischen Gesellschaften, durch das Fehlen klarer Hierarchien und durch die Irrelevanz militärischer Macht bei gleichzeitiger Bedeutungssteigerung internationaler Organisationen aus; kurzum, argumentierten sie, es handele sich um einen Zustand, der mit den klassischen politikwissenschaftlichen Theorien nicht adäquat erfasst werden könne.[140] Als Beispiele dienten ihnen in diesem Zusammenhang immer wieder die Ölkrise bzw. die internationalen Rohstoffbeziehungen insgesamt, die verdeutlichen sollten, dass die USA keine hegemoniale Position mehr einnehmen konnten.[141] Diese Überlegungen vertiefte Keohane einige Jahre später in „After Hegemony". Seit den 1960er Jahren sei die Vormachtstellung der USA erodiert und das amerikanische Jahrhundert erweise sich als ein äußerst kurzes, das gut zwanzig Jahre nach seinem Beginn schon wieder zu Ende gehe und wohl auch nicht wiederkommen werde: „Hegemonic leadership is unlikely to be revived in this century for the United States or any other country."[142] Die Ölkrise nahm jetzt eine entscheidende Stellung in Keohanes Argumentation dafür ein, dass zum einen die Kategorien „Macht" und „Interessen" nicht ausreichen, um internationale Beziehungen zu verstehen, und zum anderen die Zeit der Hegemonialmächte vorbei sei. Begünstigt durch die US-amerikanische Hegemonie hätten die großen Ölkonzerne nach 1945 Strukturen der internationalen Ölwirtschaft geschaffen, die jetzt aufgrund des Hegemonieverlustes nicht mehr aufrechtzuerhalten seien.[143] Die Zerstörung des alten Ölregimes zu Beginn der 1970er Jahre habe verdeutlicht, welch katastrophale Folgen die Abwesenheit des Hegemons haben könne, wenn nicht zugleich internationale Strukturen geschaffen würden, um die wirtschaftlichen Austauschprozesse zu regeln.[144] In der posthegemonialen Ära komme folglich internationalen und transnationalen Organisationen

---

[138] Hoffmann: Primacy or world order, S. 126; siehe auch ebd., S. 320f.: „American hegemony is over. [...] We are, as the globalists tell us, all in the same boat. But it is not clear that all of us know it; there are many different classes and compartments; we do not agree on where it ought to go and who should steer it; and the maneuvers of many of its passengers seem almost calculated to make it sink. We have to learn that although we are the biggest aboard, with belongings in every cabin, we alone cannot set the course. We have to recognize that joint steering may not succeed in saving the ship, but that there is no alternative."

[139] Robert O. Keohane/Joseph S. Nye: Power and Interdependence. World Politics in Transition, Boston 1977.

[140] Robert O. Keohane/Joseph S. Nye: Power and interdependence, New York 2004, S. XV, 30.

[141] Ebd., S. 10f., 13, 31, 37, 204.

[142] Robert Owen Keohane: After Hegemony, Princeton/N.J. 1984, S. 9.

[143] Ebd., S. 181-190.

[144] Ebd., S. 201-206.

und Verbindungen zentrale Bedeutung zur Sicherung wirtschaftlicher Austauschprozesse zu.[145]

Die Deutungen von Keohane und Nye sowie Bergsten und Anderen beeinflussen die öffentliche wie auch historische Wahrnehmung der Ölkrise bis in die Gegenwart. So lässt Andrew Bacevich den Abstieg der Vereinigten Staaten als Weltmacht in den 1970er Jahren beginnen und misst Energiefragen dabei die Schlüsselstellung zu.[146] Daniel Sargent diagnostiziert wie Keohane und Nye eine Transformation der internationalen Ordnung, innerhalb derer nationale Machtpolitik nicht mehr in gleichem Maße möglich gewesen sei. Auch Jan-Henrik Meyer und Wolfram Kaiser teilen die Diagnose der gewachsenen Interdependenz.[147] Diese Übernahmen zeitgenössischer Deutung in die historische Beschreibung, die das Nachdenken über die Ölkrise bestimmen, sind insofern problematisch, als sie stark politisch geprägt waren und immer auch prognostischen Charakter hatten.[148] Die Konzeption der „Interdependenz" prägte nur einen Teil der Theoriebildung zu den Internationalen Beziehungen und wiederum nur in einem Teil des politischen Spektrums die Wahrnehmung der Ölkrise. Wo sie das tat, erschien die Ölkrise als ein entscheidender souveränitätsgeschichtlicher Wendepunkt und zwar nicht nur der Geschichte westlicher Industrienationen, sondern auch der Welt insgesamt.

Mitte der 1980er Jahre verdeutlichte beispielsweise der amerikanische Politikwissenschaftler Richard N. Rosecrance seine Unterscheidung zwischen einer ökonomischen und einer politisch-militärischen Logik internationaler Beziehungen an der ersten Ölkrise bzw. dem Jom-Kippur-Krieg. Auf der einen Seite stehe „the territorial system [...] composed of states that view power in terms of land mass: the more territory the more power" und auf der anderen „the oceanic trading system [...] based on states which recognize that self-sufficiency is an illusion".[149] Während der Jom-Kippur-Krieg sich rein aus politisch-militärischen Erwägungen entfaltet habe, seien in der Ölkrise angesichts der ökonomischen Interdependenz die Grenzen souveräner Machtpolitik deutlich geworden.[150] Angesichts der ökonomischen Verflechtungen könne in der Gegenwart kein Staat mehr den Grad von Unabhängigkeit für sich in Anspruch nehmen, den der Souveräni-

---

[145] Ebd., S. 237–240; ähnlich auch Svante Karlsson: Oil and the World Order. A Study of American Foreign Oil Policy 1940–1980, Gothenburg [1983], S. 283. Als Kritik an Keohane, die die fortdauernde US-Hegemonie betont, siehe zum Beispiel S. Javed Maswood: Oil and American Hegemony, in: Australian Journal of International Affairs 44,2 (1990), S. 131–141.

[146] Andrew J. Bacevich: The Limits of Power. The End of American Exceptionalism, New York 2008.

[147] Sargent: The United States and Globalization in the 1970s; Wolfram Kaiser/Jan-Henrik Meyer: Non-State Actors in European Integration in the 1970s. Towards a Polity of Transnational Contestation, in: Comparativ 20,3 (2010), S. 7–24; siehe auch zur wachsenden Bedeutung internationaler Organisationen Iriye: Global community.

[148] Siehe dazu ausführlicher Graf/Priemel: Zeitgeschichte in der Welt der Sozialwissenschaften.

[149] Richard N. Rosecrance: The Rise of the Trading State. Commerce and Conquest in the Modern World, New York 1986, S. 16.

[150] Ebd., S. 1–21.

tätsbegriff klassischerweise impliziere.[151] Die Debatte über die Bedeutung ökonomischer Interdependenz für nationalstaatliche Politik hatte in der Ölkrise einen entscheidenden Schub erfahren und wurde fortan immer wieder auf sie bezogen. In den 1990er Jahren intensivierte sich die Debatte über die Konsequenzen wirtschaftlicher Globalisierung für die nationale Souveränitätsentfaltung erneut. So resultierte für Joseph A. Camilleri und Jim Falk die Notwendigkeit, den Souveränitätsbegriff neu zu fassen, aus der Unfähigkeit klassischer Theorien „to come to terms with the complexity of an increasingly integrated world".[152] Auch Stephen D. Krasner, der den Souveränitätsbegriff durch eine Ausdifferenzierung retten wollte und ihn damit auch für die vorliegende Arbeit nutzbar machte, dachte in den 1970er Jahren zunächst am Beispiel der Rohstofffrage über die US-amerikanische Außenpolitik nach. Dabei verteidigte er die Position des Staates gegen pluralistische Theorien, die ihn auf Interessengruppen reduzierten, auf der einen und marxistische Theorien auf der anderen Seite.[153]

Die These, dass die gewachsene Interdependenz unilaterale Machtpolitik unmöglich und stattdessen internationale Kooperation notwendig machen und so zu einem Verlust von nationaler Souveränität im klassischen Sinn führen würde, wurde aber nicht von allen geteilt.[154] Sie war zumindest ebensosehr eine politische Forderung und Hoffnung wie eine Zeitdiagnose, der daher die Advokaten einer militärischen Intervention am Golf schon in den 1970er Jahren widersprachen (siehe Kapitel 8.1.2). Diese blieben in den 1970er Jahren zwar marginal, organisierten sich aber im Umfeld von außenpolitischen Think Tanks wie der Heritage Foundation, dem American Enterprise Institute, dem Hoover Institute, dem Manhattan Institute, dem Center for Strategic and International Studies oder dem Cato Institute, deren Finanzierung auch aus Gewinnen einiger Ölfirmen stammte.[155] Nach dem Ende des Kalten Krieges wurden die Stimmen derer lauter, die die Zeit für eine souveräne Ausübung unilateraler Machtpolitik durch die USA gekommen sahen. Die „New Sovereigntists" im Umfeld des American Enterprise Institutes und des Project for a New American Century argumentierten, die USA seien nicht an internationale Rechtsnormen gebunden, weil sie die Macht hätten, sich über diese hinwegzusetzen.[156] Vor allem Jeremy A. Rabkin formulierte den „Case for Sovereingty", demzufolge es nicht nur das Recht, sondern auch die Pflicht der USA sei, internationale Normen zu ignorieren, weil letztlich alle

---

[151] Ebd., S. xi.
[152] Joseph A. Camilleri/Jim Falk: The End of Sovereignty? The Politics of a Shrinking and Fragmenting World, Aldershot 1992, S. 38; siehe auch Sassen: Losing Control?
[153] Stephen D. Krasner: Defending the national interest, Princeton/N.J. 1978.
[154] Waltz: Theory of International Politics, S. 154: „We are all constrained but, it appears, not equally. [...] Interdependence, one might think, is a euphemism used to obscure the dependence of most countries." Die USA seien im Unterschied zu den meisten anderen Nationen in ihrer Handlungsfreiheit kaum beschränkt und durch die Ölkrise relativ eher gestärkt als geschwächt.
[155] Siehe Beispiele bei Mitchell: Carbon Democracy, S. 197f.
[156] Peter J. Spiro: The New Sovereigntists. American Exceptionalism and Its False Prophets, in: Foreign Affairs 79,6 (2000), S. 9-15.

von einer Welt unabhängiger und souverän agierender Nationalstaaten profitierten.[157] Noch die Differenzen zwischen der US-amerikanischen und der europäischen Einschätzung des Irak-Krieges im Jahr 2003 erklärte Robert Kagan mit einer machtpolitischen und souveränitätstheoretischen Auseinanderentwicklung der Kontinente. Das immer schwächer werdende Europa setze auf internationale Vereinbarungen, während die Vereinigten Staaten auch ohne die Zustimmung der Vereinten Nationen handeln könnten.[158]

Ob sich die Welt auf mehr ökonomische Interdependenz zubewegt und damit auch internationale Kooperation bedeutsamer wird oder ob im Gegenteil unilaterale, souveräne Machtpolitik immer weiter möglich und vielleicht sogar wünschenswert bleibt, ist in dieser Allgemeinheit nicht zu beantworten. Wie man sich zu dieser Frage verhält, hängt nicht nur von politischen Präferenzen ab, sondern auch von der jeweiligen Position im historischen Prozess. Angesichts der jeweiligen weltpolitischen Bedingungen sah die Plausibilität von Keohanes „After Hegemony" im Jahr seiner Publikation 1984 anders aus als zehn Jahre später nach dem Zusammenbruch des Ostblocks oder zwanzig Jahre später nach der Invasion im Irak. Hier zeigt sich die grundsätzliche Schwierigkeit der Zeitgeschichte, zum einen noch immer in den Deutungskämpfen der untersuchten Zeit zu stehen und zum anderen den weiteren Verlauf der Geschichte nicht zu kennen, was doch zur Einschätzung der zeitgenössischen Deutungsangebote insofern nötig wäre, als diese immer auch bestimmte Zukunftshorizonte implizierten. Den souveränitätsgeschichtlichen Ort der Ölkrise eindeutig zu fixieren, heißt also zugleich, bestimmte Deutungsmöglichkeiten auszuschließen, die sich aber bei einem anderen Fortgang der Entwicklung rasch als plausibel erweisen könnten.[159] Nicht weniger problematisch ist die Historisierung der zeitgenössischen Diskussionen, in denen die Souveränität nicht außen-, sondern innenpolitisch gefährdet zu sein schien.

8.2 Grenzen der Grenzerkenntnis: Energie, Politik und Gesellschaft

In internationaler Perspektive schien die Souveränität der westeuropäischen Staaten und der USA also vielen Zeitgenossen in verschiedenen Hinsichten eingeschränkt zu sein: durch die multinationalen Ölkonzerne, neue sicherheitspolitische Erwägungen und Notwendigkeiten, eine durch die Souveränitätsansprüche der Dritten Welt veränderte Konfliktgeographie sowie durch die wachsende Be-

---

[157] Jeremy A. Rabkin: The Case for Sovereignty. Why the World Should Welcome American Independence, Washington D.C. 2004; ders.: Why Sovereignty Matters, Washington D.C. 1998.
[158] Robert Kagan: Of Paradise and Power. America and Europe in the New World Order, New York 2003, S. 66; siehe als Kritik zum Beispiel Stephen G. Brooks/William Curti Wohlforth: World out of Balance. International Relations and the Challenge of American Primacy, Princeton 2008.
[159] Graf/Priemel: Zeitgeschichte in der Welt der Sozialwissenschaften.

deutung ökonomischer Interdependenzen und transnationaler nicht-gouvernementaler Akteure. Andere Autoren sahen die außen- wie innenpolitische Handlungsfähigkeit der Nationalstaaten aber noch viel grundsätzlicher in Frage gestellt. Sie interpretierten die intentionale Verknappung des Öls durch die Förderländer als Vorgeschmack auf die langsame Erschöpfung der natürlichen Ressourcen, mit der auch die Grenzen des wirtschaftlichen Wachstums erreicht würden, auf dem die Politik in den letzten Jahrzehnten basiert habe. In den 1970er Jahren wurde es in einigen wissenschaftlichen Disziplinen Mode, Gesellschaften über ihren Energiekonsum zu begreifen, deren Entfaltungsmöglichkeiten folglich auch als durch die Energiezufuhr begrenzt gedacht wurden (8.2.1). Darüber hinaus spielten die Ölkrise und die Energieversorgung eine wichtige, wenn auch kontroverse Rolle in den ökologischen Grenzdiskursen beziehungsweise den intensiven Debatten über die zum Schlagwort geronnenen „Grenzen des Wachstums" (8.2.2). Schließlich wurde die Frage, ob ökonomischem Wachstum rohstoffbedingte Grenzen gesetzt seien, auch im Rahmen der sich in den 1970er Jahren etablierenden Energieökonomie diskutiert. Hier wurden zwar die Ressourcengrenzen staatlichen Handelns grundsätzlich optimistischer gesehen, diesem aber zugleich von anderer Seite Grenzen gesetzt, weil es nicht in die Marktmechanismen eingreifen dürfe (Kapitel 8.2.3).

8.2.1 Energie als Medium der Gesellschaftsreflexion

Angesichts der gegenwärtig intensiven Diskussionen um die ökologischen Konsequenzen des Verbrennens fossiler Energieträger und eine mögliche Energiewende, in denen immer wieder betont wird, dass die Energieversorgung alle wirtschaftlichen und gesellschaftlichen Prozesse beeinflusst, hat die Annahme eine hohe intuitive Plausibilität, Gesellschaften könnten über ihren Energieverbrauch beschrieben werden.[160] So gehen auch viele Publikationen zur Energiegeschichte der letzten Jahrzehnte von der Annahme aus, „that energy might fundamentally drive history".[161] Die gesellschaftskonstituierende Kraft der Energie ist aber keineswegs so selbstverständlich, wie sie heute erscheint, sondern sie ist selbst historisch. Denkbar wurde sie überhaupt erst im 19. Jahrhundert, als die Gesetze der Thermodynamik formuliert wurden und Dampfschiffe sowie Eisenbahnen den Raum neu erschlossen.[162] Bis weit ins 20. Jahrhundert hinein fanden jedoch Versuche, den Gesellschaftswissenschaften über den Energiebegriff eine exakte

---

[160] Siehe zum Beispiel das Kapitel zum „Hydrocarbon Man" in Yergin: The Prize, S. 541-560; das „Fossil Fuel Age" ist auch ein zentrales Konzept in Yergin: The Quest; mit anderer Intention siehe Rifkin: The Third Industrial Revolution.

[161] Karin Zachmann: Past and Present Energy Societies. How Energy Connects Politics, Technologies and Cultures, in: Nina Möllers/dies., Past and Present Energy Societies, S. 7-41, hier S. 9; siehe auch Hendrik Ehrhardt/Thomas Kroll: Einleitung, in: dies., Energie in der modernen Gesellschaft, S. 5-11, hier S. 6, die „die moderne Gesellschaft" als „Energiegesellschaft" begreifen wollen.

[162] David E. Nye: Narratives and spaces. Technology and the construction of American culture, New York 1997, S. 75.

Grundlage zu verschaffen, nur wenig Anhänger und wurden oft von Außenseitern ihrer jeweiligen Fächer formuliert.[163]

In Anlehnung an Hayden Whites Tropologie unterscheidet David Nye fünf Narrative des Zusammenhangs von Energie und Gesellschaft: 1. „natural abundance", 2. „artificial scarcity", 3. „human ingenuity", 4. „man-made apocalypse" und 5. „existential limits".[164] Das zumeist als Romanze erzählte Narrativ des natürlichen Überflusses geht davon aus, dass die Natur überreiche Schätze bereitstelle, die der Mensch nur nutzen müsse. In Komödien wird demgegenüber sowohl die künstliche Verknappung von Ressourcen durch wie auch immer definierte Schurken als auch die Überwindung der Knappheit durch menschlichen Erfindungsgeist erzählt. Die menschengemachte Apokalypse durch unmäßigen Konsum fossiler Energieträger wird gemeinhin als Tragödie präsentiert und die Erzählung der existentiellen Rohstoffgrenzen als Satire.[165] Allen Narrativen gemeinsam ist der Konstitutionszusammenhang zwischen Energie bzw. Energietransformationen und gesellschaftlichen Prozessen. Dieser wurde bis in die 1970er Jahre aber vor allem außerhalb der Wirtschafts- und Gesellschaftswissenschaften in öffentlichen, politischen und auch literarischen Diskursen postuliert und nicht zuletzt von den PR-Abteilungen der großen Energieunternehmen vorangetrieben.[166] Auch um staatliche Unterstützung oder Vergünstigungen für ihre oft gewaltigen finanziellen Aufwendungen zu erhalten, betonten Unternehmen die gesellschaftsgestaltende und immer auch -verbessernde Kraft der von ihnen bereitgestellten Energieträger und versahen vor allem neue Energieformen zunächst mit einem geradezu utopischen Überschuss.[167] Erst als die Energieressourcen in den 1970er Jahren knapper zu werden schienen, verbreitete sich die Denkfigur der gesellschaftskonstituierenden Kraft der Energie auch bei Ökonomen, Soziologen und Anthropologen. Oftmals gestützt auf historische Rückblicke und Globalgeschichten des Energieverbrauchs erhoben viele „Energie" nun zu einer Schlüsselkategorie der Gesellschaftsbetrachtung.

Noch die 1968 erschienene „International Encyclopedia of the Social Sciences" enthält kein Stichwort zu „Energie" oder einem verwandten Thema, wohingegen die vierzig Jahre später erschienene Neuauflage Artikel über „Energy", „Energy Industry" und den „Energy Sector" verzeichnet. Als „the ability to do work" schreibt John Gowdy hier der Energie eine entscheidende Rolle in der kulturellen Evolution des Menschen zu und argumentiert, dass die Ausbildung immer komplexerer Gesellschaftsformen von der Fähigkeit, Energie zu beherrschen und

---

[163] Siehe dazu ausführlicher Zachmann: Past and Present Energy Societies; Rüdiger Graf: Von der Energievergessenheit zur theoretischen Metonymie. Energie als Medium der Gesellschaftsbeschreibung im 20. Jahrhundert, in: Hendrik Ehrhardt/Thomas Kroll (Hg.), Energie in der modernen Gesellschaft. Zeithistorische Perspektiven, Göttingen 2012, S. 73-92.
[164] Nye: Narratives and spaces, S. 77.
[165] Ebd., S. 77f.
[166] Graf: Von der Energievergessenheit zur theoretischen Metonymie; Nye: Narratives and spaces, S. 75-92.
[167] George Basalla: Some Persistent Energy Myths, in: George H. Daniels/Mark H. Rose (Hg.), Energy and Transport. Historical Perspectives on Policy Issues 1982, S. 27-38.

nutzbar zu machen, angetrieben sei.[168] Dementsprechend argumentiert auch Faye Duchins, dass der Wohlstand der industrialisierten Länder des 20. Jahrhunderts auf der hochkonzentrierten Energie beruhe, die in fossilen Energieträgern und vor allem im leicht verfügbaren Öl gefunden und nutzbar gemacht worden sei.[169] Auch das „Staatslexikon der Görres Gesellschaft" enthält in seiner sechsten Auflage von 1958 nur Artikel zu speziellen Fragen der Elektrizitätswirtschaft, zum Energierecht und zur Energiewirtschaft, aber keinen zum Verhältnis von Gesellschaft und Energie als solcher. Erst in der siebten Auflage von 1986 findet sich ein eigener Artikel zu Energie, in dem Peter Koslowski diese zunächst im Sinne der physikalischen Definition als gespeichertes Arbeitsvermögen begreift.[170] Nach einer Auseinandersetzung mit dem ersten und dem zweiten Satz der Thermodynamik konstatiert Koslowski einen engen Zusammenhang zwischen Energie und sozialer Ordnung: „Die Entwicklung der menschlichen Zivilisation ist mit der Fähigkeit des Menschen verbunden, sich außermenschliche E[nergie] in immer größerem Umfang nutzbar zu machen."[171] In groben Zügen entwirft er dann eine Zivilisationsgeschichte des steigenden Energieverbrauchs vom Holz über die Kohle zum Öl. Anscheinend hatte der Energiebegriff also zwischen 1968 und 1986 eine Aufwertung innerhalb der Gesellschaftswissenschaften erfahren, die sich auch lexikalisch niederschlug.

Im September 1971 veröffentlichte der *Scientific American* ein Sonderheft zum Thema Energie, in dem die Wechselbeziehungen zwischen Energieversorgung und Gesellschaftskonstitution auf vielfältige Weise untersucht und zum Ausdruck gebracht wurden. Aus den Artikeln sprach die Überzeugung, dass „the artful manipulation of energy has been an essential component of man's ability to survive and to develop socially".[172] Einzelne Aufsätze untersuchten den Energiefluss in agrarischen oder industriellen Gesellschaften und versuchten, die gesamte Energiezufuhr, die Energietransformationen und den Output an Energie in komplexen Diagrammen zu visualisieren.[173] Diese statische Beschreibung von Gesellschaften durch ihre Energiehaushalte wurde ergänzt durch eine diachrone, zivilisationsgeschichtliche Perspektive, die in der Zunahme des Energieverbrauchs ein Movens gesellschaftlicher Entwicklung sah: „The U.S. industrial societies are based on the use of power [...] The success of an industrial society, the growth of its economy,

---

[168] John M. Gowdy: Energy, in: International Encyclopedia of the Social Sciences, Bd. 2, Detroit 2008, S. 587-588.

[169] Faye Duchin: Energy Sector, in: International Encyclopedia of the Social Sciences, Bd. 2, Detroit 2008, S. 591-592; siehe auch David Walls: Energy Industry, in: International Encyclopedia of the Social Sciences, Detroit 2008, S. 588-591.

[170] Peter Koslowski: Energie, in: Görres-Gesellschaft (Hg.), Staatslexikon. Recht, Wirtschaft, Gesellschaft, Freiburg/Basel/Wien 1986, Sp. 247-253.

[171] Ebd., Sp. 248.

[172] Chauncey Starr: Energy and power, in: Scientific American 225,3 (1971), hier S. 37.

[173] William B. Kemp: The Flow of Energy in a Hunting Society, in: Scientific American 225,3 (1971), S. 104-115; Roy A. Rappaport: The Flow of Energy in an Agricultural Society, in: Scientific American 225,3 (1971), S. 116-132; Earl Cook: The Flow of Energy in an Industrial Society, in: Scientific American 224,3 (1971), S. 134-147.

the quality of life of its people and its impact on other societies and on the total environment are determined in large part by the quantities and the kinds of energy resources it exploits and by the efficiency of its systems for converting potential energy into work and heat."[174] Angesichts der ökologischen Folgekosten des wachsenden Energieverbrauchs sowie der nach den Gesetzen der Thermodynamik zu erwartenden Entropiezunahme fragten die Artikel zudem, wie gesellschaftliche und technologische Prozesse beschaffen sein müssten, um die negativen Folgen der Verbrauchssteigerungen zu begrenzen.[175] Neben einem Artikel, der explizit die Auswirkungen des Energieverbrauchs auf die menschengemachte Geographie untersuchte, visualisierten auch den Artikeln vorangestellte ganzseitige Luftaufnahmen von Kraftwerken und Verkehrsinfrastrukturen die tiefen Auswirkungen der Energieproduktion auf das Leben auf dem Planeten. Auch die Anzeigen großer Energie- und Elektrizitätsunternehmen unterstrichen die Botschaft des Heftes. So zeigte beispielsweise die Anzeige der Brown Boveri Corporation eine von unzähligen Straßenlaternen und Lichtern erleuchtete Stadt in der Dämmerung. Die zur Beleuchtung notwendige Elektrizität werde oft für selbstverständlich gehalten, sei es aber nicht, sondern müsse von Energieunternehmen erzeugt werden, unterstrich der Text der Anzeige. Erst sie ermöglichen also den modernen Lebensstil: „Electricity is twinkling lights. Electricity is downtown streetcars. Chandeliers at the opera [...]. Electricitiy cooks late suppers. Let's you watch that late show. Keeps you warm or cold. – Electricity turns the wheels of industry. Helping to make things. From spacecraft to bread. Electricity means safety. In the hospital. At the airport. Electricity is essential."[176] Ganz ähnlich positionierte sich Texaco in einer Anzeige, die zu einer verschwommenen Aufnahme von Menschen in einem Lichtermeer erklärte, man könne sagen, Texaco sei im Showgeschäft aktiv. Denn es gebe kein Showgeschäft ohne Glühbirnen, diese könnten ohne Strom nicht leuchten, Strom benötige Transformatoren, und diese Transformatoren würden wiederum mit einem von Texaco erstellten, ölbasierten Isoliermittel eingekleidet. Daher der Slogan: „There's a little bit of Texaco in every light on old Broadway."[177]

Im Verlauf der Energiekrise und danach wurde die gesellschaftskonstituierende Kraft der Energie allerorten betont und somit zu einem Allgemeinplatz: „Power" sei „all-pervasive", betonten Lawrence Rocks und Richard Runyon;[178] Rogers C.B. Morton erklärte im Namen des US Geological Survey, „mineral fuels" seien „literally the cornerstones of modern life [...] they are the physical source of most of the necessities, conveniences, and comforts of life in the Unites States today".[179] Immer wieder wurde Energie wie in den Berichten der Trilateralen Kommission

---

[174] Cook: The Flow of Energy in an Industrial Society, S. 135.
[175] Starr: Energy and power, S. 45; Milton Katz: Decision-making in the Production of Power, in: Scientific American 225,3 (1971), S. 191-200; Claude M. Summers: The Conversion of Energy, in: Scientific American 225,3 (1971), S. 148-160.
[176] Scientific American 225,3 (1971), S. 145.
[177] Ebd., S. 161.
[178] Rocks/Runyon: The energy crisis, S. XII.
[179] Rogers C. B. Morton: Foreword, in: Brobst/Pratt, United States Mineral Resources, S. III.

8.2 Grenzen der Grenzerkenntnis: Energie, Politik und Gesellschaft

als „Blut" der Wirtschaften und Gesellschaften bezeichnet, so dass Probleme bei der Energieversorgung massiven Einfluss auf „the entire fabric of national and international economic life" haben würden.[180] Dieter Stegemann sah Energie als „Lebensnerv unserer zivilisierten Welt";[181] Barry Commoner erklärte, dass die Umweltkrise, Energiekrise und Finanzkrise der Gegenwart keine separaten Phänomene seien, sondern ihre gemeinsame Ursache im Grunddefekt der modernen Gesellschaft hätten, der mit ihrem unmäßigen Energieverbrauch zusammenhänge;[182] und der Energiebericht für das Committee on Interior and Insular Affairs stellte 1977 fest: „The development of American society may be traced in the ever increasing use of energy to provide for human wants, to achieve national goals, and to shape a unique life style."[183] Angesichts der öffentlichen Aufwertung des Energiebegriffs beschäftigte er nun auch Sozialwissenschaftler, die sich vorher nicht um Energiefragen gekümmert hatten. Noch in der ersten Auflage von Daniel Bells „The Coming of Post-Industrial Society", die 1973 erschien, spielte der Faktor Energie kaum eine Rolle. Bell ordnete die Energie als Rohstoff sogar der industriellen, nicht aber der entstehenden post-industriellen Gesellschaft zu, die wesentlich auf Wissen basieren sollte. Im Vorwort der zweiten Auflage von 1976 stellte Bell aufgrund der breiten Diskussionen über die Energieproblematik dann klar, dass Energiemangel die Entstehung der neuen Technologien für die postindustrielle Gesellschaft verlangsamen könne und die neue Gesellschaft die alte lediglich wie ein Palimpsest überschreibe, so dass die Bedeutung des Faktors Energie nicht völlig verschwinden werde.[184]

Im öffentlichen Energiediskurs geriet die deterministische „energy-civilization equation", derzufolge ein Mehr an Zivilisation auch ein Mehr an Energieverbrauch bedeute, zwar zunehmend in Misskredit, aber auch Autoren, die Energieverbrauchs- und Wachstumssteigerungen entkoppeln wollten, gingen weiter von einer Konstitutionsbeziehung aus.[185] So machte sich Amory Lovins zwar über

---

[180] John C. Campbell/Guy de Carmoy/Shinichi Kondo: Energy: A Strategy for International Action. A Report of the Task Force on the Political and International Implications of the Energy Crisis to the Executive Committee of the Trilateral Commission, Washington D.C. 1974; Zitat in dies.: Energy: The Imperative for a Trilateral Approach. A Report of the Task Force on the Political and International Implications of the Energy Crisis to the Executive Committee of the Trilateral Commission, Brüssel 1974, S. 9.

[181] Dieter Stegemann: Die Energie – Lebensnerv unserer zivilisierten Welt, Göttingen 1974.

[182] Barry Commoner: The poverty of power. Energy and the economic crisis, New York 1976, S. 1-3.

[183] A Staff Analysis Prepared at the Request of Henry M. Jackson, Chairman, Committee on Interior and Insular Affairs, United States Senate. Pursuant to S. Res. 45, a National Fuels and Energy Policy Study, Serial No. 93-19 (92-54), Washington Gov. Printing Office 1973, in: Howard Gordon/Roy Meador (Hg.), Perspectives on the energy crisis, Ann Arbor/Mich. 1977, S. 149-164, hier S. 149.

[184] Daniel Bell: The Coming of Post-Industrial Society. A Venture in Social Forecasting, New York 1976, S. XIIf.

[185] Zur Gleichung siehe Zachmann: Past and Present Energy Societies, sowie zur zeitgenössischen Kritik George Basalla: Energy and Civilization, in: Chauncey Starr/Philip C. Ritterbush (Hg.), Science, technology and the human prospect. Proceedings of the Edison Centennial Symposium, New York 1980. Zur historischen Analyse des Verhältnisses von Energie

Autoren lustig, die noch immer düstere Katastrophenszenarien für den Fall zeichneten, dass die USA aufhören würden, doppelt so viel Energie zu verbrauchen wie der Rest des Kontinents, Afrika und Asien außer Japan zusammen: „Civilization in this country, according to some, would be inconceivable if we used only, say, half as much electricity as we use now. But that is what we did use in 1963 when we were at least half as civilized as now."[186] Zugleich drehte er die Wechselbeziehung zwischen Energie und Gesellschaft aber um: Wenn diese so eng, aber nicht deterministisch miteinander verbunden waren, dann konnten Veränderungen im Energiebereich, wie die von Lovins präferierten „soft energy paths", auch gesellschaftliche Veränderungen nach sich ziehen.[187] Ob der sanfte oder der harte Weg gewählt würde, hing aber wieder von politischen und gesellschaftlichen Fragen ab, für die Sozialwissenschaftler Kompetenz beanspruchten. Die These von der engen Wechselwirkung zwischen Energie und Gesellschaft wurde gerade deshalb bereitwillig von ihnen aufgegriffen, weil sie ihre eigenen Deutungsansprüche im Energiebereich gegenüber denen der Naturwissenschaftler und Ingenieure begründen konnte. So behaupteten Marvin J. Cetron und Vary T. Coates in den *Proceedings of the Academy of Political Science*: „Any way that the problem of energy is approached, from diplomatic-military contingency plans to solar-energy systems, it has an undeniable relationship with the social environment."[188] Weil Energie moralische und politische Probleme verursache, argumentierte Lynton K. Caldwell, dass es für die Energiekrise der Gegenwart keine rein technologische Lösung geben konnte. Die Energieproblematik sei vielmehr in die Struktur der modernen Industriegesellschaft eingebaut und somit ein quasi natürliches Produkt der Fortentwicklung des industriellen Systems.[189] Die Anthropologen Laura Nader und Stephen Beckerman meinten, Sozialwissenschaftler dürften das Energiethema nicht den Naturwissenschaftlern und Ingenieuren überlassen, weil die dazu ungefähr so qualifiziert seien, wie Sozialpsychologen für den Bau von Kern-

---

und Wirtschaftswachstum in den USA Sam H. Schurr/Bruce C. Netschert: Energy in the American Economy, 1850-1975. An Economic Study of Its History and Prospects, Baltimore 1960; Edward Lawrence Allen: Energy and Economic Growth in the United States, Cambridge/Mass. 1979, S. vii.

[186] Amory B. Lovins: Energy strategy. The road not taken?, in: Foreign Affairs 55,1 (1976), S. 65-96, hier S. 94.

[187] Siehe die in der Einleitung zitierte Position von Lovins zu den gesellschaftlichen Konsequenzen des sanften und des harten Energieweges. In gewisser Weise ist diese Idee natürlich nicht neu, sondern lag schon Lenins berühmtem Diktum zugrunde, Kommunismus sei „Sowjetmacht plus Elektrifizierung".

[188] Marvin J. Cetron/Coates, Vary T.: Energy and Society, in: Proceedings of the Academy of Political Science 31,2 (1973), S. 33-40, hier S. 40; siehe auch Samuel Z. Klausner: The Energy Social System, in: Annals of the American Academy of Political and Social Science 444, Juli (1979), S. 1-22; siehe auch Lars Kristoferson: Energy in Society, in: AMBIO – A Journal of the Human Environment 2,6 (1973), S. 178-185, hier S. 178: „The question of energy supply is, and will always be, the center of all power politics and the base of all economic activity. Therefore, it is self-evident that energy policy is a political problem, and not primarily a technological one."

[189] Lynton K. Caldwell: Energy and the Structure of Social Institutions, in: Human Ecology 4,1 (1976), S. 31-45, hier S. 32, 37.

kraftwerken: „Technical specialists operating beyond the limits of their competence results in a clouding of human factors that apply to an understanding of the human dimension of energy issues." Da die Bereitstellung von Energie immer mit Werten verbunden sei, fühlten sie sich als Experten für das Allgemeine gegenüber den technischen Spezialisten im Vorteil.[190]

Die Analyse der Energieversorgung ganzer Gesellschaften war ein komplexes Unterfangen, weil zum einen die verschiedenen Energieträger und zum anderen die unterschiedlichen Verbrauchsbereiche in den Blick genommen werden mussten. Dadurch, dass Vertreter so unterschiedlicher wissenschaftlicher Disziplinen wie der Petroleum-Geologie, der Ingenieurs- sowie der Politik-, Wirtschafts- und Gesellschaftswissenschaften zunehmend Expertisen beizusteuern suchten, steigerte sich der Komplexitätsgrad in den 1970er Jahren noch einmal erheblich. Schon 1970 hatte Gerhard Bischoff im Vorwort zu dem von ihm herausgegebenen Energiehandbuch die Energieversorgung zunächst als eines der wichtigsten Themen der Gegenwart definiert, um dann festzustellen, dass „die Nutzung aller Energieträger der Erde [...] mit so vielfältigen technischen und ökonomischen Problemen verbunden [sei], daß diese von einem Einzelnen kaum noch zu überblicken" seien.[191] Angesichts dieser Komplexität, die durch die soziale Dimensionen des Energieverbrauchs noch einmal gesteigert wurde, entstand ein zunehmender Bedarf an interdisziplinärem Austausch, den auch neue Zeitschriften zu befriedigen suchten. *Energy Policy, Resources Policy* (beide 1974 gegründet) und *Annual Review of Energy* (1976) sollten Energiefragen mit deutlichem Praxisbezug, aber aus verschiedenen wissenschaftlichen Perspektiven beleuchten. Nicht zuletzt in diesen Foren bildete sich „Energie" als hybrides Wissensfeld heraus.

Energy Policy behandelte nach eigener Angabe die wirtschaftlichen, ökologischen, politischen, planerischen und sozialen Aspekte von Energieerzeugung und -verbrauch, mit denen politische Entscheidungsträger und Unternehmer konfrontiert seien.[192] Die in Großbritannien erscheinende Zeitschrift *Resources Policy* war zwar allgemeiner Ressourcenfragen gewidmet, im Rahmen derer nahmen aber Energieressourcen den wichtigsten Platz ein.[193] Auch die *Annual Review of Energy* sollte Lösungsangebote zu allen wesentlichen Energiefragen bereitstellen wie zum Beispiel zu Technologien der Energieerzeugung und des -verbrauchs, regionalen und globalen Energiesystemen und ihren sozialen Auswirkungen, der Energieökonomie und Energiepolitik sowie den neuesten Trends in Forschung und Entwicklung.[194] Parallel zu den Zeitschriftengründungen wurden an den Universitäten in verschiedenen Fächern zunehmend Seminare zum Thema Ener-

---

[190] Laura Nader/Stephen Beckerman: Energy as It Relates to the Quality and Style of Life, in: Annual Review of Energy (1978), S. 1-28, hier S. 2; siehe auch Otis Dudley Duncan: Sociologists Should Reconsider Nuclear Energy, in: Social Forces 57,1 (1978), S. 1-22.
[191] Bischoff/Gocht/Adler: Das Energiehandbuch, Vorwort.
[192] Energy Policy 1 (1974).
[193] Kingsley Dunham: Non-renewable mineral resources, in: Resources Policy 1, September (1974), S. 3-13.
[194] Hollander: Preface, S. vi.

gie angeboten, für die neue, interdisziplinär angelegte Lehrbücher benötigt wurden. Auch diese hoben in den Einleitungen auf den engen Konnex zwischen Energie und Gesellschaft beziehungsweise die zivilisationsgeschichtliche Bedeutung der Energie ab. So begann beispielsweise Joseph Priest das Lehrbuch „Energy for a Technological Society" mit der Feststellung: „Nothing influences our living style more than the availability and utilization of energy."[195] Priest reflektierte auch, dass es die plötzliche Steigerung des öffentlichen Interesses an Energie während der Ölkrise, das heißt die inflationsartige Zunahme von Artikeln in Zeitungen und Zeitschriften, gewesen sei, die Energie nicht nur zu einem omnipräsenten Thema der privaten Kommunikation habe werden lassen, sondern auch die Wissenschaft beeinflusst habe.[196]

Die Einsicht, dass Gesellschaften durch ihren Energiekonsum konstituiert würden, verbreitete sich, als Energie knapp zu werden und fehlende Energieressourcen den politischen Gestaltungsspielräumen innerhalb der Gesellschaften Grenzen zu setzen schienen. Die gesellschaftskonstituierende Kraft der Energie wurde von Vielen also gerade in dem Moment entdeckt, als sie kritisch wurde. Als politisch machbar schien ihnen jetzt nur noch, was auch energetisch möglich war. Energieexperten aller disziplinären Hintergründe versuchten sich hier immer wieder nach technokratischer Manier in die Position derer zu bringen, die den politischen Handlungsraum ausmaßen und den politisch Verantwortlichen erklärten, welche politischen Entscheidungen überhaupt möglich seien, wenn nicht die zukünftige Energiesicherheit aufs Spiel gesetzt werden sollte. In einer Zeit, als die „Grenzen des Wachstums" breit diskutiert wurden, vollzog sich die energetische Vermessung des Politischen aber auch weit über die Zirkel der Energieexperten hinaus.

8.2.2 Endlichkeit? Ökologische Grenzdiskurse und die Erfahrung der Ölkrise

Weder die intentionale Verknappung des Öls in den Jahren 1973/74 noch der Bericht für den Club of Rome, der 1972 unter dem Titel „Limits to Growth" weltweit erschien, haben den ökologischen Grenzdiskurs ausgelöst, im Rahmen dessen eine fundamentale Neuorientierung der Politik westlicher Industriegesellschaften gefordert wurde. Schon „Die Grenzen des Wachstums" setzten vielmehr auf eine Welle ökoapokalyptischer Schriften auf, die kommende Katastro-

---

[195] Joseph Priest: Energy for a Technological Society. Principles/Problems/Alternatives, Reading 1975, S. 2; Hollander: Preface, S. vi; siehe auch Darmstadter/Landsberg/Morton: Energy, Today and Tomorrow.
[196] Priest: Energy for a Technological Society, S. IX: „Until the 1970s few of us really thought much about this crucial societal role even though energy, as a word, very likely entered our vocabulary in elementary school. It took a sudden reduction in energy supplies, an ‚overnight' increase in gasoline prices, and an intolerably putrid atmosphere to bring us to a confrontation with energy and the associated problems that have been developing for years."

phen ausmalten und staatliche Handlungsspielräume durch natürliche Ressourcen und die umweltpolitischen Folgen ihrer Nutzung begrenzt sahen.[197] In der Forschung zu den 1970er Jahren wird gemeinhin angenommen, dass die Wirkung des Berichts für den Club of Rome durch die Ölkrise noch einmal verstärkt worden sei und sich ein Bewusstsein verbreitet habe, dass den Wachstumsprozessen der letzten Jahrzehnte natürliche Grenzen gesetzt seien.[198] Dies ist auch zutreffend, wenn man den Blick auf die sich im „Schlüsseljahrzehnt der Umweltgeschichte" formierenden Ökologiebewegungen und ihr Umfeld beschränkt.[199] Jenseits der konservativen Umwelt- und Heimatschützer sowie des linksliberalen, ökologischen Milieus war die Reaktion auf die „Grenzen des Wachstums" aber, auch wenn sie zum Schlagwort avancierten, mehrheitlich negativ.[200] Genauso wurde auch die Ölkrise nur in bestimmten Teilen des politischen Spektrums als Bestätigung der Thesen des Club of Rome und als Verstärkung des Umweltdiskurses wahrgenommen, während sie für andere gerade den Zielkonflikt zwischen Umwelt- und Energiepolitik zu offenbaren schien.[201] Nicht erst in der sich an die Ölkrise anschließenden Wirtschaftskrise wurden Ökonomie und Ökologie zu Gegenbegriffen, sondern schon in der Ölkrise selbst schien die Umweltfreundlichkeit der Energieversorgung mit ihrer Sicherheit in

---

[197] Kai F. Hünemörder: Kassandra im modernen Gewand. Die umweltapokalyptischen Mahnrufe der frühen 1970er Jahre, in: Frank Uekötter/Jens Hohensee (Hg.), Wird Kassandra heiser? Die Geschichte falscher Ökoalarme, Stuttgart 2004, S. 78-97.

[198] Axel Schildt: „Die Kräfte der Gegenreform sind auf breiter Front angetreten". Zur konservativen Tendenzwende in den Siebzigerjahren, in: Archiv für Sozialgeschichte 44 (2004), S. 449-478, hier S. 459; Merrill: The Oil Crisis of 1973-1974; Elke Seefried: Towards the Limits to Growth? The Book and Its Reception in West Germany and Britain 1972-73, in: Bulletin of the German Historical Institute 33,1 (2011), S. 3-37.

[199] Franz-Josef Brüggemeier/Jens Ivo Engels: Den Kinderschuhen entwachsen. Einleitende Worte zur Umweltgeschichte der zweiten Hälfte des 20. Jahrhunderts, in: Franz-Josef Brüggemeier/Jens Ivo Engels (Hg.), Natur- und Umweltschutz nach 1945. Konzepte, Konflikte, Kompetenzen, Frankfurt am Main 2005, S. 10-22, hier S. 13; Jens Ivo Engels: Naturpolitik in der Bundesrepublik. Ideenwelt und politische Verhaltensstile in Naturschutz und Umweltbewegung 1950-1980, Paderborn 2006; Holger Nehring: Genealogies of the Ecological Moment. Planning, Complexity and the Environment of 'the Environment' as Politics in West Germany, 1949-1982, in: Sverker Sörlin/Paul Warde (Hg.), Nature's end. History and the environment, Houndmills/Basingtstoke/New York 2009, S. 115-138.

[200] Friedemann Hahn: Von Unsinn bis Untergang. Rezeption des Club of Rome und der Grenzen des Wachstums in der Bundesrepublik der frühen 1970er Jahre, Freiburg i.Br. 2006; zum kritischen Echo siehe zum Beispiel Weltuntergangs-Vision aus dem Computer, Der Spiegel (15. 5. 1972), S. 126-129; Michael Jungblut: Ist Wachstum des Teufels? Der Weltuntergang findet nicht statt: Die Computer des MIT waren falsch programmiert, Die Zeit (18. 8. 1972); Sussex University Science Policy Research Unit (Hg.): Die Zukunft aus dem Computer? Eine Antwort auf die Grenzen des Wachstums, Neuwied 1973; Henrich von Nussbaum (Hg.): Die Zukunft des Wachstums. Kritische Antworten zum „Bericht des Club of Rome", Düsseldorf 1973; W.D. Nordhaus: Resources as a Constraint to Growth, in: The American Economic Review 64 (1974), S. 22-26.

[201] Siehe dazu mit Schwerpunkt auf den konservativen Reaktionen Rüdiger Graf: Die Grenzen des Wachstums und die Grenzen des Staates. Konservative und die ökologischen Bedrohungsszenarien der frühen 1970er Jahre, in: Jens Hacke/Dominik Geppert (Hg.), Streit um den Staat, Göttingen 2008, S. 207-228.

Konflikt zu geraten, und die große Mehrheit gab Letzterer den Vorzug vor Ersterer.[202]

Die einflussreichen ökologischen Schriften der frühen 1970er Jahre verband ein Denken in komplexen Systemen, die globale Ausweitung der ökologischen Perspektive – selten ging es um weniger als den Planeten als Ganzen – sowie eine zeitliche, oft menschheitsgeschichtliche Ausdehnung der Analyseperspektive.[203] Der Untersuchung für den Club of Rome lag Jay W. Forresters Weltmodell zugrunde, auf dessen Grundlage die These entwickelt wurde, dass im Prozess der Industrialisierung natürliche, das Wachstum einzelner Größen hemmende Rückkopplungssysteme außer Kraft gesetzt worden seien, woraus ein exponentielles Wachstum zum Beispiel der Weltbevölkerung oder der Umweltverschmutzung resultiere. Da die natürlichen Ressourcen der Erde begrenzt seien, würde die Menschheit innerhalb der nächsten hundert Jahre an ihre endgültigen Wachstumsgrenzen stoßen, sofern nicht ein „Übergang vom Wachstum zum Gleichgewicht" stattfinde.[204] Diese Problematik erschien vielen Zeitgenossen von den westlichen Industrienationen weder anerkannt zu werden noch unter den gegenwärtigen politischen Bedingungen beherrscht werden zu können. Denn erstens überstiegen Umweltgefahren nationale Grenzen und lagen somit nicht im Kompetenzbereich einzelner Staaten, selbst wenn diese sich darum bemüht hätten. Ihre Bewältigung war, wie Ernst Forsthoff formulierte, „nur noch für große regionale Einheiten, wenn nicht sogar im Weltmaßstab" denkbar.[205] Zweitens überstiegen die Zeiträume bis zum prognostizierten Zeitpunkt der Katastrophe bei weitem den Denk- und Planungshorizont demokratisch gewählter Regierungen, wie vielfach demokratiekritisch bemerkt wurde, aber auch den Lebenshorizont ganzer Generationen, die Schwierigkeiten hatten, die Rechte der nach ihnen kommenden zu berücksichtigen.[206]

Die Öl- und Energiekrise passte ideal in diesen Diskussionszusammenhang: Sie war ein globales Phänomen, das nur in komplexen Systemen modelliert werden konnte und gleichzeitig in langfristigen Zeiträumen gedacht und gelöst werden musste. Symptomatisch ist hier zum Beispiel Marion King Hubberts Theorie des Peak Oil, die sich jetzt wachsender Beliebtheit erfreute und zu deren Visualisierung Hubbert gerne ein Diagramm einsetzte, das die weltweite Nutzung fossiler Energieträger auf einem extrem ausgeweiteten Zeitstrahl abtrug, so dass sie nur

---

[202] Siehe zum Konflikt von Ökologie und Ökonomie in der Umweltbewegung Silke Mende: Nicht rechts, nicht links, sondern vorn. Eine Geschichte der Gründungsgrünen, München 2011, S. 297.

[203] Dies zeigt Kupper: Die „1970er Diagnose"; siehe als Beispiele H. Liebmann: Ein Planet wird unbewohnbar. Das Sündenregister der Menschheit von der Antike bis zur Gegenwart, München 1971; Gruhl: Ein Planet wird geplündert; Edward Goldsmith/R. Allen: Planspiel zum Überleben. Ein Aktionsprogramm, Stuttgart 1972; Paul R. Ehrlich/John P. Holdren: Impact of Population Growth, in: Science 171,3977 (1971), S. 1212-1217.

[204] Dennis Meadows u. a.: Die Grenzen des Wachstums. Bericht des Club of Rome zur Lage der Menschheit, Stuttgart 1972, S. 15; Jay Wright Forrester: Der teuflische Regelkreis. Das Globalmodell der Menschheitskrise, Stuttgart 1972.

[205] Forsthoff: Der Staat der Industriegesellschaft, S. 168.

[206] Robert M. Solow: Intergenerational Equity and Exhaustible Resources, in: Review of Economic Studies 41 (1974), S. 29-45.

als kurze Episode der Menschheits- oder Weltgeschichte erschien.[207] In moralisierender Sprache wurde von vielen, wie von Bundespräsident Gustav Heinemann in seiner Weihnachtsansprache 1973, die „Völlerei im Energieverbrauch" der vergangenen Jahre angeprangert, durch die „lebenswichtige Rohstoffe" zu schnell erschöpft würden, und die Ölkrise zugleich als „heilsamer Schock" begriffen, der zu einem bewussteren Energiekonsum führen könne.[208] Der Gedanke, dass die natürlichen Ressourcen dem ökonomisch Möglichen Grenzen setzen könnten und politisches Handeln sich folglich an diesen Grenzen auszurichten habe, wozu notfalls auch Änderungen des politischen Systems nötig seien, fand sowohl auf der Linken wie auch auf der Rechten Anhänger, die ihn durchaus wortmächtig in die Öffentlichkeit trugen.[209] Trotz der intensiven Wachstumskritik aus der Ökologiebewegung blieben die politisch wesentlichen Kräfte, wie oben für die Bundesrepublik gezeigt wurde, von der Notwendigkeit wirtschaftlichen Wachstums überzeugt (Kapitel 6.2).[210] Auch in den Vereinigten Staaten ging Jimmy Carter zwar sehr weit auf die energiepolitischen Ideen der Ökologiebewegung zu und dachte über natürliche Rohstoffgrenzen nach, aber das wichtigste Prinzip seiner Energiepolitik sollte doch die Fortsetzung des „gesunden wirtschaftlichen Wachstums" sein.[211] Ronald Reagan beseitigte dann jegliche Grenzrhetorik wieder aus den öffentlichen Verlautbarungen der US-Regierung.[212]

Gleichwohl etablierte sich in den 1970er Jahren in den westlichen Industriegesellschaften ein grundsätzlich wachstumskritischer Diskurs, der sich bis heute fortsetzt und mit nicht geringem Erfolg auch die eingangs zitierte Deutung der Ölkrise verbreitet.[213] Zwar lehnte der Mainstream der allgemeinen wie auch der Energie-Ökonomen die Folgerungen des Berichts für den Club of Rome über die Grenzen des Wachstums ab, weil dieser die Möglichkeit alternativer Technologien und Energien genauso ausblende wie den Preismechanismus, der die Erschöpfung natürlicher Ressourcen verlangsamen würde.[214] Eine Minderheit sah natür-

---

[207] Hubbert: Energy Resources, S. 91.
[208] Gustav Heinemann: Weihnachtsansprache 1973, in: Bulletin des Presse- und Informationsamts der Bundesregierung 1 (1974), S. 1-3.
[209] Siehe als Beispiele für die Bundesrepublik Robert Jungk: Energie – Krise und Wende, in: Meyers Enzyklopädisches Lexikon, Mannheim/Wien/Zürich 1973, S. 771-774; Gruppe Ökologie: Ökologisches Manifest, in: Konservativ heute 4 (1973), S. 18-19, hier S. 18: „Die ökonomischen Ziele des Menschen müssen sich nach den Grenzen der Natur richten." Bussauer Manifest zur umweltpolitischen Situation, in: Scheidewege. Vierteljahresschrift für skeptisches Denken 5 (1975), S. 469-486.
[210] Siehe oben sowie aus sozialdemokratischer Perspektive mit Blick auf das ganze politische Spektrum Johano Strasser: Die Zukunft der Demokratie. Grenzen des Wachstums, Grenzen der Freiheit?, Reinbek b. Hamburg 1977.
[211] Daniel Horowitz: Jimmy Carter and the Energy Crisis of the 1970s. The „Crisis of Confidence" Speech of July 15, 1979; a Brief History with Documents, New York 2005, S. 39f.
[212] Daniel T. Rodgers: Age of fracture, Cambridge/Mass. u. a. 2011, S. 39.
[213] Mende: Nicht rechts, nicht links, sondern vorn, S. 289-321.
[214] Sussex University Science Policy Research Unit: The limits to growth controversy. World dynamics models described and evaluated, resources, population, agriculture, capital, pollution, energy, Guildford 1973.

liche Ressourcen aber sehr wohl als begrenzt an und argumentierte, dass diese natürlichen Grenzen auch den wirtschaftlichen und politischen Gestaltungsraum einschränkten. Schon Mitte der 1960er Jahre hatte Kenneth Boulding seinen Kollegen zu erklären versucht, dass sie in ihren ökonomischen Modellen die Welt nicht als offenes, sondern als geschlossenes System denken müssten. Unter Nutzung der einprägsamen Metapher vom „Raumschiff Erde" forderte er den Übergang von der „cowboy" zur „spaceman economy".[215] Durch die Ölkrise sah Boulding seine Position in wesentlichen Punkten bestätigt, beziehungsweise er sah sie als Antizipation eines Problems, das früher oder später ohnehin virulent geworden wäre.[216] Da er davon ausging, dass einmal erreichte und gewohnte Lebensweisen nur schwer wieder zu ändern seien, lag die Lösung für ihn in der Suche nach neuen, alternativen Energietechnologien.[217]

Zu Beginn der 1970er Jahre bemühte sich auch Nicholas Georgescu-Roegen darum, den Gedanken der Endlichkeit fossiler Energieträger fester in der ökonomischen Theorie zu verankern bzw. diese auf Grundlage der thermodynamischen Gesetze neu zu formulieren.[218] Alle ökonomischen Prozesse versuchte Georgescu-Roegen anstatt mit den Gesetzen der Mechanik über das Gesetz der Erhaltung der Energie und das Entropiegesetz zu begreifen. Aus diesen folge eindeutig: „A closed system cannot perform work indefinitely at constant rate."[219] Auch wenn er einzelne Vorgänger wie Kenneth Galbraith oder Boulding gelten ließ, habe die Wirtschaftstheorie insgesamt doch die eigentliche Grundlage wirtschaftlicher Wachstumsprozesse seit der Industrialisierung nicht reflektiert: „an extraordinary bonanza of fossil fuels".[220] Erst durch die Ölkrise erhielten Georgescu-Roegens Auffassungen einen entsprechenden Resonanzboden, so dass es ihm ex-post erschien, als ob die Ölkrise dazu geführt habe, dass die meisten, wenn auch nicht alle, die ‚terristrischen Ursprünge der menschlichen Existenz' zu erkennen begonnen hätten.[221] Ein Schüler und Popularisierer von Boulding und Georgescu-Roegen war Herman E. Daly, der ihren Theorien gleich eine praktisch-politische Ausrichtung gab, indem er für die Abkehr vom Wachstumsmodell und die Errichtung

---

[215] Kenneth E. Boulding: The Economics of Space-ship Earth [1966], in: Fred R. Glahe (Hg.), Collected Papers of Kenneth E. Bolding, Boulder/Colo. 1971, S. 383-394; Sabine Höhler: Beam us up, Boulding! – 40 Jahre „Raumschiff Erde", Karlsruhe 2006.

[216] Kenneth E. Boulding: The Social System and the Energy Crisis, in: Science 184,4134 (1974), S. 255-257.

[217] Ebd., S. 255: „The automobile, especially, is remarkably addictive. I have described it as a suit of armor with 200 horses inside, big enough to make love in. It is not surprising that it is popular. It turns its driver into a knight with the mobility of the aristocrat and perhaps some of his other vices."

[218] Nicholas Georgescu-Roegen: The Entropy Law and the Economic Process, Cambridge/Mass. 1971; ders.: Energy and economic myths. Institutional and analytical economic essays, New York 1976.

[219] Nicholas Georgescu-Roegen: Energy, Matter, and Economic Valuation. Where Do We Stand, in: Herman E. Daly/Alvaro F. Umana (Hg.), Energy, Economics, and the Environment. Conflicting Views of an Essential Relationship, Boulder/Colo. 1981, S. 43-80, hier S. 59.

[220] Ebd., S. 73.

[221] Ebd., S. 43.

einer „steady-state economy" eintrat.[222] Dalys Neubegründung der Ökonomie, die er auch mit der Zeitschrift *Ecological Economics* voranbringen wollte, wurde seiner Ansicht nach jedoch „aggressively ignored by mainstream economists in major universities" und eher in der Umweltbewegung rezipiert.

Hier gab es zumindest in den 1970er Jahren noch eine stark wachstumskritische Strömung, die aus der Umweltverschmutzung und dem prognostizierten Ressourcenmangel die Schlussfolgerung zog, die Industrieländer müssten sich grundsätzlich vom Leitbild des wirtschaftlichen Wachstums verabschieden. Vor allem konservative Fortschrittskritiker sahen die Ursache für die Probleme im rein technisch bestimmten Mensch-Natur-Verhältnis, forderten eine „Revision unserer einseitig quantitativ ökonomisch bestimmten Wertmaßstäbe" und mithin einen „Rückschritt zum Überleben".[223] Während diese Positionen auf der politischen Rechten marginal blieben und darüber hinaus nicht anschlussfähig wurden, lösten sich auf der radikaleren Linken Vorbehalte gegen das Umweltthema, das bisher für einen Trick des Kapitals gehalten wurde, zunehmend auf.[224] Durch die „Positionsverschiebung des Naturschutzes aus dem konservativen in einen progressiv-linken Kontext" gab es in verschiedenen Lagern, vor allem aber im linksliberalen Spektrum, zunehmend Forderungen, das rein quantitativ gemessene Wachstum des Lebensstandards durch Parameter und Faktoren, die die Lebensqualität beeinflussten, zumindest zu erweitern.[225] Bestärkt wurde diese Position durch empirische Studien, die zeigten, dass ab einem bestimmten Level des Energieverbrauchs Energie und Lebensqualität in keiner eindeutigen Relation mehr zueinander stehen, sondern Steigerungen des Lebensstandards ohne Steigerungen des Energieverbrauchs genauso möglich sind wie ein höherer Energieverbrauch ohne einen höheren Lebensstandard.[226] Zugleich war aber die Macht des Wachstumsbegriffs so groß, dass die meisten seiner Kritiker ihn nicht aufgaben, sondern höchstens umzudefinieren suchten mit Adjektiven wie „qualitativ" oder „moralisch".

---

[222] Herman E. Daly (Hg.): Toward a steady-state economy, San Francisco 1973; ders.: Steady-State Economics. The Economics of Biophysical Equilibrium and Moral Growth, San Francisco 1977.
[223] Bussauer Manifest zur umweltpolitischen Situation, S. 469; Max Himmelheber: Rückschritt zum Überleben. Erster Teil, in: Scheidewege. Vierteljahresschrift für skeptisches Denken 4 (1974), S. 61-92; Max Himmelheber: Rückschritt zum Überleben. Zweiter Teil, in: Scheidewege. Vierteljahresschrift für skeptisches Denken 4 (1974), S. 369-393.
[224] Siehe dazu klassisch Hans Magnus Enzensberger: Zur Kritik der politischen Ökologie, in: Kursbuch 9,33 (1973), S. 1-52, sowie die Analyse bei Mende: Nicht rechts, nicht links, sondern vorn, S. 304-310.
[225] Engels: Naturpolitik in der Bundesrepublik, S. 24.
[226] A. Mazur/Eugene A. Rosa: Energy and life-style. Cross-national comparison of energy consumption and quality of life indicators, in: Science 186, 4164 (1974), S. 607-610; Nader/Beckerman: Energy as It Relates to the Quality and Style of Life, S. 25; Frederick H Buttel: Social Structure and Energy Efficiency. A Preliminary Cross-National Analysis, in: Human Ecology 6,2 (1978), S. 145-164; siehe als Zusammenfassung dieser Arbeiten Eugene A. Rosa/Gary E. Machlis/Kenneth M. Keating: Energy and Society, in: Annual Review of Sociology 14 (1988), S. 149-172.

Zu den international wirkmächtigsten Fürsprechern ressourcenschonenderer Wirtschaftsformen, die aber zugleich weiter auf technische Lösungen der Energieprobleme vertrauten, gehörten Ernst F. Schumacher und Amory Lovins, die beide wichtige Schlagwörter der Debatte lieferten. Schumacher, der von 1950 bis 1970 Chefökonom der britischen Kohlebehörde gewesen war, entwarf unter dem Titel „Small is beautiful" eine Ökonomie „as if people mattered", wobei er aber keine Ausstiegsphantasien pflegte, sondern vielmehr für neue Technologien und Produktionsverfahren in kleineren Maßstäben eintrat.[227] Auch der von Amory Lovins vorgeschlagene sanfte Weg der Energieversorgung ging weiter von technischem Fortschritt aus, setzte aber auf kleinere und flexiblere Technologien gerade im Bereich der erneuerbaren Energien.[228] Die in den 1970er Jahren angestoßene Debatte über die sich aus Ökologie und Ressourcennutzung ergebenden „Grenzen des Wachstums" bzw. über die Möglichkeiten, ein ökologischeres und ressourcenschonenderes Wachstum zu erreichen, setzte sich in unterschiedlichen Intensitätsgraden bis in die Gegenwart fort. So heißt es noch 2012 im Bericht des 1972 von der Bundesregierung eingerichteten Sachverständigenrates für Umweltfragen, es könne „in einer begrenzten Welt [...] keine unbegrenzte Inanspruchnahme natürlicher Ressourcen geben". Zwar erkennen die Umweltexperten noch immer ungenutzte Potenziale zur Entkopplung von „Wohlfahrt und Ressourcennutzung", aber sie legen doch nahe, dass langfristig absolute Wachstumsgrenzen bestünden, auf die man sich gesellschaftlich und politisch einstellen müsse.[229]

8.2.3 Der Aufstieg der Energieökonomie

Warum wurden trotz der weiten Verbreitung des ökologischen Diskurses und der intensiven Diskussion über alternative Wirtschafts- und Gesellschaftsmodelle weder die von Amory Lovins entworfenen sanften Energiepfade beschritten noch Fritz Schumachers „Rückkehr zum menschlichen Maß" gewählt? Warum lesen sich die Grundlinien des neuesten Umweltgutachtens des Sachverständigenrates

---

[227] Ernst Friedrich Schumacher: Small is beautiful. Study of economics as if people mattered, London 1978; ders.: Die Rückkehr zum menschlichen Maß. Alternativen für Wirtschaft und Technik, Reinbek bei Hamburg 1978; siehe auch Geoffrey Kirk (Hg.): Schumacher on energy. Speeches and writings of E. F. Schumacher, London 1982.

[228] Lovins: Energy strategy; ders.: Soft Energy Paths; ders.: Soft Energy Technologies, in: Annual Review of Energy 3 (1978), S. 477-518. In Deutschland wurde Lovins wachstumskritischer und technologieskeptischer wahrgenommen, als er eigentlich war. Amory Lovins: Sanfte Energie. Das Programm für die energie- und industriepolitische Umrüstung unserer Gesellschaft, Reinbek 1979; Florentin Krause/Hartmut Bossel/Karl-Friedrich Müller-Reissmann: Energie-Wende. Wachstum und Wohlstand ohne Erdöl und Uran. Ein Alternativbericht des Öko-Instituts, Freiburg, Frankfurt am Main 1980, S. 10; siehe aber auch Barbara Ruske/Dieter Teufel: Das sanfte Energie-Handbuch. Wege aus der Unvernunft der Energieplanung in der Bundesrepublik, Reinbek bei Hamburg 1982.

[229] Sachverständigenrat für Umweltfragen: Umweltgutachten 2012. Verantwortung in einer begrenzten Welt (2012). http://www.umweltrat.de/SharedDocs/Downloads/DE/01_Umweltgutachten/2012_Umweltgutachten_HD.pdf?__blob=publicationFile, S. 1f. (zuletzt besucht am 20. 2. 2012).

aus dem Jahr 2012 noch immer so, als ob sie direkt aus den 1970er Jahren stammten? Warum wurden zwar Wirtschafts- und Energieverbrauchswachstum in vielen Ländern entkoppelt, aber keine radikaleren Wege zur Ressourcenschonung beschritten? Die einfache Antwort auf diese Fragen lautet: Weil es eben auch anders ging und die für die ausgetretenen Pfade immer wieder prognostizierte Katastrophe zumindest in den westlichen Industrieländern bisher ausgeblieben ist. Gerade die wiederholten Kassandrarufe einer nahen Ressourcenerschöpfung könnten hier abstumpfend gewirkt haben.[230] Die etwas kompliziertere Antwort hängt mit dem Aufstieg der Energieökonomie als neuer wissenschaftlicher Subdisziplin zusammen sowie mit der Struktur von Energieunternehmen, bei denen „economies of scale" eine große Rolle spielen.

Wie oben ausführlicher diskutiert wurde, stritten in den 1970er Jahren Geologen und Ingenieure, Politik- und Sozialwissenschaftler und Ökonomen um den Einfluss der verschiedenen von ihnen entwickelten Formen des Petroknowledge auf die Energiepolitikgestaltung (Kapitel 5.2). Angesichts der Politisierung und Ökonomisierung des Öls in den 1960er und vor allem 1970er Jahren gerieten Geologen und Ingenieure gegenüber ihren meist wortgewaltigeren Kollegen aus den sozial- und wirtschaftswissenschaftlichen Disziplinen ins Hintertreffen. Waren Energie und die Ökonomie erschöpfbarer Ressourcen über weite Strecken des 20. Jahrhunderts eher randständige Themen der Wirtschaftswissenschaften gewesen, nahm die Beschäftigung von Ökonomen mit Energie in den 1970er Jahren rasant zu: Während die Datenbank Jstor für die Jahre 1960 bis 1969 in ökonomischen Zeitschriften 339 Artikel verzeichnet, die „Energie", „Ressourcen" oder „Petroleum" im Titel trugen, waren es im folgenden Jahrzehnt über 600.[231] Solange Ressourcen im Überfluss vorhanden gewesen seien, hätten Ökonomen sie nicht für wichtig gehalten, meinten Partha Dasgupta und Geoffrey Heal Ende der 1970er Jahre, aber von nun an werde kein allgemeiner Text zur Wirtschaft mehr ohne Verweis auf Ressourcen auskommen.[232] Als der erste Boom der Ressourcenökonomie Mitte der 1980er Jahre abebbte, urteilte demgegenüber Vince Eagan, die Theorie verhalte sich offenbar ebenso zyklisch wie das Phänomen der Ressourcennutzung, das sie beschreibe – immer, wenn die Ressourcen knapp zu werden drohten, tauche sie auf.[233]

Auch wenn diese Beobachtung für die wirtschaftswissenschaftliche Publikationstätigkeit insgesamt zutreffen mag, kam es doch in den 1970er Jahren zu einer nachhaltigen Veränderung des Fachs: Anders als in den Sozial- und Politikwissen-

---

[230] Vgl. mit anderer Akzentuierung Uekötter/Hohensee: Wird Kassandra heiser?
[231] Siehe dazu ausführlicher Graf: Expert Estimates of Oil-Reserves; P[artha] Dasgupta/G[eoffrey] M. Heal: Economic Theory and Exhaustible Resources, Welwyn/Cambridge 1979; sowie zum „boom in resource economics in the 1970s and 1980s": Geoffrey M. Heal: The Optimal Use of Exhaustible Resources, in: Allen V. Kneese/James L. Sweeney (Hg.), Handbook of Natural Resource and Energy Economics, Amsterdam u. a. 1993, S. 855–880, hier S. 857.
[232] Dasgupta/Heal: Economic Theory and Exhaustible Resources, S. 1f.
[233] Vince Eagan: The optimal depletion of the theory of exhaustible resources, in: Journal of Post Keynesian Economics 9 (1987), S. 565–571.

schaften, wo Energie zwar ein wichtiges Thema wurde, aber jenseits der oben beschriebenen hybriden Zeitschriftengründungen keine eigenständigen Institutionalisierungen erfuhr, entstand in den Wirtschaftswissenschaften mit der Energieökonomie eine eigene Subdisziplin. Im Jahr 1977 gründete sich auf der Konferenz der American Economics Association die International Association for Energy Economics, die zwei Jahre später ihre erste eigene Konferenz abhielt und ab 1980 die Zeitschrift *The Energy Journal* publizierte.[234] Rasch bildeten sich auch in anderen Ländern Ableger wie das British Institute for Energy Economics (1980) oder die deutsche Gesellschaft für Energiewissenschaft und Energiepolitik (1981). Die Institutionalisierung schlug sich zudem in einer wachsenden Zahl von Lehrstühlen nieder sowie einem erhöhten Bedarf an Lehr- und Handbüchern, der sich bis in die Gegenwart fortsetzt.[235] Innerhalb der Energieökonomie wurde die formative Kraft der Öl- und Energiekrisen für die Ausbildung der Disziplin noch Anfang der 1990er Jahre und bis in die Gegenwart anerkannt.[236]

Solange Öl im Überfluss vorhanden und der Ölpreis relativ stabil gewesen war, waren der Bedarf an Energieprognosen begrenzt und das Energiethema eher uninteressant gewesen. Erst die Handlungen von OPEC und OAPEC zu Beginn der 1970er Jahre sowie die aktive Energiepolitik der Konsumentenländer ließen den Ölpreis volatil werden. Damit zerstörten sie Erwartungen, vergrößerten Unsicherheiten und erhöhten den Bedarf an Energieprognosen, da nun nicht mehr angenommen werden konnte, der Ölpreis werde in den nächsten Jahren ungefähr so hoch liegen wie gegenwärtig. Prognosen über den zukünftigen Ölpreis und seine Auswirkungen auf die wirtschaftliche Entwicklung wurden durch die Ölkrise ein Wachstumsbereich der Wirtschaftswissenschaften, so dass Alan T. Peacock, der Chefökonom des britischen Handels- und Industrieministeriums und Professor an der University of York, im Jahr 1975 gerade jüngeren Ökonomen riet, sich aus Karriereerwägungen mit diesen Fragen zu beschäftigen.[237] Schon ein Jahr zuvor hatte der *Review of Economic Studies* ein Sonderheft zur Ökonomie erschöpfbarer Ressourcen veröffentlicht, in dem klar wurde, dass die gewachsene Unsicherheit über die zukünftige Entwicklung von Ressourcenangebot, -nachfrage und -preisen das Movens für die Zunahme der wirtschaftswissenschaftlichen Theoriebil-

---

[234] Siehe dazu http://www.iaee.org/de/inside/history.aspx (zuletzt besucht am 5. 6. 2012).
[235] Robert A. Meyers: Handbook of energy technology and economics, New York 1983; Allen V. Kneese/James L. Sweeney (Hg.): Handbook of Natural Resource and Energy Economics, Amsterdam u. a. 1993; Jeroen C. J. M. van den Bergh (Hg.): Handbook of Environmental and Resource Economics, Cheltenham 1999; Joanne Evans/Lester C. Hunt: International handbook on the economics of energy, Cheltenham 2011; Holger Wacker/Jürgen E. Blank: Ressourcenökonomik, Bd. 2: Einführung in die Theorie erschöpfbarer natürlicher Ressourcen, München 1999.
[236] Michael A. Toman: The Economics of Energy Security. Theory, Evidence, Policy, in: Kneese/Sweeney, Handbook of Natural Resource and Energy Economics, S. 1167-1218, hier S. 1167: „Relatively few events in recent economic history have generated the quantity of scholarly writing, policy analysis, and public debate that have resulted from the ‚oil shocks' of the 1970s and 1980s. Those events directly stimulated the rapid growth of literature on a number of topics discussed in this volume."
[237] Peacock: The oil crisis and the professional economist, S. 9.

dung war und diese zugleich vor extreme Schwierigkeiten stellte. Zwar könne man inzwischen auf der Basis einfacher Modelle optimale Ausbeutungsverläufe von Ressourcen berechnen, meinte Geoffrey Heal in seinem Vorwort, aber die Unsicherheitsfaktoren blieben weiterhin groß, weil man technologischen Wandel über lange Zeiträume schwer vorhersagen könne.[238] Neben dem optimalen Ausbeutungsverlauf war die zweite Frage, die die zeitgenössischen Ökonomen beschäftigte, ob der Markt allein dazu in der Lage sein würde, die bestmögliche Ausbeutung zu garantieren oder ob diese nicht vielmehr zu langsam oder zu schnell erfolge.

Die optimale Ausbeutung natürlicher Ressourcen stellte sich aus der Perspektive des Unternehmens anders dar als aus der Perspektive der konsumierenden Gesellschaft und wurde noch einmal komplizierter, wenn zukünftige Generationen miteinbezogen wurden. Ging es für das einzelne Unternehmen, wie schon in Hotellings Berechnungen von 1931, um die Maximierung des Profits über einen bestimmten Zeitraum, kreiste die gesellschaftliche Perspektive stärker um das Problem der Versorgungssicherheit bzw. der Vermeidung von Engpässen, das sich mit längerem Zukunftshorizont und vor allem intergenerationell verschärfte.[239] In der Debatte standen sich Optimisten und Pessimisten gegenüber: Die Optimisten gingen davon aus, dass die Ressourcenversorgung aufgrund des Preismechanismus grundsätzlich kein Problem darstellen würde; im Falle einer Rohstoffverknappung steige der Preis, so dass zunächst die Erschließung anderer Lagerstätten rentabel und schließlich eine alternative Technologie, eine sogenannte „backstop technology", entwickelt werden würde, die den Rohstoff ersetzen könne.[240] Pessimisten rechneten demgegenüber damit, dass sich das Verhältnis von Angebot und Nachfrage zunächst weiter verschlechtern und damit die OPEC gestärkt werde. Da technologischer Fortschritt und die Entdeckung einer backstop technology nicht vorauszusehen seien, traten sie für einen schonenderen Umgang mit natürlichen Ressourcen ein und wurden daher auch als conservationists bezeichnet.[241]

Die Optimisten verließen sich in ihren Überlegungen grundsätzlich auf die Kräfte des Marktes. Für Morris Adelman resultieren bis in die Gegenwart alle

---

[238] Geoffrey M. Heal: Symposium on the Economics of Exhaustible Resources. Introduction, in: Review of Economic Studies 41 (1974), S. 1-2.

[239] Hotelling: The economics of exhaustible resources; Partha Dasgupta/Geoffrey M. Heal: The Optimal Depletion of Exhaustible Resources, in: Review of Economic Studies 41 (1974), S. 3-28; Nordhaus: Resources as a Constraint to Growth; Robert M. Solow: The Economics of Resources or the Resources of Economics, in: The American Economic Review 64, No. 2: Papers and Proceedings (1974), S. 1-14; Solow: Intergenerational Equity and Exhaustible Resources.

[240] Morris Albert Adelman: Politics, Economics, and World Oil, S. 58-66; ders: The genie out of the bottle, S. 1; ders./Michael C. Lynch: Fixed View of Resource Limits Creates Undue Pessimism, in: Oil and Gas Journal 95, April (1997), S. 56-60.

[241] James W. McKie: The Political Economy of World Petroleum, in: The American Economic Review 64, No. 2: Papers and Proceedings (1974), S. 51-57; Dasgupta/Heal: The Optimal Depletion of Exhaustible Resources; siehe zur Frühgeschichte der Energieökonomie vor Hotelling und zur Differenz von Optimisten und Pessimisten auch T. J. C. Robinson: Economic Theories of Exhaustible Resources, London/New York 1989.

Schwierigkeiten und Preisveränderungen auf dem Ölmarkt daraus, dass die Kräfte des Marktes gestört wurden, sei es durch die OPEC oder durch die multinationalen Konzerne oder durch nationale Regierungen: „The oil price is high and unstable because the competitive thermostat has been disconnected. [...] Every price increase, from 1973 through 2001, followed a deliberate output cut or refusal to increase output",[242] argumentierte Adelman noch 2002. Wie er sahen auch Olaf Stiglitz und viele andere Ökonomen in den 1970er Jahren keinen Grund zu der Annahme, dass in einem funktionierenden Markt erschöpfbare Rohstoffe zu schnell oder zu langsam aufgebraucht würden.[243] Im Gegenteil argumentierten sie, dass eine künstliche Verlangsamung der Ausbeutung massive zusätzliche Kosten durch Investitionen in teurere Energieformen erzeuge.[244] Im Unterschied dazu argumentierten die Pessimisten, dass die Märkte nicht für eine optimale Ressourcenausbeutung sorgten und zwar entweder, weil die Märkte nicht richtig funktionierten, oder aber, weil sie grundsätzlich nicht dazu in der Lage seien, die Ressourcenausbeutung zu regeln, da kurzfristige ökonomische Interessen mit langfristigen gesellschaftlichen Interessen konfligierten. So meinte etwa Robert Solow, man könne sich nicht einfach auf den technischen Fortschritt verlassen, sondern müsse in die Ressourcenökonomie ein Konzept der „intergenerational equity", das heißt des möglichst konstanten Ressourcenverbrauchs über Generationen hinweg, einführen.[245] Partha Dasgupta und Geoffrey Heal sahen unklare Eigentumsrechte und ökonomische Konkurrenz als Ursachen für die zu schnelle Erschöpfung von Rohstoffen und plädierten dafür, Strukturen zu schaffen, die dies verhinderten. Letztlich seien Märkte aber im Energiebereich nicht zu ausreichenden Investitionen in Forschung und Entwicklung in der Lage.[246]

Auch wenn die Pessimisten durchaus Anhänger hatten und zusammen mit oben zitierten Ökonomen wie Kenneth Boulding oder den obskureren wie Georgescu-Roegen und Daly gerade in der Umwelt- und Ressourcenökonomie einflussreich wurden, dominierten doch eher die Optimisten das Fach der Energieökonomie.[247] So schloss eine Analyse der seit der Ölkrise entwickelten ökonomischen Modelle zur Untersuchung der Ausbeutung erschöpfbarer Ressourcen 1977, es gebe keinen Grund zu der Annahme, dass die natürlichen Res-

---

[242] Adelman: World oil production & prices, hier S. 171, 177.
[243] Joseph Stiglitz: Growth with Exhaustible Natural Resources. Efficient and optimal growth paths, in: Review of Economic Studies 41 (1974), S. 139-152.
[244] Adelman: The World Petroleum Market, S. 9.
[245] Solow: The Economics of Resources or the Resources of Economics; Solow: Intergenerational Equity and Exhaustible Resources; siehe dazu auch John M. Hartwick: Intergenerational equity and the investing of rents from exhaustible resources, in: The American Economic Review 67 (1977), S. 972-974.
[246] Dasgupta/Heal: Economic Theory and Exhaustible Resources, S. 471 f., 475.
[247] Als Ausnahme siehe Ferdinand E. Banks: The Political economy of oil, Lexington/Mass. 1980; ders.: Resources and energy. An economic analysis, Lexington/Mass. 1983; ders.: Energy economics. A modern introduction, Boston 2000; ders.: Beautiful and not so beautiful minds. An introductory essay on economic theory and the supply of oil, in: OPEC Review, März (2004), S. 27-62; ders.: The political economy of world energy.

sourcen in absehbarer Zeit erschöpft würden: „though stocks are obviously being run down in a physical sense, technical change, economies of scale, and product and factor substitution have largely prevented erosion of the resource base of the economy. On the contrary, it appears that extractive commodities have become less scarce, in terms of the sacrifices to obtain them, over the past hundred years or so."[248] Eine gewisse Berühmtheit erlangte hier die Wette zwischen dem Ökonomen Julian E. Simon und dem Biologen und Umweltaktivisten Paul Ehrlich, dem Autor von *The Population Bomb*. 1980 wetteten sie, ob fünf ausgewählte Rohstoffe am Ende des Jahrzehnts teurer, also knapper, oder günstiger sein würden; eine Wette, die der Pessimist Ehrlich trotz des Bevölkerungswachstums gegen den Optimisten Simon verlor.[249] Die Zunahme der Rohstoffreserven verstanden Ökonomen ganz wesentlich als Effekt von Marktkräften, die durch staatliche Interventionen möglichst nicht eingeschränkt werden sollten. In diesem Sinne beantwortete auch Hans K. Schneider, der wohl wichtigste Energieberater der Bundesregierung in den 1970er und 1980er Jahren, die Entscheidung zwischen Marktwirtschaft und staatlichem Dirigismus eindeutig zugunsten Ersterer. Gerade das Verlassen auf die Kräfte des Marktes habe die Energieversorgung der Bundesrepublik bisher sichergestellt.[250] Diese energiepolitischen Positionen fügten sich nahtlos ein in den in der Wirtschaftstheorie wieder gewachsenen Glauben an den Markt als Instanz, die frei von staatlicher Intervention am besten geeignet sei, die Wohlfahrt aller zu fördern.[251]

Wenig überraschend traten auch die Energieunternehmen für eine von politischen Interventionen möglichst freie Entfaltung ihrer Wirtschaftszweige ein, auch wenn sie auf der anderen Seite durchaus nicht abgeneigt waren, staatliche Unterstützung in Anspruch zu nehmen, wo sie ihnen dienlich erschien. Vieles deutet darauf hin, dass die Idee des freien Marktes im Energiebereich ohnehin eine Fiktion darstellt bzw. dass ungeregeltes, freies Unternehmertum im Ölbereich meist desaströse Folgen zeitigt.[252] Aufgrund der großen Investitionsausgaben und der langen Zeiträume, innerhalb derer sich diese rentieren sollten, hatten Rohstoff- und Energieunternehmen vielmehr besonders hohe Risiken und versuchten, diese auch durch staatliche Unterstützung zu minimieren.[253] Einmal getroffene Ent-

---

[248] F. M. Peterson/A. C. Fisher: The optimal exploitation of extractive resources. A survey, in: The Economic Journal 87 (1977), S. 681-721, hier S. 711.

[249] Sabin: The bet, 2013.

[250] Hans K. Schneider: Marktwirtschaftliche Energiepolitik oder staatlicher Dirigismus? [1978], in: Aufsätze aus drei Jahrzehnten zur Wirtschafts- und Energiepolitik, München 1990, S. 162-167.

[251] Siehe dazu zusammenfassend Rodgers: Age of fracture, S. 41-76; Andreas Wirsching: Der Preis der Freiheit. Geschichte Europas in unserer Zeit, München 2012, S. 226-241.

[252] Vietor: Energy Policy in America, S. 1; Sabin: Crude Politics; Frank: Oil empire.

[253] Siehe als zeitgenössische Risikoabschätzung Horst Siebert: The Economics of Resource Ventures, in: David William Pearce/Horst Siebert/Ingo Walter (Hg.), Risk and the political economy of resource development, London 1984, S. 11-36, hier S. 13; William W. Hogan/Federico Sturzenegger: The natural resources trap. Private investment without public commitment, Cambridge/Mass. 2010.

scheidungen haben im Energiebereich langfristige Folgen und sind nur unter massiven finanziellen Aufwendungen zu korrigieren. Diese Beharrungskräfte oder – in etwas freier Nutzung des Begriffs – „Pfadabhängigkeiten" führen in Kombination mit den ökonomischen Risiken von Alternativen zudem dazu, dass ein einmal beschrittener Weg schwer zu verlassen ist und eher „more of the same" gesucht wird als radikale Alternativen. Dementsprechend scheinen unkonventionelle Öl- und Gasvorkommen, die in aufwändigen und ökologisch fragwürdigen, aber aufgrund des gestiegenen Ölpreises rentablen Verfahren ausgebeutet werden, der Weg zu sein, den viele große Energieunternehmen gegenwärtig zur Sicherung der Energieversorgung einschlagen wollen.[254] Angesichts der gewaltigen Kosten energiepolitischer Veränderungen sind die Regierungen westlicher Industrienationen, die seit den 1970er Jahren mit strukturellen Finanzproblemen zu kämpfen haben, kaum dazu in der Lage, eine eigenständige Energiepolitik zu betreiben, sondern vielmehr auf die Kooperation der großen Energieunternehmen angewiesen. Auch hier sind staatlicher Gestaltungsmacht anscheinend Grenzen gesetzt, die aus der ökonomischen Logik der großen Energieunternehmungen resultieren, die in der gegenwärtigen Konstellation allein dazu in der Lage sind, eine ausreichende Energieversorgung zu garantieren.

---

[254] Clifford Krauss: There Will Be Fuel. New Oil and Gas Sources Abound, but They Come With Costs, The New York Times (17. 11. 2010); Bill McKibben: Why Not Frack?, New York Review of Books 59,4 (2012), online verfügbar unter http://www.nybooks.com/articles/archives/2012/mar/08/why-not-frack/ (zuletzt besucht am 17. 9. 2012); zur Kontroverse um die Umweltproblematik des „fracking" siehe auch den Dokumentarfilm Gasland (Regie: Josh Fox, 2010).

9. Fazit: Souveränität in der Ölkrise und die Ölkrise in der Zeitgeschichte

Nachdem in den Nachkriegsjahrzehnten der wachsende Ölverbrauch das wirtschaftliche und gesellschaftliche Leben in den USA und Westeuropa zunehmend geprägt hatte, veränderte sich die Welt des Öls in der ersten Hälfte der 1970er Jahre grundlegend. Wie in der Arbeit gezeigt wurde, bildeten sich in diesem Prozess in Westeuropa und den USA die energiepolitischen Problemkonstellationen und Diskussionen heraus, die uns im Wesentlichen noch heute gegenwärtig sind. Zunächst wurde die Öl- und Energiepolitik auf internationaler Ebene deutlich aufgewertet: Unter dem Eindruck der Ölpreissteigerungen und Lieferbeschränkungen im Herbst 1973 kamen im folgenden Frühjahr die Außenminister der wichtigsten OECD-Länder zur Washingtoner Energiekonferenz zusammen und schufen in deren Folge mit der Internationalen Energieagentur eine neue internationale Organisation, um zukünftigen Lieferunterbrechungen vorzubeugen und die Informationslage über den Weltölmarkt zu verbessern. Darüber hinaus wurden auch national die Kompetenzen der Exekutive im Energiebereich gestärkt wie zum Beispiel mit dem Energiesicherungsgesetz in der Bundesrepublik. In den USA waren in den 1960er Jahren Mitarbeiter in mehreren Dutzend Regierungsbehörden mit verschiedenen Energieträgern befasst gewesen. Im Zuge der Energiekrise wurden diese Kompetenzen stärker zusammengefasst, auf höherer Ebene angesiedelt und die Mitarbeiterstäbe ausgebaut – zunächst im Energy Policy Office und dann in verschiedenen anderen Institutionen, aus denen schließlich das Department of Energy hervorging. Auch in der Bundesrepublik Deutschland wurde Energie mit der Formulierung des Energieprogramms der Bundesregierung im Verlauf des Jahres 1973 zu einem eigenständigen Politikfeld, dessen Bedeutung mit den Fortschreibungen des Energieprogramms zunahm, ohne jedoch in einem eigenen Ministerium institutionalisiert zu werden.

Drei entscheidende diskursive Verschiebungen hatten sich schon vorher angedeutet, erhielten aber mit der Ölkrise eine neue Dynamik: Zwar waren lange vor den 1970er Jahren periodisch Bedenken über die Sicherheit der Öl- oder allgemeiner der Energieversorgung laut geworden, diese hatten sich aber bis in die Nachkriegszeit vor allem auf die militärstrategischen Konsequenzen eines Ölmangels bezogen. Mit der wirtschaftlichen Bedeutungssteigerung des Öls weitete sich der Sicherheitsbegriff aus und umfasste neben militärischen zunehmend auch wirtschaftliche und gesellschaftliche Aspekte. Das Beispiel der Ölkrise ließ es zum immer wieder betonten Common Sense werden, dass auch schon geringe Störungen der Ölversorgung massive Beeinträchtigungen des wirtschaftlichen, gesellschaftlichen und politischen Lebens nach sich ziehen und damit letztlich die nationale Sicherheit gefährden könnten. Ganz ähnlich war die Intensivierung weltwirtschaftlicher Verflechtungen nichts Neues, sondern schon länger diskutiert worden, aber kein Gut konnte die weltweiten Interdependenzen so einprägsam verdeutlichen wie das Öl, das einerseits in einem komplexen globalen System gehandelt wurde und andererseits mit seiner umfangreichen Produktpalette in allen Wirtschafts- und Lebensbereichen eine wichtige Rolle spielte. Die Diskussionen über wirtschaftliche und politische „Interdependenzen" und ihre Konsequenzen für die nationale Souveränitätsbehauptung erhielten durch die Ölkrise in den 1970er Jahren einen neuen Schub, der in die noch immer andauernde Debatte über die „Globalisierung" mündete. Schließlich hatten bereits in den 1950er und 1960er Jahren einzelne Stimmen vor einer Erschöpfung der Ölreserven gewarnt, waren aber marginal geblieben wie zum Beispiel Marion King Hubbert mit seiner Theorie des Peak Oil. Nicht zuletzt die Entwicklungen im Energiebereich förderten dann aber in den 1970er Jahren die Entstehung der Umweltbewegung, die unter anderem den Gedanken der Begrenztheit natürlicher Ressourcen stärker in den politischen Prozess einbringen wollte. Die von Teilen der Ökologiebewegung aus der Ressourcenproblematik abgeleitete Wachstumskritik erreichte jedoch weder den politischen Mainstream noch hatte sie Konsequenzen für die politische Praxis. Die zeitgenössische Einsicht in die angeblichen „Grenzen des Wachstums" hatte selbst enge Grenzen, wie die Vorgabe der sozialliberalen Bundesregierung für das Gutachten der energiewirtschaftlichen Institute zur Zweiten Fortschreibung des Energieprogramms im Jahr 1977 zeigte, die besagte, dass das Wirtschaftswachstum in den folgenden Jahren mindestens vier Prozent betragen müsse.

Trotz dieser signifikanten Veränderungen ist es falsch, die Ölkrise als plötzlichen und unerwarteten Schock zu beschreiben, der eine fundamentale Wende nicht nur in der Geschichte von Öl und Energie, sondern in der politischen, wirtschaftlichen und gesellschaftlichen Entwicklung in den USA und Westeuropa ausgelöst habe. Denn zum einen brach die Ölkrise nicht unerwartet über die westlichen Industrienationen herein, und zum anderen verdeckt die Rede vom Bruch in den 1970er Jahren wesentliche Kontinuitätslinien in Energieverbrauch und Politikgestaltung. Im Rahmen der OECD hatten die für die Energiepolitik entscheidenden, in klassischen politikgeschichtlichen Darstellungen aber oft vergessenen Ministerialbeamten schon in den 1960er Jahren begonnen, sich mit der Sicherung der Energieversorgung zu beschäftigen und Vorkehrungen für eine Konstellation wie die Ölkrise zu treffen. Obwohl die OECD weder bindende Entschlüsse fassen konnte noch über Sanktionsmechanismen verfügte, sorgten die Treffen der Experten aus der höheren Ministeriumshierarchie für eine Synchronisierung von Problemwahrnehmungen und die Harmonisierung von Vorsorgemaßnahmen. In keinem der OECD-Länder begann die Umstrukturierung der Energiepolitik erst mit der Ölkrise, sondern überall war sie bereits im Gange, als die OPEC im Oktober 1973 die Preise erhöhte und ihre arabischen Mitgliedsländer ein Produktionsbeschränkungsregime verhängten. Damit soll nicht das historiographische Standardargument vorgebracht werden, dass alles immer schon viel früher begonnen hat. Vielmehr lässt sich das politische Handeln in der Ölkrise, wie in der Arbeit gezeigt wurde, nur verstehen, wenn man die bereits begonnene Veränderungsdynamik in den Blick nimmt. In den USA war eine hausgemachte Energiekrise, die aus den unerwartet starken Ölverbrauchssteigerungen der 1960er Jahre und verschiedenen Regierungsinterventionen resultierte, schon vor der Ölkrise der eigentliche Auslöser für die energiepolitischen Initiativen. In den übrigen OECD-Ländern ging der Impuls für die Umgestaltung der nationalen Energiepolitiken von der Erklärung der US-Delegation in der High-Level Group Oil im Jahr 1970 aus, dass die Vereinigten Staaten bei zukünftigen Versorgungsengpässen den Europäern nicht mehr unter die Arme greifen könnten, sondern vielmehr mit ihnen um das Öl aus dem Mittleren Osten konkurrieren würden. Die Ölkrise radikalisierte und beschleunigte die energiepolitischen Maßnahmen der Regierungen.

Dass die Ölpreissteigerungen und das Ölembargo beziehungsweise die Lieferbeschränkungen nicht der alles entscheidende energiegeschichtliche Wendepunkt waren, als der sie in der Zeitgeschichtsschreibung oft fungieren, heißt jedoch nicht, dass sie bedeutungslos gewesen wären. Während die Ölkrise in allgemeinen historiographischen Texten über die 1970er Jahre noch immer gerne für die Wirtschaftskrise der folgenden Jahre verantwortlich gemacht wird, bewerten Wirtschaftshistoriker ihren Effekt hier inzwischen wesentlich geringer. Auch wenn es richtig ist, dass die Ölpreissteigerung die anschließende Stagflation nicht auslöste, sondern bestehende Probleme nur verschärfte und auch wenn die Lieferbeschränkungen insofern wirkungslos blieben, als Öl während der Ölkrise nie wirklich knapp wurde, war die Ölkrise doch von großer souveränitätspolitischer Bedeutung für die Regierungen in Westeuropa und den USA. Denn in den vorangegangenen Jahrzehnten des exzeptionellen wirtschaftlichen Booms hatte sich die politische Legitimation westlicher Demokratien zunehmend auf Wohlstandssteigerungen gegründet. Die Wirtschaftswunderwelt der 1950er und 1960er Jahre erschien immer stärker als eine Welt des Öls, als diese im Oktober 1973/74 aus den Fugen zu geraten schien. Mit der ausreichenden Ölzufuhr schien auch die Souveränität der westlichen Industrienationen und Japans in Frage zu stehen, insofern deren Regierungen nicht in der Lage waren, den kontinuierlichen Fluss des Öls zu garantieren, von dem doch ihre politischen Gestaltungsmöglichkeiten wesentlich abhängen. Es tat ein Übriges, dass diese souveränitätspolitische Herausforderung von Herrschern in einer entlegenen Weltregion ausging, über die man wenig wusste und die man bis vor kurzem auch nicht ernst genommen hatte, die aber nun mit geschickten medialen Kommunikationsstrategien Gewissheiten über die zukünftige Entwicklung Westeuropas und der USA ins Wanken brachten.

Wie in der Arbeit gezeigt wurde, reagierten die Regierungen in Westeuropa und den USA mit unterschiedlichen, nationalen wie internationalen Strategien, um ihre Souveränität zu wahren und auszubauen. Diese Maßnahmen zur Herstellung von Energiesicherheit und damit letztlich zur Gewährleistung politischer Handlungsfähigkeit ähnelten einander: Die Regierungen versuchten, ihre Energiesektoren umzustrukturieren und die Abhängigkeit vom Öl, vor allem aber von Ölimporten aus dem Mittleren Osten zu verringern. Zu diesem Zweck reorganisierten sie energiepolitische Entscheidungsstrukturen, bauten Mitarbeiterstäbe aus und verstärkten die Produktion von Petroknowledge beziehungsweise allgemeiner energiepolitischer Expertise. Die Herausforderung der westlichen Souveränität durch die Ansprüche der Förderländer war einerseits ganz konkret, andererseits aber auch symbolischer Natur und insofern medial vermittelt. Dementsprechend ging es den Regierungen mit ihren souveränitätspolitischen Strategien immer sowohl um die Herstellung politischer Handlungsfähigkeit als auch um deren öffentliche Demonstration. Die in den Jahrzehnten des ökonomischen Booms gewachsenen staatlichen Handlungsmöglichkeiten hatten Erwartungen und Anspruchshaltungen erzeugt, die nun befriedigt werden mussten, wenn staatliche Autorität nicht erodieren sollte. Keine der Regierungen sah sich aber dazu in der Lage, die nationale Souveränität allein und ohne internationale Kooperation nachhaltig zu sichern, so dass alle neben den nationalen zugleich auch internationale Strategien verfolgten.

Jenseits dieser basalen Gemeinsamkeiten unterschieden sich die souveränitätspolitischen Strategien in den verschiedenen OECD-Ländern allerdings in Abhängigkeit von ihren jeweiligen energiepolitischen Voraussetzungen. Die Differenzen zwischen zwei so unterschiedlichen Ländern wie den USA, in denen die industrielle Ölförderung ihren Ursprung und fünf der sieben größten Ölfirmen ihren Hauptsitz hatten, die noch über eine gewaltige einheimische Produktion verfügten und die Hegemonialmacht im westlichen Bündnissystem waren, und der Bundesrepublik, einem Land ohne nennenswerte eigene Förderung, das zu großen Teilen von den Lieferungen der multinationalen Ölkonzerne abhängig und souveränitätspolitisch in europäische Bündnisstrukturen eingebunden war, könnten größer kaum sein. Die Auflistung dieser Differenzen, wie sie in einem systematischen historischen Vergleich gefordert wäre, würde daher im Wesentlichen triviale Ergebnisse produzieren. Allerdings ist eine Reihe von Unterschieden bemerkenswert, die heutigen Erwartungshaltungen zuwiderläuft. Zunächst überrascht der zumindest rhetorisch stark autarkiepolitische Impuls, der im Hintergrund von Nixons „Project Independence" stand und seitdem von allen US-amerikanischen Präsidenten wiederholt, wenn auch nicht eingelöst wurde.[1] Die Verkündung des „Project Independence" ging einher mit einer starken Regulierung des Ölmarktes durch Preiskontrollen und ein Allokationssystem für Ölprodukte, die den Prinzipien einer freien Marktwirtschaft widersprachen. Hinzu kam der Ausbau der Regierungsbürokratie, um die Regulierung zu verwalten und die für notwendig erachtete unabhängige Expertise zur Energiepolitikgestaltung bereitzustellen. Die sozialliberale Regierung in der Bundesrepublik setzte demgegenüber wesentlich stärker auf die Regulierungsfähigkeit des Marktes. Zwar gab es Versuche, mit der DEMINEX eine eigene Ölfördergesellschaft zu schaffen, die den großen, multinationalen Konzernen gegenüber wettbewerbsfähig sein sollte, aber dieses Projekt erwies sich rasch als illusorisch. Anders als zum Beispiel in Frankreich oder Italien, wo nationale Ölgesellschaften existierten, verließ man sich in der Bundesrepublik auch angesichts der eigenen wirtschaftlichen Stärke darauf, von den multinationalen Konzernen auch in zukünftigen Krisen ausreichend beliefert zu werden. Ganz ähnlich agierte die westdeutsche Energiepolitik

---

[1] Siehe dazu Michael J. Graetz: The End of Energy. The Unmaking of America's Environment, Security, and Independence, Boston 2011.

im Bereich der Wissensproduktion: Auch wenn fehlendes Petroknowledge beziehungsweise Informations- und Wissensdefizite im Energiebereich während der Ölkrise als gravierendes Problem wahrgenommen wurden, versuchte die Bundesregierung weder ein eigenes Energieministerium aufzubauen wie in den USA oder in Großbritannien noch ein eigenständiges ölbezogenes Forschungsinstitut zu gründen wie zum Beispiel das Institut Français du Pétrole.[2] Stattdessen nutzte sie die Expertise externer Forschungsinstitute wie des EWI Köln, des RWI in Essen und des DIW Köln.

Die Inflation des Petroknowledge und der wissenschaftlichen Expertise im Energiebereich war eine Reaktion auf die von den Handlungen von OPEC und OAPEC im Oktober 1973 erzeugte Kontingenz und Unsicherheit, die Wissens- und Informationsdefizite zutage treten ließ. Immer mehr Institutionen erhoben statistische Daten zur Öl- und Energieversorgung, traditionelle wissenschaftliche Disziplinen öffneten sich ölbezogenen Fragen und parallel zur Ausbildung von Energie als Politikfeld entstand auch ein hybrides, aber eigenständiges Wissensfeld „Energie" mit Zeitschriften und Lehrbüchern. Diese Wissensexpansion fügte sich in die in jüngerer Zeit häufig konstatierte grundsätzliche Tendenz der Verwissenschaftlichung des Sozialen und der Politik im 20. Jahrhundert ein.[3] Verwissenschaftlichung sollte jedoch nicht als Erfolgsgeschichte verstanden werden, in der wissenschaftliches Wissen in immer stärkerem Maße die politische und soziale Praxis bestimmte, da sich bei diesen Fundierungsversuchen rasch Probleme zeigten, die schon zeitgenössisch reflektiert wurden. In der souveränitätspolitischen Herausforderung der Ölkrise war es für Regierungen in Westeuropa und den USA, die eher in Zeiträumen von Legislaturperioden als von Energieregimen dachten, grundsätzlich wichtiger, den Anschein zu erwecken, auf Basis der bestmöglichen Expertise zu handeln, als dies auch wirklich zu tun. Um den gewachsenen Ansprüchen an Regierungshandeln Rechnung zu tragen, musste in der Krise auch gehandelt werden, ohne dass Expertisen vorlagen oder zumindest ohne dass geklärt worden wäre, welche Expertise die beste war. Denn Expertenmeinungen widersprachen sich angesichts ihrer quantitativen Zunahme und Politisierung notorisch. Die Ölkrise ist also eher ein Beispiel für die, mit Sheila Jasanoff gesprochen, durch wissenschaftliche Unsicherheit und Entscheidungsdruck herbeigeführte Zwangsheirat von Wissenschaft und Politik denn für die Begründung der Politik in wissenschaftlichem Wissen.[4] So könnte es zum Verständnis der politischen Entscheidungsprozesse ertragreicher sein, von der „Kontrolle von Unsi-

---

[2] 1942 war in Großbritannien das Ministry of Fuel and Power geschaffen worden, das jedoch 1969 in das Ministry of Technology und 1970 in das Department of Trade and Industry eingegliedert wurde. 1974 wurden die energiepolitischen Kompetenzen erneut in ein eigenständiges Department of Energy überführt.
[3] Raphael: Die Verwissenschaftlichung des Sozialen; Margit Szöllösi-Janze: Wissensgesellschaft. Ein neues Konzept zur Erschließung der deutsch-deutschen Zeitgeschichte?, in: Hans Günter Hockerts (Hg.), Koordinaten deutscher Geschichte in der Epoche des Ost-West-Konflikts, München 2003, S. 277-305; Jakob Vogel: Von der Wissenschafts- zur Wissensgeschichte.
[4] Jasanoff: The Fifth Branch, S. 8.

cherheit" und dem „Management von Unwissen" auszugehen als vom Wissen, das zwar zunahm, aber Entscheidungen nur unzureichend fundieren konnte.[5]

Außenpolitisch verfolgten die westeuropäischen Länder und die USA in der Ölkrise sowohl bilaterale als auch multilaterale Strategien, wobei die Möglichkeiten der US-Regierung zu einer eigenständigen Energieaußenpolitik ungleich größer waren als die der Bundesregierung oder anderer europäischer Länder. Anstatt sich auf bilaterale Verhandlungen mit den Förderländern zu konzentrieren, verfolgten Nixon und Kissinger jedoch eine multilaterale Strategie. Dies unterschied sie von europäischen Ländern wie Frankreich und Großbritannien, die stärker auf die Sicherung der Energieversorgung durch bilaterale Verhandlungen mit einzelnen Förderländern setzten. Es wäre jedoch verfehlt, die Differenz zwischen bi- und multilateralen Strategien als Differenz zwischen internationaler Kooperation und nationalem Eigeninteresse zu konstruieren, wie das zeitgenössisch und in der Forschung häufig getan wurde.[6] In der souveränitätspolitischen Herausforderung der Ölkrise nutzten alle Regierungen beide Optionen in je verschiedenen Mischungsverhältnissen, um ihre jeweiligen nationalen Ziele zu erreichen. Die französische Regierung als schärfste Verfechterin bilateraler Verhandlungen strebte zugleich nach multilateraler Kooperation im Rahmen der EG, und Kissinger als Advokat der internationalen Kooperation verhandelte unterdessen bilateral mit Saudi-Arabien. Grundsätzlich zeigte sich an vielen Stellen, dass die Länder immer dort zum Souveränitätsverzicht in internationalen Kooperationen oder auch Organisationen wie der Internationalen Energieagentur bereit waren, wo sie sich davon Souveränitätsgewinne an anderer Stelle versprachen. Zugleich handelte es sich bei diesen Verhandlungen immer auch um symbolische Politik, da dem Begriff der Souveränität notwendigerweise eine soziale Komponente innewohnt; souverän kann nur sein, wer auch als souverän anerkannt wird. Daher musste Souveränität in global vernetzten, medialen Ensembles kommuniziert werden, deren Eigenlogik sich der Kontrolle durch nationale Regierungen weitgehend entzog.

Angesichts der Ambivalenz und Flexibilität, mit der die Regierungen in den USA und Westeuropa auf die Ölkrise reagierten und sowohl in nationalen wie in internationalen Strukturen versuchten, ihre energiepolitische Souveränität zu sichern, verbietet es sich, die Ölkrise in ein eindeutiges Souveränitätsnarrativ einzuordnen. Anders als viele Zeitgenossen befürchteten, waren die Souveränitätsgewinne der Förderländer im Rohstoffbereich nicht der Beginn eines kontinuierlichen Niedergangs des Westens.[7] Genauso wenig manifestierte die Ölkrise den aufgrund der zunehmenden ökonomischen Interdependenz unwiederbringlichen Niedergang des Nationalstaats gegenüber größeren Organisationseinheiten oder

---

[5] Jerome R. Ravetz: Uncertainty, Ignorance and Policy, in: Harvey Brooks/Chester L. Cooper (Hg.), Science for public policy, Oxford 1987, S. 77-89; Christoph Engel/Jost Halfmann/Martin Schulte (Hg.): Wissen – Nichtwissen – unsicheres Wissen, Baden-Baden 2002; Wildavsky/Tenenbaum: Politics of Mistrust.
[6] Siehe zum Beispiel Venn: International Co-operation versus National Self-Interest.
[7] Friedland/Seabury/Wildavsky: Oil and the Decline of Western Power; W. Levy: Oil and the Decline of the West, in: Foreign Affairs 58,5 (1980), S. 999-1015.

den Triumph der multinationalen Konzerne über die Nationalstaaten. Derartige Thesen sind auch deshalb wenig ertragreich, weil sie die Geschichte der Souveränität als Geschichte einer Eigenschaft konzipieren, die Staaten haben können oder nicht. Produktiver ist es demgegenüber, Souveränität als einen politischen Anspruch zu begreifen, der erhoben, anerkannt, in Frage gestellt oder negiert werden kann. Die Ölkrise war in dieser Perspektive ein besonders augenfälliger Ereigniskomplex, in dem sich die zentralen politischen und ökonomischen Konfliktlinien der Zeit kreuzten und der sich fortan zur Begründung verschiedener souveränitätsgeschichtlicher Ansprüche und Positionen eignete. Ökonomen und Firmenvertretern diente die Ölkrise als Beleg, dass der Staat sich zurückziehen und ein möglichst investitions- und explorationsfreundliches Klima schaffen müsse; die Umweltbewegungen sahen sie als Vorwegnahme einer künftigen Ressourcenverknappung, die staatlichem Handeln enge Grenzen setzen würde; Politikwissenschaftlern wie Robert Keohane und Joseph Nye diente sie als Indikator für das Ende der US-Hegemonie, Robert W. Tucker und den New Sovereigntists hingegen als Ansporn, die US-Hegemonie gerade auch in Zukunft wieder intensiver zu behaupten. Diese und andere Deutungen implizierten immer verschiedene Zukunftskonzeptionen, und ihre Plausibilität hing und hängt folglich davon ab, wo wir uns innerhalb dieser Zukunftshorizonte jeweils befinden. Sich für ein souveränitätsgeschichtliches Narrativ wie das der Abnahme beziehungsweise des Endes der Souveränität zu entscheiden, bedeutet zugleich, die multiple Ausdeutbarkeit der Ölkrise aus dem Blick zu verlieren, die doch gerade ihre Bedeutung ausmachte und sie zu einem zentralen Ereignis der 1970er Jahre werden ließ, das in keiner Überblicksdarstellung fehlt.

Wie eingangs referiert, gelten die 1970er Jahre in der Zeitgeschichtsforschung als wichtige Transformationsphase: von den Jahrzehnten des Booms, dem goldenen Zeitalter, zur ökonomischen Krise, von einem Zeitalter der unbegrenzten Möglichkeiten zur Erkenntnis von Grenzen beziehungsweise vom gestaltungseuphorischen Planungsdenken zum pragmatischen Krisenmanagement. Die Begründung dieser Epochenkonstruktion erfolgt meist auch mit einem Verweis auf die Ölkrise und die Energieproblematik. Zumindest dies erweist sich aber vor dem Hintergrund der vorangegangenen Untersuchung der energiepolitischen Veränderungen in den USA und Westeuropa als fragwürdig. Mit der Ölkrise sank der Planungs- und Gestaltungseifer im Energiebereich nicht, sondern er nahm im Gegenteil schlagartig zu; immer mehr verschiedene Energiezukünfte wurden denkbar, und Planungen wie Prognosen weiteten sich sowohl räumlich als auch zeitlich aus. Dieser Prozess ist weder als „Ernüchterung" zu beschreiben noch als „Ende der Zuversicht", sondern die Desillusionierung war vielmehr ein Topos, der in der politischen Auseinandersetzung dazu dienen sollte, bestimmte Positionen zu begründen und andere zu delegitimieren. Wachstumskritik wurde zwar populärer, blieb aber gesamtgesellschaftlich marginal und bestimmt bis heute nirgendwo die politische Praxis. Vielmehr steht zumindest seit den 1970er Jahren die Erwartung einer kommenden Ölverknappung mit verheerenden Folgen der Auffassung gegenüber, dass es auf absehbare Zeit ausreichend Öl geben werde, sofern die Kräfte des Markts nur frei walten können. In Abhängigkeit von der Höhe des Ölpreises finden mal die Vertreter der einen und mal die der anderen Position mehr Gehör, so dass Ulf Lantzkes 1984 formulierte Einschätzung noch immer zutrifft: „Over the past ten years, the public has been presented with an analytical roller coaster where oil crises have alternated with oil gluts."[8] Die energiepolitischen Probleme, die in der Ölkrise 1973/74 deutlich sichtbar und fortan intensiv diskutiert wurden, beschäftigen uns bis heute und wurden durch die Dimension des Klimawandels nur noch einmal verschärft. Wie in vielen anderen Bereichen von den Sozialversicherungssystemen über die Technologieentwicklung bis zur Popmusik erscheinen auch hier die 1960er Jahre als weit entfernte Vergangenheit, während sich in der zweiten Hälfte der 1970er Jahre gegenwärtige Probleme und Perspektiven abzeichnen. Wenngleich die bisherigen Konstruktionen der Transformation in energiegeschichtlicher Hinsicht also ergänzungs- und differenzierungsbedürftig sind, ist es nicht unplausibel, den Beginn unserer Zeit in der ersten Hälfte der 1970er Jahre zu lokalisieren.

---

[8] Ulf Lantzke: Energy Policies in Industrialized Countries. An Evaluation of the Past Decade, in: Antoine Ayoub (Hg.), Le Marché pétrolier international dix ans après la crise de 1973. Bilan et perspectives, Québec 1984, S. 15–22, hier S. 15.

Abbildungsverzeichnis

Abbildung 1, S. 2: Halliburton-Werbung, in Petroleum Panorama: Commemorating 100 years of Petroleum Progress, The Oil and Gas Journal 57.5 (1959), Umschlaginnenseite.

Abbildung 2, S. 29: Ferdinand Mayer: Erdöl-Weltatlas. Hamburg-Braunschweig: Westermann, 1966, © Westermann, Bildungshaus Schulbuchverlage, Braunschweig

Abbildung 3, S. 115: Yamani verlässt den Kennedy Airport am 3. Dezember 1973, New York Daily News, © getty images.

Abbildung 4, S. 184: Time Magazine, 21.1.1974, Titelblatt.

Abbildung 5, S. 362: Lincoln, George A.: Energy Security. New Dimension for US Policy, in: Air Force Magazine 56,11 (1973), S. 49–55, S. 51.

Abkürzungsverzeichnis

AA – Auswärtiges Amt
AAPG – American Association of Petroleum Geologists
AdsD – Archiv der Sozialen Demokratie
AIME – American Institute of Mining and Metallurgical Engineers
AIOC – Anglo-Iranian Oil Company
ANF – Archives Nationales de France
API – American Petroleum Institute
Aramco – Arabian-American Oil Company
AUGE – Arbeitsgruppe Umwelt, Gesellschaft, Energie
BArch – Bundesarchiv
BDI – Bundesverband der Deutschen Industrie
BM – Bundesminister
BMWF – Bundesministerium für Wissenschaft und Forschung
BMWi – Bundesministerium für Wirtschaft
BP – British Petroleum
CBS – Columbia Broadcating Systems
CDU – Christlich Demokratische Union Deutschlands
CFP – Compagnie Française des Pétroles
CIA – Central Intelligence Agency
CSU – Christlich-Soziale Union in Bayern
DEMINEX – Deutsche Mineralölexplorationsgesellschaft mbH
DIW – Deutsches Institut für Wirtschaftsforschung, Berlin
DNSA – Digital National Security Archive
EG – Europäische Gemeinschaften
EGKS – Europäische Gemeinschaft für Kohle und Stahl
EPZ – Europäische Politische Zusammenarbeit
ERP – European Recovery Program
Euratom – Europäische Atomgemeinschaft
EWG – Europäische Wirtschaftsgemeinschaft
EWI – Energiewirtschaftliches Institut an der Universität Köln
FES – Friedrich Ebert Stiftung
IEA – International Energy Agency
IEP – International Energy Program
KIWZ – Konferenz für Internationale Wirtschaftliche Zusammenarbeit
KSZE – Konferenz für Sicherheit und Zusammenarbeit in Europa
LCL – Lafayette College Libraries
MEES – Middle East Economic Survey
MIT – Massachusetts Institute of Technology
mph – miles per hour
NARA – National Archives and Records Administration
NA UK – National Archives of the United Kingdom

NBC – National Broadcasting System
NSSM – National Security Study Memorandum
OAPEC – Organization of Arab Petroleum Exporting Countries
OECD – Organization of Economic Cooperation and Development
OEEC – Organization for European Economic Cooperation
OPEC – Organization of Petroleum Exporting Countries
PIES – Project Independence Evaluation System
PLO – Palestinian Liberation Organization
RGW – Rat für gegenseitige Wirtschaftshilfe
RWI – Rheinisch-Westfälisches Institut für Wirtschaftsforschung
SKE – Steinkohleeinheiten
Socal – Standard Oil of California
SPE – Society of Petroleum Engineers
StS – Staatssekretär
UdSSR – Union der Sozialistischen Sovjetrepubliken
UNCTAD – United Nations Conference on Trade and Development
UNIDO – Generalkonferenz der UN für industrielle Entwicklung und Zusammenarbeit
USD – United States Dollar
USGS – United States Geological Survey
WAES – Workshop on Alternative Energy Strategies

Quellen- und Literaturverzeichnis

Archivquellen

Bundesarchiv, Koblenz (BArch)
Bundeskanzleramt (B 136)
Bundesministerium für Wirtschaft (B 102)
Bundesministerium der Finanzen (B 126)
Bundesministerium für Post und Telekommunikation (B 257)
Bundespresseamt (B 145)
Bundesministerium für Bildung und Wissenschaft (B 138)
Bundesanstalt für Geowissenschaften und Rohstoffe (B 176)
Bundesministerium für Verkehr (B 108)

Politisches Archiv des Auswärtigen Amtes, Berlin (PA AA)
Ministerbüro (B 1)
Büro Staatssekretäre (B 2)
Naher Osten und Nordafrika, Referat 310/311 (B 36)
Internationale Energiepolitik, Referat 405 (B 71)
Dokumente für die Akten zur Auswärtigen Politik der Bundesrepublik Deutschland (B 150)

The National Archives of the United Kingdom (NA UK)
Prime Minister's Office (PREM)
Cabinett Office Files (CAB)
Foreign and Commonwealth Office (FCO)
Records created or inherited by the Ministry of Power, and of related bodies (POWE)
Records created or Inherited by the Department of Energy, 1920-2003 (EG)
Records created or inherited by HM Treasury (T)
Records created or inherited by the Department of Technical Co-operation, and of successive Overseas Development bodies (OD)

National Archives and Records Administration, College Park/MD (NARA)
Department of State (RG 59)
Department of the Trasury (RG 56)
Department of the Interior (RG 48)
Film Archive

Nixon Library, Yorba Linda/Calif. [vorher College Park] (NARA, Nixon Library)
Henry A. Kissinger, Telephone Conversations (HAK Telcons)
National Security Council, Country Files (NSC, Country Files)
National Security Council, Henry A. Kissinger Office Files (NSC, HAK Office Files)
National Security Council, Institutional Files (NSC, Inst. Files)
National Security Council, Institutional Files, Senior Review Group (NSC, Inst. Files, SRG)
National Security Council, Institutional Files, Washington Special Action Group (NSC, Inst. Files, WSAG)
National Security Council, Presidential Correspondence (NSC, Pres. Correspondence)
National Security Council, Subject Files (NSC, Subject Files)
National Security Council, VIP Visits, (NSC, VIP Visits)
White House Central Files, Special Files (WHCF, Special Files)
White House Central Files, Staff Member and Office Files (WHCF, SMOF)
White House Central Files, Staff Member and Office Files, Energy Policy Office (WHCF, SMOF, EPO)
White House Special Files, President's Office Files (WHSF, Pres. Office Files)

White House Special Files, President's Personal Files (WHSF, Pres. Pers. Files)
White House Special Files, Staff Member and Office Files (WHSF, SMOF)

Digital National Security Archive (DNSA)
Kissinger Telephone Conversations (KA)
Kissinger Transcripts (KT)

Central Intelligence Agency. Freedom of Information Act Electronic Reading Room (CIA)
President Nixon and the Role of Intelligence in the 1973 Arab-Israeli War (Nixon Intelligence)

Lafayette College Libraries, Easton/Pa (LCL)
William E. Simon Papers (WSP)

Archives Nationales de France, Fontainbleau (ANF)
Service du Premier Ministre. Comité interministériel pour les questions de coopération économique
EuropéenneService du Premier Ministre. Commissariat Général du Plan

Veröffentlichte Quellen und Literatur

A Fitzgerald Hero in Washington, Time Magazine (21. 1. 1974), S. 27.
A Fresh Arabian Blend of Oil and Politics, Newsweek (10. 9. 1973), S. 36.
A Staff Analysis Prepared at the Request of Henry M. Jackson, Chairman, Committee on Interior and Insular Affairs, United States Senate. Pursuant to S. Res. 45, a National Fuels and Energy Policy Study, Serial No. 93-19 (92-54), Washington 1973, in: Perspectives on the energy crisis. 2 Bde., Ann Arbor/Mich. 1977, S. 149-164.
Abelshauser, Werner: Deutsche Wirtschaftsgeschichte seit 1945, München 2004.
Adelman, Morris Albert/Lynch, Michael C.: Fixed View of Resource Limits Creates Undue Pessimism, in: Oil and Gas Journal 95, April (1997), S. 56-60.
Adelman, Morris Albert: Is the Oil Shortage Real? Oil Companies as OPEC Tax Collectors, in: Foreign Policy 9 (1972/73), S. 69-107.
ders.: My education in Mineral (especially Oil) Economics, in: Annual Review of Energy and the Environment 22 (1997), S. 13-46.
ders.: Politics, Economics, and World Oil, in: The American Economic Review 64,No. 2: Papers and Proceedings (1974), S. 58-66.
ders.: Population Growth and Oil Resources, in: Quarterly Journal of Economics 89,2 (1975), S. 271-275.
ders.: The Genie out of the Bottle. World Oil since 1970, Cambridge/Mass. 1995.
ders.: The World Petroleum Market, Baltimore 1972.
ders.: World oil production & prices 1947-2000, in: The Quarterly Review of Economics and Finance 42 (2002), S. 169-191.
Akins, James E.: International Cooperative Efforts in Energy Supply, in: Annals of the American Academy of Political and Social Science 410 (1973), S. 75-85.
ders.: The Nature of the Crisis in Energy, in: Journal of Petroleum Technology 24, December (1972), S. 1479-1483.
ders.: The Oil Crisis. This Time the Wolf Is Here, in: Foreign Affairs 51, April (1973), S. 462-490.
ders.: Saudis serious on using oil exports to alter U.S. policy, in: Oil and Gas Journal 71,41 (1973), S. 37.
Allen, Edward Lawrence: Energy and Economic Growth in the United States, hg. v. Institute for Energy Analysis. Oak Ridge Associated Universities, Cambridge/Mass. 1979 (The institute for energy analysis and the MIT press perspectives in energy series, 2).
Al-Sowayegh, Abdulaziz: Arab Petropolitics, London/Canberra 1984.

Altenburg, Cornelia: Kernenergie und Politikberatung. Die Vermessung einer Kontroverse, Wiesbaden 2010.
Altman, Lawrence K.: Doctors Support Nixon on Cooler Homes, The New York Times (9.11.1973).
American Petroleum Institute: Facts About Oil, o.O. [1971].
American Petroleum Institute: Petroleum. Facts and Figures, New York 1928.
Amuzegar, Jahangir: The North-South Dialogue: From Conflict to Compromise, in: Foreign Affairs 54,3 (1976), S. 547-562.
ders.: Not Much Aid and Not Enough Trade: Cloudy Prospects in North-South Relations, in: Third World Quarterly 1,1 (1979), S. 50-64.
ders.: The Oil Story. Facts, Fiction, and Fair Play, in: Foreign Affairs 51 (1973), S. 676-689.
ders.: OPEC in the Context of the Global Power Equation, in: Denver Journal of International Law and Policy 4 (1974), S. 221-228.
ders.: A Requiem for the North-South Conference, in: Foreign Affairs 56,1 (1977), S. 136-159.
An Atlantic Energy Program, The Washington Post (14.2.1974).
Anderson, Jack: Nixon doesn't practice what he preaches, Hamilton Ohio Journal News (26.11.1973).
Ang, Adrian U-Jin/Peksen, Dursun: When do Economic Sanctions Work? Asymmetric Perceptions, Issue Salience, and Outcomes, in: Political Research Quarterly 60 (2007), S. 135-145.
Anghie, Antony: Imperialism, Sovereignty and the Making of International Law, Cambridge 2005.
Arab oil embargo deserves consideration (Editorial), in: Oil and Gas Journal 71,44 (1973), S. 47.
„Auf König Feisal können Sie sich verlassen". Saudi-Arabiens Ölminister Ahmed Saki el-Jamani über die arabische Ölstrategie, Der Spiegel (3.12.1973), S. 35-44.
Auge, Benjamin: Genèse de la première crise pétrolière (1970-1974). Master d'Histoire contemporaine spécialité «Historie des Sociétés et des Economies Industrielles en Europe» sous la direction de M. Jean-Claude Daumas, Université de Franche-Comté 2005-2006.
Ayoub, Antoine (Hg.): Le Marché pétrolier international dix ans après la crise de 1973. Bilan et perspectives, Québec 1984 (Groupe de recherche en économie de l'énergie et des ressources naturelles (GREEN).
Bacevich, Andrew J.: The Limits of Power. The End of American Exceptionalism, New York 2008.
Baker, Donald P./Wolhowe, Cathe: Drivers Ignore Fuel-Saving Advice, The Washington Post (9.11.1973).
Baker, Russell: The Less Oleaginous Life, The New York Times (27.11.1973).
Baldwin, David A.: Economic statecraft, Princeton/N.J. 1985.
Bamberg, James: The History of the British Petroleum Company, 3 Bde., Cambridge 1983-2000.
ders.: The History of the British Petroleum Company, Bd. 3: British Petroleum and Global Oil 1950-1975: The Challenge of Nationalism, Cambridge 2000.
Bange, Oliver/Niedhardt, Gottfried (Hg.): Helsinki 1975 and the Transformation of Europe, Oxford/New York 2008.
Banks, Ferdinand E.: Beautiful and not so beautiful minds. An introductory essay on economic theory and the supply of oil, in: OPEC Review, März (2004), S. 27-62.
ders.: Energy economics. A modern introduction, Boston 2000.
ders.: Resources and energy. An economic analysis, Lexington/Mass. 1983.
ders.: The Political economy of oil, Lexington/Mass. 1980.
ders.: The political economy of world energy. An introductory textbook, New Jersey 2007 (World Scientific series on energy and resource economics, 2).
Barber, James: Economic Sanctions as a Policy Instrument, in: International Affairs 55 (1979), S. 367-384.
Barnett, Harold J.: The Changing Relation of Natural Resources to National Security, in: Economic Geography 34,3 (1958), S. 189-201.
Bartoletto, Silvana: Patterns of Energy Transitions. The Long-Term Role of Energy in the Economic Growth of Europe, in: Past and Present Energy Societies. How Energy Connects Politics, Technologies and Cultures, hg. v. Nina Möllers und Karin Zachmann, Bielefeld 2012, S. 305-330.

Basalla, George: Energy and Civilization, in: Science, technology and the human prospect. Proceedings of the Edison Centennial Symposium, hg. v. Chauncey Starr und Philip C. Ritterbush, New York u. a. 1980, S. 39-52.
ders.: Some Persistent Energy Myths, in: Energy and Transport. Historical Perspectives on Policy Issues, hg. v. Daniels George H. und Mark H. Rose, o.O. 1982, S. 27-38.
Basile, Paul S.: Energy Demand Studies, Major Consuming Countries. Analyses of 1972 Demand and Projections of 1985 Demand. First Technical Report of the Workshop on Alternative Energy Strategies (WAES), 2. Aufl., Cambridge/Mass. 1977.
Bates, Brainerd S.: The Crimson Tide, in: Aramco World 23,2 (1972), S. 12-14.
Bayerisches Staatsministerium für Wirtschaft und Verkehr: Energieprogramm I. Grundlinien zu einem Energieprogramm für Bayern, [München 1973].
Beaubouef, Bruce Andre: The strategic petroleum reserve. US energy security and oil politics, 1975-2005, College Station/Tex. 2007.
Beaudreau, Bernard C.: Energy and the Rise and Fall of Political Economy, Westport/Conn. 1999.
Bell, Daniel: The Coming of Post-Industrial Society. A Venture in Social Forecasting, New York 1976.
Beltran, Alain (Hg.): Oil producing countries and oil companies. From the nineteenth century to the twenty-first century, Bern/Oxford 2011.
Beltran, Alain: Orientation Bibliographique. L'Énergie depuis 1973, in: Bulletin de l'Institut d'Histoire du Temps Présent 45 (1991), S. 27-54.
Bender, Peter: Die „Neue Ostpolitik" und ihre Folgen. Vom Mauerbau bis zur Vereinigung, München 1995.
Berger, Marilyn: Jobert Calls Talks a ‚Pretext', The Washington Post (14. 2. 1974).
dies.: Nixon Links Security, Fuel, The Washington Post (12. 2. 1974).
Bergsten, C. Fred/Keohane, Robert O./Nye, Joseph S.: International Economics and International Politics: A Framework for Analysis, in: International Organization 29,1 (1975), S. 3-36.
Bergsten, C. Fred: Interdependence and the Reform of International Institutions, in: International Organization 30,2 (1976), S. 361-372.
ders.: The Threat from the Third World, in: Foreign Policy 11, Summer (1973), S. 102-124.
ders.: The Threat Is Real, in: Foreign Policy 14, Spring (1974), S. 84-90.
Berreby, Jean-Jacques: Le pétrole dans la stratégie mondiale, Paris 1974.
Bess, Michael: The light-green society. Ecology and technological modernity in France, 1960-2000, Chicago 2003.
Bethkenhagen, Jochen: Bedeutung und Möglichkeiten des Ost-West-Handels mit Energierohstoffen, Berlin 1975 (Deutsches Institut für Wirtschaftsforschung (DIW) Sonderheft, 104).
Biersteker, Thomas J./Weber, Cynthia: The social construction of state sovereignty, in: State sovereignty as social construct, hg. v. dens., Cambridge 1996, S. 1-21.
Bischoff, Gerhard/Gocht, Werner (Hg.): Das Energiehandbuch, Braunschweig 1970.
dies. (Hg.): Das Energiehandbuch, 2. Aufl., Braunschweig 1976.
Blackstone, Tessa/Plowden, William: Inside the Think Tank. Advising the Cabinet 1971-1983, London 1988.
Blair, David J./Summerville, Paul A.: Oil Import Security. The Cases of Japan and Great Britain, o.O. 1983 (PSIS Occasional Papers, 4).
Bloed, Arie: The Conference on Security and Co-operation in Europe. Analysis and basic documents, 1972-1993, Dordrecht 1993.
ders.: The Conference on Security and Co-operation in Europe. Basic Documents, 1993-1995, Den Haag 1997.
Blondel, F./Lasky, S. G.: Mineral reserves and mineral resources, in: Economic Geology 51,7 (1956), S. 686-697.
Böckenförde, Ernst-Wolfgang: Die Bedeutung der Unterscheidung von Staat und Gesellschaft im demokratischen Sozialstaat der Gegenwart [1972], in: Staat, Gesellschaft, Freiheit. Studien zur Staatstheorie und zum Verfassungsrecht. 1. Aufl., Frankfurt am Main 1976, S. 185-220.
ders.: Die Entstehung des Staates als Vorgang der Säkularisation [1967], in: Staat, Gesellschaft, Freiheit. Studien zur Staatstheorie und zum Verfassungsrecht. 1. Aufl., Frankfurt am Main 1976, S. 42-64.

Bösch, Frank: Umbrüche in die Gegenwart. Globale Ereignisse und Krisenreaktionen um 1979, in: Zeithistorische Forschungen/Studies in Contemporary History, Online-Ausgabe 9,1 (2012).

Boulding, Kenneth E.: The Economics of Space-ship Earth [1966], in: Collected Papers of Kenneth E. Bolding, Bd. 2: Economics, hg. v. Fred R. Glahe, Boulder/Colo. 1971, S. 383-394.

ders.: The Social System and the Energy Crisis, in: Science 184,4134 (1974), S. 255-257.

Boumediene, Houari: Address to the General Assembly of the UN, in: Sixth Special Session. Plenary Meetings. Verbatim Records of Meetings 9 April-2 May 1974, 2208th Plenary Meeting, 10 April 1974, hg. v. United Nations. General Assembly, New York 1976, S. 1-11.

Bowden, Gary: The Social Construction of Validity in Estimates of US Crude Oil Reserves, in: Social Studies of Science 15 (1985), S. 207-240.

BP AG: Buch vom Erdöl. Eine Einführung in die Erdölindustrie, Hamburg [1959].

BP AG: Energie 2000. Tendenzen und Perspektiven, o.O. 1977.

Brandt, Willy: Address to the United Nations General Assembly. 2128th Plenary Meeting, 26 September 1973, in: Twenty-Eighth Session. Plenary Meetings. Verbatim Records of Meetings 18 September-18 December 1973 and 16 September 1974, hg. v. United Nations. General Assembly, New York 1983, S. 1-5.

Brandt, Willy: Ansprache zum Jahreswechsel 1973/74, in: Bulletin des Presse- und Informationsamts der Bundesregierung 1 (1974), S. 5-6.

ders.: Ein Volk der guten Nachbarn. Außen- und Deutschlandpolitik 1966-1974, hg. v. Frank Fischer, Bonn 2005 (Berliner Ausgabe, 6).

ders.: Mehr Demokratie wagen. Innen- und Gesellschaftspolitik 1966-1974, hg. v. Wolther von Kieseritzky, Bonn 2001 (Berliner Ausgabe, 7).

Brobst, Donald A./Pratt, Walden P. (Hg.): United States Mineral Resources, Washington D.C. 1973 (United States Geological Survey Professional Papers, 820).

Brooks, Stephen G./Wohlforth, William Curti: World out of Balance. International Relations and the Challenge of American Primacy, Princeton 2008.

Brown, Seyom: New Forces in World Politics, Washington 1974.

Brüggemeier, Franz-Josef/Engels, Jens Ivo: Den Kinderschuhen entwachsen. Einleitende Worte zur Umweltgeschichte der zweiten Hälfte des 20. Jahrhunderts, in: Natur- und Umweltschutz nach 1945. Konzepte, Konflikte, Kompetenzen, hg. v. dens., Frankfurt am Main 2005, S. 10-22.

Bull, Hedley: Arms Control and World Order, in: International Security 1 (1976), S. 3-16.

Bundesministerium für Forschung und Technologie: Programm Energieforschung und Energietechnologien. 1977-1980, Bonn 1977.

Bundesministerium für Forschung und Technologie: Rationelle Energieverwendung. Statusbericht 1978. Teil 1 und 2, Bonn 1978.

Burchard, Hans-Joachim: Der Souveränitätswechsel beim Erdöl, in: Außenpolitik 25 (1974), S. 447-460.

ders.: Methoden und Grenzen der Energieprognosen, Hamburg 1968.

ders.: Prognosen und Wirklichkeit, in: Energie, Beschäftigung, Lebensqualität, hg. v. Wilhelm Dröscher, Klaus-Detlef Funke und Ernst Theilen, Bonn-Bad Godesberg 1977, S. 281-282.

Bussauer Manifest zur umweltpolitischen Situation, in: Scheidewege. Vierteljahresschrift für skeptisches Denken 5 (1975), S. 469-486.

Buttel, Frederick H.: Social Structure and Energy Efficiency. A Preliminary Cross-National Analysis, in: Human Ecology 6,2 (1978), S. 145-164.

Butterfield, Fox: Saudi Says Oil-Price Cut Must Be Joint Arab Step, The New York Times (29.1.1974).

Buzan, Barry/Hansen, Lene (Hg.): International Security, Bd. III: Widening Security, Los Angeles u. a. 2007.

Cairncross, Frances/McRae, Hamish: The Second Great Crash. How the Oil Crisis Could Destroy the World's Economy, Bungay 1975.

Caldwell, Lynton K.: Energy and the Structure of Social Institutions, in: Human Ecology 4,1 (1976), S. 31-45.

Camilleri, Joseph A./Falk, Jim: The End of Sovereignty? The Politics of a Shrinking and Fragmenting World, Aldershot 1992.

Campbell, Colin J.: Oil Crisis, Brentwood 2005.
ders.: The Coming Oil Crisis, Essex 1997.
Campbell, John C./Carmoy, Guy de/Kondo, Shinichi: Energy: The Imperative for a Trilateral Approach. A Report of the Task Force on the Political and International Implications of the Energy Crisis to the Executive Committee of the Trilateral Commission, Brüssel 1974.
Campbell, John C.: Oil Power in the Middle East, in: Foreign Affairs 56,1 (1977), S. 89-110.
Cannon, Lou: Nixon Flies West On Commercial Jet, The Washington Post (27. 12. 1973).
ders.: Nixon Returns to Capital in Small Military Jet, The Washington Post (13. 1. 1974).
Carmoy, Guy de: French Energy Policy, in: After the Second Oil Crisis: Energy Policies in Europe, America, and Japan, hg. v. Wilfrid L. Kohl, Lexington/Mass. 1982, S. 113-136.
Carter, D. V. (Hg.): The History of Petroleum Engineering. American Petroleum Institute, Dallas 1961.
Casser, Eckhard u. a.: Grundlagen und Ziele für eine gemeinsame Energiepolitik im norddeutschen Raum und Berlin. Gutachten im Auftrage der Konferenz der Wirtschaftsminister/-senatoren der Länder Bremen, Hamburg, Niedersachsen, Schleswig-Holstein und Berlin, Berlin 1978.
Castillo, Greg: Domesticating the Cold War. Household Consumption as Propaganda in Marshall Plan Germany, in: Journal of Contemporary History 40,2 (2005), S. 261-288.
Central Intelligence Agency: The International Energy Situation. Outlook to 1985, Washington 1977.
Cetron, Marvin J./Coates, Vary T.: Energy and Society, in: Proceedings of the Academy of Political Science 31,2 (1973), S. 33-40.
Chamberlain, Waldo/Hovet, Thomas/Hovet, Erica: A Chronology and Fact Book of the United Nations 1941-1976, Dobbs Ferry/N.Y. 1976.
Chandler, Geoffrey: The Innocence of Oil Companies, in: Foreign Policy 27, Summer (1977), S. 52-70.
Chevalier, Jean-Marie: Le nouvel enjeu pétrolier, Paris 1973.
Chick, Martin: Electricity and energy policy in Britain, France and the United States since 1945, Cheltenham 2007.
ders.: The Risks, Costs and Benefits of Importing Oil. Fuel Import Policy in Britain, France and the United States since 1945, in: Oil producing countries and oil companies. From the nineteenth century to the twenty-first century, hg. v. Alain Beltran, Bern/Oxford 2011, S. 65-83.
Childs, William R.: The Texas Railroad Commission. Understanding regulation in America to the mid-twentieth century, 1. Aufl., College Station 2005 (Kenneth E. Montague series in oil and business history, 17).
Choucri, Nazli: International Politics of Energy Interdependence. The Case of Petroleum, Lexington/Mass. 1976.
Citizens' Advisory Committee on Environmental Quality: Citizen Action Guide to Energy Conservation, Washington 1973.
Clark, James A.: The Energy Revolution, in: The History of Petroleum Engineering, hg. v. D. V. Carter, Dallas 1961, S. 1-14.
Clark, John G.: The political economy of world energy. A twentieth-century perspective, New York 1990.
Cleveland, Harlan: World Energy and US Leadership, in: Atlantic Community Quarterly 13,1 (1975), S. 26-45.
Cochet, Yves: Pétrole apocalypse, Paris 2005.
Cole, John Peter: Geography of world affairs, 5. Aufl., Harmondsworth/New York 1979.
Coll, Steve: Gusher. The power of ExxonMobil, The New Yorker (9. 4. 2012), S. 28-37.
ders.: Private Empire. ExxonMobil and American Power, New York 2012.
Comité professionnel du pétrole: Pétrole 1969. Elements statistiques. Activité de l'industrie pétrolière, [Paris] [1970].
Comité professionnel du pétrole: Pétrole 73. Éléments statistiques. Activité de l'industrie pétrolière, [Paris] [1974].
Comité professionnel du pétrole: Pétrole 74. Éléments statistiques. Activité de l'industrie pétrolière, [Paris] [1975].

Commissariat Général du plan. Commission de l'Énergie et des Matières Premières du VIIIe Plan: Rapport sur les bilans de la politique énergétique de 1973 à 1978, Paris [1979].
Commission d'Enquête Parlementaire: Sur les Sociétés Pétrolières Opérant en France, Paris 1974.
Commoner, Barry: The poverty of power. Energy and the economic crisis, New York 1976.
Conant, Melvin A./Gold, Fern R.: Geopolitics of Energy. Printed at the request of Henry M. Jackson, Chairman of the Committee on Interior and Insular Affairs, United States Senate, Washington D.C. 1977 (Energy publication, 95-1).
Congressional Research Service, Library of Congress: Oil Fields as Military Objectives. A Feasibility Study. Prepared for the Special Subcommittee on Investigations of the House International Relations Committee, Washington D.C. 1975.
Constant, Edward: Cause or consequence: science, technology, and regulatory change in the oil business in Texas, 1930-1975, in: Technology and Culture 30 (1989), S. 426-455.
ders.: Science in Society. Petroleum Engineers and the Oil Fraternity in Texas 1925-65, in: Social Studies of Science 19 (1989), S. 439-472.
ders.: State Management of Petroleum Resources. Texas, 1910-1940, in: Energy and Transport. Historical Perspectives on Policy Issues, hg. v. George H. Daniels und Mark H. Rose, Beverly Hills 1982, S. 157-175.
Conze, Eckart: Sicherheit als Kultur. Überlegungen zu einer ‚modernen Politikgeschichte' der Bundesrepublik Deutschland, in: Vierteljahrshefte für Zeitgeschichte 53 (2005), S. 357-380.
Conze, Werner: Sicherheit, Schutz, in: Geschichtliche Grundbegriffe. Bd. 5, hg. v. Otto Brunner, dems. und Reinhart Koselleck, Stuttgart 1984, S. 831-862.
Cook, Earl: The Flow of Energy in an Industrial Society, in: Scientific American 224,3 (1971), S. 134-147.
ders.: Undiscovered or Undeveloped Crude Oil ‚Resources' and National Energy Strategies, in: Methods of estimating the volume of undiscovered oil and gas resources, hg. v. John D. Haun, Tulsa/Okla. 1975 (Studies in geology, 1), S. 97-106.
Cooper, Richard N.: A New International Economic Order for Mutual Gain, in: Foreign Policy 26 (1977), S. 66-120.
ders.: Natural resources and national security, in: Resources Policy 2, June (1975), S. 192-203.
Corrigendum zum Energiegutachten von 1961, in: Vierteljahrsheft des Deutschen Instituts für Wirtschaftsforschung (1966), S. 179-199.
Cowan, Edward: A Saudi Threat on Oil Reported. Minister is Said to Predict Production Slash if U.S. Resupplies Israel, The New York Times (16. 10. 1973).
ders.: Energy Volunteerism, The New York Times (9. 11. 1973).
ders.: Politics and Energy, The New York Times (27. 11. 1973).
Craft, Benjamin Cole/Hawkins, Murray F.: Applied Petroleum Reservoir Engineering, Englewood Cliffs/N.J. 1959.
Crozier, Michel/Watanuki, Jōji/Huntington, Samuel P.: The Crisis of Democracy. Report on the Governability of Democracies to the Trilateral Commission, New York 1975.
Crude (Regie : Joe Berlinger, 2009).
Czakainsky, Martin: Energiepolitik in der Bundesrepublik Deutschland 1960 bis 1980 im Kontext der außenwirtschaftlichen und außenpolitischen Verflechtungen, in: Energie – Politik – Geschichte. Nationale und internationale Energiepolitik seit 1945, hg. v. Jens Hohensee und Michael Salewski, Stuttgart 1993 (Historische Mitteilungen, Beiheft, 5), S. 17-34.
Da Cruz, Daniel: How They Find Oil, in: Aramco World 17,1 (1966), S. 1-11.
ders.: The Long Steel Shortcut, in: Aramco World 15,5 (1964), S. 16-25.
Daase, Christopher: National, Societal, and Human Security. On the Transformation of Political Language, in: Historical Social Research 35,4 (2010), S. 22-40.
Dallek, Robert: Nixon and Kissinger. Partners in power, New York 2007.
Daly, Herman E. (Hg.): Toward a steady-state economy, San Francisco 1973.
ders.: Steady-State Economics. The Economics of Biophysical Equilibrium and Moral Growth, San Francisco 1977.
Danielsen, Albert L.: The Evolution of OPEC, New York 1982.
Daoudi, M. S./Dajani, M. S.: Economic sanctions, ideals and experience, London/Boston 1983.
dies.: The 1967 Oil Embargo Revisited, in: Journal of Palestine Studies 13,2 (1984), S. 65-90.

Darmstadter, Joel/Landsberg, Hans H./Morton, Herbert C.: Energy, Today and Tomorrow. Living with Uncertainty, Englewood Cliffs/N.J. 1983.
Dasgupta, P[artha]/Heal, G[eoffrey] M.: Economic Theory and Exhaustible Resources, Welwyn/Cambridge 1979.
dies.: The Optimal Depletion of Exhaustible Resources, in: Review of Economic Studies 41 (1974), S. 3-28.
Déclaration commune des gouvernements de la Communauté économique européenne sur la situation au Proche-Orient 1974, in: La Politique Étrangère de la France. Textes et Documents. 2e semestre 1973, Paris o.J., S. 171.
Declaration on the Establishment of a New International Economic Order 1974, in: United Nations. General Assembly: Resolutions Adopted during Its Sixth Special Session 9 April-2 May 1974, New York o.J. (Official Records, Sixth Special Edition, Supplement No. 1 (A/9559)), S. 3-5.
Deese, David A./Nye, Joseph S. (Hg.): Energy and Security, Cambridge/Mass. 1981.
Deese, David A.: Economics, Politics, and Security, in: International Security 4,3 (1979), S. 140-153.
Deffeyes, Kenneth S.: Hubbert's peak. The impending world oil shortage, 2. Aufl., Princeton/N.J. 2003.
de Grazia, Victoria: Irresistible empire. America's advance through twentieth-century Europe, Cambridge/Mass. 2005.
Demagny-Van Eyseren, Armelle: The French Presidency, the National Companies and the First Oil Shock, in: Oil Producing Countries and Oil Companies. From the Nineteenth Century to the Twenty-First Century, hg. v. Alain Beltran, Bern/Oxford 2011, S. 51-63.
de Marchi, Neil: Energy Policy under Nixon. Mainly Putting Out Fires, in: Craufurd D. Goodwin (Hg.), Energy Policy in Perspective. Today's Problems, Yesterday's Solutions, Washington 1981, S. 395-475.
Development and international economic co-operation 1976, in: United Nations: Resolutions Adopted by the General Assembly during its Seventh Special Session, 1-16 September 1975, New York o.J., S. 3-10.
Die Energiekrise. Episode oder Ende einer Ära. Unter Mitarbeit von Ralf Dahrendorf u. a., Hamburg 1974.
Die Gründung der Internationalen Energieagentur, in: Europa-Archiv 30,2 (1975), S. D1-30.
Die umsatzstärksten Unternehmen der Welt, Frankfurter Allgemeine Zeitung (4. 7. 2012).
Diefenbacher, Hans/Johnson, Jeffrey: Energy forecasting in West Germany. Confrontation and convergence, in: The politics of energy forecasting. A comparative study of energy forecasting in Western Europe and North America, hg. v. Thomas Baumgartner und Atle Midttun, Oxford/New York 1987, S. 61-84.
Dix, C. Hewitt: Seismic Prospecting for Oil, New York 1952.
Dobson, Alan P.: From Instrumental to Expressive. The Changing Goals of the U.S. Cold War Strategic Embargo, in: Journal of Cold War Studies 12,1 (2010), S. 98-119.
Dobson, Alan P.: US Economic Statecraft for Survival, 1933-1991. Of Sanctions, Embargoes, and Economic Warfare, London 2002.
Doering-Manteuffel, Anselm/Raphael, Lutz: Nach dem Boom. Perspektiven auf die Zeitgeschichte seit 1970, Göttingen 2008.
Doering-Manteuffel, Anselm: Nach dem Boom: Brüche und Kontinuitäten der Industriemoderne seit 1970, in: Vierteljahrshefte für Zeitgeschichte 55 (2007), S. 560-581.
Dokumente zur 29. Generalversammlung der Vereinten Nationen vom 30. August 1974, in: Europa-Archiv 29,2 (1974), D-511-538.
Dolinski, Urs/Ziesing, Hans-Joachim/Labahn, Klaus-Dieter: Maßnahmen für eine sichere und umweltverträgliche Energieversorgung, Berlin 1978 (Deutsches Institut für Wirtschaftsforschung (DIW) Sonderheft, 125).
Dolinski, Urs/Ziesing, Hans-Joachim: Der Energiemarkt in Bayern im Jahre 1971. Gutachten im Auftrage des Bayerischen Staatsministeriums für Wirtschaft und Verkehr, Berlin 1973.
dies.: Die Entwicklung des Energieverbrauches in Baden-Württemberg und seinen 12 Regionalverbänden bis zum Jahre 1990. Gutachten im Auftrage des Ministeriums für Wirtschaft, Mittelstand und Verkehr in Baden-Württemberg, Stuttgart, Berlin 1974.

dies.: Die Entwicklungstendenzen des Energieverbrauchs in Nordrhein-Westfalen bis 1980. Untersuchung im Auftrage des Wirtschaftsministeriums von Nordrhein-Westfalen, Düsseldorf, Berlin 1971.
dies.: Die regionalen Entwicklungstendenzen des Energieverbrauchs in Baden-Württemberg und seinen Regierungsbezirken bis 1980, Berlin 1970.
dies. Die regionalen Entwicklungstendenzen des Energieverbrauchs in Bayern und seinen Regierungsbezirken bis 1985, Berlin 1971.
dies.: Die regionalen Entwicklungstendenzen des Energieverbrauchs in Hessen und seinen fünf Planungsregionen bis 1985. Untersuchung im Auftrage des Hessischen Ministers für Wirtschaft und Technik, Wiesbaden, Berlin 1973.
dies.: Maßnahmen für eine bayerische Energiepolitik. Gutachten im Auftrage des Bayerischen Staatsministeriums für Wirtschaft und Verkehr, München, Berlin 1976.
dies.: Sicherheits-, Preis- und Umweltaspekte der Energieversorgung, Berlin 1976 (Deutsches Institut für Wirtschaftsforschung (DIW) Sonderheft, 113).
dies.: Ziele für eine bayerische Energiepolitik. Gutachten im Auftrage des Bayerischen Staatsministeriums für Wirtschaft und Verkehr, München, Berlin 1975.
Dolinski, Urs: Der Energiemarkt in Bayern bis zum Jahre 1990 unter Berücksichtigung der Entwicklungstendenzen auf dem Weltenergiemarkt und auf dem Energiemarkt der Bundesrepublik Deutschland, Berlin 1974.
ders.: Maßnahmen für eine sichere und umweltverträgliche Energieversorgung, Berlin 1978.
ders.: Sicherheits-, Preis- und Umweltaspekte der Energieversorgung, Berlin 1976.
ders.: Untersuchung zu Fragen regional unterschiedlicher Energiepreise in der Bundesrepublik Deutschland. Darstellung, Begründung und Auswirkungen am Beispiel ausgewählter Bundesländer, Berlin 1979.
ders.: Untersuchung zu Fragen regional unterschiedlicher Energiepreise innerhalb Bayerns sowie zwischen Bayern und der übrigen Bundesrepublik Deutschland. Gutachten im Auftrage des Bayerischen Staatsministeriums für Wirtschaft und Verkehr, München, Berlin 1979.
ders.: Zum Problem der Substitutionsmöglichkeit von Mineralölprodukten durch andere Energieträger. Dargestellt am Beispiel eines Bundeslandes, Berlin 1980.
Dönhoff, Marion Gräfin: Allein mit Amerika. ... wenn Paris weiter mauert, Die Zeit (15. 2. 1974).
Doughty, Robert A./Raugh, Harold E., JR.: Embargoes in Historical Perspective, in: Parameters 21,1 (1991), S. 21-30.
Douglas, John H.: Fuel Shortages in America: The Energy Crisis Comes Home, in: Science News 103,21 (1973), S. 342-343.
Doxey, Margaret P.: International sanctions in contemporary perspective, Basingstoke 1987.
Dröscher, Wilhelm/Funke, Klaus-Detlef/Theilen, Ernst (Hg.): Energie, Beschäftigung, Lebensqualität, Bonn-Bad Godesberg 1977.
Drucker, Peter F.: Multinationals and Developing Countries: Myths and Realities, in: Foreign Affairs 53 (1974), S. 121-134.
Duchin, Faye: Energy Sector, in: International Encyclopedia of the Social Sciences, Bd. 2, 2. Aufl., Detroit 2008, S. 591-592.
Duncan, Otis Dudley: Sociologists Should Reconsider Nuclear Energy, in: Social Forces 57,1 (1978), S. 1-22.
Dunham, Kingsley: Non-renewable mineral resources, in: Resources Policy 1, September (1974), S. 3-13.
Eagan, Vince: The optimal depletion of the theory of exhaustible resources, in: Journal of Post Keynesian Economics 9 (1987), S. 565-571.
Eaton, David J. (Hg.): The end of sovereignty? A transatlantic perspective. Transatlantic Policy Consortium Colloquium, Hamburg 2006 (Transatlantic public policy series, 2).
Editors: Introduction. Special Issue Arab East-industry, in: Aramco World 25,3 (1974), S. 3.
Eglau, Hans Otto: Ein Spiel ohne Grenzen? Fachleute rechnen, wie hoch die Ölpreise noch steigen können, Die Zeit (11. 1. 1974).
Ehrhardt, Hendrik/Kroll, Thomas: Einleitung, in: Energie in der modernen Gesellschaft. Zeithistorische Perspektiven, hg. v. dens., Göttingen 2012, S. 5-11.
Ehrhardt, Hendrik: Energiebedarfsprognosen. Kontinuität und Wandel energiewirtschaftlicher Problemlagen in den 1970er und 1980er Jahren, in: Energie in der modernen Gesell-

schaft.Zeithistorische Perspektiven, hg. v. dems. und Thomas Kroll, Göttingen 2012, S. 193-122.

Ehrlich, Paul R./Holdren, John P.: Impact of Population Growth, in: Science 171,3977 (1971), S. 1212-1217.

Ehrmann, John: The rise of neoconservatism. Intellectuals and foreign affairs 1945-1994, New Haven 1995.

Eichholtz, Dietrich/Kockel, Titus: Von Krieg zu Krieg. Zwei Studien zur deutschen Erdölpolitik in der Zwischenkriegszeit, Leipzig 2008.

Elfert, Heino: Energieprognosen gestern und heute. Voraussagen sind noch schwieriger geworden, in: Die Mineralölwirtschaft 30,6 (1977), S. 281.

Elkind, Sarah S.: Oil in the City. The Fall and Rise of Oil Drilling in Los Angeles, in: Journal of American History 99,1 (2012), S. 82-90.

Ellis, Peter M.: Motor Vehicle Mortality Reductions since the Energy Crisis, in: The Journal of Risk and Insurance 44,3 (1977), S. 373-381.

Elm, Mostafa: Iran's Oil Crisis of 1951-1953. New Documents and Old Realities, in: Harvard Middle Eastern and Islamic Review 2,2 (1995), S. 46-61.

Elsenhans, Hartmut/Junne, Gerd: Zu den Hintergründen der gegenwärtigen Ölkrise, in: Blätter für deutsche und internationale Politik 18,12 (1973), S. 1305-1317.

Elsenhans, Hartmut: Die Kostensteigerungen für Erdöl vom Juni 1973 bis zum Januar 1974. Berechnung der Kostensteigerung für Erdöl aus den OPEC-Ländern und für die Erdölproduktion der 7 Großkonzerne für Panorama, 4. Febr. 1974, nebst einer Erwiderung der Deutschen Shell AG und deren Widerlegung durch den Autor, Berlin 1974.

Energiekrise – Europa im Belagerungszustand? Politische Konsequenzen aus einer eskalierenden Entwicklung, Hamburg-Bergedorf 1977 (Bergedorfer Gesprächskreis zu Fragen der freien industriellen Gesellschaft, 58).

Energiewirtschaftliches Institut der Universität Köln (Hg.): Die Energie-Enquete. Ergebnisse und wirtschaftspolitische Konsequenzen. Vorträge und Diskussionsbeiträge der 12. Arbeitstagung am 14. und 15. Juni 1962 in der Universität Köln, München 1962.

Energy Disaster Might Shock Nation's Leaders into Action (Editorial), in: Oil and Gas Journal 71,40 (1973), S. 27.

Energy Gap, The New York Times (9. 11. 1973).

Energy Gap ..., The New York Times (27. 11. 1973).

Engel, Christoph/Halfmann, Jost/Schulte, Martin (Hg.): Wissen – Nichtwissen – unsicheres Wissen, Baden-Baden 2002.

Engels, Jens Ivo: Naturpolitik in der Bundesrepublik. Ideenwelt und politische Verhaltensstile in Naturschutz und Umweltbewegung 1950-1980, Paderborn 2006.

Entwicklungsländer. Fast vernichtend, Der Spiegel (14. 1. 1974), S. 73-74.

Enzensberger, Hans Magnus: Zur Kritik der politischen Ökologie, in: Kursbuch 9,33 (1973), S. 1-52.

Eppen, Gary D.: Introduction, in: Energy. The policy issues, hg. v. Gary D. Eppen, Chicago 1975, S. xi-xiv.

Eppler, Erhard: Ende oder Wende, Stuttgart/Berlin/Mainz 1975.

ders.: Ölkrise und Entwicklungshilfe, Die Zeit (21. 12. 1973).

Erdölminister in Bonn, Frankfurter Allgemeine Zeitung (15. 1. 1974).

Erklärung von Cocoyoc. Verabschiedet von den Teilnehmern des Symposiums des Umweltprogramms der Vereinten Nationen und der Welthandelskonferenz über Modelle der Rohstoffnutzung, des Umweltschutzes und der Entwicklung vom 8. bis zum 12. Oktober 1974, in: Europa-Archiv 30,2 (1974), S. D357-364.

Europa muß den Arabern Waffen liefern. Der libysche Regierungschef Abd el-Salam Dschallud über Erdöl und Israel, Der Spiegel (12. 11. 1973), S. 120-128.

Evans, Joanne/Hunt, Lester C.: International handbook on the economics of energy, Cheltenham 2011.

Fack, Fritz Ullrich: Europa als Restposten, Frankfurter Allgemeine Zeitung (13. 2. 1974).

Farber, David R.: Taken hostage. The Iran hostage crisis and America's first encounter with radical Islam, Princeton/N.J. 2005.

Faulenbach, Bernd: Das sozialdemokratische Jahrzehnt. Von der Reformeuphorie zur neuen Unübersichtlichkeit; die SPD 1969-1982, Bonn 2011.
Federal Energy Administration: National Energy Outlook, Washington D.C. 1976.
Federal Energy Administration: Project Independence Blueprint. Transcript of Third Public Hearing, Boston/MA, August 26-29, 1974, Washington 1974.
Federal Energy Administration: Project Independence Blueprint. Transcript of Second Public Hearing, New York, August 19-22, 1974, Washington 1974.
Federal Energy Administration: Project Independence Blueprint. Transcripts of Public Hearings. 10 vols. plus Appendices, Washington 1974-1975.
Federal Energy Administration: Project Independence Blueprint. Transcript of First Public Hearing, Denver, Colorado, August 6-9, 1974, Washington 1974.
Federal Energy Administration: Project Independence Report, Washington 1974.
Federal Energy Administration: The Relationship of Oil Companies and Foreign Governments, Washington D.C. 1975.
Federal Energy Administration: U.S. Oil Companies and the Arab Oil Embargo, Washington D.C. 1975.
Ferguson, Niall (Hg.): The Shock of the Global. The 1970s in Perspective, Cambridge/Mass. 2010.
Flower, Andrew: World Oil Production, in: Scientific American 238,3 (1978), S. 41-49.
Ford Foundation. Energy Policy Project: Exploring Energy Choices. A Preliminary Report, Washington 1974.
Ford Foundation: A Time to choose. America's Energy Future, 2. Aufl., Cambridge/Mass. 1974.
Forrester, Jay Wright: Der teuflische Regelkreis. Das Globalmodell der Menschheitskrise, Stuttgart 1972.
Forsthoff, Ernst: Der Staat der Industriegesellschaft. Dargestellt am Beispiel der Bundesrepublik Deutschland, München 1971.
Fourastié, Jean: Les trente glorieuses ou la révolution invisible de 1946 à 1975, Paris 1979.
Frank, Alison Fleig: Oil empire. Visions of prosperity in Austrian Galicia, Cambridge/Mass. 2005.
Frank, Paul: Entschlüsselte Botschaft. Ein Diplomat macht Inventur, München 1985.
Frankel, Paul H.: The Oil Industry and Professor Adelman. A Personal View, in: Petroleum Review 27, September (1973), S. 347-349.
Freedman, Lawrence: Großbritannien als Erdölproduzent. Die Legende von der Unabhängigkeit, in: Europa-Archiv 15 (1978), S. 477-487.
Frick, Thomas C.: Fossil Fuel Resources in the United States, in: Journal of Petroleum Technology 18, February (1966), S. 155-175.
Friderichs, Hans: Ein offenes Wort zum Ölverbrauch, Süddeutsche Zeitung (12.11.1973).
Friedland, Edward/Seabury, Paul/Wildavsky, Aaron: Oil and the Decline of Western Power, in: Political Science Quarterly 90,3 (1975), S. 437-450.
Friedman, Murray: The Neoconservative Revolution. Jewish Intellectuals and the Shaping of Public Policy, Cambridge/Mass. 2005.
Fritsch, Albert J./Gitomer, Ralph: Major Oil. What Citizens Should Know about the Eight Major Oil Companies, Washington 1974 (CSPI Energy Series, 4).
Fröhlich, Manuel: Lesarten der Souveränität, in: Neue Politische Literatur 50,4 (2005), S. 19-42.
„Front gegen Ölproduzenten". Scharfe Kritik der OPEC an Washingtoner Energiekonferenz, Frankfurter Rundschau (15.2.1974).
Fusso, Thomas E.: The Polls: The Energy Crisis in Perspective, in: The Public Opinion Quarterly 42,1 (1978), S. 127-136.
Gallup, George Horace: The Gallup poll. Public opinion, 1972-1977. 2 Bde., Wilmington/Del. 1978.
Garavini, Giuliano: After empires. European integration, decolonization, and the challenge from the global South 1957-1986, Oxford 2012.
ders.: Completing Decolonization: The 1973 'Oil Shock' and the Struggle for Economic Rights, in: International History Review 33 (2011), H. 3, S. 473-487.
Gasland (Regie: Josh Fox, 2010).

Gelb, Leslie H.: 2 Aides Underline Arab-Israeli Gap. Yamani and Dayan, in U.S. TV Talks, Differ Sharply on Mideast Peace Terms, The New York Times (10. 12. 1973).

Georgescu-Roegen, Nicholas: Energy and economic myths. Institutional and analytical economic essays, New York 1976.

ders.: Energy, Matter, and Economic Valuation. Where Do We Stand, in: Energy, Economics, and the Environment. Conflicting Views of an Essential Relationship, hg. v. Herman E. Daly und Alvaro F. Umana, Boulder/Colo. 1981 (AAAS selected symposium, 64), S. 43-80.

ders.: The Entropy Law and the Economic Process, Cambridge/Mass. 1971.

Gerber, Sophie/Lorkowski, Nina/Möllers, Nina: Kabelsalat. Energiekonsum im Haushalt [anlässlich der Ausstellung „Kabelsalat. Energiekonsum im Haushalt" im Deutschen Museum, München, 13. 1.-15. 4. 2012, München 2012.

Gesetz zu dem Übereinkommen vom 18. November 1974 über ein Internationales Energieprogramm. Vom 30. April 1975, in: Bundesgesetzblatt. Teil II, 31 (1975), S. 701-742.

Geyer, David C./Schaefer, Bernd (Hg.): American Détente and German Ostpolitik 1969-1972, Washington D.C. 2004.

Gfeller, Aurélie Elisa: A European Voice in the Arab World. France, the Superpowers and the Middle East, 1970-1974, in: Cold War History 11 (2011), S. 1-18.

dies.: Building a European Identity. France, the United States and the Oil Shock, 1973-1974, New York 2012.

dies.: Imagining European Identity. French Elites and the American Challenge in the Pompidou-Nixon Era, in: Contemporary European History 19,2 (2010), S. 133-149.

Giebelhaus, August W.: Business and government in the oil industry. A case study of Sun Oil, 1876-1945, Greenwich/Conn. 1980.

Gillessen, Günther: Frieren für Holland?, Frankfurter Allgemeine Zeitung (7. 11. 1973).

Goldsmith, Edward/Allen, R.: Planspiel zum Überleben. Ein Aktionsprogramm, Stuttgart 1972.

Gonzales, Richard J./Adelman, Morris Albert: An Exchange on Oil, in: Foreign Policy 11 (1973), S. 126-133.

Gordon, Howard/Meador, Roy (Hg.): Perspectives on the energy crisis, 2 Bde., Ann Arbor/Mich. 1977.

Goschler, Constantin/Graf, Rüdiger: Europäische Zeitgeschichte seit 1945, Berlin 2010.

Gosewinkel, Dieter: Zwischen Diktatur und Demokratie. Wirtschaftliches Planungsdenken in Deutschland und Frankreich: Vom Ersten Weltkrieg bis zur Mitte der 1970er Jahre, in: Geschichte und Gesellschaft 34 (2008), S. 327-359.

Gosovic, Branislav/Ruggie, John Gerard: On the Creation of a New International Economic Order: Issue Linkage and the Seventh Special Session of the UN General Assembly, in: International Organization 30,2 (1976), S. 309-345.

Govett, G.J.S./Govett, M.H.: The concept and measurement of mineral reserves and resources, in: Resources Policy 1, September (1974), S. 46-55.

Gowdy, John M.: Energy, in: International Encyclopedia of the Social Sciences, Bd. 2, 2. Aufl., Detroit 2008, S. 587-588.

Graetz, Michael J.: The End of Energy. The Unmaking of America's Environment, Security, and Independence, Boston 2011.

Graf, Rüdiger/Priemel, Kim Christian: Zeitgeschichte in der Welt der Sozialwissenschaften. Legitimität und Originalität einer Disziplin, in: Vierteljahrshefte für Zeitgeschichte 59,4 (2011), S. 1-30.

Graf, Rüdiger: Between National and Human Security. Energy Security in the United States and Western Europe in the 1970s, in: Historical Social Research 35,4 (2010), S. 329-348.

ders.: Das Petroknowledge des Kalten Krieges, in: Macht und Geist im Kalten Krieg, hg. v. Bernd Greiner, Hamburg 2011, S. 201-222.

ders.: Die Grenzen des Wachstums und die Grenzen des Staates. Konservative und die ökologischen Bedrohungsszenarien der frühen 1970er Jahre, in: Streit um den Staat, hg. v. Jens Hacke und Dominik Geppert, Göttingen 2008, S. 207-228.

ders.: Either-Or. The Narrative of „Crisis" in Weimar Germany and in Historiography, in: Central European History 43,4 (2010), S. 592-615.

ders.: Expert Estimates of Oil-Reserves and the Transformation of "Petroknowledge" in the Western World from the 1950s to the 1970s, in: Frank Uekötter/Uwe Lübken (Hg.), Managing the Unknown. Essays on Environmental Ignorance, New York 2014, S. 140-167.

ders.: Gefährdungen der Energiesicherheit und die Angst vor der Angst. Westliche Industrieländer und das arabische Ölembargo 1973/74, in: Angst in den Internationalen Beziehungen, hg. v. Patrick Bormann, Thomas Freiberger und Judith Michel, Bonn 2010, S. 227-250.

ders.: Making Use of the Oil Weapon. Western Industrial Nations and Arab Petropolitics in 1973/74, in: Diplomatic History 36,1 (2012), S. 185-208.

ders.: Ressourcenkonflikte als Wissenskonflikte. Ölreserven und Petroknowledge in Wissenschaft und Politik, in: Geschichte in Wissenschaft und Unterricht 63/9-10 (2012), S. 582-599.

ders.: Von der Energievergessenheit zur theoretischen Metonymie. Energie als Medium der Gesellschaftsbeschreibung im 20. Jahrhundert, in: Energie in der modernen Gesellschaft. Zeithistorische Perspektiven, hg. v. Hendrik Ehrhardt und Thomas Kroll, Göttingen 2012, S. 73-92.

Gray, William Glenn: Germany's cold war. The global campaign to isolate East Germany, 1949-1969, Chapel Hill 2003.

Greenberger, Martin: Caught Unawares. The Energy Decade in Retrospect, unter Mitarbeit von Garry D. Brewer/William W. Hogan und Milton Russell, Cambridge/Mass. 1983.

Grimm, Dieter: Souveränität. Herkunft und Zukunft eines Schlüsselbegriffs, Berlin 2009.

Großaufgebot für Ölminister, Frankfurter Rundschau (15. 1. 1974).

Grossman, Peter Z.: U.S. energy policy and the pursuit of failure, Cambridge 2013.

Gross-Stein, Janice: Flawed Strategies and Missed Signals. Crisis Bargaining Between the Superpowers, October 1973, in: The Middle East and the United States. A historical and political reassessment, hg. v. David Warren Lesch, Boulder/Colo. 1999, S. 204-226.

Gruhl, Herbert: Ein Planet wird geplündert. Die Schreckensbilanz unserer Politik, Frankfurt am Main 1975.

Grundlagen und Ziele für eine gemeinsame Energiepolitik im norddeutschen Raum und Berlin. Gutachten im Auftrage der Konferenz der Wirtschaftsminister/-senatoren der Länder Bremen, Hamburg, Niedersachsen, Schleswig-Holstein und Berlin, Berlin 1981.

Gruppe Ökologie: Ökologisches Manifest, in: Konservativ heute 4 (1973), S. 18-19.

Günter, Hans (Hg.): Transnational industrial relations: the impact of multi-national corporations and economic regionalism on industrial relations. A symposium held at Geneva by the International Institute for Labour Studies, [London/New York] 1972.

Gwertzmann, Bernard: Saudi Minister, in Capital, Is Optimistic About Peace. Talk Is Lengthened U.S. Officials Pleased Israel's Existence 'Not an Issue', The New York Times (6. 12. 1973).

Haas, Merrill W.: The President's Page, in: Bulletin of the American Association of Petroleum Geologists 50 (1966), S. 1-2.

Haas, Merrill W.: The President's Page. Elements of National Energy Policy, in: Bulletin of the American Association of Petroleum Geologists 58, April (1974), S. 573-574.

Haas, Peter M.: Introduction. Epistemic communities and international policy coordination, in: International Organization 46,1 (1992), S. 1-35.

Hager, Wolfgang: Die Internationale Energie-Agentur. Problematische Sicherheitsallianz für Europa, in: Erdöl und internationale Politik, hg. v. dems., München 1975, S. 87-114.

Hahn, Friedemann: Von Unsinn bis Untergang. Rezeption des Club of Rome und der Grenzen des Wachstums in der Bundesrepublik der frühen 1970er Jahre, Diss., Freiburg i. Br. 2006.

Hakes, Jay E.: A Declaration of Energy Independence. How Freedom from Foreign Oil Can Improve National Security, our Economy, and the Environment, Hoboken/N.J. 2008.

Hamilton, Keith: Britain, France, and America's year of Europe, 1973, in: Diplomacy & Statecraft 17,4 (2006), S. 871-895.

ders. (Hg.): The year of Europe. America, Europe and the energy crisis, 1972-1974, London 2006 (Documents on British policy overseas / Foreign and Commonwealth Office, Ser. 3, Vol. 4).

Hammond, Allen L./Metz, William D.; Maugh, Thomas H.: Energie für die Zukunft. Wege aus dem Engpaß, Frankfurt am Main 1974.

Hansen, Ulf: Begrüßung, in: Ölkrise. 10 Jahre danach, hg. v. Fritz Lücke, Köln 1984, S. 13-16.

Harpprecht, Klaus: Im Kanzleramt. Tagebuch der Jahre mit Willy Brandt: Januar 1973-Mai 1974, Reinbek 2000.
Härter, Manfred: Diskussion: Energieprognosen, in: Ölkrise. 10 Jahre danach, hg. v. Fritz Lücke, Köln 1984, S. 292-293.
ders.: Einführung in den Problemkreis Energieprognosen, in: Ölkrise. 10 Jahre danach, hg. v. Fritz Lücke, Köln 1984, S. 252-253.
ders.: Energieprognostik. Kein Fortschritt ohne „Psychologie"?, in: Energieprognostik auf dem Prüfstand, hg. v. dems., Köln 1988, S. 3-13.
Hartsborn, Jack E.: Erdöl als Faktor wirtschaftlicher und politischer Macht. Die Verhandlungen von Tripolis und Teheran zwischen den OPEC-Staaten und den internationalen Ölgesellschaften, in: Europa-Archiv 26 (1971), S. 443-454.
Hartwick, John M.: Intergenerational equity and the investing of rents from exhaustible resources, in: The American Economic Review 67 (1977), S. 972-974.
Harvie, Christopher: Fool's Gold. The Story of North Sea Oil, London 1994.
Hassan, John A./Duncan, Alan: The Role of Energy Supplies during Western Europe's Golden Age, 1950-1972, in: Journal of European Economic History 18 (1989), S. 479-508.
Hatfield, C. B.: Oil Back on the Global Agenda, in: Nature 387 (1997), S. 121.
Haun, John D.: The President's Page. Why Teach Petroleum Geology?, in: Bulletin of the American Association of Petroleum Geologists 53 (1969), S. 249-250.
Hauser, Erich: Abstieg in die Bedeutungslosigkeit, Frankfurter Rundschau (14. 2. 1974).
Hauser, Erich: Diplomatische Klimmzüge, Frankfurter Rundschau (7. 11. 1973).
Heal, Geoffrey M.: Symposium on the Economics of Exhaustible Resources. Introduction, in: Review of Economic Studies 41 (1974), S. 1-2.
ders.: The Optimal Use of Exhaustible Resources, in: Handbook of Natural Resource and Energy Economics, hg. v. Allen V. Kneese und James L. Sweeney, Bd. 3, Amsterdam u. a. 1993, S. 855-880.
Heath, Edward: The Course of My Life. My Autobiography, London 1998.
Hecht, Gabrielle: The radiance of France. Nuclear power and national identity after World War II, Cambridge/Mass. 1998.
Hein, Bastian: Die Westdeutschen und die Dritte Welt. Entwicklungspolitik und Entwicklungsdienste zwischen Reform und Revolte 1959-1974, München 2006.
Hein, Laura E.: Fueling Growth. The Energy Revolution and Economic Policy in Postwar Japan, Cambridge/Mass. 1990.
Heinebaeck, Bo: Oil and security, New York 1974.
Heinemann, Gustav: Weihnachtsansprache 1973, in: Bulletin des Presse und Informationsamts der Bundesregierung 1 (1974), S. 1-3.
Hellema, Duco/Wiebes, Cees/Witte, Toby: The Netherlands and the Oil Crisis. Business as Usual, Amsterdam 2004.
Hellema, Duco: Anglo-Dutch Relations during the early 1970s. The Oil Crisis, in: Unspoken allies Anglo-Dutch relations since 1780, hg. v. Nigel John Ashton und dems., Amsterdam 2001, S. 255-272.
Herbers, John: Nixon Flies to Coast on Commercial Airliner, The New York Times (27. 12. 1973).
Hermes, Peter: Development Policy and Foreign Affairs, in: Intereconomics 9,3 (1974), S. 91-94.
Hermes, Peter: Meine Zeitgeschichte. 1922-1987, 2., durchges. Aufl., Paderborn u. a. 2007.
Hiepel, Claudia: Willy Brandt und Georges Pompidou. Deutsch-französische Europapolitik zwischen Aufbruch und Krise, München 2012.
Hilfrich, Fabian: West Germany's Long Year of Europe. Bonn between Europe and the United States, in: The strained alliance. US-European relations from Nixon to Carter, hg. v. Matthias Schulz und Thomas Alan Schwartz, New York 2010, S. 237-256.
Hillenbrand, Martin J.: NATO and Western Security in an Era of Transition, in: International Security 2,2 (1977), S. 3-24.
Himmelheber, Max: Rückschritt zum Überleben. Erster Teil, in: Scheidewege. Vierteljahresschrift für skeptisches Denken 4 (1974), S. 61-92.
Himmelheber, Max: Rückschritt zum Überleben. Zweiter Teil, in: Scheidewege. Vierteljahresschrift für skeptisches Denken 4 (1974), S. 369-393.
Hinsley, F. H.: Sovereignty, London 1966.

Hirst, David: Israel – America's Wasting Asset, in: Middle East Economic Survey XVI/47 (14. 9. 1973), S. i-vii.

Hk.: Bonn will Entscheidungsspielraum sichern. Geringe Erwartungen der Bundesregierung, Frankfurter Allgemeine Zeitung (11. 2. 1974).

Hoagland, Jim: Faisal Warns U.S. on Israel, The Washington Post (6. 7. 1973).

Hobsbawm, Eric J.: The Age of Extremes. The Short Twentieth Century 1914-1991, London 1995.

Hoffmann, Stanley H.: Primacy or world order. American foreign policy since the cold war, New York 1978.

ders.: Gulliver's Troubles. Or the Setting of American Foreign Policy, New York 1968.

Hoffmann, Wolfgang: Bonner Expertenstäbe – Die Verwalter der Krise, Die Zeit (30. 11. 1973).

Hofmann, Arne: The emergence of detente in Europe. Brandt, Kennedy and the formation of Ostpolitik, London 2007.

Hogan, William W./Sturzenegger, Federico: The natural resources trap. Private investment without public commitment, Cambridge/Mass. 2010.

Hogan, William W.: Import Management and Oil Energencies, in: Energy and Security, hg. v. David A. Deese und Joseph S. Nye, Cambridge/Mass. 1981, S. 261-284.

Hohensee, Jens: Böswillige Erpressung oder bewußte Energiepolitik? Der Einsatz der Ölwaffe 1973/74 aus arabischer Sicht, in: Energie – Politik – Geschichte. Nationale und internationale Energiepolitik seit 1945, hg. v. dems. und Michael Salewski, Stuttgart 1993, S. 153-176.

ders.: Der erste Ölpreisschock 1973/74. Die politischen und gesellschaftlichen Auswirkungen der arabischen Erdölpolitik auf die Bundesrepublik Deutschland und Westeuropa, Stuttgart 1996.

Höhler, Sabine: Beam us up, Boulding! – 40 Jahre „Raumschiff Erde", Karlsruhe 2006.

Holl, Jack M.: The Nixon Administration and the 1973 Energy Crisis. A New Departure in Federal Energy Policy, in: Energy and Transport. Historical Perspectives on Policy Issues, hg. v. George H. Daniels und Mark H. Rose, Beverly Hills 1982, S. 149-158.

Hollander, Jack M.: Preface, in: Annual Review of Energy 1 (1976), S. vi-ix.

Horn, Manfred: Die Energiepolitik der Bundesregierung von 1958 bis 1972. Zur Bedeutung der Penetration ausländischer Ölkonzerne in die Energiewirtschaft der BRD für die Abhängigkeit interner Strukturen und Entwicklungen, Berlin 1977.

Horowitz, Daniel: Jimmy Carter and the Energy Crisis of the 1970s. The "Crisis of Confidence" Speech of July 15, 1979; a Brief History with Documents, New York 2005.

Horstmann, Theo/Weber, Regina (Hg.): „Hier wirkt Elektrizität". Werbung für Strom 1890 bis 2012, Essen 2012.

Hoskins, Linus A.: The New International Economic Order: A Bibliographic Essay, in: Third World Quarterly 3,3 (1981), S. 506-527.

Hotelling, Harold: The economics of exhaustible resources, in: Journal of Political Economy 39, April (1931), S. 137-175.

Houthakker, Hendrik S.: Are Minerals Exhaustible?, in: The Quarterly Review of Economics and Finance 42 (2002), S. 417-421.

Howarth, Stephen/Jonker, Joost/Dankers, Joost: The History of Royal Dutch Shell. 4 Bde., Oxford 2007.

Hoye, Paul F. (Hg.): Tankers. A Special Issue, Aramco World 17,4 (1966).

Hubbert, Marion King: Energy Resources. A report to the Committee on Natural Resources of the National Academy of Sciences – National Research Council, Washington 1962 (National Academy of Sciences – National Research Council Publications, 1000 d).

Hughes, Geraint: Britain, the Transatlantic Alliance, and the Arab-Israeli War of 1973, in: Journal of Cold War Studies 10,2 (2008), S. 3-40.

Hünemörder, Kai F.: Die Frühgeschichte der globalen Umweltkrise und die Formierung der deutschen Umweltpolitik (1950-1973), Stuttgart 2004.

ders.: Kassandra im modernen Gewand. Die umweltapokalyptischen Mahnrufe der frühen 1970er Jahre, in: Wird Kassandra heiser? Die Geschichte falscher Ökoalarme, hg. v. Frank Uekötter und Jens Hohensee, Stuttgart 2004, S. 78-97.

Hünseler, Peter: Die außenpolitischen Beziehungen der Bundesrepublik Deutschland zu den arabischen Staaten von 1949-1980, Frankfurt am Main u. a. 1990.

Hutar, Herbert/Unterberger, Andreas/Ziegler, Senta: Lyrik zwischen Embargo und Ölpreis, Die Presse (19. 3. 1974).

Hynes, Catherine: The Year That Never Was. Heath, the Nixon Administration and the Year of Europe, Dublin 2009.

IAEE-History, online verfügbar unter http://www.iaee.org/de/inside/history.aspx, (zuletzt besucht am 5. 6. 2012).

Ignotus, Miles: Seizing Arab Oil, in: Harper's Magazine 250, March (1975), S. 45-62.

Ikenberry, Gilford John: The Irony of State Strength. Comparative Responses to the Oil Shocks in the 1970s, in: International Organization 40 (1986), S. 105-137.

Interdependence on Oil, New York Times (13. 2. 1974).

International Energy Agency: Energy research, development and demonstration in the IEA countries. 1981 review of national programmes, Paris 1982.

International Energy Agency: IEA Reviews of National Energy Programs, Paris 1978.

International Energy Agency: World Energy Outlook, Paris 1982.

Iriye, Akira: Global community. The role of international organizations in the making of the contemporary world, Berkeley/Calif. 2002.

It Takes Men to Drill Wells, in: Petroleum Panorama. Commemorating 100 years of Petroleum Progress, Tulsa/Okla. 1959 (The Oil and Gas Journal, 57.5), S. C-10-11.

Itayim, Fuad: Strengths and Weaknesses of the Oil Weapon, in: The Middle East and the International System. II. Security and the Energy Crisis, hg. v. International Institute for Strategic Studies, London 1975 (Adelphi Papers, 115), S. 1-7.

Jacobs, Matthew F.: Imagining the Middle East. The building of an American foreign policy, 1918-1967, Chapel Hill 2011.

Jacobs, Meg: The Conservative Struggle and the Energy Crisis, in: Rightward bound. Making America conservative in the 1970s, hg. v. Bruce J. Schulman und Julian E. Zelizer, Cambridge/Mass. 2008, S. 193-209.

dies.: Wreaking Havoc from within. George W. Bush's Energy Policy in Historical Perspective, in: The Presidency of George W. Bush. A First Historical Assessment, hg. v. Julian E. Zelizer, Princeton/N.J. 2010, S. 139-168.

Jacobsen, Hanns-D: Probleme des Ost-West-Handels aus Sicht der Bundesrepublik Deutschland, in: German Studies Review 7,3 (1984), S. 531-553.

Jacobsen, Trudy/Sampford, C. J. G./Thakur, Ramesh Chandra (Hg.): Re-envisioning sovereignty. The end of Westphalia?, Aldershot/Burlington/Vt. 2008.

Jarausch, Konrad H. (Hg.): Das Ende der Zuversicht? Die siebziger Jahre als Geschichte, Göttingen 2008.

Jasanoff, Sheila: The Fifth Branch. Science Advisers as Policymakers, Cambridge/Mass. 1990.

Jaumann, Anton: Bayern bereitet ein Landes-Energieprogramm vor, Bayerische Staatszeitung (20. 10. 1972).

Jenkins, Gilbert: World Oil Reserves Reporting 1948-1996. Political, Economic and Subjective Influences, in: OPEC Review 21 (1997), S. 89-111.

Jobert, Michel: Address to United Nations General Assembly, in: United Nations. General Assembly: Sixth Special Session. Plenary Meetings. Verbatim Records of Meetings 9 April-2 May 1974, 2209th Plenary Meeting, 10 April 1974, New York 1976, S. 5-11.

Jochem, Eberhard: Der Ruf der Energiebedarfsprognosen, in: Ölkrise. 10 Jahre danach, hg. v. Fritz Lücke, Köln 1984, S. 269-285.

Jones, Geoffrey: The Evolution of International Business, London 1996.

Jones, Toby Craig: Desert kingdom. How oil and water forged modern Saudi Arabia, Cambridge/Mass. 2010.

Jonquieres, Guy de: The Great American energy Disaster, The Financial Times (8. 6. 1973).

Judt, Tony: Postwar. A history of Europe since 1945, New York 2005.

Jungblut, Michael: Ist Wachstum des Teufels? Der Weltuntergang findet nicht statt: Die Computer des MIT waren falsch programmiert, Die Zeit (18. 8. 1972).

Jungk, Robert: Energie – Krise und Wende, in: Meyers Enzyklopädisches Lexikon, Bd. 8, Mannheim/Wien/Zürich 1973, S. 771-774.

Jürgensen, Hans: Die europäische Truppe auf Amerika-Tournee, Frankfurter Allgemeine Zeitung (14. 2. 1974).

Kaddafi: A New Form of War. Interview, Newsweek (24. 9. 1973).
Kaelble, Hartmut (Hg.): Der Boom 1948-1973. Gesellschaftliche und wirtschaftliche Folgen in der Bundesrepublik Deutschland und in Europa, Opladen 1992.
ders.: Sozialgeschichte Europas. 1945 bis zur Gegenwart, München 2007.
Kagan, Robert: Of Paradise and Power. America and Europe in the New World Order, New York 2003.
Kahn, H.: On Thermonuclear War, Princeton/N.J. 1960.
Kahn, Herman: Angriff auf die Zukunft. Die 70er und 80er Jahre: So werden wir leben, Wien/München/Zürich 1972.
Kaiser, Karl: Die Auswirkungen der Energiekrise auf die westliche Allianz, in: Erdöl und internationale Politik, hg. v. Wolfgang Hager, München 1975, S. 73-86.
ders.: The Energy Problem and Alliance Systems, in: The Middle East and the International System. II. Security and the Energy Crisis, hg. v. International Institute for Strategic Studies, London 1975 (Adelphi Papers, 115), S. 17-24.
Kaiser, Wolfram/Meyer, Jan-Henrik: Non-State Actors in European Integration in the 1970s. Towards a Polity of Transnational Contestation, in: Comparativ 20,3 (2010), S. 7-24.
Kapstein, Ethan B.: The Insecure Alliance. Energy Crises and Western Politics since 1944, Oxford 1990.
Karl, Terry Lynn: The Paradox of Plenty. Oil Booms and Petro-States, Berkeley/Calif. 1997.
Karlsch, Rainer/Stokes, Raymond G.: „Faktor Öl". Die Mineralölwirtschaft in Deutschland 1859-1974, München 2003.
Karlsson, Svante: Oil and the World Order. A Study of American Foreign Oil Policy 1940-1980, Diss., Gothenburg [1983].
Karshenas, Massoud: Oil, State and Industrialization in Iran, Cambridge 1990.
Katz, James E.: The International Energy Agency: Energy Cooperation or Illusion?, in: World Affairs 144,1 (1981), S. 55-82.
ders.: Congress and National Energy Policy, New Brunswick 1984.
Katz, Milton: Decision-making in the Production of Power, in: Scientific American 225,3 (1971), S. 191-200.
Kaufman, Robert G.: Henry M. Jackson. A Life in Politics, Seattle 2000.
Kaufmann, Burton I.: Mideast Multinational Oil, US Foreign Policy and Antitrust: The 1950s, in: Journal of American History 63 (1977), S. 937-959.
Kaufmann, Franz-Xaver: Sicherheit als soziologisches und sozialpolitisches Problem. Untersuchungen zu einer Wertidee hochdifferenzierter Gesellschaften, Stuttgart 1973.
Kéchichian, Joseph Albert: Faysal. Saudi Arabia's King for all seasons, Gainesville/Fla. 2008.
Kemp, Geoffrey: Military Force and Middle East Oil, in: Energy and Security, hg. v. David A. Deese und Joseph S. Nye, Cambridge/Mass. 1981, S. 365-390.
ders.: Scarcity and Strategy, in: Foreign Affairs 56 (1978), S. 396-414.
ders.: The New Strategic Map, in: Survival 19,2 (1977), S. 50-59.
Kemp, William B.: The Flow of Energy in a Hunting Society, in: Scientific American 225,3 (1971), S. 104-115.
Kennan, George F.: American diplomacy, 1900-1950, Chicago 1951.
Kenney, Gene T.: Simon drives hard to turn oil around, in: Oil and Gas Journal 71, April (1973).
Keohane, Robert O./Nye, Joseph S. (Hg.): Transnational relations and World Politics, 3. Aufl., Cambridge/Mass. 1973.
dies: Power and Interdependence. World Politics in Transition, Boston 1977.
dies: Power and interdependence, 3. Aufl., New York 2004.
dies: Preface, in: International Organization 25,3 (1971), S. v-vi.
Keohane, Robert O.: The International Energy Agency. State Influence and Transgovernmental Politics, in: International Organization 32,4 (1978), S. 929-951.
ders.: After Hegemony, Princeton/N.J. 1984.
Kepper, Hans: Bonn lehnt Parteinahme ab. Rücksichtnahme auf Kontrahenten bei Energiekonferenz, Frankfurter Rundschau (15. 2. 1974).
Kepplinger, Hans Mathias/Roth, Herbert: Creating a Crisis. German Mass Media and Oil Supply in 1973-74, in: The Public Opinion Quarterly 43 (1979), S. 285-296.

Kerr, R. A.: The Next Oil Crisis Looms Large and Perhaps Close, in: Science 281,5380 (1998), S. 1128-1131.
Kilkenny, John E.: The President's Page. AAPG is global, in: Bulletin of the American Association of Petroleum Geologists 59 (1975), S. 1-2.
Kindleberger, Charles P.: American Business Abroad. Six Lectures on Direct Investment, New Haven 1969.
Kinzer, Stephen: All the Shah's Men: The Hidden Story of the CIA's Coup in Iran, New York 2003.
Kipp, Earl: The Evolution of Petroleum Engineering as Applied to Oilfield Operations, in: Journal of Petroleum Technology 23, January (1971), S. 107-114.
Kirk, Geoffrey (Hg.): Schumacher on energy. Speeches and writings of E. F. Schumacher, London 1982.
Kissinger warnt vor ruinösem Wettbewerb, Frankfurter Allgemeine Zeitung (12. 2. 1974).
Kissinger, Henry A.: Address to the UN General Assembly, in: United Nations. General Assembly: Sixth Special Session. Plenary Meetings. Verbatim Records of Meetings 9 April-2 May 1974, 2214th Plenary Meeting, 15 April 1974, New York 1976, S. 3-11.
Kissinger, Henry A.: Address to the UN General Assembly, in: United Nations. General Assembly: Twenty-Ninth Session. Plenary Meetings. Verbatim Records of the 2233rd to 2265th Meetings, 17 September-10 October 1974, 2238th Plenary Meeting, 23 September 1974, Bd. 1, New York 1974, S. 59-63.
Kissinger, Henry A.: The United States and a Unifying Europe. Made before the Pilgrims of Great Britain at London on Dec. 12, in: Department of State Bulletin 69 (31. 12. 1973), S. 777-782.
Klare, Michael T.: Blood and Oil. The Dangers and Consequences of America's Growing Dependency on Imported Petroleum, New York 2005.
ders.: Resource Wars. The New Landscape of Global Conflict, New York 2001.
Klausner, Samuel Z.: The Energy Social System, in: Annals of the American Academy of Political and Social Science 444, Juli (1979), S. 1-22.
Kneese, Allen V./Sweeney, James L. (Hg.): Handbook of Natural Resource and Energy Economics, Bd. 3, Amsterdam u. a. 1993.
Knorr, Klaus: The Limits of Economic and Military Power, in: The Oil crisis, hg. v. Raymond Vernon, New York 1976, S. 229-244.
Kohl, Wilfrid L. (Hg.): After the Second Oil Crisis: Energy Policies in Europe, America, and Japan, Lexington/Mass. 1982.
Kohl, Wilfrid L.: The International Energy Agency. The Political Context, in: Oil, the Arab-Israel dispute, and the industrial world. Horizons of crisis, hg. v. J.C. Hurewitz, Boulder/Colo. 1976, S. 247-257.
Konzelmann, Gerhard: Die Reichen aus dem Morgenland. Wirtschaftsmacht Arabien, München 1975.
Koselleck, Reinhart u. a.: Staat und Souveränität, in: Geschichtliche Grundbegriffe, Bd. 6, hg. v. Otto Brunner, Werner Conze und dems., Stuttgart 1990, S. 1-154.
Koslowski, Peter: Art. Energie, in: Staatslexikon. Recht, Wirtschaft, Gesellschaft, hg. v. der Görres-Gesellschaft, 7. Aufl., Freiburg/Basel/Wien 1986, Sp. 247-253.
Kotkin, Stephen: The Kiss of Debt. The East Bloc Goes Borrowing, in: The Shock of the Global. The 1970s in Perspective, hg. v. Niall Ferguson, Cambridge/Mass. 2010, S. 80-93.
Koven, Ronald/Ottaway, David B.: U.S. Oil Nightmare. Worldwide Shortage, The Washington Post (17. 6. 1973).
Kraemer, M.S.: Producing Operations of the Future, in: Journal of Petroleum Technology 23 (1971), S. 27-32.
Kraft, Joseph: Mr. Nixon's Energy Program, The Washington Post (27. 11. 1973).
Krämer, Hans R.: Die Europäische Gemeinschaft und die Ölkrise, Baden-Baden 1974.
Kramer, Martin: Ivory towers on sand. The failure of Middle Eastern studies in America, Washington D.C. 2001.
Krapels, Edward N.: Oil and Security. Problems and Prospects of Importing Countries, London 1977 (Adelphi Papers, 136).
Krasner, Stephen D.: Defending the national interest, Princeton/N.J. 1978.

ders.: Oil Is the Exception, in: Foreign Policy 14, Spring (1974), S. 68-84.
ders.: Sovereignty. Organized hypocrisy, Princeton/N.J./Chichester 1999.
Kraus, Michael: Bundesdeutsche Energieprognosen der letzten 30 Jahre. Eine Fehlerursachenanalyse, in: Energieprognostik auf dem Prüfstand, hg. v. Manfred Härter, Köln 1988, S. 89-117.
Kraus, Michael: Energieprognosen in der Retrospektive. Analyse von Fehlerursachen der Prognose/Ist-Abweichungen von Energiebedarfsschätzungen in der Bundesrepublik Deutschland von 1950 bis 1980, Diss., Karlsruhe 1988.
ders.: Über die Kritik an Energieprognosen und ihre Berechtigung, in: Ölkrise. 10 Jahre danach, hg. v. Fritz Lücke, Köln 1984, S. 253-268.
Krause, Florentin/Bossel, Hartmut/Müller-Reissmann, Karl-Friedrich: Energie-Wende. Wachstum und Wohlstand ohne Erdöl und Uran. Ein Alternativbericht des Öko-Instituts/Freiburg, 2. Aufl., Frankfurt am Main 1980.
Krauss, Clifford: There Will Be Fuel. New Oil and Gas Sources Abound, but They Come With Costs, The New York Times (17.11.2010).
Kristoferson, Lars: Energy in Society, in: AMBIO – A Journal of the Human Environment 2,6 (1973), S. 178-185.
Krueger, Robert B.: The United States and International Oil. A Report for the Federal Energy Administration on U.S. Firms and Government Policy, New York 1975 (Praeger special studies in international economics and development, 24).
Kruse, Julius: Energiewirtschaft, Berlin 1972.
Kunz, Diane B.: When Money Counts and Doesn't. Economic Power and Diplomatic Objectives, in: Diplomatic History 18 (1994), S. 451-462.
Kupper, Patrick: Die „1970er Diagnose". Grundsätzliche Überlegungen zu einem Wendepunkt der Umweltgeschichte, in: Archiv für Sozialgeschichte 43 (2003), S. 325-348.
Kusmierz, Zoe A.: "The glitter of your kitchen pans". The Kitchen, Home Appliances, and Politics at the American National Exhibition in Moscow, 1959, in: Ambivalent americanizations. Popular and consumer culture in central and Eastern Europe, hg. v. Sebastian M. Herrmann, Heidelberg 2008, S. 253-272.
Labahn, Klaus-Dieter: Die künftigen Entwicklungstendenzen der Energiewirtschaft in Baden-Württemberg bis zum Jahre 1990. Gutachten im Auftrage des Ministeriums für Wirtschaft, Mittelstand und Verkehr in Baden-Württemberg, Berlin 1979.
Lacy, Dean: A Theory of Economic Sanctions and Issue Linkage. The Roles of Preferences, Information, and Threats, in: Journal of Politics 66 (2004), S. 25-42.
Lake, David A.: The New Sovereignty in International Relations, in: International Studies Review 5 (2003), S. 303-323.
Lantzke, Ulf: Energy Policies in Industrialized Countries. An Evaluation of the Past Decade, in: Le Marché pétrolier international dix ans après la crise de 1973. Bilan et perspectives, hg. v. Antoine Ayoub, Québec 1984, S. 15-22.
Lantzke, Ulf: The OECD and Its International Energy Agency, in: Daedalus 104,4 (1975), S. 217-227.
Lantzke, Ulf: The Role of International Cooperation, in: Oil Shock. Policy Response and Implementation, hg. v. Alvin L. Alm und Robert J. Weiner, Cambridge/Mass. 1984, S. 77-96.
Laqueur, Walter: The Idea of Europe Runs Out of Gas, in: The Atlantic Community Quarterly 12, Spring (1974), S. 64-75.
Levy, Walter J..: Oil and the Decline of the West, in: Foreign Affairs 58,5 (1980), S. 999-1015.
ders.: Oil power, in: Foreign Affairs 49 (1971), S. 652-668.
ders.: World oil cooperation or international chaos, in: Foreign Affairs 52 (1974), S. 690-713.
Licklider, Roy: Political Power and the Arab Oil Weapon. The Experience of Five Industrial Nations, Berkeley 1988.
Lieber, Robert James: Oil and the Middle East war, Cambridge/Mass. 1976.
ders.: The oil decade, New York 1983.
Liebmann, H.: Ein Planet wird unbewohnbar. Das Sündenregister der Menschheit von der Antike bis zur Gegenwart, München 1971.
Liebrucks, Manfred u.a.: Untersuchung der Möglichkeiten zur Substitution von Mineralöl: Gemeinschaftsgutachten der Institute, Berlin 1978.

dies.: Volkswirtschaftliche Auswirkungen bei Verzögerungen des Baus von Kernkraftwerken. Modellrechnungen. Gemeinschaftsgutachten der Institute, Berlin 1975.
Liebrucks, Manfred/Kummer, Hildebrand: Entwicklungstendenzen des Energieeinsatzes in der deutschen Elektrizitätswirtschaft, Berlin 1972.
dies.: Grundlagen einer regionalwirtschaftlich orientierten Energiepolitik im norddeutschen Raum, Berlin 1972.
Liebrucks, Manfred/Schmidt, H.W./Schmitt, D.: Die künftige Entwicklung der Energienachfrage in der Bundesrepublik Deutschland und deren Deckung. Perspektiven bis zum Jahre 2000, Essen 1978.
dies.: Sicherung der Energieversorgung für die Bundesrepublik Deutschland. Gemeinschaftsgutachten der Institute DIW, EWI und RWE, Berlin 1972.
dies.: Sicherung der Energieversorgung für die Bundesrepublik Deutschland. Teil II. Gemeinschaftsgutachten der Institute DIW, EWI und RWI, Berlin 1974.
Lillich, Richard B.: Economic Coercion and the International Legal Order, in: International Affairs 51 (1975), S. 358-371.
Lincoln, George A.: Energy Security. New Dimension for US Policy, in: Air Force Magazine 56,11 (1973), S. 49-55.
Lindsay, James M.: Trade Sanctions as Policy Instruments. A Re-examination, in: International Studies Quarterly 30 (1986), S. 153-173.
Lippert, Werner D.: The economic diplomacy of Ostpolitik. Origins of NATO's energy dilemma, New York 2011.
Little, Douglas J.: American orientalism. The United States and the Middle East since 1945, Chapel Hill 2002.
ders.: Cold War and Covert Action. The United States and Syria, 1945-1958, in: Middle East Journal 44 (1990), S. 55-75.
ders.: Gideon's Band. America and the Middle East since 1945, in: America in the world. The historiography of American foreign relations since 1941, hg. v. Michael J. Hogan, Cambridge 1995, S. 462-500.
ders.: Mission Impossible. The CIA and the Cult of Covert Action in the Middle East, in: Diplomatic History 28 (2004), S. 663-701.
Lob und Tadel für Jobert, Frankfurter Allgemeine Zeitung (15. 2. 1974).
Loewenstein, Karl: Sovereignty and International Co-operation, in: The American Journal of International Law 48,2 (1954), S. 222-244.
Looming Blackmail, The New York Times (29. 5. 1973).
Lötgers, Herbert: Die Deutsche Erdölversorgungsgesellschaft – DEMINEX. Ziele und Aufgaben im Rahmen der deutschen Rohölversorgung, in: Die Mineralölindustrie in der Bundesrepublik Deutschland, hg. v. Institut für Bilanzanalysen, Frankfurt 1972 (Schriftenreihe Branchenanalysen, 20), S. 39-44.
Love Uses Limousine And Goes Extra Mile, The New York Times (9. 11. 1973).
Lovejoy, Wallace F./Homan, Paul T.: Methods of Estimating Reserves of Crude Oil, Natural Gas, and Natural Gas Liquids, Baltimore 1965.
Lovins, Amory B./Lovins, L. Hunter: Brittle power. Energy Strategy for National Security, Andover/Mass. 1982.
Lovins, Amory B.: Energy strategy. The road not taken?, in: Foreign Affairs 55,1 (1976), S. 65-96.
ders.: Sanfte Energie. Das Programm für die energie- und industriepolitische Umrüstung unserer Gesellschaft, Reinbek 1979.
ders.: Soft Energy Paths. Toward a Durable Peace, Harmondsworth 1977.
ders.: Soft Energy Technologies, in: Annual Review of Energy 3 (1978), S. 477-518.
Löwenthal, Richard: Committee Discussions on Oil and Strategy. Report to the Conference, in: The Middle East and the International System. II. Security and the Energy Crisis, hg. v. International Institute for Strategic Studies, London 1975 (Adelphi Papers, 115), S. 38-41.
Lubell, Harold: Middle East Oil Crises and Western Europe's energy supplies, Baltimore 1963.
ders.: Security of Supply and Energy Policy in Western Europe, in: World Politics 13,3 (1961), S. 400-422.
Lucas, Nigel J. D./Papaconstantinou, D.: Western European Energy Policies. A comparative study of the influence of institutional structure on technical change, Oxford 1985.

Lucas, Nigel J. D.: Energy and the European communities, London 1977.
Lücke, Fritz (Hg.): Ölkrise. 10 Jahre danach, Köln 1984.
Luhmann, Niklas: Soziale Systeme. Grundriß einer allgemeinen Theorie, Frankfurt am Main 2001.
Luttwak, Edward N.: Intervention and Access to Natural Resources, in: Intervention in world politics, hg. v. Hedley Bull, New York 1984, S. 79-94.
Maachou, Abdelkader: OAPEC. An international organization for economic cooperation and an instrument for regional integration, Paris 1982.
Maass, Gudrun: Die Internationale Energieagentur. Lehren aus der Vergangenheit – Herausforderung für die Zukunft, in: Energie – Politik – Geschichte. Nationale und internationale Energiepolitik seit 1945, hg. v. Jens Hohensee und Michael Salewski, Stuttgart 1993, S. 191-204.
Mahon, Rianne/McBride, Stephen: Introduction, in: The OECD and transnational governance, hg. v. dens., Vancouver 2008, S. 3-23.
Maier, Charles S.: Two Sorts of Crises? The „Long" 1970s in the West and the East, in: Koordinaten deutscher Geschichte in der Epoche des Ost-West-Konflikts, hg. v. Hans Günter Hockerts, München 2003, S. 49-62.
Maier, Hans: Fortschrittsoptimismus oder Kulturpessimismus? Die Bundesrepublik Deutschland in den 70er und 80er Jahren, in: Vierteljahrshefte für Zeitgeschichte 56 (2008), S. 1-17.
Mallory, William W.: Accelerated National Oil and Gas Resource appraisal (ANOGRE), in: Methods of estimating the volume of undiscovered oil and gas resources, hg. v. John D. Haun, Tulsa/Okla. 1975, S. 23-30.
Marder, Murrey/Koven, Ronald: 12 Nations Agree On Energy Group, The Washington Post (14. 2. 1974).
Marquardt, Klaus: Auf den Spuren der Ölkrise. Eine Weltindustrie verändert ihre Strukturen, Essen 1983.
Marsh, Steve: HMG, AIOC and the Anglo-Iranian Oil Crisis. In Defence of Anglo-Iranian, in: Diplomacy & Statecraft 12,4 (2001), 143-174.
Martinez, Anibal R.: Estimation of Petroleum Resources, in: Bulletin of the American Association of Petroleum Geologists 50 (1966), S. 2001-2008.
Maswood, S. Javed: Oil and American Hegemony, in: Australian Journal of International Affairs 44,2 (1990), S. 131-141.
Matthöfer, Hans: Energie. Ein Diskussionsleitfaden, in: Energie, Beschäftigung, Lebensqualität, hg. v. Wilhelm Dröscher, Klaus-Detlef Funke und Ernst Theilen, Bonn-Bad Godesberg 1977, S. 319-482.
Maull, Hanns W.: Oil and Influence. The Oil Weapon Examined, London 1975 (Adelphi Papers, 117).
ders.: Ölmacht. Ursachen, Perspektiven, Frankfurt am Main/Köln 1975.
ders.: Raw Materials, Energy, and Western Security, London/Basingstoke 1984.
Mayer, Ferdinand: Erdöl-Weltatlas, Hamburg/Braunschweig 1966.
ders.: Petro-Atlas, 3., völlig neubearb. Aufl., Braunschweig 1982.
ders.: Weltatlas Erdöl und Erdgas, 2., neubearb. Aufl., Braunschweig 1976.
Mazur, A.; Rosa, Eugene A.: Energy and life-style. Cross-national comparison of energy consumption and quality of life indicators, in: Science 186,4164 (1974), S. 607-610.
McAlister, Melani: Epic Encounters: Culture, Media, and U.S. Interests in the Middle East, 1945-2000, Berkeley/Cal. 2001.
McCaslin, John C. (Hg.): International petroleum encyclopedia, Tulsa/Okla. 1977.
McFadden, Robert: Strategy Described as a 'Disaster' by City's Official, The New York Times (26. 11. 1973).
McGovern, Ray: Bush, Oil and Moral Bankruptcy, Counterpunch, online verfügbar unter http://www.counterpunch.org/2007/09/27/bush-oil-and-moral-bankruptcy/, zuletzt besucht am 23. 5. 2012.
McKelvey, Vincent E.: Concepts of Reserves and Resources, in: Methods of estimating the volume of undiscovered oil and gas resources, hg. v. John D. Haun, Tulsa/Okla. 1975, S. 11-14.
McKibben, Bill: Why Not Frack?, New York Review of Books 59,4 (2012), online verfügbar unter http://www.nybooks.com/articles/archives/2012/mar/08/why-not-frack/ (zuletzt besucht am 17. 9. 2012).

McKie, James W.: The Political Economy of World Petroleum, in: The American Economic Review 64, No. 2: Papers and Proceedings (1974), S. 51-57.

McLean, John G./Davis, Warren B.: Guide to National Petroleum Council Report on United States Energy Outlook. Presentation Made to the National Petroleum Council, December 11, 1972, Washington 1972.

McLean, John G.: The United States Energy Outlook and Its Implications for National Energy Policy, in: Annals of the American Academy of Political and Social Science 410, November (1973), S. 97-105.

Meadows, Dennis u. a.: Die Grenzen des Wachstums. Bericht des Club of Rome zur Lage der Menschheit, Stuttgart 1972.

Meinert, Jürgen: Strukturwandlungen der westdeutschen Energiewirtschaft, Frankfurt am Main 1980.

Mejcher, Helmut: Die Politik und das Öl im Nahen Osten, Bd. 1: Der Kampf der Mächte und Konzerne vor dem Zweiten Weltkrieg, Stuttgart 1980.

ders.: Die Politik und das Öl im Nahen Osten, Bd. 2: Die Teilung der Welt 1938-1950, Stuttgart 1990.

Memorandum of Agreement at San Remo, April 24, 1920, in: Papers Relating to the Foreign Relations of the United States. 1920, Bd. 2, Washington 1935, S. 655-658.

Mende, Silke: Nicht rechts, nicht links, sondern vorn. Eine Geschichte der Gründungsgrünen, München 2011.

Mendershausen, Horst: Coping with the oil crisis. French and German experiences, Baltimore/London 1976.

Merely a Simple Bedouin, Newsweek (24. 12. 1973), S. 28-29.

Merrill, Karen R.: The Oil Crisis of 1973-1974. A Brief History with Documents, Boston/New York 2007.

Metzler, Gabriele: Am Ende aller Krisen? Politisches Denken und Handeln in der Bundesrepublik der sechziger Jahre, in: Historische Zeitschrift 275 (2002), S. 57-103.

dies.: Konzeptionen politischen Handelns von Adenauer bis Brandt. Politische Planung in der pluralistischen Gesellschaft, Paderborn 2005.

Metzner, Monika: Frankreich und EG tief zerstritten, Frankfurter Rundschau (14. 2. 1974).

Meyer-Abich, Klaus Michael (Hg.): Energieeinsparung als neue Energiequelle. Wirtschaftspolitische Möglichkeiten und alternative Technologien, München 1979.

ders. u. a.: Wirtschaftspolitische Steuerungsmöglichkeiten zur Einsparung von Energie durch alternative Technologien, Bd. 1: Zusammenfassung, Essen 1978.

Meyer-Renschhausen, Martin: Das Energieprogramm der Bundesregierung. Ursachen und Probleme staatlicher Planung im Energiesektor in der BRD, Frankfurt/New York 1981.

Meyers, Robert A.: Handbook of energy technology and economics, New York 1983.

Michel, Judith: Willy Brandts Amerikabild und -politik, 1933-1992, Göttingen/Oxford 2010.

Middle East Economic Survey, Bde. 16-17 (1973-74).

Mieczkowski, Yanek: Gerald Ford and the Challenges of the 1970s, Lexington/Ky. 2005.

Mikdashi, Zuhayr: Collusion Could Work, in: Foreign Policy 14, Spring (1974), S. 57-68.

Miller, Linda B.: Review: Energy, Security and Foreign Policy: A Review Essay, in: International Security 4,1 (1977), S. 111-123.

Milward, Alan S.: The European Rescue of the Nation-State, unter Mitarbeit von George Brennan und Federico Romero, Berkeley 1992.

Ministère de l'industrie et de la recherche. Delagation générale à l'énergie. Direction Carburants: Activité de l'industrie pétrolière 1973, [Paris] [1974].

Ministry of Finance and Petroleum Kuwait: An Open Letter to the American People, The Washington Post (14. 11. 1973).

Mister Energy, Frankfurter Allgemeine Zeitung (8. 12. 1973).

Mitchell, Henry: Table Talk Of Oil Talks: Scene, The Washington Post (13. 12. 1973).

Mitchell, Timothy: Carbon Democracy, in: Economy and Society 38,3 (2007), S. 399-432.

ders.: Carbon Democracy. Political Power in the Age of Oil, London/New York 2011.

ders.: Hydrocarbon Utopia, in: Utopia/Dystopia. Conditions of Historical Possibility, Princeton/N.J. 2010, S. 117-147.

ders.: The Resources of Economics. Making the 1973 Oil Crisis, in: Journal of Cultural Economy 3,2 (2010), S. 189-204.
Mobil Oil: The U.S. stake in Middle East peace: I, The New York Times (21. 6. 1973).
Möckli, Daniel: Asserting Europe's Distinct Identity. The EC Nine and Kissinger's Year of Europe, in: The strained alliance. US-European relations from Nixon to Carter, hg. v. Matthias Schulz und Thomas Alan Schwartz, New York 2010, S. 195-220.
ders.: European foreign policy during the Cold War. Heath, Brandt, Pompidou and the dream of political unity, London/New York 2009.
Möllers, Nina: Electrifying the World. Representations of Energy and Modern Life at World's Fairs, 1893-1982, in: Past and Present Energy Societies. How Energy Connects Politics, Technologies and Cultures, hg. v. ders. und Karin Zachmann, Bielefeld 2012, S. 45-78.
mom.: Ohne Frankreich, Frankfurter Rundschau (15. 2. 1974).
Mon Oncle (Regie: Jacques Tati, 1958).
Mondale, Walter F.: Beyond Detente. Toward International Economic Security, in: Foreign Affairs 53,1 (1974), S. 1-23.
Moore, T.V.: Reservoir Engineering Begins Second 25 Years, in: The Oil and Gas Journal 54,29 (1955), S. 148.
Moran, Theodore H.: Modeling OPEC Behavior: Economic and Political Alternatives, in: International Organization 35,2 (1981), S. 241-272.
More, Charles: Black Gold. Britain and Oil in the Twentieth Century, London 2009.
Morgenthau, Hans J.: Politics among Nations. The Struggle for Power and Peace, New York 1948.
ders.: The New Diplomacy Movement. International Commentary, in: Encounter August (1974), S. 52-57.
ders.: World Politics and the Politics of Oil, in: Energy. The policy issues, hg. v. Gary D. Eppen, Chicago 1975, S. 43-51.
Morris, Joe: Mercedes for 'Superman'. Bonn Gives Oil Sheik High-Octane Welcome, The Los Angeles Times (21. 1. 1974).
Morse, Kathryn: There Will Be Birds. Images of Oil Disasters in the Nineteenth and Twentieth Centuries, in: The Journal of American History 99,1 (2012), S. 124-134.
Morton, Rogers C. B.: Foreword, in: United States Mineral Resources, hg. v. Donald A. Brobst und Walden P. Pratt, Washington D.C. 1973, S. III.
Mosley, Leonard: The richest oil company in the world. Aramco is not so much a company as it is a country within a country, The New York Times (10. 3. 1974).
Moyn, Samuel: The last utopia. Human rights in history, Cambridge/Mass. 2010.
Mulfinger, Albrecht: Auf dem Weg zur gemeinsamen Mineralölpolitik, Berlin 1972.
Müller, Harald: Energiepolitik. Ein neuer Bereich der Außenpolitik, in: Neue Politische Literatur 22,4 (1977), S. 484-502.
Müller, Werner/Stoy, Bernd: Entkopplung. Wirtschaftswachstum ohne mehr Energie?, Stuttgart 1978.
Muskat, Morris: The Proved Crude Oil reserves of the U.S., in: Journal of Petroleum Technology 15,9 (1963), S. 915-921.
n.,g.: Um mehr als Öl, Frankfurter Allgemeine Zeitung (13. 2. 1974).
Nader, Laura/Beckerman, Stephen: Energy as It Relates to the Quality and Style of Life, in: Annual Review of Energy 3 (1978), S. 1-28.
Nakasian, Samuel: The Security of Foreign Petroleum Resources, in: Political Science Quarterly 68,2 (1953), S. 181-202.
National Petroleum Council. Committee on Emergency Preparedness. Coordinating Subcommittee: Emergency Preparedness for Interruption of Petroleum Imports into the United States. A Supplemental Interim Report of the National Petroleum Council, November 15, 1973, Washington 1973.
National Petroleum Council. Committee on Emergency Preparedness: Emergency Preparedness for Interruption of Petroleum Imports into the United States. An Interim Report of the National Petroleum Council, Washington 1973.
National Petroleum Council. Committee on Energy Conservation: Potential for Energy Conservation in the United States: 1974-1978. Industrial, Washington 1974.

National Petroleum Council. Committee on Energy Conservation: Potential for Energy Conservation in the United States: 1974-1978. Electric Utility, Washington 1974.

National Petroleum Council: U.S. Energy Outlook. A Summary Report of the National Petroleum Council, Washington 1972.

National Science Foundation: The U.S. Energy Problem. Vol. I: Summary Volume, Washington D.C. 1971.

Naylor, R. T.: Economic Warfare: Sanctions, Embargo Busting, and Their Human Cost, Boston/Mass. 2001.

ders.: Patriots and Profiteers. On Economic Warfare, Embargo Busting and State-Sponsored Crime, Toronto 1999.

Nedom, H. A.: Planning the Energy Years, in: Journal of Petroleum Technology 23, January (1971), S. 13-15.

Nehring, Holger: Genealogies of the Ecological Moment. Planning, Complexity and the Environment of 'the Environment' as Politics in West Germany, 1949-1982, in: Nature's end. History and the environment, hg. v. Sverker Sörlin und Paul Warde, Houndmills/Basingtstoke/New York 2009, S. 115-138.

Niedhardt, Gottfried: Ostpolitik. Phases, Short-Term Objectives, and Grand Design, in: American Détente and German Ostpolitik 1969-1972, hg. v. David C. Geyer und Bernd Schaefer, Washington D.C. 2004, S. 118-136.

Nixon Feels Flight to Coast on Commercial Plane 'Scored Points' With the Public, The New York Times (28.12.1973).

Noble, Alastair: Kissinger's Year of Europe, Britain's Year of Choice, in: The strained alliance. US-European relations from Nixon to Carter, hg. v. Matthias Schulz und Thomas Alan Schwartz, New York 2010, S. 221-235.

Nonn, Christoph: Die Ruhrbergbaukrise. Entindustrialisierung und Politik 1958-1969, Göttingen 2001.

Nordhaus, William D.: Energy. Friend or Enemy, New York Review of Books (27.10.2011), S. 29-31.

ders.: Resources as a Constraint to Growth, in: The American Economic Review 64 (1974), S. 22-26.

Nouschi, André: La France et le pétrole. De 1924 à nos jours, Paris 2001.

ders.: Pétrole et relations internationales de 1945 à nos jours, Paris 1999.

Nussbaum, Henrich von (Hg.): Die Zukunft des Wachstums. Kritische Antworten zum „Bericht des Club of Rome", Düsseldorf 1973.

Nützenadel, Alexander: Stunde der Ökonomen. Wissenschaft, Politik und Expertenkultur in der Bundesrepublik 1949-1974, Göttingen 2005.

Nye, David E.: Narratives and spaces. Technology and the construction of American culture, New York 1997.

Nye, David E.: The Energy Crisis of the 1970s as a Cultural Crisis, in: Living with America, 1946-1996, hg. v. Cristina Giorcelli und Peter G. Boyle, Amsterdam 1997, S. 82-102.

ders.: Consuming Power. A Social History of American Energies, Cambridge/Mass. 1998.

ders.: When the Lights Went Out. A History of Blackouts in America, Cambridge/Mass. 2010.

Nye, Joseph S., JR./Keohane, Robert O.: Transnational Relations and World Politics: A Conclusion, in: International Organization 25,3 (1971), S. 721-748.

Nye, Joseph S./Deese, David A./Alvin, Alm: Conclusion. A U.S. Strategy for Energy Security, in: Energy and Security, hg. v. Joseph F. Nye und David A. Deese, Cambridge/Mass. 1981, S. 391-424.

Nye, Joseph S.: Energy and Security, in: Energy and Security, hg. v. David A. Deese und dems., Cambridge/Mass. 1981, S. 3-22.

ders.: Energy Security Strategy, in: The Strategic imperative. New policies for American security, hg. v. Samuel P. Huntington, Cambridge/Mass. 1982, S. 301-329.

ders.: Multinational Corporations in World Politics, in: Foreign Affairs 53,1 (1974), S. 153-175.

Oberdorfer, Don: Japanese Policy Of Aid to Arabs Pays Off in Oil, The Washington Post (3.2.1974).

O'Brien, Tim: Nixon Energy Plan Held Too Late for This Winter, The Washington Post (9.11.1973).

ders.: Some Businesses Protest, The Washington Post (27. 11. 1973).
Odeen, Philip A.: Organizing for National Security, in: International Security 5,1 (1980), S. 111-129.
Odell, Peter R.: OPEC und die Multis. Amerikanische Politik und europäische Optionen, in: Erdöl und internationale Politik, hg. v. Wolfgang Hager, München 1975, S. 41-50.
OECD Oil Committee: Oil today, Paris 1964.
OECD: Decision of the Council Establishing an International Energy Agency of the Council, 15. 11. 1974, in: The International Energy Agency. The First Twenty Years, Bd. 3: Principle Documents, hg. v. Richard Scott, Paris 1994.
OECD: Energy prospects to 1985. An assessment of long term energy developments and related policies: a report, Paris 1975.
OECD: World energy outlook. A Reassessment of Long Term Energy Developments and Related Policies. A Report by the Secretary-General, Paris 1977.
OEEC Oil Committee: Europe's need for oil. Implications and Lessons of the Suez Crisis, Paris 1958.
OEEC Oil Committee: Oil, recent developments in the OEEC area, Paris 1961.
OEEC Wirtschaftsrat: Europas Energie-Bedarf. Sein Anwachsen – seine Deckung, Bonn 1956.
Oil and the Battle, in: Middle East Economic Survey XVI/51 (12. 10. 1973), S. 3-6.
Oil. Sharing the Shortage, Time Magazine (21. 5. 1973).
Okita, Saburo: Natural Resource Dependency and Japanese Foreign Policy, in: Foreign Affairs 52,4 (1974), S. 714-724.
Oldenziel, Ruth/Zachmann, Karin (Hg.): Cold war kitchen. Americanization, technology, and European users, Cambridge/Mass. 2009.
Ölkrise: Kein Verlaß auf Großmütter, Der Spiegel (5. 11. 1973), S. 23-27.
One, two, many OPECs, in: Foreign Policy 14, Spring (1974), S. 56-57.
Operation of Arab Oil Measures Clarified, in: Middle East Economic Survey XVII/11 (4. 1. 1974).
Oppenheim, L.: International Law. A Treatise, Bd. 1: Peace, New York/Bombay 1905.
Organization of Arab Petroleum Exporting Countries, in: The Middle East and North Africa. 1972-73, 19. Aufl., London 1972, S. 118.
Organization of Arab Petroleum Exporting Countries, in: The Middle East and North Africa. 1974-75, 21. Aufl., London 1974, S. 145-146.
Organization of Petroleum Exporting Countries: OPEC Official Resolutions and Press Releases. 1960-1980, Oxford 1980.
Osiander, Andreas: Sovereignty, International Relations, and the Westphalian Myth, in: International Organization 55,2 (2001), S. 251-287.
O'Toole, Thomas: Light, Fuel, Auto Speed Curbs Set, The Washington Post (26. 11. 1973).
ders.: President Sets the Pattern, The Washington Post (9. 11. 1973).
Ottaway, David B./Koven, Ronald: Saudis Tie Oil to U.S. Policy on Israel, The Washington Post (19. 4. 1973).
Over a Barrel. The Truth about Oil (ABC News: 2009).
Oweiss, Ibrahim: Petro-Money. Problems and Prospects, in: Inflation & Monetary Crisis, hg. v. G. C. Wiegand, Washington 1975, S. 84-90.
Pachachi Calls for Immediate Use of Oil Weapon, in: Middle East Economic Survey XVI/51 (12. 10. 1973), S. 4-5.
Painter, David S.: Oil and the American Century, in: The Journal of American History 99,1 (2012), S. 24-39.
ders.: Oil and the Marshall Plan, in: Business History Review 58 (1984), S. 359-383.
ders.: Oil, Resources, and the Cold War, 1945-1962, in: The Cambridge History of the Cold War, hg. v. Melvyn P. Leffler und Odd Arne Westad, Bd. 1, Cambridge/New York 2009, S. 486-507.
ders.: Private power and public policy. Multinational oil companies and U.S. foreign policy, 1941-1954, London 1986.
Palme, Olof: Der Palme-Bericht. Bericht der Unabhängigen Kommission für Abrüstung und Sicherheit ‚Common Security', Berlin 1982.
Papers Relating to the Foreign Relations of the United States. 1920, Bd. 2, Washington 1935.
Parra, Francisco R.: Oil politics. A modern history of petroleum, London/New York 2004.

Patai, Raphael: The Arab mind, New York 1973.
Patel, Kiran Klaus: Europäische Integrationsgeschichte auf dem Weg zur doppelten Neuorientierung. Ein Forschungsbericht, in: Archiv für Sozialgeschichte 50 (2010), S. 595-642.
ders.: The Paradox of Planning: German Agricultural Policy in a European Perspective, 1920s to 1970s, in: Past & Present 212.1 (2011), S. 239-269.
Paust, Jordan J./Blaustein, Albert Paul (Hg.): The Arab oil weapon, Dobbs Ferry/N.Y. 1977.
Paust, Jordan J./Blaustein, Albert Paul: The Arab Oil Weapon. A Threat to International Peace, in: American Journal of International Law 68 (1974), S. 410-439.
Peacock, Alan T.: The oil crisis and the professional economist, York 1975.
Personality in the News. Saudi Oil Minister – The Arabs' Kissinger, The Los Angeles Times (3.12.1973).
Perspectives on the energy crisis. 2 Bde., Ann Arbor/Mich. 1977, S. 149-164.
Peterson, F. M./Fisher, A. C.: The optimal exploitation of extractive resources. A survey, in: The Economic Journal 87 (1977), S. 681-721.
Petersson, Niels P./Schröder, Wolfgang M.: Souveränität und politische Legitimation. Analysen zum „geschlossenen" und zum „offenen" Staat, in: Legitimationsgrundlagen einer europäischen Verfassung. Von der Volkssouveränität zur Völkersouveränität, hg. v. Georg Jochum u. a., Berlin 2007, S. 103-150.
Petroleum Panorama. Commemorating 100 years of Petroleum Progress, Tulsa/Okla. 1959 (The Oil and Gas Journal, 57,5).
Pfister, Christian u. a.: Das „1950er Syndrom". Zusammenfassung und Synthese, in: Das 1950er Syndrom. Der Weg in die Konsumgesellschaft, hg. v. dems. und Peter Bär, 2. Aufl., Bern 1996, S. 21-48.
Pfister, Christian: Das „1950er Syndrom". Die umweltgeschichtliche Epochenschwelle zwischen Industriegesellschaft und Konsumgesellschaft, in: Das 1950er Syndrom. Der Weg in die Konsumgesellschaft, hg. v. dems. und Peter Bär, 2. Aufl., Bern 1996, S. 51-96.
Philpott, Daniel: Revolutions in sovereignty. How ideas shaped modern international relations, Princeton/N.J. 2001.
Pious, Richard M.: Moral Action and Presidential Leadership, in: The Moral Authority of Government. Essays to Commemorate the Centennial of the National Institute of Social Sciences, hg. v. Moorhead Kennedy, R. Gordon Hoxie und Brenda Repland, New Brunswick/N.J. 2000, S. 7-12.
Policy Study Group of the M.I.T. Energy Laboratory: Energy Self-Sufficiency. An Economic Evaluation, in: Technology Review 76, Mai (1974), S. 23-58.
La Politique Étrangère de la France. Textes et Documents, Paris 1973-74.
Porter, Tony/Webb, Michael: Role of the OECD in the Orchestration of Global Knowledge Networks, in: The OECD and transnational governance, hg. v. Rianne Mahon und Stephen McBride, Vancouver 2008, S. 43-59.
Pratt, Joseph A./Becker, William H./McClenahan, William M.: Voice of the marketplace. A history of the National Petroleum Council, College Station/Tex. 2002.
Pratt, Joseph A.: Exxon and the Control of Oil, in: Journal of American History 99,1 (2012), S. 145-154.
Priest, Joseph: Energy for a Technological Society. Principles/Problems/Alternatives, Reading 1975.
Proffitt, Nicholas C.: Faisal's Threat, Newsweek (10.9.1973), S. 35-37.
Programme of Action on the Establishment of a New International Economic Order, in: United Nations. General Assembly: Resolutions Adopted during Its Sixth Special Session 9 April-2 May 1974, New York 1974, S. 5-12.
Projektleitung Energieforschung KFA Jülich: Rahmenprogramm Energieforschung. Jahresbericht 1976. Im Auftrage des Bundesministers für Forschung und Technologie und des Bundesministers für Wirtschaft, o.O. o.J.
Qaimmaqami, Linda W./Keefer, Edward C. (Hg.): Energy Crisis, 1969-1974, Washington 2012 (Foreign Relations of the United States 1969-1976, 36).
Rabkin, Jeremy A.: The Case for Sovereignty. Why the World Should Welcome American Independence, Washington D.C. 2004.
ders.: Why Sovereignty Matters, Washington D.C. 1998.

Radkau, Joachim: Aufstieg und Krise der deutschen Atomwirtschaft 1945-1975. Verdrängte Alternativen in der Kerntechnik und der Ursprung der nuklearen Kontroverse, Reinbek bei Hamburg 1983.
Rahman, Mahfuzur: World Economic Issues at the United Nations. Half a Century of Debate, Boston 2002.
Raithel, Thomas/Rödder, Andreas/Wirsching, Andreas (Hg.): Auf dem Weg in eine neue Moderne? Die Bundesrepublik Deutschland in den siebziger und achtziger Jahren, München 2009.
Raphael, Lutz: Die Verwissenschaftlichung des Sozialen als methodische und konzeptionelle Herausforderung für eine Sozialgeschichte des 20. Jahrhunderts, in: Geschichte und Gesellschaft 22 (1996), S. 165-193.
Rappaport, Roy A.: The Flow of Energy in an Agricultural Society, in: Scientific American 225,3 (1971), S. 116-132.
Ravetz, Jerome R.: Uncertainty, Ignorance and Policy, in: Science for public policy, hg. v. Harvey Brooks und Chester L. Cooper, Oxford 1987, S. 77-89.
Reichow, Hans B.: Die autogerechte Stadt. Ein Weg aus dem Verkehrs-Chaos, Ravensburg 1959.
Reifenberg, Jan: Amerika hat in der Energiepolitik den längeren Atem. Europas Rolle bei der Konferenz von Washington, Frankfurter Allgemeine Zeitung (11. 2. 1974).
Reifenberg, Jan: Der tote General hätte Beifall gespendet, Frankfurter Allgemeine Zeitung (15. 2. 1974).
Reinecke, Christiane: Müller-Hermann, Ernst, in: Biographisches Handbuch der Mitglieder des Deutschen Bundestages 1949-2002, Bd. 1, München 2002, S. 589-590.
Reistle, Carl E.: Reservoir Engineering, in: The History of Petroleum Engineering, hg. v. D. V. Carter, Dallas 1961, S. 811-846.
Reserves – Tomorrow's Storehouse, in: Petroleum Panorama. Commemorating 100 years of Petroleum Progress, Tulsa/Okla. 1959 (The Oil and Gas Journal, 57,5), S. B-30-32.
Reston, James: Two Cheers for France, The New York Times (15. 2. 1974).
Riccards, Michael P.: The Moral Talk of American Presidents, in: The Moral Authority of Government. Essays to Commemorate the Centennial of the National Institute of Social Sciences, hg. v. Moorhead Kennedy, R. Gordon Hoxie und Brenda Repland, New Brunswick/N.J. 2000, S. 19-23.
Richardson, J.G./Stone, H.L.: A Quarter Century of Progress in the Application of Reservoir Engineering, in: Journal of Petroleum Technology 25, December (1973), S. 1371-1379.
Rifkin, Jeremy: The Third Industrial Revolution. How Lateral Power Is Transforming Energy, the Economy, and the World, New York 2011.
Risse, Thomas: Transnational Actors and World Politics, in: Handbook of International Relations, hg. v. W. Carlsnaes, London 2002, S. 255-274.
Risse-Kappen, Thomas (Hg.): Bringing Transnational Relations back in. None-State Actors, Domestic Structures and International Institutions, Cambridge 1995.
Rm: Nachgiebigkeit in Brüssel, Frankfurter Allgemeine Zeitung (7. 11. 1973).
Robinson, Jeffrey: Yamani. The Inside Story, London 1989.
Robinson, T. J. C.: Economic Theories of Exhaustible Resources, London/New York 1989.
Rocks, Lawrence/Runyon, Richard P.: The energy crisis, New York 1972.
Rodgers, Daniel T.: Age of fracture, Cambridge/Mass. u. a. 2011.
Roeper, Hans: Hohe Defizite untergraben die Weltwirtschaft. Die Auswirkungen der Ölverteuerung, Frankfurter Allgemeine Zeitung (14. 2. 1974).
Roggen, Peter: Die Internationale Energie-Agentur. Energiepolitik und wirtschaftliche Sicherheit, Bonn 1979.
Rosa, Eugene A./Machlis, Gary E./Keating, Kenneth M.: Energy and Society, in: Annual Review of Sociology 14 (1988), S. 149-172.
Rosecrance, Richard N.: The Rise of the Trading State. Commerce and Conquest in the Modern World, New York 1986.
Rossbach, Niklas H.: Heath, Nixon and the Rebirth of the Special Relationship. Britain, the US and the EC, 1969-74, Basingstoke 2009.
Roth, Ralf/Schlögel, Karl (Hg.): Neue Wege in ein neues Europa. Geschichte und Verkehr im 20. Jahrhundert, Frankfurt/New York 2009.

Rothschild, Emma: What is Security?, in: International Security, Bd. 3: Widening Security, hg. v. Barry Buzan und Lene Hansen, Los Angeles u. a. 2007, S. 1-34.

Rowen, Hobart: Energy Parley Responds to Economic Facts, The Washington Post (17. 2. 1974).

Ruck, Michael: Ein kurzer Sommer der konkreten Utopie. Zur westdeutschen Planungsgeschichte der langen 60er Jahre, in: Dynamische Zeiten. Die 60er Jahre in den beiden deutschen Gesellschaften, hg. v. Axel Schildt, Hamburg 2000, S. 362-401.

ders.: Gesellschaft gestalten. Politische Planung in den 1960er und 1970er Jahren, in: Zwischen Effizienz und Legitimität. Kommunale Gebiets- und Funktionalreformen in der Bundesrepublik Deutschland in historischer und aktueller Perspektive, hg. v. Sabine Mecking und Janbernd Oebbecke, Paderborn 2009, S. 35-47.

ders.: Westdeutsche Planungsdiskurse und Planungspraxis der 1960er Jahre im internationalen Kontext, in: Aufbruch in die Zukunft. Die 1960er Jahre zwischen Planungseuphorie und kulturellem Wandel; DDR, CSSR und Bundesrepublik Deutschland im Vergleich, hg. v. Heinz-Gerhard Haupt, Weilerswist 2004, S. 289-325.

Rühl, W.: Erdöl und Erdgas, in: Das Energiehandbuch, hg. v. Gerhard Bischoff, Werner Gocht und F. Adler, Braunschweig 1970, S. 95-150.

Ruske, Barbara/Teufel, Dieter: Das sanfte Energie-Handbuch. Wege aus der Unvernunft der Energieplanung in der Bundesrepublik, Reinbek bei Hamburg 1982.

Rutledge, Ian: Addicted to Oil. America's Relentless Drive for Energy Security, London 2005.

Ryan, J.M.: Limitations of statistical methods for predicting petroleum and natural gas availability, in: Journal of Petroleum Technology 18, März (1966), S. 281-284.

Rybczynski, T. M. (Hg.): The Economics of the oil crisis, New York 1976.

Sabin, Paul: The bet. Paul Ehrlich, Julian Simon, and our gamble over Earth's future, New Haven 2013.

ders.: Crisis and Continuity in U.S. Oil Politics, 1965-1980, in: The Journal of American History 99,1 (2012), S. 177-186.

ders.: Crude Politics. The California Oil Market, 1900-1940, Berkeley/Calif. 2005.

Sabini, John: Sea Island Four, in: Aramco World 24,2 (1973), S. 6-7.

Sachverständigenrat für Umweltfragen 2012: Umweltgutachten 2012. Verantwortung in einer begrenzten Welt, online verfügbar unter http://www.umweltrat.de/SharedDocs/Downloads/DE/01_Umweltgutachten/2012_Umweltgutachten_HD.pdf?__blob=publicationFile, (zuletzt besucht am 27. 6. 2012).

Sachverständigenrat zur Begutachtung der gesamtwirtschaftlichen Entwicklung: Jahresgutachten 1974, in: Deutscher Bundestag. Drucksachen. 7. Wahlperiode 1972-1976, Nr. 2848 (28. 11. 1974).

Sachverständigenrat zur Begutachtung der gesamtwirtschaftlichen Entwicklung: Jahresgutachten 1979/80, in: Deutscher Bundestag. Drucksachen. 8. Wahlperiode 1976-1980, Nr. 3420 (22. 11. 1979).

Sampson, Anthony: The Seven Sisters. The Great Oil Companies and the World They Made, London 1975.

Sandner, Norbert: Die Grenzen der mittel- und langfristigen Prognosen des Energieverbrauchs, in: Glückauf. Zeitschrift für Technik und Wirtschaft des Bergbaus, 23,11 (1972), S. 1147-1160.

Sargent, Daniel J.: Oil, Interdependence, and Hegemony. The U.S. in the Middle East, 1969-1974, unveröff. Manuskript, ISS Seminar, Yale, New Haven (18. 9. 2007).

ders.: The United States and Globalization in the 1970s, in: The Shock of the Global. The 1970s in Perspective, hg. v. Niall Ferguson, Cambridge/Mass. 2010, S. 49-64.

Sassen, Saskia: Losing Control? Sovereignty in an Age of Globalization, New York 1996.

Saudi Warns Against Bloc of Oil Users. Zionist Attack Renewed, The New York Times (13. 1. 1974).

Schanetzky, Tim: Die große Ernüchterung. Wirtschaftspolitik, Expertise und Gesellschaft in der Bundesrepublik 1966-1982, Berlin 2007.

Schieweck, Erich: Die kommende Welterdöl- und Energiekrise, in: Glückauf. Zeitschrift für Technik und Wirtschaft des Bergbaus 108,9 (1972), S. 343-355.

Schildt, Axel: „Die Kräfte der Gegenreform sind auf breiter Front angetreten". Zur konservativen Tendenzwende in den Siebzigerjahren, in: Archiv für Sozialgeschichte 44 (2004), S. 449-478.

Schilling, Hans-Dieter/Hildebrandt, Rainer: Primärenergie, elektrische Energie. Die Entwicklung des Verbrauchs an Primärenergieträgern und an elektrischer Energie in der Welt, in den USA und in Deutschland seit 1860 bzw. 1925, Essen 1977.

Schlesinger, Arthur M.: The Imperial Presidency, Boston 1973.

Schmidt, Helmut: Die Energiekrise – Eine Herausforderung für die westliche Welt. Vortrag vor der Roosevelt University in Chicago am 13. 3. 1974, in: Bulletin des Presse- und Informationsamts der Bundesregierung, 35 (1974), S. 325-330.

ders.: Leitgedanken unserer Außenpolitik, in: Kontinuität und Konzentration, Bonn-Bad Godesberg 1975, S. 226-243.

ders.: Politische und wirtschaftliche Aspekte der westlichen Sicherheit. Vortrag vor dem International Institute for Strategic Studies, London 28. 10. 1977, in: Sicherheitspolitik der Bundesrepublik Deutschland. Dokumentation 1945-1977, Teil 2, hg. v. Klaus von Schubert, Köln 1979, S. 618-631.

ders.: Vorwort. Alle Energie-Optionen offenhalten, in: Energiepolitik. Kontroversen – Perspektiven, hg. v. Manfred Krüper, Köln 1977, S. 7-10.

Schmidt: Der Ölpreis wird sinken, Frankfurter Allgemeine Zeitung (14. 2. 1974).

Schmitt, Dieter: West German Energy Policy, in: After the Second Oil Crisis: Energy Policies in Europe, America, and Japan, hg. v. Wilfrid L. Kohl, Lexington/Mass. 1982, S. 137-158.

Schmitz, Silvia: Energiegeschichten, Lamspringe 2007.

Schneider, Hans Karl.: Marktwirtschaftliche Energiepolitik oder staatlicher Dirigismus? [1978], in: Aufsätze aus drei Jahrzehnten zur Wirtschafts- und Energiepolitik, München 1990, S. 162-167.

Schneider, Hans Karl/Dubois, Monique/Würgler, Hans/Wittmann, Waldemar/Haas, Heinz-Dieter: Stabilisierungspolitik in der Marktwirtschaft. Verhandlungen auf der Tagung des Vereins für Socialpolitik, Gesellschaft für Wirtschafts- und Sozialwissenschaften, in Zürich 1974, 2 Bde., Berlin 1975.

schr.: 13 in einem Boot, Süddeutsche Zeitung (12. 2. 1974).

Schröder, Dieter: Das europäische Mißverständnis, Süddeutsche Zeitung (15. 2. 1974).

ders.: Geld fehlt der Weltwirtschaft mehr als Öl, Süddeutsche Zeitung (13. 2. 1974).

ders.: Mehr Kaltblütigkeit in der Ölkrise, Süddeutsche Zeitung (7. 11. 1973).

Schubert, Enno: Vom Bergmann zum Ölexperten. Stationen einer Karriere; Biografie, Frankfurt am Main 2007.

Schultz, Thorsten: Transatlantic Environmental Security in the 1970s? NATO's "Third Dimension" as an Early Environmental and Human Security Approach, in: Historical Social Research 35,4 (2010), S. 309-328.

Schumacher, Ernst F.: Die Rückkehr zum menschlichen Maß. Alternativen für Wirtschaft und Technik, Reinbek bei Hamburg 1978.

ders.: Small is beautiful. Study of economics as if people mattered, London 1978.

Schurr, Sam H./Netschert, Bruce C.: Energy in the American Economy, 1850-1975. An Economic Study of Its History and Prospects, published for Resources for the Future, Inc., Baltimore 1960.

Schwarz, Hans-Peter (Hg.): Akten zur Auswärtigen Politik der Bundesrepublik Deutschland 1973, Bd. III: 1. Oktober bis 31. Dezember, unter Mitarbeit von Ilse Dorothee Pautsch, München 2004.

ders. (Hg.): Akten zur Auswärtigen Politik der Bundesrepublik Deutschland 1974, Bd. I: 1. Januar bis 30. Juni 1974, unter Mitarbeit von Ilse Dorothee Pautsch, München 2005.

ders. (Hg.): Akten zur Auswärtigen Politik der Bundesrepublik Deutschland 1974, Bd. II: 1. Juli bis 31. Dezember, unter Mitarbeit von Ilse Dorothee Pautsch, München 2005.

Science Policy Research Unit, Sussex University (Hg.): Die Zukunft aus dem Computer? Eine Antwort auf die Grenzen des Wachstums, Neuwied 1973.

Science Policy Research Unit, Sussex University (Hg.): The limits to growth controversy. World dynamics models described and evaluated, resources, population, agriculture, capital, pollution, energy, Guildford 1973.

Scott, Richard: The History of the International Energy Agency. The First Twenty Years, Bd. 1: Origins and Structure, Paris 1994.

Scott, Richard: The History of the International Energy Agency. The First Twenty Years, Bd. 2: Major Policies and Actions, Paris 1994.

Seefried, Elke: Towards the Limits to Growth? The Book and Its Reception in West Germany and Britain 1972-73, in: Bulletin of the German Historical Institute 33,1 (2011), S. 3-37.
Seifert, Thomas/Werner, Klaus: Schwarzbuch Öl. Eine Geschichte von Gier, Krieg, Macht und Geld, Wien 2005.
Seymour, Ian: The Oil Weapon, in: Middle East Economic Survey XVI/52 (19. 10. 1973), S. 2-4.
Shapin, Steven: The Scientific Life. A Moral History of a Late Modern Vocation, Chicago 2008.
Shapiro, T. Rees: James Akins, 83, dies. Energy Expert Presaged Danger of Relying on Mideast Oil, The Washington Post (27. 7. 2010).
Sheail, John: Torrey Canyon. The Political dimension, in: Journal of Contemporary History 42 (2007), S. 485-504.
Sheehan, James J.: The Problem of Sovereignty in European History, in: American Historical Review 111,1 (2006), S. 1-15.
Shell AG: Der Beitrag des Mineralöls zur künftigen Energieversorgung. Prognosen erfordern schon heute Entscheidungen, o.O. 1978.
Shell: The National Energy Outlook, [Houston/Tex.] 1974.
Shihata, Ibrahim F. I.: Destination Embargo of Arab Oil. Its Legality und International Law, in: American Journal of International Law 68 (1974), S. 591-627.
ders.: The case for the Arab oil embargo. A legal analysis of Arab oil measures with a full text of relevant resolutions and communiqués, Beirut 1975.
ders.: The Opec Special Fund and the North-South Dialogue, in: Third World Quarterly 1,4 (1979), S. 28-38.
Siebert, Horst: The Economics of Resource Ventures, in: Risk and the political economy of resource development, hg. v. David William Pearce, Horst Siebert und Ingo Walter, London 1984, S. 11-36.
Sieferle, Rolf Peter: Der unterirdische Wald. Energiekrise und industrielle Revolution, München 1982.
ders.: Epochenwechsel. Die Deutschen an der Schwelle zum 21. Jahrhundert, Berlin 1994.
Siegenthaler, Hansjörg: Zur These des „1950er Syndroms". Die wirtschaftliche Entwicklung der Schweiz nach 1945 und die Bewegung relativer Energiepreise, in: Das 1950er Syndrom. Der Weg in die Konsumgesellschaft, hg. v. Christian Pfister und Peter Bär, 2. Aufl., Bern 1996, S. 97-103.
Silk, Leonard: Energy Talks: Why U.S. Position Won, The New York Times (15. 2. 1974).
Simon, Marc V.: When Sanctions Can Work. Economic Sanctions and the Theory of Moves, in: International Interactions 21 (1996), S. 203-228.
Simon, William E./Caher, John M.: A Time for Reflection. An Autobiography, Washington D.C./Lanham/Md. 2004.
Simon, William E./Luce, Clare Boothe: A time for truth, New York 1978.
Sinclair, Upton: Oil!, New York 1927.
Siniver, Asaf: Nixon, Kissinger, and U.S. foreign policy making. The machinery of crisis, Cambridge 2008.
Skeet, Ian: OPEC twenty-five years of prices and politics, Cambridge 1988.
Slaughter, Anne-Marie: A new world order, Princeton/N.J. 2004.
Smil, Vaclav: Energy at the crossroads. Global perspectives and uncertainties, Cambridge/Mass. 2003.
ders.: Energy in the Twentieth Century. Resources, Conversions, Costs, Uses, and Consequences, in: Annual Review of Energy and the Environment 25 (2000), S. 21-51.
ders.: Energy in World History, Boulder/Colo. 1994.
ders.: Transforming the Twentieth Century. Technical Innovations and Their Consequences, Oxford/New York 2006.
ders.: Two Prime Movers of Globalization. The History and Impact of Diesel Engines and Gas Turbines, Cambridge/Mass. 2010.
Smith, Gene: Industry Acting on Energy Crisis, The New York Times (9. 11. 1973).
Smith, Norman C.: AAPG Is a Long Time and a Lot of People, in: Bulletin of the American Association of Petroleum Geologists 56 (1972), S. 680.
Smith, Simon C.: Reassessing Suez 1956. New perspectives on the crisis and its aftermath, Aldershot/Burlington/Vt. 2008.

Smith, William D.: Energy Men Find Nixon Plan Weak, The New York Times (27.11.1973).
ders.: Saudi, Here, Links Oil to a Pullout. Meeting With Kissinger Comment by Iranian, The New York Times (5.12.1973).
Snow, Crocker: Wooing Saudi, The Boston Globe (9.2.1974).
Solow, Robert M.: Intergenerational Equity and Exhaustible Resources, in: Review of Economic Studies 41 (1974), S. 29-45.
ders.: The Economics of Resources or the Resources of Economics. Richard T. Ely Lecture, in: The American Economic Review 64, No. 2: Papers and Proceedings (1974), S. 1-14.
Sondertagung der Vereinten Nationen über Rohstoff- und Entwicklungsprobleme, in: Europa-Archiv 29,2 (1974), S. D 277-300.
Spiro, Peter J.: The New Sovereigntists. American Exceptionalism and Its False Prophets, in: Foreign Affairs 79,6 (2000), S. 9-15.
Spree, Hans-Ulrich: Ölkrieg in der Bonner Koalition, Süddeutsche Zeitung (28.11.1973).
Staden, Berndt von: Zwischen Eiszeit und Tauwetter. Diplomatie in einer Epoche des Umbruchs; Erinnerungen, Berlin 2005.
Stanley, Timothy: Some Politic-Legal Aspects of Resource Scarcity, in: American University Law Review 24 (1975), S. 1106-1121.
Starr, Chauncey: Energy and power, in: Scientific American 225,3 (1971), S. 37-49.
Stebinger, Eugene: Petroleum in the Ground, in: World Geography of Petroleum, hg. v. Wallace E. Pratt und Dorothy Good, Princeton/N.J. 1950, S. 1-24.
Stegemann, Dieter: Die Energie – Lebensnerv unserer zivilisierten Welt, Göttingen 1974.
Stiglitz, Joseph: Growth with Exhaustible Natural Resources. Efficient and optimal growth paths, in: Review of Economic Studies 41 (1974), S. 139-152.
Stobaugh, Robert B.: The Oil Companies in the Crisis, in: Daedalus 104,4 (1975), S. 179-202.
Stoff, Michael: Oil, War, and National Security. The Search for a National Policy on Foreign Oil, 1941-1947, New Haven 1980.
Stokes, Raymond G.: Opting for Oil. The Political Economy of Technological Change in the West German Chemical Industry, 1945-1961, Cambridge/Mass. 1994.
Stolleis, Michael: Die Idee des souveränen Staates, in: Entstehen und Wandel verfassungsrechtlichen Denkens (Der Staat, Beiheft 11), Berlin 1995, S. 63-85.
Strasser, Johano: Die Zukunft der Demokratie. Grenzen des Wachstums, Grenzen der Freiheit?, Reinbek bei Hamburg 1977.
Strauß, Franz Josef: Europäische Zäsur, in: Zeitbühne 3,6 (1974), S. 15-16.
Summers, Claude M.: The Conversion of Energy, in: Scientific American 225,3 (1971), S. 148-160.
Süskind, Martin E.: Feilschen mit arabischen Zwillingen, Süddeutsche Zeitung (18.1.1974).
Süß, Winfried: Der keynesianische Traum und sein langes Ende. Sozioökonomischer Wandel und Sozialpolitik in den siebziger Jahren, in: Das Ende der Zuversicht? Die siebziger Jahre als Geschichte, hg. v. Konrad H. Jarausch, Göttingen 2008, S. 120-137.
Swearingen, Wayne E.: So You Want To Be a Manager, in: Journal of Petroleum Technology 19,1 (1967), S. 11-14.
Szatkowski, Tim: Gaddafis Libyen und die Bundesrepublik Deutschland 1969 bis 1982, München 2013.
Szöllösi-Janze, Margit: Wissensgesellschaft. Ein neues Konzept zur Erschließung der deutsch-deutschen Zeitgeschichte?, in: Hans Günter Hockerts (Hg.), Koordinaten deutscher Geschichte in der Epoche des Ost-West-Konflikts, München 2003, S. 277-305.
Szöllösi-Janze, Margit: Wissensgesellschaft in Deutschland. Überlegungen zur Neubestimmung der deutschen Zeitgeschichte über Verwissenschaftlichungsprozesse, in: Geschichte und Gesellschaft 30 (2004), S. 277-313.
Tauer, Sandra: Störfall für die gute Nachbarschaft? Deutsche und Franzosen auf der Suche nach einer gemeinsamen Energiepolitik (1973-1980), Göttingen 2012.
Tavoulareas, William/Kaysen, Carl: A Debate on A Time to Choose, Cambridge/Mass. 1977.
Text of Arab Statement in Vienna on End of Embargo, The New York Times (19.3.1974).
The Algiers Summit Conference, in: MERIP Reports 23, December (1973), S. 13-16.
The End of Suburbia. Oil Depletion and the Collapse of the American Dream (Regie: Gregory Greene, 2004).

The Hunt for Black Gold (Regie: Jeff Pohlmann 2008).
The Latest on Oil, The Washington Post (27.11.1973).
The Oil Crash (Regie: Basil Gelpke/Ray McCormack, 2007).
The Quality of Government, The Washington Post (3.6.1973).
The Thermostat, Oil and Independence, The Washington Post (9.11.1973).
The Unknowns in the Oil Shortage, The Washington Post (22.12.1973).
The Washington Energy Conference. Einladung, Reden, Abschlussdokument, in: The Atlantic Community Quarterly 12, Spring (1974), S. 22-54.
The Whirlwind Confronts the Skeptics, Time Magazine (21.1.1974), S. 24-29.
Therborn, Göran: Die Gesellschaften Europas 1945-2000, Frankfurt am Main 2000.
There's no other choice, churn out the heating oil (Editorial), in: Oil and Gas Journal 71,52 (1972).
Thorpe, Keir: The Forgotten Shortage. Britain's Handling of the 1967 Oil Embargo, in: Contemporary British History 21,2 (2007), S. 201-222.
Tjetjen, W. Vernon: Rig Ahoy!, in: Aramco World 16,2 (1965), S. 2-7.
Toman, Michael A.: The Economics of Energy Security. Theory, Evidence, Policy, in: Handbook of Natural Resource and Energy Economics, Bd. 3, hg. v. Allen V. Kneese und James L. Sweeney, Amsterdam u. a. 1993, S. 1167-1218.
Toprani, Anand: The French Connection. A New Perspective on the End of the Red Line Agreement, 1945-1948, in: Diplomatic History 36,2 (2012), S. 261-299.
Townsend, Edward: Shaik Yamani tells of Saudi Arabian scheme for cheaper oil, The Times (28.1.1974).
Tracy, William: A Path to Progress, in: Aramco World 16,1 (1965), S. 18-23.
ders.: Island of Steel, in: Aramco World 17,3 (1966), S. 1-7.
Tsebelis, George: Are Sanctions Effective? A Game-Theoretic Analysis, in: Journal of Conflict Resolution 34 (1990), S. 3-28.
Tucker, Robert W.: Oil. The Issue of American Intervention, in: Commentary 59,1 (1975), S. 21-31.
ders.: The Purposes of American Power. An Essay on National Security, New York 1981.
Tugendhat, Christopher: Oil, the biggest business, 2. Aufl., London 1975.
Turner, Edd R.: The President's Page. Needed – Active Geologists, in: Bulletin of the American Association of Petroleum Geologists 58, January (1974), S. 1-2.
Turner, John: Governors, governance, and governed. British politics since 1945, in: The British Isles since 1945, hg. v. Kathleen Burk und Paul Langford, Oxford 2003, S. 19-62.
Turner, Louis: Multinational companies and the Third World, London 1973.
ders.: Oil companies in the international system, London 1978.
ders.: The Oil Majors in World Politics, in: International Affairs 52 (1976), S. 368-380.
United Nations. General Assembly: Official Records, New York 1973-1975.
U.S. Cabinet Task Force on Oil Import Control: The Oil Import Question. A Report on the Relationship of Oil Imports to the National Security, Washington 1970.
U.S. Congress. House. Committee on Foreign Affairs: Data and Analysis Concerning the Possibility of a U.S. Food Embargo as a Response to the Present Arab Oil Boycott, prepared by the Foreign Affairs Division, Congressional Research Service, Library of Congress, Washington D.C. 1973.
U.S. Congress. House. Committee on Interior and Insular Affairs (Hg.): Selected readings on the fuels and energy crisis. 92d Congress, 2d session. Committee print. Prepared for members of the House Committee on Interior and Insular Affairs, Washington 1972.
U.S. Congress. Senate. Committee on Foreign Relations. Subcommittee on Multinational Corporations: Chronology of the Libyan Oil Negotiations, 1970-1971, Washington D.C. 1974.
U.S. Congress. Senate. Committee on Foreign Relations. Subcommittee on Multinational Corporations: U.S. Oil Companies and the Arab Oil Embargo. The International Allocation of Constricted Supplies, Washington D.C. 1975.
U.S. Congress. Senate. Committee on Foreign Relations: Energy and Foreign Policy. The Implications of the Current Energy Problem for United States Foreign Policy, May 30 and 31 1973, Washington 1973.

U.S. Congress. Senate. Committee on Foreign Relations: Multinational Corporations and United States Foreign Policy. Hearings Before the Subcommittee on Multinational Corporations. 93rd Congress, 2nd session, 15 Bde., Washington D.C. 1973-1975.

U.S. Congress. Senate. Committee on Foreign Relations: Multinational Petroleum Companies and Foreign Policy. Hearings Before the Subcommittee on Multinational Corporations. 93rd Congress, 2nd session, Bd. 5, Washington D.C. 1974.

U.S. Congress. Senate. Committee on Foreign Relations: Multinational Petroleum Companies and Foreign Policy. Hearings Before the Subcommittee on Multinational Corporations. 93rd Congress, 2nd session, Bd. 4, Washington D.C. 1974.

U.S. Congress. Senate. Committee on Foreign Relations: Political and Financial Consequences of the OPEC Price Increases. Hearings Before the Subcommittee on Multinational Corporations. 93rd Congress, 2nd session, Bd. 11, Washington D.C. 1975.

U.S. Congress. Senate. Committee on Government Operations: Conflicting Information on Fuel Shortages. Hearings before the Permanent Subcommittee on Investigations. 93rd Congress, Washington D.C. 1973 (Current Energy Shortages Oversight Series, 1).

U.S. Congress. Senate. Committee on Government Operations: Cutoff of Petroleum Products to U.S. Military Forces. Hearings before the Permanent Subcommittee on Investigations. 93rd Congress, Washington D.C. 1974 (Current Energy Shortages Oversight Series, 8).

U.S. Congress. Senate. Committee on Government Operations: The Federal Energy Office. Hearings before the Permanent Subcommittee on Investigations, Washington D.C. 1974 (Current Energy Shortages Oversight Series, 5).

U.S. Congress. Senate. Committee on Government Operations: The Major Oil Companies. Hearings before the Permanent Subcommittee on Investigations. 93rd Congress, Washington D.C. 1974 (Current Energy Shortages Oversight Series, 2-4).

U.S. Congress. Senate. Committee on Interior and Insular Affairs: Estimates and Analysis of Fuel Supply Outlook for 1974, prepared at the Request of Henry M. Jackson, Washington D.C. 1973.

U.S. Department of the Interior. Office of Oil and Gas: United States Petroleum through 1980, Washington D.C. 1968.

U.S. fields unable to fill gap if Arab oil is cut off, in: Oil and Gas Journal 71,42 (1973), S. 39-42.

U.S. Senate. Committee on Energy and Natural Resources: The Geopolitics of Oil, Staff Report, Washington D.C. 1980.

U.S. Senate. Committee on Interior and Insular Affairs. Chair Henry M. Jackson: Geopolitics of Energy, unter Mitarbeit von Melvin A. Conant und Fern R. Gold, Washington D.C. 1977.

U.S. Senate. Committee on Interior and Insular Affairs: Federal Energy Organization. A Staff Analysis prepared at the Request of Henry M. Jackson, pursuant to S. Res. 45, a National Fuels and Energy Policy Study, Serial No. 93-19 (92-54), Washington D.C. 1973.

Uekötter, Frank/Hohensee, Jens (Hg.): Wird Kassandra heiser? Die Geschichte falscher Ökoalarme, Stuttgart 2004.

Ulin, Robert R.: US National security and Middle Eastern Oil, in: Military Review 59,5 (1979), S. 39-49.

Ullmann, Richard H.: Redefining Security, in: International Security 8,1 (1983), S. 129-153.

Umbach, Frank: Globale Energiesicherheit. Strategische Herausforderungen für die europäische und deutsche Außenpolitik, München 2003.

Unabhängige Kommission für Internationale Entwicklungsfragen: Das Überleben sichern. Der Brandt-Bericht der Nord-Süd-Kommission, Frankfurt am Main 1980.

United Nations. Department of Economic and Social Affairs: Petroleum in the 1970s. Report of the Ad Hoc Panel of Experts on Proejctions of Demand and Supply of Crude Petroleum and Products. United Nations Headquarters, 9-18 March 1971, New York 1974.

United Nations. Department of Economic and Social Affairs: The Impact of Multinational Corporations on Development and on International Relations, New York 1974.

United Nations. General Assembly (Hg.): Plenary Meetings. Verbatim records of the 23236th to the 2349th meetings, 1-16 September 1975, New York 1976.

United Nations. General Assembly 1974: 3281 Charter of Economic Rights and Duties of States. Online verfügbar unter http://www.un.org/documents/ga/res/29/ares29.htm, (zuletzt besucht am 21.3.2012).

United States. Congressional Staff Report on the Conference on International Economic Cooperation, in: International Legal Materials 15,2 (1976), S. 388-394.

Unterrichtung (Bericht) Enquete-Kommission „Zukünftige Kernenergie-Politik", in: Deutscher Bundestag. Drucksachen. 8. Wahlperiode 1976-1980 , Nr. 4341 (27. 6. 1980).

Unterrichtung durch die Bundesregierung. Die Energiepolitik der Bundesregierung, in: Deutscher Bundestag. Drucksachen. 7. Wahlperiode 1972-1976, Nr. 1057 (3. 10. 1973).

Unterrichtung durch die Bundesregierung. Dritte Fortschreibung des Energieprogramms der Bundesregierung, in: Deutscher Bundestag. Drucksachen. 9. Wahlperiode 1980-1983, Nr. 983 (5. 11. 1981).

Unterrichtung durch die Bundesregierung. Erste Fortschreibung des Energieprogramms der Bundesregierung, in: Deutscher Bundestag. Drucksachen. 7. Wahlperiode 1972-1976, Nr. 2713 (31. 10. 1974).

Unterrichtung durch die Bundesregierung. Sondergutachten des Sachverständigenrates ‚Zu den gesamtwirtschaftlichen Auswirkungen der Ölkrise', in: Deutscher Bundestag. Drucksachen. 7. Wahlperiode 1972-1976, Nr. 1456 (19. 12. 1973).

Unterrichtung durch die Bundesregierung. Zweite Fortschreibung des Energieprogramms der Bundesregierung, in: Deutscher Bundestag. Drucksachen. 7. Wahlperiode 1976-1980, Nr. 1357 (19. 12. 1977).

Untersuchung über die Entwicklung der gegenwärtigen und zukünftigen Struktur von Angebot und Nachfrage in der Energiewirtschaft der Bundesrepublik unter besonderer Berücksichtigung des Steinkohlebergbaus. Auf Beschluß des Deutschen Bundestages vom 12. Juni 1959 durchgeführt von der Arbeitsgemeinschaft deutscher wirtschaftswissenschaftlicher Forschungsinstitute e.V., Bonn, abgeschlossen und vorgelegt 1961, Berlin 1962.

Uren, Lester Charles: Petroleum Production Engineering. Oil Field Exploitation, 3. Aufl., New York/Toronto/London 1953.

van den Bergh, Jeroen C. J. M. (Hg.): Handbook of Environmental and Resource Economics, Cheltenham 1999.

van Laak, Dirk: Planung. Geschichte und Gegenwart des Vorgriffs auf die Zukunft, in: Geschichte und Gesellschaft 34 (2008), S. 305-326.

Vansant, Carl: Strategic energy supply and national security, New York 1971.

Venn, Fiona: International Co-operation versus National Self-Interest. The United States and Europe during the 1973-1974 Oil Crisis, in: The United States and the European Alliance since 1945, hg. v. Kathleen Burk und Melvyn Stokes, Oxford/New York 1999, S. 71-100.

dies.: Oil Diplomacy in the Twentieth century, Basingstoke 1986.

dies.: The Oil Crisis, London 2002.

Verhandlungen des Deutschen Bundestages. 7. Wahlperiode. Stenographische Berichte, Bonn 1972-76.

Verleger, Philip K.: The Role of Petroleum Price and Allocation Regulations in Managing Energy Shortages, in: Annual Review of Energy 6 (1981), S. 483-528.

Vernon, Raymond (Hg.): The Oil crisis, New York 1976.

ders.: An Interpretation, in: The Oil crisis, hg. v. dems., New York 1976, S. 1-14.

ders.: Sovereignty at bay. The multinational spread of U.S. enterprises, London 1971.

VIe plan de développement économique et social 1971-1975. Rapport général: Les objectifs généraux et les actions prioritaires du VIe plan et annexes au rapport général: Programmes d'actions détaillées, Paris 1971.

Vitalis, Robert: America's Kingdom. Mythmaking on the Saudi Oil Frontier, Stanford/Cal. 2007.

ders.: Black Gold, White Crude. An Essay on American Exceptionalism, Hierarchy, and Hegemony in the Gulf, in: Diplomatic History 26,2 (2002), S. 185-213.

Vogel, Jakob: Von der Wissenschafts- zur Wissensgeschichte: Für eine Historisierung der „Wissensgesellschaft", in: Geschichte und Gesellschaft 30,4 (2004), S. 639-660.

Wacker, Holger/Blank, Jürgen E.: Ressourcenökonomik, Bd. 2: Einführung in die Theorie erschöpfbarer natürlicher Ressourcen, München 1999.

Wagenfuehr, Horst: Report zur Energiekrise. Fakten, Vorschläge und futurologische Aspekte, Tübingen 1973.

Walls, David: Energy Industry, in: International Encyclopedia of the Social Sciences, 2. Aufl., Detroit 2008, S. 588-591.

Walton, Ann-Margret: Atlantic Relations: Policy Coordination and Conflict. Atlantic Bargaining over Energy, in: International Affairs 52 (1976), S. 180-196.
Waltz, Kenneth Neal: Theory of International Politics, Reading/Mass. 1979.
Warshaw, Shirley Anne: The Presidency. Legitimate Authority and Governance, in: The Moral Authority of Government. Essays to Commemorate the Centennial of the National Institute of Social Sciences, hg. v. Moorhead Kennedy, R. Gordon Hoxie und Brenda Repland, New Brunswick/N.J. 2000, S. 30-36.
„We are very flexible people, I assure you." Interview with Sheikh Zaki Yamani, Newsweek (24. 12. 1973), S. 27.
Weeks, Lewis G.: Estimation of Petroleum Resources: Commentary, in: Bulletin of the American Association of Petroleum Geologists 50 (1966), S. 2008-2010.
ders.: World Offshore Petroleum Resources, in: Bulletin of the American Association of Petroleum Geologists 49 (1965), S. 1680-1693.
Weingart, Peter: Die Stunde der Wahrheit? Zum Verhältnis der Wissenschaft zu Politik, Wirtschaft und Medien in der Wissensgesellschaft, 2. Aufl., Weilerswist 2005.
Weinstein, Adelbert: Jamani. Wächter über des Königs Öl, Frankfurter Allgemeine Zeitung (15. 1. 1974).
Weisberg, Richard Chadbourn: The politics of Crude Oil Pricing in the Middle East. 1970-1975, Berkeley/Cal. 1977.
Weltuntergangs-Vision aus dem Computer, Der Spiegel (15. 5. 1972), S. 126-129.
Welzer, Harald: Klimakriege. Wofür im 21. Jahrhundert getötet wird, Frankfurt am Main 2008.
Wengerd, Sherman A.: The President's Page. A Single Professional Group – The Sloss Report on AAPD-AIPG Cooperation, in: Bulletin of the American Association of Petroleum Geologists 55 (1971), S. 1713-1714.
ders.: The President's Page. An Allegory on association, in: Bulletin of the American Association of Petroleum Geologists 56 (1972), S. 989-990.
ders.: The President's Page. Year in Progress – Organization and Governance of our Association, in: Bulletin of the American Association of Petroleum Geologists 55 (1971), S. 1125-1127.
Werbung von Halliburton, in: Petroleum Panorama. Commemorating 100 years of Petroleum Progress, Tulsa/Okla. 1959 (The Oil and Gas Journal, 57,5), Umschlaginnenseite.
Werding, Martin: Gab es eine neoliberale Wende? Wirtschaft und Wirtschaftspolitik in der Bundesrepublik Deutschland ab Mitte der 1970er Jahre, in: Vierteljahrshefte für Zeitgeschichte 56 (2008), S. 303-321.
Werz, Nikolaus (Hg.): Sicherheit, Baden-Baden 2009.
Wessel, Horst A.: Das elektrische Jahrhundert. Entwicklung und Wirkungen der Elektrizität im 20. Jahrhundert: Ergebnisse einer Tagung des VDE-Ausschusses „Geschichte der Elektrotechnik" und des Umspannwerkes Recklinghausen-Museum Strom und Leben, am 24.-25. Oktober 2001 in Recklinghausen, Essen 2002.
Wessels, Theodor: Die Sicherheit der nationalen Versorgung als Ziel der nationalen Wirtschaftspolitik, in: Zeitschrift für die gesamte Staatswissenschaft 120,4 (1964), S. 602-617.
ders.: Die Struktur und Entwicklungstendenzen der deutschen Energiewirtschaft in der Sicht der Enquete-Ergebnisse, in: Die Energie-Enquete. Ergebnisse und wirtschaftspolitische Konsequenzen. Vorträge und Diskussionsbeiträge der 12. Arbeitstagung am 14. und 15. Juni 1962 in der Universität Köln, hg. v. Energiewirtschaftlichen Institut der Universität Köln, München 1962, S. 12-25.
White, David: The Petroleum resources of the World, in: Annals of the American Academy of Political and Social Science 89, May (1920), S. 111-134.
Wildavsky, Aaron B./Tenenbaum, Ellen: The politics of mistrust. Estimating American oil and gas resources, Beverly Hills, 1981.
Wilkins, Charles E.: Learn, Remember and Know, in: Aramco World 15,6 (1964), S. 27-28.
Wilkins, Mira: The Oil Companies in Perspective, in: Daedalus 104,4 (1975), S. 159-178.
William E. Simon, December 16, 1973, in: Face the Nation 16 (1973), S. 368-374.
Williams, James C.: Energy and the Making of Modern California, Akron/Ohio 1997.
Williams, Marc: Third World Cooperation. The Group of 77 in UNCTAD, London 1991.
Willrich, Mason/Conant, Melvin A.: The International Energy Agency. An Interpretation and Assessment, in: American Journal of International Law 71 (1977), S. 199-223.

Wilson, Caroll L.: A Plan for Energy Independence, in: Foreign Affairs 51 (1973), S. 657-675.
ders.: Energy: Global Prospects 1985-2000. Report of the Workshop on Alternative Energy Strategies, WAES, New York u. a. 1977.
Wilson, James E.: The President's Page. Nonprofit, Okay – Deficit, No, in: Bulletin of the American Association of Petroleum Geologists 56 (1972), S. 837-838.
Wirsching, Andreas: Der Preis der Freiheit. Geschichte Europas in unserer Zeit, München 2012.
Wolf, Joseph J.: The Growing Dimensions of Security. The Atlantic Council's Working Group on Security, Washington D.C. 1977.
Wolfe, Robért: From Reconstructing Europe to Constructing Globalization. The OECD in Historical Perspective, in: The OECD and transnational governance, hg. v. Rianne Mahon und Stephen McBride, Vancouver 2008, S. 25-42.
Woodward, Richard: The Organization for Economic Co-operation and Development (OECD), London, New York 2009.
Wörner, Manfred: Neue Dimensionen der Sicherheit. Referat bei der XII. Internationalen Wehrkunde-Begegnung, München 1. 2. 1975, in: Sicherheitspolitik der Bundesrepublik Deutschland. Dokumentation 1945-1977, Teil 2, hg. v. Klaus von Schubert, Köln 1979, S. 590-597.
Yamani, Ahmed Zaki: Oil: Towards a New Producer–Consumer Relationship, in: The World Today 30,11 (1974), S. 479-486.
Yergin, Daniel/Hillenbrand, Martin (Hg.): Global Insecurity. A Strategy for Energy and Economic Renewal, Boston 1982.
Yergin, Daniel: Crisis and Adjustment. An Overview, in: Global Insecurity. A Strategy for Energy and Economic Renewal, hg. v. dems. und Martin Hillenbrand, Boston 1982, S. 1-28.
ders.: Der Preis. Die Jagd nach Öl, Geld und Macht, Frankfurt am Main 1991.
ders.: The Prize. The Epic Quest for Oil, Money, and Power, New York 1991.
ders.: The Quest. Energy, Security and the Remaking of the Modern World, New York 2011.
Zachmann, Karin: Past and Present Energy Societies. How Energy Connects Politics, Technologies and Cultures, in: Past and Present Energy Societies. How Energy Connects Politics, Technologies and Cultures, hg. v. Nina Möllers und Karin Zachmann, Bielefeld 2012, S. 7-41.
Zahrani, Mostafa T.: The Coup that Changed the Middle East. Mossadeq v. the CIA in Retrospect, in: World Policy Journal 19,2 (2002), S. 93-99.
Zapp, A[lfred]: Future Petroleum Producing Capacity of the United States. Contributions to Economic Geology. A discussion of the nature of certain petroleum statistics and estimates and their meaningfulness in appraising the outlook for future supply, Washington D.C. 1962 (United States Geological Survey Bulletin, 1142-H).
Ziesing, Hans-Joachim u. a.: Die Entwicklung des Elektrizitätsverbrauchs im Land Berlin bis zum Jahre 2000. Untersuchung im Auftrage des Senators für Wirtschaft und Verkehr, Berlin, Berlin 1980.
Ziesing, Hans-Joachim: Die künftige Entwicklung des Energiemarktes in Bayern bis zum Jahre 1995. Überprüfung und Fortschreibung der Prognose aus dem Jahre 1974. Gutachten im Auftrage des Bayerischen Staatsministeriums für Wirtschaft und Verkehr, München/Berlin 1977.
ders.: Die regionalen Entwicklungstendenzen des Energieverbrauchs in Hessen und seinen Planungsregionen bis 1990. Untersuchung im Auftrage des Hessischen Ministers für Wirtschaft und Technik, Wiesbaden/Berlin 1977.
Zwierlein, Cornel/Graf, Rüdiger: The Production of Human Security in Premodern and Contemporary History, in: Historical Social Research 35,4 (2010), S. 7-21.

Personenregister
erstellt von Marcel Schmeer

Abdessalam, Belaid   92, 110-115, 118-121, 252, 306
Adams, Sam   161
Adelman, Morris   146, 148-151, 161, 179, 212, 387f.
Akins, James   62-64, 69f., 93, 97, 99, 131, 133, 146f., 149-151, 192, 194, 249, 263
Allende, Salvador   341
Amuzegar, Jahangir   321, 359
Andersen, Knud   270
Anderson, Jack   177
Ansari, Hushang   252
Aron, Raymond   364
Aspiaris, Robins   182
Aspinall, Wayne N.   128
Assad, Hafez al-   109
Atherton, Alfred   201
Attiga, Ali   105f.

Bacevich, Andrew   368
Bahr, Egon   78, 114, 279
Baker, Russel   178
Bakr, Ahmed Hasan al-   96, 303
Barre, Raymond   327
Barzel, Rainer   242
Bauer, Walter   78
Beckerman, Stephen   376
Bell, Daniel   375
Ben-Horin, Eliashiv   258
Bennett, Jack   133
Berghaus, Hartwig   249
Bergsten, C. Fred   315, 359-361, 363-366, 368
Bischoff, Gerhard   377
Blancard, Jean   298
Boardman, Tom   112
Böckenförde, Ernst-Wolfgang   7
Bodin, Jean   5
Boulding, Kenneth   382, 388
Boumedienne, Houari   105, 109f., 122, 252, 257, 318-322
Bouteflika, Abdelaziz   324
Brandt, Willy   81, 111, 113f., 119f., 206f., 210, 215, 217, 233f., 240-242, 244f., 255, 258-260, 271, 273f., 278-280, 293, 296, 355
Breschnew, Leonid Iljitsch   280, 331
Brown, Seyom   358, 363
Brunner, Guido   337
Bull, Hedley   362
Burchard, Hans-Joachim   78
Burgbacher, Fritz   235

Caldwell, Lynton K.   376
Camillerie, Joseph A.   369
Carrington, Lord [Peter Alexander Rupert, 6. Baron Carrington]   293, 297, 343
Carstens, Karl   282
Carter, Jimmy   126, 137, 165, 381
Cetron, Marvin J.   376
Charbonnel, Jean   111
Chevalier, Jean-Marie   336
Chiprut, Elliot   186
Church, Frank   341
Churchill, Winston   38, 171
Coates, Vary T.   376
Cole, John Peter   361
Commoner, Barry   375
Conant, Melvin A.   361
Cooper, Charles A.   191, 193f., 293
Cooper, Richard N.   352
Cowan, Edward   176, 178
Crocker, Chester A.   70

Daghely, Jalial   258
Dahrendorf, Ralf   336
Dajani, M. S.   91
Daly, Herman E.   382f., 388
Daoudi, M. S.   91
Dasgupta, Partha   385, 388
Davis, Warren B.   152
Deese, David A.   350
Deffeyes, Kenneth   43, 48
Detzer, Hans   225
DiBona, Charles   126, 131-134, 137, 144, 146, 151, 165, 176f.
Dingell, John   183
Dönhoff, Marion Gräfin   309
Douglas-Home, Alec   112, 200, 260, 262, 276, 295f., 302-307
Drake, Edwin L.   25
Drake, Eric   343-345
Duchins, Faye   373
Duguid, Stephen   91

Eagan, Vince   385
Ehrenberg, Herbert   235
Ehrlich, Paul   389
Ehrlichman, John D.   131
Eisenhower, Dwight D.   66
Eppen, Gary   337
Eppler, Erhard   114, 119, 228f., 281-284, 338

Fahd Ibn Abd al-Asis, Kronprinz von Saudi-Arabien   194 f.
Fairbanks, Douglas   125
Faisal Ibn Abd al-Asis Ibn Saud, König von Saudi-Arabien   93, 95-97, 100, 103, 109 f., 113, 122, 149, 173, 193-198, 201 f., 252
Falk, Jim   369
Flanigan, Peter   133
Ford, Gerald   327
Forrester, Jay W.   380
Forsthoff, Ernst   6 f.
Fourastié, Jean   3
Frank, Paul   256, 258, 264 f., 272 f.
Freeman, David S.   128, 154 f.
Friderichs, Hans   62, 64, 77, 81, 114, 119, 205, 211, 214 f., 233 f., 242
Friedland, Edward   361
Frydenlund, Knut   301
Fulbright, James William   98, 130, 151, 181, 341
Fuqua, Don   183

Gaddafi, Muammar al-   68, 96, 99, 101, 107, 117, 122, 252-257, 259 f.
Galbraith, Kenneth   382
Gehlhoff, Walther   282, 320
Georgescu-Roegen, Nicholas   382, 388
Gergen, Dave   167
Gibson, Glenn   182
Gillessen, Günther   264
Giscard d'Estaing, Valéry   298, 236 f.
Gold, Fern R.   361
Gowdy, John   372
Granville, Maurice   95
Greenberger, Martin   157
Grimm, Paul E.   342 f.
Gromyko, Andrei   331
Gruhl, Herbert   229
Guth, Wilfried   327

Haas, Merril W.   38, 144
Haig, Alexander   197
Halim, Mustafa bin   196
Hallmann, Albert   217
Hansen, Ulf   337
Harpprecht, Klaus   274
Hastings, Heith   130
Heal, Geoffrey   385, 387 f.
Heath, Edward   112, 218, 259 f., 270 f., 296, 300, 307, 343 f., 355
Heinebaeck, Bo   352
Heinemann, Gustav   381
Hermes, Peter   246, 280, 282, 297
Hielscher, Hans   116
Hill, John A.   136

Hillenbrand, Martin J.   255, 257, 351
Hirst, David   96
Hitler, Adolf   171, 357
Hobsbawm, Eric   3
Hoffmann, Stanley   1, 366 f.
Hogan, William   158, 162
Homan, Paul T.   46
Hoopes, Dave   137
Hotelling, Harold   387
Houthhakker, Hendrik S.   150
Hoveyda, Fereydoun   323
Hubbert, Marion King   47 f., 126, 380, 392
Hussein, Saddam   96, 107, 117

Idris as-Senussi, König von Libyen   253
Irwin, James   80
Irwin, John   64

Jablonski, Wanda   28
Jackson, Henry M.   9 f., 129 f., 140-142, 169, 181, 340, 342 f.
Jallud, Abdessalam   108, 259
Jasanoff, Sheila   395
Jessup, Philip   364
Jobert, Michel   111, 192, 260, 262, 276, 291, 296 f., 303-306, 308, 322
Johnson, Lyndon B.   123
Johnson, William   133
Jungers, Frank   342

Kagan, Robert   370
Kahn, Hermann   358
Kaiser, Karl   354, 358, 365
Katz, James E.   366
Kaufmann, Bruno I.   348
Kaysen, Carl   156
Kemp, Geoffrey   361
Kennan, George F.   364
Kennedy, Edwards   161
Keohane, Robert O.   6, 315, 364-368, 370, 397
Khene, Abderahmane   251-253
Kindleberger, Charles P.   6
Kissinger, Henry A.   70 f., 94, 101, 111, 113, 115, 117, 119 f., 131, 134, 180, 186, 188, 190-202, 265, 268-271, 273-278, 281, 287 f., 290 f., 293-299, 303-305, 307-309, 320 f., 324, 357, 359, 396
Kling, Gerhard   78
Knell, Hans-Jürgen   78
Knips, Walter   116
Knubel, John A.   136, 188 f.
Kondis, Edward F.   342
Koschnik, Hans   228
Koslowski, Peter   373
Kraft, Joseph   178

Krasner, Stephen D.   8, 60, 369
Kruse, Hansheinrich   65, 114, 246, 250–252, 297

Lahn, Lothar   246, 256
Laird, Melvin R.   67
Laird, Wilson M.   61
Lambsdorff, Otto Graf   206, 234
Langmann, Hans Joachim   336
Lantzke, Ulf   62, 64f., 75–77, 80–82, 209, 213, 216, 220, 233f., 238, 245, 247, 252, 278, 280, 288, 290, 292, 297, 310, 313, 316f., 330, 398
Laqueur, Walter   275
Lasey, William   94
Lautenschlager, Hans   246, 250
Lenin, Wladimir Iljitsch   376
Lennep, Émile van   298, 300
Levy, Walter J.   217f., 225, 300, 336
Licklider, Roy   91
Liebrucks, Manfred   79
Ligon, Duke   133, 136
Lincoln, George A.   125, 349f., 358, 361
Loewenstein, Karl   364
Logan, Harry A.   181
Love, John A.   132–134, 137f., 151, 165, 167, 172, 175f., 178–180, 183
Lovejoy, Wallace F.   46
Lovins, Amory   1–3, 375f., 384
Luttwak, Edward   357

MacFadzean, Frank   343f.
Mandel, Heinrich   225
Marshall, George   349
Matthöfer, Hans   228
McCormick, William T.   138
McKelvey, Vincent E.   44
McLean, John   152f.
Meir, Golda   259
Mendershausen, Horst   365
Messmer, Pierre   241
Metzger, Peter   247
Meyer-Abich, Klaus Michael   225, 227
Miller, Linda B.   351
Mitchell, Timothy   10, 21
Mondale, Walter E.   353
Morgenthau, Hans J.   355, 358, 363f.
Mori, Haruki   355
Moro, Aldo   297
Morton, Rogers B.   158, 174, 190
Morton, Rogers C. B.   374
Mossadegh, Mohammad   33, 98
Müller, Harald   351
Müller-Chorus, Gerhard   256f.
Müller-Hermann, Ernst   235f.
Muskie, Edmund   303

Nader, Laura   376
Nasser, Gamal Abdel   53f.
Nixon, Richard   67, 69, 80, 98, 101, 103, 123, 125f., 128f., 131–135, 137f., 142, 150, 155, 157, 164–180, 183–185, 187, 189–191, 196–200, 202f., 240, 271, 274, 277, 289, 294, 296f., 300f., 303f., 307–309, 326f., 353, 394, 396
Nye, Joseph S.   6, 315, 347f., 350, 353, 364f., 367f., 372, 397

Odeen, Philip   275, 350
Oppenheim, Lassa Francis Lawrence   5
Ortoli, François-Xavier   298
Otis, James   161

Pachachi, Nadim   99, 105
Pahlevi, Mohammed Reza   252
Painter, David   348
Palme, Olof   355
Pasternak, Bruce   162
Peacock, Alan T.   386
Peckinpah, Sam   182
Percy, Charles H.   185
Peyton, Charles O.   314, 342
Podhoretz, Norman   356f.
Pöhl, Karl Otto   297
Pompidou, Georges   111, 260, 296, 304, 326
Priest, Joseph   378
Pronk, Jan P.   355

Rampton, Jack   296
Rather, Dan   177
Ray, Dixy Lee   311
Reagan, Ronald   381
Redies, Helmut   246, 297
Reston, James   308
Ribicoff, Abraham   140
Rockefeller, John D.   25f.
Rocks, Lawrence   374
Rohwedder, Detlev Karsten   62, 76, 78, 86, 217, 252, 278, 297, 310
Roll, Eric   327
Roosevelt, Franklin Delano   123
Rosecrance, Richard N.   368
Rosenau, James   365
Rothschild, Lord [Nathaniel Mayer Victor Rothschild, 3. Baron Rothschild]   74
Rumsfeld, Donald   271
Runyon, Richard   374
Russe, Hermann Josef   236

Sadat, Mohammed Anwar as-   109, 198f., 259
Sampson, Anthony   346
Saqqaf, Umar -al   194f., 263

Sargent, Daniel   368
Sargent, Francis W.   180
Saud ibn Abd al-Aziz Al Saud, König von Saudi-Arabien   31
Saud ibn Faisal ibn Abd al-Aziz, Prinz von Saudi-Arabien   35, 93, 97, 105, 119
Sawhill, John   136, 140, 157, 159, 161, 350
Scheel, Walter   114, 119f., 244, 254f., 258, 260, 293, 297f., 302-304, 309, 321f.
Schlesinger, James R.   199, 274f.
Schmidt, Adolf   229, 235
Schmidt, Helmut   214f., 228f., 231, 283, 293, 295, 297, 302-304, 315, 327f., 336f., 353f.
Schmitt, Carl   313
Schmitt, Dieter   163
Schneider, Hans Karl   224-226, 236, 298, 301, 336, 389
Schröder, Dieter   264, 308
Schubert, Enno   78, 217
Schumacher, Ernst Friedrich   384
Scowcroft, Brent   134, 197f.
Seabury, Paul   361
Shultz, Charles M.   166
Shultz, George P.   67, 131f., 134, 295-297, 300f., 327
Siegenthaler, Hansjörg   21
Silk, Leonard   308
Simon, Carol   185
Simon, Julian E.   389
Simon, William E.   133-136, 139f., 151, 170-173, 180-187, 190, 295-297, 299, 300f., 308, 311, 313
Simonet, Henri   293, 298
Sinclair, Upton   35f.
Smith, Adam   118
Soames, Christopher   298
Solow, Robert   388
Sowayegh, Abdulaziz al-   91
Speer, Albert   134
Springer, Axel Cäsar   245
Staden, Berndt von   272, 275, 290
Staggers, Harley   170
Steed, Tom   182
Stegemann, Dieter   375
Stein, Herbert   141, 167
Stever, H. Guyford   138

Stiglitz, Olaf   388
Stoel, Max van der   301
Strauß, Franz Josef   210, 216, 229, 242, 337
Süskind, Martin   120

Tati, Jacques   41
Tavoulareas, William P.   156
Truman, Harry S.   123, 152
Tucker, Robert W.   356f., 397
Tucker, Stanley   106
Tugendhat, Christopher   346
Turner, Louis   347f.

Ullmann, Richard H.   354
Ungerer, Werner   99, 251

Vasant, Carl   350
Venn, Fiona   348
Vernon, Raymond   6, 336, 351

Wakefield, Stephen   133, 136, 154
Waldheim, Kurt   319
Weaver, Morris   182
Weinstein, Adelbert   119
Weizsäcker, Carl Friedrich von   336
Werner, Günter Franz   248f., 256, 259
White, David   26, 30
White, Hayden   372
Wildavsky, Aaron   361
Wilkins, Mira   347
Williams, Neal   181
Wilson, Carroll L.   225, 327, 336
Wilson, Harold   7
Wischnewski, Hans-Jürgen   328f.
Wolf, Joseph J.   352
Wörner, Manfred   354

Yaker, Layachi   355
Yamani, Ahmed Zaki   34f., 92-95, 100f., 105f., 109-122, 197, 199, 247, 252, 321, 326f., 342
Yergin, Daniel   20, 24f., 39, 70, 92, 348, 351

Zarb, Frank   136, 157
Zausner, Eric   136, 157, 162
Zywietz, Werner   234

www.ingramcontent.com/pod-product-compliance
Lightning Source LLC
Chambersburg PA
CBHW082102230426

43670CB00017B/2927